Dorothea Prütting, Jens Prütting
Medizin- und Gesundheitsrecht
De Gruyter Studium

Dorothea Prütting, Jens Prütting

Medizin- und Gesundheitsrecht

Ein am Fall orientiertes Lehrbuch für Studium
und Einstieg in die Praxis

2. Auflage

DE GRUYTER

Prof. Dr. *Dorothea Prütting*,
Ministerialdirigentin a.D., Honorarprofessorin an der Ruhr-Universität, Bochum
Prof. Dr. *Jens Prütting*,
Juniorprofessor an der Bucerius Law School, Hamburg
Direktor des Instituts für Medizinrecht der Bucerius Law School
Direktor des Notarrechtlichen Zentrums für Familienunternehmen der Bucerius Law School

Zitiervorschlag: *Prütting/Prütting* Medizin- und Gesundheitsrecht, 2. Kap. § 8 Rn 2

Hinweis:
Alle Angaben in diesem Werk sind nach bestem Wissen unter Anwendung aller gebotenen Sorgfalt erstellt worden. Trotzdem kann von dem Verlag und den Autoren keine Haftung für etwaige Fehler übernommen werden.

ISBN 978-3-11-070041-1
e-ISBN (PDF) 978-3-11-070042-8
e-ISBN (EPUB) 978-3-11-070056-5

Library of Congress Control Number: 2020945252

Bibliografische Information der Deutschen Nationalbibliothek
Die Deutsche Nationalbibliothek verzeichnet diese Publikation in der Deutschen Nationalbibliografie; detaillierte bibliografische Daten sind im Internet über http://dnb.dnb.de abrufbar.

© 2021 Walter de Gruyter GmbH, Berlin/Boston
Umschlagabbildung: AndreyPopov / iStock / Getty Images Plus
Druck und Bindung: CPI books GmbH, Leck

www.degruyter.com

Vorwort

Das Medizin- und Gesundheitsrecht ist nicht nur selbstverständlicher Teil unseres Alltags geworden, auch die Ansprüche in diesen Bereichen begegnen Juristinnen und Juristen in unterschiedlichen Aufgabenfeldern nahezu täglich. Es beginnt mit der eigenen Befindlichkeit bei Krankheitszuständen, eventueller Kritik an ärztlicher oder Krankenhausbehandlung, setzt sich im Studium fort, wenn nicht nur der Schwerpunktbereich Sozial- und Gesundheitsrecht heißt, sondern bereits in der bürgerlich-rechtlichen Vorlesung zwischen Dienst- und Werkvertragsrecht unterschieden und die ärztlichen Behandlungsverträge durchgenommen werden. Das Interesse an Angeboten in Wissenschaft, Lehre und Praxis hat stetig zugenommen. Die Zahl der Kommentare, Handbücher, Monographien, Zeitschriften und Online-Beiträge überfluten den Markt. Aber nur wenige Werke bieten den Studierenden das, was sie zunächst suchen. Sie möchten den Einstieg in ein umfangreiches, kompliziertes Rechtsgebiet erreichen. Sie möchten die Systematik eines Fachs erfassen, von dem sie schon wissen, dass es die Züge einer Querschnittsmaterie trägt. Ein wesentliches Interesse wird zudem darin liegen, eine Klausur zu bestehen und sich so in die Materie einzufinden, dass den Ausführungen eines juristischen Schwerpunktbereichs gefolgt werden kann. Die meisten Werke sind, auch wenn gelungen, zu umfangreich. Sehr verkürzte Darstellungen genügen andererseits nicht, um das Studienziel zu erreichen. Fallbearbeitungen sind sehr hilfreich, wenn das Grundwissen in einer gewissen Breite vorhanden ist, können aber ohne abstrakte Ausführungen auch nicht den gewünschten Erfolg bringen. Das vorliegende Buch hat den Anspruch, einen Mittelweg nicht nur einzuschlagen, sondern erfolgreich zu gehen.

Die Begriffe des Medizin- und Gesundheitsrechts werden uneinheitlich verwendet. Während sich das Medizinrecht in erster Linie mit Arzt- und Arzthaftungsrecht befasst, trägt das Gesundheitsrecht im Wesentlichen die Vorgaben des öffentlichen Rechts zusammen. Bei einigen Autoren wird Gesundheitsrecht als Oberbegriff über sämtliche gesundheitlich relevanten Komponenten des Zivil-, Straf- und öffentlichen Rechts verstanden, bei anderen der Begriff Medizinrecht. Ein sehr weites Verständnis subsumiert auch das Betreuungsrecht unter den Terminus Gesundheitsrecht. Zu beobachten ist, dass das Gesundheitsrecht an den Universitäten eher im Kontext des Sozialrechts angeboten wird, das Arzt- und Arzthaftungsrecht dagegen an Lehrstühlen für zivilrechtliche Forschungsgebiete. Berücksichtigt man zusätzlich die finanz- und ökonomischen Fragestellungen, ist verständlich, dass auch die Wirtschaftswissenschaften das Fach für sich entdeckt haben. Telemedizin und Telematik stellen zusätzlich Herausforderungen an die technischen Bereiche und die Kommunikationswissenschaften. An strafrechtli-

https://doi.org/10.1515/9783110700428-001

chen Lehrstühlen hat das Arztstrafrecht schon lange seinen Platz gefunden und ist mit der Einführung der Korruptionstatbestände erheblich in den Fokus der Öffentlichkeit gerückt.

In der Praxis sind zahlreiche Behörden und Behördenstränge mit gesundheitsrechtlichen Aspekten befasst. Überschneidungen von Fragestellungen bestimmen den Alltag, ob es sich um Gesundheits-, Veterinär- und Lebensmittelprobleme handelt, ob die Umweltressorts Trinkwasser- oder Emissionsschutzfragen zu lösen haben; das Gebiet des Medizin- und Gesundheitsrechts durchzieht alle Bereiche.

Die stationären und ambulanten Versorgungsangebote bilden den Kern der Fächerkombination. Ihnen liefern hoch qualifizierte nichtärztliche Leistungserbringer aus unterschiedlichen beruflichen Zweigen zu, seien es Apotheken, Industriebetriebe, Hilfsmittel- oder Heilmittelerbringer aus Medizinalfachberufen. Ihnen stehen die gesetzlichen und privaten Krankenkassenverbände sowie staatliche und kommunale Kostenträger gegenüber. Der öffentliche Gesundheitsdienst ist in diesem Konglomerat von Institutionen eine Einrichtung, die auf nationaler wie internationaler Ebene in weit verzweigten Strukturen wirkt.

Der breit gefächerte Markt, im Großkanzleiwesen auch mehr oder weniger liebevoll „Health Care Sektor" genannt, weist die für viele angehende und gestandene Juristen durchaus ebenfalls interessante Komponente auf, dass hier riesige Geldmengen und weitere sächliche und personelle Ressourcen bewegt werden und zu bedienen sind. Über 350 Mrd. € nimmt dieser Markt jährlich für sich in Anspruch. Daraus folgt nicht zuletzt für die Branche der Rechtsberatung, dass mit der Gesundheit auch ein lukratives Geschäft einhergeht. Dieses steht nicht selten in einem problematischen Spannungsfeld zum Menschen und seinen gesundheitlichen Beschwerden, deren Bekämpfung das zentrale Grundanliegen der Erschaffung dieses heute hochkomplexen Umfelds ist. Einen zusätzlichen außergewöhnlichen Fokus hat die im Jahr 2020 ausgebrochene Corona-Pandemie gebracht, mit welcher die Bedeutung eines funktionalen Gesundheitssystems besonders unterstrichen worden ist.

Für Studierende soll dieses Buch eine Einführung geben, die einen Überblick über die wichtigsten Komponenten des Fachgebiets verschafft, nicht mit zu weitgehenden Details überfrachtet, sondern einen Werkzeugkasten zur Lösung von Vorlesungsabschlussklausuren, Grundlagen von Seminararbeiten und weiteren Prüfungsleistungen im Schwerpunktbereich bietet. Das Buch vermag aber auch den geneigten Praktiker auf seinem Weg in die zahlreichen Berufsfelder zu begleiten und zu unterstützen. Das Geflecht der Organisationen wird ebenso dargestellt wie die Instrumente der Versorgung. Dass die Arbeiten landes-, bundes-, europa- und weltweit nicht ohne Aufsicht und Kontrolle funktionieren können, versteht sich von selbst. Auch diese Themen sowie Fragen des Rechtsschutzes werden aufbereitet. Hinzu tritt die Möglichkeit des Erwerbs belastbarer Grundkenntnisse im zivil- und strafrechtlichen Arztrecht.

Gerne nehmen die Verfasser Anregungen zur Verbesserung des Werks entgegen: jens.pruetting@law-school.de; dorothea.pruetting@ruhr-uni-bochum.de.

Bochum, Hamburg im Oktober 2020   Dorothea und Jens Prütting

Inhaltsübersicht

Inhalt

2. Kapitel Stationäre Versorgung

3. Kapitel **Ambulante ärztliche Versorgung**

6. Kapitel Arztstrafrecht

Abkürzungsverzeichnis

a.A.	anderer Ansicht
a.a.O	am angegebenen Ort
ABDA	Bundesvereinigung Deutscher Apothekerverbände e.V.
AbgrV	Abgrenzungsverordnung
Abs.	Absatz
AcP	Archiv für die civilistische Praxis
AföG	Akademie für öffentliches Gesundheitswesen
AG	Aktiengesellschaft
AG BSHG	Ausführungsgesetz zum Bundessozialhilfegesetz
AG TPG	Gesetz zur Ausführung des Transplantationsgesetzes
AGB	Allgemeine Geschäftsbedingungen
AGL	Akademie für Gesundheit und Lebensmittelsicherheit
AGM	Abschlussgenesungsmaßnahme
AG-SGB XII NRW	Landesausführungsgesetz zum Sozialgesetzbuch Zwölftes Buch (SGB XII) – Sozialhilfe – für das Land Nordrhein-Westfalen
AGSL	Schulleitlinien der Arbeitsgemeinschaft der Schulleitungen der Heilpraktikerschulen des Fachverbandes
AHB	Anschlussheilbehandlung
A & I	Anaesthesiologie und Intensivmedizin
AktG	Aktiengesetz
ALPHA	Ansprechstelle im Land NRW zur Palliativversorgung, Hospizarbeit und Angehörigenbegleitung
AMG	Arzneimittelgesetz
AM-HandelsV	Verordnung über den Großhandel und die Arzneimittelvermittlung
AMNOG	Arzneimittelneuordnungsgesetz
AMVV	Arzneimittelverschreibungsverordnung
AO	Abgabenordnung
AOP-Vertrag	Vertrag über das Ambulante Operieren
APG	Alten- und Pflegegesetz
ApoBetrO	Apothekenbetriebsordnung
ApoG	Apothekengesetz
AR	Anschlussrehabilitation
ArbZG	Arbeitszeitgesetz
ART	Kommission Antiinfektiva, Resistenz und Therapie
Ärztebl.	Ärzteblatt
ASV	Ambulante spezialfachärztliche Versorgung
ASV-RL	Richtlinie für die ambulante spezialfachärztliche Versorgung
AsylbLG	Asylbewerberleistungsgesetz
Aufl.	Auflage
AwbG	Arbeitnehmerweiterbildungsgesetz
AWMF	Arbeitsgemeinschaft der Wissenschaftlichen Medizinischen Fachgesellschaften e.V.
Az.	Aktenzeichen

https://doi.org/10.1515/9783110700428-002

ÄZQ	Ärztliches Zentrum für Qualität in der Medizin
BaFin	Bundesanstalt für Finanzdienstleistungsaufsicht
BAG	Bundesarbeitsgericht
BAK	Bundesapothekerkammer
BÄK	Bundesärztekammer
Banz	Bundesanzeiger
BÄO	Bundesärzteordnung
BapO	Bundesapothekerordnung
BayKrG	Bayerisches Krankenhausgesetz
BayRDG	Bayerisches Rettungsdienstgesetz
BB	Brandenburg
BBG	Bundesbeamtengesetz
BbgKHEG	Brandenburgisches Krankenhausentwicklungsgesetz
Bd.	Band
BDG	Bundesdisziplinargesetz
BE	Berlin
Beschl.	Beschluss
BfArM	Bundesinstitut für Arzneimittel und Medizinprodukte
BfR	Bundesinstitut für Risikobewertung
BGB	Bürgerliches Gesetzbuch
BGesBl.	Bundesgesundheitsblatt
BGH	Bundesgerichtshof
BGHSt	Bundesgerichtshof in Strafsachen
BGHZ	Entscheidungssammlung des Bundesgerichtshofs in Zivilsachen
BHKG	Gesetz über den Brandschutz, die Hilfeleistung und den Katastrophenschutz
BIVA	Bundesinteressenvertretung der Nutzerinnen und Nutzer von Wohn- und Betreuungsangeboten im Alter und bei Behinderung e.V.
BMAS	Bundesministerium für Arbeit und Sozialordnung
BMBF	Bundesministerium für Bildung und Forschung
BMG	Bundesministerium für Gesundheit
BN	Bettennutzung
BPflV	Bundespflegesatzverordnung
BQS	Bundesgeschäftsstelle Qualitätssicherung gGmbH
BSG	Bundessozialgericht
BT	Besonderer Teil
BTÄO	Bundestierärzteordnung
BtMG	Betäubungsmittelgesetz
BtMVV	Betäubungsmittelverschreibungsverordnung
BtPK	Bundespsychotherapeutenkammer
BVA	Bundesversicherungsamt
BverfGE	Amtliche Sammlung der Entscheidungen des Bundesverfassungsgerichts
BverwG	Bundesverwaltungsgericht
BVL	Bundesamt für Verbraucherschutz und Lebensmittelsicherheit
BW	Baden-Württemberg
BY	Bayern
BzgA	Bundeszentrale für gesundheitliche Aufklärung

Cmi	case-mix-Index
CT	Computertomograph
d. h.	das heißt
DakkS	Deutsche Akkreditierungsstelle GmbH
DART	Deutschen Antibiotika-Resistenzstrategie
DAV	Deutscher Apothekerverband e.V.
DAWI	Dienstleistungen von allgemeinem wirtschaftlichen Interesse
DAZ	Deutsche Apothekerzeitung
DGPPM	Deutsche Gesellschaft für Psychiatrie und Psychotherapie, Psychosomatik und Nervenheilkunde
DIMDI	Deutsche Institut für Medizinische Dokumentation und Information
DKG	Deutsche Krankenhausgesellschaft
DKI	Deutsches Krankenhausinstitut e.V.
DKTIG	Deutsche Krankenhaus TrustCenter und Informationsverarbeitung GmbH
DKVG	Deutsche Krankenhausverlagsgesellschaft mbH
DO-Angestellte	Dienstordnungsangestellte
DRG	Diagnosis Related Groups – diagnosebezogene Fallpauschalen
DSO	Deutsche Stiftung Organspende
DVO	Durchführungsverordnung
E	Einwohnerzahl
EAP	Erweiterte Ambulante Physiotherapie
EBM	Einheitlicher Bewertungsmaßstab
EDQM	European Directorate for the Quality of Medicines & HealthCare
EEE	Einrichtungseinheitlicher Eigenanteil
EKG	Elektrokardiogramm
EMA	Europäische Arzneimittelagentur
EntflechtG	Entflechtungsgesetz
EOHSP	European Observatory on Health Systems and Policies
ErgThG	Gesetz über den Beruf der Ergotherapeutin und des Ergotherapeuten
EstG	Einkommenssteuergesetz
EU	Europäische Union
EuGH	Europäischer Gerichtshof
EVA	Entlastende Versorgungsassistentin
EWR	Europäischer Wirtschaftsraum
FG	Finanzgericht
FLI	Friedrich-Löffler-Institut
FlüAG NRW	Gesetz über die Zuweisung und Aufnahme ausländischer Flüchtlinge (Flüchtlingsaufnahmegesetz) NRW
FSHG	Gesetz über den Feuerschutz und die Hilfeleistung
G-BA	Gemeinsamer Bundesausschuss
GbR	Gesellschaft bürgerlichen Rechts
GCP	Good Clinical Practice
GDK	Gesellschaft Deutscher Krankenhaustag mbH

GDVG	Bayerisches Gesundheitsdienst- und Verbraucherschutzgesetz
GDVG	Gesundheitsdienst- und Verbraucherschutzgesetz
GemKHBVO	Gemeindekrankenhausbetriebsverordnung
GesR	Gesundheitsrecht
GewA	Gewerbeaufsicht
GewO	Gewerbeordnung
GFG	Gemeindefinanzierungsgesetz
GG	Grundgesetz
GGW	G+G Wissenschaft (Das Wissenschaftsforum Gesundheit und Gesellschaft)
GkinD	Gesellschaft der Kinderkrankenhäuser und Kinderabteilungen in Deutschland e.V.
GKV	Gesetzliche Krankenversicherung
GKV-Patienten	Patientinnen und Patienten der Gesetzlichen Krankenversicherung
GKV-SVwStG	GKV-Selbstverwaltungsstärkungsgesetz
GKV-VSG	GKV-Versorgungsstärkungsgesetz
GKV-VStG	GKV-Versorgungsstrukturgesetz
GKV-WSG	GKV-Wettbewerbsstärkungsgesetz
GLP	Good Laboratory Practice
GmbH	Gesellschaft mit beschränkter Haftung
GmbH & Co. KG	Gesellschaft mit beschränkter Haftung und Companion KG
GmbHG	Gesetz betreffend die Gesellschaften mit beschränkter Haftung
GMG	GKV-Modernisierungsgesetz
GO	Gemeindeordnung
GOÄ	Gebührenordnung für Ärzte
GOP	Gebührenordnung für Psychologische Psychotherapeuten und Kinder- und Jugendlichenpsychotherapeuten
GOZ	Gebührenordnung für Zahnärzte
GRG	Gesundheitsreformgesetz
GSG	Gesundheitsstrukturgesetz
GuV	Gewinn und Verlustrechnung
GWB	Gesetz gegen Wettbewerbsbeschränkungen
h.M.	herrschende Meinung
HAG/SGB XII	Hessischen Ausführungsgesetz zum Zwölften Buch Sozialgesetzbuch
HB	Bremen
HE	Hessen
HebG	Hebammengesetz
HeilBerG	Heilberufsgesetz
HeilprDV	Erste Durchführungsverordnung zum Heilpraktikergesetz
HeilprG	Heilpraktikergesetz
HgöGD	Hessisches Gesetz über den öffentlichen Gesundheitsdienst
HH	Hamburg
HHVG	Heil- und Hilfsmittelversorgungsgesetz
HkaG	Heilberufe-Kammergesetz Bayern
HKHG	Hessisches Krankenhausgesetz 2011
HmbKHG	Hamburgisches Krankenhausgesetz
HS	Halbsatz

HWG	Heilmittelwerbegesetz
i.d.F.	in der Fassung
i.S.v.	im Sinne von
i.V.m.	in Verbindung mit
IAQ	Institut für Arbeit und Qualifikation
IfSG	Infektionsschutzgesetz
InEK	Institut für Entgeltsystem im Krankenhaus
InsO	Insolvenzordnung
IQTiG	Institut für Qualitätssicherung und Transparenz im Gesundheitswesen
IQWIG	Institut für Qualität und Wirtschaftlichkeit im Gesundheitswesen
JA	Juristische Ausbildung
JURA	Zeitschrift für die Juristische Ausbildung
JVEG	Justizvergütungs- und -entschädigungsgesetz
JZ	Juristenzeitung
KatSG	Katastrophenschutzgesetz
KBV	Kassenärztliche Bundesvereinigung
KG	Kommanditgesellschaft
KG NW	Krankenhausgesellschaft NRW
KHBV	Krankenhausbuchführungsverordnung
KHEntgG	Krankenhausentgeltgesetz
KHG	Krankenhausfinanzierungsgesetz
KHGG NRW	Krankenhausgestaltungsgesetz NRW
KHR	Zeitschrift Krankenhausrecht
KHSG	Krankenhausstrukturgesetz
KHZVV NRW	Verordnung zur Regelung von Zuständigkeiten und Verfahren auf dem Gebiet des Krankenhauswesens NRW
KID	Krebsinformationsdienst
KMK	Kultusministerkonferenz
KOSKON	Koordination für Selbsthilfe in Nordrhein-Westfalen
Krankenhäuser	Krankenhaushäufigkeit
KRINKO	Kommission für Krankenhaushygiene und Infektionsprävention
KRS	Krankenhausrechtsprechungssammlung des BSG
KU	Krankenhaus Umschau
KV	Kassenärztliche Vereinigung
KVB	Kassenärztliche Vereinigung Bayerns
KZBV	Kassenzahnärztliche Bundesvereinigung
KZV	Kassenzahnärztliche Vereinigung
LBMRV	Landesbeauftragte für den Maßregelvollzug
LDI	Landesbeauftragter für Datenschutz und Informationsfreiheit
LFBG	Lebensmittel-, Bedarfsgegenstände- und Futtermittelgesetzbuch
LG	Landgericht
LGL	Landesamt für Gesundheit und Lebensmittelsicherheit (Bayern)
LHKM	Linksherzkathetermessplatz

LOG	Landesorganisationsgesetz
LZG NRW	Landeszentrum Gesundheit NRW
m.w.Nw.	mit weiteren Nachweisen
MAGS	Ministerium für Arbeit, Gesundheit und Soziales
MBO	Musterberufsordnung
MDK	Medizinischer Dienst der Krankenkassen
MedGV	Medizingeräteverordnung
MedR	Zeitschrift Medizinrecht
Medstra	Zeitschrift für Medizinstrafrecht
MGEPA	Ministerium für Gesundheit, Emanzipation, Pflege und Alter des Landes NRW
Mio.	Millionen
MmR	Mindestmengenregelungen
MPG	Medizinproduktegesetz
MPhG	Masseur- und Physiotherapeutengesetz
MRVG	Maßregelvollzugsgesetz
MV	Mecklenburg-Vorpommern
MVZ	Medizinisches Versorgungszentrum
NAMSE	Nationales Aktionsbündnis für Menschen mit seltenen Erkrankungen
NGO	Nicht-Regierungsorganisationen
NI	Niedersachsen
NJW	Neue Juristische Wochenschrift
NKHG	Niedersächsisches Krankenhausgesetz
NLGA	Niedersächsisches Landesgesundheitsamt
NRW/ NW	Nordrhein-Westfalen
NStZ	Neue Zeitschrift für Strafrecht
NversZ	Neue Zeitschrift für Versicherung und Recht
NVwZ	Neue Zeitschrift für Verwaltungsrecht
NwVBl	Nordrheinwestfälische Verwaltungsblätter
NZS	Neue Zeitschrift für Sozialrecht
OECD	Organisation for Economic Cooperation and Development
ÖGD	Öffentlicher Gesundheitsdienst
ÖGDG	Gesetz über den öffentlichen Gesundheitsdienst
OHG	Offene Handelsgesellschaft
OLG	Oberlandesgericht
OTA	Operationstechnische Angestellte
OVG	Oberverwaltungsgericht
PartGG	Partnerschaftsgesellschaftsgesetz
PatBeteiligungsV	Patientenbeteiligungsverordnung
PauschKHFVO	Verordnung über die pauschale Krankenhausförderung
PBST	Periphere Blutstammzellentransplantation
PEI	Paul-Ehrlich-Institut
PEPP-Katalog	Pauschalierendes Entgeltsystem Psychiatrie und Psychosomatik

PflegeZG	Pflegezeitgesetz
PharmR	Pharma-Recht
PKV	Private Krankenversicherung
plan. QI-RL	Richtlinie zu planungsrelevanten Qualitätsindikatoren gemäß § 136 Absatz 1 SGB V i. V. m. § 136c Absatz 1 und Absatz 2 SGB V
PPP	Public-Private-Partnership
PpSG	Pflegepersonalstärkungsgesetz
ProdSG	Produktsicherheitsgesetz
PSG	Pflegestärkungsgesetz
PsychEntgG	Gesetz zur Einführung eines pauschalierenden Entgeltsystems für psychiatrische und psychosomatische Einrichtungen
PsychKG NRW	Gesetz über Hilfen und Schutzmaßnahmen bei psychischen Krankheiten NRW
PsychThG	Psychotherapeutengesetz
PsychVVG	Gesetzes zur Weiterentwicklung der Versorgung und der Vergütung für psychiatrische und psychosomatische Leistungen – Qualitätssicherungsrichtlinie
QM-RL	Richtlinie über Maßnahmen der Qualitätssicherung in Krankenhäusern – Qualitätsmanagement-Richtlinie
QSKH-RL	Richtlinie über Maßnahmen der Qualitätssicherung in Krankenhäusern – Qualitätssicherungsrichtlinie
rd.	Rund
Rdnr.	Randnummer bei Verweisungen im Kommentar
RettG	Rettungsgesetz
RGSBl.	Reichsgesetzblatt
RidoHiMi	Richtlinien zur Festlegung der doppelfunktionalen Hilfsmittel
RKI	Robert Koch Institut
Rn.	Randnummer bei Verweisungen in Rechtsprechung und Literatur
RöV	Röntgenverordnung
RP	Rheinland-Pfalz
RPG	Recht und Politik im Gesundheitswesen
RVO	Reichsversicherungsordnung
S.	Seite
SbG	Die Sozialgerichtsbarkeit
SG	Sozialgericht
SGB	Sozialgesetzbuch
SH	Schleswig-Holstein
SL	Saarland
SMBl. NRW	Sammlung der Ministerialblätter des Landes NRW
SN	Sachsen
sog.	so genannt
SpiBu	Spitzenverband Bund der Krankenkassen
ST	Sachsen-Anhalt

STAKOB	Ständiger Arbeitskreis der Kompetenz- und Behandlungszentren für hochkontagiöse und lebensbedrohliche Erkrankungen
StGB	Strafgesetzbuch
StrlSchV	Strahlenschutzverordnung
StVO	Straßenverkehrszulassungsordnung
StVOZustG BW	Gesetz über Zuständigkeiten nach der Straßenverkehrs-Ordnung
TAVI	Transkatheter – Aortenklappenimplantation
TH	Thüringen
THW	Technisches Hilfswerk
TPG	Transplantationsgesetz
TU	Technische Universität
TvöD	Tarifvertrag für den Öffentlichen Dienst
u. a.	unter anderem
UKGM	Universitätsklinikum Gießen-Marburg
UKVO NRW	Universitätsklinikum-Verordnung NRW
UPD	Unabhängige Patientenberatung Deutschland
Urt.	Urteil
UstG	Umsatzsteuergesetz
UWG	Gesetz gegen den unlauteren Wettbewerb
v.	Vom
VAG	Versicherungsaufsichtsgesetz
VD	Verweildauer
VersR	Zeitschrift Versicherungsrecht
VGH	Verwaltungsgerichtshof
VKA	Verband der kommunalen Arbeitgeber
VSSR	Vierteljahresschrift für Sozialrecht
VVG	Versicherungsvertragsgesetz
VwGO	Verwaltungsgerichtordnung
VwVfG	Verwaltungsverfahrensgesetz
WHO	Weltgesundheitsorganisation
Wiss Dienst BT	Wissenschaftlicher Dienst des Bundestages
Wistra	Zeitschrift für Wirtschafts- und Steuerstrafrecht
WMA	Weltärztebund
WPg	Zeitschrift Wirtschaftsprüfung
WzS	Wege zur Sozialversicherung
z. T.	zum Teil
ZfPW	Zeitschrift für die gesamte Privatrechtswissenschaft
ZHG	Zahnheilkundegesetz
zit.	zitiert
ZLG	Zentralstelle der Länder für Gesundheitsschutz bei Arzneimitteln und Medizinprodukte
ZMGR	Zeitschrift für das gesamte Medizinrecht

ZPO	Zivilprozessordnung
ZVO-IfSG	Zuständigkeitsverordnung nach IfSG

Literaturverzeichnis

Achterfeld Aufgabenverteilung im Gesundheitswesen – Rechtliche Rahmenbedingungen der Delegation ärztlicher Leistungen, 2014

Alexander/Rath Krankenkassen im Wandel, 2001

Ballhausen Der Vorrang der Nacherfüllung beim Behandlungsvertrag, NJW 2011, S. 2694

Bamberger/Roth/Hau/Poseck (Hrsg.) BeckOK BGB, 54. Ed., 2020 (zit. BeckOK/Bearbeiter)

Becker/Bertram/Heitzig/Klöcke/Lafontaine/Stollmann Krankenhausgestaltungsgesetz NRW, Kommentar, Loseblatt, Stand 2019

Beckmann/Matusche-Beckmann (Hrsg.) Versicherungsrechtshandbuch, 3. Aufl., 2015 (zit. Bearbeiter, in: Beckmann/Matusche-Beckmann)

Berchtold/Huster/Rehborn Gesundheitsrecht – SGB V, SGB XI, Kommentar, 2. Aufl. 2018

Bergmann/Pauge/Steinmeyer (Hrsg.) NomosKommentar Gesamtes Medizinrecht, 3. Aufl. 2018 (zit. NK/Bearbeiter, Gesamtes Medizinrecht)

Berner Einstandspflicht durch eine gütliche Einigung sichern, Dtsch. Ärztebl. 1999, 96

BMAS Übersicht über das Sozialrecht, 16. Aufl. 2019

Borchert Zur Unwirksamkeit der Schweigepflichtentbindungserklärung in Versicherungsanträgen, NVersZ 2001, S. 1

Brennecke Ärztliche Geschäftsführung ohne Auftrag, 2010

Buchner Der Einsatz neuer medizinischer Behandlungsmethoden – ärztliche Aufklärung oder präventive Kontrolle? – zugleich Anmerkung zu BGHZ 168, 103, VersR 2006, S. 1460

Burgi Moderne Krankenhausplanung zwischen staatlicher Gesundheitsverantwortung und individuellen Trägerinteressen, NVwZ 2010, S. 601

Busse/Panteli/Henschke Arzneimittelversorgung in der GKV und 15 anderen europäischen Gesundheitssystemen 2015

Dauner-Lieb/Langen (Hrsg.) , Nomos Kommentar zum BGB – Schuldrecht, 3. Aufl. 2016 (zit. NK-BGB/Bearbeiter)

Debong Die wahlärztliche Behandlung im Krankenhaus – Probleme im Krankenhausalltag und deren Lösung, ArztRecht 2014, 33

Dessecker Privatisierung in der Strafrechtspflege, 2008

Deutsch/Spickhoff Medizinrecht, 7. Aufl. 2014

Dietz/Bofinger Krankenhausfinanzierungsgesetz, Bundespflegesatzverordnung und Folgerecht, Kommentar, Loseblatt, Stand 2020; (zit. Bearbeiter in Dietz/Bofinger, Bundespflegesatzverordnung)

Dörfler/Eisenmenger/Lippert/Wandl (Hrsg.) Medizinisches Gutachten, 2015

Elkeles Das Krankenhaus um die Wende vom 19. zum 20. Jahrhundert aus der Sicht seiner Patienten, Historia Hospitalium, Bd. 17, 1986–1988, 89

Erbs/Kohlhaas (Hrsg.) Strafrechtliche Nebengesetze, 229. Aufl. 2020 (zit. Erbs/Kohlhaas/Bearbeiter, Strafrechtliche Nebengesetze)

Eser (Hrsg.) Schönke/Schröder – Strafgesetzbuch, 30. Aufl. 2019 (zit. Schönke/Schröder/Bearbeiter, StGB)

Eser/Koch Aktuelle Rechtsprobleme der Sterilisation, MedR 1984, S. 6

Farrokh Shadows in the Desert: Ancient Persia at War, Osprey Publishing, Oxford 2007, S. 241

Fischer (Hrsg.) Strafgesetzbuch mit Nebengesetzen, 67. Aufl. 2020 (zit. Fischer, StGB)

Forsthoff Der Staat der Industriegesellschaft, 1971

Forsthoff Die Verwaltung als Leistungsträger, 1938

https://doi.org/10.1515/9783110700428-003

Frahm Einschränkung der Therapiefreiheit durch das Haftungsrecht, GesR 2005, S. 529

Fuchs/Preis Sozialversicherungsrecht, 2. Aufl. 2009

Gehrlein Grundwissen Arzthaftungsrecht, 2. Aufl. 2015

Geis Hochschulrecht im Freistaat Bayern, 2009

Geiß/Greiner Arzthaftpflichtrecht, 7. Aufl. 2014

Golbs (Hrsg.) NomosKommentar Kastrationsgesetz, 2012

Graf von Westphalen (Hrsg.) Graf von Westphalen – Vertragsrecht und AGB-Klauselwerke,
39. Aufl., 2017 (zit. Bearbeiter, in: Graf von Westphalen – Vertragsrecht und AGB-
Klauselwerke)

Gropp Strafrecht Allgemeiner Teil, 4. Aufl. 2015

Gsell/Krüger/Lorenz/Mayer (Hrsg.) BeckOGK BGB, Stand 15.03.2020 (zit. Beck-OGK/
Bearbeiter, BGB)

Haag (Hrsg.) Geigel – Der Haftpflichtprozess mit Einschluss des materiellen Haftpflichtrechts,
27. Aufl. 2015 (zit. Bearbeiter, in: Geigel)

Häfner Gesundheit – unser höchstes Gut?, 1999

Hahn/Sendowski Der neue „Facharztbeschluss" des Bundesverfassungsgerichts – berufs- und
vergütungsrechtliche Auswirkungen, NZS 2011, 728

Hänlein/Schuler Sozialgesetzbuch V, Kommentar, 5. Aufl. 2016

Hart Ärztliche Leitlinien – Definitionen, Funktionen, rechtliche Bewertungen – Gleichzeitig ein
Beitrag zum medizinischen und rechtlichen Standardbegriff, MedR 1998, S.8

Hart Patientensicherheit nach dem Patientenrechtegesetz, MedR 2013, S. 159

Harzt Kassenärztlichen Bundesvereinigung (KBV), Teilnahme an der vertragsärztlichen
Versorgung, 2014

Hase Verfassungsrechtliche Bewertung der Normsetzung durch den Gemeinsamen
Bundesausschuss, MedR. 2005, S. 391

Hauck/Noftz (Hrsg.) Kommentar zum Sozialgesetzbuch V – Gesetzliche Krankenversicherung –
Fortsetzungsbezug, Stand 2020 (zit. Hauck/Noftz/Bearbeiter)

Hausch Nur ein Diagnoseirrtum? Oder doch eine unterlassene Befunderhebung? –zugleich
eine Anmerkung zum Urteil des BGH vom 7.6.2011 – VI ZR 67/10, MedR, 2012, S. 231

Haverkamp Handbuch Armut und Soziale Ausgrenzung, 2008

Hensche Entfernung einer Abmahnung aus der Personalakte, Arbeitsrecht aktuell//13/020

Herffs Anmerkung zum Urteil des BGH vom 25.11.2003 – 4 StR 239/03 (Zur Abgrenzung von
Untreue und Betrug gegenüber Krankenkasse und Apotheker beim Bezug kassenärztlich
verordneter Medikamente, wistra 2006, 63

Hess Die Entdeckung des Krankenhauses als wissenschaftlicher Raum. Ein neues
Selbstverständnis der medizinischen Klinik 1800–1850, Historia Hospitalium Bd. 20,
1995–1997, 88

Hilgendorf Einführung in das Medizinstrafrecht, 2016

Hofmann 15 Jahre Herzinfarkt-Rehabilitationskliniken, Historia Hospitalium Bd. 15,
1983–1984, 395

Hömig/Wolff (Hrsg.) Grundgesetz für die Bundesrepublik Deutschland Handkommentar,
11. Aufl., 2016 (zit. Hömig/Wolff/Bearbeiter, GG)

Huster/Kaltenborn Krankenhausrecht, Handbuch, 1. Aufl. 2010, 2. Aufl. 2017; (zit. Bearbeiter
in Huster/Kaltenborn, Krankenhausrecht)

Igl/Welti (Hrsg.) Gesundheitsrecht, 3. Aufl. 2018 (zit. Bearbeiter, in: Igl/Welti,
Gesundheitsrecht)

Jäger, Chr. Rote Karte für die „Dritte Halbzeit", JA 2013, S. 634

Joecks/Miebach (Hrsg.) Münchener Kommentar zum Strafgesetzbuch, 3. Aufl. 2017 (zit. MükoStGB/Bearbeiter)

Karmasin Beweislastumkehr bei einfachen Befunderhebungsfehlern und rechtmäßiges Alternativverhalten bei ärztlichen Behandlungsfehlern – Stellungnahmen zu den Beiträgen von Schultze-Zeu VersR 2008, 898 und Schütz/Dopheide VersR 2009, 475, VersR 2009, S. 1200

Katzenmeier Arzthaftung, 2002

Katzenmeier Ein Sonderstraftatbestand der eigenmächtigen Heilbehandlung, ZRP 1997, S. 156–161

Katzenmeier Aufklärung über neue medizinische Behandlungsmethoden – „Robodoc", NJW 2006, S. 2738

Katzenmeier Anmerkung zu BGHZ 168, 103, JZ 2007, S. 1108

Katzenmeier Anspruch auf Entschädigung für seelisches Leid, JZ 2017, S. 869

Katzenmeier/Schrag-Slavu Rechtsfragen des Einsatzes der Telemedizin im Rettungsdienst, 2010

Kersten Mindestgewährleistungen im Infrastrukturrecht, Informationen zur Raumentwicklung, Heft 1, 2008

Kersten Die Entwicklung des Konzepts der Daseinsvorsorge, in *Forsthoff*, Der Staat 2005, 543

Kersten/Neu/Vogel Regionale Daseinsvorsorge – Begriff, Indikatoren, Gemeinschaftsaufgabe, Gutachten, 2015

Kindhäuser Strafrecht Besonderer Teil I – Straftaten gegen Persönlichkeitsrechte, Staat und Gesellschaft, 7. Aufl. 2015

Kindhäuser/Neumann/Paeffgen (Hrsg.) NomosKommentar Strafgesetzbuch, 5. Aufl. 2017 (zit. Kindhäuser/Neumann/Paeffgen/Bearbeiter, StGB)

Kingreen Medizinrecht und Gesundheitsrecht in Festschrift für Deutsch 2009 S. 283

Klein Haftungsfragen im Hygienebereich – Hygienemängel gelten juristisch als „voll beherrschbare Risiken", Hyd Med 2010, S. 361

Kluth Maßstäbe und Verfahrensgrundsätze der Kammeraufsicht, http://www.kammerrecht.de/media/veranstaltungen/kammerrechtstag/2008/Vortrag-Kluth_Aufsicht.pdf

Kluth Rechtsgutachten zur verfassungsrechtlichen Beurteilung des Gemeinsamen Bundesausschusses (G-BA) nach § 91 SGB V, 2015

Knauer/Kudlich/Schneider (Hrsg.) Münchener Kommentar zur Strafprozessordnung, 2014 (zit. MüKoStPO/Bearbeiter)

Koch Niederlassung und berufliche Kooperation – Neue Möglichkeiten nach der novellierten (Muster-)Berufsordnung für Ärzte, GesR 2005, S. 241

Korzilius Gemeinsamer Bundesausschuss – Wer kontrolliert den kleinen Gesetzgeber? Dtsch. Ärztebl. 2013, 110(6): A-211/B-197/C-197

Kratz Die Abgrenzung der Arzneimittelstudie nach dem AMG von der Behandlung, VersR 2007, S. 1448

Krey/Hellmann/Heinrich Strafrecht Besonderer Teil Band 1 – Besonderer Teil ohne Vermögensdelikte, 16. Aufl. 2015

Kügel/Müller/Hofmann (Hrsg.) Arzneimittelgesetz –Beck'sche Kurzkommentare, 2. Aufl. 2016 (zit. Kügel/Müller/Hofmann/Bearbeiter, Arzneimittelgesetz)

Kühl/Heger (Hrsg.) Lackner/Kühl – Strafgesetzbuch Kommentar, 28. Aufl. 2014 (zit. Lackner/Kühl/Bearbeiter, StGB)

Küppersbusch/Höher Ersatzansprüche bei Personenschaden – Eine praxisbezogene Anleitung, 13. Aufl. 2020

Labisch Krankenhauspolitik in der Krankenhausgeschichte, Historia Hospitalium Bd. 13, 1979–1980, 217

Laufhütte/Rissing-van-Saan/Tiedemann (Hrsg.) Strafgesetzbuch Leipziger Kommentar, 12. Aufl., De Gruyther Recht, 2009 (zit. LK/Bearbeiter, StGB)

Laufs Der ärztliche Heilauftrag aus juristischer Sicht, 1989

Laufs Die klinische Forschung am Menschen nach deutschem Rechte, VersR 1978, S. 385

Laufs Arzt und Recht im Wandel der Zeit, MedR 1986, S. 163

Laufs/Katzenmeier/Lipp Arztrecht, 7. Aufl. 2015 (zit. Bearbeiter, in: Laufs/Katzenmeier/Lipp)

Laufs/Kern/Rehborn (Hrsg.) Handbuch des Arztrechts, 5. Aufl. 2019 (zit. Bearbeiter, in: Laufs/ Kern/*Rehborn*)

Leber Aktuelle Fragen zu Privatkliniken in unmittelbarer Nähe zu zugelassenen Krankenhäusern, http://arge-medizinrecht.de/wp-content/uploads/2016/03/ 2009–04–24-vortrag-ra-leber-privatkliniken-01.pdf

Leitner/Rosenau (Hrsg.) NomosKommentar Wirtschafts- und Steuerstrafrecht, 2017 (zit NK-WSS/Bearbeiter)

Lepke Kündigung bei Krankheit, 2015

Linck Doping und staatliches Recht, NJW 1987, S. 2545

Lorz Arzthaftung bei Schönheitsoperationen. Schriften zum Bürgerlichen Recht, 2007

Magnus Aktuelle Probleme des Abrechnungsbetrugs (§ 263 StGB), NStZ 2017, S. 249

Martis/Winkhart-Martis (Hrsg.) Arzthaftungsrecht Fallgruppenkommentar, 5. Aufl. 2018

Maunz/Dürig Grundgesetz, Kommentar, Loseblatt, Stand 2020 (zit. als Bearbeiter in Maunz/ Dürig, GG)

McKee/MacLehose/Nolte Health policy and European Union enlargement, 2004

Mers Infektionsschutz im liberalen Rechtsstaat, 2019

Müller/Wedlich Patientenrechtegesetz: Beweislasten im Arzthaftungsprozess, Dtsch Ärztebl. 2013, 110

Murken Krankenhausbau im 19. Jahrhundert – Ein Beitrag zur Krankenhausarchitektur, Historia Hospitalium Bd. 5, 1970, 15

Murken Die Entwicklung des Krankenhauses seit dem 19. Jahrhundert, Historia Hospitalium Bd. 6, 1971, 38

Murken Von einer Krankenabteilung zum akademischen Lehrkrankenhaus. Das Diakonissen-Krankenhaus Gilead in Bethel bei Bielefeld von 1869 bis in die Gegenwart, Historia Hospitalium Bd. 18, 1989–1992, 231

Musielak/Voit (Hrsg.) Zivilprozessordnung, Kommentar, 17. Aufl. 2020 (zit. Musielak/ Bearbeiter, ZPO)

Nilges/Bartha Die Veränderung des Berufsbildes des Kinder- und Jugendlichenpsychotherapeuten durch die Regelung dieses Berufes durch das Gesetz über die Berufe des Psychologischen Psychotherapeuten und des Kinder- und Jugendlichenpsychotherapeuten, zur Änderung des fünften SGB und anderer Gesetze vom 16.06.1998 und die Auswirkungen auf den rechtlichen Status, Rechtsgutachten 2002

Pawlik Die historische Entwicklung der Krankenhausbauvorschriften, Historia Hospitalium Bd. 18, 1989–1992, 361

Peris Zum Verhältnis einer Wahlleistungsvereinbarung zu einem Arztzusatzvertrag im Hinblick auf bestehende Formerfordernisse, MedR 1998, S. 361

Peukert § 326 Abs. 1 S. 2 BGB und die Minderung als allgemeiner Rechtsbehelf, AcP 2005, S. 430

Picker Schadensersatz für das unerwünschte eigene Leben „Wrongful life", 1995

Poelzig Ansprüche des Arztes gegen säumige Patienten, VersR 2007, S. 1608

Pollähne Die Privatisierung psychiatrischer Krankenhäuser und ihre Folgen für den Maßregelvollzug in Dessecker, Privatisierung in der Strafrechtspflege, 2008, 139

Prütting, D. Das Bundesgesundheitsamt, Die Relevanz seiner Empfehlungen und Entscheidungen für den Arzt, Dtsch. Ärzteblatt 1988, 3333

Prütting, D. (Hrsg.) Formularbuch des Fachanwalts Medizinrecht, 2. Aufl. 2018 (zit. Bearbeiter in Prütting Formularbuch des Fachanwalts Medizinrecht)

Prütting, D. Krankenhausgestaltungsgesetz NRW, Kommentar, 4. Aufl. 2017

Prütting, D. Krankenhausgestaltungsgesetz des Landes Nordrhein-Westfalen, Textsammlung mit Einführung und Kurzkommentierung, 3. Aufl. 2016

Prütting, D. Maßregelvollzugsgesetz NRW, Kommentar 2004

Prütting, D. (Hrsg.) Medizinrecht Kommentar, 5. Aufl. 2019 (zit. Bearbeiter in Prütting)

Prütting, D. Qualitätskriterien in der Krankenhausplanung, MedR 2014, 626

Prütting, D. Rettungsgesetz Nordrhein-Westfalen, Kommentar, 4. Aufl. 2016

Prütting, D. Staatlicher Defizitausgleich bei öffentlich-rechtlich geführten Krankenhäusern, GesR 2017, 415

Prütting, D. Von der Vogelgrippe bis zum ZIKA-Virus, GesR 2016, 469

Prütting, D. Die Relevanz der Empfehlungen und Entscheidungen des Bundesgesundheitsamtes (BGA) für den Arzt, Dtsch. Ärztebl. 1988, 3333

Prütting, H./Wegen/Weinreich (Hrsg.) BGB Kommentar, 15. Aufl. 2020 (zit. PWW/Bearbeiter, BGB)

Prütting, J. Die rechtlichen Aspekte der Tiefen Hirnstimulation, 2014

Prütting, J. Die verschärfte Haftung im Bereicherungsfolgenrecht – Eine systematische Neuerfassung unter Berücksichtigung vorgeschlagener Umgehungslösungen, AcP 2016, S. 459

Prütting, J. Die „Immer-so-Rechtsprechung" – Eine kritische Würdigung aus prozessrechtlicher Perspektive, in Katzenmeier, Christian/Ratzel, Rudolf (Hrsg.), Glück auf! Medizinrecht gestalten – Festschrift für Franz-Josef Dahm, 2017, S. 359

Prütting, J. Die Indikation im Bereich wunschmedizinischer Maßnahmen – Gegenstand und verfassungsrechtlicher Hintergrund, medstra 2016, S. 78

Prütting, J. Prozessuale Besonderheiten der Arzthaftung, GesR 2017 S. 681

Prütting, J./Kniepert Transformation einer Verbandsstrafe in einen Schadensersatz – Unzulässige Verbindung zweier Haftungssysteme, ZfPW 2017, S. 458

Prütting/Schnabel/Maaß Aktuelle Fragen zu Zwangsbehandlungen und Sicherungsmaßnahmen in landesrechtlichen Gesetzgebungsverfahren medstra 2016, 146

Quaas/Zuck/Clemens Medizinrecht, 4. Aufl. 2018

Ramm Der ärztliche Befunderhebungsfehler, GesR 2011, 513

Ratzel Zivilrechtliche Konsequenzen von Verstößen gegen die ärztliche Berufsordnung, MedR 2002, S. 492

Ratzel/Lippert/Prütting, J. (Hrsg.) Kommentar zur (Muster-)Berufsordnung für die in Deutschland tätigen Ärztinnen und Ärzte – MBO-Ä 1997, 7. Aufl. 2018 (zit. Bearbeiter, in: Ratzel/Lippert/Prütting, MBOÄ)

Ratzel/Lissel Handbuch des Medizinschadensrechts, 2013

Ratzel/Luxenburger Handbuch Medizinrecht, 4. Aufl., 2020 (zit. Bearbeiter, in: Ratzel/ Luxenburger)

Rauscher/Krüger (Hrsg.) Münchener Kommentar zur Zivilprozessordnung mit Gerichtsverfassungsgesetz und Nebengesetzen, 5. Aufl. 2016 (zit. MüKo/Bearbeiter, ZPO)

Rengier Strafrecht Besonderer Teil II – Delikte gegen die Person und die Allgemeinheit, 17. Aufl. 2016

Riedel/Derpa Kompetenzen des Bundes und der Länder im Gesundheitswesen, 2002 S. 115

Rieger Lexikon des Arztrechts, 1998

Rieger/Dahm/Katzenmeier/Stellpflug/Ziegler (Hrsg.) Heidelberger Kommentar Arztrecht Krankenhausrecht Medizinrecht – HK-AKM, Stand 2019 (zit. HK-AKM/ Bearbeiter)

Rodegra/Murken Krankenhausrundbauten in Vergangenheit und Gegenwart. Zur historischen Entwicklung von kreisförmigen Bettenhäusern und panoptisch angelegten Krankensälen, Historia Hospitalium Bd. 3, 1979–1980, 197

Rosenberg Die Beweislast auf der Grundlage des Bürgerlichen Gesetzbuches und der Zivilprozessordnung, 1956

Roxin/Schroth (Hrsg.) Handbuch des Medizinstrafrechts, 4. Aufl. 2010

Saalfrank Handbuch des Medizin- und Gesundheitsrechts Loseblatt, Stand 2018 (zit. Bearbeiter, in: Saalfrank Handbuch des Medizin- und Gesundheitsrechts)

Säcker/Rixecker (Hrsg.) Münchener Kommentar zum Bürgerlichen Gesetzbuch, 6. Aufl. 2012, teilweise auch 7. Aufl. 2016/2017 (zit. MüKo/Bearbeiter, BGB)

Schallen Zulassungsverordnung, Kommentar, 9. Aufl. 2017

Schiller Bundesmantelvertrag Ärzte, Kommentar, 2014

Schmitt Entscheidung des LSG Stuttgart verunsichert erneut Honorarärzte und Krankenhäuser, 2013, https://www.roedl.de/, zuletzt abgerufen 1.7.2020

Schnapp/Wigge Handbuch des Vertragsarztrechts, 3. Aufl. 2017

Schoch Die Allgemeinverfügung (§ 35 Satz 2 VwVfG), JURA 2012, 26

Schulze (Hrsg.) Bürgerliches Gesetzbuch Handkommentar, 9. Aufl. 2017 (zit. Schulze, BGB)

Schumacher Alternativmedizin, 2017

Slizyk IMM-DAT Kommentierung, 13. Aufl. 2017

Spickhoff Die Entwicklung des Arztrechts 2010/2011, NJW 2011, S. 1651

Spickhoff (Hrsg.) Medizinrecht Beck'sche Kurzkommentare, 3. Aufl. 2018 (zit. Spickhoff/ Bearbeiter, Medizinrecht)

Spickhoff/Seibl Haftungsrechtliche Aspekte der Delegation ärztlicher Leistungen an nichtmedizinisches Personal unter besonderer Berücksichtigung der Anästhesie, MedR 2008, S. 463

Spree/Labisch Sozialgeschichte des Allgemeinen Krankenhauses in Deutschland (19. und frühes 20. Jahrhundert), Historia Hospitalium Bd. 19, 1993–1994, 287

Staudinger, J.von (Hrsg.) Kommentar zum Bürgerlichen Gesetzbuch, 2017 (zit. Staudinger/ Bearbeiter)

Stock Die Indikation in der Wunschmedizin: Ein medizinrechtlicher Beitrag zur ethischen Diskussion über „Enhancement". Recht & Medizin, 2009

Stock Ist die Verbesserung des Menschen rechtsmissbräuchlich, in Wienke, Albrecht/ Eberbach, Wolfram H./Kramer, Hans-Jürgen/Jahnke, Katrin (Hrsg.), Die Verbesserung des Menschen – Tatsächliche und rechtliche Aspekte der wunscherfüllenden Medizin. MedR Schriftenreihe Medizinrecht, 2009

Stoll Haftungsfolgen im bürgerlichen Recht – eine Darstellung auf rechtsvergleichender Grundlage, 1993

Stürner (Hrsg.) Jauernig – Kommentar zum Bürgerlichen Gesetzbuch, 17. Aufl. 2018 (zit. Jauernig/Bearbeiter)

Taupitz Medizinische Informationstechnologie, leitliniengerechte Medizin und Haftung des Arztes, Acp 2011, S. 352

Terbille/Clausen/Schroeder-Printzen (Hrsg.) Münchener Anwaltshandbuch Medizinrecht, 2. Aufl., 2013 (zit. Bearbeiter, in: Terbille/Clausen/Schroeder-Printzen, Münchener Anwaltshandbuch Medizinrecht)

Thomale Mietmutterschaft – Eine international-privatrechtliche Kritik, 2015

Töller/Dittrich Die Privatisierung des Maßregelvollzugs – Die deutschen Bundesländer im Vergleich, polis Nr. 68/2010

Tsambikakis Kommentierung des Gesetzes zur Bekämpfung der Korruption im Gesundheitswesen, medstra 2016, S. 131

Tuschen/Quaas Bundespflegesatzverordnung, 5. Aufl. 2001

Ulsenheimer Arztstrafrecht in der Praxis, 5. Aufl. 2015 (zit. Ulsenheimer/Bearbeiter)

Umbach/Clemens (Hrsg.) Heidelberger Kommentar zum Grundgesetz, 2002 (zit. Bearbeiter in Heidelberger Kommentar z. GG)

Valerius Stammzellgesetz und grenzüberschreitende Forschung, NStZ, 2008, S. 121

Verrel Ein Grundsatzurteil? – Jedenfalls bitter nötig! Besprechung der Sterbehilfeentscheidung des BGH vom 25. 6. 2010 – 2 StR 454/09 (Fall Fulda), NStZ 2010, S. 671

Vießmann Die demokratische Legitimation des Gemeinsamen Bundesausschusses zu Entscheidungen nach § 135 Abs. 1 S. 1 SGB V, 2009

Voigt Individuelle Gesundheitsleistungen (IGel), 2013

von Heintschei-Heinegg BeckOK StGB, 36. Ed., Stand 1. 11. 2017 (zit. BeckOK StGB/Bearbeiter)

von Pentz Tendenzen der neueren höchstrichterlichen Rechtsprechung zur Arzthaftung, MedR 2011, S. 222

Wächter-Raquet Einführung der Gesundheitskarte für Asylsuchende und Flüchtlinge – Der Umsetzungsstand im Überblick der Bundesländer, Graue Publikationen 2016

Welti Die Verteidigung der Therapiefreiheit, 6. Deutscher Medizinrechtstag der Stiftung Gesundheit 2005, http://www.medizinrechts-beratungsnetz.de/medizinrechtstag/2005-koeln/Vortrag_Welti.rtf

Wenzel Handbuch des Fachanwalts, 4. Aufl. 2019

Wertenbruch Die Zulässigkeit einer Kündigungsvereinbarung bei ärztlichen Behandlungsverträgen, MedR 1994, S. 394

Wessels/Hettinger/Engländer Strafrecht Besonderer Teil 1 – Straftaten gegen Persönlichkeits- und Gemeinschaftswerte, 41. Aufl. 2017

Westermann/Grunewald/Maier-Reimer (Hrsg.) Erman BGB Kommentar, 15. Aufl. 2017 (zit. Erman/Bearbeiter)

Wienke/Eberbach/Kramer/Jahnke (Hrsg.) Die Verbesserung des Menschen – Tatsächliche und rechtliche Aspekte der wunscherfüllenden Medizin. MedR Schriftenreihe Medizinrecht, 2009

Wienke/Becker Honorararzt – Konsiliararzt – Wahlarzt – Belegarzt – Kooperationsarzt, https://www.kanzlei-wbk.de/aktuelles-medizinrecht/honorararzt-konsiliararzt-wahlarzt-belegarzt-kooperationsarzt-143.html, 9. 2. 2015

Wissenschaftlicher Dienst des Deutschen Bundestages, Pflichtverletzungen durch Beschäftigte im öffentlichen Dienst – Disziplinarrechtliche beziehungsweise arbeitsrechtliche Konsequenzen, WD 6 – 3000 – 018/19 v. 20.2.2019

Wolfslast/Weinrich Anmerkung zu einer Entscheidung des BGH, Urteil vom 25.06.2010 (2 StR 454/09; NJW 2010, 2963) – Über die Rechtmäßigkeit der Beendigung lebenserhaltender Maßnahmen, StV 2011, S. 286

Wolfslast/Weinrich Anmerkung zu einer Entscheidung des BGH, Urteil vom 25.06.2010 (2 StR 454/09; NJW 2010, 2963) – Über die Rechtmäßigkeit der Beendigung lebenserhaltender Maßnahmen, StV 2011, S. 286

1. Kapitel **Allgemeiner Rahmen,**
Strukturen des Gesundheitswesens

§ 1 Grundbegriffe, Prinzipien

Die Begriffe **Medizin- und Gesundheitsrecht** werden zum Teil synonym, zum 1
Teil nebeneinander verwendet. Während das Gesundheitsrecht sich überwiegend
mit öffentlich-rechtlichen Themen befasst, werden unter dem Begriff Medizinrecht[1] insbesondere das Arzt- und das Arzthaftungsrecht abgebildet, also zivilrechtliche Aspekte. Kommentare mit der Bezeichnung Gesundheitsrecht[2] fokussieren sich auf ausgewählte Materien des Sozialgesetzbuchs, des SGB V, der
SGB IX und XI.[3] Der Begriff Gesundheitsrecht wird z.t. auch sehr weit ausgelegt
und sogar das Behinderten- und Betreuungsrecht darunter gefasst.[4] Schwierigkeiten in der sektorenübergreifenden Zusammenarbeit bestehen insbesondere
durch die gewachsenen und kodifizierten unterschiedlichen Finanzierungswege.
Eine Vermischung kann in der Praxis bei zweckwidriger Verwendung öffentlicher
Gelder zu erheblichen, auch strafrechtlichen Konsequenzen führen.

Fall 1
M, 25 Jahre alt, geistig behindert, lebt in einer Einrichtung nach § 43a SGB XI und ist in einer
Behindertenwerkstatt tätig. Er wird akut krank und bedarf der Behandlung. Die ärztliche
Rechnung ist mit 120 € vergleichsweise niedrig. Die Leitung der Einrichtung möchte sie aus
Mitteln der Eingliederungshilfe bezahlen, weil durch ökonomisches Wirtschaften Geld übrig
geblieben ist. Worauf stützt sich der Krankenbehandlungsanspruch? Können die Mittel der
Eingliederungshilfe nach §§ 53, 54 Abs. 1 Satz 1 Nr. 5 SGB XII dafür verwendet werden?

Lösungsskizze
1. M's Leistungsanspruch für die Versorgung, also Unterkunft, Verpflegung, Teilhabe an der
   Gemeinschaft einschließlich schulischer Aus- und Fortbildung stützt sich auf §§ 43a, 72
   Abs. 4 SGB XI, §§ 53 ff. SGB XII. Er umfasst nach § 54 Abs. 1 Satz 1 Nr. 4 SGB XII nach-
   gehende Hilfen zur Sicherung der Wirksamkeit ärztlicher Behandlungen. Dies sind insbesondere rehabilitative Maßnahmen.
2. Die akute Krankenbehandlung ist nicht davon erfasst und darf somit auch nicht aus den
   Mitteln der Eingliederungshilfe finanziert werden. Andere Anspruchsgrundlagen für
   akute Krankenbehandlungssituationen sieht das SGB XII nicht vor.

---

1 Die Kommentare, die sowohl gesundheits- wie medizinrechtliche Materien behandeln, sind in
der Regel mit „Medizinrecht" überschrieben.
2 *Berchtold/Huster/Rehborn*, Gesundheitsrecht 2015; a.A. *Kingreen*, in Festschrift für Deutsch,
2009 S. 283 (290 f.); *Quaas*, § 1 VI, schränkt ein, sieht aber auch das Gesundheitsrecht als Oberbegriff an und erläutert die bisherigen Definitions- und Systematisierungsversuche in § 1 IV f.
ausführlich.
3 Der Stand der in diesem Buch zitierten Gesetze ohne Fundstellenangabe ist der 1.6.2020.
4 *Igel/Welti*, Gesundheitsrecht, 3. Aufl. 2018, I. Kap. § 1 Rn 5.

https://doi.org/10.1515/9783110700428-004

3. Im akuten Krankheitsfall besteht ein Anspruch auf Behandlung nach §§ 27 SGB V, wenn eine Krankenversicherung vorliegt. M arbeitet in einer Behindertenwerkstatt. Daher ist er nach § 5 Abs. 1 Nr. 8 SGB V in der gesetzlichen Krankenversicherung Pflichtmitglied. Diese muss für seine Behandlungskosten aufkommen.

2 Das **Arztstrafrecht** findet sich nicht nur im Strafgesetzbuch zB in den §§ 223 ff., 263 ff., 331 ff. StGB, sondern ist in vielen Fachgesetzen als strafrechtliches Nebenrecht verankert. So stellt zB § 19 TPG die rechtswidrige Entnahme und den Handel mit Organen unter empfindliche Strafen. Nach §§ 73 ff. IfSG werden Meldeverstöße im Rahmen der Infektionsbekämpfung drastisch geahndet.

3 Vorliegend wird als **Gesundheitsrecht** die Gesamtheit aller internationalen und nationalen Vorschriften bezeichnet, die das öffentliche Gesundheitswesen regeln. Untergesetzliche Bestimmungen wie Satzungen und verbindliche Richtlinien sind einbezogen. Der Schwerpunkt des Gesundheitsrechts liegt im Verwaltungsrecht. Zur Themenvielfalt zählen die stationäre und ambulante Versorgung, ihre Planung und Finanzierung mit den entsprechenden Nebengesetzen, das Medizinprodukte- Arzneimittelrecht, der Infektionsschutz, die gesundheitliche Vor- und Nachsorge, des Transplantations- und Transfusionswesens sowie das Recht der ärztlichen und nichtärztlichen Heilberufe. Ferner sind Leistungsbereiche wie Labore, gesundheitliche Institute mit Management- oder Unterstützungsangeboten[5] und die Industrie einbezogen.

4 Das **Medizinrecht** befasst sich schwerpunktmäßig mit dem Arztvertrags- und Arzthaftungsrecht. Daneben spielen insbesondere arbeitsrechtliche Regelungen eine Rolle, die den Alltag in den Dienstleistungsunternehmen des Gesundheitswesens prägen. Die Komponenten des Gesundheits- und Medizinrechts greifen oft ineinander. Ein einheitlicher Begriff oder eine einheitliche Definition der Rechtsmaterien werden wohl noch einige Zeit strittig bleiben.

5 Die **Pflegeversicherung**, kodifiziert im SGB XII, wird wegen ihrer nahen strukturellen Verwandtschaft zum SGB V oftmals dem Gesundheitsrecht zugeordnet,[6] obwohl es sich um einen gesonderten Versicherungszweig handelt. Sie kann allerdings ein Baustein am Ende der stationären Behandlungskette sein

6 Der Begriff **Krankheit** ist nicht legal definiert. Die WHO beschreibt ihn als Harmonie von Körper, Geist und sozialem Wohlbefinden. Die höchstrichterliche Rechtsprechung des BAG[7] sieht in der Krankheit einen regelwidrigen Körper- und

---

5 IQWIG, IQTIG vgl. § 3 II Rn 10.
6 *Igl/Ludwig*, Dissertationsverbund „Innovatives Gesundheitsrecht", fachpolitisches Forum Bd. 3, 2013.
7 BAG NZA 1992,69.

Geisteszustand,[8] der, so ergänzt das BSG,[9] vom Leitbild des gesunden Menschen abweicht. Behandlungsbedürftigkeit und Arbeitsunfähigkeit müssten die Folge sein. Da die beiden zuletzt genannten Komponenten den weiten Begriff der Regelwidrigkeit sehr stark einschränken, gehören sie nicht zum medizinischen Krankheitsbegriff. Diesen charakterisiert *Lepke*[10] mit folgenden Eckpunkten: Der eingetretene Zustand bezieht sich auf die körperliche, geistige und seelische Beschaffenheit des Menschen. Eine ärztlich diagnostizierbare Veränderung tritt nach außen in Erscheinung und kann in der Regel durch ärztliche Heilbehandlung eine Verbesserung erfahren. Dabei kann die Krankheit vollständig behoben, gelindert, erträglich gemacht oder einer drohenden Verschlimmerung vorbeugt werden. Unheilbare oder selbst heilende Erkrankungen belegen, dass die Behandlungsbedürftigkeit und Arbeitsunfähigkeit nicht zwingend zum Krankheitsbegriff gehören. Das BVerwG[11] misst auch schwerwiegenden Entstellungen Krankheitswert bei.

Ein **Grundrecht auf Gesundheit** gibt es nicht.[12] Es ist weder in Art. 2 GG   7 verankert, noch lässt es sich aus Art. 1 und 20 GG ableiten.[13] Die Beurteilung der Gesundheit ist aber sowohl individuell als auch bezogen auf den durchschnittlichen Gesundheitszustand der Gesamtbevölkerung vorzunehmen,[14] um eine sachgerechte Versorgung anbieten zu können. Mit dem Begriff Gesundheit der Bevölkerung[15] wird ein sich wandelnder unbestimmter Rechtsbegriff als Maßstab für die Aktivitäten des Gesundheitswesens gesetzt.

---

8 *Quaas/Zuck/Clemens*, Medizinrecht, § 2 Rn.2 m.w.Nw.; BVerwGE 65, 87 (91); BVerwG, Urt. v. 10.10.2013 – 5 C 32.12.

9 BSG, SozR 4 – 2500 § 27 SGB V Nr. 20 Rn. 10;BSG, Urt. v. 22.4.2015 – B 3 KR 3/14 R.

10 *Lepke*, Kündigung bei Krankheit, S. 67 ff.

11 BVerwG, Urt. v. 28.9.2017 – 5 C 1016.

12 *Pestalozza*, Bundesgesundheitsblatt 2007, 1113. Die Entscheidung des BVerfG v. 9.2.2010 – 1 BvL 1/09. – vgl. im Kontext dazu auch BVerfGE 120, 125 (155 ff.) – könnte im Gegensatz dazu dahingehend verstanden werden, dass der aus dem Sozialstaatsprinzip ableitbare Anspruch auf das Existenzminimum auch ein Grundrecht auf Gesundheit einräumt. Die physische Existenz umfasse, so das Gericht, auch die Gesundheit. Diese Interpretation dürfte allerdings zu weitgehen. Die Gesetzgebung zum SGB V – vgl. insbesondere § 13 SGB V – und die dazu ergangene Rechtsprechung des BSG wären danach kaum mehr haltbar, mit der die Gesundheitsleistungen auf eine nur „ausreichende" Versorgung beschränkt sind.

13 *Quaas/ Zuck/ Clemens*, § 2 Rn. 6 ff.

14 BVerfGE 7, 377 (430); vgl. zur Gesamtproblematik *Quaas/ Zuck/ Clemens*, Medizinrecht § 2 Rn 8.

15 Volksgesundheit in der Terminologie des BVerfG, s. *Quaas/ Zuck/ Clemens*, Medizinrecht § 2 Rn 9.

Beispiel

Altersbeschwerden ändern sich. Durch die höhere Lebenserwartung nimmt die Belastung des Skeletts zu. Hüft- und Knieleiden gehören zunehmend zum Altersalltag. Die Gesundheit der Bevölkerung nimmt also nicht zwingend ab, sondern wird, obwohl sie insgesamt robuster wird, durch ein höheres Alter stärker gefordert. Die Maßstäbe für den Begriff Gesundheit ändern sich damit ebenfalls.

8 In der Verfassung der Bundesrepublik ist keine **Gesamtzuständigkeit** für das **Gesundheitswesen** geregelt. Einzelzuständigkeiten sind enumerativ festgelegt. Art. 74 Abs. 1 Nr. 19 GG hat als Gegenstand der konkurrierenden Gesetzgebung die Zulassung zu bestimmten Heilberufen normiert, aber die Berufsausübung[16] nicht angesprochen. Somit bleibt Raum für Landesgesetze zB zum Kammerrecht[17] oder untergesetzliche Normen wie berufsregelnde Satzungen der Heilberufskammern. Ähnliches gilt für das Facharztwesen[18] und universitäre Belange, die in den Hochschulgesetzen der Länder geregelt sind. Bei der Krankenhausfinanzierung hat der Bund von seiner Gesetzgebungskompetenz nach Art. 74 Nr. 19a GG Gebrauch gemacht. Die Krankenhausplanung und die vorklinische Versorgung, das Rettungswesen,[19] sind nach Art. 70 GG in der Länderzuständigkeit geblieben. Weitere Beispiele finden sich in Art. 74 Nrn. 11, 12 und 26 GG.

9 Die Verfassung hat für das Gesundheitswesen wichtige **Prinzipien** zum Teil ausdrücklich formuliert, zum Teil lediglich intendiert. Sie regelt etwa die Freiheit von Wissenschaft und Forschung ausdrücklich, spricht das Selbstbestimmungsrecht der Patienten an, gewährt Ärzten Therapiefreiheit und gebietet ihnen, über das Behandlungsgeschehen Schweigen zu bewahren, es aber zu dokumentieren.

10 Das **Selbstbestimmungsrecht** der Patienten leitet sich aus Art. 2 Abs. 2 GG ab. Es kann zB nur dann sinnvoll ausgeübt werden, wenn die Patienten über Inhalt und Ausmaß ihrer Behandlungen aufgeklärt worden sind, also die notwendigen Grundlagen[20] in angemessener, verständlicher Form so erläutert worden sind, dass auf dieser Basis Entscheidungen gefällt werden können. Nur so kann daraus eine Teilhabe- und Leistungsfunktion abgeleitet werden,[21] die dem Patienten eine adäquate, dem Stand der medizinischen Erkenntnisse entsprechende Behandlung ermöglicht.

---

16 *Clemens*, Heidelberger Kommentar, Bd. II Art. 74 GG, Rn 118.
17 Heilberufs- bzw. Kammergesetze der Länder.
18 Weiterbildungsordnungen der Heilberufskammern sind Satzungen von Körperschaften des öffentlichen Rechts.
19 Vereinheitlichungsbestrebungen insbesondere hinsichtlich der Qualität der Versorgung werfen Fragen nach bundeseinheitlichen Vorgaben auf.
20 BVerfGE 52, 131 (170); BVerfGE 89, 120 (130).
21 *Quaas/ Zuck/ Clemens, Medizinrech,t* § 2 Rn 37.

Fall 2

G wohnt in der Stadt S und hat immer wieder mit asthmatischen Anfällen zu tun. Er ärgert sich sehr darüber, dass die Stadt, die in einem Kessel liegt und in der die Verwaltung wegen nicht abziehender Abgase ab und zu bereits den Autoverkehr mit Einzelmaßnahmen reduziert hat, diesen nicht völlig verbietet. Sein Recht auf Gesundheit sieht er verletzt und beantragt vor diesem Hintergrund bei der unteren Verwaltungsbehörde der Stadt als Straßenverkehrsbehörde, den privaten Autoverkehr mittels entsprechender Verkehrsschilder in der Innenstadt zu untersagen. Wie wird die Stadt entscheiden?

Lösungsskizze

I. **Zulässigkeit des Antrags**

1. Die Maßnahme soll in einem Verwaltungsverfahren nach § 9 VwVfG auf dem Gebiet des öffentlichen Rechts nach § 40 VwGO ergehen.

2. Zunächst ist zu entscheiden, ob G den Erlass einer Rechtsnorm oder einer Allgemeinverfügung begehrt.

3. Er möchte ein Verbot gegenüber allen Autofahrern erlassen wissen, die in die Innenstadt fahren wollen, also gegenüber einem bestimmbaren Personenkreis. Die Regelung soll allerdings nicht die Autofahrer betreffen, die vor dem Schild[22] nur parken oder sich umsehen möchten.

4. Im Verkehrsrecht besteht weder ein Gesetzesvorbehalt noch ist eine bestimmte Regelungsform für derartige Anliegen vorgeschrieben. Daher besteht der Behörde ein Auswahlermessen bei der Handlungsform zu. G begehrt den Erlass einer konkret-generellen Regelung im Sinne des § 35 Satz 2 VwVfG, also einen Verwaltungsakt in Form der Allgemeinverfügung.[23]

5. Die untere Straßenverkehrsbehörde ist dafür zuständig, nach §§ 45 Abs. 1 StVO, 3 Abs. 1 Nr. 1 StVOZustG BW Verkehrsschilder in ihrer Stadt zur Zufahrtsregelung aufzustellen.

6. Einer Anhörung nach § 28 Abs. 2 Nr. 4 VwVfG bedarf es ebenso wenig wie einer Begründung nach § 39 Abs. 2 Nr. 5 VwVfG. Es gelten die Regelungen zum Verwaltungsakt auch bei Allgemeinverfügungen. Ob die Voraussetzungen für eine öffentliche Bekanntgabe nach § 41 Abs. 3 VwVfG vorliegen, ist dem Sachverhalt nicht zu entnehmen.

7. G hat einen Antrag auf Erlass eines Verwaltungsaktes gestellt. Welche Form die Behörde wählt, bleibt ihr überlassen. Der Antrag ist zulässig.

II. **Gründe**

1. G stützt seinen Antrag auf „sein Recht auf Gesundheit". Ein derartiges Recht gibt es allerdings nicht. Es ist weder aus Art. 2 noch aus Art. 1 und 20 GG abzuleiten. Es ist zwar durch Studien nachgewiesen, dass eine zu hohe Abgasbelastung insbesondere Menschen mit Asthma höher belastet als andere. Allerdings ist die Gesundheit am durchschnittlichen Gesundheitszustand der Gesamtbevölkerung zu messen. Insofern sind Einzelschicksale nicht der Maßstab für entsprechende Maßnahmen.

---

22 BVerwGE 59, 221.
23 *Schoch*, JURA 2012, 26, BVerwG, Urt. v. 27.2.2018 – 3 C 26.16/3 C 30.17.

2. G könnte sich gegen besonders hohe Belastungswerte durch Abgase wenden. Dies hat er allerdings nicht vorgetragen, so dass er mit seinem Anliegen in dieser Form nicht durchdringen wird.

Das Anliegen des G ist nicht begründet.

§ 2 Historische Entwicklung, ökonomische Bedeutung

Das Medizinrecht hat sich insbesondere aus dem Dienstvertrags- und Haftungs- 1
recht **entwickelt**. Das Gesundheitsrecht basiert auf dem Sozialrecht. Die Verbindungen zu diesen Rechtsgebieten sind besonders eng geblieben und über-
lappen sich teilweise.

Die ersten **stationären Einrichtungen** für die caritative Versorgung 2
Schwerkranker betrieben vornehmlich Kirchen und Orden. Bereits aus dem
6. Jahrhundert n. Chr. wurden Ansätze zur Differenzierung der Einrichtungen in
Abteilungen nach Krankheitsbildern überliefert.[1] Diese Entwicklung setzte sich
im Mittelalter insbesondere in der arabischen Welt fort. In Deutschland nahmen
Hospitäler[2] zusätzlich zu Kranken auch Arme, Siechende und Pilger auf. Im
18. Jahrhundert begann die Entwicklung der heutigen Krankenhauslandschaft.[3]
Die Neugründungen dienten zunehmend der Krankenversorgung und immer
weniger der Unterstützung armer Menschen. Wissenschaft, Forschung und Lehre
hielten Einzug. Dies leitete eine weitere Differenzierung der Angebote ein. Neben
Universitätsklinika, die zB 1799 und 1806 in Leipzig und Halle[4] gegründet wurden,
etablierten sich zunehmend Allgemeinkrankenhäuser. Die Entwicklung des Sozialversicherungssystems bedeutete für die stationäre Krankenversorgung eine
Aufwertung. Die Krankenhäuser wurden dadurch für die gesamte Bevölkerung
zugänglich und bezahlbar.

Auf der Grundlage der sog. **Kaiserlichen Botschaft** von 1881, zunächst nur 3
einer Strategie Bismarcks, wurde die Basis für eine Kranken-, Unfall- und Rentenversicherung gelegt. Die Reichsversicherungsordnung (RVO)[5] fasste die Regelungsbereiche zusammen, die später im Wesentlichen in die zwölf Bücher des SGB
überführt wurden. Heute regelt die RVO nur noch die Rechtsverhältnisse der
Beamten und Dienstordnungsangestellten[6] bei Krankenkassen und Berufsge-

---

1 *Farrokh*, Shadows in the Desert: Ancient Persia at War, Osprey Publishing, Oxford 2007, S. 241.
2 Abgeleitet vom lateinischen Wort hospes = Gast, Fremdling.
3 So wurde zB die Charité in Berlin im Jahr 1710 als Pestkrankenhaus gegründet.
4 *Quaas/Zuck/ Clemens*, Medizinrecht, § 25 Rn 1.
5 § 5 Rn. 2.
6 Dieser Personenkreis steht zu seinem Arbeitgeber in einem privatrechtlichen Arbeitsverhältnis.
Allerdings werden kraft Vertrages beamtenrechtliche Grundsätze angewendet. Die Beamten sind
versicherungsfrei, werden besoldet, sind gegenüber ihrer Anstellungskörperschaft beihilfebe-
rechtigt und erhalten eine Pension. Tarifrecht findet nur Anwendung, wenn seine Regelungen
günstiger für die DO-Angestellten sind oder die Anwendbarkeit ausdrücklich vereinbart worden
ist. Da es sich nur um ein „quasi-öffentlich-rechtliches Verhältnis" handelt, werden Rechts-

https://doi.org/10.1515/9783110700428-005

nossenschaften.[7] In das SGB V wurde u. a. die stationäre ambulante Gesundheitsversorgung in der Gesetzlichen Krankenversicherung (GKV) aufgenommen. Bezeichnungen, die die Aufgabenbereiche der Krankenhäuser widerspiegelten, waren etwa Lazarette, Knappschaftskrankenhäuser, Hospitäler. Erstere dienten der Versorgung der Militärangehörigen, Knappschaftskrankenhäuser betreuten Bergleute. Der Begriff des Hospitals, später Hospiz, erfuhr eine Wandlung von der Therapie akuter Fälle hin zur derzeit geltenden Einstufung als Einrichtungen der Pflege und Sterbebegleitung.

4   Der Aufbau der **Krankenhäuser** nach dem Krieg wurde mit einem Preissystem gestartet, das allerdings schnell überfordert war und zu erheblichen Finanzierungslücken in den Einrichtungen führte. Mit einer Verordnung über Pflegesätze von Krankenanstalten[8] sollte im Jahr 1954 abgeholfen werden. Die erlaubten Abschreibungen und Rückstellungen verbesserten die finanzielle Situation zwar, aber die vorgeschriebenen Abzüge von Betriebskostenzuschüssen etwa von Gemeinden[9] führte im Gegenzug zu einer Unterdeckung der Selbstkosten. Die Defizite summierten sich bis zum Jahr 1970 auf knapp 1 Milliarde DM. 1972 wurde mit dem Krankenhausfinanzierungsgesetz (KHG)[10] die **duale Finanzierung** eingeführt Die öffentliche Hand übernahm die Investitionskosten, die Betriebskosten sollten aus den Beitragsmitteln der Kostenträger (gesetzliche Krankenversicherung, Beihilfe, private Selbstzahler) aufgebracht werden. Die Investitionsförderung und die Erlöse aus den Pflegesätzen sollten zusammen „die Selbstkosten eines sparsam wirtschaftenden und leistungsfähigen Krankenhauses decken".[11]

5   Dieses **Selbstkostendeckungsprinzip** trug auf Dauer ebenfalls nicht. Die Kosten der Krankenhäuser explodierten zum einen durch das Nachholen versäumter Finanzierung, zum anderen durch die sich schnell entwickelnden Fortschritte in der Versorgung und den damit einhergehenden Bedarf. Die Kostenträger hatten mit wachsenden Beitragssteigerungen zu kämpfen. Verschiedene

---

streitigkeiten zwischen DO-Angestellten und Arbeitgebern vor den Arbeitsgerichten ausgetragen. Das Modell läuft bei der GKV seit 1993 aus. Solange es fortgilt und Personen im Ruhestand sich darauf stützen, finden die §§ 345–358 RVO Anwendung. Die Berufsgenossenschaften haben es beibehalten und dürfen Arbeitsverhältnisse noch bis zum Jahr 2023 auf der Grundlage von Dienstordnungen – §§ 144–147 SGB VII begründen. Allerdings ist die Regelung des § 144 Abs. 1 Satz 1 zum Tarifrecht subsidiär.

7 §§ 349 bis 360 RVO.

8 Anordnung PR Nr. 7/54 über Pflegesätze von Krankenanstalten v. 10.9.1954 (BAnz. Nr. 173/1954).

9 *Tuschen/Quaas*, Bundespflegesatzverordnung, 5. Aufl. 2001, Einführung 1.2.

10 KHG v. 29. Juni 1972 (BGBl. I. S. 1009), neu gefasst durch Gesetz v. 10.4.1991 (BGBl. I S. 886), zuletzt geändert durch Artikel 3 des Gesetzes v. 19.5.2020 (BGBl. I S. 1018).

11 *Tuschen/Quaas*, Bundespflegesatzverordnung, 5. Aufl. 2001, S. 3 ff. beschreiben die Historie im Detail.

gesetzliche Kostendämpfungsmaßnahmen insbesondere in den Jahren 1977 bis 1982 führten zwar zu einer Verlangsamung der Ausgaben, konnten aber noch keine abschließende Lösung bieten. So wurde eine **Budgetierung**, eine Ausgabenbegrenzung, vorgenommen. Die Krankenkassen wurden an der Krankenhausplanung beteiligt. Die Pflegesatzfeststellungen durch die Landesbehörden wichen Verhandlungslösungen. Eine monistische Finanzierung allein aus der Hand der Krankenkassen wurde zwar immer wieder diskutiert, hatte aber auf Grund der immensen Kosten, die auf die Kostenträger zugekommen wären, keine ernsthafte Realisierungschance. Die Länder lehnten eine Überleitung ihrer Finanzmittel an die Krankenkassen unter Aufgabe ihres Planungseinflusses ab. Das Selbstkostendeckungsprinzip wurde in der Folge modifiziert. Nur noch die „vorauskalkulierten Selbstkosten" sollten gedeckt und Gewinn- und Verlustausgleiche abgeschafft werden. Im Jahr 1993 wurde es vollständig aufgegeben, indem den Krankenhäusern ein Anspruch auf medizinische leistungsgerechte Pflegesätze zugesprochen wurde. Sie durften danach nur noch so hohe Pflegesätze erhalten, dass sie ihren Versorgungsauftrag erfüllen konnten.

Die **Strukturgesetze** der Jahre 1993–2000 befassten sich vornehmlich mit 6 Veränderungen in der GKV mit dem Ziel der **Beitragssatzstabilität.** Für das Jahr 1992 wurde ein Defizit im Krankenhaussektor in Höhe von fast 10 Mrd. DM erwartet – eine nie gekannte Höhe. Eine Gesamtbudgetierung für den Krankenhausbereich erwies sich als nicht möglich, da zB die Notfallversorgung einer Ausgabenbegrenzung nicht zugänglich war. Allerdings gab man für einen Dreijahreszeitraum vor, dass die Budgets nicht stärker steigen durften als die beitragspflichtigen Einnahmen der Krankenkassen. Zudem sollte für Krankenhäuser ein sachgerechtes **Entgeltsystem** etabliert werden. Fallpauschalen mit landesweiten Preisen, Sonderentgelte, Basis- und Abteilungspflegesätze für medizinische Kosten wurden ab 1995/96 zunächst erprobt und dann verbindlich eingeführt. Die damit erfolgte Rückkehr zu einer leistungsorientierten Vergütung wurde durch eine bundesweit gültige Veränderungsrate, die Grundlohnrate, die die Fallpauschalen- und Sonderentgelthöhe sowie Budgeterhöhungen markierte, abgesichert und begrenzt.

Parallel zur stationären wurde die **ambulante Versorgung** stetig verbessert. 7 Ende des 19. Jahrhunderts behandelten die Ärzte ihre Patienten ausschließlich auf Dienstvertragsbasis nach § 611 BGB. Soweit Hilfskassen bestanden, existierten keine Rechtsbeziehungen zwischen diesen und den Ärzten. Eine Pflichtversicherung für wenige Bereiche wurde durch das „Krankenversicherungsgesetz" (KVG) im Jahr 1892 eingeführt. Direkte Beziehungen zwischen Kassenärzten,

Versicherten und Krankenkassen wurden hergestellt. Das Sachleistungsprinzip[12] fand Eingang in die Versorgung. Die Ärzteschaft erhielt in dieser Konstellation nur eine geringe Vergütung. Die Kostenträger wählten die Ärzte für das Kassenarztsystem aus und diktierten die damit verbundenen Bedingungen. Die freie Arztwahl war nicht garantiert. Auf Grund des heftigen Protestes der Ärzteschaft wurde das System durch das Berliner Abkommen von 1913 nach und nach in ein System der gemeinsamen Selbstverwaltung überführt. Nach dem zweiten Weltkrieg gelang die Überführung in ein öffentlich-rechtliches Kassenarztsystem, der Abschluss von Gesamtverträgen zwischen Ärzteschaft und Krankenkassen, die Regelung des Honorarsystems auf der Basis einer modifizierten Kopfpauschale und die Bildung eines Reichsausschusses. Dieser wandelte sich später in den Landesausschuss Ärzte/Krankenkassen um und festigte die gemeinsame Selbstverwaltung. Über Zulassungs-, Vertrags- und Schlichtungsorgane näherten sich die Parteien einem partnerschaftlichen Verfahren an. Der Kassenarzt erhielt durch das Gesundheitsstrukturgesetz (GSG) im Jahr 1992 die Bezeichnung Vertragsarzt. Er wurde von da ab nicht mehr nur für die sog. Primärkassen, die Orts-, Innungs- und Betriebskrankenkassen, sondern auch für die sog. Sekundärkrankenkassen, die Ersatzkassen, tätig. Die ersteren waren zum damaligen Zeitpunkt öffentlich-rechtliche Körperschaften, die letzteren privatrechtliche Vereine. Eine Gleichstellung beider Systeme erfolgte.

8   Eine sehr intensive Diskussion wird seit einigen Jahren über die **sektorenübergreifende Zusammenarbeit** geführt. Damit sind sowohl Kooperationen zwischen der stationären Versorgung und der an sie angrenzenden Bereiche angesprochen als auch gemeinsame Strukturen und Finanzierungswege zwischen den unterschiedlichen Angeboten im Gesundheitswesen. Angesprochen sind insbesondere die ambulante therapeutische Versorgung, die stationäre wie ambulante Pflege, die Vorsorge und Rehabilitation und nicht zuletzt das häusliche Umfeld mit seinen Selbsthilfeorganisationen. Durch gesetzliche Regelungen im SGB V und Verträgen zwischen den Partnern der Sektoren etablieren sich ständig sich verbessernde Strukturen.

9   Die Gesetzgebung zur Stärkung der **Patientenrechte** hat als Querschnittsmaterie in vielen Bereichen Eingang gefunden. Sie zieht sich durch das öffentliche wie das private Recht. Mit der Aufnahme von Patientenbeschwerdestellen in Krankenhäusern durch die Landeskrankenhausgesetzgebung, der Einführung unabhängiger Patientenberatungsstellen, gesonderter Anlaufstellen bei Krankenkassen oder Gutachter- und Schlichtungsstellen bei den Heilberufskammern sind bereits wichtige Grundsteine für die Stärkung und Durchsetzung der Pati-

---

12 Vgl. § 22 Rn. 50.

entenrechte gelegt worden. Mit dem Patientenrechtegesetz[13] aus dem Jahr 2013 ist das Arzthaftungsrecht in den §§ 630a ff. BGB zusammengefasst worden. Die Verfahrensrechte Betroffener bei Behandlungsfehlern wurden verbessert, Beteiligungsrechte und Informationsanliegen konkretisiert und gestärkt. Durch erhöhte Transparenz soll Rechtssicherheit geschaffen werden. Das Gesetz hatte auch das Ziel, Vollzugsdefizite in der Praxis auszuräumen und dabei insbesondere die Position der Patienten gegenüber Kostenträgern und Leistungserbringern im Falle von Behandlungsfehlern zu stärken und die Fehlervermeidungskultur voranzutreiben.

Das Gesundheits- und Medizinrecht hat als Wirtschaftszweig über die Jahre **10** eine hohe **ökonomische Bedeutung** gewonnen. Die Zahl der im Gesundheits- und Sozialwesen in verschiedenen Branchen arbeitenden Menschen ist rapide gestiegen. Bereits seit einigen Jahren handelt es sich um die größte Dienstleistungsbranche mit wachsender Tendenz. Im Jahr 2018 arbeiteten rd. 7,6 Millionen Menschen auf diesem Sektor.[14] Sie setzten 370 Milliarden € (> 12 % des Bruttoinlandsprodukts) um.[15]

Es wird zwischen dem **ersten und zweiten Gesundheitsmarkt** unterschie- **11** den. Der erste befasst sich mit der Vorbeugung, Heilung und Linderung von Krankheiten. Der Staat hat insbesondere durch das GKV-System Vorsorge für die Klientel getroffen, die sich selbst nur unzureichend schützen kann. Daneben ist die Bevölkerung aber zunehmend bereit, für ein besseres Lebens- und Gesundheitsgefühl mit Wellness, Sport, Ernährung und Schönheitseingriffen (Zweiter Gesundheitsmarkt) zu unterstützen. Neben Steuermitteln, Solidarbeiträgen und Beihilfe- sowie Versicherungsmitteln, mit denen im Wesentlichen der erste Gesundheitsmarkt finanziert wird, fließen daher auch Gelder insbesondere aus privaten Quellen von Selbstzahlern in den zweiten Gesundheitsmarkt. Die ökonomische Bedeutung schlägt sich auch im Anwaltsberuf nieder. Der Fachanwalt für Medizinrecht wirbt vorrangig mit seiner Kompetenz im Arzthaftungsrecht und seinen besonderen Kenntnissen bei ärztlichen Behandlungsfehlern. Durch die Notwendigkeit, sich auch mit Heil- und Kostenplänen auseinanderzusetzen, wird die Überschneidung mit dem öffentlichen Bereich deutlich. Der Fachanwalt für Gesundheitsrecht deckt zusätzlich die angrenzenden Fragen im Lebensmittel- und Bedarfsgegenstände-, dem Apotheken- und Arzneimittelrecht sowie weiteren

---

13 Patientenrechtegesetz v. 20.3.2013 (BGBl. I S. 277).
14 Statistisches Bundesamt, Gesundheitspersonal Deutschland, https://www-genesis.destatis.de/genesis/, zuletzt abgerufen am 1.6.2020
15 BMG, Gesundheitswirtschaft, https://www.bundesgesundheitsministerium.de/themen/gesundheitswesen/gesundheitswirtschaft/gesundheitswirtschaft-als-jobmotor.html, zuletzt abgerufen am 1.6.2020.

öffentlichen Rechtsgebieten ab. Die Zahl der Fachanwälte für Gesundheits- und Medizinrecht ist seit dem Jahr 2006 mit 128 Fachanwälten auf **mehr als** 1800 **zum 1.1.2020** gestiegen.[16]

16 Bundesrechtsanwaltskammer, https://brak.de/fuer-journalisten/zahlen-zur-anwaltschaft/ar chiv-statistiken/ zuletzt abgerufen am 1.6.2020

§ 3 Gesundheitsbehörden und -institutionen

I. Grundbegriffe

Der **öffentliche Gesundheitsdienst (ÖGD)**, Public Health, wird von der Ge- 1
samtheit der staatlichen und kommunalen Behörden auf Bundes- und Landesebene gebildet, die für das Gesundheitswesen verantwortlich zeichnen. Der Bevölkerung sollen nicht nur sachgerechte Behandlungs- und Versorgungsangebote
für den Bedarfsfall zur Verfügung gestellt werden, es sind auch die Ausführung
dieser Aufgaben zu überwachen, Fehler auszumerzen und das System weiterzuentwickeln. Auf diese Weise soll die Gesundheit der Bevölkerung geschützt und
gefördert werden. Die Behörden haben einen ordnungsrechtlichen Auftrag zur
Gefahrenabwehr, so dass sie als Sonderordnungsbehörden ausgestattet sind.
Kommunen erfüllen neben ihren eigenen Verpflichtungen im Gesundheitssektor
auch staatliche Aufgaben. Diese erledigen sie je nach landesrechtlichen Vorgaben
im übertragenen Wirkungskreis bzw. als Pflichtaufgaben zur Erfüllung nach
Weisung. Der Staat behält sich insoweit ein Weisungs- und Durchgriffsrecht vor.

Beispiele
(1) Der Rettungsdienst in NRW ist eine Pflichtaufgabe zur Erfüllung nach Weisung nach § 16
RettG NRW und wird von den Kommunen ausgeführt. In Bayern ist er als delegierte
staatliche Aufgabe dem übertragenen Wirkungskreis nach Art. 4 Abs. 1 Satz 2 BayRDG
zugeordnet.
(2) Der Landesbeauftragte für den Maßregelvollzug in NRW führt seine Aufgabe als obere
Landesbehörde gemäß § 6 Abs. 2 LOG NRW durch. Analoges gilt für die Landesämter für
Gesundheit zB in den Ländern Bayern, Baden-Württemberg oder Brandenburg, die neben der Aufgabe Gesundheit weitere Felder wie zB die Lebensmittelsicherheit und das
Veterinärwesen zu betreuen haben.

Die **Arbeitsfelder** des ÖGD umfassen insbesondere den Hygiene- und Infekti- 2
onsschutz, die Zulassung zu Heilberufen und Heilgewerben, das Apotheken-,
Medizinprodukte- und Arzneimittelwesen, die gesetzliche Krankenversicherung,
gesundheitliche Prävention, das Rettungswesen, die Planung und wirtschaftliche
Sicherung von Krankenhäusern, die Drogen-Bekämpfung und Telematik. Darüber
hinaus sind das Lebensmittelrecht, der Pflanzen- und Tierschutz Belange, die das
Gesundheitswesen beeinflussen. Hilfeleistungen in gesundheitlichen Krisen
können zB die Unterbringung in Krankenanstalten, Altersheimen, im Einzelfall
auch gegen den Willen der Betroffenen, sein oder die Unterstützung in besonderen Notlagen bei stillenden oder erkrankten Müttern, die den Haushalt nicht

https://doi.org/10.1515/9783110700428-006

mehr versorgen können.[1] Insoweit sind die Gesetze der Länder zur Hilfeleistung und Unterbringung bei psychischen Erkrankungen relevant.[2]

3 Der **Hygiene- und Infektionsschutz** hat durch die intensive Reise- und Transporttätigkeit weltweit sowie durch die ausgefeilte Luftfahrttechnik immer kürzere und schnellere Verbindungen in andere Länder. Erreger reisen mit den Flugzeugen und Schiffen, überleben die Transporte der unterschiedlichsten Güter und breiten sich zunehmend leichter aus.[3] Vor diesem Hintergrund ist nicht nur die Zusammenarbeit mit internationalen Organisationen wie EU-Kommission, EMA und WHO von besonderer Bedeutung. Auch die nationale Gesetzgebung und die untergesetzlichen Strategien müssen laufend nachgebessert werden. Der ÖGD besitzt vielfältige Strukturen und Netze. Dazu zählen insbesondere das seuchenhygienische und klinische Management, das in einem Netzwerk von Kompetenz-[4] und Behandlungszentren beim RKI zusammengeführt ist. Der einschlägige Arbeitskreis STAKOB ist auf den Umgang mit hochkontagiösen, lebensbedrohlichen Infektionskrankheiten spezialisiert.

4 Die **Ausgestaltung** des ÖGD ist im Wesentlichen den Ländern vorbehalten und beruht auf speziellen Gesetzen.[5] Dort werden die Aufgaben, Tätigkeiten und Zuständigkeiten des ÖGD festgelegt und gleichzeitig die länderspezifischen Besonderheiten einbezogen. Regionale bzw. örtliche Strukturen im Gesundheitswesen, die Definition von Mindeststandards und die Gewährleistung von Mindestausstattungen der kommunalen Gesundheitsämter[6] werden berücksichtigt. Der ÖGD kümmert sich weniger um die Gesundheit einzelner Personen als um den Gesundheitsschutz der gesamten Bevölkerung. Er hat insoweit eine Beobachtungs- und Abwehrfunktion. Soweit einzelne Personen die Gesamtbevölkerung gefährden, sind Quarantäneanordnungen und sonstige Sicherungsmaßnahmen durch den ÖGD durchzuführen. Besondere Fürsorgeaufgaben bestehen gegen-

---

1 *Maunz* in *Maunz/Dürig*, Grundgesetz, Art. 74 Rn 106 ff.
2 ZB PsychKG NRW v. 17.12.1999 (GV. NRW. S. 662), zuletzt geändert durch Artikel 5 des Gesetzes v. 2.7.2019 (GV. NRW. S. 339); MRVG NRW v. 5.6.1999 (GV. NRW. S. 402), zuletzt geändert durch Artikel 4 des Gesetzes v. 2.7.2019 (GV. NRW. S. 339).
3 Vgl. die Verbreitung des Covid-19-Virus, das zu einer weltweiten Ausbreitung (Pandemie) im Jahr 2020 führte und die Volkswirtschaften der Welt in großen Teilen in einen „lockdown" führte.
4 Kompetenzzentren bestehen in Berlin, Bochum, Frankfurt, Hamburg, Leipzig, München, Bayern (Oberschleißheim), und Stuttgart.
5 Vgl. zB ÖGDG NRW v. 25.11.1997 (GV. NRW. S. 430), zuletzt geändert durch Artikel 2 des Gesetzes v. 19.12.2019 (GV. NRW. S. 1032); HGöGD v. 8.10.2007 (GVBl. S. 659), zuletzt geändert durch Gesetz v. 6.5.2020 (GVBl. S. 310); GDVG BY v. 24.7.2003 (GVBl. S. 452, ber. S. 752), zuletzt geändert durch § 1 Abs. 145 der Verordnung v. 26.3.2019 (GVBl. S. 98).
6 Auch als untere Gesundheitsbehörden bezeichnet.

über Menschen, die keinen oder nur einen erschwerten Zugang zur Regelversorgung haben.

Auf der **obersten Verwaltungsebene,**[7] der Ebene der Ministerien und Senate, bietet der ÖGD neben der Formulierung politischer Planziele, dem Austausch mit dem Bund, fachliche Beratungen und epidemiologische Auswertungen an. Es werden Landesgesetze erarbeitet und Bundesgesetze begleitet. 5

Der ÖGD hält zur Aus-, Fort und Weiterbildung seiner Beschäftigten **Akademien** vor. Die beiden größten, denen sich die meisten Bundesländer angeschlossen haben, sind die AföG[8] mit Sitz in Düsseldorf und die AGL[9] mit Sitz in München. Während die AföG eine rechtsfähige Anstalt des öffentlichen Rechts[10] ist, wurde die AGL Stabsstelle des Bayerischen Landesamtes für Gesundheit und Lebensmittelsicherheit, also einer oberen Landesbehörde. 6

II. Bundes-, Landes- und Kommunalbehörden

Bundesgesundheitsbehörden sind das BMG und je nach Geschäftsverteilung mit gesundheitlichen Teilaufgaben betraut weitere Ressorts wie das Umwelt-, Ernährungs-, Verbraucherschutz- oder Arbeitsministerium. Im Geschäftsbereich des BMG und ihm damit unmittelbar nachgeordnet gibt es – unabhängig von ihrer Bezeichnung – obere Bundesgesundheitsbehörden mit fachlichen Teilzuständigkeiten für das gesamte Bundesgebiet. Zu ihnen zählen insbesondere das Paul-Ehrlich-Institut (PEI), das Robert-Koch-Institut (RKI), das Deutsche Institut für Medizinische Dokumentation und Information (DIMDI), das Bundesinstitut für Arzneimittel und Medizinprodukte (BfArM), das Bundesinstitut für Risikobewertung (BfR), die Bundeszentrale für gesundheitliche Aufklärung (BZgA), das Bundesamt für Verbraucherschutz und Lebensmittelsicherheit (BVL) sowie das 7

---

7 Obere Landesbehörden, die mit gesundheitlichen Aufgaben betraut sind, gibt es in allen Ländern. Die Bezeichnungen sind unterschiedlich.

8 Mitgliedschaften von Berlin, Brandenburg, Bremen, Hamburg, Hessen, Niedersachsen, Nordrhein-Westfalen, Rheinland-Pfalz, Schleswig-Holstein (Stand 2020).

9 Akademie für Gesundheit und Lebensmittelsicherheit, München, am Bayerischen Landesamt, zuständig für Aus-, Fort- und Weiterbildung.

10 Die Institution wird gesetzlich oder durch Satzung mit einer öffentlichen Aufgabe betraut. Sie ist eine Person des öffentlichen Rechts und entweder vollständig, teilweise oder nicht rechtsfähig. In der Regel besitzt sie Dienstherreneigenschaft, kann also selbst Personal anstellen und verwalten. Das Verhältnis zwischen Anstalt und Benutzern wird durch eine Anstaltsordnung geregelt. Der Begriff Anstalt ist nicht geschützt.

Bundesversicherungsamt.[11] Über das BVA und des BVL führen neben dem BMG das Arbeitsressort und das Landwirtschaftsministerium für ihren Geschäftsbereich zusätzlich Aufsicht.

8 Das Amt der **Patientenbeauftragten**[12] nach § 140 h SGB V ist derzeit keine eigene Behörde. In der Funktion eines Staatssekretärs des BMG[13] wird eine weisungsunabhängige Beratungs- und Informationsaufgabe gepaart mit einer Brücken- und Vermittlungsfunktion zwischen Patientinnen und Patienten einerseits sowie der Verwaltung andererseits übernommen.

9 Einen Sonderstatus hat der **Gemeinsame Bundesausschuss** (G-BA) nach § 91 SGB V. Er ist ein Beschlussgremium der gemeinsamen Selbstverwaltung im Gesundheitswesen. Als juristische Person des öffentlichen Rechts unterliegt er der Rechtsaufsicht des BMG. Er wird von seinem Vorsitz gerichtlich und außergerichtlich vertreten. Er wurde am 1.1.2004 durch das GMG[14] als Nachfolgeorganisation der früheren Bundesausschüsse der Ärzte/Zahnärzte/Krankenkassen, des Ausschusses Krankenhaus sowie des sog. Koordinierungsausschusses errichtet. Heute arbeitet er in neun Unterausschüssen und einem Plenum. Seine demokratische Legitimation hat immer wieder Anlass zur Diskussionen gegeben.[15] Dies gilt insbesondere im Hinblick auf seine weitreichenden Kompetenzen, mit denen er zB die Erstattungsfähigkeit von Leistungen im System der gesetzlichen Krankenversicherung ausschließen kann. Stimmberechtigte Mitglieder sind die Kassenärztlichen (KBV) und Kassenzahnärztlichen Bundesvereinigungen (KZBV), die Deutsche Krankenhausgesellschaft (DKG) und der GKV-Spitzenverband (SpiBu). Als beratende Mitglieder sind Patientenvertretungen[16] nach § 140 f Abs. 2 sowie

---

11 Insoweit hat das Bundesgesundheitsministerium die Rechtsaufsicht für die Bereiche der gesetzlichen Kranken- und Pflegeversicherung nach § 94 Abs. 2 SGB IV.

12 Beauftragte/r der Bundesregierung für die Belange der Patientinnen und Patienten sowie Bevollmächtigte/r für Pflege.

13 Im Rahmen der Organisationshoheit der Bundesregierung und ihrer Ressorts können andere Funktionen übertragen, also auch Behördenstrukturen eingerichtet werden.

14 GKV-Modernisierungsgesetz v. 14.11.2003 (BGBl. I S. 2190).

15 *Kluth*, Rechtsgutachten zur verfassungsrechtlichen Beurteilung des Gemeinsamen Bundesausschusses (G-BA) nach § 91 SGB V, 2015; BVerfG, Urt. v. 10.11. 2015 – 1 BvR 2056/12; *Korzilius*, Gemeinsamer Bundesausschuss – Wer kontrolliert den kleinen Gesetzgeber? Dtsch. Ärztebl. 2013, 110(6): A-211/B-197/C-197; *Hase*, Verfassungsrechtliche Bewertung der Normsetzung durch den Gemeinsamen Bundesausschuss, MedR. 2005, S. 391 ff.

16 Nach § 140 f SGB V einvernehmlich benannt von den Verbänden nach § 2 Patientenbeteiligungsverordnung (PatBeteiligungsV) wie Deutscher Behindertenrat, Bundesarbeitsgemeinschaft der PatientInnenstellen und –Initiativen, Deutsche Arbeitsgemeinschaft Selbsthilfegruppen e.V., Verbraucherzentrale Bundesverband e.V.

die Länder[17] nach § 92 Abs. 7e und 7 f, Abs. 1 Satz 2 Nr. 9 SGB V beteiligt. Die dem G-BA nach § 92 SGB V zustehende Richtlinienkompetenz bindet das GKV-System.

Institute, die keinen Behördencharakter besitzen, aber dennoch eine ge- 10 setzliche Verankerung gefunden haben, sind das Institut für Qualität und Wirtschaftlichkeit (IQWiG) nach § 139a SGB V, das Institut für Qualität und Transparenz im Gesundheitswesen (IQTIG) nach § 137a SGB V sowie das Institut für das Entgeltsystem im Krankenhaus (InEK) als DRG-Institut nach § 17b Abs. 7 KHG. Die beiden erst genannten sind als rechtsfähige Stiftungen des privaten Rechts organisiert, das InEK als gGmbH mit den Spitzenverbänden der Krankenkassen, dem Verband der Privaten Krankenversicherung und der Deutschen Krankenhausgesellschaft als Gesellschafter. Das InEK entwickelt und schreibt die Entgelte nach dem DRG-System fort. IQWiG und IQTIG wurden vom G-BA gegründet. Ersteres nimmt zu Fragen von grundsätzlicher Bedeutung für die Qualität und Wirtschaftlichkeit von GKV-Leistungen Stellung, das zweite hat Maßnahmen zur Qualitätssicherung und zur Darstellung der Versorgungsqualität im Gesundheitswesen vorzuschlagen.

Die **Landesverwaltung** im ÖGD ist zwei- oder dreistufig aufgebaut. Die 11 oberste Landesbehörde ist das für das Gesundheitswesen zuständige Ministerium bzw. der zuständige Senat. Die mittleren Landesbehörden bilden die Bezirksregierungen,[18] eine Ebene, die in den Stadtstaaten fehlt. Die unteren Behörden sind die kommunalen Gesundheitsbehörden oder Gesundheitsämter.

Obere Gesundheitsbehörden sind mit fachlichen Teilaufgaben für das ge- 12 samte Land betraut. Dazu zählen zB der Beauftragte für den Maßregelvollzug in NRW, die Zentralstelle der Länder für Gesundheitsschutz bei Arzneimitteln und Medizinprodukte (ZLG)[19] mit Sitz in NRW und die Landesämter.[20] Letztere sind in

---

17 Dies war in den Jahren 2015/2016 zB bei der Erarbeitung der Bedarfsplanungsrichtlinie für die ambulante vertragsärztliche Versorgung und 2016/2017 bei der Formulierung der planungsrelevanten Indikatoren im Krankenhaussektor der Fall.
18 ZB Niedersachsen, das eine oberste Landesbehörde und obere Landesbehörden (Landesämter) führt und auf die Bezirksregierungen verzichtet hat, die im Jahr 2005 aufgelöst wurden; die Aufgabenüberführung wurde dem Niedersächsischen Landesgesundheitsamt (NLGA) übertragen.
19 Die ZLG ist eine gemeinsame Behörde der 16 Länder im Human- und Tierarzneimittelbereich. Die Aufsicht führt laut Staatsvertrag das Gesundheitsministerium NRW. Zu den Aufgaben der ZLG gehört die Koordinierung der Arzneimittelüberwachung. Im Bereich Medizinprodukte ist sie anerkennende und benennende Behörde zB für Laboratorien.
20 ZB in Bayern, Berlin, Brandenburg, Hessen, Mecklenburg-Vorpommern, Niedersachsen, Nordrhein-Westfalen, Sachsen, Sachsen-Anhalt, Schleswig-Holstein, Thüringen mit jeweils unterschiedlichen Bezeichnungen; vgl. zB „Landesamt für Arbeitsschutz, Verbraucherschutz und Gesundheit" in Brandenburg, „Landesgesundheitsamt Baden-Württemberg", „Landesamt für Gesundheit und Lebensmittelsicherheit" in Bayern.

der Regel als Bündelungsbehörden ausgestaltet und bearbeiten neben Aufgaben aus dem Gesundheitswesen zB auch Umwelt-, Ernährungs- und Trinkwasserangelegenheiten.

13 **Gesundheitsämter oder Untere Gesundheitsbehörden** sind bei den Kommunen, den kreisfreien Städten und Kreisen, eingerichtet. In der Regel werden kreisangehörigen Gemeinden keine staatlichen Gesundheitsaufgaben übertragen. Ausnahmen sind möglich und werden zB im Rettungsdienst genutzt, wenn Große kreisangehörige Städte Rettungswachen betreiben. Das Infektionsschutzgesetz hat den Kommunen originäre Aufgaben bei der Infektionsabwehr zugewiesen.

Fall 3
Der Patientenbeauftragten der Bundesregierung wird vorgetragen, dass die hygienischen Verhältnisse in der Küche einer Maßregelvollzugsklinik des Landes NRW nicht den gesetzlichen Vorschriften entsprechen. Der Beschwerdeführer ist der Meinung, dass sie als Mitglied der obersten Aufsichtsbehörde des Bundes im ÖGD unbedingt sofort eingreifen muss. Welche Möglichkeiten hat sie, auf eine Änderung hinzuwirken? Kann sie selbst unmittelbar eingreifen?

Lösungsskizze
Die Patientenbeauftragte ist als Staatssekretärin im BMG Teil des ÖGD. Gegenüber ihren nachgeordneten Behörden ist sie, soweit die Geschäftsverteilung dies ausdrücklich vorsieht, weisungsbefugt. Grundsätzlich hat sie im ÖGD aber nur Beratungsfunktion. Daher muss sie die Angelegenheit behördenintern an die zuständige Abteilung des BMG abgeben. Diese kann wiederum nur einschreiten, wenn sie dazu im Behördenaufbau befugt ist. Da der Landesbeauftragte für den Maßregelvollzug eine nachgeordnete Landesbehörde ist, unterliegt er nicht den Weisungen des BMG. Ein unmittelbares Eingreifen ist daher weder seitens der Patientenbeauftragten noch seitens des BMG möglich.

Die Patientenbeauftragte kann aber die oberste Landesbehörde, das Gesundheitsministerium NRW, um Aufklärung und entsprechende Maßnahmen bitten. Dabei handelt es sich nicht um eine Handlungsanweisung, sondern um eine Anregung zum Einschreiten. Auf Grund ihrer Aufgabe als oberste Landesaufsichtsbehörde im Gesundheitswesen muss das Gesundheitsministerium den LBMRV um Prüfung und ggf. Maßnahmen bitten. Wenn dieser sich der Sache nicht annimmt, kann sie Weisungen erteilen. Der LBMRV seinerseits hat nach § 29 Abs. 2 Satz 2 MRVG den zuständigen Landschaftsverband als Einrichtungsträger mit der Aufklärung und ggf. Abstellung der Missstände zu beauftragen.

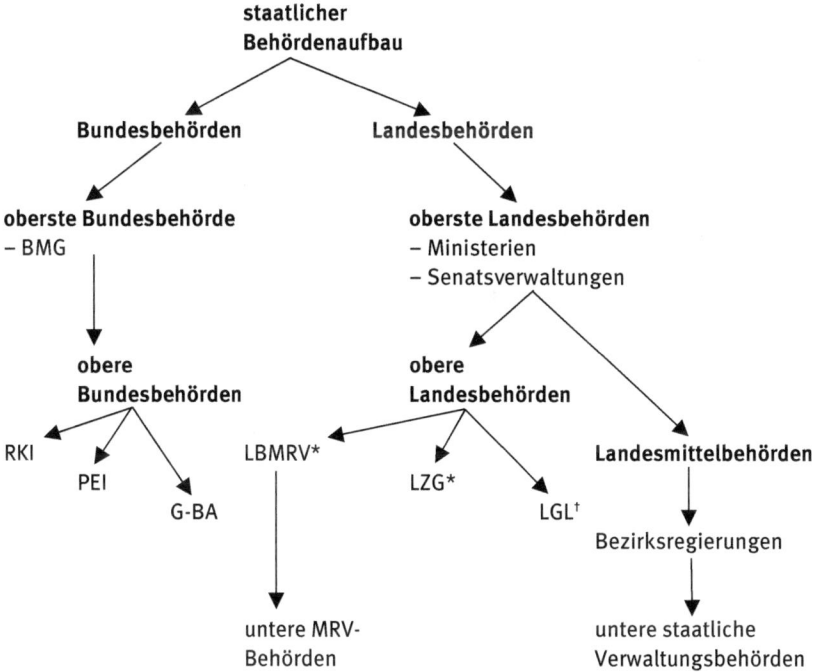

* Beispiele aus NRW.
† Beispiel aus Bayern.

III. Verbände, Organisationen

Mit dem ÖGD arbeiten auf internationaler, Bundes- und Landesebene im Ge- 14
sundheits- und Sozialwesen eine Vielzahl von **Verbänden und Organisationen**
zusammen, die der Gesetzgeber mit definierten Aufgaben ausgestattet hat. Aus
den sie prägenden und sie vertretenden Berufsgruppen leiten sich die Funktionen
und Aufgaben ab. Sie sind zum Teil unmittelbare Partner im System mit auch
gegenläufigen Interessen, zum Teil Berater zur Strukturverbesserung.

    Internationale Behörden und Verbände haben grundsätzlich keinen un- 15
mittelbaren Zugriff auf deutsche Strukturen. Sie arbeiten aber mit diesen eng
zusammen und geben Empfehlungen. Bindungen werden insbesondere über internationale Abkommen oder, bei EU-Regelungen durch Verordnungen erzeugt.

    Eine der wichtigsten Organisationen im Gesundheitsbereich ist die 1948 ge- 16
gründete **Weltgesundheitsorganisation (WHO)**, ein Teil der UNO. Sie führt
derzeit 6 Regionalbüros weltweit für 194 Mitgliedstaaten. Das Büro für Europa

betreut 53 Staaten. Die Gründung erfolgte mit dem Ziel, für alle Völker das höchstmögliche Gesundheitsniveau zu erreichen. In globalen Gesundheitsfragen ist die WHO federführend, gestaltet die Forschungsagenda für Gesundheit, stellt Normen und Standards auf, berät fachlich, überwacht und bewertet gesundheitliche Entwicklungen. Dabei hat sie definierte Kompetenzen bei weltweiten Ereignissen wie zB die Ausrufung von Gefahrenstufen im Falle einer Pandemie,[21] die vereinbarungsgemäß den ÖGD zu verstärkten Abwehrmaßnahmen aufruft. Die WHO unterstützt die medizinische Forschung und leistet Soforthilfe bei Katastrophen. Ihr Einfluss erstreckt sich zunehmend auch auf andere, immer komplexer werdende Lebenssachverhalte und Gesundheitsprobleme, die vom Arbeitsmarkt und Umweltfragen kaum mehr zu trennen sind. Dabei verfolgt sie insbesondere strategische Ansätze, versucht aber auch operativ Partnerschaften auszuweiten und Leistungsverbesserungen zu erreichen. Das Hauptbüro der WHO hat seinen Sitz in Genf, Schweiz.

17   Der **Europarat,** nicht zu verwechseln ist mit der Europäischen Union,[22] wurde 1949 durch den Vertrag von London gegründet und wird von 47 Staaten gebildet. Sein Ziel ist in erster Linie die wirtschaftliche und soziale Förderung der Mitgliedstaaten im Sinne einer intensiveren Kooperation. Er arbeitet mit der EU auf dem Gesundheitssektor insbesondere im Bereich des Arzneimittel-, Blut- und Blutprodukte- sowie des Organspendewesens zusammen.

18   Die **EMA**[23] ist die für die Zulassung und Überwachung von Arzneimitteln zuständige Agentur der Europäischen Union mit Sitz in Amsterdam.[24] Sie ist bestrebt, eine globale Harmonisierung der Arzneimittelzulassungsbedingungen zu erreichen. Im pharmazeutischen Bereich spielt ferner die **europäische Arzneibuch-Kommission** eine wichtige Rolle, das EDQM. Sie ist im Europarat in Straßburg angesiedelt. Dort werden u. a. Konformitätsbescheinigungen ausgestellt, die belegen, dass Monographien des Europäischen Arzneibuchs geeignet

---

21 Vgl. § 3 Rn. 3.
22 Unterscheide: Die Europäische Union, 2020 aus 27 europäischen Staaten nach dem Austritt von Großbritannien bestehend, hat folgende Institutionen: Europäischer Rat, das Organ der Staats- und Regierungschefs, Rat der Europäischen Union, Ministerrat, Europäisches Parlament (Legislative), Europäische Kommission (Exekutive), Europäischer Gerichtshof (Judikative), Europäische Zentralbank (EZB), Europäischer Rechnungshof, Europäischer Auswärtiger Dienst (EAD), Europäischer Wirtschafts- und Sozialausschuss (EWSA), Europäischer Ausschuss der Regionen (AdR), Europäische Investitionsbank (EIB), Europäischer Bürgerbeauftragter, Europäischer Datenschutzbeauftragter (EDSB), Europäischer Datenschutzausschuss (EDSA) und weitere interinstitutionelle Einrichtungen.
23 European Medicines Agency.
24 Die EMA wurde im März 2019 nach Amsterdam verlagert.

sind, die Qualität von Arzneistoffen angemessen zu prüfen. Die **OECD**[25] kooperiert auf dem Gesundheitssektor mit der EU und unterstützt Projekte, die den Zugang zur Gesundheitsversorgung erleichtern.

Für die gesetzliche Krankenversicherung hat der Gesetzgeber in § 217a SGB V **19** den **GKV-Spitzenverband** als Körperschaft des öffentlichen Rechts auf Bundesebene eingerichtet. Er bildet die Dachorganisation der gesetzlichen Krankenkassen und unterliegt nach § 217d SGB V der Aufsicht BMG und des BMA. Mit der geteilten Aufsichtskompetenz berücksichtigt der Gesetzgeber die fünf großen sozialversicherungsrechtlichen Zweige, die Kranken-, Pflege-, Unfall-, Renten- und Arbeitslosenversicherung.

Die **Deutsche Krankenhausgesellschaft** (DKG) nach § 108a Satz 2 SGB V ist **20** die Dachorganisation der Krankenhausträger. Sie hat 28 Mitgliedsverbände,[26] von denen 16 die Landeskrankenhausgesellschaften bilden. Die übrigen 12 Mitglieder setzen sich unabhängig von ihrer Rechtsform aus kommunalen Spitzenverbänden, den Spitzenverbänden der Wohlfahrtsorganisationen Arbeiterwohlfahrt, Caritas, Diakonie und Zentralwohlfahrtsstelle der Juden, der Deutschen Rentenversicherung Bund, dem Deutschen Roten Kreuz und den Verbänden der Privat- und Universitätsklinika zusammen. Die DKG kann weitere Handlungsfelder[27] bedienen, die ausgelagert und insbesondere gewerblich tätig sind, sei es im Verlags- und Gutachterwesen oder in der Informationsverarbeitung und dem Vortrags- bzw. Veranstaltungsmanagement.

Die **Vertretungen** der **ärztlichen Heilberufe** auf **Bundesebene**,[28] sie sind **21** Arbeitsgemeinschaften bzw. nicht eingetragene Vereine der Landesärzte-, -psychotherapeuten- und -apothekerkammern. Die BÄK und die BAK vereinigen jeweils 17 Landeskammern[29] unter ihrem Dach. Der BPtK gehören 12 Landeskammern[30] der Psychotherapeuten[31] an. Die Spitzenorganisationen sind nicht

---

25 Organisation for Economic Cooperation and Development = Organisation für wirtschaftliche Entwicklung und Zusammenarbeit.

26 Stand 6/2020.

27 Insbesondere DKI, DKVG, DKTIG, GDK.

28 Bundesärztekammer (BÄK), Bundeszahnärztekammer (BZÄK), Bundespsychotherapeutenkammer (BPtK) sowie die Bundesapothekerkammer (BAK).

29 Jedes Land hat grundsätzlich eine Heilberufskammer pro Heilberuf, nur NRW hat zwei, eine in Nordrhein und eine in Westfalen-Lippe für die Ärzte- und Apothekerschaft.

30 Baden-Württemberg, Bayern, Berlin, Bremen, Hamburg, Hessen, Niedersachsen, Nordrhein-Westfalen, Rheinland-Pfalz, Saarland, Schleswig-Holstein und die Ostdeutsche Psychotherapeutenkammer (Brandenburg, Mecklenburg-Vorpommern, Sachsen, Sachsen-Anhalt, Thüringen zusammen). NRW hat in diesem Bereich wie die anderen Länder nur eine Kammer.

31 Einheitlicher Begriff eingeführt durch das Psychotherapeutengesetz v. 15.11.2019 (BGBl. I S. 1604), gültig ab. 1.9.2020, zuletzt geändert durch Artikel 17 des Gesetzes. v. 19.05.2020 (BGBl. I

rechtsfähig, sodass ihre Mitglieder persönlich haften. Sie befassen sich insbesondere mit Grundsatzfragen des Fort- und Weiterbildungs- sowie Berufsrechts. Mit dem Erlass von Mustersatzungen initiieren sie eine möglichst bundeseinheitliche Handhabung der Satzungen in den Länderkammern. Sie vertreten die Interessen des Berufsstandes auf Bundesebene und sind im Rahmen der Qualitätssicherung und der Sicherung der Leistungserbringung aktiv. Der BÄK wurde durch das TPG eine Richtlinien- und Überwachungskompetenz für den Todesnachweis im Rahmen des Organspendewesens zugesprochen.

22   Neben der BAK ist die Dach- und Spitzenorganisation der Apotheker die **ABDA,**[32] ein eingetragener Verein, der die Bundesapothekerkammer und den Deutschen Apothekerverband vereinigt. Die ABDA ist die Interessenvertretung der Apotheker gegenüber Gesetzgebung, Politik, Gesellschaft und Industrie auf Bundesebene.

23   **KBV** und **KZBV,** nach § 77 Abs. 5 SGB V Körperschaften des öffentlichen Rechts, vertreten die kassenärztlichen und kassenzahnärztlichen Vereinigungen der Länder auf Bundesebene. Besondere Aufgaben haben sie nach § 91 Abs. 1 SGB V als stimmberechtigte Mitglieder im G-BA. Um ihre Aufgaben nach § 77a SGB V[33] bewältigen zu können, dürfen sie Gesellschaften gründen. Sie unterliegen nach § 78 Abs. 1 SGB V der Aufsicht des BMG.

24   Mit erheblichem Einfluss im Gesundheitswesen agieren **Fachverbände,** die ihre Berufsgruppen bei der Exekutive, also den Bundesbehörden, und bei legislativen Verfahren im Bundestag vertreten. Fachgesellschaften gibt es in nahezu allen heilberuflich relevanten Bereiche,[34] den ärztlichen wie den nichtärztlichen. Die sog. **NGO,** Nicht-Regierungsorganisationen, sind Interessenvertretungen von Patienten, der Selbsthilfe und anderen auf bestimmte Themen ausgerichtete Arbeitsgemeinschaften, Vereine und Verbände.

25   Das **Bundesinstitut für Tiergesundheit,** eine Bundesoberbehörde mit elf Fachinstituten, schützt durch die Überwachung der Tiergesundheit auch die menschliche Gesundheit. Es sollen insbesondere zwischen Menschen und Tieren übertragbare Infektionen, Tierseuchen und Zoonosen[35] verhindert werden.

S. 1018); Approbationsordnung für Psychotherapeutinnen und Psychotherapeuten (PsychThAprO) v. 4. März 2020 (BGBl. I S. 448).

32 Bundesvereinigung Deutscher Apothekerverbände e.V.

33 Dienstleistungsaufgaben wie zB Beratung in der Datenverarbeitung, Vertragsabwicklung.

34 Vgl. insbesondere die Fachgesellschaften der Chirurgen, Neurochirurgen, Kardiologen, Transplantationsmediziner, Internisten sowie alle anderen Gebiets- und Teilgebietsvertretung der Ärzteschaft; vgl. auch die Hebammenverbände, die Verbände der Physiotherapeuten, Logopäden, Ergotherapeuten und Pflegeberufe sowie weiterer Berufsgruppen.

35 von Tieren auf Menschen übertragbare Krankheiten.

Analog zu den Verbänden auf Bundesebene gibt es Landesverbände. Bun- 26
desgesetzliche Aufgaben sind sogar den **Landeskrankenhausgesellschaften**
übertragen. Sie sind in § 108a SGB V gesetzlich anerkannt. Üblicherweise handelt
es sich um eingetragene Vereine, in denen die Mehrzahl der Krankenhausträger
und ihre Verbände vertreten sind. Sie wirken zusammen mit den Landespla-
nungsbehörden auf die Ziele des KHG[36] und der Landeskrankenhausgesetze hin.
Sie informieren ihre Mitglieder, beraten und unterstützen bei der Gesetzge-
bungsvorhaben und sind Interessenvertretung der Krankenhäuser. Gesetzliche
Aufgaben nehmen sie insbesondere im Landesausschuss für Krankenhausplanung, der Landesgesundheitskonferenz und den Gremien nach § 90a SGB V wahr.

Heilberufskammern[37] der Länder gibt es analog zur Bundesebene für alle 27
ärztlichen Heilberufe wie Ärzte, Zahn-, Tierärzte sowie Psychotherapeuten. Im
nichtärztlichen Bereich existieren drei Pflegekammern[38] in Rheinland-Pfalz,
Schleswig-Holstein und Niedersachsen. Alle Kammern arbeiten als Körperschaften des öffentlichen Rechts, die durch Heilberufs- bzw. Kammergesetze landesrechtlich eingerichtet worden sind. Sie erfüllen eigene Aufgaben wie die Stärkung
und Förderung des Zusammenhalts ihrer Berufsgruppen. Sie führen Aufsicht über
das beruflich relevante Verhalten ihrer Mitglieder, erfüllen Informations- und
Beratungspflichten gegenüber ihrer Klientel sowie der Aufsichtsbehörde. Die
Einrichtung von Ethikkommissionen sowie der ärztliche Notdienst zusammen mit
den KVen sind Aufgaben im ärztlichen Bereich. Staatliche Aufgaben können
durch Gesetz als Pflichtaufgaben[39] zur Erfüllung nach Weisung übertragen werden. Diese müssen fachliche Berührungspunkte zu den originären Aufgaben der
Heilberufskammern haben. Hinsichtlich ihrer eigenen Aufgaben unterliegen sie
der Rechtsaufsicht der obersten Landesgesundheitsbehörden. Bei staatlichen
Aufgaben besteht Fachaufsicht.[40] Die Mitglieder der Heilberufskammern sind
Pflichtmitglieder und müssen Beiträge entrichten. Die Kammern haben Versorgungswerke anzubieten, um der Alterssicherung des überwiegend freiberuflich
tätigen Berufsstandes[41] gerecht zu werden.

---

36 Krankenhausfinanzierungsgesetz.
37 Vgl. dazu § 14.
38 Die Einführung ist nach wie vor sehr umstritten, da auch die Betroffenen in der Pflichtmitgliedschaft und der notwendigen Beitragszahlung erhebliche Belastungen sehen – Stand 2020.
39 Vgl. zB § 9 HeilBerG NRW: zB Genehmigungserteilung zur Durchführung künstlicher Befruchtungen nach § 121a SGB V, Aufgaben nach Strahlenschutzrecht u. a.
40 Sie beinhaltet eine fachliche und eine Rechtsaufsicht.
41 Die Rechtsprechung des BSG engt die angebotene Alterssicherung ein und definiert eine
Vielzahl von Tätigkeiten als nicht freiberuflich und damit rentenversicherungspflichtig, so auch
BSG, Urt. v. 3.4.2014 – B 5 RE 13/14 R.

Fall 4

Der Ärztekammer A werden durch das Heilberufsgesetz des Landes NRW Aufgaben nach der Strahlenschutzverordnung (StrSchV)[42] übertragen. Danach ist sie verpflichtet, Stellen zur Qualitätssicherung einzurichten. Näheres regelt die Strahlenschutzverordnung. Die Kammer ist der Meinung, dass ihr diese Aufgabe zu Unrecht übertragen worden ist. Wie kann sie sich dagegen wenden?

Lösungsskizze

I. Mit der Normenkontrollklage nach § 47 VwGO können Rechtsnormen, die unterhalb des Landesrechts stehen, auf Vereinbarkeit mit höherrangigem Recht überprüft werden. Vorliegend wird eine Bestimmung des Landesrechts als rechtswidrig angesehen. Eine Normenkontrollklage nach § 47 VwGO kommt nicht in Betracht. Es handelt sich nicht um untergesetzliches Recht.

II. Wenn die Heilberufskammer die konkrete Überwachung nicht durchführt, muss die Aufsichtsbehörde tätig werden; denn die staatliche Aufgabe ist im übertragenen Wirkungskreis als Pflichtaufgabe zur Erfüllung nach Weisung umzusetzen. Sie erlässt eine Aufsichtsverfügung.

   1. Die Aufsichtsverfügung gegenüber der Heilberufskammer ist eine Anordnung im Einzelfall mit Außenwirkung, also ein Verwaltungsakt. Die Heilberufskammer ist nicht Teil des Staates geworden, auch wenn ihre staatlichen Aufgaben zur Ausführung übertragen worden sind.

   2. Ein Verwaltungsakt ist auch gegenüber einer Körperschaft statthaft.

   3. Gegen den Verwaltungsakt kann die Heilberufskammer den Verwaltungsrechtsweg mit einer Anfechtungsklage beschreiten, wenn sie vorträgt, in ihren Rechten verletzt zu sein. Inzident prüft das Gericht die Rechtmäßigkeit der dem VA zugrundeliegenden Rechtsvorschrift.

28 Die **Kassenärztlichen und Kassenzahnärztlichen Vereinigungen** sind Körperschaften des öffentlichen Rechts und haben eine Dreifachfunktion zu erfüllen. Zum einen haben sie die ambulante ärztliche Versorgung im System der Gesetzlichen Krankenversicherung nach §§ 72, 95 SGB V sicherzustellen. Zum anderen vertreten sie ihren Berufsstand, für den sie Gesamtversorgungsverträge einschließlich Vergütungsregelungen nach §§ 83, 85 SGB V aushandeln. Zum Dritten haben sie die ordnungsgemäße Aufgabenerfüllung der zur vertragsärztlichen Versorgung verpflichteten Ärzte zu überwachen. Mit diesen Aufgaben sind im ersten Fall konzeptionelle, bedarfsplanerische und Verteilungsaufgaben, im zweiten Überwachungsmaßnahmen, die das Funktionieren des Systems garantieren sollen, und im Dritten Disziplinarfunktionen[43] verbunden.

---

42 Verordnung zum Schutz vor der schädlichen Wirkung ionisierender Strahlung (Strahlenschutzverordnung – StrlSchV) v. 29.11.2018 (BGBl. I S. 2034, 2036), zuletzt geändert durch Artikel 1 der Verordnung v. 27. März 2020 (BGBl. I S. 748).

43 Vgl. § 81 Abs. 5 SGB V.

In **kommunalen Zweckverbänden** schließen sich Kommunen (Kreise und 29 kreisfreie Städte) sowie die kommunalen Spitzenverbände, (Städte-, Landkreistag, Städte- und Gemeindebund) zusammen, um bestimmte Angebote wie zB in der psychiatrischen Versorgung sicherzustellen. Zum Teil werden auch auf private Träger mit öffentlichen Aufgaben beliehen. Während in NRW die kommunalen Landschaftsverbände nach wie vor die wichtigsten Träger psychiatrischer Kliniken sind, haben in Hessen zunächst die Landeswohlfahrtsverbände, dann eine private Holding diese Aufgabe übernommen. Da psychiatrische Kliniken sowohl von kommunalen, staatlichen, kirchlichen und privaten Trägern geführt werden können, bestimmt die tatsächlich übernommene psychiatrische Aufgabe die Rechtsform des Trägers. Während die stationäre wie ambulante psychiatrische Behandlung grundsätzlich jede private Organisation leisten kann, ist dies in der forensischen Psychiatrie, dem Maßregelvollzug, nicht möglich. Eingriffe in die körperliche Unversehrtheit bei eventuell notwendigen Zwangsmaßnahmen[44] müssen hoheitlich besonders legitimiert sein.

Wichtige Funktion üben **Patientenorganisationen** und **Selbsthilfegruppen** 30 aus. Sie können als Einzelvereine, unabhängige Patientenorganisationen wie die UPD,[45] durch Verbraucherschutzorganisationen oder auch Patientenbeauftragte[46] vertreten sein. Sie kooperieren mit dem ÖGD über Bundes-, Landes- und kommunale Gremien wie die Landes- oder kommunale Gesundheitskonferenz.

Selbsthilfegruppen sind auf Bundes- und Landesebene stark vernetzt und 31 geben Menschen Halt und Hilfe, die keine etablierten Einrichtungen in Anspruch nehmen wollen. Sie leisten Hilfe auf Gegenseitigkeit, persönliche Aussprache und praktische Unterstützung unter gleich Betroffenen und deren Angehörigen. Selbsthilfe zählt zur Gesundheitsförderung und Krankheitsbewältigung. Angebote finden sich insbesondere in der Sucht- und Drogenbekämpfung mit ihren vielfältigen Facetten[47] sowie als psychiatrische oder psychologische Begleitung schwerer somatischer Erkrankungen z.B. mit onkologischen Krankheitsbildern. Selbsthilfegruppen können u.a. als Untergliederungen kommunaler und kirchlicher Angebote agieren, als eingetragene Vereine oder Arbeitsgemeinschaften organisiert sein.

---

44 ZB künstliche Ernährung oder Behandlungen gegen den Willen der Betroffenen; BVerfG, Urt. v. 23.11.2011–1 BvR 882/09; *Prütting/Schnabel/Maaß*, MedStra 2016, 146.

45 Unabhängige Patientenberatung.

46 Etabliert auch an Krankenhäusern in Form von Beschwerdestellen.

47 Spielleidenschaft, Alkohol- und Drogenkrankheiten, Tablettensüchte, Stress- und Konfliktbewältigung, physische und psychische Abhängigkeiten, psychosoziale Unterstützung Krebskranker.

32   Mit den gesetzlich eingerichteten Verbänden und Aufgabenträgern nicht zu verwechseln sind die **landesrechtlichen Strukturen zur Zusammenarbeit** im Gesundheitswesen wie die Landesgesundheitskonferenzen,[48] die kommunalen Gesundheitskonferenzen und das sog. 90a-Gremium. Diese Organisationen basieren auf gesetzlichen Grundlagen,[49] haben besondere Aufgaben der Koordinierung zu erfüllen und Prozesse von allgemeiner und grundsätzlicher Bedeutung anzustoßen. Sie sind nicht Teil des ÖGD im engeren Sinn, sondern von diesem entwickelter Netzstrukturen. Während Landesgesundheitskonferenz und 90a-Gremium auf Landesebene arbeiten, sind die Kommunalen Gesundheitskonferenzen[50] örtlich tätig.

33   Wichtige und nicht verzichtbare Partner im Gesundheitswesen sind die **Kirchen**. Als Träger von Wohlfahrtsverbänden, Krankenhäusern, Pflegeheimen, Kindertagesstätten und vielen weiteren gesundheitlichen und sozialen Einrichtungen wirken sie im Gesundheitswesen entscheidend mit. Sie sind in Bundes- und Landesgremien wie den Landesgesundheitskonferenzen, den Landesausschüssen für Krankenhausplanung und Pflege sowie in den Gremien auf kommunaler Ebene vertreten. Über ihre Büros[51] bringen sie ihre Anliegen auch unmittelbar bei Parlamenten und Regierungen ein.

Fall 5
Für den Fall des Eintritts einer Pandemie[52] sind Vorbereitungsmaßnahmen zu treffen. Durch den internationalen Flugverkehr und den globalen Reiseverkehr können sich Krankheitserreger weltweit leichter ausbreiten. Wer ist aufgerufen, Vorsorge zu treffen und wie ist zu verfahren?[53]

---

48 Die Zusammensetzung ist von Land zu Land verschieden. In NRW sind beteiligt unter dem Vorsitz des Gesundheitsministeriums die Landeskrankenkassenverbände, die verfasste Ärzte-, Zahnärzte- und Apothekerschaft, die Krankenhausgesellschaft, Arbeitgeber, Gewerkschaften, Wohlfahrtsverbände, Kommunale Spitzenverbände, Landschaftsverbände, Einrichtungen der Gesundheitsvorsorge und des Patientenschutzes sowie die gesundheitliche Selbsthilfe. Das Gremium ist z.T. größer, z.T. kleiner besetzt.
49 ZB § 26 ÖGDG NRW.
50 § 24 ÖGDG NRW.
51 ZB „Amt des Beauftragten der Evangelischen Kirchen bei Landtag und Landesregierung von Nordrhein-Westfalen" oder „Katholisches Büro Bayern".
52 Eine Pandemie ist im Gegensatz zu einer Epidemie lokal nicht beschränkt, sondern über Länder und Kontinente hinweg ausgebreitet. Dies schließt nicht aus, dass abgelegene Areale nicht davon betroffen sind – vgl. die Covid-19-Pandemie in den Jahren 2019/ 2020.
53 *D. Prütting*, GesR 2016, 469.

Lösungsskizze

1. Zuständig für die Bekämpfung von Gesundheitsgefahren ist nach dem Infektionsschutzrecht, insbesondere dem IfSG und den Gesetzen über den öffentlichen Gesundheitsdienst, zB §§ 1, 3 ÖGDG NRW, und den darauf beruhenden Rechtsverordnungen der öffentliche Gesundheitsdienst.

2. Bei landes- und staatenübergreifenden Ereignissen wie Pandemien als weltumspannenden Gesundheitsgefährdungen reichen die Befugnisse innerhalb der Kommunen und Länder nicht aus. Es sind nationale und internationale Behörden und Organisationen zu beteiligen. Dazu gehören insbesondere die WHO, die die Pandemiestufen ausruft, und die europäischen Behörden wie die EU-Kommission und der Europarat.

3. Als oberste nationale Gesundheitsbehörde im ÖGD ist das Bundesgesundheitsministerium mit seinen nachgeordneten Bundesoberbehörden wie insbesondere RKI, PEI und BfArM aufgerufen, den Kontakt auf internationaler Ebene herzustellen und zu halten, Erkenntnisse auszuwerten und über die Informationswege und Datensammlungen der Bundesoberbehörden Wissenstransfer zu gewährleisten, der Bestandteil der Pandemiepläne wird.

4. Im Zusammenwirken von Bundes- und Landesbehörden, beraten durch Wissenschaftler aus Hochschulen, Forschungslaboren und der Industrie erarbeitet das Bundesgesundheitsministerium einen nationalen Pandemieplan, in dem die grundsätzlichen strategischen, konzeptionellen und operativen Festlegungen getroffen werden.

5. Die Länder setzen diesen Plan unter Berücksichtigung der landesrelevanten Bedingungen um, indem sie die erforderlichen Schutzmaßnahmen für ihre Bevölkerungsanteile, Angebotsstrukturen und personellen wie sächlichen Ressourcen formulieren. Sie sorgen für die Arzneimittelbevorratung einschließlich nötiger Impfstoffbestellungen.

6. Unterstützt werden sie von den mittleren und unteren Gesundheitsbehörden, den Bezirksregierungen und Kommunen, die den lokalen Versorgungsbedarf ermitteln und Umsetzungsstrategien vor Ort implementieren. Dazu gehören zB logistische Vorbereitungen für die Verabreichung notwendiger Arzneimittel und Impfstoffe (Impfstraßen).

7. Parallel dazu wird auf nationaler und internationaler Ebene sowohl strategisch als auch konzeptionell daran gearbeitet, die Verbreitung von Erregern durch geeignete Maßnahmen wie Reise-, Verbringungsverbote, Quarantänemaßnahmen, bei Tieren als Überträgern Schlachtungen etc. zu verhindern.

§ 4 Gesetzgebungskompetenz, Aufsichtsstrukturen

I. Gesetzgebungskompetenz

1 Den Ländern obliegt die **Gesetzgebungskompetenz im Gesundheitswesen** nach Art. 70 Abs. 1 GG, soweit der Bund nicht von seiner konkurrierenden Gesetzgebungskompetenz insbesondere nach Art. 74 Nrn. 19, 19a und 20 GG Gebrauch macht. Eine Gesamtgesetzkompetenz für das Gesundheitswesen ist in der Verfassung nicht vorgesehen. Dem Bund werden einzelne Bereiche eröffnet, die zum einen einer einheitlichen Regelung bedürfen und zum anderen eine besondere Relevanz und überregionale Bedeutung für das Gesundheitswesen haben.

2 Zu den insoweit besonders wichtigen Aufgabenfeldern gehört das Recht der **Gesetzlichen Krankenversicherung.** Die stationäre und ambulante ärztliche Versorgung ist im Sozialgesetzbuch V geregelt, die allgemeinen Bestimmungen einschließlich der Verfahrensregelungen im Sozialwesen finden sich in den Sozialgesetzbüchern I, IV und X. Das Krankenhausfinanzierungsrecht im KHG, KHEntgG und der BPflV ergänzt die Bestimmungen.

3 Das **Berufszugangsrecht** für ärztliche **Heilberufe** einschließlich der Apothekerschaft regeln Bundesgesetze mit BÄO, ZHG, BApO und PsychthG. Als zum Zulassungsrecht zugehörig wird das Approbationsrecht angesehen, das sich an die Ausbildung anschließt und vor Berufseintritt neben der Prüfung der fachlichen Qualifikation eine Gesundheits- und Zuverlässigkeitsprüfung beinhaltet. Die Berufsgesetze schützen sowohl den Berufszugang als auch die Berufsbezeichnung.

4 Analoges gilt für das Berufszugangsrecht der **nichtärztlichen Heilberufe (Medizinalfachberufe).** Diese benötigen zwar keine Approbation, müssen aber eine eigene Berufszugangserlaubnis erwerben, der sowohl eine fachliche Qualifikationsprüfung als auch eine Zuverlässigkeits- und Gesundheitsprüfung vorausgeht. Die Berufsgesetze[1] der Medizinalfachberufe schützen sowohl den Ausbildungsgang als auch die jeweilige Berufsbezeichnung.

5 Das **Infektionsschutzwesen** regelt der Bundesgesetzgeber. Das IfSG räumt den Bundesbehörden im Rahmen von gesundheitlichen Krisen unmittelbare Weisungsrechte gegenüber den Kommunen bzw. ihren Gesundheitsbehörden ein.

---

1 Vgl. zB das Hebammengesetz (HebG) v. 22.11.2019 (BGBl. I S. 1759; das Gesetz über die Berufe in der Physiotherapie (Masseur- und Physiotherapeutengesetz – MPhG) v. 26.05.1994 (BGBl. I S. 1084), zuletzt geändert durch Artikel 21 des Gesetzes v. 15.8.2019 (BGBl. I S. 1307).

https://doi.org/10.1515/9783110700428-007

Landesrechtliche gesetzgeberische Kompetenzen bestehen in Spezialbereichen. Dazu gehört zB das Hygienemanagement im Krankenhausbereich mit allen seinen Facetten. Die Länder erlassen Hygieneverordnungen.[2] Auch für die Hygiene in Tätowierungsstudios, bei Friseuren und ähnlichen Berufen greifen landesrechtliche Regelungen.

Die Gesetzgebung zum **Apotheken-, Arzneimittel- und Medizinproduk-** 6 **tewesen** berücksichtigt das hohe Gefahrenpotenzial, das mit Umgang und Vermarktung der Produkte verbunden ist und hat daher umfassende Sicherheitsvorkehrungen getroffen. Betäubungsmittel sind Arzneimittel, auch wenn sie in einem eigenen Gesetz geregelt sind. Gifte werden grundsätzlich im Chemikalienrecht behandelt. Sie können aber auch bei entsprechender Dosierung Arzneimittel sein.

In die **Zuständigkeit** der **Länder** fallen insbesondere die Landeskranken- 7 hausgesetze, die rettungsdienstlichen Bestimmungen, die Krebsregistergesetze, Gesetze zur Hilfeleistung und Unterbringung psychisch kranker Menschen einschließlich der Forensik, die in den Maßregelvollzugsgesetzen ihren Niederschlag gefunden hat. Gesetze über den Öffentlichen Gesundheitsdienst und Hygienevorschriften runden den landesrechtlichen Gesetzeskatalog für die stationäre und ambulante Versorgung ab.

Untergesetzliches Recht stellen alle Normen dar, die nicht in parlamenta- 8 rischen Verfahren zustande kommen. Erlassen staatliche Behörden wie Ministerien oder die Landesregierungen Verordnungen, ohne das Parlament zu beteiligen, oder erlassen Körperschaften des öffentlichen Rechts wie Heilberufskammern, KVen oder Krankenkassenverbände im Sinne des §§ 77, 207 SGB V Satzungen, handelt es sich zwar auch hier um die Regelung einer Vielzahl von Fällen,[3] aber es bleibt eine Rechtssetzung der Verwaltung. Nicht zu verwechseln ist diese Form der Rechtsetzung mit Erlassen von Ministerien oder Verfügungen von Bezirksregierungen. Handelt die oberste Landesbehörde, spricht man von Erlassen, handelt der nachgeordnete Bereich, spricht man von Verfügungen. Beide können entweder schlichtes Verwaltungshandeln bedeuten oder Verwaltungsakte, auch in Form von Allgemeinverfügungen, darstellen. Soweit die Länder die Normenkontrollklage zugelassen haben, kann untergesetzliches Recht nach § 47 VwGO grundsätzlich angefochten werden.

---

2 Vgl. zB Verordnung über die Hygiene und Infektionsprävention in medizinischen Einrichtungen (HygMedVO) v.13.3.2012 (GV. NRW. S. 143); Verordnung des Sozialministeriums über die Hygiene und Infektionsprävention in medizinischen Einrichtungen (MedHygVO) v. 20. Juli 2012 (GBl. 2012, 510).
3 Charakteristisches Merkmal für eine Norm.

Fall 6

A hat seine Examen bestanden und beantragt die Approbation als Apotheker nach § 20 AAppO. Da er vor Bescheidung seines Antrags nach einem schweren Verkehrsunfall Fahrerflucht begangen hat, verweigert die Approbationsbehörde die Erteilung. A ficht die Ablehnung mit der Begründung an, die Approbationsordnung sei nicht rechtmäßig zustande gekommen. Es gehe bei der Approbationserteilung um Berufsausübungsrechts, das der Bundesgesetzgeber nicht habe erlassen dürfen. Hat seine Klage allein mit dieser Begründung Aussicht auf Erfolg?

Lösungsskizze

1. A wendet sich gegen die Ablehnung der Approbationserteilung, einen ablehnenden Verwaltungsakt der Approbationsbehörde. Es handelt sich um eine nichtverfassungsrechtliche Streitigkeit öffentlich-rechtlicher Art, für die der Rechtsweg zu den Verwaltungsgerichten gegeben ist. Statthaft ist die Anfechtungsklage. Von einer ordnungsgemäßen Klageerhebung ist auszugehen.

2. A ist in seinen Rechten verletzt, wenn der VA rechtswidrig war. Dies wäre der Fall, wenn er auf der Grundlage eines nicht verfassungsgemäßen Gesetzes zustande gekommen wäre. Die Länder sind nach Art. 72 GG zur Gesetzgebung im Berufsausübungsrecht zuständig, wenn der Bund nach 74 Nr. 19 GG von seiner konkurrierenden Gesetzgebungszuständigkeit keinen Gebrauch macht. Mit der BApO hat er seine Regelungskompetenz wahrgenommen und die Zulassung zum Apothekerberuf geregelt. Auf der Basis dieses Gesetzes hat er die Approbationsordnung als Rechtsverordnung erlassen und neben den Ausbildungsvoraussetzungen auch das Approbationsverfahren geregelt. Soweit die Approbation bereits erteilt ist und widerrufen, zurückgenommen oder zum Ruhen gebracht werden soll, ist strittig, ob es sich insoweit nicht um Fragen der Berufsausübung handelt. Dann stünde dem Bund keine Gesetzgebungskompetenz zu, weil A bereits seinen Beruf ausgeübt hat. Der konkrete Fall liegt aber so, dass A noch gar nicht zur Berufsausübung zugelassen worden war. Insofern ist jedenfalls die Regelung der AAppO nicht zu beanstanden. Die Klage ist insoweit unbegründet.

II. Aufsichtsstrukturen

9 Verschiedene **Aufsichtsarten** bestehen im Gesundheitswesen oftmals nebeneinander. Aufsicht führen im Wesentlichen der Staat und Körperschaften des öffentlichen Rechts, aber auch Aufsichtsräte nach handels- und gesellschaftsrechtlichen Vorschriften sowie Dienstvorgesetze in staatlichen Behörden oder Kommunen.

10 **Rechts- und Fachaufsicht** sind staatliche Aufgaben. Demzufolge muss sich der Staat Durchgriffsrechte vorbehalten, wenn er sich zur Aufgabenerfüllung Dritter, nicht staatlicher Organisationen bedient. Rechtsaufsicht und Fachaufsicht bestehen behördenübergreifend und nicht behördenintern.

1. Rechtsaufsicht

Die **Rechtsaufsicht** beinhaltet eine Rechtmäßigkeitsprüfung. Sie wird an for- **11** mellen, materiellen Gesetzen, untergesetzlichen Normen wie Satzungen und sonstigen rechtlich relevanten Vorgaben gemessen. Zu letzteren zählen zB Verwaltungsvorschriften, die als Prüfmaßstab Verbindlichkeit für die rechtsunterworfenen Organisationen haben müssen. Das bedeutet, dass sie nur im Behördenaufbau relevant werden, aber nicht darüber hinaus. Sie binden auch nur die Behörden, die mit der jeweiligen Materie befasst sind. So behält die Empfehlung einer Bundesoberbehörde ihren beratenden Charakter, wird also nicht zum Prüfmaßstab einer Behörde, wenn sie nicht gegenüber den rechtsunterworfenen Institutionen für verbindlich erklärt worden ist.[4] Dies kann durch Verwaltungsvorschriften, Allgemeinverfügungen oder Einzelverwaltungsakte geschehen.

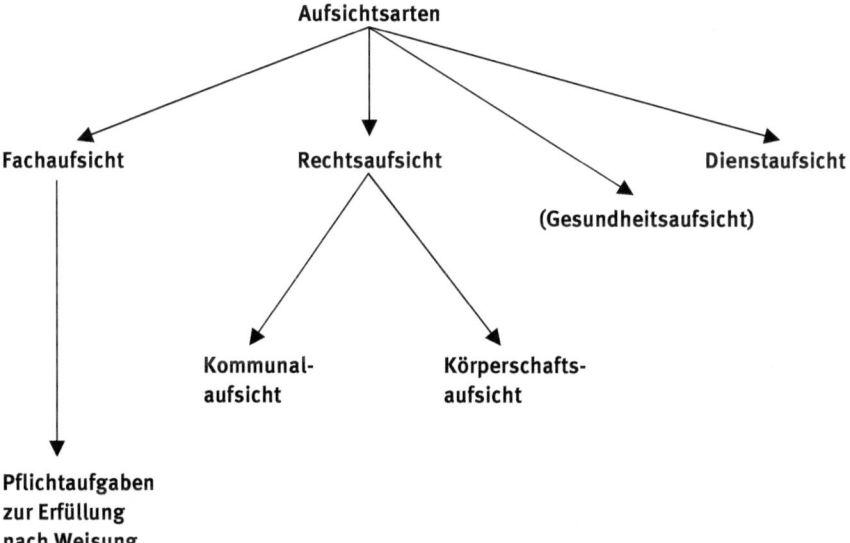

Die Rechtsaufsicht wird auch als **Körperschaftsaufsicht** bezeichnet. In diesem **12** Fall unterliegen Körperschaften des öffentlichen Rechts der Überprüfung rechtmäßigen Handelns. Universitätsklinika können zB als Körperschaften oder Anstalten des öffentlichen Rechts mit dem Recht zur Selbstverwaltung[5] durch Gesetz oder Satzung der Rechtsaufsicht unterworfen sein. Die gesetzlichen Kranken-

---

4 *Prütting*, Dtsch. Ärzteblatt 1988, S. 3333
5 *Geis/Berger* Hochschulrecht im Freistaat Bayern, Kapitel IX Rn 11 ff.

kassen[6] sind nach § 29 SGB IV Körperschaften des öffentlichen Rechts und unterliegen nach § 87 SGB IV der Rechtsaufsicht durch die zuständigen Behörden. Bei bundesunmittelbaren Krankenkassen führt das Bundesversicherungsamt, eine Bundesoberbehörde, die Rechtsaufsicht. Bei landesunmittelbaren Krankenkassen sind die obersten Landesgesundheitsbehörden entsprechend zuständig. Auch die Kassenärztlichen Vereinigungen unterliegen als Körperschaften des öffentlichen Rechts nach § 77 Abs. 5 SGB V der Rechtsaufsicht. Die Aufsicht über die Heilberufskammern legen die Kammer- bzw. Heilberufsgesetze der Länder[7] fest. Grundsätzlich führen die obersten Landesgesundheitsbehörden die Rechtsaufsicht. KVen, KZVen und Heilberufskammern beaufsichtigen ihrerseits die ihnen angehörigen ärztlichen Heilberufe, die Vertragsärzte, Vertragspsychotherapeuten und Vertragszahnärzte rechtsaufsichtlich.

13   Die Kommunen unterliegen der **Kommunalaufsicht,** die neben den rechtsaufsichtlichen Befugnissen des Staates auch fachaufsichtliche Elemente enthält. Dies wird zB an den Eingriffsbefugnissen im Haushaltsrecht deutlich, die bis zur Einsetzung eines Haushaltskommissars reichen können. Der Staat kann insoweit „fachaufsichtlich" tätig werden und Inhalte der Haushaltsführung bestimmen.

Beispiel
Das BfArM[8] oder das RKI gibt Empfehlungen zum Umgang mit Arzneimitteln bzw. der Hygiene in Krankenhäusern heraus. Diese Empfehlungen gelten zunächst nicht für die Landesbehörden und ihre nachgeordneten Organisationen. Soweit die Länder sie sich im Behördenaufbau durch Verwaltungsvorschriften zu eigen machen, entfalten sie Verbindlichkeit sowohl in der Arzneimittelüberwachung als auch in der Krankenhausaufsicht. Sie sind Maßstab der Überwachung. Wollen die Länder eine generelle Übernahme zB der Hygieneempfehlungen in den Krankenhäusern erreichen, müssen sie dies durch formelles oder materielles Gesetz regeln. Zwischen den Behörden, also dem Landesgesundheitsministerium, den Bezirksregierungen und den mit staatlichen Aufgaben betrauten Kommunen reichen Verwaltungsvorgaben in Form von Einzelregelungen oder Verwaltungsvorschriften aus.

14 Die Rechtsaufsicht wird nur in sehr wenigen gesetzlichen Regelungen durch **Aufsichtsdetails** konkretisiert.[9] Dies wird immer wieder wegen fehlender Transparenz beanstandet und führt zu Unsicherheiten. Weitere Konkretisierungen könnten indessen die Selbstverwaltung einschränken.

15   Den Behörden stehen nach dem Grundsatz der Verhältnismäßigkeit unterschiedliche **rechtsaufsichtliche Instrumente** zur Verfügung. Als mildeste Mittel

---

6 *Daubenbüchel* in Alexander/Rath, Krankenkassen im Wandel, Kap. 2.3.1 S. 77 ff., 2001.
7 § 9 HeilBerG NRW.
8 *Prütting,* Dtsch. Ärzteblatt 1988, 3333; das BfArM hat die Aufgaben des ehemaligen Bundesgesundheitsamtes übernommen.
9 *Kluth,* Maßstäbe und Verfahrensgrundsätze der Kammeraufsicht, Kammerrechtstag 2008.

kommen Informations- und Beanstandungsrechte in Betracht. Es können Stellungnahmen erbeten, die Vorlage von Akten verlangt und die Teilnahme an Sitzungen vorgesehen werden. Die Rechtsaufsichtsbehörde kann rechtliche Anordnungen treffen, deren Erlass verlangen und im Falle der Nichteinhaltung Anordnungsrechte selbst ausüben. Neben der Ersatzvornahme kommt die Bestellung von Beauftragten oder die Beendigung von Amtszeiten der Organe als tief greifende Aufsichtsmaßnahmen in Betracht. Je umfassender das angewandte Instrument in die Selbstverwaltungsrechte eingreift, umso wichtiger ist die gesetzliche Legitimation, also die Beschreibung der Eingriffsbefugnisse im Gesetz.

Die Aufsichtsbehörde ist nach pflichtgemäßem Ermessen zum **Einschreiten** 16 verpflichtet. Ein Rechtsanspruch Dritter auf Tätigwerden gibt es weder für private Dritte noch Behörden. Dritte können allerdings Anregungen zum Einschreiten geben.

2. Fachaufsicht

Mit der **Fachaufsicht** werden die Zweckmäßigkeit und die Rechtmäßigkeit ho- 17 heitlichen Handelns überprüft. Insoweit können auch Ermessensentscheidungen Gegenstand der Aufsicht sein jedoch nur hinsichtlich der ordnungsgemäßen Ermessensbetätigung und nicht hinsichtlich der Inhalte. Die Fachaufsicht besteht zwischen staatlichen Behörden, die in einem Über-/Unterordnungsverhältnis zueinander stehen, also zwischen den obersten Landesbehörden, den Ministerien, und den Landesmittelbehörden, den Bezirksregierungen. Sind nichtstaatliche Behörden wie Kommunen oder Heilberufskammern mit staatlichen Aufgaben betraut, können ihnen Aufgaben nur zur Pflichterfüllung nach Weisung oder im sog. übertragenen Wirkungskreis[10] übertragen werden. Die Zweckmäßigkeitsprüfung betrifft alle inhaltlichen Fragen einer Aufgabe.

Beispiel
1. Die Bezirksregierungen unterliegen in der Krankenplanung der **Fachaufsicht** der Landesgesundheitsministerien bzw. der entsprechenden Senate der Stadtstaaten. Sie entscheiden u. a. über die Strukturen von Krankenhäusern.
2. Die Städte und Kreise erledigen die Aufgaben des Rettungsdienstes als **Pflichtaufgaben zur Erfüllung nach Weisung.** Sie können die Rettungsdienste zwar grundsätzlich nach ihren Vorstellungen aufbauen. Wenn diese allerdings die landesrechtlichen Vorgaben und inhaltlichen Vorstellungen zur Organisation nicht einhalten und dadurch zB Hilfs-

---

10 Der eigene Wirkungskreis betrifft die originär kommunalen und damit eigenen Aufgaben.

fristen[11] nicht gewahrt werden, sind die Länder zu korrigierenden Vorgaben berechtigt. Die Kommunen müssen sie umsetzen, also ggf. mehr Personal einstellen und die Einsatzwagenzahl erhöhen. Da sie insoweit Bedarfspläne aufstellen und diese mit den Kostenträgern verhandeln, müssen die notwendigen Erweiterungen in diese Verhandlungen eingespeist werden.

3. Die ärztlichen Heilberufskammern[12] als Körperschaften des öffentlichen Rechts nehmen im Rahmen der Röntgenverordnung (RöV) und der Strahlenschutzverordnung (StrlSchV) staatliche Aufgaben in Form der **Pflichtaufgaben zur Erfüllung nach Weisung** wahr. Sie richten ärztliche und zahnärztliche Stellen zur Qualitätssicherung bei der Untersuchung und Behandlung von Menschen ein und stellen Bescheinigung zum Fachkundenachweis aus. Mit Röntgenstrahlen aussendenden Geräten dürfen nur Ärzte, Zahn- und Tierärzte umgehen, die dazu gesondert fortgebildet sind. Im Hinblick auf ihre kammereigenen Aufgaben wie zB die Qualitätssicherung unterliegen sie daneben lediglich der Rechtsaufsicht.

18 **Aufsichtsmittel** der Fachaufsicht sind insbesondere Weisungen, Selbsteintrittsrechte, die dem Recht zur Ersatzvornahme ähneln. Ein Unterschied dazu besteht in der Zurechnung der Maßnahme. Wird die Fachaufsichtsbehörde tätig, handelt es sich im Außenverhältnis um Maßnahmen der Aufsichtsbehörde, so dass sie im Falle der Anfechtung Klagegegnerin wird.

3. Dienstaufsicht

19 Eine **Dienstaufsicht** besteht sowohl innerhalb von Behörden als auch behördenübergreifend. Die Dienstvorgesetzten überwachen im Rahmen der Hierarchie ihre Beschäftigten. Daher üben vorgesetzte Behörden die Dienstherreneigenschaft über die Behörden ihres Geschäftsbereichs aus. Darüber hinaus steht die Dienstherreneigenschaft sonstigen Körperschaften des öffentlichen Rechts wie Sozialversicherungsträgern, also zB Krankenkassenverbänden und Heilberufskammern zu. Soweit Anstalten und Stiftungen des öffentlichen Rechts Dienstherreneigenschaften besitzen sollen, ist sie ihnen durch Gesetz oder Satzung zu übertragen. Der Dienstaufsicht unterstehen damit zB auch die Bediensteten einer Universität, soweit sie öffentlich-rechtlich organisiert ist. Immer mehr Universitätsklinika sind in Anstalten des öffentlichen Rechts umgewandelt worden. Sie unterliegen der Dienstaufsicht des Landes, die der Rektor oder Präsident ausübt. Bei den Heilberufskammern führt der Kammerpräsident die Dienstaufsicht, in

---

11 Hilfsfristen sind die Zeiten von Eingang des Notrufs bei der Leitstelle bis zum Eintreffen des Rettungsmittels am Unfallort.
12 § 9 HeilBerG NRW.

den Kommunen der Oberbürgermeister oder der Landrat. Soweit es sich um kreisangehörige Gemeinden handelt, ist der Bürgermeister der Dienstherr.

Dienstaufsicht wird über Aufbau, innere Ordnung, allgemeine Geschäfts- 20 führung und Personalangelegenheiten einer Behörde **geführt.**

Aufsichtsmittel sind wie bei der Fachaufsicht Weisungsbefugnisse und 21 Selbsteintrittsrechte.

4. Gesundheitsaufsicht

Gesundheitsaufsicht ist kein technischer Aufsichtsbegriff. Er fasst die gesund- 22 heitsbezogenen Aufgaben der jeweiligen Behörde im ÖGD zusammen.

Die **Maßnahmenkompetenz** ergibt sich aus den jeweiligen Fachgesetzen 23 und aus den allgemeinen behördlichen Befugnissen nach dem Verwaltungsverfahrensrecht.

§ 5 Krankenversicherungsschutz

I. Einführung

1 Die **Versorgung** von Patienten im Krankheitsfall benötigt je nach Schwere den ambulanten oder stationären Sektor. Bei gesundheitlichen Vorbelastungen sind Präventionsmaßnahmen schon vor Manifestierung der Krankheit erforderlich. Ist eine Krankheit behandelt worden, kann eine Wiedereingliederung in den Arbeitsprozess stattfinden. Nachsorge- und Rehabilitationsleistungen können ambulant wie stationär in Betracht kommen. Die Übergänge zwischen den Angeboten müssen sachgerecht organisiert, die Patienten integriert versorgt werden. Sind Personen durch Unfälle irreversibel geschädigt worden, müssen sie je nach verbliebener Leistungsfähigkeit aufgefangen, wieder an den Alltag herangeführt oder mit regelmäßigen Zahlungen unterstützt werden. Sind Personen zur Alltagspflege nicht mehr oder nur noch eingeschränkt imstande, sind Pflegeleistungen zu gewähren. Vor diesem Hintergrund ist die Kenntnis der unterschiedlichen, aneinander angrenzenden Versicherungssysteme des Sozialgesetzbuchs (SGB) zum Verständnis des Gesundheits- und Medizinrechts erforderlich.

2 Die **Sozialversicherung** in Deutschland wurde als Antwort auf die „soziale Frage" entwickelt, die sich mit dem Verhältnis von Staat und Gesellschaft befasste und die Veränderungen, die die industrielle Revolution mit sich brachte, reflektierte.[1] Der Staat als größte Solidargemeinschaft sollte in die Verantwortung genommen werden. Je mehr die Arbeit in die Fabriken verlagert wurde, also die Industrialisierung um sich griff, umso größer wurde der Bedarf nach einer Abdeckung von Risiken durch Unfälle, durch Individualität und durch die Probleme des Alters.

3 Ein erstes Krankenversicherungsgesetz[2] trat 1882 in Kraft, mit dem die öffentlich-rechtliche Pflichtversicherung in den Allgemeinen Ortskrankenkassen begründet wurde. Mit der **Reichsversicherungsordnung** (RVO)[3] aus dem Jahr 1911 wurde das bis dahin entwickelte gesamte Sozialversicherungsrecht erstmalig kodifiziert. Grundstrukturen einer gemeinsamen Selbstverwaltung wurden gelegt. Die RVO bestand aus sechs Büchern, den gemeinsamen Vorschriften für alle Sozialversicherungszweige, der Kranken- und Unfallversicherung, der Invaliden- und Hinterbliebenenversicherung, einem Buch über die rechtlichen Beziehungen

---

1 *Fuchs/Preis*, Sozialversicherungsrecht, 2. Aufl. 2009.
2 Grundlage war die kaiserliche Botschaft vom 17.11.1981, die die Ziele der Sozialpolitik Bismarcks zusammenfasste.
3 RVO v. 14.7.1911 (RGBl. S. 705).

https://doi.org/10.1515/9783110700428-008

der Versicherungsträger untereinander und zu anderen Beteiligten sowie den Verfahrensregelungen. Die Sozialversicherung entwickelte auch die Merkmale einer Versicherung, als die sie heute überwiegend eingestuft wird. Die gebildete Gemeinschaft deckt einen bestimmten Bedarf für Risikofälle ab. Durch Beitragszahlung und den damit verbundenen Vertrag erwirbt der Versicherte einen Rechtsanspruch auf Leistung in Form von Schutz und Sicherheit. Er verpflichtet sich gleichzeitig gegenüber der Versichertengemeinschaft auf das Prinzip der Gegenseitigkeit. Seine Beiträge dürfen auch für andere Versicherte im Bedarfsfall eingesetzt werden. Die Versicherung deckt die Vermögensminderung des Versicherten ab. Dabei darf der Versicherte nach dem Versicherungsfall finanziell nicht besser dastehen als vorher (Bereicherungsverbot).

Mit der Überführung des Sozialversicherungssystems in die zwölf Bücher des **Sozialgesetzbuchs** ab 1969 wurde das System der heutigen Sozialversicherung neu gegliedert. Neben allgemeinen, für alle Versicherungsbereiche geltenden Vorschriften in den Büchern I, IV und X sind in den übrigen Büchern die jeweiligen Versicherungszweige aufbereitet. Das sind die Krankenversicherung im SGB V, die Rentenversicherung im SGB VI, die Unfallversicherung im SGB VII, die Arbeitslosenversicherung im SGB III und die Pflegeversicherung im SGB XI. Daneben befasst sich das SGB II mit der Grundsicherung für Arbeitsuchende und das SGB XII mit der Sozialhilfe. Weitere Materien, denen der Gesetzgeber eigene Bücher gewidmet hat, sind die Kinder- und Jugendhilfe im SGB VIII sowie die Rehabilitation und Teilhabe behinderter Menschen im SGB IX. **4**

Der **formelle Sozialrechtsbegriff**[4] hat sich weitgehend durchgesetzt. Danach gehören alle Rechtsbereiche zum Sozialrecht, die sich im Sozialgesetzbuch finden und über § 68 SGB I als besondere Teile aus anderen Gesetzen wie der RVO, dem Bundeskindergeldgesetz und anderen Normen in das Sozialrecht übernommen worden sind. **5**

Eine umfassende **Gesetzgebungskompetenz** für das Sozialrecht ist dem Bundesgesetzgeber analog zur Gesundheitsrechtsgesetzgebung nicht zugeschrieben worden. Er hat aber von der konkurrierenden Gesetzgebung nach Art. 74 Abs. 1 Nrn. 7, 9, 10, 12, 13 GG umfassend Gebrauch gemacht. **6**

---

4 Vgl. *Fuchs/Preis*, Sozialversicherungsrecht, 2. Aufl. 2009, A § 5.

II. Gesetzliche Krankenversicherung

1. Grundprinzipien

7 In der Gesetzlichen Krankenversicherung (GKV) sind für die ambulante und stationäre Versorgung Kostenträger, Leistungserbringer und Patienten in einem **Solidarsystem** so verbunden, dass im Krankheitsfall eine zielgerichtete Versorgung mit möglichst geringem Verwaltungsaufwand für die Patienten durchgeführt werden kann. Der Solidargedanke bedeutet in einem Slogan kurz gefasst „Einer für alle, alle für einen". Die stärkeren sollen die Schwächeren unterstützen, die Jungen für die Alten, die Alleinstehenden für die Familien einstehen und die Einkommensstarken die Einkommensschwachen mitfinanzieren. Das bedeutet, dass jeder seinen Beitrag nach seiner Leistungsfähigkeit aufzubringen hat, aber nach Bedürftigkeit medizinische Leistungen in Empfang nehmen kann. Der Zugang zur Versorgung bestimmt sich nach der gesundheitlichen Notwendigkeit und nicht nach dem Einkommen.

8 Das System lässt sich im sog. **GKV-Viereck** darstellen, das die wechselseitigen Rechtsbeziehungen unter den Akteuren beschreibt. Dabei ist ein entscheidendes Merkmal, dass alle Partner zwar interagieren und vielfältige Verpflichtungen zu erfüllen und Rechte wahrzunehmen haben, dass aber nur mittelbare Beziehungen zwischen ihnen bestehen. Diese Strukturen in der ambulanten Versorgung weichen von denen in der stationären Versorgung insofern ab, als die Finanzierungsverläufe unterschiedlich sind. Während die ambulante Versorgung durch eine monistische Finanzierung, eine Finanzierung aus einer Hand, gekennzeichnet ist, erfolgt sie im stationären Bereich dual, also aus grundsätzlich zwei Finanzierungsquellen. Beide Systeme werden allerdings nicht in reiner Form umgesetzt. Die Finanzmittel im ambulanten Bereich stammen aus den Mitgliedsbeiträgen der Solidargemeinschaft, also den an die Krankenkassenverbände zu zahlenden Versicherungsbeiträgen. Im stationären Bereich besteht neben dieser Finanzierungsart, die die Betriebskosten der Krankenhäuser begleicht, eine gesonderte Investitionsförderung durch die Länderhaushalte. Dem ambulanten wie dem stationären System fließen darüber hinaus in der Regel zusätzliche private Mittel zu wie Spenden oder Eigenmittel der Leistungserbringer.

9 Der Auftrag, die Versorgung im ambulanten oder stationären Bereich sicherzustellen, ist in unterschiedlichen Gesetzen verankert. Im ersten Fall hat der Bundesgesetzgeber den Kassen(zahn)ärztlichen Vereinigungen (KV und KZV) den **Sicherstellungsauftrag** über § 75 SGB V erteilt. Im zweiten Fall obliegt er den Ländern nach den Landeskrankenhausgesetzen. Die Sicherstellungsverpflichteten haben dafür Sorge zu tragen, dass in qualitativer und quantitativer Hinsicht genügend Haus- und Fachärzte im ambulanten Bereich sowie genügend Kran-

kenhäuser mit gestuften Versorgungsangeboten im stationären Bereich zur Verfügung stehen. Diese Verpflichtung gilt nicht nur für das System der GKV, sondern im stationären Sektor darüber hinaus für alle potenziellen Patienten unabhängig von ihrer Versicherung, also zB auch für private Versicherer, Beihilfeträger, Träger der Heilfürsorge oder der Sozialhilfe. Im ambulanten Sektor wird die Sicherstellungsverpflichtung nach § 75 Abs. 3 ff. SGB V zum Teil gesetzlich begründet wie zB für Heilfürsorgeberechtigte oder zur Vorbereitung von betriebs- oder fürsorgeärztlichen Personalentscheidungen. Zum Teil müssen aber auch gesonderte Vereinbarungen getroffen werden wie bei der Unterstützung anderer Versicherungen nach § 75 Abs. 6 SGB V. Davon können Unfallversicherungsträger profitieren oder aber auch private Versicherer, die Versicherte im Basistarif [5] betreuen.

Die **Ausfüllung** des **Sicherstellungsauftrags** obliegt nicht den KVen/ KZVen 10 oder den Ländern, sondern den von ihnen eingebundenen vertragsärztlich oder planerisch Verpflichteten. Das können geeignete natürliche und juristische Personen ein, also Vertragsärzte, -zahnärzte, -psychotherapeuten oder auch deren Zusammenschlüsse zB in MVZ, die die haus- oder fachärztliche Versorgung übernehmen, oder sonstige Berufsausübungsgemeinschaften. In der stationären Versorgung sind es geeignete Krankenhäuser.

Neben dem Sicherstellungsauftrag haben die Sicherstellungsverpflichteten 11 auch einen **Gewährleistungsauftrag**. Er ist in § 75 Abs. 1 Satz 1 SGB V für den ambulanten Bereich explizit angesprochen. Darunter versteht man die Gewähr dafür, dass die Versorgung mit den einschlägigen gesetzlichen, untergesetzlichen und vertraglichen Regelungen übereinstimmt. Insoweit wird der Maßstab für die den KVen obliegende Aufsichtspflicht über die an der Sicherstellung Beteiligten normiert. Es sind insbesondere die Bestimmungen des SGB V und die darauf beruhenden Regelungen zB des Bundesmantelvertrages [6] Ärzte/Zahnärzte und den dazu ergangenen Richtlinien des G-BA gemäß § 92 SGB V. In der stationären Versorgung unterliegen die Krankenhäuser der staatlichen Aufsicht der Länder, die an den maßgeblichen formellen und materiellen Gesetzen, verbindlichen Erlassen und Richtlinien der einschlägigen Sachgebiete wie zB dem Infektionsschutz und den Hygienevorgaben gemessen wird.

Das GKV-System wird geprägt durch **Kollektivverträge**. Dabei handelt es sich 12 um Verträge zwischen Kostenträgern und Leistungserbringern zugunsten der Versicherten, die diesen das Recht einräumen, grundsätzlich alle bundesweit in

---

5 Tarif, der einem Versicherten mindestens in der privaten Versicherung zu gewähren ist, §§ 75 Abs. 3a, 257 Abs. 2a, 315 SGB V.
6 Er regelt die ambulante ärztliche und psychotherapeutische Versorgung zwischen KBV und Spitzenverband der Krankenkassen. Sein Geltungsbereich erstreckt sich auf das Fünfte Sozialgesetzbuch (SGB V).

die Verträge eingebundenen Leistungserbringer mit Kostenlast für die gesetzliche Krankenversicherung in Anspruch zu nehmen.

13 Im Gegensatz dazu gibt es **Selektivverträge**, die nur zwischen einzelnen Krankenkassen und einzelnen Leistungserbringern geschlossen werden. Ihre Inanspruchnahme ist nur zu den Bedingungen des Rechts der gesetzlichen Krankenversicherung zulässig, wenn eine Krankenkasse mit den ausgewählten Leistungserbringern Sonderverträge abgeschlossen hat.

GKV-Viereck ambulante Versorgung

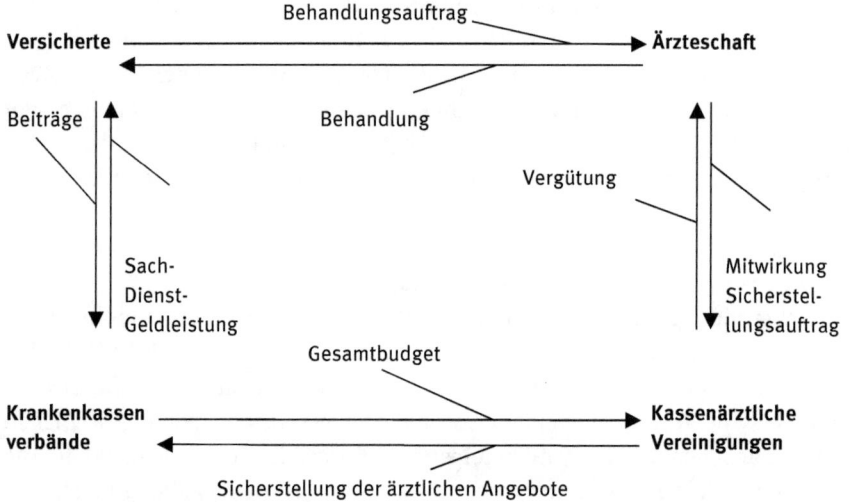

14 Im **ambulanten Bereich** bestehen folgende Beziehungen:

Beziehungen (1) zwischen Kassenärztlichen Vereinigungen und Krankenkassen:
Die KVen stellen die Versorgung mit ambulant tätigen Ärzten und Ärztekooperationen gegenüber den Krankenkassen sicher (Sicherstellungsauftrag), indem sie mit nach Art und Zahl geeigneten ärztlichen Kräften Verträge zur Übernahme von ambulanten Behandlungsaufträgen im GKV-System schließen. Zur Finanzierung der Versichertenleistungen vereinbaren die Krankenkassen mit den KVen ein Gesamtbudget.

Beziehungen (2) zwischen Krankenkassen und Versicherten:
Die Versicherten entrichten an ihre Krankenkassen auf der Basis ihrer Versicherungsverträge ihre Krankenkassenbeiträge. Dafür stellen die Krankenkassen Sach-, Geld- und Dienstleistungen zur Verfügung und wickeln die Bezahlung in Anspruch genommener Leistungen ab.

Beziehungen (3) zwischen Ärzten und Versicherten:
Die Versicherten erteilen Ärzten oder Ärztekooperationen Behandlungsaufträge, die diese durch angemessene Therapien umsetzen.

Beziehungen (4) zwischen Ärzten und Kassenärztlichen Vereinigungen:
Die KVen stellen den Ärzten und Ärztekooperationen aus den mit den Krankenkassen ausgehandelten Gesamtvergütungen Einzelbudgets zur Verfügung. Die Ärzteschaft wirkt im Gegenzug am ärztlichen Sicherstellungsauftrag der KVen gegenüber den Krankenkassen mit.

Im **stationären Bereich** gibt es auf Grund der dualen Finanzierung[7] neben den Krankenkassen die Länder als Finanziers der Investitionskosten. Insoweit stellen sich die Beziehungen im GKV-Viereck wie folgt dar: **15**

Beziehungen (1) zwischen Ländern und Krankenkassen:
Die Länder stellen die Versorgung mit Krankenhäusern sicher, indem sie nach Art und Zahl geeignete Krankenhäuser in den Krankenhausplan[8] aufnehmen, zwischen Krankenhäusern und Krankenkassen geschlossene Verträge genehmigen[9] und nach Hochschulrecht[10] legitimierte Krankenhäuser an der stationären Krankenversorgung beteiligen (Sicherstellungsauftrag). Die Krankenkassen sind verpflichtet, die Betriebskosten der stationären Versorgung zu übernehmen.

Beziehungen (2) zwischen Krankenkassen und Versicherten:
Die Versicherten entrichten an ihre Krankenkassen auf der Basis ihrer Versicherungsverträge ihre Krankenkassenbeiträge. Die Krankenkassen stellen stationären Leistungen als Sach-, Geld- oder Dienstleistungen zur Verfügung und wickeln die Bezahlung der in Anspruch genommenen Leistungen ab.

Beziehungen (3) zwischen Krankenhäusern und Versicherten:
Die Versicherten erteilen den Krankenhäusern Behandlungsaufträge. Dies geschieht grundsätzlich durch eine ärztliche Überweisung, durch die Einlieferung über Rettungsdienste und nur im Ausnahmefall durch Selbsteinweisung. Die Krankenhäuser erfüllen die Behandlungs-, Pflege- und Hotelleistungsaufträge.

---

7 § 8 Rn 40.
8 § 8 Rn 6 ff.
9 § 10 Rn 1 ff.
10 § 9 Rn 2 ff.

Beziehungen (4) zwischen Krankenhäusern und Krankenkassen:
Die Krankenkassen finanzieren die Betriebskosten der Krankenhäuser auf der Grundlage von Versorgungsverträgen, die entweder durch gesetzliche Fiktionen (Krankenhausplanaufnahme, Förderung nach Hochschulrecht) oder ausdrückliche Vertragsschlüsse gemäß § 109 SGB V zustande kommen. Die Krankenhäuser erfüllen ihre vertraglichen Verpflichtungen gegenüber den Krankenkassen aus den Kollektivverträgen durch Behandlung, Pflege, Unterbringung und Versorgung der Versicherten.

GKV-Viereck stationäre Versorgung

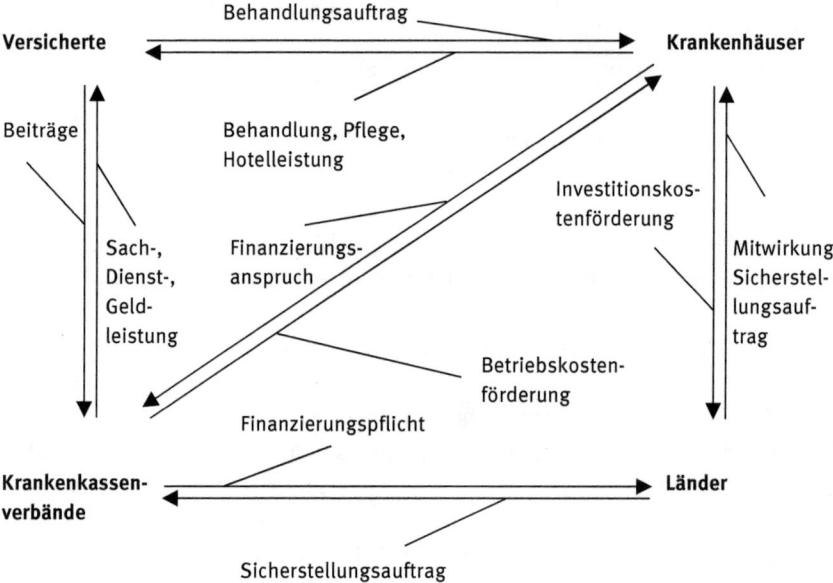

16 Der Gesetzgeber hat mit Wirkung vom 1. Januar 2009 in § 193 Abs. 3 VVG eine **allgemeine Krankenversicherungspflicht** eingeführt. Alle Personen mit Wohnsitz in Deutschland müssen sich bei einem in Deutschland zugelassenen Krankenversicherer gegen Krankheitskosten versichern. Es sind nur wenige Ausnahmen zugelassen. Dazu zählen insbesondere Beihilfeberechtigte, nach Asylbewerberleistungsgesetz Berechtigte, die nicht aus Solidar-[11] sondern aus Steuermitteln finanziert werden, und Personen, die Heilfürsorge[12] oder Sozialhilfe beanspruchen können. Ein Ablehnungsrecht steht den Krankenkassen grund-

---

11 Mittel der gesetzlichen Krankenversicherung.
12 Polizeivollzugsbeamte, Strafgefangene, Maßregelvollzugspatienten.

sätzlich nicht zu, wenn eine Pflichtversicherung in Betracht kommt und das Einkommen über dem eines Minijobs im Sinne des § 7 SGB V liegt. Nicht versicherte Rückkehrer in gesetzliche und private Krankenkassen müssen ebenfalls aufgenommen werden. Sowohl für diese Klientel als auch für freiwillig Versicherte haben die KVen die vertragsärztliche Versorgung mit zu planen. Für privat Versicherte außerhalb dieser Bedingungen gilt die Sicherstellungsverpflichtung grundsätzlich nicht, weil der Gesetzgeber davon ausgeht, dass Vertragsärzte privat liquidieren und sich dafür genügend Angebote finden.

Die gesetzliche Krankenversicherung ist keine **Bürgerversicherung**, in der 17 alle Bürger Deutschlands aufgenommen sein müssen. Sie bindet allerdings die Personenkreise, die der Gesetzgeber als schutzbedürftig angesehen hat.

Alle Arbeitnehmer bis zur Höhe eines bestimmten Arbeitsentgelts, der **Jah-** 18 **resarbeitsentgeltgrenze** oder **Pflichtversicherungsgrenze** nach §§ 5 Abs. 1 Nr. 1, 6 Abs. 6 und 7 SGB V, unterliegen der Pflichtversicherung. Ausgenommen sind Personen, die sich entweder auf Grund ihres höheren Verdienstes selbst versorgen können oder anderen Versorgungseinrichtungen angehören. Zur letzten Gruppe zählen insbesondere Beamte und verkammerte Berufe, die von kammereigenen Versorgungswerken betreut werden. Mit abgesichert sind in der GKV nach § 10 SGB V Familienangehörige. Die Jahresentgeltgrenze wird als Brutto-Arbeitsentgelt jährlich neu bestimmt. Versicherte können bei Übersteigen dieser Grenze nach § 9 SGB V freiwillig in der GKV versichert bleiben.

Davon zu unterscheiden ist die **Beitragsbemessungsgrenze**. Diese benennt 19 das Brutto-Arbeitsentgelt, das der Beitragsbemessung höchstens zugrunde gelegt werden darf. Das darüber hinausgehende Entgelt wird nicht mehr berücksichtigt. Auch die Beitragsbemessungsgrenze wird jährlich neu ermittelt.

Neben pflichtversicherten Personen nach § 5 SGB V, zu denen zB auch Ar- 20 beitslosengeld I- und -II-Bezieher gehören sowie Studierende und in Ausbildung befindliche Personen gibt es von der Versicherung **befreite** nach § 8 SGB V und **versicherungsfreie** Personenkreise nach §§ 6 und 7 SGB V. Sie bestimmen sich im Wesentlichen nach der Jahresentgeltgrenze oder nach alternativen Versorgungsmöglichkeiten (zB Beamten-, Richterstatus, berufsständische Versorgungswerke, Selbstständige).

2. Leistungserbringer, Leistungskatalog

Die **Leistungen** in der gesetzlichen Krankenversicherung richten sich nach der 21 Schwere der Erkrankung. Der Umfang der Vorsorge sowie die zur Heilung, Linderung und Nachsorge notwendigen Maßnahmen bestimmen den Ort der Leistungserbringung. Insoweit sind zwei große Bereiche zu unterscheiden, die ambulante und die stationäre Versorgung.[13] Beide bilden komplizierte Versorgungssysteme ab. Eine sektorenübergreifende und integrierte Versorgung[14] im Interesse der Patienten erschweren insbesondere die unterschiedlichen Finanzierungswege und -inhalte.

22   Der **Leistungskatalog** der GKV ist für die präventiven Leistungen in den §§ 20 ff. SGB V kodifiziert, für die kurativen in den §§ 27 ff. SGB V und hinsichtlich der Ersatzleistungen für Verdienstausfälle in den §§ 44 SGB V. Leistungen können in der GKV zB nach §§ 34, 52 f. SGB V aus unterschiedlichen Gründen ausgeschlossen oder beschränkt sein. Der Gemeinsame Bundesausschuss hat zudem eine Ausschlusskompetenz, die er über Richtlinien nach § 92 SGB V wahrnimmt. Gegen seine Entscheidungen ist der Rechtsweg zu den Sozialgerichten nach §§ 92 Abs. 3 SGB V, 51 Abs. 1 Nr. 2 SGG gegeben, soweit zB Arznei- und Heilmittel von der Verordnung zu Lasten der GKV ausgeschlossen oder beschränkt sind.

22a   Die **Organspende**,[15] also der Weg zur Entnahme von Organen, beruht auf einer freien Entscheidung des Spenders. Er kann seine Bereitschaft durch einen Organspendeausweis oder sonstige Verfügung von Todes wegen dokumentieren. Die Angehörigen haben im Todesfall das Recht, ebenfalls zuzustimmen. Der eindeutige Wille des Spenders ist vorrangig zu berücksichtigen. Die Organspende ist zu unterscheiden von der Organübertragung, der **Transplantation.** Gesetzliche Regelungen bestehen seit 2007 im Transplantationsgesetz.[16] Derzeit gilt eine „modifizierte Entscheidungslösung", nach der die Bevölkerung in regelmäßigen Abständen mit Informationsmaterial dazu aufgefordert werden soll, sich mit dem Thema Organspende zu befassen und ggf. ablehnende Entscheidungen zu revidieren. Die sog. doppelte Widerspruchslösung[17], bei der jeder Verstorbene Organspender ist, wenn nicht er zu Lebzeiten bzw. seine Angehörigen im Todeszeitpunkt ausdrücklich widersprochen haben, hat sich in Deutschland nicht durchgesetzt.

23   Der Anspruch auf Krankenbehandlung nach § 27 SGB V ist von der Rechtsprechung[18] unmittelbar als **Individualanspruch** identifiziert worden, der durch

---

13 Siehe Kapitel 2 und 3.
14 § 5 II 5.
15 Die missbräuchliche Zuweisung von Organen und das Unterlaufen der Zuweisungskriterien (Organspendeskandal) haben in den Jahren 2010/ 2011 zu einer massiven Verunsicherung potenzieller Spender und damit zum Rückgang der Spendenbereitschaft geführt.
16 Transplantationsgesetz i. d. F. der Bek. v. 4.9.2007 (BGBl. I S. 2206), zuletzt geändert durch Artikel 16 des Gesetzes v. 19. Mai 2020 (BGBl. I S. 1018).
17 Gültig in Europa in 17 Ländern wie insbesondere Frankreich, Irland, Italien, Österreich und Spanien.
18 BSGE 88, 204 ff.

die ärztliche Verordnung näher konkretisiert wird. Dazu sind Begleitmaßnahmen möglich wie Zweitmeinungen nach § 27b SGB V, Medikationspläne nach § 31a SGB V oder häusliche Krankenpflege nach § 37 SGB V.

Leistungserbringer im GKV-System sind insbesondere die Mitglieder der 24 ärztlichen Heilberufe, der zugelassenen Medizinalfachberufe, die Krankenhäuser, sowie die Apotheken.[19] Kennzeichnend ist die unmittelbare Anwendung ihrer Leistungen am Patienten. Hersteller oder Großhändler von Arzneimitteln und Medizinprodukten[20] sind in diesem Sinn keine Leistungserbringer im GKV-System, auch wenn Belieferungen im Einzelfall unmittelbar durch sie unmittelbar an Verbraucher bzw. ärztliche Anwender vorgenommen werden. Dies kommt bei Sera, Impfstoffen, Krebstherapeutika sowie Blutprodukten in Betracht.

Leistungen dürfen nur erbracht werden, wenn die Leistungserbringer zum 25 GKV-System zugelassen oder sonst zur Teilnahme berechtigt sind. Das **Zulassungssystem** ist sehr ausdifferenziert und je nach Leistungserbringergruppe unterschiedlich. Die ärztlichen Heilberufe werden durch die KVen zugelassen. Die Apotheken gelten durch ihre Betriebserlaubnis als grundsätzlich zugelassen, werden aber durch die Rahmenverträge nach §§ 129 ff. SGB V für bestimmte Arzneimittellieferungen gesondert verpflichtet.[21] Die Heil- und Hilfsmittelerbringer werden nach §§ 124 ff. SGB V zugelassen.[22] Krankenhäuser erhalten ihre Teilnahmeberechtigung am GKV-System durch die Aufnahme in den Krankenhausplan, die Förderung nach Hochschulrecht oder durch den Abschluss von Versorgungsverträgen zwischen Krankenkassen und Krankenhäusern nach §§ 108, 109 SGB V.

3. Krankenkassenverbände

Kostenträger des GKV-Systems sind die gesetzlichen Krankenkassen. Sie beste- 26 hen aus den allgemeinen Ortskrankenkassen, Betriebs-, Innungskrankenkassen, der Bundesknappschaft sowie den Ersatzkassen.[23] Alle Kostenträger arbeiten in

---

19 Vgl. dazu Kapitel 5 und 6.
20 Medizinprodukte können Großgeräte, Verbandstoffe, Diagnosemittel und Krankenhausbetten sein.
21 § 19.
22 §§ 20, 21.
23 Vereinheitlichung der GKV (Zusammenführung von Primär- und Sekundärkrankenkassen) und Einführung der Kassenwahlfreiheit durch das Gesundheitsstrukturgesetz (GSG) v. 21.12.1992 (BGBl. I S. 2266).

Verbandsstrukturen nach §§ 207 ff. SGB V und tragen die gesetzliche Krankenversicherung nach §§ 143 ff. SGB V gemeinsam.

27 Die **Krankenkassenverbände** sind Körperschaften des öffentlichen Rechts mit Behördencharakter nach §§ 29, 31 Abs. 3 SGB IV, 207 Abs. 1 Satz 2 SGB V. Ihre Organe sind der Vorstand und die Vertreterversammlung nach § 31 SGB IV. Die Geschäftsführung gehört dem Vorstand grundsätzlich mit beratender Stimme an, ist selbst aber kein Organ. Abweichend von dieser Vorgabe ist bei den Allgemeinen Orts-, Betriebs- und Innungskrankenkassen anstelle einer Vertreterversammlung ein Verwaltungsrat nach §§ 31 SGB IV, 197 SGB V zu bestellen. Der Vorstand wird hauptamtlich eingesetzt und seine Mitglieder führen die Geschäfte ihres Bereichs selbstverantwortlich. Daher hat in dieser Konstellation die Geschäftsführung Organfunktion und ist stimmberechtigt.

28 Die Krankenkassen stehen miteinander im **Wettbewerb**. Die Versicherten können ihre Krankenkasse wählen. Sie sind seit 1996 nicht mehr an bestimmte berufszugehörige Krankenkassen gebunden. Familienversicherte gehören der Krankenkasse an, die das Mitglied gewählt hat.

29 Die Kostenträger unterliegen als bundesunmittelbare Krankenkassen der **Aufsicht** des Bundesversicherungsamtes nach § 90 SGB IV. Ihr Spitzenverband nach § 217a SGB V wird vom Bundesarbeits- und Sozialministerium im Einvernehmen mit dem Bundesgesundheitsministerium nach § 217d Abs. 1 SGB V beaufsichtigt. Die landesunmittelbaren Krankenkassen unterliegen der Aufsicht der obersten Landesgesundheitsbehörden nach §§ 208 Abs. 1 SGB V. Schließen sich Krankenkassen über mehr als drei Länder hinweg zusammen, wechselt die Landesaufsicht in die Bundesaufsicht nach Art. 87 Abs. 2 Satz 2 GG.

30 In der gesetzlichen Krankenversicherung werden die Leistungen vornehmlich nach dem **Sachleistungsprinzip** gemäß § 2 Abs. 2 SGB V erbracht. Kostenerstattung kann nach § 13 SGB V vereinbart werden. Das Sachleistungsprinzip bedeutet, dass die Versicherten konkrete Behandlungsleistungen wie die ärztliche Therapie, die Verordnung von Arznei-, Heil- und Hilfsmitteln in Anspruch nehmen können, ohne diese selbst unmittelbar beim Leistungserbringer bezahlen zu müssen.

31 Unabhängig davon können **Zuzahlungen** zu einzelnen Leistungen bis zur Höhe der eigenen Belastungsfähigkeit in Betracht kommen. Sie liegt bei höchstens 2% der Bruttoeinnahmen. Es handelt sich dabei um Eigenanteile, die von der gesetzlichen Krankenversicherung nicht abgedeckt sind.

32 Von den Zuzahlungen zu unterscheiden sind **Zusatzbeiträge**. Sie werden von den Krankenkassen erhoben, wenn die festgesetzten Beiträge für die Abdeckung der Versorgungsleistungen der Versicherten nicht ausreichen. Sie werden krankenkassenindividuell erhoben. Da die Krankenkassen miteinander im Wettbewerb stehen und Kostenträgerwechsel nicht mehr mit hohen Hürden verbunden

sind, versuchen die Krankenkassen, von diesem Instrument sehr zurückhaltend Gebrauch zu machen.

4. Solidarische Finanzierung

Die **Finanzierung** in der GKV basiert im Wesentlichen auf Solidarbeiträgen und 33 staatlichen Zuschüssen. Daneben gibt es Einnahmen aus Verwaltungsverfahren wie zB Säumniszuschläge. Zusatzbeiträge sind Teil der Solidarbeiträge. Die Beiträge werden durch die Versicherten, ihre Arbeitgeber, den Staat und Dritte nach § 20 SGB IV aufgebracht. Sie sollen die „gesetzlich vorgeschriebenen und zugelassenen Ausgaben der Versicherten gemäß § 21 Abs. 1 SGB IV decken" und ausreichen, um die notwendigen Betriebsmittel der Krankenkassen zur Verfügung zu stellen sowie Rücklagen gemäß § 261 SGB V zu bilden. Die Mittel der Krankenkassen bestehen nach § 259 SGB V aus Betriebsmitteln, Rücklagen und Verwaltungsvermögen.

Betriebsmittel gemäß § 81 SGB IV sind verfügbare Mittel, um laufende Aus- 34 gaben zu tätigen und Einnahme- bzw. Ausgabeschwankungen zu kompensieren. Die Krankenkassen dürfen sie nur im Sinne des § 260 SGB V verwenden. Die Zweckbindung ergibt sich zum einen aus den durch Gesetz oder durch Satzung vorgeschriebenen Aufgaben, zu denen auch Verwaltungsaufwendungen gehören, die Auffüllung der Rücklagen und die Bildung von Verwaltungsvermögen. Soweit Krankenkassen als Pflegekassen agieren, handelt es sich bei den Einnahmen nicht um Betriebsmittel der Krankenversicherung, so dass deren Verwendung in der Krankenversicherung auch nicht zulässig ist.

Das **Verwaltungsvermögen** bestimmt sich nach § 263 SGB V. Danach dürfen 35 die gesetzlichen Krankenkassen zB Vermögensanlagen zur Führung von Eigenbetrieben vornehmen oder Vermögensteile erneuern bzw. beschaffen, soweit sie zur Aufgabenerfüllung erforderlich sind. Das ist u. a. der Fall, wenn für künftige Versorgungsbezüge der Bediensteten Vorsorge getroffen werden muss.

Rücklagen werden zur Sicherstellung der Leistungsfähigkeit gemäß § 261 36 SGB V gebildet. Bis zu einem Drittel dieser Rücklagen darf nach § 262 SGB V eine Gesamtrücklage innerhalb des Krankenkassenverbandes gebildet und als Sondervermögen verwaltet werden.

Der Krankenversicherungsbeitrag ist Teil des **Gesamtsozialversicherungs-** 36 **beitrags** nach § 28d SGB IV, der neben der Krankenversicherung für die Renten-, Pflege- und Arbeitslosenversicherung erhoben wird. Den Unfallversicherungsbeitrag entrichten Unternehmen ohne Arbeitnehmerbeteiligung nach § 150 SGB VII. Der Gesamtversicherungsbeitrag wird vom Arbeitgeber vom Arbeitsentgelt nach § 28 g SGB IV einbehalten und an die Einzugsstellen gemäß § 28 h

SGB IV abgeführt. Diese sind bei den Krankenkassen angesiedelt. Sie leiten die Beiträge sowohl an den Gesundheitsfonds nach § 271 SGB V als auch an die zuständigen Sozialversicherungsträger nach § 28k SGB IV gemessen am Anteil der Versicherten weiter.

37 Der **Gesundheitsfonds** ist ein Sondervermögen, den das Bundesversicherungsamt gemäß § 271 SGB V verwaltet. Er wird grundsätzlich aus den Krankenversicherungsbeiträgen nach §§ 252 ff. SGB V, Beitragszuschüssen für die Versorgung im Krankheitsfall nach § 257 f. SGB V, Beitragszahlungen aus Renten und geringfügigen Beschäftigungsverhältnissen, Bundeszuschüssen zu Krankenkassenaufwendungen sowie Auslagen, Gebühren, Zinsen, Säumniszuschlägen, Buß- und Zwangsgeldern gespeist. Liquide Mittel hält der Gesundheitsfonds als Liquiditätsreserve vor, um etwa unterjährige Beitragsschwankungen auszugleichen.

38 **Ausgaben** tätigt der **Gesundheitsfonds** insbesondere in Form von Zuweisungen nach §§ 266 ff., 270 SGB V. Dabei handelt sich um Mittel für den Risikostrukturausgleich, standardisierte Aufwendungen für Mehr- und Erprobungsleistungen, durchzuführende Programme, Verwaltungsausgaben und Ausgleichsleistungen bei schwankenden Beiträgen.

39 Ein **Risikostrukturausgleich** wird unter den gesetzlichen Krankenkassen nach § 266 SGB V durchgeführt, um die finanziellen Auswirkungen der Mitgliederzusammensetzung zu berücksichtigen, die sich durch Alter, Geschlecht und Morbidität[24] ergeben. Die sog. „schlechten" Risiken werden gegen die „guten" abgeglichen, um die Krankenkassen mit besonders vielen sehr kranken Menschen nicht einseitig zu belasten. Insofern wird eine Grundpauschale mit alters-, geschlechts- und risikoadjustierten Zu- bzw. Abschlägen versehen. Das Verfahren wird jährlich standardisiert durchgeführt.

5. Integrierte Versorgung

39a Die **integrierte Versorgung** ist in § 140a SGB V unter der Überschrift „Besondere Versorgungsformen" in das Gesetz aufgenommen worden. Es besteht zwischen den Leistungssektoren, der präventiven, ambulanten, präklinischen, stationären, rehabilitativen und pflegerischen Versorgung ein hohes Patienteninteresse und ein hoher Bedarf, übergreifend und interdisziplinär betreuen und versorgen zu können. Patienten die mühevollen Wechsel zwischen den Angeboten zu erleichtern, kein Vakuum im Therapie- und Betreuungsverlauf entstehen zu lassen und damit Heilungsprozesse zu gefährden, verlangen erleichterte Übergänge

---

24 Krankheitshäufung.

zwischen den Sektoren. Sie können auf der Grundlage des Gesetzes vereinbart werden. Zunehmend machen Kosten- und Leistungsträger davon Gebrauch.

Grundlagen und Ziele des Versorgungsmodells sind die Verbesserung von 39b Qualität und Wirtschaftlichkeit in einem vernetzten System, eine freiwillige Teilnahme der Versicherten und eine Honorierung der Leistungserbringer außerhalb der Gesamtvergütung.[25]

Vertragsinhalte können grundsätzlich alle medizinischen Belange und 39c einzelne Indikationen der Versicherten sein. Dies gilt besonders für Volkskrankheiten, die flächendeckend bekämpft werden sollen.[26]

Daraus ergeben sich die **Folgen**, dass keine vertraglichen Rahmenvereinba- 39d rungen zwischen Kostenträgern und KVen zusätzlich erforderlich sind, die KVen nicht Vertragspartner werden und ihr Sicherstellungsauftrag insoweit eingeschränkt wird. Managementgesellschaften von Leistungserbringern können Vertragspartner der Krankenkassen in Selektivverträgen sein. Die Pflegeversicherung ist einbezogen. Krankenhäuser sind für hochspezialisierte und ambulante Erkrankungen mit besonderen Verläufen geöffnet.

III. Private Krankenversicherung

Die private Krankenversicherung arbeitet nach dem **Äquivalenzprinzip**. Dies ist 40 im Gegensatz zum Solidarprinzip der GKV ein Individualsicherungsprinzip. Die Beiträge werden nach dem persönlichen Risiko berechnet. Das sind zB das Eintrittsalter in die Versicherung, der jeweilige Gesundheitszustand zum Zeitpunkt der Antragstellung, das Geschlecht sowie Art und Umfang der Versicherungsleistungen. Angestrebt wird ein Gleichgewicht zwischen errechnetem Beitrag und eingehenden Versicherungsbeiträgen während der Vertragslaufzeit.

Anbieter der privaten Krankenversicherungen sind privatwirtschaftlich ge- 41 führte Unternehmen. Sie sind in ihrer Organisationsform frei. In der Regel werden sie als Kapitalgesellschaften in Form von Aktiengesellschaften oder Versicherungsvereinen auf Gegenseitigkeit[27] geführt.

Private Krankenversicherungen kommen in Betracht, wenn keine gesetz- 42 liche Pflichtversicherung besteht oder Zusatzabsicherungen gewollt bzw. not-

---

25 Dies betrifft insbesondere die Ärzteschaft, für die eine Gesamtvergütung für die Behandlung nach § 85 SGB V jährlich ermittelt wird, vgl. Kapitel 3 § 15 V Rn. 76 ff.
26 Dazu gehören z. B. Wirbelsäulen-, Herz-Kreislauf- und Diabetes-Erkrankungen.
27 Dabei sind die Versicherungsnehmer grundsätzlich gleichzeitig Mitglieder und Träger des Vereins. Diese Rechtsform ist nur für Versicherer erlaubt. Es gelten die Bestimmungen des VAG, weitere Vorschriften aus dem Vereins-, Handels-, Aktien- und Genossenschaftsrecht.

wendig sind. Oberhalb der Pflichtversicherungsgrenze[28] darf eine private Versicherung abgeschlossen werden. Eine zusätzliche Versicherung können nur teilweise abgesicherte Berufsgruppen wie Beamte und Richter abschließen als auch Personen, die über ihre gesetzliche Versicherung hinaus Zusatzleistungen erwerben möchten. Zugangsbeschränkungen zu privaten Versicherungen gibt es grundsätzlich nicht.

43 Die privaten Krankenversicherungen decken alle **Sparten** ab, die auch die gesetzlichen Krankenkassen anbieten.[29] Sie setzen weitere Anreize durch die Regelfinanzierung bestimmter Wahlleistungen, Tagegeldzahlungen, Ausbildungs- und Reisekrankenversicherungen, Auslandskrankenversicherungen und Restschuldkrankenversicherungen, wenn Kredite im Krankheitsfall nicht weitergezahlt werden können.[30]

44 **Rechtsgrundlagen** für die private Krankenversicherung sind insbesondere das Versicherungsvertragsgesetz und das Versicherungsaufsichtsgesetz mit den darauf beruhenden Rechtsverordnungen.

45 Bedingt durch die seit 2009 bestehende Versicherungspflicht, die auch für private Krankenversicherer nach § 197 Abs. 3 VVG gilt, muss die private Krankenversicherung einen **Basistarif** gemäß § 12 Abs. 1a VVG anbieten und auch ehemals bei ihr Versicherte aufnehmen, wenn sie sonst nicht versichert wären. Ein Ablehnungsrecht steht ihr insoweit nicht zu.

46 Die **Rechtsaufsicht** über die PKV führt die Bundesanstalt für Finanzdienstleistungen mit Sitzen in Bonn und Frankfurt/Main. Sie ist eine Anstalt des öffentlichen Rechts und wird ihrerseits vom Bundesfinanzministerium beaufsichtigt. Ihre Zuständigkeit erstreckt sich auf bedeutende Versicherungsunternehmen und kleinere, die über Landesgrenzen hinaus tätig sind. Im Übrigen führen die Länder die Aufsicht. Dies gilt insbesondere für öffentlich-rechtliche Versicherer der PKV innerhalb der Bundesländer (z. B. für Bundesbahn- und Postbeamte).

IV. Staatliche Absicherungen

47 Eine **Beihilfeberechtigung** steht nur Beamten zu. Diese erwerben das Zugangsrecht grundsätzlich durch Verbeamtung, die durch Verwaltungsakt nach § 10 BBG, Aushändigung einer Ernennungsurkunde nach § 12 Abs. 2 BBG und Ableistung eines Diensteides nach § 64 BBG begründet wird. Beamte befinden sich

---

28 Vgl. § 5 Rn 18.
29 § 5 ii 2 Rn. 22.
30 Vgl. zu weiteren Leistungen und einem Vergleich von GKV und PKV *Igel/Welti*, Kapitel 7 Rn 635 ff.

in einem besonderen Treueverhältnis zum Staat, der im Gegenzug eine besondere Fürsorgepflicht übernimmt. Gemäß Art. 33 Abs. 5 GG hat der Staat seine Beamten zu alimentieren. Die Beihilfe im Krankheitsfall, bei Dienstunfähigkeit und im Alter ist ein Annex zum beamtenrechtlichen Fürsorgeprinzip. Beamte gibt es auch bei den Kommunen. Richter sind keine Beamten, dürfen aber das Beihilferecht in Anwendung des Bundesbeamtenrechts in Anspruch nehmen. Das Beihilferecht gewährt keine Vollversorgung, sondern nur einen anteiligen Kostenerstattungsanspruch. Dieser steigt zwar mit zunehmendem Alter, ist aber derzeit auf maximal 70 % der notwendigen Kosten begrenzt. Ergänzend zur Beihilfe des Staates nehmen Beamte und Versorgungsempfänger daher in der Regel ergänzende Versicherungen insbesondere der PKV in Anspruch. Die Beihilfeberechtigung ist an den beamtenrechtlichen Status geknüpft und unterscheidet nicht nach ausgeübten Tätigkeiten.

Die **freie Heilfürsorge** ist eine Fürsorgeleistung öffentlicher Arbeitgeber des 48 Bundes und der Länder für Beamte, die besonders risikoreichen und gefährlichen Tätigkeiten nachgehen. Dazu zählen zB die Bundes- und Bereitschaftspolizei, Soldaten und Berufsfeuerwehren. Die freie Heilfürsorge gehört weder zur gesetzlichen noch zur privaten Krankenversicherung. Sie wird in den Ländern unterschiedlich gewährt, z.T. nur während der Ausbildung, z.T. während der gesamten aktiven Dienstzeit, z.T. zeitlich auf eine bestimmte Zahl von Monaten oder Jahren befristet. Angehörige wie Ehegatten und Kinder sind nicht heilfürsorgeberechtigt. Sie können aber das Beihilferecht in Anspruch nehmen, soweit sie die Zugangsvoraussetzungen dazu erfüllen. Ist das nicht der Fall, unterliegen sie den Vorgaben der GKV. Die Beihilfevorschriften greifen auch, wenn Heilfürsorgeberechtigte aus dem aktiven Dienst ausscheiden. Die Heilfürsorge begründet anders als die Beihilfe einen 100 %igen **Sachleistungsanspruch** für erstattungsfähige Aufwendungen und ähnelt insoweit dem System der gesetzlichen Krankenversicherung. Dieser Anspruch geht dem Beihilfeanspruch vor.

Sozialhilfe wird als Unterstützung zur Sicherung des Existenzminimums 49 gewährt. Vor diesem Hintergrund werden auch Kosten im Krankheitsfall übernommen. Hilfen zur Gesundheit werden nach SGB XII bei wirtschaftlicher Bedürftigkeit und weiteren gesundheitlichen und persönlichen Voraussetzungen gewährt. Insoweit handelt es sich um Leistungen zur vorbeugenden Gesundheitshilfe, Hilfe bei akuten Krankheiten und der Familienplanung mit den damit zusammenhängenden Fragen von Schwanger- und Mutterschaft.

Der **Sozialhilfeanspruch** ist subsidiär gegenüber Ansprüchen aus anderen 50 gesetzlichen oder vertraglichen Versicherungsverhältnissen. Das Sozialamt kann einen Sozialhilfeempfänger nach § 264 SGB V bei einer Krankenkasse der Wahl des Leistungsberechtigten versichern. Sofern die Voraussetzungen des § 264 SGB V nicht erfüllt sind, wenn zB eine sehr kurzzeitige Bedürftigkeit vorliegt, erbringt der Träger der Sozialhilfe bzw. das örtliche Sozialamt die notwendigen Hilfen durch unmittelbare Leistungsgewährung im Rahmen der Hilfen zur Gesundheit.

51 Sozialhilfeempfänger erhalten in der Krankenversorgung das gleiche **Leistungsniveau,** wie es die gesetzliche Krankenversicherung zur Verfügung stellt. Dieses ändert sich auch nicht durch eine „unechte Mitgliedschaft" bei einer Krankenkasse. Sie entsteht, wenn Sozialhilfeempfänger durch das Sozialamt nach § 264 Abs. 2 und 3 SGB V bei einer Krankenkasse ihrer Wahl angemeldet werden und anstelle der Hilfe zur Gesundheit Leistungen gegen Kostenerstattung zugestanden werden. In diesem Fall zahlt das „unechte Mitglied" keine Beiträge.

52 **Zuzahlungen** in der gesetzlichen Krankenversicherung fallen insbesondere durch Rezeptgebühren an. Die gesetzliche Krankenversicherung übernimmt sie nicht. Daher sind sie auch durch die Sozialhilfe grundsätzlich nicht abgeltungsfähig.[31] Der BFH führt dazu in seinen Urteilen aus, dass es dem Gesetzgeber grundsätzlich erlaubt sei, „Versicherte zur Entlastung der Krankenkassen und zur Stärkung des Kostenbewusstseins in Form von Zuzahlungen zu beteiligen". Er ergänzt aber auch, dass dies dem Einzelnen finanziell zumutbar sein müsse. Bis zur Höhe der jährlichen Belastungsobergrenze, die 2 % der Brutto-Jahreseinnahmen zum Lebensunterhalt beträgt, müssen Versicherte Eigenanteile leisten. Bei chronisch kranken Menschen liegt diese Grenze bei 1 %. Von dieser Regelung sind Empfänger von Sozialhilfe grundsätzlich nicht ausgenommen. Allerdings wird bei ihnen als Jahreseinkommen lediglich der 12-fache Regelsatz eines Haushaltsvorstandes nach dem SGB XII zugrunde gelegt. Analog wird bei Leistungsempfängern nach dem SGB II, dem Arbeitslosengeld II, verfahren. Soweit die Belastungsgrenzen überschritten sind, kann daher eine Übernahme der Kosten durch die Sozial- bzw. Arbeitslosenhilfe in Betracht kommen.

53 **Kostenersparnisse** können durch die Beteiligung an Bonusprogrammen der Krankenkassen, die auch „unechten Mitgliedern" offen stehen, erreicht werden. Dazu zählen insbesondere die Einschreibung in Hausarztsysteme, Chronikerprogramme oder sonstige besondere Versorgungsformen. Zudem können Härtefallregelungen greifen, wenn Sonderbedarfe (zB bei der Inkontinenzversorgung) bestehen.

54 Beansprucht ein Grundsicherungsempfänger den Ersatz von **privatärztlichen Behandlungen**[32] **und Verordnungen,** übernimmt der Sozialhilfeträger diese Leistungen nicht. Das Motiv für die Inanspruchnahme der Leistungen ist

---

31 BFH, Urt. v. 2.9.2015 – VI R 32/13 und VI R 33/13.
32 LSG Nordrhein-Westfalen, Urt. v. 25.5.2009 – L 20 SO 86/08.

unbeachtlich. Dies gilt zB auch dann, wenn der Berechtigte aus Schamgefühl die Offenbarung seines finanziellen Status' in der Arztpraxis vermeiden wollte.

Die **zeitweise Anmeldung** in der gesetzlichen **Krankenversicherung** ist nur 55 unter engen Voraussetzungen zulässig.[33] Sie darf weder für rechtswidrig herbeigeführte Unterbrechungen des Sozialhilfebezugs noch rückwirkend vorgenommen werden. Soweit zB Renten sozialhilfebedürftiger Personen für mehrere Monate zusammengefasst ausgezahlt werden, kommt die Anmeldung nicht in Betracht. Sie würde eine Abwälzung von Krankenbehandlungskosten vom Sozialamt auf die Krankenkasse bedeuten. Die Einnahmen müssen in solchen Fällen jahresdurchschnittlich berechnet werden, um die Zulässigkeit der Anmeldung nach § 264 SGB V zu belegen.

Träger der Sozialhilfe sind nach § 3 SGB XII örtliche und überörtliche Träger. 56 Die örtlichen bilden die Kreise und kreisfreien Städte. Sie werden mit ihrem Einverständnis durch Landesrecht dazu legitimiert. Die überörtlichen Träger der Sozialhilfe legt ebenfalls das Landesrecht fest. In NRW sind es zB die Landschaftsverbände nach § 1 Abs. 1 AG-SGB XII NRW, in Hessen die Landeswohlfahrtsverbände nach § 1 Abs. 1 Satz 2 HAG/SGB XII.

Die **Finanzierung** der **Sozialhilfe** erfolgt seit 2014 gemäß § 46a I Nr. 2 SGB XII 57 zu 100 % durch den Bund. Die Erstattungen rufen die Länder quartalsweise ab und leiten sie an die Kommunen weiter. Die Länder tragen die Verantwortung für den zweckentsprechenden Einsatz der Mittel. Sie haben die dazu erforderliche Prüfverpflichtung.

Krankenversorgung wird nach §§ 1, 2 AsylbLG **Personen** gewährt, die 58 **Flüchtlinge** sind und/oder in **Asylverfahren** eingebunden sind. Dabei handelt es sich um Asylbewerber, Geduldete und Ausländer, die hilfebedürftig sind. Ergänzt und konkretisiert wird das Bundesrecht durch entsprechende landesrechtliche Regelungen.[34] Dazu ist eine umfassende Rechtsprechung[35] ergangen. Die Krankenversorgung ist in den §§ 4 und 6 AsylbLG geregelt.

Eine eigene **Krankenversicherung** besteht für Flüchtlinge und Asylbewerber 59 nicht. Das AsylbLG gewährt als staatliche Hilfe medizinische Versorgung in allen akuten oder akut behandlungsbedürftigen Fällen. Dazu zählen auch Leistungen bei Schwangerschaft und Geburt, die sich hinsichtlich ihres Leistungsniveaus nicht von denen des GKV-Systems unterscheiden. Zur Früherkennung und zum

---

33 LSG Baden-Württemberg, Urt. v. 19.5.2016 – L 11 KR 5133/14.

34 ZB das Gesetz über die Zuweisung und Aufnahme ausländischer Flüchtlinge (Flüchtlingsaufnahmegesetz NRW – FlüAG) v. 28.2.2003 (GV. NRW. S. 93), zuletzt geändert durch Gesetz v. 23.1.2018 (GV. NRW. S. 90).

35 https://www.kostenlose-urteile.de/, Stichwort Asylbewerberleistungsgesetz, zuletzt abgerufen am 9.6.2020

Schutz vor Krankheiten werden Schutzimpfungen und medizinisch notwendige Vorsorgeuntersuchungen angeboten. Zahnersatz und sonstige die Gesundheit sichernde Leistungen stehen nur dann zur Verfügung, wenn die Maßnahmen zur Sicherung der Gesundheit unaufschiebbar sind. Aufgrund von Rahmenvereinbarungen zwischen Landesregierungen und Landesverbänden der Gesetzlichen Krankenversicherungen nach § 264 Abs. 1 SGB V können Asylsuchende, die Grundleistungen nach § 3 AsylbLG beziehen, eine elektronische Gesundheitskarte nutzen. Die ärztliche Behandlung ist insoweit ohne vorhergehenden Antrag an das Sozialamt zulässig. Nach 15 Monaten Aufenthalt in Deutschland und noch fehlender Beschäftigung verbessern sich die Leistungen auf das Niveau der Sozialhilfeempfänger nach den Vorgaben des SGB XII. Im Übrigen werden Leistungen durch das Sozialamt ausgezahlt. Die meisten Länder stellen die erforderlichen Mittel als Kopfpauschalen bereit, deren Höhe variiert. Einige Länder zahlen die entstehenden Kosten unmittelbar, so dass eine Erstattung entfällt. Andere gewähren feste Pauschalen und übernehmen überschießende Kosten zusätzlich.

60   Die örtliche **Zuständigkeit** der Leistungsbehörde bestimmt sich im Sinne des § 10a AsylbLG nach dem Zuweisungs- bzw. Wohnort. Letzteres kann auch die Kommune der Aufnahmeeinrichtung sein. Sachlich sind die Kreise und kreisfreien Städte zuständig. Die einmal begründete Zuständigkeit bleibt bis zur Beendigung der Leistung nach § 10a Abs. 1 Satz 4 AsylbLG.

61   Obwohl die **Pflegeversicherung** eine Bürger- und damit Pflichtversicherung ist, greift sie für Asylbewerber und Flüchtlinge nicht. Nach § 6 AsylbLG[36] werden Pflegebedarf und Pflegegeld als Sonderbedarfe gedeckt.

---

36 *Classen*, Leitfaden zum Asylbewerberleistungsgesetz, Flüchtlingsrat Berlin -Stand 5. September 2018.

____

2. Kapitel **Stationäre Versorgung**

§ 6 Grundbegriffe, verfassungsrechtlicher Auftrag

I. Grundbegriffe

Unter **stationärer Versorgung** versteht man die gesamte Krankenhausversor- 1
gung. Sie kann im akuten Fall erforderlich sein, aber auch vorbeugend und
nachsorgend notwendig werden. Insoweit werden stationäre Präventionsleistungen, Akutbehandlungen, Anschlussheilbehandlungen, Rehabilitationen und
Kuren angeboten. Die stationäre pflegerische Betreuung nach den Pflege- und
Heimgesetzen zählt nicht zur stationären Krankenhausversorgung in diesem
Sinn.[1]

Medizinische Präventionsleistungen fallen an, wenn erste gesundheitliche 2
Beeinträchtigungen vorliegen, die in manifeste Krankheiten überzugehen drohen.
Zuständig für dieses Leistungssegment sind die Rentenversicherungsträger. Bei
den von ihnen angebotenen Vorsorgeleistungen handelt es sich um zielgerichtete,
komplexe medizinische Leistungen, die interdisziplinär unter ärztlicher Leitung
erbracht werden. Sie basieren auf einem Vorsorgekonzept, das die Erstellung
individueller Vorsorgepläne für die Patienten voraussetzt. Die zu behandelnde
Klientel sind insbesondere Kinder und Jugendliche, deren gesundheitliche Entwicklung gefährdet ist oder bei denen krankhafte Verhaltensabweichungen und
Neigungen zu rezidivierenden[2] Erkrankungen bestehen. Die Leistungen kommen
auch zur Verhinderung einer Verschlimmerung chronischer Erkrankungen in
Betracht. Entscheidend ist, dass ein behandlungsbedürftiges Krankheitsbild die
Leistung erforderlich macht.

Beispiel
(1) Bestimmte Sprachstörungen können nur durch ärztliche überwachte Behandlungen
    behoben werden. Logopäden arbeiten mit Ärzten zusammen.
(2) Entbindungen mit regelwidrigem Verlauf führen zu ärztlicher Behandlungsbedürftig-
    keit.
(3) Nicht altersbedingter massiver Haarausfall erzeugt Depressionen.

Die **stationäre Akutversorgung** leisten die nach § 108 SGB V zugelassenen 3
Krankenhäuser, die Plankrankenhäuser, Universitätsklinika und Versorgungsvertragskrankenhäuser nach § 108 Nr. 3 SGB V. Konzessionierte Privatkranken-

---

1 Pflege kann begleitend oder im Anschluss an Akutbehandlungen erfolgen.
2 Rezidivierend = wiederkehrend, von Rückfällen betroffen.

https://doi.org/10.1515/9783110700428-009

anstalten nach § 30 GewO arbeiten in ausgewählten Versorgungsbereichen ohne Zulassung für die GKV. Kostenträger sind im Wesentlichen die gesetzlichen und privaten Krankenversicherungen, Beihilfeträger und Selbstzahler.

4 An die Akutversorgung können sich **Folgebehandlungen** in spezialisierten Klinken anschließen. Patienten werden durch ärztlich überwachte Maßnahmen wieder an die Belastungen des Alltags- und Berufslebens herangeführt. Bei der Anschlussrehabilitation[3] handelt es sich um eine auf den stationären Akutkrankenhausaufenthalt unmittelbar[4] folgende allgemein stabilisierende und aufbauende Maßnahme. Analoges gilt für die Anschlussheilbehandlung. Sie wird allerdings nur für bestimmte Krankheitsbilder[5] gewährt. Kostenträger für Anschlussheilbehandlungen und -rehabilitationen sind in der Regel die Renten- und Unfallversicherungsträger. Die Zuständigkeit richtet sich nach dem Status des Betroffenen als Arbeitnehmer oder Rentner und dem die Krankheit auslösenden Ereignis. Zu den rehabilitativen Maßnahmen zählt auch die Anschlussgenesungsmaßnahme, ein spezielles Verfahren der Deutschen Rentenversicherung, zu dem privat krankenversicherte Patienten erst nach Genehmigung des Rentenversicherungsträgers und nicht direkt im Anschluss an den Krankenhausaufenthalt stationär in einer Rehabilitationseinrichtung aufgenommen werden.

Fall 7

A ist in einem Autohaus als Verkäufer beschäftigt und gesetzlich krankenversichert. Er wird durch einen Sturz an Armen und Beinen so schwer verletzt, dass er sich einer Operation in der Universitätsklinik unterziehen muss. Die orthopädische stationäre Rehabilitation beginnt 14 Tage nach der Operation. Sie muss über die üblichen drei Wochen hinaus verlängert werden und dauert insgesamt 5 Wochen. Welche Leistungen erhält A von welchen Kostenträgern in dieser Zeit?

Lösungsskizze

1. Die Operation in einem Akutkrankenhaus wird als Sach- und Dienstleistung nach §§ 11 Abs. 1 Nr. 4, 27 Abs. 1 Satz 2 Nr. 2, 2 SGB V von der gesetzlichen Krankenkasse des A finanziert.

2. Im Übrigen erhält A in den ersten 6 Wochen[6] seiner Erkrankung sein Arbeitsentgelt von seinem Arbeitgeber in voller Höhe nach § 3 Abs. 1 Entgeltfortzahlungsgesetz weiter.

3. Ab der siebten Woche steht ihm ein Krankengeldanspruch gegen seine Krankenkasse nach § 44 SGB V als Lohnersatzanspruch zu.

---

3 ZB orthopädische, onkologische AR, Entwöhnungsbehandlungen nach Drogenentzug, Kinderheilbehandlungen.

4 Der Zwischenraum darf nicht länger als 14 Tage dauern.

5 ZB Herz-/Kreislauf-/Gefäßerkrankungen, onkologische und Erkrankungen der Atemwege.

6 42 Tage ab Eintritt der Arbeitsunfähigkeit.

4. Daneben gewährt ihm seine Krankenkasse nach § 40 Abs. 2 SGB V, da eine ambulante Rehabilitationsleistung nicht ausreicht, eine stationäre Rehabilitationsleistung in Einrichtungen, mit denen ein Versorgungsvertrag nach § 111 SGB V besteht.

Der Begriff **Kurklinik** wird nicht eindeutig verwendet. Im Wesentlichen werden 5 dort Rehabilitationen zur Nachbehandlung spezieller Krankheitsbilder angeboten, so dass sie mit Rehabilitationskliniken vergleichbar sind. Es gibt allerdings auch Anbieter in Heilbädern und Kurorten, die ohne Verträge mit Sozialversicherungsträgern[7] Gesundheitsurlaube ermöglichen.

Eine Sonderstellung nehmen **Praxiskliniken** nach §§ 115 Abs. 2 Nr. 1, 122 6 SGB V ein. Sie sind zwischen ambulanter und stationärer Versorgung angesiedelt, indem sie in stationären Kurzzeitangeboten stationsersetzende Maßnahmen[8] durchführen. Sie zählen zur ambulanten Versorgung.[9]

Die **Notfallversorgung** haben alle Krankenhäuser- grundsätzlich unabhän- 7 gig von ihrer Disziplinenstruktur – zu leisten. Dies gilt nicht, wenn ein Krankenhaus wie zB ein psychiatrisches Fachkrankenhaus die nötige Ausstattung zur Notfallversorgung nicht vorhalten muss. Eine Erstversorgung im Sinne einer Ersten Hilfeleistung wird aber auch von diesen Einrichtungen gefordert.

Nach § 69 Abs. 1 Satz 1 SGB V regeln die §§ 70 ff. SGB V zusammen mit §§ 63, 64 8 SGB V die **Rechtsbeziehungen** zwischen den Krankenkassen und den Leistungserbringern abschließend. Dies gilt für den ambulanten und stationären Bereich gleichermaßen.

II. Verfassungsrechtlicher Auftrag, Wirtschaftsfaktor

Verfassungsrechtlich ergibt sich der Auftrag des Staates, stationäre Versorgung 9 erkrankter Menschen zu gewährleisten, aus mehreren Normen, die den von Forsthoff[10] geprägten Begriff der **Daseinsvorsorge**[11] konkretisieren. Zum einen legt der Verfassungsgeber in Art. 72 Abs. 2 GG fest, dass für die Bevölkerung möglichst „gleichwertige Lebensverhältnisse" zu schaffen sind. Dies bezieht sich auf die notwendigen Elemente der Grundversorgung, zu denen insbesondere der

---

7 Das bedeutet private Liquidation.

8 Stationsersetzende Maßnahmen sind insbesondere ambulante Operationen, die ursprünglich auch in Krankenhäusern durchgeführt worden sind.

9 Vgl. § 15 Rn 27.

10 *Forsthoff*, Die Verwaltung als Leistungsträger, 1938.

11 BVerfGE 40, 121 (137 f.); *Quaas/Zuck/ Clemens*, Medizinrecht 4. Aufl., § 25 Rn 23 m.w.N.

Gesundheitssektor und insoweit die stationäre Versorgung gehören. Zum anderen sind alle Dienstleistungen zur Verfügung stellen, die „der Bürger zur Sicherung einer menschenwürdigen Existenz unumgänglich bedarf."[12] An ihrer Sicherstellung muss ein öffentliches Interesse bestehen. Dazu hat das Grundgesetz u. a. die kommunale Selbstverwaltung nach Art. 28 Abs. 2 GG garantiert. Nicht vorgeschrieben hat die Verfassung, wie die Strukturen zur Umsetzung der stationären Versorgung auszugestalten sind. Daher haben Bundes- und Landesgesetzgeber einen großen Spielraum.

10   Dem Bundesgesetzgeber wurde zur Finanzierungsregelung die **konkurrierende Gesetzgebung** nach Art. 74 Nr. 19a, 72 GG eingeräumt, wovon er teilweise auch Gebrauch gemacht hat.[13] Er hat hinsichtlich der wirtschaftlichen Sicherung und Finanzierung sowohl der akut versorgenden als auch der rehabilitativ tätigen Krankenhäuser insbesondere im KHG, KHEntgG, der BPlV und dem SGB mit seinen unterschiedlichen Büchern konkrete Regelungen getroffen. Die Krankenhausplanung blieb vollständig in der Hand der Ländergesetzgebung. Durch 16 landesindividuelle Krankenhausgesetze wurden teilweise voneinander abweichende Planungsverfahren konzipiert und die bundesrechtlichen Rahmenbedingungen der Finanzierung uneinheitlich ausgelegt.

11   Die **Kommunen** wirken an der Sicherstellung der Krankenhausversorgung im Rahmen der landesgesetzlichen Vorgaben und ihrer Möglichkeiten mit. Sie beteiligen sich planerisch und finanziell an der Krankenhausversorgung.[14]

12   Krankenhäuser haben neben ihren sozialen Verpflichtungen unternehmerische Aufgaben zu erfüllen. Trotz der starken **Ökonomiebedeutung** der letzten Jahre darf dies nicht dazu führen, dass die Ökonomie das Behandlungsgeschehen dominiert. Das Vergabe- und Beihilferecht der EU schlägt sich auch im Krankenhauswesen nieder, zumal die Krankenhäuser im Wettbewerb zueinander stehen. Das bedeutet, dass Subventionsleistungen der Kommunen an ihren kommunalen Krankenhäuser immer vor dem Hintergrund der verbotenen staatlichen Beihilfe zu prüfen sind.[15]

---

12 BVerfGE 66, 248, 258.

13 Zum kompetenziellen Konflikt zwischen Bundes- und Länderkompetenz bei durch §§ 1 ff. KHG vgl. *Pitschas*, Sicherstellung der Krankenhausversorgung – Ein Verfassungskonflikt zwischen Bund und Ländern? 18. Speyrer Gesundheitstage, Vortrag v. 15.4.2016.

14 So werden zB in Bayern, Baden-Württemberg und Nordrhein-Westfalen Mittel des Gemeindefinanzierungsgesetzes für Investitionen im Krankenhausbereich eingesetzt. Der VerfGH NRW hat diese Praxis gestützt, VerfGH für das Nordrhein-Westfalen, Beschluss v. 13.01.2004 – VerfGH 16/02.

15 BGH, Urt. v. 24. März 2016 – I ZR 263/14; OLG Stuttgart, Urt. v. 23.3.2017 – 2 U 11/14.

§ 7 Präventivmedizin, Vorklinische Versorgung

I. Präventivmedizin

Die **Präventivmedizin** befasst sich mit Maßnahmen, die der Überwachung, 1 Förderung und dem Erhalt der Gesundheit dienen. Gesundheit ist nach der Definition der WHO aus dem Jahr 1946[1] der Zustand vollständigen körperlichen, geistigen und sozialen Wohlbefindens. Die Rechtsprechung[2] hat den Begriff dahingehend konkretisiert, dass im Rechtssinne eine erhebliche Abweichung vom Regelzustand bestehen muss, die die Körperfunktionen beeinträchtigt. Diese Funktionsbeeinträchtigung wird durch die notwendige Krankenbehandlung erkannt, geheilt, gelindert oder ihre Verschlimmerung verhütet. Eine die Funktionen des Körpers nicht beeinträchtigende Abweichung kann Krankheitswert haben, wenn die Abweichung eine entstellende Wirkung erzeugt. Maßnahmen, die zur Gesundheit führen oder das Maß an Selbstbestimmung über sie erhöhen, werden unter dem Begriff Präventivmedizin zusammengefasst. Dazu gehören sowohl der Aufbau individueller Fähigkeiten als auch gesundheitsförderlicher Strukturen.

Die Begriffe **Prävention, Vorsorge und Gesundheitsförderung** sind nicht 2 identisch. Während die Prävention Vorkehrungen umfasst, mit denen sich Krankheiten, Behinderungen, Pflegebedürftigkeit und Unfälle verhindern oder zumindest verzögern lassen, beinhaltet die Vorsorge Untersuchungen, Screenings und Früherkennungsmaßnahmen sowie das Impfen. Die Gesundheitsförderung hat dagegen die Aufgabe, das selbstbestimmte gesundheitsorientierte Handeln der Menschen zu fördern. Dabei wird besonders auf die Lebenswelten[3] nach § 20a Abs. 1 Satz 1 SGB V wie Kita,[4] Schule, Kommune und Pflegeeinrichtung abgestellt.

Bei der Prävention unterscheidet man die **Verhaltens- und** die **Verhältnis-** 3 **prävention.** Erstere befasst sich mit dem Verhalten des Einzelnen, letztere mit der Gestaltung seiner Umgebungsbedingungen. Bei der Verhaltensprävention ist entscheidend, wo entsprechende Maßnahmen ansetzen. Aufklärung, Information und Stärkung der Persönlichkeit sind Motivationen, um Risiken zu vermeiden und sich gesundheitsförderlich zu verhalten. Beispiele sind ausreichende Bewegung

---

1 *Häfner/Kickbusch*, Gesundheit – unser höchstes Gut? 1999 S. 276; *Haverkamp*, Handbuch Armut und Soziale Ausgrenzung, 2008, S. 321.
2 BVerwG, Urt. v. 28.09.2017–5 C 10.16; BSG, Urt. v. 4.3.2014 – B 1 KR 69/12; BSG, SozR 4–2500 § 27 Nr. 2; LSG Niedersachsen-Bremen, Urt. v. 10.07.2017 – L 16 KR 13/17.
3 Abgrenzbare soziale Systeme des Wohnens, Lernens, Studierens, der pflegerischen und medizinischen Versorgung und Freizeitgestaltung einschließlich Sport.
4 Kindertagesstätte.

https://doi.org/10.1515/9783110700428-010

gepaart mit gesunder Ernährung. Die Verhältnisprävention ist eine strukturelle Art der Einflussnahme, um eine Veränderung der Lebensbedingungen anzustreben, sei es bei der Arbeit, im familiären Umfeld oder der Freizeit. Dazu gehören zB Schulungsangebote am Arbeitsplatz oder Rauchverbote in Gaststätten.

4 Die **universelle Prävention** richtet sich an die Gesamtbevölkerung oder repräsentative Teile davon wie zB Jugendliche oder über 60-Jährige. Die **selektive Prävention** spricht Risikoträger an. Dazu zählen sowohl chronisch Kranke und Raucher als auch Personen mit riskantem Verhalten wie Drogenkonsumenten und Alkoholiker.

5 Man unterscheidet die **primäre, sekundäre und tertiäre Prävention** nach dem Zeitpunkt des Ansetzens der Maßnahmen. Die primäre Prävention versucht, schädliche Faktoren auszuschalten, bevor sie wirksam werden können. § 20 Abs. 1 Satz 1 SGB V definiert primäre Prävention und Gesundheitsförderung legal, wie sie von der GKV in ihren Satzungen angeboten werden sollen. In den Lebenswelten im Sinne des § 20a SGB V sind geeignete Strukturen aufzubauen und zu erhalten. Entsprechend hat zB die betriebliche Gesundheitsförderung nach § 20b SGB V entsprechende Vorsorge am Arbeitsplatz zu treffen. Die sekundäre Prävention deckt bereits vorhandene Krankheiten in möglichst frühen Stadien auf und versucht, die Ausbreitung zu verhindern zB durch Krebsvorsorge. Die tertiäre Prävention greift bei bereits eingetretener Krankheit und ist bemüht, Verschlimmerungen, Komplikationen und Folgeerkrankungen zu vermeiden. Sie geht in vielen Fällen in Rehabilitationsmaßnahmen über.

6 Im Rahmen der **Gesundheitsvorsorge** können durch Vorsorge- und Früherkennungsuntersuchungen Erkrankungen und Risiken frühzeitig erkannt werden, sodass Gegenmaßnahmen ergriffen werden können und im Idealfall keine Beschwerden entstehen. Früherkennungsuntersuchungen fokussieren sich vor allem auf spezifischen Risikofaktoren und mitverursachende Rahmenbedingungen sowie auf Strategien, die Risikofaktoren minimieren. Zu diesen Angeboten zählen auch Impfungen.

Beispiel
Je älter Menschen werden, umso eher leiden sie an chronischen Erkrankungen bzw. beeinflusst der Lebensstil ihre Konstitution. Einseitige Ernährung, Rauchen und Alkohol, Bewegungsmangel, Stress in Beruf und Alltag führen zu Erkrankungen.

7 Nach dem Präventionsrecht haben gesetzlich Versicherte Anspruch gegen ihre Krankenkassen auf Präventions- und gesundheitsfördernde Maßnahmen. Daher unterstützten die Kostenträger entsprechende Maßnahmen mit **Bonusprogrammen**, bei denen den Versicherten bei entsprechend gesundheitsförderndem Engagement Sonderleistungen gewährt und Beitragsrückzahlungen versprochen

werden. Bonusprogramme sind nicht unproblematisch, weil sie der Solidargemeinschaft Mittel entziehen und sie einzelnen Versicherten zukommen lassen. Andererseits leisten gerade die gesunden Versicherten, die weniger Leistungen aus dem Solidarsystem in Anspruch nehmen, damit einen Beitrag für alle.

Zu Prävention und Gesundheitsförderung zählen auch Maßnahmen zur **8** speziellen **Qualifizierung von Medizinern.** Insoweit gibt es zunehmend Anforderungen an Präventionsmediziner, die mit ihrem Fachgebiet einen Querschnittsbereich abdecken. Gleichzeitig erwerben Ärzte in Weiterbildungsgängen zur Bekämpfung von chronischen Krankheiten am Herz-Kreislauf-System, Skelett und Muskeln sowie im Bereich der Diabetologie und anderem das notwendige Know-how für Prävention und Gesundheitsförderung.

Die **betriebliche Gesundheitsförderung** stützt sich auf §§ 20b, 20 Abs. 5 **9** SGB V. Sie kann sowohl Maßnahmen struktureller Art für das Unternehmen als auch individuelle personenbezogene Leistungen enthalten.

Fall 8

A ist Subunternehmer für die Telekommunikationsfirma T und arbeitet seine Aufträge selbstständig ab. Er ist Kleinunternehmer ohne weitere Beschäftigte und wurde nach § 5 Abs. 1 Nr. 13 SGB V als pflichtversichert eingestuft. Wenn Leitungen installiert werden müssen, besteht für ihn Absturzgefahr. Daher möchte er für solche Eventualitäten vorsorgen. Er möchte eine Schutzausrüstung beschaffen. Kann diese Präventionsmaßnahme nach den Kriterien des SGB V finanziert werden?

Lösungsskizze

1. Ein Anspruch gegen T könnte in Betracht kommen, da A wie ein Angestellter arbeitet.
2. T kann insoweit gegen die Krankenkasse einen Antrag auf Unterstützung der betrieblichen Gesundheitsförderung nach § 20b SGB V stellen.
3. Die Leistungen der Krankenkasse betreffen gesundheitsförderliche Strukturen in Betrieben. Insoweit arbeiten die Krankenkassen mit der Unfallversicherung zusammen. Dabei geht es aber um die Hinweise zur Reduzierung zB körperlicher Belastungen, gesundheitsgerechter Gemeinschaftsverpflegung und Stressmanagement, also um allgemeine betriebliche Gesundheitsfragen. Die konkrete Ausstattung für Personen mit Arbeitsmaterialien wie zB einer Schutzausrüstung fällt nicht darunter und ist Sache des Arbeitgebers. Daher muss A seinen Antrag an T richten oder die Ausrüstung zu Lasten des Arbeitgebers ggf. selbst beschaffen.

Eine besondere Form der Prävention verbirgt sich hinter den Vorgaben des **9a** **Infektionsschutzgesetzes** (IfSG). Es regelt, welche Krankheiten bei Verdacht, Erkrankung oder Tod und welche labordiagnostischen Nachweise von Erregern meldepflichtig sind. Dazu werden die notwendigen Angaben in formalisierten

Meldeverfahren festgelegt. Falldefinitionen[5] zur routinemäßigen Übermittlung wurden eingeführt. Sie dienen der Epidemiologie, also der Überwachung der Krankheitsentwicklungen in Deutschland. Ferner legt das Gesetz fest, wie zur Vorbeugung und Bekämpfung von Krankheitsausbrüchen vorzugehen ist.

9b   **Maßnahmen** wie Betretungsverbote, Schließungsanordnungen, Absonderungsanordnungen und weitere Einschränkungen der Bewegungsfreiheit sowie die insoweit hoheitlich möglichen **Eingriffsbefugnisse** der Gesundheitsbehörden sind kodifiziert.

9c   Neben allgemeinen Hygieneregeln hat der Gesetzgeber bei besonders gefährlichen Infektionskrankheiten auch die Kompetenz, Maßnahmen anzuordnen, die im Interesse der Bevölkerung den höchsten Schutz bieten. Dies sind insbesondere **Impfungen**, die auf Grund ihrer Antigen-Antikörper-Reaktionen bei Infektionen dauerhaft schützen. Sie dürfen zwangsweise nur nach strenger Verhältnismäßigkeitsprüfung angewendet werden.[6] Bei hoher Durchimpfungsrate werden grundsätzlich auch Menschen geschützt, die aus Gesundheitsgründen nicht geimpft werden können.[7] Mit einer Impfpflicht[8] wird in verschiedene Grundrechte wie z.B. der körperlichen Unversehrtheit nach Art. 2 GG, die Gleichbehandlung nach Art. 3 GG eingegriffen. Eilanträge gegen den Erlass des Masernschutzgesetzes sind vom BVerfG mit Beschlüssen vom 18.5.2020 – 1 BvR 469/20 und 1 BvR 470/20 – abgelehnt worden. Grundrechtlich geschützte Interessen einer großen Anzahl Dritter von hohem Gewicht seien ebenfalls betroffen und nicht nur das Recht der Impfgegner. Die grundsätzliche Impfpflicht diene dem besseren Schutz vor Maserninfektionen. Der Staat erfülle mit der Vorsorge des Gesetzes seine Aufgaben. Die zu erwartenden Nachteile in einem Hauptverfahren überwögen die Nachteile einer Verhinderung des Gesetzes bei Verfassungsmäßigkeit nicht.

---

5 Falldefinitionen sind bundesweit einheitliche Kriterien zur Überwachung von Infektionskrankheiten.

6 Gesetz für den Schutz vor Masern und zur Stärkung der Impfprävention (Masernschutzgesetz) v. 10.2.2020 (BGBl. I S. 148); *Mers*, Infektionsschutz im liberalen Rechtsstaat, 2019.

7 Herdenimmunität.

8 Vgl. auch *Rixen*, Rechtsgutachten „Verfassungsfragen der Masernimpfpflicht: Ist die Impfpflicht nach dem geplanten Masernschutzgesetz verfassungswidrig?" v. 11.10.2019, http://www.individuelle-impfentscheidung.de/pdfs/Rixen/Verfassungsgutachten.pdf, zuletzt abgerufen am 1.6.2020.

II. Vorklinische Versorgung

Die vorklinische Betreuung von Patienten ist kein Thema der Prävention, sondern 10
meint die der stationären Weiterversorgung vorgelagerte Betreuung von Patienten
im Not- oder Krankheitsfällen. Es handelt sich um die Transportvorbereitung in
ein Krankenhaus, die bei Notfällen vom **öffentlichen Rettungsdienst** oder bei
Krankheitsfällen von **Krankentransportunternehmen** wahrgenommen wird.
Diese Unternehmen bilden die Bindeglieder zwischen dem Krankheits- und Un-
fallgeschehen einerseits und der stationären Versorgung andererseits. Ihre Ausrüstung ist vor diesem Hintergrund stärker als eine ambulante Praxis auf inten-
sivmedizinische Aufgaben ausgerichtet.

Als Element der **Daseinsvorsorge** ist der öffentliche Rettungsdienst bei den 11
Kommunen angesiedelt, die ihn bundesweit als Pflichtaufgabe zur Erfüllung nach
Weisung bzw. im übertragenen Wirkungskreis durchführen. Das bedeutet, dass es
sich nicht um eine kommunale, sondern um eine staatliche Aufgabe handelt, die
den Kommunen zur Durchführung übertragen worden ist.

Die Regelungen zum Rettungsdienst sind in den unterschiedlichen **Ret-** 12
tungsgesetzen[9] der Länder enthalten. Sie befassen sich mit der Organisations-
struktur des Rettungsdienstes, seinen Aufgaben, seiner Finanzierung und der
Qualität der Leistungen. Daneben sind private Unternehmen und der Krankentransport mit seinen subsidiären Angeboten erfasst.

Die Brücke zur stationären Versorgung im Rahmen des GKV-Systems schlagen 13
die §§ 60, 133 SGB V. Sie nehmen Stellung zu den **Fahrtkosten**, die die Kostenträger ihren Versicherten vertraglich schulden, wenn Transporte in Krankenhäuser nötig werden. Die Fahrtkosten werden zusätzlich zu einem Krankenhausaufenthalt gewährt, wenn sie im Zusammenhang mit einer medizinisch zwingend
notwendigen stationären Leistung stehen – vgl. § 60 Abs. 2 Satz 1 Nrn. 1 und 2
SGB V. Rettungsfahrten zum Krankenhaus können auch ohne anschließenden
Krankenhausaufenthalt von den Kostenträgern übernommen werden, wenn zB
die Abklärung der Notwendigkeit eines Krankenhausaufenthaltes erforderlich
war.

Im Rettungsdienst werden die fachlichen **Berufsgruppen** der Notärzte, 14
Notfallsanitäter, Rettungsassistenten,[10] Rettungssanitäter und Rettungshelfer

---

9 Rettungsdienstgesetze der Länder, Zusammenstellung Wikipedia „Rettungsdienstrecht",
https://de.wikipedia.org/wiki/Rettungsdienstrecht, zuletzt abgerufen am 1.6.2020..
10 Mit Wirkung vom 1.1.2014 durch den Beruf des Notfallsanitäters ersetzt, vgl. Kapitel 2 § 7
Rn. 16.

eingesetzt. Sie werden durch weiteres technisches und Verwaltungspersonal unterstützt.

15   **Notärzte** sind im Krankenhaus, in niedergelassenen Praxen oder auch in Betrieben tätige Intensivmediziner, die sich neben ihren originären Aufgaben an ihren Arbeitsstellen[11] zu Diensten auf Rettungsfahrzeugen verpflichtet haben. Sie müssen für ihre Tätigkeit eine notfallmedizinische Qualifikation besitzen, um akut erkrankte oder verletzte Menschen am Einsatzort erstversorgen zu können. Die Qualifikationsanforderungen in den Ländern sind nach wie vor trotz Einführung der Zusatzweiterbildung Notfallmedizin unterschiedlich.[12] Notärzte haben insbesondere die Aufgabe, die lebenswichtigen Funktionen der Patienten wiederherzustellen oder aufrecht zu erhalten und die Transportfähigkeit in das nächstgelegene, geeignete Krankenhaus herzustellen. Sie begleiten den Transport, überwachen ihn und therapieren auch unterwegs, soweit dies nötig ist.

16   Tätigkeiten mit weitreichenden Kompetenzen leisten **Notfallsanitäter** im Rettungsdienst. Dieser Medizinalfachberuf[13] wurde im Jahr 2014 eingeführt und löste den Rettungsassistenten ab. Er darf weitergehende eigenverantwortliche Aufgaben auszuführen und entlastet damit den notärztlichen Einsatz. Neben allgemeinen Maßnahmen der Gefahrenabwehr am Unfallort ist er berechtigt, den Gesundheitszustand erkrankter und verletzter Personen zu beurteilen. Er entscheidet über die Notwendigkeit, Notärzte oder weiteres Personal bzw. Rettungsmittel beizuziehen. Er darf auch medizinische Maßnahmen der Erstversorgung einschließlich invasiver[14] Maßnahmen durchführen, wenn Verschlechterungen des Gesundheitszustandes der Patienten bis zum Eintreffen des Notarztes drohen. Standardisierte heilkundliche Maßnahmen müssen ihnen von Notärzten im Einzelfall ausdrücklich übertragen werden. Die Diskussion zur generellen Einführung wird im Hinblick auf eine nicht gewollte ärztliche Substitution nach wie vor kontrovers geführt.

17   Für die Ausbildung zum **Rettungssanitäter und Rettungshelfer** gibt es keine bundesgesetzlichen Grundlagen. Daher haben die Länder eigene Ausbildungs- und Prüfungsvorschriften[15] erlassen, die aber nicht zu einem Abschluss in

---

11 In Krankenhäusern, niedergelassenen Praxen, Unternehmen etc.

12 *Reifferscheid/ Harding,* Einheitliche Notarztqualifikation: Wie steht es 13 Jahre nach der Einführung um die Zusatzweiterbildung Notfallmedizin?, A & I, 58. Jahrgang, Januar 2017. Bestrebungen zur Vereinheitlichung der Qualitätsanforderungen laufen und erhalten immer wieder neue Impulse, setzen sich aber nur schwer durch.

13 § 14 Rn.

14 In den Körper eindringende Maßnahmen wie zB intravenöse Reanimierungsmaßnahmen.

15 ZB Ausbildungs- und Prüfungsverordnung für Rettungssanitäterinnen und Rettungssanitäter sowie Rettungshelferinnen und Rettungshelfer (RettAPO) v. 4.12.2017 (GV. NRW. S. 919).

einem Ausbildungsberuf führen, sondern nur zu einem Zeugnis über eine absolvierte Leistung. Absolventen werden zu den in der Verordnung genannten unterstützenden Tätigkeiten im Rettungsdienst qualifiziert. Beide Berufe haben unterstützende Funktionen. **Rettungssanitäter** kommen im Rettungsdienst, beim qualifizierten Krankentransport und in der Notfallrettung als Teil der Besatzung des Rettungswagens zum Einsatz. Sie dürfen anders als bei reinen Krankentransporten jedoch Rettungsmittel[16] nicht selbst steuern. Es gehört zu ihren Aufgaben, die Patientenversorgung einzuleiten, Notärzten und Notfallsanitätern am Einsatzort zu assistieren, die und den Einsatz- und die Betriebsfähigkeit der Rettungsmittel unter Beachtung insbesondere der Hygiene-, Arbeits- und Unfallschutzvorschriften sicherzustellen. **Rettungshelfer** üben die Funktion des Fahrers aus und unterstützen Rettungssanitäter beim Krankentransport.

---

16 Rettungswagen, Notarztwagen oder Notarzteinsatzfahrzeug.

§ 8 Plankrankenhäuser

I. Grundlagen

1 Die **Regelungen** zur akuten Krankenhausversorgung finden sich bundesrechtlich insbesondere im KHG und seinen zugehörigen Finanzierungsnormen wie dem KHEntgG sowie der BPflV. Außerdem legen die Vorschriften der §§ 39, 107 ff. SGB V die Rahmenbedingungen für die Krankenhausversorgung in der gesetzlichen Krankenversicherung fest. Durch die Landeskrankenhausgesetze werden diese Vorschriften ergänzt und konkretisiert. Das Krankenhausplanungsrecht steht den Ländern zu.

2 Unter **Akutversorgung** versteht man die in einem Krankheitsfall sofort notwendige Versorgung, die nur mit den Mitteln eines Krankenhauses geleistet werden kann, weil eine ambulante Therapie auf Grund der Schwere oder komplizierten Ausprägung der Krankheit nicht mehr ausreicht. Patienten können Therapeuten grundsätzlich nicht mehr selbst aufsuchen. Sie müssen in der Regel bereits liegend oder sitzend, ggf. mit Rettungsfahrzeugen, zum Krankenhaus transportiert werden.

3 Die Merkmale eines **Akutversorgungskrankenhauses** sind in den §§ 1 Nr. 1 KHG und 107 Abs. 1 SGB V aufgeführt. Sie stimmen in ihren wesentlichen Aussagen überein. Folgende Merkmale kennzeichnen ein Akutversorgungskrankenhaus:
- Es steht unter ständiger ärztlicher Leitung,
- bietet ärztliche bzw. bei Bedarf psychotherapeutische Behandlungen an,
- die dem wissenschaftlich anerkannten medizinischen Standard entsprechen,
- hat das Ziel, Krankheiten zu verhüten, zu heilen oder zu lindern,
- steht rund um die Uhr zur Verfügung,
- leistet die pflegerische Versorgung und
- gewährt Hotelleistungen.

4 Die **Geburtshilfe** zählt per definitionem und aus Traditionsgesichtspunkten zur akuten Krankenhausversorgung, obwohl sie nur zu einem geringen Prozentsatz krankheitswerte Probleme zu lösen hat.

5 **Plankrankenhäuser** sind Einrichtungen im Sinne der §§ 108 Nr. 2, 109 Abs. 1 Satz 2 SGB V, die in einem strukturierten Verfahren von den Landesbehörden nach Bedarfs- und Qualitätskriterien ausgewählt und zur akuten Versorgung nach §§ 108 Nr. 2, 109 SGB V zugelassen werden. Das Planungsverfahren regeln die Krankenhausgesetze der Länder zum Teil unterschiedlich.

https://doi.org/10.1515/9783110700428-011

Der **Krankenhausplan** ist ein Verwaltungsinternum,[1] den die obersten 6
Landesbehörden unter Mitwirkung des Landesausschusses für Krankenhausplanung erarbeiten und als Runderlass[2] verabschieden. Er hat den Charakter einer
innerdienstlichen Weisung,[3] gleicht einer „ministeriellen Verwaltungsvorschrift"
und steuert die nachgeordneten Behörden „nach landesweit einheitlichen Ge-
sichtspunkten". Er bindet daher nur die staatlichen Behörden, denen gegenüber
Fachaufsicht besteht. Das sind in den Flächenländern mit einem dreistufigen
Behördenaufbau die Bezirksregierungen und je nach landesrechtlicher Regelung
auch die Kommunen. In den Stadtstaaten besteht ein innerkommunales Wei-
sungsrecht, da die Senate in Berlin, Hamburg und Bremen neben ihren staatlichen Funktionen gleichzeitig kommunale ausüben. Der Krankenhausplan besteht
in der Regel aus einem Rahmenplan und der Summe der Feststellungsbescheide
(Verwaltungsakte), mit denen die Krankenhäuser in den Krankenhausplan aufgenommen werden. Durch diesen Akt erhält der Krankenhausplan Außenwirkung.

Mit der Aufnahme in den Krankenhausplan werden nach § 109 Abs. 1 Satz 2 7
SGB V **Versorgungsverträge** zwischen der GKV und den Plankrankenhäusern
zugunsten der Patienten Kollektivverträge fingiert. Diese **Fiktion** gilt für alle GKV-
Versicherten, alle gesetzlichen Krankenkassen und alle Plankrankenhäuser und
bindet sie wechselseitig. Das hat zur Folge, dass den Patienten der GKV grundsätzlich alle Plankrankenhäuser zur Behandlung bundesweit offenstehen. Die
Krankenhäuser dürfen ihrerseits die Patienten behandeln und ihre Leistungen
gegenüber den Kostenträgern der GKV abrechnen. Bei Bedarf müssen sie ihnen
die notwendigen Leistungen zukommen lassen. Die privaten Krankenversicherungen und die sonstigen Kostenträger haben sich diesem System angeschlossen,
so dass grundsätzlich allen ihren Patientinnen und Patienten im akuten Krankheitsfall ebenfalls das Recht zusteht, bundesweit ein Plankrankenhaus ihrer Wahl
in Anspruch zu nehmen.

Im Gegensatz zu Kollektivverträgen können in beschränktem Umfang auch 8
Selektivverträge mit einzelnen Krankenhäusern über die Erbringung spezieller
Leistungen vereinbart werden. Das KHSG[4] hat zB Qualitätsverträge als Selektivverträge mit Krankenhäusern konzipiert. Ziel ist die Förderung einer qualitativ
hochwertigen stationären Versorgung, um, wie der Gesetzgeber in § 110a Abs. 1

---

1 BVerwG, Urt. v. 14. April 2011–3 C 17.10; BVerwG, Urt. v. 25.9.2008–3 C 35.07; OVG NRW, Urt. v.
19.8.2015–13 A 1725/14.
2 Regelungsform der obersten Landesbehörden, die die nachgeordneten Behörden unmittelbar
bindet.
3 BVerwG, Urt. v. 25.9.2008–3 C 35.07 m.w.N.
4 Krankenhausstrukturgesetz v. 10.12.2015 (BGBl. I S. 2229).

Satz 2 SGB V niedergelegt hat, auf diese Weise zu erproben, wie eine „weitere Verbesserung der Versorgung mit stationären Behandlungsleistungen, insbesondere durch die Vereinbarung von Anreizen sowie höherwertigen Qualitätsanforderungen" erreicht werden kann.

9 Mit der Planaufnahme übernimmt der Krankenhausträger einen definierten Versorgungsauftrag und erwirbt im Gegenzug einen **Finanzierungsanspruch**[5] gegenüber Land und Kostenträgern. Er darf damit zur Führung seines Krankenhauses Investitions- und Betriebskosten geltend machen.

10 Vom Versorgungsvertrag ist der **Versorgungsauftrag** des Krankenhauses zu unterscheiden. Er wird durch den Feststellungsbescheid formuliert und zugewiesen. Er beschreibt das Angebotsspektrum.

11 **Krankenhausträger** kann jede natürliche oder juristische rechtsfähige Person sein. Auf die Eigentumsverhältnisse am Krankenhaus kommt es nicht an. Daher können Krankenhausträger sowohl Eigentümer als auch lediglich Betreiber sein. Die tatsächlich den Betrieb führenden Rechtspersonen sind die Adressaten der Feststellungs- und im Falle der Förderung der Bewilligungsbescheide. Mit der Aufnahme in den Krankenhausplan schließt sich der Krankenhausträger den Planvorgaben an, so dass sie für ihn verbindlich werden.

II. Krankenhausplanung

1. Rahmenbedingungen

12 Krankenhausplanung bedeutet die Entwicklung und Umsetzung eines strategischen Konzepts zur Sicherstellung der Versorgung der Bevölkerung mit Krankenhäusern und ist in Deutschland eine **staatliche Aufgabe.** Das bedeutet, dass der Staat den Sicherstellungsauftrag für die stationäre Versorgung hat. Die Umsetzung der Vorgaben, die Krankenhausversorgung[6] durch geeignete Krankenhäuser, ist delegierbar.[7] Der Staat darf sich Dritter bedienen und ein System anbieten, in das er Leistungserbringer und Kostenträger so einbindet, dass sie nach

---

5 Vgl. § 8 Rn 40 ff.

6 Vgl. zB § 1 Abs. 2 KHGG NRW; Bayerischer Gemeindetag, Bayerischer Städtetag, Bayerischer Landkreistag, Bayerischer Bezirketag, Sicherstellung der medizinischen Versorgung durch kommunale Krankenhäuser, Positionspapier 2013; Deutscher Landkreistag, Rolle der Landkreise in der gesundheitlichen Versorgung, Präsidiumsbeschluss 2013.

7 Vgl. zB § 2 Abs. 1 Satz 1 KHGG NRW; § 3 LKHG BW, das wie § 2 Abs. 2 Satz 2 KHGG NRW die Umsetzungsverpflichtung bei Dritten sieht.

seinen Vorgaben die stationäre Versorgung gewährleisten.[8] Krankenhausplanung ist ein laufender Prozess. Er kann daher nicht zum Abschluss gebracht werden, so dass durchgängig an strukturellen Veränderungen zu arbeiten ist.

Krankenhauspläne haben bundesweit unterschiedliche **Ausprägungen.** Von **13** der Rahmenplanung bis zur Detailplanung sind rechtlich alle Varianten zulässig. Die Rahmenplanung befasst sich mit der Formulierung von Planungsgrundsätzen sowie qualitativen und quantitativen Eckdaten für eine gestufte flächendeckende Krankenhausversorgung. Die Detailplanung gibt darüber hinaus die einzelnen Abteilungen in den Krankenhäusern nach Art und Zahl der Planbetten[9] und Behandlungsplätze[10] vor. Sie beschreibt besondere Angebote der Krankenhäuser und definiert Schwerpunkte der stationären Versorgung. Dazu zählen zB Brust- und Perinatalzentren, geriatrische Verbünde, Schlaganfalleinheiten (Stroke Units) und Zentren für seltene Erkrankungen (NAMSE-Prozess).

Das BVerwG[11] hat vier Schritte für die **Aufstellung** des Krankenhausplans **14** beschrieben.

a) Die **Zielplanung** gibt die Richtung vor, in die sich die Krankenhausversorgung eines Landes zu einem bestimmten Planungshorizont entwickeln soll.

b) Die **Bedarfsanalyse** hat den landesweiten „Versorgungsbedarf in räumlicher, fachlicher und struktureller Gliederung" auszuweisen.

c) Die zur Bedarfsdeckung geeigneten Krankenhäuser sind durch eine **Krankenhausanalyse** zu ermitteln.

d) Mit der **Versorgungsentscheidung** stellt die Planungsbehörde fest, „mit welchen Krankenhäusern der beschriebene Bedarf gedeckt werden soll".

Der Detaillierungsgrad des Krankenhausplans bestimmt das Ausmaß der Steue- **15** rung durch die Länder. Je weiter sie sich aus der **Strukturverantwortung** zurücknehmen, umso geringer ist ihre Steuerungswirkung. In nahezu allen Ländern hat sich der Staat auf eine Rahmenplanung zurückgezogen und dadurch den Verhandlungen zwischen Kostenträgern[12] und Leistungserbringern[13] einen relativ

---

8 Kritisch und im Hinblick auf eine sektorenübergreifende Planung weiterführend *Reiners* in *Jacobs/Schulze*, Sicherstellung der Gesundheitsversorgung 2011, S. 73 ff.

9 Planbetten sind die für ein Krankenhaus zur Realisierung seines Versorgungsauftrages im Feststellungsbescheid zugewiesenen Betten zur vollstationären Versorgung.

10 Auf Behandlungsplätzen wird die teilstationäre Versorgung in Tages- und Nachtkliniken vorgenommen.

11 BVerwGE 72, 38; BVerwG, Urt. v. 25. 9. 2008 – 3 C 35.07 m.w.N.

12 Die Kostenträgerseite wird vornehmlich von den gesetzlichen und privaten Krankenkassen sowie den Beihilfeträgern des Bundes und der Länder gebildet. Seit Jahren gehören rd. 90 % der Versicherten der GKV an. Im Jahr 2017 hatte die Techniker-Krankenkasse die höchsten Mitgliederzahlen aufzuweisen. Private Krankenkassen übernehmen sowohl Voll- als auch Teilversiche-

weiten Spielraum zur Ausfüllung des Rahmenplans vornehmlich in Budgetverhandlungen eingeräumt. Da die Finanzierung der Planung zu folgen hat und nicht
umgekehrt, ist dies keine unbedenkliche Entwicklung.

16   **Planungsgrundsätze** treffen allgemeine Aussagen. Die Einteilung in Ver-
sorgungsgebiete, in denen eine bestimmte Einwohnerzahl gestufte stationäre
Angebote in Anspruch nehmen kann oder die Qualifizierung der Leistungsangebote in Grund-, Regional- und Maximalversorgung sind Beispiele für Planungsgrundsätze. Krankenhäuser der Grundversorgung bieten in der Regel Allgemeine
Innere Medizin und Allgemeine Chirurgie an. Für die Regionalversorgung sind
speziellere Gebiete wie zB Neurologien, Geriatrien, Gynäkologien, Geburtshilfen,
Kardiologien, Gefäßchirurgien etc. vorgesehen. Sog. Maximalversorgungskran-
kenhäuser halten im Ergebnis das gesamte Leistungsspektrum eines Krankenhauses vor. Da in Krankheits- und Notfällen eine schnelle Erreichbarkeit von
Krankenhäusern durch den öffentlichen Rettungsdienst erforderlich ist, muss
eine flächendeckende Versorgung geplant werden. Dazu können konkrete Ent-
fernungen und Zeiten zur Überbrückung der Wege zu den Krankenhäusern angegeben werden. Es sind aber auch Beschreibungen durch unbestimmte Rechtsbegriffe wie „kurzfristig erreichbar" oder „in angemessener Entfernung gelegen",
zulässig. Berechnungsformeln für die notwendigen Kapazitäten, die Art der
Leistungsangebote, die Berücksichtigung angrenzender Versorgungsstrukturen
wie ambulanter und komplementärer Angebote und die Verortung von Ausbildungsstätten nach Art und Zahl gehören ebenfalls zu den Planungsgrundsätzen.

17   Die **qualitativen Eckdaten** befassen sich damit, wie bestimmte Abteilungen
in den Krankenhäusern in das Gesamtgebilde Krankenhaus eingebettet und in
wesentlichen Zügen strukturiert sein müssen, um definierte Aufgaben wahrnehmen zu können. So werden zB für den Betrieb von Stroke Units, Einheiten zur
Schlaganfallversorgung, das Vorhandensein von Abteilungen der Inneren Medizin und Neurologie vorausgesetzt. Die Ausstattung zur Messung von Vitalpara-

---

rungen. Überwiegend ergänzen Beihilfeberechtigte ihren Versorgungsanspruch in der Krankenversicherung durch Angebote der privaten Krankenversicherung.
13 Leistungserbringer sind alle Anbieter des ambulanten und stationären Versorgungssektors
mit den dazu gehörenden Dienstleistern. Damit sind die niedergelassenen Ärzte-, Psychothera-
peuten- und Zahnärzteschaften erfasst – unabhängig davon, ob sie in der vertragsärztlichen
Versorgung mitwirken oder privatärztlich tätig sind. Es kommt weder auf Art und Umstände der
Leistungserbringung noch auf die Rechtsform an, in der Leistungserbringer tätig werden. Kooperationsformen mit Heilberufen jeglicher Art, medizinische Versorgungszentren mit Nichtärzten oder Praxiskliniken nach § 122 SGB V sind möglich. Zu den Leistungserbringern zählen auch
die Apotheken sowie Heil- und Hilfsmittelerbringer. Die Industrie erfüllt den Status des Leis-
tungserbringers nicht. Sie fällt in die Kategorie der Hersteller.

metern[14] wird beschrieben. Die permanenten Zugriffsmöglichkeiten auf Intensivbehandlungseinheiten und bestimmte medizinische Geräte sowie personelle Ressourcen müssen gegeben sein. Die innere Organisation und die einrichtungsübergreifende Versorgungskette werden nach Art und Zahl definiert. Analog werden die Anforderungen an andere Aufgaben aufgelistet, wenn zB für die geriatrische Versorgung Versorgungsverbünde verlangt werden.

Planungsrelevante Indikatoren[15] hatte der Gemeinsame Bundesausschuss **18** nach dem gesetzlichen Auftrag der §§ 6 Abs. 1a KHG, 136c Abs. 1 SGB V zu formulieren. Er hatte sich dabei aber nicht mit den Planungsstrukturen[16] zu befassen, die im Rahmen der Krankenhausplanung Ländersache sind wie zB die Frage, welche Disziplinen zur flächendeckenden Leistungserbringung vorhanden sein müssen, sondern mit den Parametern, die während der konkreten Therapie die Qualität der Leistung bestimmen. Es muss also zwischen Struktur- und Leistungsplanung unterschieden werden. Beide Felder greifen ineinander, wenn es um die Qualität einer Behandlung geht.

Beispiel
Im Krankenhaus sind Erreger aufgetreten, die durch Patienten eingeschleppt sein können, die aber auch durch bauliche Gegebenheiten wie unzureichende Schleusen, Feuchtigkeit an Wänden entstanden sein können. Bei eingeschleppten Erregern handelt es sich um Mängel der Leistungsqualität. Unzureichende bauliche Gegebenheiten sind Strukturmängel. Im ersten Fall könnten Vorgaben von Bundesseite gemacht, im zweiten Maßnahmen von Landesseite ergriffen werden.

Zu den **quantitativen Eckdaten** zählen die auf der Grundlage von Berech- **19** nungsformeln ermittelten Kapazitäten in den einzelnen Fachgebieten. Bei der Bedarfsberechnung fließen bezogen auf ein Planungsjahr und die Einwohnerzahl (E) der Planungsregion die Verweildauern (VD) der Patienten in Abteilungen ein, die Häufigkeit ihres Krankenhausaufenthaltes (KH) und die Nutzung der Planbetten (BN). Die daraus entwickelte sog. Hill-Burton-Formel[17] ist trotz vieler Ver-

---

14 Blutdruck, Herzfrequenz, EKG (Messung der elektrischen Aktivitäten der Muskelfasern), Atmung, Sauerstoffsättigung, Temperatur, intrakranieller Druck (Druck in der Schädelhöhle), EEG (Messung der elektrischen Hirnaktivitäten), evozierte Potenziale (durch Nervenreize hervorgerufene Potenzialunterschiede beim EEG)
15 Richtlinie zu planungsrelevanten Qualitätsindikatoren gemäß § 136 Absatz 1 SGB V i. V. m. § 136c Absatz 1 und Absatz 2 SGB V (plan. QI-RL) – (BAnz AT 23. 3. 2017 B2), zuletzt geändert durch Beschluss v. 14. 05. 2020 (BAnz AT 29. 05. 2020 B9).
16 *Prütting*, MedR 2014, 626; *Prütting*, KHGG NRW, Kommentar, 4. Aufl. 2017, § 13 Rn. 39 ff.
17 *Krämer/Hübner*, Krankenhausbedarfsplanung – Kaum brauchbar für die Praxis, Dtsch. Ärztebl. 2001, A 2918.

suche, sie durch andere Berechnungsparameter zu ersetzen, nach wie vor im Gebrauch. Man versucht zusätzliche Parameter zu finden und damit die Berechnungen zu präzisieren. So werden zB **Ärzteäquivalente** bemüht, bei denen man die Zahl der pro Fall benötigten Ärzte addiert, ihren Aufwand misst und der Planung zugrunde legt. Beim **Morbiditätsfaktor**[18] sollen der Grad und die Vielfalt der Erkrankungen entweder bevölkerungs- oder krankenhausbezogen oder schlicht additiv berücksichtigt werden. Der **Wirtschaftlichkeitsfaktor**[19] bezieht die Fallkostenhöhe ein. Eine Benchmarkmethode[20] ermittelt aus Krankenkassendaten der ambulanten, vor- und nachstationären sowie teilstationären Versorgung ein Substitutionspotenzial und berücksichtigt dies bei der Festsetzung der vollstationären Kapazitäten. Da bei einer Rahmenplanung die Planbetten interdisziplinär genutzt werden, zudem ihre Zahl seit Einführung der Investitionspauschalen in einigen Ländern nicht mehr Maßstab für die Bemessung der staatlichen Förderung ist, hat sich die Bedeutung der Formel aber deutlich verringert. Andererseits müssen Planbetten in Krankenhäusern aufgestellt werden, so dass eine Richtgröße zu errechnen ist. Die Hill-Burton Formel lautet

$$\text{Bettenbedarf} = \frac{\text{VD} \times \text{KH} \times \text{E}}{\text{BN} \times 365}$$

Soweit der Platzbedarf von Tages- oder Nachtkliniken (teilstationäre Angebote) zu berechnen ist, werden in der Formel die Zahl der Tage von 365 auf 250 gekürzt.

2. Planungsgeschehen

20 Ist zwischen mehreren für die Versorgung in Betracht kommenden Krankenhäusern[21] eine **Auswahl** zu treffen, muss gemäß § 8 Abs. 2 Satz 2 KHG „unter Berücksichtigung der öffentlichen Interessen und der Vielfalt der Krankenhausträger nach pflichtgemäßen Ermessen" ermittelt werden, „welches Krankenhaus den Zielen der Krankenhausplanung am besten gerecht wird".[22] Die Planungsbehör-

---

18 Dornier/IGES-Gutachten und BASYS I+G-Gutachten, Krankenhausplan Sachsen-Anhalt 2012, S. 10 f.
19 IGSF/*Beske*-Gutachten, Krankenhausplan Sachsen-Anhalt 2012, S. 10.
20 *Rüschmann* (GSbG)-Gutachten, Krankenhausplan Sachsen-Anhalt 2012, S. 11.
21 BVerwG, Urt. v. 26.04.2018 – 3 C 11.16.; BVerwG, Urt. v. 14.04.2011 – 3 C 17.10.
22 BVerwG, Urt. v. 25.7.1985 – 3 C 25/84; OVG NRW, Beschl. v. 22.1.2009 – 13 A 2578/08 m.w.N.; VG Gelsenkirchen, Urt. v. 10.3.2010 – 7 K 1988/08.

den haben ihre Entscheidungen zweistufig[23] zu treffen. Auf der ersten Stufe ist unter Berücksichtigung von § 1 Abs. 1 KHG zu prüfen, „welche vorhandenen Krankenhäuser für eine bedarfsgerechte Versorgung mit leistungsfähigen Krankenhäusern zu sozial tragbaren Pflegesätzen geeignet sind.“[24] Soweit mehr Betten in geeigneten Krankenhäusern vorhanden sind als bedarfsplanerisch benötigt werden, muss die Planungsbehörde auf der zweiten Stufe nach § 8 Abs. 2 Satz 2 KHG iVm § 1 Abs. 2 KHG eine Auswahlentscheidung[25] treffen. Dabei spielen die Kriterien bedarfsgerecht, leistungsfähig und kostengünstig die entscheidende Rolle.

„Bedarfsgerecht ist ein Krankenhaus, wenn es nach objektiven Gegeben- 21 heiten in der Lage ist, einem vorhandenen Bedarf gerecht zu werden.“ Das kann einmal der Fall sein, wenn ein Bettenfehlbedarf besteht, den das Krankenhaus künftig abdecken kann. Zum anderen können vorhandene Krankenhäuser bereits geeignete Angebote vorhalten, die das antragstellende einbringen möchte. Dann müssen alle Angebote, auch die schon für den Krankenhausplan festgestellten, einer Prüfung unterzogen werden, um das unter allen Anbietern am besten geeignete auszumachen. Nur so können neue Krankenhäuser eine Chance auf Aufnahme in den Krankenhausplan erhalten und Verkrustungen der Strukturen vermieden werden.[26]

Die **Leistungsfähigkeit**[27] eines Krankenhauses ist grundsätzlich dann ge- 22 geben, wenn die zur Erbringung der Krankenhausleistungen notwendigen Räumlichkeiten, Geräte, Einrichtungen und Gebrauchs- und Verbrauchsmaterialien sowie das notwendige Personal auf Dauer finanziert werden können. Das Krankenhaus muss insoweit den Anforderungen[28] entsprechen, die nach dem Stand der medizinischen Wissenschaft an ein Krankenhaus dieser Art zu stellen sind.

Der Begriff **Kostengünstigkeit** ist kein absoluter Maßstab, mit dem die Höhe 23 von Krankenhauskosten verglichen werden kann. Er definiert vielmehr die rela-

---

23 BVerwG, Urt. v. 18.12.1986 – 3 C 67.85; BVerwG, Beschl. v. 12.6.1990 – 1 BvR 355/86; BVerfG, Kammerbeschl. v. 4.3.2004 – 1 BvR 88/00.
24 VGH Baden-Württemberg, Urt. v. 10.2007 – 9 S 2240/07.
25 VGH Mannheim, Urt. v. 15.12.2009 – 9 S 482/07; BVerfG, Beschl. v. 12.6.1990 – 1 BvR 355/97; BVerfG, Beschl. v. 23.4.2009 – 1 BvR 3405/08.
26 VGH Baden-Württemberg, Urt. v. 23.4.1999 – 9 S 2529/97; VGH Baden-Württemberg, Beschl. v. 6.11.2001 – 9 S 772/01 m.w.N.; VGH Baden-Württemberg, Urt. v. 10.2007 – 9 S 2240/07; BVerfG, Kammerbeschl. V. 4.3.2004 – 1 BvR 88/00.
27 VG Stuttgart, Urt. v. 28.10.2010 – 4 K 3907/09; BVerwG, U. v. 25.03.1993 – 3 C 69/90; BVerwG, NJW 1986, 1562.
28 BVerwG, Urt. v. 16.1.1986 – 3 C 37.83.

tiven Krankenhauskosten nach speziellen Angeboten, Leistungen und deren Umsetzung sowie die Kosten für die dazu vorzuhaltenden sächlichen und personellen Ressourcen.

24   Mit dem Feststellungsbescheid wird der konkrete **Versorgungsauftrag**[29] des Krankenhauses festgelegt. Er beschreibt die Disziplinen nach Art und Zahl auf der Grundlage des Krankenhausplans. Das bedeutet, dass die Rahmenvorgaben durch Gebiete und Teilgebiete präzisiert werden. Soweit Gebiete ohne weitere Differenzierungen[30] ausgewiesen werden, hat der Krankenhausträger den grundsätzlichen Auftrag, die Leistungen dieses Gebietes orientiert an den Weiterbildungsordnungen der Ärztekammern vorzuhalten. Dabei wird er allerdings beschränkt durch seine Einstufung als Krankenhaus der Grund-, Regional- oder Maximalversorgung.

25   Seiner Rechtsnatur nach ist der **Feststellungsbescheid** ein Verwaltungsakt und hat konstitutive Wirkung.[31] Er kann mit Nebenbestimmungen versehen werden. Dies folgt entweder aus den konkreten Regelungen der Landeskrankenhausgesetze oder, wenn diese nicht vorhanden sind, aus § 36 VwVfG, einer Norm, die das Landeskrankenhausrecht ergänzt, wenn keine speziellen krankenhausrechtlichen Regelungen getroffen worden sind. Soweit der Feststellungsbescheid Hinweise enthält, die auch als solche gekennzeichnet sind und keinen Regelungscharakter haben, handelt es sich nicht um Nebenbestimmungen,[32] sondern um Erläuterungen, die auf den zugrunde liegenden Krankenhausplan Bezug nehmen. Hinweise haben lediglich deklaratorischen Charakter. Wird damit zB auf künftige Qualitätsvorgaben abgehoben, die im Rahmen von Optimierungsbemühungen stehen, besteht für den angesprochenen Krankenhausträger[33] keine Umsetzungsverpflichtung. Vor Erteilung des Feststellungsbescheides ist ein Beteiligungsverfahren durchzuführen.

26   Im **Beteiligungsverfahren** kommen unterschiedliche Beteiligungsgrade zum Tragen. Dies sind geordnet von der stärksten bis zur schwächsten Beteiligungsform, Einvernehmen, Einvernehmen anstreben, Benehmen, Anhörung und Recht zur Stellungnahme. Beim Einvernehmen begibt sich der Entscheidungsträger in die Abhängigkeit des Beteiligten und kann nicht allein entscheiden. Diese Form ist bei der Krankenhausplanung nicht zulässig, weil der Staat auf seine Entscheidungskompetenz verzichten würde. Daher ist das ernsthafte Ringen um eine gemeinsame und einvernehmliche Entscheidung, also das Anstreben des Ein-

---

29 *Sodan*, Der Versorgungsauftrag des Plankrankenhauses, GesR 2012, 641.
30 VG Münster, Urt. v. 23.6.2010 – 9 K 65/09; VG Münster, Urt. v. 23.6.2010 – 9 K 249/09.
31 BVerwG, Urt. v. 14. April 2011 – 3 C 17.10.
32 VG Aachen, Urt. v. 27. April 2015 – 7 K 271/14.
33 VG Düsseldorf, Urt. v. 8.5.2015 – 13 K 3042/14.

vernehmens, die intensivste Form der Zusammenarbeit in der Krankenhausplanung. Beim Benehmen ist im Gegensatz zur Anhörung die Auseinandersetzung mit den vorgebrachten Argumenten der Beteiligten zwingend erforderlich. Gegenargumente müssen auch beantwortet werden, damit deutlich wird, dass die Planungsbehörde sie gewichtet hat. Das ist bei der Anhörung nicht der Fall. Die schwächste Beteiligungsform ist die Gelegenheit zur Stellungnahme. Im Gegensatz zur Anhörung muss keine Aufforderung dazu ergehen, aber deutlich werden, dass die Möglichkeit zur Stellungnahme besteht und auch der zeitliche Rahmen dazu eröffnet ist. Eine sorgfältige Verwaltung setzt sich auch mit den Argumenten auseinander, die bei schwächeren Beteiligungsformen eingebracht werden.

Die rechtskräftige Aufnahme in den Krankenhausplan hat bedeutende **27** **Rechtswirkungen.** Zum einen wird nach § 109 Abs. 1 Satz 2 Halbsatz 2 SGB V ein Versorgungsvertrag mit den gesetzlichen Krankenkassen (GKV) fingiert. Das Krankenhaus gilt nach § 108 Nr. 2 SGB V zur Behandlung dieser Klientel als zugelassen. Neben dem Behandlungsrecht entsteht eine Behandlungspflicht. Im Gegenzug erwirbt der Krankenhausträger einen Finanzierungsanspruch dem Grunde nach gegenüber der GKV und dem Land. Die privaten Krankenkassen und die übrigen Kostenträger wie Kommunen und staatliche Institutionen, die Beihilfe gewähren, werden durch eigene vertragliche Regelungen für ihre Klientel verpflichtet.

Adressat des Feststellungsbescheids ist der Krankenhausträger. Das ist die **28** Rechtsperson, die das Krankenhaus verantwortlich führt. Sie muss mit dem Eigentümer des Krankenhauses nicht identisch sein. Es kann sich um eine natürliche oder eine juristische Person des öffentlichen oder privaten[34] Rechts handeln.

Das Planaufnahmeverfahren ist grundsätzlich ein **Antragsverfahren.** In **29** Ausnahmefällen zB bei einer Unterversorgung, können die Planungsbehörden auch von Amts wegen tätig werden. Das Planungsverfahren wird zunehmend durch Verhandlungen zwischen Krankenhausträgern, Kostenträgern und den Ländern durchgeführt.

Veränderungen am Krankenhausplan können auf zwei Wegen vorgenommen **30** werden, durch **Neuaufstellung** oder **Fortschreibung.** Bei der Neuaufstellung werden die Grundlagen des Krankenhausplans neu justiert. Die Planungsgrundsätze sowie die qualitativen und quantitativen Eckdaten werden überarbeitet. Bei der Fortschreibung handelt es sich um Ergänzungen, Korrekturen oder Einschränkungen von Versorgungsaufträgen einzelner Krankenhäuser.

---

34 Der Krankenhausförderung durch Staat und Beitragsmittel der GKV widerspricht der Betrieb eines auf Gewinn ausgerichteten Börsen notiertes Unternehmens.

31   Zu beiden Verfahren werden die Beteiligten an der Krankenhausversorgung herangezogen. Dabei unterscheiden die Länder grundsätzlich zwischen unmittelbar und mittelbar Beteiligten. Die erste Gruppe bildet den **Landesausschuss für Krankenhausplanung.**[35] Ihre Mitglieder sind in der Regel danach ausgewählt, ob sie Strukturverantwortung und Verantwortung für Qualitätssicherung tragen. In allen Landesausschüssen sind daher die Vertretungen der Krankenhausträger des somatischen und psychiatrischen Bereichs, die Krankenhausgesellschaften der Länder, die Krankenkassenverbände, die kommunalen Spitzenverbände und die Heilberufskammern vertreten. Je nach landesinterner Bedeutung sind Kirchen, Behindertenverbände, Selbsthilfe- und Patientenvertretungen, Gewerkschaften und Vertretungen der an die Krankenhausversorgung angrenzende Bereiche[36] in den Landesausschuss gewählt worden. Während einige Ländergesetze eine sehr knappe Besetzung vorsehen und viele Verbände den mittelbar Beteiligten zuordnen, um den Landesausschuss arbeitsfähig zu halten, haben andere ihn stark ausgeweitet. Der Landesausschuss wird an der Bearbeitung der planerischen Grundsatzfragen, der Fortschreibung des Krankenhausplans und der Investitionsfinanzierung beteiligt. Zu den Entscheidungen ist Einvernehmen anzustreben.

Fall 9
Der zuständige Landtagsausschuss ist nicht damit einverstanden, dass er zu den Rahmenvorgaben des Krankenhausplans nur angehört wird. Selbst mit den Kostenträgern sei Einvernehmen darüber anzustreben. Sie hätten gegenüber dem Parlament eine durchaus nachgeordnete Funktion. Der Landtag beschließt daher eine Gesetzesänderung, die Einvernehmen mit dem zuständigen Ausschuss erfordert, wenn die Planungsgrundsätze sowie die qualitativen und quantitativen Eckdaten geändert werden. Nach Inkrafttreten des Krankenhausplans erhält Krankenhausträger A einen Feststellungsbescheid, der ihn durch die geänderten Planungsgrundsätze massiv belastet. Er darf nur unter erheblichen Auflagen sein derzeitiges Disziplinenangebot aufrechterhalten. A ficht den Feststellungsbescheid mit der Begründung an, der seinem Bescheid zugrunde liegende Krankenhausplan, der mit dem an ihn gerichteten Feststellungsbescheid Außenwirkung entfalte, sei in rechtswidriger Weise zustande gekommen. Das Krankenhausgesetz verquicke Legislative und Exekutive durch das geforderte Einvernehmen in der Krankenhausplanung in rechtswidriger Weise. Hat seine Klage Aussicht auf Erfolg?

---

35 ZB auch Landesplanungsausschuss (BY), Gebiets- und Landeskonferenz (BB) bezeichnet.
36 Patientenbeauftragte sind nicht in allen Ländern Mitglieder des Landesausschusses. Einbezogen sind sie zB in NRW nach § 15 Abs. 1 Nr. 9 KHGG NRW, nicht dagegen zB in BY.

Lösungsskizze
I. Zulässigkeit
  1. A wendet sich gegen einen Verwaltungsakt. Es geht um eine öffentlich-rechtliche Streitigkeit nicht verfassungsrechtlicher Art, obwohl er eine Rechtsverletzung durch ein rechtswidrig zustande gekommenes Gesetz behauptet. Damit ist jedoch noch keine verfassungsrechtliche Streitigkeit entstanden; denn diese Fragen dürfen auch innerhalb des Verwaltungsverfahrens geprüft werden. Wenn allerdings eine Entscheidung des Verfassungsgerichts erforderlich ist, muss das Verwaltungsverfahren ausgesetzt werden. Somit ist der Verwaltungsrechtsweg nach § 40 Abs. 1 Satz 1 VwGO zunächst eröffnet.
  2. Die Anfechtungsklage gegen einen belastenden Verwaltungsakt ist nach § 42 Abs. 1, 1. Alt. VwGO statthaft.
  3. Da der Verwaltungsakt die bisherigen Rechte des A belastet, kann er im Sinne des § 42 Abs. 2 VwGO in seinen Rechten verletzt sein.
  4. Soweit der Prozess in NRW geführt wird, ist kein Vorverfahren zu durchlaufen.
  5. Mangels weiterer Angaben darf von der Beteiligten- und Prozessfähigkeit sowie der form- und fristgerechten Klageerhebung ausgegangen werden.
II. Begründetheit
  Die Klage ist begründet, soweit die Ablehnung oder Unterlassung des Verwaltungsakts rechtswidrig und der Kläger dadurch in seinen Rechten verletzt ist, § 113 Abs. 1 Satz 1 VwGO.
  1. Der Feststellungsbescheid ist auf der Grundlage des geänderten Landeskrankenhausgesetzes und des darauf basierenden Krankenhausplans erlassen worden.
  2. Das Landeskrankenhausgesetz verstößt durch die zwingende Vorgabe einer Einvernehmensregelung bei der Planaufstellung zwischen Exekutive und Legislative gegen den Grundsatz der Gewaltenteilung nach Art. 20 Abs. 2 GG und damit auch gegen das Rechtsstaatsprinzip nach Art. 20 Abs. 3 GG.
  3. Damit wäre der Verwaltungsakt, der massiv in die Rechte des Klägers eingreift, in rechtswidriger Weise zustande gekommen.
  4. Das zuständige Verwaltungsgericht kann aber die Rechtswidrigkeit eines formellen Gesetzes nicht feststellen. Außerdem hat es insoweit keine Verwerfungskompetenz. Zur konkreten Normenkontrolle nach Art. 100 Abs. 1 GG ist das verwaltungsgerichtliche Verfahren daher auszusetzen und eine Vorlage an das Landesverfassungsgericht zu machen.

3. Ausscheiden, Aufsicht

Ein **Ausscheiden** aus dem Krankenhausplan kommt auf drei verschiedenen 32 Wegen in Betracht. Zum einen kann die Planungsbehörde von Amts wegen tätig werden, das Krankenhaus aus dem Krankenhausplan herausnehmen und den Feststellungsbescheid ändern. Der insoweit begünstigende Verwaltungsakt kann nur unter besonderen Bedingungen geändert oder aufgehoben werden.[37] Dieses Recht steht der Landesbehörde grundsätzlich auf Grund ihrer Planungskompetenz nach den Landeskrankenhausgesetzen zu. Die zweite Möglichkeit ist die Kündigung des Versorgungsvertrages durch die Kostenträger der GKV nach § 110 Abs. 1 SGB V. Insoweit müssen Kündigungsgründe vorliegen, die nicht nur vorübergehender Art sind. Die dritte Variante ist die Vertragskündigung durch den Krankenhausträger selbst.

33　　Die **Kündigungsgründe** sind in §§ 110 Abs. 1 iVm 109 Abs. 3 SGB V enumerativ aufgezählt, fehlende Leistungs- und Wirtschaftlichkeit, Qualitätsdefizite und fehlende Bedarfsgerechtigkeit. Diese Gründe greifen dann nicht, wenn die Planungsbehörde die Unverzichtbarkeit des Krankenhauses für die Versorgung begründet.

34　　**Wirksamkeitserfordernis** für eine Kündigung ist die Zustimmung der Planungsbehörde nach § 110 Abs. 2 Satz 1 SGB V. Die erforderliche Genehmigung stellt eine aufschiebende Bedingung nach § 158 Abs. 1 BGB dar. § 110 Abs. 2 Satz 4 SGB V fingiert die Zustimmung allerdings dann, wenn die Landesbehörde der Kündigung nicht innerhalb einer Frist von 3 Monaten widerspricht und den Widerspruch nicht innerhalb weiterer drei Monate begründet. Mit der Kündigung ist der Antrag an die Planungsbehörde zu verbinden, den Feststellungsbescheid und damit den Krankenhausplan zu ändern. Für die Kündigung eines Versorgungsvertrages ist zwar eine Schriftform nicht ausdrücklich vorgeschrieben, für die Begründung der Unverzichtbarkeit allerdings schon. Wird letztere nicht schriftlich eingereicht, liegt ein Verstoß gegen § 110 Abs. 2 Satz 3 SGB V vor, so dass die Genehmigung der Kündigung nach §§ 125 Abs. 1, 126 BGB als nicht begründet gilt und die gesetzliche Folge des § 110 Abs. 2 Satz 4 SGB V eintritt. Die Kündigungsgenehmigung gilt als erteilt. Scheidet ein Krankenhaus gegen den Willen der Landesbehörde aus dem Krankenhausplan aus, führt dies zu einer Schadensersatzpflicht gegenüber Land und Kostenträgern.

Beispiel

Kündigungsgründe, die nicht nur vorübergehend vorliegen, sind zB lange andauernde Qualitätsmängel bei der Leistungserbringung im Sinne des § 8 Abs. 1b KHG. Der Bundesgesetzgeber verlangt, die Herausnahme eines derartigen Krankenhauses aus dem Krankenhausplan. Allerdings greift er damit in die Kompetenzen der Länder ein, die für die Krankenhausplanung zuständig sind. Insoweit können Länder dies zulassen, sich dagegen verwahren oder abweichende Regelungen treffen. Bayern hat in Art. 4 Abs. 1 Satz 3 BayKrG die Anwendung des § 8 Abs. 1b KHG ausgeschlossen. NRW hat in § 13 Abs. 2 KHGG NRW den

---

37 BVerwG, Urt. v. 25.09.2008–3 C 35.07; Wissenschaftlicher Dienst des Bundestages, Die Herausnahme von Krankenhäusern aus dem Krankenhausplaneines Landes, WD 9–3000–039/14; *Prütting*, KHGG NRW, Kommentar, 4. Aufl. 2017, § 16 Rn. 8 ff.

Vorbehalt aufgenommen, dass der Inhalt der Regelung ausdrücklich in der Landesplanung umgesetzt werden muss, bevor er Wirkungen entfalten kann. Im hamburgischen Krankenhausgesetz gibt es eine zu § 8 Abs. 1b KHG analoge Regelung in § 15a Abs. 4 Satz 3 HmbKHG, so dass ein Vorbehalt zur bundesgesetzlichen Norm nicht als notwendig angesehen wurde. Das Bundesrecht gilt damit in Hamburg unmittelbar, solange § 8 Abs. 1b KHG nicht aufgehoben wird.

Die Krankenkassenverbände müssen nach § 110 Abs. 1 Satz 1 SGB V **gemeinsam** 35 **kündigen.** Soweit kein einheitliches Votum erreichbar ist, entscheidet eine Schiedsperson nach § 110 Abs. 1 Satz 5 SGB V. Können sich die Krankenkassenverbände nicht auf eine Schiedsperson einigen, wird sie von der zuständigen Aufsichtsbehörde, bundesweit die jeweils oberste Landesbehörde, nach § 110 Abs. 1 Satz 6 SGB V bestimmt. Klagen gegen die Bestimmung der Schiedsperson haben keine aufschiebende Wirkung. Klagegegner bei Entscheidung der Schiedsperson sind die Krankenkassenverbände und nicht die Schiedsperson nach § 110 Abs. 1 Satz 9 SGB V.

Plankrankenhäuser unterliegen der **Krankenhausaufsicht** als Rechtsauf- 36 sicht. Die oberste Aufsicht nehmen das Ministerium, die obere die Bezirksregierungen wahr. Diese wiederum führen die Aufsicht über die die Kreise und kreisfreien Städte als untere staatliche Gesundheitsbehörden. In den Stadtstaaten üben die Bezirksämter die Funktion der dem Senat nachgeordneten Überwachungsbehörden aus. Maßstab der Rechtsaufsicht sind die einschlägigen formellen und materiellen Gesetze, untergesetzliches Recht wie Satzungen und für verbindlich erklärte Verwaltungsvorschriften. Mit der Planaufnahme unterwerfen sich die Krankenhäuser den Vorgaben des Krankenhausplans, so dass auch dieser Maßstab der Rechtsaufsicht ist.

4. Psychiatrische Versorgung, forensische Psychiatrie

Das **psychiatrische Leistungsgeschehen** hat im Gegensatz zum somatischen 37 einige Besonderheiten aufzuweisen. Dies hängt mit den zu behandelnden Krankheitsbildern zusammen. Psychiatrische Erkrankungen sind oftmals schwerer zu erkennen als somatische. Ihre Behandlungen dauern deutlich länger als somatische Therapien. Außerdem begleiten die Psychiatrie leidvolle Erfahrungen der Diskriminierung aus der Vergangenheit. Die negative Differenzierung zwischen somatischen und psychiatrischen Erkrankungsarten ist seit der Psychiatrieenquete[38] im Jahr 1975 deutlich zurückgegangen Wichtiges Signales dazu

---

38 Bericht über die Lage der Psychiatrie in der Bundesrepublik Deutschland.

war zB in NRW, bei der Neuaufstellung des Krankenhausplans 2015 die Psychosomatik der Psychiatrie zuzuordnen. In den Ländern werden zudem immer weniger psychiatrische Fachkrankenhäuser geführt. Die Abteilungen werden somatischen Kliniken angegliedert und integriert.

38   Die psychiatrische Versorgung von straffällig gewordenen Menschen wird in **Maßregelvollzugseinrichtungen** vorgenommen. Psychisch kranke Straftäter können auf Grund ihrer Erkrankung das Unrecht ihrer Taten nicht oder nur eingeschränkt erkennen. Daher ist eine Bestrafung auf Grund fehlender oder eingeschränkter Schuldfähigkeit nicht zulässig. Die forensischen Einrichtungen erfüllen ihnen gegenüber hoheitliche Aufgaben[39] der Behandlung, Betreuung und Unterbringung. Dazu müssen sie besonders legitimiert sein. Sie behandeln therapiefähige Menschen auf Grund gerichtlicher Anordnungen und übernehmen gleichzeitig eine Sicherungsfunktion gegenüber der übrigen Bevölkerung, die vor weiteren Straftaten geschützt werden soll. Die Aufträge der Kliniken für forensische Psychiatrie sind sowohl therapeutisch als auch kriminalpräventiv. Dabei gilt die fachliche Maxime, dass die beste Sicherung durch eine erfolgreiche Therapie gewährleistet werden kann.

39   In mehreren Ländern[40] haben **private Träger** die Aufgabe der Forensik übernommen. Für Eingriffe an Patienten, insbesondere für Maßnahmen der Zwangsbehandlung, bedürfen die behandelnden Therapeuten einer gesonderten Legitimation, die ihnen durch Gesetz oder formale Beleihung im Einzelfall übertragen wird. Während in einigen Ländern nach „Privatisierungsmaßnahmen" dennoch nur Beamte die hoheitlichen Funktionen ausführen[41] und der Maßregelvollzug in hoheitlicher Hand bleibt, weil die privaten Rechtsträger zB 100 %ige Töchter des Landes oder der Kommunen bzw. ihrer Zweckverbände sind, werden in anderen Ländern Beliehene tätig. Insoweit kann eine Übertragung der forensischen Kliniken ein rein formaler oder ein funktionaler Akt sein. Im zweiten Fall liegt eine Vermögensprivatisierung vor. Der Hoheitsträger zieht sich vollständig aus dem Maßregelvollzug[42] zurück. Dies widerspricht dem noch von Pollähne[43] vorgetragenen Grundsatz, dass der Maßregelvollzug hoheitlich bleiben muss und der Hoheitsträger sich höchstens bei der Durchführung privater Optionen be-

---

39 Privatisierungsbestrebungen im Maßregelvollzug etwa sei 2000, vgl. *Töller/Dittrich*, S. 12.

40 Brandenburg, Bremen, Hamburg, Hessen, Mecklenburg-Vorpommern, Niedersachsen, Sachsen-Anhalt, Schleswig-Holstein, Thüringen.

41 Bremen, Hessen und Sachsen-Anhalt.

42 *Töller/Dittrich*, S. 13; *Polläne*, 2008 S. 151.

43 *Dessecker/Pollähne*, Privatisierung in der Strafrechtspflege, 2008, 139

dienen darf.[44] Zunehmend geht die Rechtsprechung[45] in jüngerer Zeit wieder dazu über, diesem Grundsatz größere Bedeutung beizumessen, so dass der Staat bzw. Hoheitsträger beim Maßregelvollzug in der „Erfüllungsverantwortung"[46] bleibt. Burgi[47] betont zu Recht die verfassungsrechtlichen Bindungen an die Grundrechte. Andererseits genügt eine sachgerechte Beleihung dem hoheitlichen Anspruch. In sechs von sechzehn Bundesländern[48] hat keine bzw. keine rechtlich relevante Übertragung des Maßregelvollzugs auf Private stattgefunden.

III. Krankenhausfinanzierung

1. Historischer Hintergrund

1972 wurden in Ablösung eines monistischen Preissystems, das zu Milliarden 40 Defiziten[49] geführt hatte, die Grundlagen für die heute noch geltende **duale Finanzierung**[50] gelegt. Kostenträger der gesetzlichen Krankenversicherung und das Land finanzieren seitdem die Krankenhäuser im Wesentlichen gemeinsam. Die Länder tragen die Investitionskosten, die Krankenkassenverbände die Betriebskosten. Private Krankenversicherer, Beihilfeträger und sonstige Kostenträger[51] leisten den ihrer Klientel entsprechenden Beitrag. Auch Eigenmittel von Krankenhausträgern fließen in die Gesamtfinanzierung ein. Da 90 % der Bevölkerung in der GKV versichert sind, wurde mit dem SGB V, dem KHG und seinen Nebengesetzen, dem KHEntgG und der BPflV, ein Finanzierungssystem geschaffen, das allerdings über die Jahre immer wieder modifiziert werden musste. Das zwischenzeitlich geltende Selbstkostendeckungsprinzip,[52] nach dem die Krankenhäuser so kalkulieren durften, dass im Wesentlichen alle ihre Kosten gedeckt werden konnten, stellte zunehmend die Bezahlbarkeit des Gesamtsystems in

---

44 Diese Auffassung lag auch der Gesetzgebung im Maßregelvollzug NRWs zugrunde – vgl. § 29 MRVG NRW, dazu *Prütting*, Kommentar 2004, § 29 Rn 1, 5.

45 *Prütting/Schnabel/Maaß*, MedStra 2016, S. 146; BGH, NJW 2012, 2967; BVerfG, NJW 2011, 2113.

46 *Töller/Dittrich*, S. 14.

47 *Burgi*, NVwZ 2010, S. 601.

48 *Töller/Dittrich*, S. 15: Baden-Württemberg, Bayern, Berlin, Nordrhein-Westfalen, Rheinland-Pfalz und Sachsen.

49 *Dietz/Bofinger*, Krankenhausfinanzierungsgesetz, KHG Einleitung.

50 *Prütting* in Huster/Kaltenborn, Krankenhausrecht, 2. Aufl. § 5.

51 Insbesondere Selbstzahler, Kommunen über die Sozialhilfe, der Staat über Kriegsopferversorgung u. a.

52 *Tuschen/Quaas*, Bundespflegesatzverordnung, S. 14; *Pflüger*, Krankenhaushaftung und Organisationsverschulden, § 20 IV 1.

Frage. Mit §§ 17 Abs. 1 Satz 3 KHG, 71 SGB V wurde der Grundsatz der Beitragssatzstabilität als begrenzendes Element für die Betriebskostenfinanzierung eingeführt.

41   Mit der Umstellung auf ein diagnosebezogenes Fallpauschalensystem[53] wer-
den nunmehr Wirtschaftlichkeitselemente stärker berücksichtigt. 2004 wurde das
KHEntG zwingend für alle Krankenhäuser mit Ausnahme der psychiatrischen
Einrichtungen, deren Besonderheiten in den Folgejahren mit gesonderten PEPP-
Vereinbarungen[54] berücksichtigt wurden, in Kraft gesetzt. Auf der Grundlage des
§ 17b KHG gilt für die „Vergütung der allgemeinen Krankenhausleistungen ... ein
durchgängiges, leistungsorientiertes und pauschalierendes Vergütungssystem".
Die Einrichtung des DRG-Systems zur Darstellung der Krankenhausleistungen
habe, wie kritisch angemerkt wird, zu einer „Industrialisierung"[55] des Kranken-
hauswesens geführt. Eine deutliche Gegenbewegung ist in der gegenwärtigen
Diskussion zu spüren, die mehr Menschlichkeit und weniger Ökonomisierung im
Krankenhaus verlangt.[56] Die Krankenhausträger dürfen mit Wahlleistungen
Wettbewerb praktizieren. Das Finanzierungssystem ist, wie auch § 8 Abs. 1 Satz 2
KHG zu entnehmen ist, mehrgleisig geworden.

42   Der Bundesgesetzgeber hat die Krankenhausfinanzierung im KHG geregelt
und damit von der **konkurrierenden Gesetzgebung** nach Art. 74 Nr. 19a GG
Gebrauch gemacht. Die Länder dürfen landesgesetzgeberisch lediglich Lücken
ausfüllen.[57] Entgegenstehende Regelungen wären nach Art. 31 GG unwirksam. Die
offenen gesetzlichen Formulierungen des KHG lassen den Ländern Spielraum für
Finanzierungsvarianten bei der Investitionskostenförderung.

43   **Zweck der Krankenhausförderung** ist nach § 1 KHG[58] die wirtschaftliche
Sicherung von Krankenhäusern, wenn sie bedarfsgerecht, leistungsfähig und
qualitativ geeignet sind, die Versorgung der Bevölkerung mit dem ihnen zugewiesenen Versorgungsauftrag zu erfüllen. Dabei sollen sie eigenverantwortlich
wirtschaften. Die Förderung soll allerdings so gestaltet sein, dass der Grundsatz

---

53 Vgl. Kapitel 2 § 8 Rn. 61.
54 Auf der Bundesebene zu treffende jährliche Vereinbarungen über pauschalierende Entgelte
für die Psychiatrie und Psychosomatik.
55 *Vera,* Die „Industrialisierung" des Krankenhauswesens durch DRG-Fallpauschalen – eine
interdisziplinäre Analyse. In: Das Gesundheitswesen, 3, 2009, S. 161 f.
56 *Wiesler/Kachtik,* Mehr Menschlichkeit für Patient und Personal? Deutschlandfunk, 14. 2. 2014,
https://www.deutschlandfunk.de/gesundheitswesen-mehr-menschlichkeit-fuer-patient-und.
1176.de.html?dram:article_id=277104, zuletzt abgerufen am 1. 6. 2020.
57 *Degenhart,* Staatsrecht I, § 12 Nr. 2 Rn. 870.
58 KHG idF der Bek. v. 10. 4. 1991 (BGBl. I S. 886), zul. geändert durch Gesetz v. 10. 12. 2015 (BGBl. I
S. 2229).

der Beitragssatzstabilität nach § 71 SGB V gewahrt wird, indem sozial tragbare Pflegesätze nach § 1 Abs. 2 KHG vereinbart werden. Die Krankenhausförderung kommt nach § 5 Abs. 1 KHG ausschließlich **44** **Plankrankenhäusern** zugute. Krankenhäuser mit abweichendem[59] Versorgungsauftrag, anderer finanzieller Grundlage wie Hochschulklinika, Versorgungsvertragskrankenhäuser nach § 108 Nr. 3 SGB V oder Privatkrankenanstalten nach § 30 GewO dürfen nicht nach KHG iVm mit den Landeskrankenhausgesetzen gefördert werden. Ausnahmen sind auf Grund ausdrücklicher Festlegung bei Versorgungsnotständen nach § 5 Abs. 2 KHG zulässig.

2. Investitionsfinanzierung

Die Länder können nach § 10 Abs. 1 KHG[60] ihre **Investitionsfinanzierung** pau- **45** schal oder in Form von Einzelförderungen bzw. Mischprogrammen gestalten. Sie sind nur berechtigt, Herstellungsaufwand zu finanzieren. Erhaltungsaufwand und Grundstückskosten nach § 2 Nr. 2 KHG mit der damit zusammenhängenden Erschließung sowie Darlehenslasten zum Erwerb von Grundstücken sind von der Förderung ausgeschlossen. Dies widerspricht nach Auffassung von *Dettling/ Gerlach*[61] sowohl dem „allgemeinen preisrechtlichen Grundsatz der Deckung betriebsnotwendiger Kosten" als auch verfassungsrechtlichen Grundsätzen. Damit werde das rechtsstaatliche Willkürverbot" verletzt. Die Regelungen sind bisher nicht beanstandet worden.

Ein **Rechtsanspruch** auf Förderung ist nur gegeben, wenn und solange **46** Krankenhäuser im Krankenhausplan eines Landes nach den Vorgaben des § 8 Abs. 1 KHG aufgenommen sind. Der Förderanspruch dem Grunde nach kann infrage stehen, wenn die Vorgaben des Krankenhausplans nicht erfüllt werden, also zB im Sinne des § 8 Abs. 2 KHG planungsrelevante Qualitätsindikatoren nicht nur vorübergehend in einem erheblichen Maß unzureichend umgesetzt werden.

Beispiel
Ein Krankenhaus vermietet seinen Operationssaal während des Tages an private Operateure aus dem niedergelassenen Bereich. Seine GKV-Patienten werden nur noch in den Abend- und Nachtstunden operativ versorgt. Die Krankenhausaufsicht beanstandet das Vorgehen. Der Krankenhausträger ändert es nicht. Die Krankenhausförderung kann reduziert werden, weil die Vorgaben des Krankenhausplans nicht eingehalten werden.

---

59 ZB keine Akutversorgung, sondern nur rehabilitative Tätigkeit.
60 Art. 18 GKV-WSG v. 26. 3. 2007 (BGBl I S. 378).
61 *Dettling/Gerlach* in Huster/Kaltenborn, Krankenhausrecht, § 1 KHG Rn 45, § 17 Rn 76.

47 Die Höhe der Fördersummen pro Krankenhaus und der Zeitpunkt der Förderung werden durch **Investitionsprogramme** der Länder bestimmt. Die dort enthaltenen Prioritätenlisten bei Einzelförderungen und ausgeworfenen Beträge bei Pauschalförderungen schöpfen die zur Verfügung stehenden Haushaltsmittel des Landes grundsätzlich aus. Der Gesetzgeber hat entsprechende Varianten in § 8 Abs. 1 KHG vorgesehen. Sehen die Länder völlig von Investitionsprogrammen ab,[62] darf dies nicht auf Dauer geschehen, da sie sonst ihrem Förderauftrag aus §§ 6, 8 ff. KHG nicht gerecht würden. Das BVerfG[63] sieht in § 8 KHG keinen nach Art und Höhe bestimmten Förderanspruch, sondern nur die Einräumung einer „Art Anwartschaftsrecht" auf eine künftige Förderung. Ein Rechtsanspruch[64] auf Aufnahme in ein Investitionsprogramm und damit auf investive Förderung besteht nach § 8 Abs. 2 Satz 1 grundsätzlich nicht, es sei denn das pflichtgemäße Ermessen der Landesförderbehörden ist auf null reduziert.

48 Die Aufnahme in ein Investitionsprogramm setzt grundsätzlich ein **Antragsverfahren** nach § 9 Abs. 1 und 2 KHG voraus. Dieses ist allerdings verzichtbar, wenn ein Land eine umfassende Pauschalförderung eingeführt hat.[65] In diesen Fällen können Förderungen nach dem Leistungsumfang der einzelnen Krankenhäuser bemessen werden.[66] Die Rechtsprechung verlangt, dass unabhängig von der Förderart Sonderbedarfe gefährdeter Krankenhäuser aus öffentlichen Mitteln abgedeckt werden. Insoweit sind Regelungen zur Nachschusspflicht[67] erforderlich. Bei der Beurteilung der fehlenden Leistungsfähigkeit ist strittig, ob auf das einzelne Krankenhaus oder seinen Konzern abzustellen ist.[68] Für die zweite Variante spricht insbesondere, dass ein Konzern durch besondere Sparmaßnahmen den einzelnen Krankenhausträger in Schwierigkeiten gebracht haben, deren Beseitigung nicht dem Staat aufzuerlegen ist. Bei der Leistungsfähigkeit des Krankenhauses ist vorrangig auf die medizinische und nicht die wirtschaftliche abzustellen.

Fall 10
Das Investitionsprogramm des Jahres X schließt das Krankenhaus N ohne Angaben von Gründen von der Pauschalförderung aus, obwohl alle Plankrankenhäuser regelmäßig eine Pauschale in Abhängigkeit von ihren Leistungen erhalten sollen. Der Krankenhausträger hatte

---

62 *Stollmann* in Prütting, Fachanwaltskommentar Medizinrecht, § 6 KHG Rn 26.
63 BVerfGE 83, 363 (383).
64 *Quaas/Zuck/Clemens* Medizinrecht, § 26 Rn 110 ff. m.w.N.; BVerwG, Urt. v. 30.08.2012–3 C 18.11.
65 *Stollmann* in Prütting, Fachanwaltskommentar Medizinrecht, § 6 Rn 39 f. m.w.N.
66 BVerwG Urt. v. 30.08.2012–3 C 17/11.
67 ZB § 23 KHGG NRW.
68 *Quaas/Zuck/ Clemens*, Medizinrecht, § 26 Rn 83; VG Köln Urt. v. 3.11.2015–7 K 5301/14.

keinen Antrag auf Bescheidung gestellt. Dennoch erhält er einen Bescheid, in dem seine Pauschalzahlung auf „Null" gesetzt wird. Hat seine Klage Aussicht auf Erfolg, obwohl er die Höhe seiner Pauschalzahlung nicht kennt?

Lösungsskizze

I. Zulässigkeit

1. N hat einen ablehnenden Bescheid erhalten, obwohl er keinen Antrag auf Erlass eines Verwaltungsaktes gestellt hat. Durch die Einführung der regelmäßigen Pauschalförderung verzichten die Förderbehörden auf ausdrückliche jährliche Anträge, wenn die planerische Situation eines Krankenhauses sich nicht geändert hat. In diesen Fällen gilt der Antrag auf Förderung als gestellt.

2. Mit der ablehnenden Entscheidung, die sich in der Festsetzung des Förderbetrages auf „Null" konkretisiert, trifft die Förderbehörde eine Einzelfallentscheidung mit Außenwirkung, erlässt also einen Verwaltungsakt.

3. Eine Anfechtungsklage ist statthaft.

4. (Vor Klageerhebung ist N gut beraten, die Gründe bei der Bewilligungsbehörde zu erfragen. Sie können im Klageverfahren noch nachgeschoben werden. Erhält er auch dann keine Antwort oder eine nur unzureichende, ist Klage geboten.)

II. Begründetheit

1. Durch die fehlenden Gründe für den Förderausschluss kann der Verwaltungsakt rechtswidrig und der Kläger dadurch in seinen Rechten verletzt sein, § 113 Abs.1 VwGO.

2. Ein belastender Verwaltungsakt ist mit Gründen zu versehen, damit der Rechtsunterworfene die Entscheidung nachvollziehen kann. Eine negative Entscheidung ist willkürlich, wenn sie N ohne ausreichende Begründung von der Förderung ausnimmt.

3. Der Anfechtung des Verwaltungsaktes steht nicht entgegen, dass N nur einen grundsätzlichen Anspruch auf Förderung erworben hat, als er in den Krankenhausplan aufgenommen worden ist und eine konkreter Förderanspruch nur entsteht, wenn N auch einen Platz in einem Investitionsprogramm erhalten hat. Darauf besteht grundsätzlich allerdings kein Anspruch.

4. Bei einer Pauschalförderung, bei der alle Krankenhäuser nach ihren Leistungen bedacht werden, kann die Situation aber anders sein. Zum einen führte es zu einer Ungleichbehandlung, Krankenhäuser nach Belieben in das Investitionsprogramm aufzunehmen oder davon auszuschließen. Zum anderen ist die Förderhöhe bestimmbar, weil sie sich an den Leistungen orientiert, die bei jedem Krankenhaus aufgezeichnet sind.

5. Soweit daher keine oder keine ausreichende Begründung für die Aussetzung der Förderung geliefert wird, hat die Klage Aussicht auf Erfolg.

Der **Förderumfang** leitet sich aus §§ 4 Nr. 1, 8 ff. KHG ab. Danach sind Voll-, **49** Anteils-, Festbetragsfinanzierung sowie ein Finanzierungsverzicht in Einzelfällen oder für definierte Zeiträume denkbar. Jegliche Förderung mit Landesmitteln steht unter Haushaltsvorbehalt. Krankenhausträger können nicht beliebig auf die investiven Mittel der Länder zugreifen. Nach der Jährlichkeit oder Zweijährigkeit der

Landeshaushalte steht nur ein bestimmtes Förderkontingent zur Verfügung, das über Investitionsprogramme in Form von Zuschüssen[69] ausgeschüttet wird.

50 Der **Begriff Investitionskosten** ist im Gesetz nicht eindeutig definiert. Ein allgemein gültiger Begriff hat sich bisher nicht herauskristallisiert.[70] Unstreitig gehören alle Kosten dazu, die nach § 2 Nr. 2a und 2b KHG für die Errichtung von Kliniken anfallen, also Neu-, Um- und Erweiterungsbauten mit den dazu notwendigen Wirtschaftsgütern.[71] Dazu zählt auch die Wiederbeschaffung von mittel- und langfristigen Anlagegütern, die eine Nutzungsdauer von mehr als drei Jahren[72] haben. Die sog. nachträglichen Herstellungskosten[73] und die Kosten, die weder dem Pflegesatz- noch den Investitionskosten eindeutig zugeordnet werden können,[74] werden in der Verwaltungspraxis ebenfalls als Investitionskosten von den Ländern finanziert.[75] Zu den förderfähigen Kosten zählen zudem die investitionsgleichen Kosten nach §§ 2 Nr. 3, 9 Abs. 2 KHG. Sie fallen im Zusammenhang mit Investitionen an. Kapitaldienste nach Darlehensaufnahmen sowie Anlauf- und Umstellungskosten bei innerbetrieblichen Änderungen sind Beispiele.

51 **Instandhaltungskosten** sind nach der Rechtsprechung[76] keine Investitionskosten. Nach § 4 Abs. 1 AbgrV handelt es sich dabei um solche Kosten, die der Erhaltung und Wiederherstellung von Anlagegütern dienen. Sollte eine wesentliche Substanzvermehrung oder -verbesserung, eine erhebliche Wesensänderung oder eine gravierende Verlängerung der Nutzungsdauer mit der Instandhaltungsmaßnahme einhergehen, sind die Kosten den Investitionskosten zuzurechnen. Damit können auch betriebstechnische Anlagen und Einbauten sowie Außenanlagen förderfähig werden, wenn sie zB vollständig oder überwiegend ersetzt werden.

52 Im Krankenhaus kennt man unterschiedliche **Wirtschaftsgüter.** Während die Anlagegüter, zu denen auch die Gebrauchsgüter (Alltagsgegenstände wie Geschirr, Bettwäsche) mit einer Nutzungsdauer bis zu drei Jahren zählen, im Wesentlichen die Bauten und Einrichtungen umschreiben, versteht man unter Ver-

---

69 *Prütting*, Krankenhausgestaltungsgesetz NRW, § 17 Rn 15 f., nicht rückzahlbare öffentliche Gelder.

70 *Quaas/Zuck/ Clemens*, Medizinrecht, § 26 Rn 27.

71 ZB medizinisch-technische Geräte, Mobiliar für Krankenzimmer.

72 Umkehrschluss aus § 17 Abs. 4 Nr. 1 KHG, einer Norm, die Doppelförderungen verhindern soll, wie *Dettling/Gerlach*, Krankenhausrecht, § 17 Rn 66 ausführen.

73 Kosten, die durch wesentliche Erweiterungen Gebäude verbessern, aber selbst keine Erweiterungsbauten darstellen wie zB Beschattungen oder eingefügte Alarmanlagen.

74 BFH Urt. v. 16.2.1993 – IX R 85/88.

75 *Quaas/Zuck/ Clemens*, Medizinrecht, § 26 Rn. 34 f.; *Stollmann* in Dietz/Bofinger/Stollmann § 2 KHG Erl. III; BVerwGE 91, 363 mit Anm. *Stollmann*, NZS 2004, 350 (357).

76 BVerwG Urt. v. 22.1.1993 – 3 C 66/90; BFH Urt. v. 9.5.1995 – IX R 116/92.

brauchsgütern aufzehrbare und verwertbare Wirtschaftsgüter wie zB Verbandmaterialien.

Ausbildungsstätten sind mit Krankenhäusern nach § 2 Nr. 1a notwendiger- 53 weise verbunden. Sie können einzeln oder von mehreren Krankenhäusern gemeinschaftlich betrieben werden. Eine Investitionsfinanzierung[77] ist für ihre Anlagegüter nach §§ 8 Abs. 3, 8 ff. KHG möglich, wenn sie für die in § 2 Nr. 1a KHG abschließend aufgezählten Berufe ausbilden. Ausbildungsstätten unabhängig von Krankenhäusern sind nicht förderfähig.

Eine besondere, befristete Investitionsförderung wurde 2015 durch den 54 **Krankenhausstrukturfonds** in § 12 KHG eingerichtet, der modifiziert in §§ 12a – 14 KHG mit dem Pflegepersonalstärkungsgesetz für die Jahre 2019[78] bis 2022 fortgesetzt wird. Die ersten Fördersummen wurden nur teilweise abgerufen, da ein hälftiger Cofinanzierungsanteil der Länder geleistet werden musste. Der Fonds wurde vom Bundesversicherungsamt verwaltet und aus investiven Mitteln der Länder und der Liquiditätsrücklage des Gesundheitsfonds nach § 271 SGB V, also Mitteln der Solidargemeinschaft, je zur Hälfte gespeist. Er ist auf einen Gesamtbetrag von 1.000 Mio. Euro[79] jährlich bundesweit begrenzt. Fördermittel konnten nur ausgezahlt werden, wenn das jeweilige Bundesland seinen Förderbetrag in Höhe von 50 % der Maßnahme beisteuerte. Der neue Fonds wird je zu 45 % vom Bund und den Ländern gespeist, 10 % haben die Krankenhäuser selbst beizusteuern. GKV-Mittel fließen nicht mehr ein.

Investive Fördermittel unterliegen der **Zweckbindung** des Fördermittelbe- 55 scheids.[80] Damit wird die Verwendung[81] der Mittel ausschließlich[82] für die Belange des stationären Sektors garantiert. Für ambulante Leistungen des Krankenhauses wie das Ambulante Operieren oder die vor- und nachstationäre Behandlung werden gesonderte Vergütungsvereinbarungen nach §§ 115a Abs. 3, 115b Abs. 1 Satz 1 Nr. 2 SGB V getroffen. Beim Verstoß gegen die Vorgabe der zweckentsprechenden Verwendung von Fördermitteln können Sanktionen in Betracht kommen, die von Fördermittelkürzungen über die Rücknahme von Fördermitteln bis hin zur Herausnahme des Krankenhauses aus dem Krankenhausplan reichen können. Verwendungsnachweisprüfungen durch die zuständi-

---

77 VG Gera Urt. v. 30.1.2002–1 K 116/02 GE.
78 PpSG v. 11.12.2018 (BGBl. I S. 2394); Erlass des Ministeriums für Arbeit, Gesundheit- und Soziales (MAGS) NRW v. 30.9.2019 – V A 3 – KHSF II.
79 Bis zum Jahr 2022.
80 Vgl. zB § 9 KHG iVm §§ 17 Satz 2 KHGG NRW, 18 Abs. 1 Satz 2 BayKrG, 23 Abs. 1 Satz 1 LKHG BW
81 Durchführung von Verwendungsnachweisprüfungen durch die Bewilligungsbehörden im Rahmen der Rechtsaufsicht.
82 *Prütting*, Krankenhausgestaltungsgesetz NRW, § 28 Rn. 5 ff., 12 mit Beispielen.

gen Bewilligungsbehörden finden bei Einzelfördermaßnahmen detailliert statt. Die Pauschalförderung als Finanzierung „in Bausch und Bogen" erlaubt nur eine gröbere Prüfung, mit der insbesondere über die Höhe der Mittelverwendung, den Verwendungszweck, ggf. abgetretene Fördermittel[83] und den Fördermittelbestand[84] befunden wird. Soweit die Aufsichtsbehörde zustimmt, dürfen Fördermittel auch zu anderen Zwecken wie der Umstellung auf Aufgaben außerhalb des Krankenhausbetriebs eingesetzt werden, wenn das Krankenhaus Teilbetriebsbereiche einstellt. Das Prüfungsrecht des Landesrechnungshofs besteht neben der Krankenhausaufsicht.

3. Pflegesatz- und Entgeltrecht

a) Grundlagen

56 **Pflegesätze**[85] sind nach § 2 Nr. 4 KHG Entgelte für voll- und teilstationäre Krankenhausleistungen. Sie beschreiben Abrechnungsgrößen, mit denen die Krankenhäuser ihre Leistungen gegenüber dem Zahlungspflichtigen geltend machen. Das können die Patienten als Selbstzahler oder auch ihre Versicherungen oder Dritte sein. Sie setzen sich aus Entgelten, Pauschalen, Zu- und Abschlägen sowie weiteren Komponenten wie Verwaltungskosten zusammen. Der hergebrachte Begriff Pflegesatzvereinbarung wird in der Praxis zwar weiterhin verwendet, obwohl es technisch präziser Budgetvereinbarung heißen müsste. Pflegesätze werden nach §§ 2 Abs. 1 KHEntgG, 2 BPflV für Therapie, Krankenpflege und Hotelleistungen sowie für die Versorgung mit Arznei-, Heil- und Hilfsmitteln in Form allgemeiner[86] und wahlärztlicher[87] Krankenhausleistungen berechnet. Die Vergütung somatischer Krankenhausleistungen stützt sich auf das KHEntgG, während die psychiatrischen Entgelte durch die Bestimmungen der BPflV geregelt werden. Privatkliniken berechnen eigene Entgelte.

57 **Allgemeine Krankenhausleistungen** sind in § 2 Abs. 2 KHEntgG legal definiert als Leistungen, „die unter Berücksichtigung der Leistungsfähigkeit des

---

83 Fördermittel dürfen nach einzelnen Landesgesetzen bis zu einem bestimmten Höchstbetrag an andere Krankenhäuser abgetreten werden.
84 Vgl. dazu zB § 21 Abs. 3 KHGG NRW v. 11.12.2007 (GV. NRW. S. 702), zul. geändert durch Artikel 14 des Gesetzes v. 22.3.2018 (GV. NRW. S. 172); Hessisches Krankenhausgesetz 2011 – HKHG 2011 – v. 21.12.2010 (GVBl. I S. 587), zuletzt geändert durch Artikel 1 des Gesetzes v. 13.9.2018 (GVBl. S. 599).
85 *Stollmann* in Dietz/Bofinger § 2 Nr. 15.2.
86 Vgl. §§ 2 Abs. 2 KHG iVm 7 KHEntG und 10 BPflV.
87 Vgl. §§ 17 KHEntG, 22 BPflV.

Krankenhauses im Einzelfall nach Art und Schwere der Krankheit für die medizinisch zweckmäßige und ausreichende Versorgung des Patienten notwendig sind". Dazu gehören grundsätzlich alle Angebote nach § 39 SGB V, § 2 Abs. 2 KHEntG und § 2 Abs. 2 BPflV wie die stationären, teil-, vor- und nachstationären sowie ausdrücklich zugewiesenen ambulanten Leistungen, Zentrums- und Schwerpunktaufgaben, die Frührehabilitation, das Entlassmanagement[88] sowie Aufwendungen für notwendige Begleitpersonen. Bei komplizierten Krankheitsbildern sind im Einzelfall auch spezialärztliche Leistungen zu erbringen, wenn nur auf diese Weise eine angemessene Versorgung gemäß § 12 SGB V sichergestellt werden kann. Vom Krankenhaus veranlasste notwendige Drittleistungen nach §§ 2 Abs. 2 Satz 2 BPflV, 2 Abs. 2 Nr. 2 KHEntG sind insbesondere Labor- und pathologische Untersuchungen, die Krankenhäuser in der Regel nicht selbst ausführen. Werden zB Speisenzubereitungen und Reinigungseinsätze eingekauft, rechnet das Krankenhaus die Kosten in seine Pflegesätze ein. Die Patienten sind in die konkreten Abrechnungsvorgänge nicht involviert. Die entstehenden Kosten werden in ihre Pflegesätze eingerechnet.

Wahlärztliche Leistungen dürfen nach § 17 Abs. 1 KHEntgG die allgemeinen **58** Krankenhausleistungen nicht beeinträchtigen. Es handelt sich um Zusatzleistungen des Krankenhauses, indem zB Chefarztbehandlungen oder Zwei- bzw. Einbettzimmer gesondert schriftlich vereinbart und bezahlt werden. Der Begriff ist im Gesetz nicht legal definiert. Wird eine Wahlleistung vereinbart, obwohl der Vereinbarungsgegenstand wie zB eine im Einzelfall notwendige Spezialbehandlung zu den allgemeinen Krankenhausleistungen zählt, löst sie dennoch die zusätzlichen Kostenfolgen aus. Eine Anfechtung der Vereinbarung nach § 119 BGB führt wegen des unbeachtlichen Motivirrtums nicht zum Erfolg. Im Rahmen der wahlärztlichen Leistungsvereinbarung muss das verpflichtete ärztliche Personal nicht jeden Handgriff selbst und eigenhändig erledigen.[89] Nach § 17 Abs. 3 Satz 1 KHEntgG sind alle an der Behandlung notwendigerweise beteiligten angestellten und beamteten Ärzte automatisch in die Wahlleistungsvereinbarung einbezogen, soweit dies erforderlich ist. Dies gilt auch für im Rahmen der Behandlung veranlassten Drittleistungen oder bei Wahlarztketten,[90] bei denen andere leitende Ärzte in die Mitbehandlung einbezogen sind. Soweit sie persönlich verpflichtet worden sind, müssen sie auch persönlich leisten. Kernleistungen dürfen nicht auf

---

88 Überleitung vom Krankenhaus in Rehabilitations- oder Pflegeeinrichtungen bzw. das häusliche Umfeld; BSG Urt. v. 17.11.2015 – B 1 KR 20/15 R.
89 BGH Urt. v. 20.12.2007 – III ZR 144/07.
90 *Quaas/ZuckClemens*, Medizinrecht, § 26 Rn 262.

eine Vertretung übertragen werden. Dies wäre nur im Verhinderungsfall mit Zustimmung des Patienten zulässig. Da es sich um individuelle Absprachen handelt, reichen Formularverträge nicht aus.[91] Der BGH[92] knüpft an die Aufklärung über Art und Umfang der Leistungen und die finanziellen Folgen hohe Anforderungen, so dass Hinweise auf die Gesetzeslage nicht ausreichen. § 17 Abs. 4 KHEntgG verbietet die verpflichtende Verknüpfung der Wahlleistung Unterbringung mit anderen Wahlleistungen. Zum einen soll eine Reservierung von Stationen für Wahlleistungspatienten nicht gefördert werden, zum anderen sollen Betroffene auch nicht zu Wahlleistungen gedrängt werden. Wird die Abrechnung von Wahlleistungen extern vergeben, muss der Patient nach §§ 17 Abs. 3 KHEntgG, 16 BPflV nicht nur darüber aufgeklärt werden, sondern ausdrücklich seine Zustimmung erteilen. Walleistungsentgelte zählen zu den Pflegesätzen, werden aber außerhalb der Pflegesatzvereinbarungen nach §§ 17 Abs. 3 KHEntgG, 16 BPflV krankenhausindividuell auf der Kalkulationsgrundlage[93] der GOÄ festgelegt. Leistung und Gegenleistung müssen in einem angemessenen Verhältnis stehen. Eine völlig freie Preisgestaltung gibt es nicht. Dies gilt selbst für Privatkliniken, die ihre Preise grundsätzlich selbst gestalten dürfen. Sie müssen sich an den allgemeinen Vorgaben orientieren.

Fall 11
Das Sekretariat des Chefarztes legt dem Patienten eine Wahlarztvereinbarung in Form eines Formularvertrages vor, die zwar die Chefarztbehandlung vorsieht, aber gleichzeitig darauf hinweist, dass dieser auf Grund seiner wissenschaftlichen Verpflichtungen sehr oft im Ausland sei. Deshalb gelte die Vereinbarung auch für sein Ärzteteam. Außerdem werden dem Patienten ein Auszug aus der GOÄ sowie ein Merkblatt über das Verhalten vor der Operation mitgegeben. Über die Operation erfährt der Patient, dass sie vermutlich kompliziert werden wird, so dass ggf. Sachverständige von anderen Kliniken beigezogen werden müssen. Die Vereinbarung selbst enthält diese Hinweise nicht. Eine Zusatzerklärung liegt dem Vertragsformular an, dass die Rechnungen generell über eine Abrechnungsgesellschaft erfolgen. Es wird um Zustimmung gebeten. Muss der Patient diese Vereinbarung unterzeichnen? Kommt sie rechtmäßig zustande?

Lösungsskizze
Die Rechtsprechung stellt strenge Anforderungen an Wahlleistungsvereinbarungen.
1. Ein Formularvertrag reicht für Wahlleistungsvereinbarungen nicht aus.
2. Eine persönliche Leistungserbringung kann nicht von vornherein mit Vertretungsregelungen ausgehebelt werden. Die Vereinbarung für das Ärzteteam ist insoweit nicht

---

91 Vgl. zu weiteren denkbaren Konstellationen in der Praxis *Quaas/Zuck/Clemens*, § 26 Rn 260 ff.; *Gamperl* in Dietz/Bofinger, KHEntgG, § 17 III 2.
92 BGH MedR 2004, 442; BGH ZMGR 2004, 79.
93 BGH NJW 2001, 892; *Quaas*, NJW 2001, 870.

wirksam. Eine Vertretung in einem besonders schweren Fall wie einer Erkrankung des behandelnden Arztes kann nur im Ernstfall mit dem Patienten vereinbart werden.

3. Die Zahlungskonditionen sind explizit schriftlich zu vereinbaren. Ein Hinweis auf die GOÄ und ein Auszug aus dem Gesetz reichen nicht aus. Dem Patienten müssen die Kostendimensionen erläutert werden, so dass er in Kenntnis der Tragweite zustimmen kann.

4. Soweit Sachverständige zu der Operation beigezogen werden müssen, ist zuvor das Einverständnis des Patienten ausdrücklich einzuholen, wenn nicht ein Notfall eintritt.

5. Die Zusatzerklärung über die Einbeziehung einer Abrechnungsstelle darf formularmäßig eingeholt werden.

Der Patient muss die Vereinbarung nicht unterschreiben. Dazu wird auch nicht geraten. Wenn er es dennoch tut, sind die angeführten Punkte nicht wirksam vereinbart worden. Es entsteht insoweit keine Zahlungspflicht.

Im System der GKV ist der **Grundsatz der Beitragssatzstabilität** nach § 71 Abs. 1 **59** Satz 1 SGB V zu wahren. Er prägt die Wirtschaftlichkeit in der Krankenhausfinanzierung über den sog. Landesbasisfallwert[94] entscheidend mit und besagt, dass Vergütungen so zu gestalten sind, dass Beitragserhöhungen in der gesetzlichen Krankenversicherung möglichst vermieden werden. Dies gilt allerdings nicht, wenn die medizinische Versorgung selbst nach Ausschöpfung von Wirtschaftlichkeitsreserven nicht zu gewährleisten ist oder Ausgabensteigerungen nach § 71 Abs. 1 Satz 2 SGB V auf Grund gesetzlicher Vorgaben unvermeidlich sind. Damit kommt dem Grundsatz der Beitragssatzstabilität zwar ein grundsätzlicher Vorrang bei Vergütungsfestsetzungen zu,[95] das Pflegesatz- und Entgeltrecht mit den Vorgaben der §§ 10 Abs. 1 und 4 KHEntgG und 6 BPflV enthält jedoch vorgehende Spezialregelungen.

Budgetverhandlungen werden nach § 11 Abs. 2 KHEntgG prospektiv geführt. **60** Der Krankenhausträger muss folglich eine Einschätzung für den künftig zu erwartenden Finanzbedarf mit in die Verhandlungen nehmen. Vertragsparteien sind nach § 18 Abs. 2 KHG die Pflegesatzparteien. Sie bestehen aus dem Krankenhausträger und den Sozialleistungsträgern. Die Kostenträger können einzeln oder in Arbeitsgemeinschaften auftreten. Der Landeskrankenhausgesellschaft und den Landesverbänden der Kostenträger als Spitzenverbänden steht nach § 18 Abs. 1 Satz 2 KHG ein Teilnahmerecht an den Verhandlungen zu. Mit der Vereinbarung über das Krankenhausbudget kommt ein öffentlich-rechtlicher Vertrag zwischen

---

94 Vgl. zur Definition des Landesbasisfallwertes § 8 Rn. 61; *Quaas/Zuck/ Clemens*, Medizinrecht, § 26 Rn 292.

95 BSG SozR 4–2500 § 88 Nr. 1 Rn. 15; *Quaas/Zuck/ Clemens*, Medizinrecht, § 25 Rn 15.

den Pflegesatzparteien mit privatrechtsgestaltender Wirkung[96] zustande. Das bedeutet, dass der Vertrag ohne Einbeziehung Dritter gegenüber allen, die die Leistungen des Krankenhauses in Anspruch nehmen, Verbindlichkeit entfaltet.[97] Das Krankenhaus darf also gegenüber keinem Patienten, ob privat, gesetzlich versichert oder Selbstzahler unterschiedliche Entgelte für gleiche Leistungen abrechnen.

61   Mit dem Ziel, „gleiches Geld für gleiche Leistung" ist das **Fallpauschalensystem**[98] mit Modifikationen für die „sprechende Medizin", also die psychiatrische, psychotherapeutische und psychosomatische Versorgung implementiert worden.[99] Fallpauschalen bilden Behandlungsfälle ab, die die kennzeichnenden Bestandteile der allgemeinen Krankenhausleistungen einschließlich der dazu zählenden Notwendigkeiten nach § 17b KHG enthalten. Der derzeit geltende Fallpauschalenkatalog[100] wurde entwickelt, indem man alle stationären Behandlungsfälle einer bestimmten Fallgruppe, einer DRG, [101] zuordnete. Daraus konnten ökonomisch vergleichbare Diagnosen zu größeren Abrechnungspositionen zusammengefasst[102] werden. Diese werden bei der Abrechnung einer Bewertungsrelation bzw. einem Relativgewicht zugeordnet. Auf diese Weise kann man die Leistungen in ein Bewertungsverhältnis zu einem Referenzwert setzen. Um anschließend Beträge in der Währung Euro zu erhalten, benötigt man einen entsprechenden Multiplikator. Das ist der Landesbasisfallwert. Er wird auf der Grundlage der Grundlohnrate, also der Veränderungsrate der beitragspflichtigen Einnahmen aller Mitglieder der gesetzlichen Krankenkassen, auf Landesebene zwischen den Krankenhausgesellschaften und den Verbänden der Krankenkassen nach § 10 Abs. 1 KHEntgG jährlich verhandelt und von den Krankenhausaufsichtsbehörden genehmigt. Die Landesbasisfallwerte sind bundesweit unterschiedlich und sollen sich bis zum Jahr 2021 auf einen bundeseinheitlichen Basisfallwert gemäß § 10 Abs. 8 KHEntgG angeglichen haben. Das DRG-System ist ein lernendes System.

96 *Tuschen/Dietz* in Dietz-Bofinger, KHG, § 18 I Nr. 2.
97 BGH NJW 1989 S. 587.
98 Vgl. Kapitel 2 § 8 III Rn. 41.
99 Gesetz zur Weiterentwicklung der Versorgung und Vergütung für psychiatrische und psychosomatische Leistungen (PsychVVG) v. 19.12.2016 (BGBl. I S. 2986).
100 Jährlich weiterentwickelt durch das Institut für das Entgeltsystem im Krankenhaus gGmbH (IneK).
101 Diagnosis Related Group.
102 *Quaas* in Wenzel, Handbuch Medizinrecht, Kap. 14 Rn 73 ff.

b) Somatische Krankenhausleistungen

Finanzielle Grundlage für die Finanzierung des Krankenhausbetriebs ist nach § 3   62
KHEntgG ein aus höchstens fünf Komponenten bestehendes **Krankenhausbud-**
get. Es setzt sich zusammen aus einem Erlösbudget nach § 4 KHEntgG, einer
Erlössumme für krankenhausindividuelle Leistungen nach § 6 Abs. 3 KHEntgG,
Entgelten für Innovationen im Sinne des § 6 Abs. 2 KHEntgG, Zusatzentgelten für
die Behandlung von sog. Kostenausreißern[103] nach § 3 Nr. 4 KHEntgG sowie Zu-
und Abschlägen[104] für unterschiedliche Leistungskonstellationen nach § 7 Abs. 1
KHEntgG. Zu letzteren zählen Zentrumsaufgaben,[105] Qualitätsverbesserungen
oder Innovationen, die noch nicht oder unzureichend in Fallpauschalen abgebildet sind. Mehr- oder Minderleistungen werden aus dem Gesamtbetrag von
Erlösbudget und Erlössumme nach § 4 Abs. 3 Satz 1 KHEntgG ermittelt.

Im **Erlösbudget** nach § 4 KHEntgG werden Art und Menge der allgemeinen   63
prospektiv für ein Jahr zu erwartenden Krankenhausleistungen nach §§ 8, 11
Abs. 2 KHEntgG abgebildet. Das Erlösbudget folgt aus der Summe der zu erwartenden Erlöse. Waren die Erwartungen zu hoch oder zu niedrig kalkuliert, werden
im Folgejahr Ausgleiche vorgenommen. Wahl- und belegärztliche Leistungen
werden nach §§ 17, 18, 7 Abs. 1 KHEntgG nicht berücksichtigt. Eine rein wirtschaftliche Fallzahlsteigerung ist Krankenhäusern untersagt. Sie können daher
weder beliebig viele Leistungen erbringen noch ihre Fälle beliebig steigern.
Budgetierung bedeutet Begrenzung. Nach § 4 Abs. 2a Satz 1 KHEntgG werden
infolgedessen grundsätzlich Mehrleistungsabschläge erhoben. Dies gilt nicht,
wenn Mehrleistungen zB durch Investitionsprogramme oder Qualitätsvereinba-
rungen bedingt sind.

Da insbesondere der demographische Wandel zu einer wachsenden Belas-   **63a**
tung der Pflegekräfte in der stationären Akutversorgung[106] geführt hat, sind mit
dem Gesetz zur Stärkung des Pflegepersonals (PpSG)[107] eine spürbare Verbesserung der Personalausstattung und bessere Arbeitsbedingungen angestrebt worden. Die Finanzierung von zusätzlichen Stellen in Krankenhäusern, die Erhöhung
der Ausbildungsvergütungen sowie die Fortführung des Krankenhausstrukturfonds sollen Abhilfe schaffen.[108] Vor diesem Hintergrund schreibt das PpSG vor,

---

103 ZB Behandlung von Blutern.

104 Bei Nichtteilnahme an der Notfallversorgung, obwohl das Krankenhaus nach seinem Feststellungsbescheid dazu zugelassen ist; Hessischer VGH, Urt. v. 5.10.2011 – 5 A 1702/10.

105 ZB Brustzentren, Perinatalzentren.

106 Das gilt auch für den Rehabilitationsbereich und die Pflege, deren diesbezügliche Probleme
im PpSG mit geregelt worden sind.

107 PpSG v. 11.12.2018 (BGBl. I S. 2394)

108 In der Altenpflege sollen Sofortprogramme zur Entlastung führen.

dass die **Pflegepersonalkosten** der Krankenhäuser ab dem Jahr 2020 von den Fallpauschalen unabhängig und krankenhausindividuell vergütet und aus den Fallpauschalen der Krankenhäuser **ausgegliedert** werden müssen. Das bedeutet die Ermittlung der tatsächlich für Pflegeleistungen anteilig in den Fallpauschalen enthaltenen Entgeltanteile, die als eigenes Pflegebudget – an den tatsächlichen Ausgaben des einzelnen Krankenhauses orientiert – gesondert finanziert werden. Der DRG-Katalog[109] bleibt formal erhalten, bekommt aber ein zusätzliches Relativgewicht für den Pflegetagessatz („Spaltenlösung").

64   **Instandhaltungskosten**, die nach der Rechtsprechung des BVerwG[110] pflegesatzfähig sind, sind nach §§ 17b und 17d KHG in den pauschalierten Entgelten berücksichtigt. Bei der Kalkulation krankenhausindividueller Entgelte, also den Wahlleistungen, kommt ein Zuschlag von 1,1 % dazu.[111]

65   Der **Sicherstellungszuschlag** nach §§ 5 KHEntgG, 17b Abs. 1a Nr. 6 KHG ist ein Instrument zur Unterstützung bedarfsnotwendiger Krankenhäuser in prekären Situationen. Das Krankenhaus ist nicht mehr leistungsfähig, wird aber für die Versorgung der Bevölkerung mangels anderer Alternativen zwingend benötigt. Der G-BA hat dazu zwischenzeitlich Richtlinien[112] erlassen, die Kriterien für die Gewährung eines Zuschlags vorgeben.

66   Die Finanzierung der Betriebskosten von **Ausbildungsstätten** ist gesondert geregelt worden. Um Benachteiligungen ausbildender Krankenhäuser gegenüber nicht ausbildenden zu vermeiden, ist für die Betriebskosten und Ausbildungsvergütungen ein Ausgleichsfonds nach § 17a Abs. 5 KHG bei den Landeskrankenhausgesellschaften eingerichtet worden.

c) Psychiatrische, psychosomatische, psychotherapeutische Krankenhausleistungen

67 **Grundlage** für die **Abrechnung** psychiatrischer, psychotherapeutischer und psychosomatischer Krankenhausleistungen ist die BPflV.[113] Sie wurde auf Grund heftiger Kritik am ursprünglichen PEPP-Katalog novelliert. Dabei handelte es sich um einen Fallpauschalenkatalog, der nach Auffassung der Fachwelt allerdings die

---

109 Fallpauschalen-Katalog gem. § 17b Abs. 1 S. 4 KHG mit Katalog ergänzender Zusatzentgelte gem. § 17b Abs. 1 S. 7 KHG und Pflegeerlöskatalog gem. § 17b Abs. 4 S. 5 KHG Katalog der Fallpauschalen.
110 BVerwG, Urt. v. 21.1.1993 – 3 C 66.90.
111 BVerwG NJW 1993, 2391.
112 Sicherstellungszuschläge-Regelungen i. d. F. v. 24.11.2016 (BAnz AT 2 v. 1.12.2016 B3).
113 Bundespflegesatzverordnung (BPflV) v. 26.9.1994 (BGBl. I S. 2750), zuletzt geändert durch Artikel 7a des Gesetzes v. 22.3.2020 (BGBl. I S. 604).

Besonderheiten der „sprechenden Medizin" nicht sachgerecht abbildete. Krankenhäuser und Abteilungen mit entsprechenden Leistungsangeboten sind nach §§ 17b Abs. 1 KHG, 1 Abs. 1 und 2 Nr. 3 KHEntgG von der Anwendung des KHEntgG ausdrücklich ausgenommen. Über §§ 17d KHG, 3 Abs. 1 BPflV wurde nun ein adäquates und von den fachlich betroffenen Krankenhäusern im Wesentlichen angenommenes „durchgängiges, leistungsorientiertes und pauschalierendes Vergütungssystem auf der Grundlage von tagesbezogenen Entgelten"[114] ab dem Jahr 2018 verbindlich eingeführt. Nach Übergangsphasen ist ab dem Jahr 2020 gemäß § 3 Abs. 3 BPflV ein Gesamtbetrag unter Berücksichtigung definierter Vorgaben zu vereinbaren. Diese beziehen zB die Belange von Kindern und Jugendlichen ein, nehmen auf Leistungsart und -menge des Krankenhauses, auf Qualitätsanforderungen oder regionale Besonderheiten Rücksicht. Der ermittelte Gesamtbetrag ist dann auf das Erlösbudget und die Erlössumme aufzuteilen. Die BPflV regelt im Übrigen Angleichungsfragen bei Mehr- und Minderleistungen, Zu- und Abschläge und Ähnliches wie im somatischen Bereich.

4. EU – Beihilfenaufsichtsrecht

Die EU hat ein vorrangiges Interesse an einem funktionierenden Markt. Kran- 68 kenhäuser sind Wirtschaftsunternehmen im Sinne des europäischen Beihilferechts, das Eingriffe in das Marktgeschehen durch finanzielle Leistungen der öffentlichen Hand nur unter bestimmten Voraussetzungen erlaubt. Dies ist bei **Leistungen der Daseinsvorsorge** von allgemeinem wirtschaftlichem Interesse (DAWI)[115] nach der Rechtsprechung des EuGH[116] der Fall. Eine öffentliche Finanzierung stellt keine rechtswidrige Begünstigung dar und damit auch keine Beihilfe im Sinne des Art. 107 AEUV, wenn folgende vier Kriterien erfüllt sind: (a) Die Betrauung mit der DAWI-Leistung muss klar definiert sein. (b) Objektive und transparente Berechnungsparameter für die Leistung müssen (c) zu einer angemessenen Förderung führen und (d) dürfen keine Überkompensation der Unternehmensleistung zur Folge haben. Die in Betracht kommende Finanzierung muss sich daher an den üblichen Marktanalysen und -konditionen ausrichten, die

---

114 § 17d Abs. 1 KHG.
115 Die EU-Kommission hat im sog. Almunia-Paket, Vorschriften für Dienstleistungen von allgemeinem wirtschaftlichen Interesse (DAWI), eine Überarbeitung der allgemeinen Grundsätze vorgenommen, Beschluss v. 20.12.2011 – K (2011) 9380; *Fuchs/Elxnat*, EU-Beihilferecht in der kommunalen Praxis, StGB Dokumentation Nr. 151.
116 EuGH, Urt. v. 24.7.2003 – C – 280/00; EuG Urt. v. 7.11.2012; CBI/Europäische Kommission, Rs. T-137/10; *Prütting*, GesR 2017, 415.

Vorgaben der Ausschreibungsverfahren einhalten und soliden Kostenberechnungsanforderungen genügen.[117] Innerhalb der maximal zehnjährigen Förderdauer sind mindestens im Dreijahresturnus[118] Kontrollen durchzuführen. Der BGH[119] hat sich den Vorgaben hinsichtlich Transparenz- und Prüfungsanforderungen angeschlossen. Auch das OLG Stuttgart[120] sah von einer Kommune gewährte Ausfallbürgschaften und Investitionszuschüsse nicht als wettbewerbs- und europarechtswidrige Beihilfe an. Durch die Aufnahme in den Krankenhausplan lasse sich das Krankenhaus in die öffentliche Sicherstellungsverpflichtung einbinden und belege damit seinen Auftrag im allgemeinen wirtschaftlichen Interesse. Das VG Regensburg[121] sieht einen beihilferechtlichen Verstoß gegen Art. 108 Abs. 3 Satz 1 AEUV dann als gegeben an, wenn eine staatliche Maßnahme oder eine Maßnahme unter Inanspruchnahme staatlicher Mittel geeignet ist, den Handel zwischen Mitgliedstaaten zu beeinträchtigen. Das ist zB der Fall, wenn ein Begünstigter einen Vorteil erhält, durch den gleichzeitig der Wettbewerb verfälscht wird.[122] Auf die Art der Subvention oder Zuwendung sowie die Stellung der die Beihilfe gewährenden Einrichtung[123] kommt es nicht an. Entscheidend ist, dass ein wirtschaftlicher Vorteil vermittelt wird, der ohne die beihilferelevante Maßnahme nicht entstanden wäre.

IV. Rechtsschutz

1. Krankenhausträger

69 Gegen die Feststellung der Aufnahme bzw. Nichtaufnahme in den Krankenhausplan und die damit zusammenhängenden Fragen wie zB die Investitionsförderberechtigung können die Krankenhausträger nach § 8 Abs. 1 Sätze 3 und 4 KHG, §§ 40, 42 VwGO den **Verwaltungsrechtsweg** beschreiten. Dies gilt nach §§ 40 VwGO, 51 Abs. 1 Nr. 2 HS 2 SGG auch, wenn sich der Krankenhausträger gegen die Kündigung seines Versorgungsvertrages nach § 110 SGB V wendet.

117 LG Dortmund Urt. v. 24.7.2013–16 O (Kart) 141/11.
118 Bank für Sozialwirtschaft, EU-Beihilferecht und staatliche Finanzierung von Krankenhäusern in öffentlicher Trägerschaft, 2014, http://www.eufis.eu/fileadmin/Dokumente/EU-Politik/2014_12_Beihilfe_Krankenhaus.pdf, zuletzt abgerufen am 1.6.2020.
119 BGH Urt. v. 24.3.2016 – I ZR 263/14
120 OLG Stuttgart, Urt. v. 20.11.2014–2 U 11/14.
121 VG Regensburg Urt. v. 8.10.2014–3 K 14.559.
122 VG Darmstadt Urt. v. 21.10.20 – 9 K 1230/07 m. w. N.; EuGH Urt. v. 24.7.2003 – C-280/00.
123 EuGH Urt. v. 13.9.2010 – T-415/05.

Durch die Genehmigung der Kündigung als Wirksamkeitsvoraussetzung durch die Landesplanungsbehörde nach § 110 Abs. 2 Satz 1 SGB V ist Klagegegner das zuständige Land, nicht aber die Gemeinschaft der Landesverbände der Krankenkassen.

Bei Streitigkeiten, die die Betriebskosten betreffen, ist der **Rechtsweg** zu den **70** **Sozialgerichten** gegeben.

Anfechtungs- bzw. Verpflichtungsklagen sind grundsätzlich statthaft. Ein **71** Vorverfahren nach §§ 68 ff. VwGO findet in der Mehrzahl der Länder[124] nicht mehr statt. Der für die Anfechtungsklage maßgebliche Prüfungszeitpunkt fällt mit der letzten Verwaltungsentscheidung zusammen. Dies ist für Antragsteller der Erlass des Feststellungsbescheides. Für Dritte ist es der Zeitpunkt, in dem sie vom Feststellungsbescheid Kenntnis erlangen. Bei der Verpflichtungsklage bestimmt nach h.M. die letzte mündliche Verhandlung in der Tatsacheninstanz die Sach- und Rechtslage. Eine Verpflichtungsklage kommt auch in Betracht, wenn der Krankenhausplan fortgeschrieben wird und ein Krankenhausträger mit seinen Anträgen nicht berücksichtigt wird. Eine Klage gegen den gesamten Krankenhausplan ist nicht möglich, da es sich um ein Verwaltungsinternum ohne Normcharakter handelt. Auch die Feststellung einzelner Planungsschritte als internes Verwaltungshandeln kann nicht nach § 43 VwGO begehrt werden. Um die Krankenhausplanung nicht zum Nachteil der Bevölkerung zum Stillstand zu verurteilen, wird die aufschiebende Wirkung von Gestaltungsklagen in der Regel in den Landesgesetzen aufgehoben.[125] Der Rechtsschutz des Krankenhausträgers wird allerdings nicht verkürzt, da der Suspensiveffekt über § 80 Abs. 2 Nr. 3, Abs. 5 Sätze 1 und 2 VwGO wieder hergestellt werden kann.

Als Unterart der Verpflichtungsklage kommt die **Untätigkeitsklage**[126] in **72** Betracht, wenn die Planungsbehörde nicht innerhalb von drei Monaten nach Eingang des Antrags entscheidet. Ein Vorverfahren ist nicht erforderlich. Soweit es aber statthaft ist – vgl. zB § 110 Abs. 3 Satz 1 JustG NRW –, kann sich die Untätigkeitsklage auch auf den Erlass eines Widerspruchbescheids richten. Soweit die Planungsbehörde bei Fristüberschreitung ernsthafte Maßnahmen ergriffen hatte, um eine Entscheidung herbeizuführen, diese aber aus unterschiedlichen und nicht von ihr beeinflussbaren Gründen noch nicht abschließend getroffen werden konnte, hat eine Untätigkeitsklage keinen Erfolg.

---

124 ZB NRW § 110 JustG NRW; SL § 24 Abs. 4 Saarländische Krankenhausgesetz v. 6.11.2015 (ABl. 2015, 857).
125 Vgl. zB § 16 Abs. 3 KHGG NRW; OVG NRW, NVwZ 2006, 481.
126 *Schenke*, Der Anspruch des Widerspruchsführers auf Erlass eines Widerspruchbescheids und seine gerichtliche Durchsetzung, DÖV 1996, 529 ff.

73 Eine **Fortsetzungsfeststellungklage**[127] in analoger Anwendung des § 113 Abs. 1 S. 4 VwGO kommt in Betracht, wenn durch die Neuaufstellung des Krankenhausplans ein Verfahren zur Aufnahme in den Krankenhausplan unterbrochen worden ist. Der ursprüngliche Antrag des Krankenhauses kann nicht mehr weiter verfolgt werden. Er kann nach Klageänderung geltend gemacht werden. Zum einen ist dann die Rechtswidrigkeit der Ablehnung des ersten Antrages festzustellen. Zum zweiten muss die Planungsbehörde verpflichtet werden, den Krankenhausträger nunmehr in den neuen Krankenhausplan aufzunehmen. Eine Fortsetzung des Aufnahmeverfahrens in den alten Krankenhausplan hat keinen Sinn und ist nach der Rechtsprechung des BVerwG[128] auch nicht mehr möglich. Die Fortsetzungsfeststellungsklage kommt daher nicht in Betracht, wenn der Krankenhausplan lediglich fortgeschrieben wird.

74 **Unterlassungsklagen** werden insbesondere im Wettbewerb der Krankenhäuser untereinander relevant. Dies gilt zB bei unerlaubter Werbung, die sich sowohl auf die Mittel der Werbung als auch deren Inhalte beziehen kann. Ein Krankenhaus darf nicht mit Angaben werben, die seinem Versorgungsauftrag widersprechen.

Beispiel

Ein Krankenhausträger hat innerorganisatorisch ein Wirbelsäulenzentrum gebildet. Damit wirbt er offensiv, obwohl der Krankenhausplan diese Art von Zentren weder kennt noch ausgewiesen hat.

75 Für Krankenhausträger könnte im Wettbewerb mit Konkurrenten eine **vorläufige Planaufnahme** vor der abschließenden Entscheidung der Landesbehörde interessant sein. Dafür sah die Rechtsprechung bisher allerdings kein Rechtsschutzinteresse im Sinne des § 123 VwGO. Wenn Krankenhausträger bereits eine beantragte Abteilung betreiben dürften, bevor sie endgültig in den Krankenhausplan aufgenommen worden sind, würde zum einen bereits die Hauptsache vorweggenommen. Zum anderen entstünde dem Krankenhausträger im Fall der Nichtdurchsetzbarkeit seines Anspruchs ein massiver Schaden durch künftig nicht verwendbare personelle und sächliche Ressourcen. Durch die Finanzierungswege über Land und Kostenträger würden bei einem vermeidbaren Fehleinsatz von Steuergeldern und Solidarbeiträgen auch diese geschädigt.

127 *Quaas/Zuck/ Clemens*, Medizinrecht, § 24 Rn. 412.
128 BVerwG, KRS 86.014.

2. Kostenträger

Den Krankenkassenverbänden ist in der Krankenhausplanung in allen Ländern 76
ein relativ weit reichendes Mitwirkungsrecht eingeräumt worden, da sie als Kostenträger von Planungsentscheidungen durch die Fiktion von Kollektivverträgen
mit Krankenhäusern nach § 109 SGB V in besonderer Weise betroffen sind. Dennoch steht ihnen keine **Widerspruchs- oder Klagebefugnis** gegen Planungsentscheidungen des Landes zu. Die einschlägigen Normen insbesondere des
Bundesrechts, §§ 7, 8 KHG, 109 SGB V, so die Rechtsprechung,[129] gewähren keinen
Drittschutz, obwohl die Kostenträger durch die Versorgungsverträge zur Zahlung
der Betriebskosten verpflichtet werden.

3. Konkurrenten

Die Rechtsprechung lässt **Konkurrentenklagen** im Wettbewerb stehender 77
Krankenhausträger grundsätzlich zu. Der VGH Baden–Württemberg[130] hatte noch
in seinem Urteil aus dem Jahr 2007 die Klagebefugnis verneint. Das BVerfG[131]
entschied dagegen positiv für Konkurrenten und stützte seine Argumentation auf
den Grundrechtsschutz nach Art. 19 Abs. 4 GG. Außerdem begründete es die
Klagebefugnis mit der notwendigen Rechtseinheitlichkeit und Rechtssicherheit.
Die berufliche Betätigung der Konkurrenten könne durch Wettbewerbsverzerrung
so massiv geschädigt werden, dass der Eingriff der Planungsbehörde einer Berufszulassungsbeschränkung gleich käme.

Bei der **offensiven oder positiven Konkurrentenklage**[132] erstrebt der An- 78
tragsteller die gleiche Vergünstigung für sich, die seinem Konkurrenten gewährt
wurde. Sie richtet sich nicht gegen den Feststellungsbescheid des Konkurrenten,
sondern ist eine Verpflichtungsklage mit eigenem Planungsantrag.

Das Instrument der **defensiven oder negativen Konkurrentenklage**[133] 79
enthält keinen eigenen Antrag, sondern dient allein der Besitzstandswahrung

---

129 BVerwG, Urt. v. 16.06.1994 – 3 C 12.93; Becker/Bertram et.al/*Stollmann/Lafontaine.* § 16
Nr. 8.5 m.w.N.
130 VGH Baden-Württemberg, Urt. v. 9.10.2007 – 9 S 2240/07.
131 BVerfG, Urt. v. VGH Baden-Württemberg, Urt. v. 15.12.2009 – 9 S 482/07.
132 BVerwG, Urt. v. 25.9.2008 – 3 C 35.07.
133 VGH Baden-Württemberg, Urt. v. 20.12.2006 – 9 S 2182/06.

und Abwehr von Konkurrenten. Daher ist die Klagebefugnis zweifelhaft.[134] Soweit die Klage mit einem eigenen Antrag verbunden wird, kann sie zulässig[135] sein. Sie ist unzulässig, wenn eine drittschützende Wirkung[136] eindeutig nicht gegeben sein kann. Bei Planungsentscheidungen wurde sie für den Fall bejaht, in dem das in den Krankenhausplan aufgenommene klagende Krankenhaus durch die Aufnahme eines weiteren Krankenhauses Betten abbauen musste.[137] Angefochten werden auch eventuelle Ermessensfehler bei der Auswahlentscheidung der Planungsbehörde. Daher ist das Argument aus Art. 12 GG, es entstehen erhebliche wirtschaftliche Auswirkungen einer Berufszulassungsbeschränkung, weil vollendete Tatsachen durch die Planaufnahme geschaffen werden, nur geltend zu machen, wenn Dritte selbst am Krankenhausmarktgeschehen teilnehmen wollen. Art. 12 GG gewährt kein allgemeines Recht auf Abwehr des Marktzutritts. Kann ein konkurrierendes Krankenhaus gar nicht betroffen sein kann, weil sein Angebot dafür nicht in Betracht kommt,[138] oder weil der F-Bescheid die Rechte nur des antragstellenden Krankenhauses beschränkt,[139] ist die Klage unzulässig. Auch die Konkurrentenklage einer Universität[140] ist unzulässig, wenn diese im Krankenhausplan bereits durch die Anerkennung als Hochschule berücksichtigt ist und deshalb in Auswahlentscheidungen gegenüber sonstigen Krankenhäusern nicht mehr betroffen sein kann. Diese Aussage ist problematisch, da Universitätsklinika nicht per se das Recht haben, alle Fachabteilungen vorrangig zu betreiben, so dass bei der Vergabe von Abteilungen sehr wohl Konkurrenzsituationen entstehen können.

80   Im **Rechtsmittelverfahren** ist zu beachten, dass der Konkurrent keinen Feststellungsbescheid erhalten hat und daher die Adressatentheorie[141] nicht greift. Die Rechtsmittel der Konkurrenten haben regelmäßig aufschiebende Wir-

---

134 OVG NRW NVwZ 2006, 481; BVerwG, Beschl. v. 23.2.2007 – 13 A 3730/06 und v. 20.5. 2009 – 13 A 2002/07; VGH Mannheim, MedR 2008, 166, BVerfG GesR 2009, 376; BVerwG NVwZ 2009, 525.

135 BVerfG, MedR 2004, 680; BSG, SGb 2008, 34 ff. m. Anm. Stollmann; BVerwG, Urt. v. 6.4. 2000 – 3 C 6/99; BVerwG, Buchholz 310 § 42 Abs. 2 Nr. 4. Stollmann, SGb 2008, 4; OVG NRW, Beschl. v. 25.11.2005 – 13 B 1626/05.

136 *Burgi*, Konkurrentenschutz in der Krankenhausplanung, Schriftenreihe Düsseldorfer Krankenhausrechtstag 2004, S. 19 ff.

137 BVerfG, Beschlüsse vom 14.1.2004 – 1 BvR 506/03 – und vom 4.3.2004 – 1 BvR 88/00.

138 Fachkrankenhaus für Psychiatrie klagt, weil eine Neurochirurgie vergeben werden soll, die am Fachkrankenhaus gar nicht etabliert werden könnte.

139 ZB Verkleinerung einer Abteilung.

140 VG Köln GesR 2008, 323.

141 BVerwG NJW 1988, 2752.

kung.[142] Ist das aus dem Beschleunigungsgedanken heraus nicht erwünscht, müssen die Ländergesetze die aufschiebende Wirkung aufheben.[143]

Vorläufiger Rechtsschutz[144] für Konkurrenten durch eine einstweilige An- 81 ordnung nach § 123 VwGO ist grundsätzlich möglich. Das Rechtsschutzbedürf- nis[145] kann allerdings fehlen, wenn ein vorbeugender Rechtsschutz nicht erfor- derlich ist, um vor nicht mehr rückgängig zu machenden, schweren und unzumutbaren Nachteilen zu schützen. Dies gilt auch vor dem Hintergrund, dass das Instrument der defensiven Konkurrentenklage noch zur Verfügung steht. Mit § 123 VwGO kann keine vorläufige Aufnahme in Krankenhausplan durchgesetzt werden. Damit würde die Hauptsache vorweggenommen. Dies ist nach h. M. unzulässig.[146] Der Erlass einer einstweiligen Anordnung kommt selten zum Tra- gen, weil die Verwaltungsgerichtsbarkeit in der Regel nur nachgehenden und nicht vorbeugenden Rechtsschutz gegen Behördenhandeln gewährt.[147]

Eine **kombinierte Anfechtungs- und Verpflichtungsklage**[148] kann in Be- 82 tracht kommen, wenn eine Entscheidung der Planungsbehörde einen Kranken- hausträger begünstigt und einen anderen benachteiligt. Der unterlegene Kran- kenhausträger kann gegen den Bescheid Anfechtungsklage erheben. Gleichzeitig kann er mit einer Verpflichtungsklage eine positive Bescheidung für sich an- streben.

Fall 12

Der Krankenhausträger K ist ein Grundversorgungskrankenhaus mit den Abteilungen Innere Medizin und Chirurgie. In der Inneren Medizin werden viele betagte, neurologisch kranke Patienten behandelt. Der Krankenhausträger beantragt das neue Versorgungsangebot Neu- rologie. Gleiches beantragt der in ca. 25 km entfernt liegender Nachbarschaft regional ver- sorgende Krankenhausträger. Er führt die Abteilungen Innere Medizin, Chirurgie, Geriatrie und Psychiatrie. Außerdem steht in 20 km Entfernung ein weiteres Grundversorgungskran- kenhaus mit den Abteilungen Chirurgie, Innere Medizin sowie Gynäkologie und Geburtshilfe zur Verfügung. Die Universitätsklinik, die eine neurologische Abteilung vorhält und ein Ma- ximalversorger ist, liegt ca. 70 km von dem Antrag stellenden Haus entfernt. I. Was muss K unternehmen, um das Versorgungsangebot zu erhalten? II. Hat sein Antrag auf Planänderung Aussicht auf Erfolg?

---

142 BVerfG NVwZ 2004, 718.
143 Vgl. zB § 16 Abs. 5 KHGG NRW.
144 VGH Baden-Württemberg, Urt. v. 20.12.2004 – 9 S 2530/04.
145 VG Minden, Beschl. v. 7. Juni 2002 – 3 L 411/02; *Becker/Betram et.al./Stollmann/Lafontaine*, § 9 Nr. 8.2 m.w.N.; Stollmann in Huster/Kaltenborn, Krankenhausrecht, § 4 Rn 117 f.
146 *Kopp/Schenke*, VwGO, § 23 Rn 13; *Eyermann/Happ*, VwGO, § 123 Rn 63; *Ratzel/Luxenburger*, § 29 Rn 156 ff. m.w.N.
147 VGH Mannheim NVwZ RR 2002, 507.
148 OVG NRW, DVBl. 1999, 1372 ff.

Lösungsskizze

I. Verfahrensgang
    1. Antragstellung bei der zuständigen Planungsbehörde (Bezirksregierung/Landesamt/Senat)
    2. Antragsziel: Änderung des Feststellungsbescheids
    3. Antragsinhalt: Planaufnahme mit dem Gebiet Neurologie
    4. In vielen Ländern sind die Entwicklung eines Planungsvorschlags oder Planungskonzepts sowie Vorverhandlungen mit den Kostenträgern erforderlich.

II. Bewertung
    1. Das Fachgebiet Neurologie ist Angebot der Regionalversorgung.
    2. K ist ein Krankenhaus der Grundversorgung.
    3. Geeigneter ist ein Krankenhaus der Regionalversorgung mit bestimmten Begleitdisziplinen wie Psychiatrie und Geriatrie.
    4. Der geeignete Regionalversorger liegt in 25 km Entfernung. Diese Entfernung ist unschädlich, da die Regionalversorgung nicht dem Begriff der Wohnortnähe gehorchen muss. Außerdem hält der Regionalversorger die korrespondierenden Begleitdisziplinen vor.
    5. Auf die Universitätsklinik und ihr Angebot kommt es nicht mehr an. Es wäre auch für eine Regionalversorgung sehr entfernt gelegen.

Die Aussichten auf Bewilligung des Antrags sind gering.

§ 9 Universitätsklinika

I. Einführung

Universitätsklinika zählen als **Maximalversorger** zu den Akutversorgungskran- 1
kenhäusern. Maximalversorgung bedeutet, dass grundsätzlich alle für eine umfassende Krankenhausversorgung notwendigen Disziplinen vorgehalten werden.
Sie müssen wie alle akut versorgenden stationären Einrichtungen eine Rund-um-die-Uhr-Versorgung sicherstellen. Wenn Plankrankenhäuser der Grund- und Regionalversorgung fachlich nicht mehr zur Therapie in der Lage sind, greifen sie
auf Grund erhöhter Fachkompetenz, der Unterstützung durch Wissenschaft,
Forschung und Lehre auf die Kompetenzen der Universitätsklinika zurück. Das
bedeutet im Umkehrschluss nicht, dass Universitätsklinika auch sämtliche Disziplinen, die im Krankenhaus denkbar sind, vorhalten müssen.[1] Das Versorgungsangebot richtet sich nach dem Versorgungsauftrag, der von den Krankenhausplanungsbehörden erteilt wird.

II. Gesetzlicher Auftrag, Versorgung, Aufsicht

Universitätsklinika haben einen doppelten Auftrag. Sie sollen Wissenschaft, 2
Forschung und Lehre vorantreiben und gleichzeitig Hochleistungsmedizin anbieten. Um in der gesetzlichen Krankenversicherung, in der 90 % der Bevölkerung
versichert sind, abrechnen zu können, müssen sie einen **Versorgungsvertrag**
besitzen. Dieser wird wie bei den Plankrankenhäusern nach § 109 Abs. 1 Satz 2
SGB V gesetzlich fingiert, wenn die Kliniken landesrechtlich nach den Vorgaben
des Hochschulrechts als Krankenversorger anerkannt sind.[2]

Universitätsklinika müssen sich bei beabsichtigten Änderungen ihrer Ange- 3
botsstruktur in den **Krankenhausplanungsprozess** einbringen. Das bedeutet,
dass sie ebenso wie Plankrankenhäuser ihre Anträge verhandeln müssen. Die
Landeskrankenhausgesetze enthalten in der Regel allerdings die Vorgabe, Wis-

---

1 A.A. *Heyder*, Leistungsfähigkeit der Universitätsmedizin gefährdet, KU Gesundheitsmanagement 2016, 36 (38), der die Ansicht vertritt, das gesamte Spektrum der Approbationsordnung sei
vorzuhalten. Dies ergibt sich allerdings nicht aus gesetzlichen Regelungen. Es ist auch nicht erforderlich, weil die Ausbildung und der Krankenversorgungsauftrag unterschiedliche rechtliche
Grundlagen haben.
2 § 2 Universitätsklinikum-Verordnung NRW (UKVO) v. 20. Dezember 2007 (GV. NRW. S. 744),
zuletzt geändert durch Verordnung v. 22. Mai 2013 (GV NRW. S. 278).

https://doi.org/10.1515/9783110700428-012

senschaft und Forschung auch im Planungsgeschehen zu berücksichtigen. Das bedeutet, dass aus diesen Gründen zB Abteilungsgrößen einen anderen, in der Regel größeren Zuschnitt erfahren können als dies bei Plankrankenhäusern der Fall ist. Auch besondere Angebote zB für seltene Erkrankungen können exklusiv vorgehalten werden.

4   Die **Versorgung** in Schwerpunkt- bzw. Maximalversorgungskrankenhäusern unterscheidet sich grundsätzlich nicht voneinander. Daher haben Universitätsklinika und Plankrankenhäuser in dieser Größenordnung vergleichbare Behandlungsspektren und sind für Patienten die Anlaufstellen, die die größtmögliche Behandlungsbreite anbieten. Allerdings kommt den Universitätsklinika mit ihrem akademischen Auftrag eine Sonderrolle zu, indem sie einen „permanente[n] Erkenntnistransfer zwischen Forschung und Patientenversorgung"[3] betreiben. Forschung, Lehre und Krankenversorgung greifen ineinander.

5   Universitätsklinika erhalten in der Regel zusätzlich zur hochschulrechtlichen Anerkennung einen **Feststellungsbescheid** der Planungsbehörde, der allerdings hinsichtlich des Abschlusses des Versorgungsvertrages mit den Kostenträgern nur deklaratorische Bedeutung hat. Hinsichtlich des Umfangs des Versorgungsauftrags wirkt er konstitutiv. In Abstimmung mit dem Wissenschaftsressort des Landes wird darin die Disziplinenstruktur des Klinikums festgelegt. Die Belange von Wissenschaft und Forschung werden nicht beschrieben. Diese gibt der Wissenschaftsbereich in eigener Zuständigkeit vor.

6   Die **Rechtsformen**[4] der Universitätsklinika reichen von Kapitalgesellschaften (GmbH)[5] über landeseigene Betriebe,[6] öffentliche Stiftungen des bürgerlichen Rechts[7] bis zu rechtsfähigen Anstalten[8] und Körperschaften[9] des öffentlichen Rechts. Soweit Medizinische Einrichtungen und Universität eine Einheit bilden, spricht man vom Integrationsmodell, soweit sie rechtlich selbstständig sind, vom Kooperationsmodell.[10] Bei den Anstaltsmodellen hat man gesetzgeberisch u. a. durch Befreiung von Formvorschriften, die Festlegung der Insolvenzfähigkeit

3 *Heyder*, Leistungsfähigkeit der Universitätsmedizin gefährdet, KU Gesundheitsmanagement 2016, 39.
4 Wissenschaftliche Dienste des Deutschen Bundestages, Begriff, Rechtsformen und Finanzierung der Universitätskliniken in Deutschland, 2009.
5 Universitätsklinikum Gießen-Marburg (UKGM), Hessen.
6 Medizinische Einrichtungen, Hannover (MHH), Niedersachsen.
7 Stiftung der Universitätsmedizin der Johannes Gutenberg-Universität Mainz.
8 Baden-Württemberg, Bayern, Mecklenburg-Vorpommern, Nordrhein-Westfalen, Saarland, Sachsen, Sachsen-Anhalt, Schleswig-Holstein.
9 Berlin, Hamburg, Rheinland-Pfalz, Thüringen.
10 Die Begrifflichkeiten prägte die Kultusministerkonferenz (KMK) mit Beschluss v. 29. September 1995.

sowie die Möglichkeit der Kreditaufnahme versucht, eine „Kapitalgesellschaft öffentlichen Rechts"[11] zu kreieren. Auch die Anwendbarkeit von Aktienrecht nach den baden-württembergischen und sächsischen Rechtsvorschriften führt in diese Richtung.[12] Damit fand eine gewisse Angleichung öffentlich-rechtlicher und privater Rechtsformen statt.[13] Außerdem sind die rechtsfähigen Einrichtungen berechtigt, Arbeitgeber mit allen dazu gehörenden Konsequenzen wie der Anwendung von Personalvertretungsrecht zu sein. Nach § 1 Abs. 1 KHBV findet die Krankenhausbuchführungsverordnung auf Universitätsklinika unabhängig von ihrer Rechtsform Anwendung. Damit unterliegt die Rechnungslegung handelsrechtlichen Vorgaben. Die Anstalten des öffentlichen Rechts haben Benutzerinnen und Benutzer, die Körperschaften sind mitgliedschaftlich organisiert. Wichtig ist für Universitätsklinika die Möglichkeit, ihre innere Organisation frei zu gestalten und den Marktgegebenheiten anzupassen. Ausgründungen und Beteiligungen sind ihnen erlaubt.

Bei **Portalkliniken** handelt es sich um kleinere Plankrankenhäuser in der 7 Peripherie, die für größere Krankenhäuser wie auch Universitätsklinika Aufnahmestationen, Verlegungseinheiten oder Nachsorgeeinrichtungen sein können. In diesen Fällen muss akute Krankenhausbehandlungsbedürftigkeit gegeben sein. Universitätsklinika sind damit in der Lage, ihre Raumkapazitäten zu erweitern.

Es gibt verschiedene **Aufsichtsarten**. Zum einen greift die Krankenhausauf- 8 sicht. Sie achtet auf die Einhaltung der gesetzlichen und untergesetzlichen Bestimmungen des Krankenhauswesens einschließlich der Richtlinien des G-BA. Die Krankenhausgesetze der Länder und das KHG mit seinen Nebengesetzen sind grundsätzlich anwendbar. §§ 3, 5 Abs. 1 Nr. 1 KHG nehmen die Universitätsklinika allerdings von der Investitionsförderung aus, da insoweit das Hochschulrecht Finanzierungsregelungen trifft. Die Betriebskostenfinanzierung richtet sich nach KHEntG und BPflV. Neben der Krankenhausaufsicht besteht über die Rechtsform, die die Universitätsklinika gewählt haben, eine Körperschafts- oder Anstaltsaufsicht, soweit sie öffentlich-rechtlich organisiert sind. Bei privatrechtlicher Gestaltung als Kapitalgesellschaften wird die Aufsicht nach handels- und aktienrechtlichen Bestimmungen wie dem GmbHG oder dem AktG geführt.

Ein (teilweises) **Ausscheiden** aus der Versorgung kann bei Universitätskli- 9 nika insofern in Betracht kommen, als einzelne Angebote geändert oder aufgegeben werden. Eine vollständige Schließung von Universitätsklinika ist bisher

---

11 *Becker*, Die landesrechtliche „Kapitalgesellschaft des öffentlichen Rechts" in der bundesstaatlichen Kompetenzordnung, DÖV 1998, S. 97 (103).
12 Wissenschaftliche Dienste des Deutschen Bundestages, Begriff, Rechtsformen und Finanzierung der Universitätskliniken in Deutschland, 2009 S. 9 m.w.N.
13 *Becker*, Das Recht der Hochschulmedizin 2005, S. 132.

nicht eingetreten, wäre aber theoretisch bei (Teil) – Schließung einer Universität möglich. Krankenkassenverbände können nach § 110 SGB V auch eine teilweise Kündigung des Versorgungsvertrages aussprechen. Es gelten die gleichen Kriterien wie bei Plankrankenhäusern.[14] Wollen die Hochschulkliniken die Angebote trotz der Kündigung fortführen, können sie insoweit eine Privatklinik nach § 30 GewO ausgründen. Damit dürfen sie allerdings ihre Betriebskosten innerhalb der GKV nicht mehr abrechnen. Die aufgenommenen Patienten könnten nur noch privatrechtliche Behandlungsverträge abschließen.

III. Finanzierung, Rechtsschutz

10 Für **Universitätsklinika** gilt wie bei den Plankrankenhäusern eine duale Finanzierung. Die Länder finanzieren Neu- und Ausbauten der Universitätsklinika und stellen sowohl Mittel für Herstellungs- als auch für Sanierungs- und Modernisierungsaufwand zur Verfügung. Hinzu kommt der Aufwand für Wissenschaft und Forschung. Die Betriebskosten tragen die Kostenträger der GKV, PKV, der staatlichen Beihilfe, Heilfürsorge und Sozialhilfe. Der Rechtsanspruch auf Förderung folgt aus der Anerkennung als Universitätsklinikum auf der Grundlage der landesrechtlichen Hochschulgesetze.[15].

11 Wenn Universitätsklinika wie im sog. **Bochumer Modell** aus einer Mehrzahl von Plankrankenhäusern gebildet werden, unterliegen sie der Investitionsfinanzierung nach KHG iVm den Landesgesetzen. Dies gilt auch, wenn sie in der ärztlichen Ausbildung als Lehrkrankenhäuser tätig sind, im Übrigen aber als Plankrankenhäuser ihre Aufgaben erfüllen.

12 Die **Rechtsschutzmöglichkeiten** für Universitätsklinika bestehen analog zu denen der Plankrankenhäuser.[16]

---

14 § 8 Rn 32 ff.
15 Begriff, Rechtsformen und Finanzierung der Universitätskliniken in Deutschland WD 9 – 3000 – 007/16 m.w.Nw. 2016.
16 Kapitel 2 § 8 IV Rn. 69 ff.

§ 10 Versorgungsvertragskrankenhäuser

I. Vertragsgeschehen

§ 108 SGB V kennt drei Möglichkeiten, Krankenhäuser zur Versorgung von GKV- 1
Patienten zuzulassen. Neben der Aufnahme in den Krankenhausplan und der
Anerkennung als Universitätsklinik kommt als dritte Möglichkeit der Abschluss
von **Versorgungsverträgen** nach § 109 Abs. 1 Satz 1 SGB V in Betracht. Der Versorgungsvertrag wird zwischen dem Krankenhausträger und den Krankenkassenverbänden gemeinsam und einheitlich geschlossen. Er steht unter dem Genehmigungsvorbehalt der Landesplanungsbehörde nach § 109 Abs. 3 Satz 2 SGB V
und ist ein Kollektivvertrag im Sinne des § 109 Abs. 1 Satz 3 SGB V. Die Kostenträger vereinbaren diese Verträge in der Regel zur Heranziehung zusätzlicher oder
spezieller Angebote, oftmals auch zur Erprobung kostengünstigerer Leistungen.
Vor Genehmigung durch das Land ist der Vertrag schwebend unwirksam.

Ein Versorgungsvertrag darf nicht geschlossen werden, wenn er die **Kriterien** 2
des § 109 Abs. 3 Satz 1 Nrn. 1 bis 3 SGB V nicht erfüllt. Dies sind Bedarfsgerechtigkeit, Leistungsfähigkeit, Wirtschaftlichkeit und Qualität. Im Rahmen des Ge-
nehmigungsverfahrens werden die Kriterien von der Planungsbehörde geprüft
und mit den Angeboten der Krankenhausplanung abgeglichen. Der Bedarf für
einen Versorgungsvertrag ist gegeben, wenn das Versorgungsangebot für die Bevölkerung notwendig ist und bisher nicht zur Verfügung steht. Die Leistungsfähigkeit des Krankenhauses bzw. seines Versorgungsangebotes sind gegeben,
wenn Krankheiten nach Art und Schwere dort angemessen und den Qualitäts-
standards entsprechend behandelt werden können. Die Anforderungen müssen
dauerhaft nach dem Stand der Erkenntnisse der medizinischen Wissenschaft erfüllt werden können. Die Gewähr für einen wirtschaftlichen Betrieb bietet die
Einrichtung, wenn Leistung und Gegenleistung in einem angemessenen Verhältnis stehen und die Inanspruchnahme durch Patienten adäquat zur Größe des
Angebots zu sein verspricht. Ferner müssen die Ressourcen und der Aufwand für
den Betrieb der Einrichtung gerechtfertigt sein.

Beim **Qualitätserfordernis** hebt der Gesetzgeber auf die Richtlinien des G-BA 3
zu planungsrelevanten Indikatoren[1] und anderen Leistungskriterien ab. Nach
seinem Willen, den er im Krankenhausstrukturgesetz 2015[2] formuliert hat, sollen

---

1 G-BA, Richtlinie zu planungsrelevanten Qualitätsindikatoren gemäß § 136 Absatz 1 SGB V iVm
§ 136c Absatz 1 und Absatz 2 SGB V- Erstfassung – (plan. QI-RL) v. 15. Dezember 2016 (BAnz. AT v.
23. 3. 1017 B 2), zuletzt geändert am 14. 05. 2020 (BAnz AT 29. 05. 2020 B9).
2 KHSG v. 10. 12. 2015 (BGBl. I S. 2229).

https://doi.org/10.1515/9783110700428-013

bei fehlender Leistungsqualität in Krankenhäusern Konsequenzen gezogen und Krankenhäuser von der stationären Versorgung ausgeschlossen werden.

4 Versorgungsvertragskrankenhäuser sind nach § 3 KHG nicht von der Anwendung des Krankenhausfinanzierungsgesetzes ausgeschlossen. Das bedeutet, dass sie insbesondere der **Krankenhausaufsicht** unterliegen.

5 Das Sozialgesetzbuch V lässt an keiner Stelle erkennen, dass eine **Vorrangregelung** für eine der Zulassungsformen des § 108 SGB V besteht. Das BSG[3] hält nur an seiner Rechtsprechung fest, dass ein neuer Versorgungsvertrag nicht geschlossen werden darf, wenn das hinzutretende Krankenhaus für eine bedarfsgerechte Versorgung der Versicherten nicht erforderlich ist (§ 109 Abs. 3 Satz 2 SGB V. Der Abschluss eines Versorgungsvertrages ist eine alternative Zulassungsmöglichkeit zur Versorgung in der GKV.

6 Soll ein **Versorgungsvertrag** nach §§ 108 Nr. 3, 109 Abs. 1 Satz 1 SGB V **beendet** werden, gelten die gleichen Anforderungen und Voraussetzungen wie bei Plankrankenhäusern.[4]

II. Finanzierung

7 Nach § 5 Abs. 1 Nr. 6 KHG werden Versorgungsvertragskrankenhäuser nicht nach Krankenhausfinanzierungs- oder Hochschulbauförderungsrecht investiv gefördert. Die Investitionsanteile ihrer Betriebe müssen daher mit den Kostenträgern im Rahmen der Budgetvereinbarungen verhandelt werden. Die Einrichtungen werden aus einer Hand, also **monistisch,** von den Krankenkassenverbänden **finanziert.** Den Vertragskrankenhäusern steht ein grundsätzlicher Betriebskostenfinanzierungsanspruch einschließlich der Finanzierung des pflegesatzfähigen Erhaltungsaufwandes zu. Neuinvestitionen muss der Krankenhausträger selbst erwirtschaften.

III. Rechtsschutz

8 Bei Streitigkeiten im Zusammenhang mit Versorgungsverträgen ist grundsätzlich der **Rechtsweg** zu den Sozialgerichten nach § 51 Abs. 1 Nr. 2 SGG gegeben. Dies gilt nicht, wenn Versorgungsverträge nach § 110 SGB V gekündigt werden. Insoweit ist der Verwaltungsrechtsweg zu beschreiten. Der Rechtsweg zu den Sozialgerichten

---

3 BSG, Urt. v. 29.05.1996 – 3 RK 23/95; BSG, Urt. v. 16.05.2012 -B 3 KR 9/11 R.
4 Vgl. § 8 Rn 69 ff.

ist auch eröffnet, wenn wegen unlauteren- Wettbewerbs Unterlassungsklage gegen einen Krankenhausträger erhoben wird, weil dieser Leistungen entgegen den Vorgaben des SGB V ambulant erbringt und abrechnet.[5]

Die **Anfechtungsklage** ist die richtige Klageart nach der Rechtsprechung des   9
BSG,[6] wenn die Krankenkassenverbände den Abschluss eines Versorgungsvertrages ablehnen, da das Ablehnungsschreiben bereits einen Verwaltungsakt darstellt. In Anlehnung an die Zwei-Stufen-Theorie[7] treffen die Krankenkassenverbände die vorgelagerte Entscheidung über das „Ob" des Vertragsabschlusses. Sie enthalten dem Krankenhausträger damit den Status eines Vertragskrankenhauses vor und „verhindern ... seine Beteiligung an der auf öffentlich-rechtlicher Grundlage durchzuführenden stationären Versorgung der Versicherten".[8] Sie handeln hoheitlich in einem Über- und Unterordnungsverhältnis. Dies gilt auch vor dem Hintergrund, dass ein öffentlich-rechtlicher Vertrag versagt wird, der im Übrigen subordinationsrechtlich ausgestaltet sein kann, wenn der Gesetzgeber die Vereinbarung durch einen Verwaltungsakt ersetzt hat. Der Versorgungsvertrag umfasst nach Auffassung des BSG zwei Schritte, eine Zulassungsentscheidung und eine Vereinbarung über die Inhalte des Versorgungsauftrags.

Werden die Aufhebung des Ablehnungsbescheids und die Verpflichtung zum   10
Abschluss eines Versorgungsantrags begehrt, ist eine **kombinierte Anfechtungs- und Leistungsklage** nach § 54 Abs. 4 SGG die richtige Klageart. Denn auf den Vertragsschluss besteht ein Rechtsanspruch, wenn bei Prüfung aller Kriterien eine Ermessensreduzierung auf Null vorliegt. Die Klageart kommt auch in Betracht, wenn die Krankenkassenverbände das Genehmigungsverfahren nach § 109 Abs. 3 Satz 2 SGB V bei der Landesplanungsbehörde nicht einleiten.

Ist die **Genehmigung** der Landesbehörde nach § 109 Abs. 3 Satz 2 SGB V   11
abgelehnt worden, richtet sich die Klage des Krankenhausträgers ebenfalls gegen die Landesverbände der Krankenkassen, weil es sich bei der Genehmigung zwar um eine Wirksamkeitsvoraussetzung handelt, die aber ein Behördeninternum darstellt. Sie kann bei rechtskräftiger Entscheidung zu Gunsten des Krankenhausträgers durch das Endurteil ersetzt werden.[9]

---

5 BGH, Urt. v. 4.12.2003 – I ZB 19/03.
6 BSGE 51, 126; BSG, Urt. v. 29.05.1996 – 3 RK 23/95 m.w.N.; BSGE 78, 233 ff.
7 *Stelkens/Bonk/Sachs*, Verwaltungsverfahrensgesetz, 8. Aufl. § 54 Rn 48, 51 ff.
8 BSGE 51, 126.
9 BSG, Urt. v. 29.05.1996 – 3 RK 23/95 – Rn 35.

§ 11 Privatklinika

1 Privatklinika sind auf Gewinnerzielung ausgerichtete private Unternehmen, die auf der Grundlage einer gewerberechtlichen **Konzession** nach § 30 GewO an der stationären Versorgung teilnehmen. Der BayVGH[1] hat bereits 1976 eine grundlegende Entscheidung getroffen und als charakteristische Merkmale einer Klinik nach § 30 GewO nachfolgende Aspekte herausgearbeitet. Die Einrichtung muss „Räumlichkeiten zur längeren Unterbringung von Kranken zwecks ... Heilbehandlung und Pflege" anbieten, um die „Krankheiten, Leiden oder Körperschäden" von Patienten „festzustellen, zu heilen oder zu lindern". Das Angebotsspektrum der Einrichtungen ist in der Regel begrenzt, kann aber theoretisch auch auf eine Vielzahl von Angeboten ausgedehnt oder auch nur auf Diagnosen beschränkt werden. Die genauen Aufgaben werden in der Konzessionsurkunde beschrieben und festgehalten.

2 Die **Konzessionserteilung** darf nicht verweigert werden, wenn die Voraussetzungen nach § 30 GewO erfüllt sind. Der Gesetzgeber hat die Merkmale negativ abgegrenzt, die zu einer Verweigerung der Konzession führen können. Damit dies der Fall ist, müssen Tatsachen vorliegen, die den Unternehmer als unzuverlässig zur Leitung oder Verwaltung der Klinik erkennen und eine ausreichende medizinische und pflegerische Versorgung von Patienten vermissen oder als gefährdet erscheinen lassen. Aufgrund einzureichender Beschreibungen und Pläne muss die Eignung der baulichen und technischen Einrichtungen als den gesundheitspolizeilichen Anforderungen entsprechend erkannt werden können. Eine Konzession ist nicht erforderlich, wenn die Einrichtung nicht gewerbsmäßig betrieben wird. In den Ländern ist der Umgang mit der Konzession unterschiedlich. Überwiegend hat sich aber die Auffassung durchgesetzt, dass die Prüfung nach § 30 GewO in der Aufnahme eines Krankenhauses als Plankrankenhaus, Universitätsklinikum oder Versorgungsvertragskrankenhaus als notwendiger Bestandteil enthalten ist. Sie geht aber nicht so weit, dass eine Einrichtung, die den Zulassungsstatus von § 108 SGB V verliert, automatisch als Privatklinik nach § 30 GewO zugelassen ist. Damit gilt lediglich der Prüfkatalog des § 30 GewO im Zulassungsverfahren nach § 109 SGB V als abgehandelt.

3 Einrichtungen nach § 30 GewO dienen ausschließlich der **stationären Akutversorgung.** Daher sind ambulante Leistungen dort nicht zu erbringen. Die Einrichtungen müssen eine Rund-um-die-Uhr-Versorgung sicherstellen. Die völlige vorübergehende Schließung während Ferienzeiten ist mit einer Akutversor-

---

1 BayVGH v. 26.2.1976, GewA 1976, S. 163.

https://doi.org/10.1515/9783110700428-014

gung nicht vereinbar. Sind derartige Vorgehensweisen beabsichtigt und werden praktiziert, gehört eine Privatklinik nicht zur flächendeckenden Versorgung.

Für die Konzessionserteilung sind die nach Gewerberecht **zuständigen Be-** 4
hörden aufgerufen. Dies sind in der Regel kommunale Behörden. Die einzelnen Länder haben dazu Formblätter bzw. Broschüren[2] entwickelt. Sie grenzen das Spektrum der Tätigkeiten von anderen stationären Einrichtungen[3] und der ambulanten Versorgung wie etwa Praxiskliniken ab.

Privatkrankenanstalten und -entbindungseinrichtungen entscheiden 5
zum einen selbst über die Beendigung ihrer Tätigkeit. Da sie nicht an der flächendeckenden stationären Versorgung der Bevölkerung teilnehmen, kann ihnen dieses Selbstgestaltungsrecht eingeräumt werden. Zum anderen kann ihnen die Konzession nach § 30 GewO entzogen werden, wenn sie die dort genannten Voraussetzungen nicht mehr erfüllen.

Leistungen können GKV-Versicherte nur mit **Erlaubnis** ihrer Krankenkasse in 6
Anspruch nehmen, wenn sie sie im System abrechnen wollen. Diese muss grundsätzlich vor der Therapie eingeholt worden sein. Dies gilt nicht bei Notfällen.

---

2 ZB Land Hessen, Leitfaden für die Konzessionierung von Privatkrankenanstalten/Privatentbindungsanstalten gemäß § 30 Gewerbeordnung (GewO), 2/2015; Land Hamburg, Merkblatt für die Konzessionierung von Privatkrankenanstalten gemäß § 30 Gewerbeordnung (GewO), Juli 2014; Landeshauptstadt München, Merkblatt zur Konzessionierung von Privatkrankenanstalten gemäß § 30 GewO, August 2017.
3 *Leber*, Aktuelle Fragen zu Privatkliniken in unmittelbarer Nähe zu zugelassenen Krankenhäusern, http://arge-medizinrecht.de/wp-content/uploads/2016/03/2009 – 04 – 24-vortrag-ra-leber-privatkliniken-01.pdf, zuletzt abgerufen am 1.6.2020.

§ 12 Stationäre Rehabilitation und Anschlussheilbehandlung

I. Versorgungsgeschehen

1 Im Gegensatz zu Akutkrankenhäusern sind **Vorsorge- und Rehabilitationsein-richtungen** nach § 107 Abs. 2 SGB V dazu bestimmt, stationär Prävention und Nachsorge zu leisten, also Krankheiten vorzubeugen und, wenn sie eingetreten sind, eine Verschlimmerung zu verhindern bzw. nachzubehandeln, wenn stationäre Behandlungen vorgenommen worden sind. Es gilt der Grundsatz „Reha vor Pflege".

2 Stationäre Vorsorgeleistungen nach § 23 Abs. 4 SGB V stehen im **Ermessen** der Kostenträger, wenn die ambulante Versorgung nicht ausreicht. Auf Behandlungen nach einem Krankenhausaufenthalt im Sinne des § 40 SGB V haben die Versicherten einen **Rechtsanspruch**, wenn die Leistung medizinisch notwendig ist. Zugelassene Einrichtungen haben korrespondierend dazu eine Behandlungsverpflichtung. Sie ist zwar in § 111 SGB V nicht festgelegt worden, die Literatur bejaht sie in Analogie zu § 109 Abs. 4 Satz 2 SGB V.[1]

3 Der Begriff der **Anschlussheilbehandlung** (AHB) wird einerseits synonym zum Begriff der Rehabilitationsmaßnahme verwendet, enthält aber andererseits ein besonderes Beschleunigungsmoment. Die AHB muss im unmittelbaren Anschluss an eine Krankenhausbehandlung oder an eine ambulante Operation im Krankenhaus erfolgen und zur Weiterbehandlung des Patienten erforderlich sein. Daher ist sie in der Regel innerhalb von 14 Tagen nach Entlassung aus dem Krankenhaus zu beginnen. Ihr Ziel ist, verloren gegangene Funktionen oder Fähigkeiten wieder zu erlangen oder auszugleichen und Patienten an die Alltags- und Berufslebensanforderungen heranzuführen. Diese Behandlungen sind nur bei ausgewählten Indikationen genehmigungsfähig. Die AHB-Indikationsliste[2] weist zB Herz-, Kreislauf- und Gefäßkrankheiten, entzündliche rheumatische Prozesse, onkologische Erkrankungen und ähnliche Krankheitsbilder aus.

4 **Sonstige Rehabilitationsmaßnahmen** dürfen auch zu einem späteren Zeitpunkt beginnen. Sie müssen für die Genesung des Patienten notwendig sein. Es kann sich auch um Wiederholungsbehandlungen nach bereits erfolgten AHB handeln.

---

1 *Hänlein/Schuler*, § 111 Rn 4.
2 Die Listen werden rentenversicherungsindividuell erstellt und laufend angepasst.

https://doi.org/10.1515/9783110700428-015

Nicht zu verwechseln sind AHB und Rehabilitationsmaßnahmen mit **Früh-** 5
rehabilitationen. Dabei handelt es sich um Akutbehandlung im Krankenhaus.
Eine neurologische Rehabilitation nach einem Schlaganfall in Form von
Sprachübungen und Bewegungsübungen im Krankenhaus zählen dazu.

Vorsorgeeinrichtungen im Sinne des § 24 SGB V können etwa Müttergene- 6
sungswerke sein, in denen Mütterkuren angeboten werden.

Vorsorge- und Rehabilitationseinrichtungen müssen zur Versorgung in der 7
GKV ein **Zulassungsverfahren** nach §§ 111 ff. SGB V³ durchlaufen. Dabei werden
die Kriterien Bedarfsgerechtigkeit, Leistungsfähigkeit und Wirtschaftlichkeit⁴
analog zum akutstationären Sektor abgeprüft. Allerdings hat die Rechtsprechung⁵
das Kriterium der Bedarfsgerechtigkeit verfassungskonform ausgelegt, um keine
unzulässige Berufszulassungsschranke nach Art. 12 Abs. 1 GG aufzubauen. Von
Bedarfsgerechtigkeit ist auszugehen, wenn ein bisher noch nicht befriedigter
Bedarf besteht und mit der Einrichtung gedeckt wird. Unverzichtbarkeit verlangt
das BSG nicht. Leistungsfähig ist die Einrichtung, wenn sie den Stand von Wissenschaft und Technik für die von ihr übernommene Aufgabe erfüllt. Wirt-
schaftlich⁶ arbeitet sie, wenn sie möglichst kostengünstig behandelt. Liegen die
Voraussetzungen vor, reduziert sich das Ermessen der Kostenträger auf Null und
es besteht die Verpflichtung zum Abschluss eines Versorgungsvertrages.

Das Zulassungsverfahren für Vorsorge- und Rehabilitationseinrichtungen 8
wird allein durch die Landesverbände der Krankenkassen gestaltet. Ein staatliches Planungsverfahren wie in der Akutversorgung gibt es in diesem Bereich
nicht. Mit der Krankenhausplanungsbehörde ist allerdings eine Abstimmung
nach § 111 Abs. 4 Satz 3 SGB V vorzunehmen und Einvernehmen zum Vertragsschluss anzustreben. Kann Einvernehmens nicht erzielt werden, darf der Versorgungsvertrag dennoch geschlossen werden. Die Krankenhausplanungsbehörde
hat anders als bei Versorgungsverträgen in der Akutversorgung nach § 109 SGB V
keine Möglichkeit, das Vorhaben der Krankenkassenverbände unterbinden. Wäre
das der Fall, würde den Kostenträgern die Entscheidungshoheit genommen.

Der Abschluss des Versorgungsvertrages unterliegt der **Schriftform** nach 9
§§ 111 Abs. 2 Satz 2, 109 Abs. 1 Satz 1 SGB V, 126 BGB. Ein Verstoß dagegen führt
gemäß § 125 BGB zur Nichtigkeit des gesamten Vertrages.

Wird der **Abschluss** des öffentlich-rechtlichen Vertrages von den Landes- 10
verbänden der Krankenkassen **abgelehnt**, geht die Rechtsprechung bisher

---

3 LSG NRW, Urt. v. 12.02.2004 – L 5 KR 170/02; BGH, Ur. v. 24.6.2004 – 3 ZR 215/ 03.
4 Die Inhalte dieser unbestimmten Rechtsbegriffe unterscheiden sich nicht von den Vorgaben
des Krankenhausrechts.
5 BSGE 89, 294 (298 ff.).
6 BSG, Urt. v. 7.5.2013 – B 1 KR 53/12 R.

überwiegend davon aus, dass sich es bei der Ablehnungsentscheidung um einen Verwaltungsakt handelt. Das BSG hat dies in seiner Entscheidung aus dem Jahr 2008 für „untunlich" gehalten.[7] Danach ist sie ein Teil der vertraglichen Regelung und muss als Willenserklärung der Krankenkassenverbände der abgelehnten Einrichtung zugehen. Die Ablehnung des Versorgungsvertrages ist von der Krankenhausplanungsbehörde nach §§ 111 Abs. 109 Abs. 3 Satz 2 zu genehmigen.

11   Die Versorgungsverträge sind **Kollektivverträge,** allerdings mit einer geringeren Reichweite als in der stationären Akutversorgung nach § 109 SGB V. Nach § 111 Abs. 2 SGB V werden die Verträge zwischen den Einrichtungsträgern und den Landesverbänden der Krankenkassen zwar gemeinsam und einheitlich mit der Rechtswirkung des § 111 Abs. 4 Satz 1 SGB V geschlossen, aber sie wirken nur landesintern. Das bedeutet, dass die Versicherten landesweit die freie Wahl der Einrichtung haben. Bundesweit müssen Kostenträger den jeweiligen Versorgungsverträgen nach § 111 Abs. 2 Satz 2 SGB V beigetreten sein.

12   Mit der Änderung des GKV-WSG[8] im Jahr 2007 dürfen Kostenträger auch **nicht zugelassene Einrichtungen** belegen. Soweit einer Behandlung keine ausdrückliche Erlaubnis des zuständigen Kostenträgers zur Inanspruchnahme einer nicht zugelassenen Einrichtung vorausgeht, läuft der Patient Gefahr, dass er seine Kosten zumindest hinsichtlich eines eventuell überschießenden Betrages im Vergleich zu Vertragseinrichtungen selbst übernehmen muss.

13   **Träger von Rehabilitationseinrichtungen** können nach § 6 SGB IX sehr unterschiedlich sein. Daher hat der Gesetzgeber sich insbesondere um die Sicherstellung einer einheitlichen Qualität bemüht. Sie ist an §§ 135a Abs. 2, 135d Abs. 1 SGB V, 20, 21 SGB IX zu messen.

14   Eine Einrichtung hat, auch wenn sie zur Versorgung zugelassen ist, keinen **Anspruch auf Belegung,** es sei denn bestimmte Vereinbarungen wurden im Versorgungsvertrag niedergelegt.

15   Im Vergleich zur Akutversorgung stehen die Einrichtungen nicht unter ärztlicher Leitung, sondern unter **ärztlicher Verantwortung.** Das bedeutet, dass zum einen die Einrichtung auch von Nichtärzten geleitet werden darf, wenn ein Arzt die Therapieverantwortung daneben übernimmt, und zum anderen Ärzte nicht permanent anwesend sein müssen, Rufbereitschaften ausreichen können und eine ärztliche Rund-um-die-Uhr-Versorgung nicht Voraussetzung[9] für den Betrieb der Einrichtungen ist.

---

7 BSG Urt. v. 28.7.2008 – B 1 KR 5/08 R; vgl. *Hänlein/Schuler,* § 118 Rn 16 m.w.N.
8 GKV-WSG v. 26.3.2007 (BGBl. I S. 378).
9 Im Gegensatz zu akut versorgenden Krankenhäusern.

Ein Ausscheiden von Einrichtungen aus der Versorgung erfolgt durch **Kün-** 16
digung des Versorgungsvertrages nach § 111 Abs. 4 Satz 2 SGB V im Wege gemeinsamer Erklärung der Kostenträger. Das Gesetz spricht nur vom Kündi-
gungsrecht der Landesverbände der Krankenkassen und nennt als
Kündigungsgrund den Wegfall der Voraussetzungen, die nach § 111 Abs. 2 SGB V
für den Vertragsschluss gegeben sein müssen. Das ungeschriebene Merkmal des
„dauerhaften" Wegfalls der Voraussetzungen trägt dem Umstand Rechnung, dass
zB Einschränkungen durch notwendige Umbauten den Versorgungsvertrag nicht
beeinträchtigen sollen. Die Kündigungsgründe der Kostenträger sind beschränkt.
Die Einrichtungsträger dürfen grundsätzlich aus beliebigen Gründen kündigen.
Auf Grund der einschneidenden Folgen einer Kündigung, die existenzvernichtend
für die Einrichtungsträger sein können, ist die Kündigungsfrist von einem Jahr
nach § 111 Abs. 4 Satz 2 SGB V zu beachten.

Die Kündigung des Versorgungsvertrages ist mit der Krankenhausplanungs- 17
behörde abzustimmen und **Einvernehmen anzustreben**.

II. Finanzierung

Kostenträger der Vorsorge- und Rehabilitationseinrichtungen und der von ihnen 18
erbrachten Leistungen sind die Landesverbände der Krankenkassen und die
Kostenträger, die den Vereinbarungen nach § 111 Abs. 2 Satz 3 SGB V aus anderen
Ländern oder außerhalb der GKV beigetreten sind. Letztere können insbesondere
private Krankenversicherer, Versorgungswerke, Beihilfe- und Sozialhilfeträger
sein.

Die **Vergütungen** werden zwischen den Kostenträgern und den Einrichtun- 19
gen nach § 111 Abs. 5 SGB V grundsätzlich frei vereinbart. Allerdings gilt zB § 21
Abs. 1 Nr. 2 SGB IX, eine Norm, die einen Rahmen durch Berücksichtigung der
Qualität zu setzen versucht. Pflegesatzverhandlungen wie im Krankenhausbe-
reich sind gesetzlich nicht vorgesehen. Können sich die Parteien nicht auf ein
Vergütungsgerüst verständigen, kann die Landesschiedsstelle nach §§ 111 Abs. 5
Sätze 2 und 3, 111b SGB V angerufen werden.

Die vereinbarten Vergütungen müssen sowohl die Betriebskosten als auch die 20
Investitionskosten berücksichtigen. Die Kostenträger haben beide Kostenbereiche
abzudecken. Es besteht eine **monistische Finanzierung**, eine Finanzierung aus
einer Hand. Die Leistungen werden grundsätzlich über indikationsspezifische[10]

---

10 Am Krankheitsbild orientierte und entwickelte Pflegesätze nach Behandlungsbedürftigkeit
und Schwere der Erkrankung.

Pflegesätze abgerechnet. Die Vereinbarung von Fallpauschalen nimmt allerdings zu. Zuzahlungen, die den Kostenträgern weiterzureichen sind, werden pro Kalendertag in Höhe von zehn Euro für die stationäre Rehabilitation und Vorsorge erhoben.

III. Rechtsschutz

21 Nach § 51 Abs. 1 Nr. 2 SGG ist der Rechtsweg zu den Sozialgerichten gegeben, wenn der Abschluss eines Versorgungsvertrages abgelehnt oder eine Kündigungsgenehmigung verweigert wird.

22   Als **Klagearten** kommen entweder die allgemeine Leistungsklage auf Abgabe einer Erklärung zum Abschluss eines Versorgungsvertrages in Betracht oder eine Anfechtungsklage[11] verbunden mit einer Verpflichtungsklage, wenn die Krankenkassenverbände durch Verwaltungsakt gehandelt haben. Dann muss dieser angefochten werden mit dem Antrag, einen zustimmenden Bescheid zu erlassen. Im Sozialrecht ist die Verknüpfung der Anfechtung mit der Verpflichtung, das Angebot zum Vertragsschluss anzunehmen, grundsätzlich nach § 54 Abs. 1 SGG zulässig. Eine Anfechtungsklage kann auch bei einer Kündigung in Betracht kommen, wenn sie durch Verwaltungsakt abgelehnt worden ist. Andernfalls ist eine Feststellungsklage statthaft.

---

11 BSG, Urt. v. 28.7.2008 – B 1 KR 5/08 R.

§ 13 Pflegeeinrichtungen

I. Grundlagen

Stationäre Pflegeeinrichtungen im Sinne des § 71 SGB XI stehen Menschen zur 1
Verfügung, die den **Pflegebedürftigkeitsbegriff** des § 14 Abs. 1 SGB XI erfüllen
und mindestens mit dem Pflegegrad 2 nach § 15 SGB XI eingestuft worden sind.
Die gesundheitliche Versorgung ist abgeschlossen oder durch stationäre ärztliche
Maßnahmen ist keine gesundheitliche Verbesserung mehr möglich. Die Menschen können ihren Alltag nicht mehr allein bewältigen. Dabei ist der Grund der
Hilfsbedürftigkeit unmaßgeblich. Er kann durch kognitive, körperliche, psychische oder sonstige gesundheitliche Faktoren bedingt sein. Der Verbleib im
häuslichen Umfeld bzw. die Rückkehr dorthin ist ausgeschlossen.

Die **stationäre Unterbringung** zu Pflegezwecken zählt nicht mehr zum Ge- 2
sundheitsrecht, grenzt aber unmittelbar daran an. Auch Betreuung und Versorgung in Betreuungs- und Behinderteneinrichtungen sind stationäre Angebote
außerhalb des Gesundheitswesens[1]. Das bedeutet jedoch nicht, dass während
Pflege und Betreuung sog. interkurrente Behandlungen ausgeschlossen sind. In
diesen Fällen werden Menschen akut krank und müssen infolgedessen die Leistungen der ambulanten oder stationären ärztlichen Versorgung in Anspruch
nehmen. Sie werden entweder in einem Krankenhaus oder ambulant durch auf-
suchende bzw. ggf. angestellte Ärzte in den Pflegeeinrichtungen behandelt.

Grundsätzlich gilt die Pflege als privates Risiko, für das die Bevölkerung 3
selbst vorzusorgen hat. Dennoch hat der Staat eine Grundversorgung durch die
Pflegeversicherung vorgenommen. Er hat sie als **Pflicht- bzw. Bürgerversicherung** nach §§ 1 II, 20 ff. SGB XI ausgestaltet. Damit hat der Bürger zwar keine
Bindung an bestimmte Träger erfahren, er muss sich aber entweder einem Angebot der GKV oder einem privaten Anbieter nach § 1 Abs. 2 SGB XI anschließen.
Sein Pflegerisiko ist allerdings nur zum Teil abgesichert. Die Pflegeversicherung
hat Kompromisscharakter.[2]

Die Pflegeversicherung ist eine **gespaltene Versicherung**, bei der die ge- 4
setzliche neben der privaten Bestand hat. Damit existiert das Äquivalenzprinzip
neben dem Solidarprinzip. Die Versicherung wird durch Beiträge finanziert, die
sich nach § 1 Abs. 6 S. 2 SGB XI am Einkommen orientieren. Leistungshöhe und
-dauer werden nicht nach der Beitragshöhe differenziert. Wie in der Kranken-

---

1 A.A. *Igl/Welti*, Gesundheitsrecht, Kapitel 1, § 2 Rn 6 ff.
2 BSGE 1, 72.

https://doi.org/10.1515/9783110700428-016

versicherung sind Familien durch eine beitragsfreie Familienversicherung nach §§ 1 Abs. 6 Satz 3, 25 SGB XI in der GKV eingebunden. Für die PKV gilt dies nicht.

5   Nach § 9 SGB XI haben die Länder für eine pflegerische Versorgungsstruktur zu sorgen, sie zu planen und auf ihre Umsetzung zu achten. Die Pflegekassen nach §§ 1 Abs. 3, 46 SGB IX, deren Aufgaben gemäß §§ 1 Abs. 3 SGB XI, 4 SGB V von den Krankenkassen wahrgenommen werden, haben nach § 69 SGB XI den gesetzlichen **Sicherstellungsauftrag** für die pflegerische Versorgung. Dieser wird durch Abschluss von Versorgungsverträgen nach §§ 72 ff. SGB XI, mit denen Pflegeeinrichtungen zum Versorgungssystem zugelassen werden, realisiert.

6   Im Pflegeversicherungsrecht ist das **Wirtschaftlichkeitsgebot**[3] des § 29 SGB XI zu berücksichtigen. Die Wirtschaftlichkeitsprüfungen nach § 79 SGB XI nehmen die Landesverbände der Pflegekassen § 52 SGB XI vor.

7   Die Pflegeversicherung steht zu anderen öffentlichen Leistungsverhältnissen in einem Rangverhältnis und damit in **Konkurrenz,** §§ 31, 13 SGB XI. Alle Leistungen, die Menschen wieder aktivieren können, gehen vor. So sind insbesondere Entschädigungsleistungen, Rehabilitations- und Teilhabeleistungen nach den Vorschriften des SGB VI, VII und IX vor Pflegeleistungen zu gewähren. Konkurrieren Eingliederungshilfen und Pflegeleistungen miteinander, vereinbaren sich die Leistungsträger nach § 13 III SGB XI.

II. Leistungsgeschehen

8   In der Pflegeversicherung gilt das **Antragsprinzip**. Leistungen werden nur auf Antrag gewährt. Die Pflegekassen haben die Betroffenen entsprechend zu beraten. Dazu können Einzelfallberatungen gemäß §§ 7a, 37 SGB XI, die Gewährung von Beratungsgutscheinen nach § 7b SGB XI, die Erstellung von Versorgungsplänen durch Fallmanager oder auch die Inanspruchnahme von Pflegestützpunkten nach § 7c SGB XI in Betracht kommen.

9   Die **Versichertenstruktur** ist ähnlich der Krankenversicherung aufgebaut. Es gibt Pflichtversicherte nach §§ 20, 21, 23 SGB XI, sonstige Versicherungspflichtige, Versicherte der privaten Krankenversicherung und, gesondert im Gesetz erwähnt, die Abgeordneten nach § 24 SGB XI. Eine Besonderheit stellt die Gruppe der Weiterversicherten nach § 26 SGB XI dar, wenn die Versicherteneigenschaft verloren wurde oder die Familienversicherung endete. Nach bestimmten Vorversicherungszeiten kann diese Klientel weiter versichert werden.

---

3 BSGE 26, 16.

Leistungsarten sind Dienst-, Geld- und Sachleistungen oder ihre Kombina- 10
tionen nach § 28 SGB XI. Ein **Poolen von Leistungen**, also der zulässige Leis-
tungsabruf von verschiedenen Leistungen, ist erlaubt. Pflegegeld für selbst be-
schaffte Pflegekräfte ist nach § 37 SGB XI als Sachleistungssurrogat möglich. Bei
demenzbedingten Fähigkeitsstörungen können nach §§ 45a ff SGB XI zusätzliche
Betreuungsleistungen angefordert werden.

Die Leistungen der Pflegekassen werden pauschal zur Verfügung gestellt. Die 11
Pflegepauschalen beinhalten eine Alltags- und eine medizinische Behandlungspflege. Die monatlichen Zahlbeträge werden anhand der tatsächlichen Ka-
lendertage des jeweiligen Monats[4] errechnet und anschließend gemittelt, um
gleich bleibende Monatsbeträge zu erhalten. Damit der Eigenanteil nicht nach der
Schwere der Pflegebedürftigkeit ansteigt, wird ein einrichtungseinheitlicher Eigenanteil (EEE) berechnet. Jeder Bewohner einer Einrichtung zahlt unabhängig
von seinem Pflegegrad den gleichen Betrag für Unterkunft und Verpflegung.
Falsche Anreize für eine stationäre Pflege sollen vermieden werden, indem ambulante Leistungen mit höheren Beträgen gestützt werden als stationäre.

Beispiel
Angenommen ein Pflegebedürftiger des Pflegegrades 5 erhielte höchstens 2500 € monatlich.
Wenn seine Kosten bei 2.600 € lägen, bliebe der Zahlbetrag der Pflegekasse dennoch bei
2500 €. Soweit in einem der Folgemonate der maximale Zahlbetrag wegen geringeren
Pflegeaufwands deutlich unterschritten würde, wenn er zB bei 1980 € läge, dann würden
auch nur die tatsächlichen Kosten erstattet. Bei einem Umzug in eine andere Pflegeeinrichtung müssten sich beide Einrichtungen den maximal möglichen Betrag nach § 87a SGB V
teilen. Lägen die Kosten darüber, käme die Pflegekasse dafür nicht auf.

Die Leistungshöhe richtet sich nach dem **Pflegegrad**. Fünf Pflegegrade sind nach 12
§ 15 SGB XI möglich. Wenn häusliche oder teilstationäre Pflege wegen der Besonderheit des Einzelfalls nicht mehr ausreichen, kann das insbesondere darin
begründet sein, dass Pflegepersonen fehlen, keine Pflegebereitschaft von Angehörigen vorliegt, Überforderungen oder Verwahrlosungen eingetreten sind oder
sich Selbst- und Fremdgefährdungstendenzen der Pflegebedürftigen gezeigt haben.

Die Verfahren zur **Einstufung** der **Leistungsberechtigung** im Einzelfall 13
führen die Medizinischen Dienste der Krankenversicherung (MDK) durch. Sie
erstellen entsprechende Gutachten auf der Basis von sechs Modulen nach § 14
SGB XI, die unterschiedlich gewichtet werden. Maßgebend sind dabei die
Selbstversorgungsfähigkeit und Gestaltung des Alltagslebens, die Wahrnehmung

---

4 Aus verwaltungsökonomischen Gründen wird der Monat mit durchschnittlich 30,42 Tage
(365 Tage: 12 Monate) angesetzt. Damit wird eine monatlich gleich bleibende Pauschale errechnet.

soziale Kontakte, die Mobilität, kognitive und kommunikative Fähigkeiten sowie der Umgang mit krankheits- oder therapiebedingten Anforderungen und Belastungen. Insoweit werden Verhaltensweisen und psychische Problemlagen bewertet.

14 Es gibt verschiedene **Pflegearten**, die voll- und teilstationäre, die Kurzzeit- und die Verhinderungspflege.[5] Außer bei der teilstationären Pflege handelt es sich in allen Fällen um eine vollstationäre Pflege, die rund um die Uhr geleistet wird. Die teilstationäre Pflege ermöglicht den Aufenthalt während einer Tageshälfte im häuslichen Umfeld. Die Kurzzeitpflege ist eine vollstationäre Aufnahme für einen begrenzten Zeitraum von höchstens acht Wochen im Kalenderjahr gemäß § 42 SGB XI. Die Verhinderungspflege kommt für maximal 6 Wochen im Kalenderjahr vollstationär in Betracht, wenn die Pflegekraft zB wegen Krankheit nicht verfügbar ist. Werden weder Verhinderungspflege noch Kurzzeitpflege in Anspruch genommen, können stattdessen Pflegesachleistungen gewährt werden.

15 Wie in der Krankenversicherung ist der Grundsatz **„ambulant vor stationär"** zu berücksichtigen. Die Pflege im häuslichen Umfeld hat oberste Priorität. Die Sicherstellung der Versorgung, Beratung, niedrigschwellige Angebote, altersgerechtes Wohnen, Verbesserung der Prävention, Aufdeckung und Bekämpfung von Abrechnungsbetrug, Lückenschließung bei den Qualitäts- und Abrechnungsprüfungen sind Maßnahmen, die mit der dreigliedrigen Pflegereform angegangen worden sind.

16 Die häusliche Krankenpflege als **Grundpflege** ist nach §§ 36 f. SGB XI ein ambulantes Angebot. Sie richtet sich in der Höhe nach dem Pflegegrad und beinhaltet eine Hilfe bei Alltagsverrichtungen wie Toilettengängen, Körperpflege, Haushaltsunterstützung, Begleitung zu Arztbesuchen, rehabilitative Maßnahmen bei Gehversuchen[6] und ähnlichem.[7]

17 Die **Behandlungspflege** verlangt eine besondere pflegerische Qualifikation etwa zum fachgerechten Wechsel von Verbänden. Rehabilitative Maßnahmen unterstützen das gezielte Training bestimmter Muskeln.

18 Bevor eine Leistungsgewährung möglich ist, müssen **Vorversicherungszeiten** gemäß § 33 II SGB XI von mindestens 2 Jahren in 10 Jahren erfüllt sein. Dabei reichen die Vorversicherungszeiten von Eltern für ihre Kinder nach § 33 Abs. 2 Satz 3 SGB XI aus.

---

5 BSG, Urt. v. 20.4.2016 – B 3 P 4/14 R; Anerkennung einer Verhinderungspflege durch einen Verwandten bei Nutzung eines Auslandsurlaubs durch die pflegende Familie.
6 BSG NZS 1999, 453 ff.
7 BSGE 82, 276; danach ist die Hilfe bei Inhalationen häusliche Kranken- und keine Behandlungspflege.

Pflegeeinrichtungen (Pflegeheime) müssen die Anforderungen nach §§ 71, **19**
72 Abs. 3 SGB XI erfüllen, um geeignete Partner der Pflegekassen werden zu
können. Sie müssen selbständig wirtschaften und unter ständiger Verantwortung
einer ausgebildeten Pflegekraft stehen. Die Beteiligung an Qualitätsmanage-
mentsystemen nach §§ 112 ff. SGB XI (Dokumentation, Grundsätze, Evaluationen),
die Arbeit mit Expertenstandard nach § 113a SGB XI und ein leistungsfähiges, d. h.
sachgerecht ausgestattetes Unternehmen sind ebenso notwendige Voraussetzungen wie die Zuverlässigkeit des Personals, seine Unabhängigkeit und das
Bemühen um sinnvolle Zertifizierungen.

Die Verträge mit den Trägern der stationären Pflegeeinrichtungen sind **Kol-** **20**
lektivverträge nach § 72 Abs. 2 Satz 2 SGB XI. Mit den überörtlichen Trägern der
Sozialhilfe nach § 72 Abs. 2 Satz 1 SGB XI ist Einvernehmen herzustellen und die
Verträge im Sinne des § 73 SGB XI schriftlich abzuschließen.

III. Finanzierung

Die Pflegeversicherung wird durch **Beiträge** hälftig von Arbeitgebern und Ar- **21**
beitnehmern nach § 1 Abs. 6 S. 1 SGB XI finanziert. Seit 2017 beträgt der
Satz 2,55 %. Kinderlose Versicherte müssen ab dem vollendeten 23. Lebensjahr
zusätzlich einen Kinderlosenzuschlag aufbringen, der nach § 55 Abs. 3 SGB XI für
sie zu einem Beitragssatz von 2,80 % führt. Das BVerfG hatte einen Ausgleich
gefordert, da es Artikel 3 und 6 GG als verletzt angesehen hatte, wenn diejenigen,
die Kinder erziehen und damit einen Beitrag zum umlagenfinanzierten Versi-
cherungssystem leisten, gleich hohe Beiträge[8] aufbringen wie Kinderlose und
Nichterziehende. Die BSG-Rechtsprechung[9] differenziert und beanstandet die
höheren Beiträge dann, wenn Kinderlosigkeit auf medizinischen Gründen beruht.

Zur Finanzierung der stationären Einrichtungen vereinbaren die Pflegekassen **22**
mit ihren Trägern **tagesgleiche Pflegesätze.** Auf der Grundlage von Leistungs-
bescheiden fließen Zahlbeträge, bestehend aus Pflegekassenbeitrag und Eigen-
anteilen im Sinne von EEE nach § 84 SGB XI, an die Einrichtungen nach § 87a
Abs. 3 SGB V mit befreiender Wirkung. Die Zahlungspflicht endet mit Auszug oder
Tod des Pflegebedürftigen nach § 87a Abs. 1 Satz 2 SGB XI. Die Regelung gilt nur
für zugelassene Pflegeeinrichtungen nach § 72 Abs. 1 SGB XI. Die Zulassung basiert auf einer Vereinbarung zwischen Pflegeeinrichtungen und Pflegekassen im
Einvernehmen mit dem überörtlichen Träger der Sozialhilfe nach § 72 Abs. 2 SGB

---

8 BVerfG, Urt. v. 3.4.2001–1 BvR 1629/94.
9 BSG, Urt. v. 27.2.2008 – B 12 P 2/07 R; BSG, Urt. v. 30.9.2015 – B 12 KR 13/13 R.

XI. Diese Verträge dürfen nur abgeschlossen werden, wenn die Einrichtungen im Sinne der §§ 71, 72 SGB XI fachgerecht geleitet sind und qualitätsorientiert (§§ 113 f. SG XI), leistungsfähig und wirtschaftlich arbeiten. Versorgungsverträge müssen dem Schrifterfordernis des § 73 SGB XI genügen.

23a   Zur Stärkung der Pflegeeinrichtungen und zur Aufstockung der defizitären Fachkraftzahlen hat das **PpSG**[10] ein **Sofortprogramm** insbesondere für den Bereich der medizinischen Behandlungspflege aufgelegt. Die Pflegekassen gewähren Vergütungszuschläge.

23   Die **Pflegevergütung** tragen nach § 82 Abs. 1 Pflegebedürftige und Pflegekasse gemeinsam. Letztere trägt die allgemeinen Pflegeleistungen. Unterkunft und Verpflegung finanzieren die Pflegebedürftigen selbst. Durch die Einstufung in einen bestimmten Grad der Pflegebedürftigkeit nach § 15 SGB XI wird gegenüber der Pflegekasse unabhängig von den jeweiligen wirtschaftlichen Verhältnissen ein Leistungsanspruch ausgelöst. Diese Konstellation belegt das im Pflegeversicherungsrecht vorherrschende Kausalitätsprinzip,[11] wonach bestimmte Ursachen oder Mitursachen wesentliche Bedingungen für den Anspruch auf Pflegeleistungen darstellen müssen.[12]

24   Für 42 Tage können Pflegebedürftige ihren **Pflegeplatz verlassen,** § 87a Abs. 1 Sätze 5 und 6, ohne ihn zu verlieren. Sind interkurrente Krankenhausaufenthalte und stationäre Rehabilitationsmaßnahmen erforderlich, wird der Pflegeplatz während der gesamten Behandlungszeit frei gehalten. Die Zahlungsansprüche gegen die Pflegekassen bleiben während der stationären Krankenhausaufenthalte bestehen. Sie werden mit mindestens 25 % nach § 87a Abs. 1 Satz 7 SGB XI allerdings erheblich reduziert.

Beispielrechnung
für drei Bewohner

Bewohner	Pflegegrad	Pflegekosten/ Leistung	Pflegekasse	Pflegekosten- anteil
A	2	1.520,00 €	770,00 €	750,00 €
B	4	2.275,00 €	1.775,00 €	500,00 €
C	5	2.405,00 €	2.005,00 €	400,00 €

Die Summe der Pflegekostenanteile in Höhe von 1.650,00 € wird durch Bewohnerzahl (hier drei) geteilt und ergibt einen EEE von 550,– € pro Bewohner.

---

10 Vgl. § 8 Rn. 63a.
11 *Dörfler et al.,* Medizinische Gutachten, 2015, Kap. 2.1.2.
12 Theorie der wesentlichen Bedingung (Relevanztheorie).

IV. Pflegepersonen

Der Begriff der **Pflegeperson** ist in §§ 19, 44 SGB XI legal definiert. Sie pflegt 25 Pflegebedürftige im häuslichen Umfeld ehrenamtlich. Sie ist mit besonderen Rechten ausgestattet und kann ab Pflegegrad 2 tätig werden. Der Pflegeumfang muss mindestens 10 Stunden pro Woche betragen. Eine Kumulation dieses zeitlichen Kontingents durch Pflegeaufgaben bei verschiedenen Pflegebedürftigen ist nicht zulässig. Neben dieser Tätigkeit wird in der Regel eine hauptberufliche andere Aufgabe ausgefüllt. Pflegepersonen sind rentenversicherungspflichtig nach § 3 Nr. 1a SGB VI, wenn ihr Pflegeaufwand mindestens 14 Stunden pro Woche beträgt. Dies gilt nicht, wenn die Haupttätigkeit regelmäßig mehr als 30 Stunden pro Woche ausgeübt wird, also insoweit eine Rentenversicherungspflicht bzw. eine analoge Absicherung besteht. Auch die Unfallversicherungspflicht bei kommunalen Unfallversicherungsträgern ist gegeben. Allerdings müssen keine Beiträge gezahlt werden, §§ 129 I Nr. 7, 185 II 1 SGB VII. Nach §§ 106 II Nr. 1–3, 104, 105 SGB VII sieht das Gesetz Haftungsbeschränkungen vor, wenn sich Pflegebedürftige und Pflegepersonen gegenseitig schädigen.

Nach § 2 PflegeZG dürfen Arbeitnehmer an 10 Tagen im Jahr wegen zu pfle- 26 gender Angehöriger von der eigenen **Arbeit fernbleiben.** Es bestehen Mitteilungs- und Nachweispflichten gegenüber dem Arbeitgeber. Damit wurde ein gesetzliches Leistungsverweigerungsrecht mit Kündigungsschutzrecht eingeführt. Die Pflegezeit darf höchstens 6 Monate betragen. In Betrieben mit mehr als 15 Beschäftigten kann eine vollständige oder teilweise Freistellung ermöglicht werden.

V. Beendigung der Versorgung

Sollen **Versorgungsverträge** mit Pflegeeinrichtungen **beendet** werden, können 27 sie beim Vertragspartner nach § 74 SGB XI mit einer Frist von 1 Jahr gekündigt werden. Kündigungen durch die Kostenträger sind nur eingeschränkt zulässig, wenn die Voraussetzungen des § 72 Abs. 3 Satz SGB XI nicht nur vorübergehend entfallen sind oder nicht erfüllt werden. Gleiches gilt bei gröblichen Pflichtverletzungen, die insbesondere das selbstbestimmte Leben der Pflegebedürftigen im Sinne des § 2 SGB XI einschränken. Nach § 74 Abs. 2 SGB XI kommen fristlose Kündigungen auch in Betracht, wenn die Einrichtungen gesetzliche oder vertragliche Verpflichtungen in so hohem Maße verletzen, dass ein Festhalten am Versorgungsvertrag nicht mehr zumutbar ist.

Ansprüche der Pflegebedürftigen gegen die Pflegeversicherung **erlöschen** 28 nach § 34 SGB XI, wenn ein Auslandsaufenthalt länger als 6 Wochen dauert oder

Entschädigungsleistungen auf Grund öffentlich-rechtlicher Vorschriften gewährt werden. Die Ansprüche erlöschen nach § 35 SGB XI auch dann, wenn die Mitgliedschaft in der Pflegekasse beendet wird. Dies kann insbesondere durch Austritt, Tod, Pflegekassenwechsel, Schließung oder Insolvenz der Pflegekasse der Fall sein. Einen nachgehenden[13] Versicherungsschutz entsprechend § 19 Abs. 2 SGB V gibt es nicht.

VI. Rechtsschutz

29 Lehnen die Pflegekassen den Abschluss eines Versorgungsvertrages mit einer stationären Pflegeeinrichtung ab, ist dagegen der **Rechtsweg** zu den Sozialgerichten nach § 73 Abs. 2 SGB XI gegeben. Es kann unmittelbar Klage erhoben werden, da ein Vorverfahren nicht stattfindet. Allerdings hat die Klage nach § 73 Abs. 2 Satz 2 2. HS SGB V keine aufschiebende Wirkung. Diese kann nach § 80 Abs. 2 Nr. 3, Abs. 5 VwGO wieder hergestellt werden. Gleiches gilt, wenn sich die Pflegeeinrichtung nach § 51 Abs. 1 Nr. 2 SGG gegen die Kündigung ihres Versorgungsvertrages wenden will.

---

13 Die Versicherung wirkt auch nach Beendigung noch eine gewisse Zeit fort.

3. Kapitel **Ambulante ärztliche Versorgung**

§ 14 Ärztliche Heilberufe

I. Berufszugang

Zu den **ärztlichen Heilberufen** im engeren Sinn zählen die Heilberufe, die auf 1
einem medizinischen, zahn- oder tiermedizinischen Hochschulstudium[1] beruhen, das mit Staatsexamen abschließt, eine Approbation zur Berufsausübung
benötigt und eine auf die Heilung oder Hilfe bei Krankheiten gerichtete Tätigkeit
umfasst.

Der **Beruf des Apothekers** weist verschiedene Elemente auf, die für die 2
ärztlichen Heilberufe typisch sind. Allerdings rechnet das BVerfG[2] ihn wegen
seiner gewerblichen Struktur zum Heilgewerbe,[3] eine Ansicht, die das BVerwG[4]
nicht teilt. Die Struktur der Ausbildung, das sich daran anknüpfende Approbationsrecht, die Verkammerung mit den besonderen berufsrechtlichen Verpflichtungen seien den ärztlichen Heilberufen im Detail nachgebildet, so dass die
Apotheker zwar eine „Zwitterstellung" einnähmen, aber mit ihren Rechten und
Pflichten wie ärztliche Heilberufler einzustufen seien.

Einen weiteren ärztlichen Heilberuf üben die **Psychotherapeuten** aus. Der 3
Beruf ist den ärztlichen Heilberufen[5] weitgehend gleichgestellt. Fachliche Unterschiede finden sich allerdings zwangsläufig zB bei der notärztlichen Versorgung, die von dieser Berufsgruppe auf Grund ihrer Ausbildung nicht geleistet
werden kann. Daher ist auch die Leitung von Krankenhausabteilungen, in denen
Notfallversorgung in Betracht kommt, nur in kollegialer Kooperation mit Ärzten
zulässig. Anders ist die Situation in psychiatrischen Fachkrankenhäusern, zu
denen auch die Einrichtungen des Maßregelvollzugs zählen. Dort ist die alleinige
Leitung von Abteilungen durch psychologische Psychotherapeuten grundsätzlich
möglich.

Die **Approbation**[6] ist ein Verwaltungsakt, mit dem der Nachweis darüber 4
erbracht wird, dass die Inhaber eine adäquate Berufsausbildung abgeschlossen
haben sowie fachlich und gesundheitlich zur Berufsausübung geeignet sind. Mit
der Approbation wird auch bestätigt, dass sie die notwendige charakterliche

---

1 *Maunz/Dürig*, Art. 74 Rn 214.
2 BVerfGE 5, 29; 7, 83.
3 *Maunz/Dürig*, Art. 74 Rn 21.
4 BVerwGE 4, 526; Neufassung des PsychThG mit Bezeichnungsänderung durch Gesetz v. 15.11.
2019 (BGBl. I S. 1604), zuletzt geändert durch Artikel 17 des Gesetzes v. 19.05.2020 (BGBl. I S. 1018),
in Kraft seit 01.09.2020.
5 *Nilges/Bartha*, Rechtsgutachten 2002, S. 18 ff.
6 Früher „Bestallung".

https://doi.org/10.1515/9783110700428-017

Eignung und Zuverlässigkeit besitzen, mit den gesundheitlichen Belangen der Bevölkerung umzugehen. Das Approbationsrecht übernimmt eine besondere Schutzfunktion für die Gesundheit der Bevölkerung. Die Approbation berechtigt die Inhaber grundsätzlich zur unbeschränkten Ausübung ihres Berufs. Das bedeutet, dass zB approbierte Ärzte alle denkbaren ärztlichen Leistungen erbringen dürfen, auch wenn sie für ein Fachgebiet nicht besonders weitergebildet[7] sind. Allerdings werden sie am Stand der medizinischen Wissenschaft des betreffenden Weiterbildungsgebietes gemessen, weil durch die Weiterbildung ein fachlicher Standard für die entsprechenden Maßnahmen gesetzt worden ist. Das Darlegungsrisiko in Arzthaftungsfragen bei nicht weitergebildeten Kräften ist somit stets um ein Vielfaches höher als bei weitergebildeten.

5 Die Gesetzgebungskompetenz des Bundes nach Art. 74 Abs. 1 Nr. 19 GG bezieht sich ausschließlich auf **Berufszugangsregelungen.** Eine Berufsausübungsregelung ist ihm damit nicht zugestanden. Allerdings stellt sich gerade im Berufszugangsrecht der Approbationsberufe die Frage, wo die Grenze zwischen Berufszugang und Berufsausübung zu ziehen ist. Die Approbation bedeutet einerseits eine Berufszugangsschranke. Sie ist mit der Prüfung der Zuverlässigkeit und gesundheitlichen Eignung vor Berufsaufnahme verbunden. Nach erteilter Approbation muss jedoch das Verhalten während der Berufsausübung untadelig sein, um sanktionierende verwaltungsrechtliche Maßnahmen wie das Ruhen, die Rücknahme oder den Widerruf der Approbation zu vermeiden. Das Approbationsrecht wurde dem Berufszugangsrecht kraft Sachzusammenhangs zugeordnet.

6 Mit einer **Berufserlaubnis** kann ebenfalls ein akademischer Heilberuf ausgeübt werden. Sie gewährt allerdings nur eine zeitlich und inhaltlich beschränkte Berufsausübungserlaubnis. Grundsätzlich soll daher eine Approbation erteilt werden, wenn die fachlichen und persönlichen Voraussetzungen dazu gegeben sind. Die Berufserlaubnis ermöglicht keine Übergangslegitimation zur Approbation.

7 Einem **Heilgewerbe** gehen Berufsangehörige nach, die gesundheitsrelevante Artikel anbieten wie Optiker, nichtärztliche Orthopäden, Bandagisten und – nach der Auffassung des Bundesverfassungsgerichts – Apotheker. Die Abgrenzung zwischen Heilberuf und Heilgewerbe ist fließend[8]. Der Verfassungsgeber wollte die Apotheken als Wirtschaftsbetriebe sehen, um diesen Bereich zu stärken. Da er aber auch die hervorgehobene Tätigkeit im Gesundheitssektor berücksichtigen musste, subsumierte er den Beruf letztlich auch unter die Kompetenznorm des Art. 74 Abs. 1 Nr. 19 GG. Dadurch werden den Apothekern die gleichen Pflichten

---

7 BVerfG, Beschl. v. 1.2. 2011–1 BvR 2383/10 Rn 27 ff.; *Hahn/Sendowski*, NZS 2011, 728.
8 *Maunz/Dürig*, Art. 74 Rn 214.

nach Berufszugangs- und Approbationsrecht auferlegt wie den ärztlichen Heilberufen.

Zum verwaltungsrechtlichen Berufszugangsrecht gehört das **Berufsrecht** 8 nicht. Es richtet sich untergesetzlich nach den Berufsordnungen der Heilberufskammern. Diese haben als Körperschaften des öffentlichen Rechts Satzungsbefugnis. Insoweit können sie Berufsordnungen für ihre Kammerangehörigen erlassen und ihnen Rechte und Pflichten auferlegen, deren Erfüllung sie im Interesse eines hochstehenden Berufsstandes nachzuhalten haben. Die Satzungen stehen im Rahmen der Rechtsaufsicht unter dem Genehmigungsvorbehalt der zuständigen Aufsichtsbehörden. Dies sind die Landesgesundheitsministerien oder die für das Gesundheitswesen zuständigen Senate der Stadtstaaten.

Die ärztlichen Heilberufe zählen zu den **freien Berufen**[9] nach § 18 Abs. 1 Nr. 1 9 Satz 2 EStG. Merkmal ist die selbstständig und eigenverantwortlich ausgeübte Berufstätigkeit. Sie verliert ihren Charakter auch nicht dadurch, dass Betroffene sich der Mithilfe ausgebildeter Fachkräfte bedienen. Allerdings verlangt § 18 Nr. 1 Satz 3 EStG, dass dies unter der Voraussetzung geschieht, dass die Freiberufler dabei leitend und verantwortlich agieren. Entsprechend sind auch Vertretungssituationen für die Einstufung als freie Berufe nicht hinderlich. Der Apothekerberuf ist im Gegensatz zum Arztberuf ein gewerblicher freier Beruf und unterliegt damit zusätzlich dem Gewerberecht.

Die medizinische, zahnmedizinische und tiermedizinische **Ausbildung** ist an 10 ein Hochschulstudium gebunden, das theoretische und praktische Elemente enthält. Ausbildungen im EU-Ausland werden grundsätzlich anerkannt. Ausbildungen im Nicht-EU-Ausland können anerkannt werden, wenn sie gleichwertig sind. Die entsprechenden bundesrechtlichen Normen der BÄO, des ZHG, der BTÄO, der BApO und des PsychThG, mit ihren jeweiligen Approbationsordnungen treffen dazu detaillierte Regelungen. Die erfolgreiche Ausbildung bildet die Grundlage für den Berufszugang.

II. Berufsausübung

Mit der Ausbildung nicht zu verwechseln ist die **Weiterbildung**, die einen be- 11 sonderen Fachstatus vermittelt. Sie basiert ähnlich wie die Ausbildung auf einem Curriculum, also einer vorgegebenen Struktur zur Vertiefung der Kenntnisse. Sie baut auf der Ausbildung auf und komplettiert diese durch Spezialwissen, das in einer Prüfung vor dem Prüfungsausschuss der jeweils zuständigen Heilberufs-

---

9 *Maunz/Dürig*, Art. 74 Rn 140; BGH, GesR 2017, 637 (Laborärzte); § 15 Rn. 9.

kammer nachzuweisen ist. Die Weiterbildung regeln die Heilberufskammern in ihren Weiterbildungsordnungen, die als Satzungen erlassen werden. Diese unterliegen wie jegliches Satzungsrecht von Körperschaften des öffentlichen Rechts der Genehmigungspflicht der Aufsichtsbehörde. Die Heilberufskammern haben das Recht, ihre Satzungen fachlich–inhaltlich nach ihren Vorstellungen zu gestalten. Sie dürfen allerdings nicht gegen geltendes Recht verstoßen und unterliegen nicht der Fachaufsicht, sondern der Rechtsaufsicht des Landes. Dabei ist erster Maßstab das Kammerrecht, das durch Kammer- bzw. Heilberufsgesetze der Länder festgelegt ist. Die Heilberufskammern sind sowohl für das Weiterbildungsverfahren als auch die Abschlussprüfungen zuständig. Am Ende einer erfolgreichen Weiterbildung wird der Absolvent als Facharzt, -zahn- oder -tierarzt bzw. Fachapotheker oder weitergebildeter Psychotherapeut förmlich anerkannt. Er kann eine Gebiets-, Teilgebiets[10]- oder Zusatzbezeichnung führen. Im Interesse der Rechtsklarheit und -wahrheit sind Teilgebiets- und Zusatzbezeichnungen zusammen mit dem zugehörigen Gebiet zu nutzen. Die Länderkammern regeln z.T. voneinander abweichende Bezeichnungen. Allerdings erkennen sie grundsätzlich gegenseitig ihre Weiterbildungen an[11]. Gleiches gilt für heilberufliche Bezeichnungen im EU-Ausland. Zur Weiterbildung berechtigt sind ermächtigte und entsprechend fachlich sowie persönlich qualifizierte Kammerangehörige.

12   **Weiterbildungsstätten** werden gesondert zugelassen. Dabei handelt es sich um die Organisationen und Einrichtungen, die Angehörige der akademischen Heilberufe weiter qualifizieren dürfen. Es kann sich um Krankenhäuser, Praxen niedergelassener Ärzte, Zahnärzte und Psychotherapeuten handeln, Apotheken, den öffentlichen Gesundheitsdienst mit allen seinen Facetten, Krankenkassenverbände, die pharmazeutische Industrie u.a. Die Zulassung erteilt je nach Landesrecht[12] eine Landesbehörde oder auch die zuständige Heilberufskammer.

Beispiel

Soweit in Krankenhäusern vom Facharztstatus gesprochen wird, hat der angesprochene Arzt die Facharztprüfung erfolgreich abgelegt und die Facharztbezeichnung erhalten. Er darf sich zB je nach Fachrichtung Kardiologe oder Neurologe nennen. Wird der Facharztstandard gefordert, müssen Fachkräfte tätig werden, die die wesentlichen Inhalte der Weiterbildung bereits absolviert haben, deren Weiterbildungsprüfung aber noch aussteht. Sie dürfen noch keine Facharztbezeichnung tragen.

---

10 auch als Schwerpunkt bezeichnet.
11 Dies regelt in NRW § 40 HeilBerG NRW.
12 Nach § 38 Abs. 3 HeilBerG NRW § 32 Abs. 3 HKaG BY sind die Heilberufskammern zuständig.

Soweit eine Weiterbildung abgeschlossen worden ist, verlangen die Kammer- und 13
Heilberufsgesetze der Länder[13] grundsätzlich die Ausübung ärztlicher **Tätigkeiten** nur **innerhalb** der erworbenen **Weiterbildungsqualifikation**. Dabei darf ein
Arzt durchaus mehrere Weiterbildungen abgeleistet haben. Die Regelungen bedeuten, dass die Landesgesetze den durch die Approbation eröffneten Rahmen,
ärztliche Tätigkeit unbeschränkt auszuüben, einengen. Das BVerfG[14] hat das
Vorgehen in seinem sog. Facharztbeschluss bei vertragsärztlicher Tätigkeit innerhalb der GKV als verfassungsrechtlich unbedenklich zugestanden[15], wenn der
Verhältnismäßigkeitsgrundsatz beachtet und nicht nur eine restriktive Einzelfallregelung, sondern ein allgemein gültiger Grundsatz formuliert werde. Für die
Einschränkungen müssen also gewichtige Gründe vorliegen. In der vertragsärztlichen Versorgung können dies zB Qualitätsaspekte sein. Wer spezialisiert ist, hat
ein besseres Wissen und eine bessere handwerkliche Fähigkeit[16]. Das Vertragsarztsystem darf demzufolge in letzter Konsequenz gegen die Regeln verstoßende
Ärzte von der Versorgung ausschließen. Berufsrechtliche Sanktionen sehen die
Kammer- und Heilberufsgesetze für ein Überschreiten der Weiterbildungsqualifikation nicht vor. Dies könnte auch unverhältnismäßig sein, weil das Kammerrecht für alle ärztlichen Pflichtmitglieder gilt und keine besonderen oder übergeordneten Gründe für jegliche ärztliche Tätigkeitsausübung erkennbar sind.

Eine zunehmend größere Bedeutung erfährt der **Hausarzt,** der im System der 14
Weiterbildungen für Allgemeinmedizin qualifiziert ist. Insbesondere die Arztpraxen auf dem Land verwaisen, weil die bisherigen Praxisinhaber aus Altersgründen in den Ruhestand gehen und kein Nachwuchs an der Übernahme interessiert ist. Der Hausarzt benötigt eine breite Aus- und Weiterbildung und muss
zu seiner Niederlassung als Vertragsarzt im GKV-System eine entsprechende
Facharztweiterbildung vorweisen. Nur dann kann er nach § 95 Abs. 2 SGB V in das
Arztregister der KV eingetragen werden. Die Eintragung ist Voraussetzung für die
Bewerbung um einen sog. Kassenarztsitz, also um die Zulassung zur vertragsärztlichen Versorgung. Bundesweit werden erhebliche Anstrengungen unternommen, um Landarztsitze wieder attraktiv zu machen. Stipendien, Einstiegshilfen bei der Praxisgründung, bessere Informationen während des Studiums,
Wahl- und Pflichtstationen in Landarztpraxen, zuletzt die Einführung einer
Landarztquote[17] bei der Zulassung zum Studium der Humanmedizin und weitere

---

13 ZB § 42 HeilBerG NRW.
14 BVerfGE 33, 125 (167).
15 *Igel/Welti*, Gesundheitsrecht § 15 Rn 174 ff.
16 Vgl. § 24.
17 Gesetz zur Sicherstellung der hausärztlichen Versorgung in Bereichen besonderen öffentlichen Bedarfs des Landes Nordrhein-Westfalen" (Landarztgesetz Nordrhein-Westfalen – LAG

Anreize werden angeboten. Insbesondere das wirtschaftliche Risiko eigener Praxen, lange Arbeitszeiten und fehlende Infrastruktur auf dem Land werden als Haupthindernisse für die Niederlassung junger Menschen genannt. Modelle wie Gemeinschaftspraxen mit Dependancen, Medizinische Versorgungszentren, intensivere ambulante Tätigkeiten von Krankenhäusern werden herangezogen, um die Versorgung der Bevölkerung sicherzustellen.

15   Die **Fortbildung** ist eine berufsbegleitende Maßnahme. Die angebotenen Kurse, Exkursionen, Vorträge, Seminare, Übungen etc. sind zwar einerseits der eigenen Sorgfalt und Initiative überlassen, müssen aber andererseits während der aktiven Berufstätigkeit aufgrund der schnell fortschreitenden technischen und medizinischen Entwicklungen aktuell genutzt werden. Dieses Qualitätselement ist daher nicht mehr verhandelbar, so dass sowohl die Heilberufskammern als auch die KVen und KZVen regelmäßige Fortbildungen anzubieten und ihren Besuch nachzuhalten haben. Dementsprechend sind auch Methoden zur Fortbildungskontrolle entwickelt worden. Sie basieren sowohl auf den kammerrechtlichen Berufsordnungen als auch auf Gesetz wie etwa § 95c SGB V. Vertragsärzte müssen gegenüber den KVen die Erfüllung ihre Fortbildungsverpflichtungen nachweisen. Andernfalls können Sanktionen die Folge sein. Sie reichen von Ermahnungen über sich steigernde Budgetkürzungen bis hin zur Entziehung der kassenärztlichen Zulassung.

16   Ein besonders hohes Gut der ärztlichen Berufsausübung ist die **Therapiefreiheit**[18]. Sie leitet sich aus Art. 12 GG ab und ist von Art. 5 Abs. 3 GG, der Wissenschaftsfreiheit, miterfasst. Sie bedeutet, dass Ärzte das grundsätzliche Recht haben zu entscheiden, ob und wie sie Patienten behandeln bzw. welche Behandlung sie ihnen vorschlagen wollen. Sie dürfen weder zur Behandlung selbst noch zu einer bestimmten Art der Behandlung gezwungen werden. Dies gilt umso mehr, wenn die Behandlung ihrem Gewissen widerspricht. Begrenzt sind Ärzte in ihrer Entscheidungsfreiheit durch gesetzliche Verbote[19] und ethische Vorgaben sowie den Stand der medizinischen Wissenschaft und Technik; denn Behandlungen sind „lege artis" durchzuführen. Somit sind unethische oder gegen gesetzliche Verbote[20] verstoßende Behandlungen unzulässig. Eingeschränkt ist das Recht der Therapiefreiheit bei Notfällen, in denen Ärzte im Rahmen ihrer Mög-

---

NRW) vom 29. Dezember 2018 (GV. NRW. S. 802). Mit der Zulassung zum Studium ist die Verpflichtung verbunden, sich für eine bestimmte Zeit in unterversorgten Regionen NRWs als Hausarzt niederzulassen; *Stollmann, Die Landarztquote* – Einführung und Ausgestaltung in Nordrhein-Westfalen, NWVBl. 2020, 52.

18 *Welti*, Die Verteidigung der Therapiefreiheit, 20; *Laufs/Kern,* § 3 Rn 14.

19 BVerfG, Urt. v. 17.12.2002 – 1 BvL 28/95; Beschl. v. 6.12.2005 – 1 BvR 347/98.

20 Euthanasierende Behandlungen, aktive Sterbehilfe.

lichkeiten und Fähigkeiten lebens- und gesundheitserhaltende Maßnahmen durchführen müssen. Sie dürfen Patienten in diesen Fällen nicht ablehnen, ein Recht, das ihnen im Übrigen im Rahmen der Therapiefreiheit grundsätzlich zusteht. Dies gilt insbesondere, wenn das Arzt-Patienten-Verhältnis in massiver Weise gestört ist.[21] Beschränkungen in der gesetzlichen Krankenversicherung, die durch den Ausschluss der Finanzierung von Leistungen entstehen, sind zwar streng genommen keine Beschränkungen der Therapiefreiheit, wirken sich aber als solche aus. Man denke an die Situation, dass durch Gesetz wie im Beispiel des § 34 SGB V bestimmte Arzneimittel oder Arzneimittelgruppen[22] von der Verordnung zu Lasten der GKV ausgeschlossen sind oder der G-BA nach § 91 SGB V weitere Leistungen als nicht erstattungsfähig eingestuft hat. Diese Leistungen müssen Betroffene selbst bezahlen, wenn sich keine anderen Kostenträger finden.[23] Ähnliche Diskussionen entstehen bei der Rationierung von Leistungen im Gesundheitssystem.

Für die ärztlichen Heilberufe gibt es vielfältige **Berufsausübungsmöglich-** 17 **keiten.** Sie können selbstständig und freiberuflich in eigener Praxis allein oder in Partnerschaften tätig sein. Die Anstellung in einer Praxis, in akut versorgenden Krankenhäusern, Rehabilitationskliniken, im ÖGD, in der pharmazeutischen oder chemischen Industrie, in Verlagen sind weitere Optionen. Insoweit können sie auch unterschiedlichen gesetzlichen Vorgaben unterliegen. Soweit sie in der gesetzlichen Krankenversicherung mitarbeiten, sind sie hinsichtlich Berufsausübung und Finanzierung an das SGB V gebunden. Privatärztliche Tätigkeiten eröffnen ihnen die Möglichkeiten, auch Therapien anzubieten, die die GKV nicht finanziert. Die Privatliquidation nach den Vorgaben der GOÄ und GOZ und gegenüber Selbstzahlern gewährt zusätzliche Verdienstmöglichkeiten. Nicht kurative Tätigkeiten werden je nach Berufsausübung in Wirtschaftsbetrieben vergütet.

Den ärztlichen Heilberufen ist die **Ausübung der Heilkunde** zwar nicht 18 ausdrücklich gesetzlich vorbehalten. Ein Vorbehalt lässt sich aber aus § 1 Abs. 1 HeilprG ableiten[24], der die Heilkunde ohne Bestallung als Arzt unter Erlaubnisvorbehalt stellt. Daher können Ärzte die Heilkunde uneingeschränkt ausüben, wenn sie eine gültige Approbation besitzen. Einschränkungen ergeben sich aus Berufserlaubnissen[25], die anstelle von Approbationen die Ausübung der Heil-

---

21 BSG, Urt. v. 14.3.2001 – B6 KA 54/000 R); dazu *Stellpflug*, Vertragsarztrecht, Vertragszahnarztrecht, 2005, 3.6 Rn. 324.
22 ZB homöopathische Arzneimittel.
23 Private Zusatzversicherungen.
24 *Igel/Welti*, GesR, § 15 Rn 170.
25 Nach BÄO, ZHG, PsychThG, BTÄO, BapO.

kunde zulassen, aber in der Regel zeitlich und/oder inhaltlich beschränkt[26] sind. Zur Heilkundeausübung zugelassen ist auch der Heilpraktiker nach § 1 HeilprG, wenn ihm eine entsprechende Erlaubnis erteilt worden ist. Er muss keine Ausbildung vorweisen, sich aber einer Kenntnisüberprüfung unterziehen, damit soweit möglich sichergestellt werden kann, dass von ihm behandelte Menschen gesundheitlich nicht geschädigt[27] werden. Eine ärztliche Approbation schließt eine Heilpraktikererlaubnis ein, weil sie deren Inhalte umfasst und darüber hinausreicht. Bei einer zahnärztlichen Approbation ist dies grundsätzlich nicht[28] der Fall, so dass eine gesonderte Erlaubnis nach § 1 Abs. 1 HeilprG erforderlich ist, wenn dieser über den zahnärztlichen Sektor hinaus Heilkunde praktizieren will. Für Psychotherapeuten[29] ohne Ausbildung nach dem PsychthG kann eine eingeschränkte Heilpraktikererlaubnis erteilt werden, mit der die Heilkunde im Fachgebiet Psychotherapie ohne ärztliche Aufsicht ausgeübt werden darf. Der Apotheker übt keine Heilkunde aus. Daher ist er vom Heilpraktikergesetz nicht berührt. Wenn er allerdings neben seiner Berufstätigkeit auch Heilkunde ausüben will, muss er eine Heilpraktikererlaubnis erwerben. Die Ausübung der Heilkunde kann in diesem Fall aus apotheken- und wettbewerblichen Gründen problematisch sein. Nach § 11 Abs. 1 ApoG dürfen sowohl selbstständige Apotheker in eigener Apotheke als auch Angestellte in einer Apotheke keine Rechtsgeschäfte mit Heilbehandlern, also weder mit Ärzten noch mit Heilpraktikern, abschließen, die der Apotheke Kunden und Patienten zuführen können. Beide Bereiche müssen strikt getrennt sein. Andernfalls wird der Bußgeldtatbestand nach § 25 Abs. 1 Nr. 2, Abs. 3 ApoG verwirklicht, der mit nicht unempfindlichen Sätzen bewehrt ist[30]. Das bedeutet, dass ein Apotheker zwar eine Heilpraktikererlaubnis erwerben kann, sich dann aber zwischen der Nutzung der Apothekenbetriebserlaubnis und der Ausübung der Heilkunde entscheiden muss.

19   Die **Bezeichnungen** von **Ärzten** sind sehr unterschiedlich. Dies hängt mit ihrer Funktion und Tätigkeit zusammen. Fest vorgegeben sind die Weitbildungsqualifikationen im Kammerrecht der Landesärztekammern. Sie werden durch Kammersatzung beschlossen. Die Länder können sowohl voneinander abwei-

26 Das trifft zB bei Bewerbern aus dem Ausland zu, die zu Studienzwecken befristet in Deutschland arbeiten.
27 Dem tradierten Beruf sollte schon mehrfach eine Ausbildung zugrunde gelegt werden. Dies ist bisher nicht gelungen.
28 Vgl. zB Richtlinien zur Durchführung des Heilpraktikergesetzes, RdErl. d. Ministeriums für Frauen, Jugend, Familie und Gesundheit v. 18.5.1999 – III B 2–0401.2 – SMBl. NRW. 21 221.
29 BVerwG, NJW 1984, 1414.
30 Bußgeldhöhe bis zu 20.000 €.

chende Gebiete und Teilgebiete als auch entsprechend abweichende Bezeichnungen ausweisen.[31]

Den Status definierende Begriffe **Chef-, Ober-, Stations-** und **Assistenzarzt** 20 findet sich in Krankenhäusern. In der Regel werden damit auch die Aufgabenbereiche beschrieben und Gehaltszuordnungen vorgenommen.

Ein **Abteilungsarzt** kann eine Abteilung eines Krankenhauses allein oder in 21 Kooperation mit anderen Ärzten führen. Je nach Größe der Abteilung können ihm bestimmte Funktionsbezeichnungen zugewiesen werden, vgl. Rn. 20.

In öffentlich-rechtlich geführten Kliniken wie Universitätsklinika, kommu- 22 nalen und Landeskrankenhäusern unterscheidet man zwischen **angestelltem und beamtetem ärztlichen Personal.** Es wird nach dem öffentlichen Tarifgefüge im sog. höheren Dienst eingestuft[32]. Ärzte in leitenden Positionen als Chef- oder Oberärzte können Hochschullehrer[33] sein oder als Angestellte auf Grund außertariflicher Vereinbarungen bezahlt werden. Die Vergütungen regeln die Länder in eigener Zuständigkeit.

Der Begriff **Belegarzt** ist an die Art der Abteilung eines Krankenhauses ge- 23 bunden, für das krankenhausplanerisch Belegabteilungen ausgewiesen sein können. Belegärzte sind nicht am Krankenhaus angestellt, sondern führen die Abteilungen als niedergelassene Ärzte. Während die übrigen für die Abteilung notwendigen Ressourcen personeller und sächlicher Art[34] vom Krankenhaus gestellt werden, müssen sich mindestens drei Belegärzte die Betreuung einer Belegabteilung teilen, um eine Rund-um-die-Uhr-Versorgung sicherstellen zu können. Belegärzte dürfen keine Hauptabteilungen führen. Ihre Behandlungsleistungen werden im ambulanten Vergütungssystem der GKV gegenüber den KVen abgerechnet bzw. bei Privatpatienten diesen gegenüber unmittelbar liquidiert. Für die stationären Hotel- und Pflegeleistungen stellt das Krankenhaus den Kostenträgern Rechnungen nach Krankenhausrecht. Privatärztliche Leistungen müssen durch gesonderte Vereinbarungen im Vorfeld der Behandlung definiert und festgelegt werden. Damit werden Behandler und Patient geschützt, weil privatärztliche Liquidationen in diesem Bereich die Ausnahme darstellen.

Der **Konsiliararzt** ist eine ärztliche Kraft, die auf Grund ihrer Spezialkennt- 24 nisse zur Beratung und Mitbehandlung beigezogen werden kann. Er kann ärzt-

---

31 Zur gegenseitigen Anerkennung vgl. zB § 39 Abs. 6 HeilBerG NRW und § 14 Rn 11.
32 Tarifverträge für den öffentlichen Dienst (TVöD) mit verschiedenen Ausprägungen für den Bund (TVöD Bund), die kommunalen Arbeitgeber (TVöD VKA), Ärzte an kommunalen Krankenhäusern und Universitätsklinika der Länder (TVÄrzte/TVL).
33 Seit 2006 W-Besoldungsordnung, die der C-Besoldungsordnung folgte, und aufgrund der Rechtsprechung, BVerfG, Urt. v. 14.2.2012 mit Erfahrungsstufen ausgestattet wurde.
34 Räume, Mobiliar, medizinisch-technische Geräte, Schwestern, Pfleger, Verwaltungskräfte.

licher Kollege einer Nachbarabteilung, eines anderen Krankenhauses, einer wissenschaftlichen Einrichtung oder des ambulanten Bereichs sein. Auch ein Honorararzt[35] oder Belegarzt kann Konsiliararzt sein. In der überwiegenden Zahl der Fälle sind Konsiliarärzte nicht an dem Krankenhaus beschäftigt, zu dem sie gerufen werden. Falsch verwendet wird der Begriff, wenn sich hinter dem Konsiliararztvertrag ein Honorararztvertrag verbirgt. Dann handelt sich nicht mehr um einen Konsiliararzt, da der Honorarvertrag bereits im Vorfeld zu bestimmten, konkret vereinbarten Leistungen verpflichtet. Dies ist beim Konsiliararzt gerade nicht der Fall, der ad hoc beigezogen wird. Seine Leistungen rechnet der Krankenhausträger ab. Nach der Entscheidung des BGH[36] besteht in diesem Fall keine Bindung an die GOÄ. Die Vergütung ist frei verhandelbar. Hat ein GKV-Patient eine Wahlleistungsvereinbarung nach § 17 Abs. 3 KHEntgG abgeschlossen und findet die Beiziehung des Konsiliararztes nur deshalb und auf Wunsch des Patienten statt, hat er die vereinbarte Wahlarztvergütung selbst oder über seine Zusatzversicherung zu finanzieren. Besteht eine solche Vereinbarung nicht und muss aus medizinischen Gründen ein Konsiliararzt mitberaten und mitbehandeln, entsteht eine Wahlarztkette. Sie ist zwar durch den Patienten ausgelöst, aber nicht von ihm als Wahlleistung vereinbart. Der Konsiliararzt wird dadurch nicht zum Wahlarzt.

25 Der Begriff des **Wahlarztes**[37] ist für Deutschland im Gegensatz zu Österreich nicht spezifisch. In Österreich versteht man darunter einen nicht in der gesetzlichen Krankenversicherung eingebundenen Arzt, der privat zu liquidieren berechtigt ist und dessen Leistungen in der Regel zu 80 % von der dortigen GKV erstattet werden. In Deutschland kommt der Begriff der wahlärztlichen Leistungen in § 17 KHEntgG vor. Es handelt sich dabei um besondere Leistungen, die nicht zu den allgemeinen Krankenhausleistungen zählen und daher zusätzlich von Patienten gegen gesonderte Berechnung eingekauft werden können. Ob und in welchem Umfang eine Kostenerstattung durch die Krankenkassen erfolgt, liegt in deren Ermessen bzw. ergibt sich aus den Festlegungen ihrer Satzungen. Soll die Krankenkasse für die Wahlleistung aufkommen, muss diese zuvor beantragt und von der Krankenkasse ausdrücklich erlaubt worden sein. Der BGH[38] hat klargestellt, dass Honorarärzte keine Wahlärzte sind. Sie erbringen im Einzelfall zwar stationäre privatärztliche Leistungen, dürfen sie aber im Krankenhaus anders als dort angestellte oder beamtete Ärzte nicht selbst abrechnen. Ihnen wird grundsätzlich auch durch den Krankenhausträger vertraglich kein Privatliquidationsrecht oder eine Einnahmenbeteiligung eingeräumt. D. h. umgekehrt, dass sie zur

---

35 § 14 Rn. 27.
36 BGH, Urt. v. 16.10.2014 – III ZR 85/14; BGH, Urt. v. 10.01.2019 – III ZR 325/17
37 *Debong*, ArztRecht 2014, 33.
38 BGH, Urt. v. 16.10.2014 – III ZR 85/14.

Abrechnung dann berechtigt sein können, wenn ihnen die entsprechenden Rechtspositionen vertraglich zugesagt worden sind. Dies ist durch Honorarvereinbarung möglich. Die Umsetzung einer entsprechenden Beteiligungsvergütung dürfte in der Praxis nicht einfach sein, weil anteilige Verwaltungs-, Personal- und Sachkosten zu ermitteln und abzuziehen sind. Noch komplizierter wird die Lage, wenn externe Abrechnungsstellen mit der Liquidation beauftragt sind.

Mit **Kooperationsärzten** vereinbaren Krankenhausträger die Nutzung ihrer 26 räumlichen, personellen und sächlichen Ressourcen zum ambulanten Operieren im Krankenhaus. Diese Arztgruppe kann sich aus niedergelassenen Ärzten nach § 115b SGB V, im Krankenhaus tätigen Ärzten mit Ermächtigung zur ambulanten Versorgung und aus Honorarkräften, die für das Krankenhaus die ambulanten Leistungen erbringen, zusammensetzen. Nur soweit für das Krankenhaus ambulant operiert wird, rechnet das Krankenhaus gegenüber den Patienten bzw. ihren Versicherungen ab. Bei den anderen Konstellationen liquidieren die betroffenen Ärzte selbst. Kooperationen mit der niedergelassenen Ärzteschaft kann es bei den vor- und nachstationären Behandlungen nach § 115a SGB V ebenfalls geben. Die Abrechnungen werden vom Krankenhaus vorgenommen und auf Grund vertraglicher Vereinbarungen an die handelnden Kooperationsärzte weitergeleitet.

Eine weitere Form der beruflichen Tätigkeit des Arztes ist der **Honorararzt**[39]. 27 Es handelt sich um einen Facharzt, der in Krankenhäusern auf Honorarbasis befristet tätig ist. Er ist weder im Krankenhaus angestellt noch übt er die Funktion eines Beleg- oder Konsiliararztes aus. Das Honorar vereinbart er mit dem Krankenhausträger frei und unterliegt keinen Tarifbindungen. Die Regelungen der GOÄ kommen ebenfalls nicht zur Anwendung. Der BGH sieht infolgedessen auch keine Abrechnungsmöglichkeiten seiner Leistungen über § 17 KHEntG. Die Norm erfasse honorarärztliche Leistungen nicht, so dass sie auch nicht als Wahlleistungen abrechnungsfähig seien. Mit seiner Entscheidung aus dem Jahr 2019[40] hat er zudem klar gestellt, dass die Inanspruchnahme von Wahlarztleistungen im Krankenhaus darauf abzielt, die Spezialisierung der Einrichtung, ihre besondere Erfahrung und die Kompetenz ihres Personals einschließlich des Chefarztes zu nutzen. Genau dies sei bei Honorarärzten nicht ausreichend bekannt und daher von Patienten nicht zu wählen. Honorarärzte werden wie freie Unternehmer tätig

---

39 BGH, Urt. v. 16.10.2014 – III ZR 85/14; *Wienke/Becker,* Honorararzt – Konsiliararzt – Wahlarzt – Belegarzt – Kooperationsarzt, https://www.kanzlei-wbk.de/aktuelles-medizinrecht/honorararzt-konsiliararzt-wahlarzt-belegarzt-kooperationsarzt-143.html, v. 9.2.2015.
40 BGH, Urt. v. 19.01.2019, – III ZR 325/17.

und tragen das Unternehmerrisiko selbst. Der BGH zog daraus die Konsequenz, dass Honorarärzten private stationäre Wahlleistungen nicht erlaubt sind. Das LSG Baden-Württemberg[41] untersagte Honorarärzten bereits die Legitimation zur Erbringung stationärer ärztlicher Regelleistungen im GKV-System, obwohl § 2 KHEntG diese Leistungen auch nicht fest im Krankenhaus angestellten Ärzten mit entsprechender Qualifikation und unter Berücksichtigung der Krankenhausstandards erlaubt. Das SG München[42] sieht für Anästhesisten immer dann, wenn sie in einem Krankenhaus nicht als Belegärzte tätig sind, ein bestehendes Beschäftigungsverhältnis. Dem Grundsatz des einheitlichen Beschäftigungsverhältnisses widerspreche eine Differenzierung zwischen Tätigkeiten an privat- und gesetzlich krankenversicherten Patienten im Krankenhaus Das BSG[43] hatte ursprünglich auch den Einsatz niedergelassener Ärzte bei ambulanten Operationen im Krankenhaus mit der Begründung für unzulässig erklärt, der Vertrag zum ambulanten Operieren[44] behalte diese Tätigkeiten ausschließlich im Krankenhaus angestellten Ärzten und Belegärzten vor. Dies ist durch die Klarstellung in § 115b Abs. 1 Satz 3 SGB V bereinigt, wonach Kooperationen mit niedergelassenen Ärzten ausdrücklich zugelassen und damit deren Leistungen auch abrechnungsfähig sind. Die Rechtsprechung[45] hat zum Teil verlangt, dass ein Honorararzt auch vertragsärztlich tätig sein müsse, wenn er zusätzlich im Krankenhaus freiberuflich arbeiten wolle. Eine freie ärztliche Tätigkeit ohne Bindung an eine Niederlassung widerspreche dem Berufsbild des Arztes und den Qualitätsanforderungen, die an ärztliche Tätigkeiten zu stellen seien. Dies würde bedeuten, dass es einem Arzt verwehrt wäre, ausschließlich als Honorararzt zu arbeiten. Es handelte sich um eine Berufsausübungsregelung, die gesetzlich zugelassen sein müsste. Die einschlägigen Bestimmungen des § 115b SGB V und des § 17 KHEntgG lassen diese Deutung aber nur schwerlich zu – im Gegenteil. Es wird vielmehr nach der Formulierung des Gesetzes davon auszugehen sein, dass Kooperationen mit Honorarärzten eher der Zugang eröffnet als verschlossen werden soll. Zu dieser Frage hat sich die höchstrichterliche Rechtsprechung aber noch nicht abschließend geäußert.

---

41 LSG, Baden-Württemberg, Urt. v. 17.4. 2013 – L 5 R 3755/11; SG München, Endurteil v. 10. 3. 2016 – S 15 R 1782/15; a.A. SG Berlin, Urt. v. 26. 2. 2014 – S 208 KR 2118/12; SG Braunschweig, Urt. v. 25.7. 2014 – S 64 KR 206/12.

42 SG München, Endurteil v. 10. 3. 2016 – S 15 R 1782/15.

43 BSG, Urt. v. 23.03. 2011 – B 6 KA 11/10 R.

44 AOP-Vertrag nach § 115b Abs. 1 SGB V v. 1.6. 2012.

45 LSG Baden-Württemberg, Urt. v. 17.4.12 – L 5 R 3755/11; *Schmitt,* Entscheidung des LSG Stuttgart verunsichert erneut Honorarärzte und Krankenhäuser, 2013, https://www.roedl.de.

Strittig ist, ob ein **Honorararzt rentenversicherungspflichtig** sein muss. **28** Dies hat das LSG Niedersachsen-Bremen[46] bejaht. Ein im Krankenhaus tätiger „Honorararzt" werde in den klinischen Alltag eingegliedert, erhalte einen festen Stundenlohn, führe seine Tätigkeit in abhängiger Beschäftigung im Sinne des § 7 Abs. 1 SGB IV durch, trage kein unternehmerisches Risiko, sei weder am Gewinn noch Verlust des Krankenhauses beteiligt und trage das Entgeltausfallrisiko in einer Insolvenz des Arbeitgebers nicht selbst. Es fehlten also die Kriterien der selbst verantwortlichen und selbstständigen Tätigkeit. Dies gelte umso mehr, wenn auch Arbeitsmittel zur Verfügung gestellt würden. Es gelte in diesen Fällen eine Rentenversicherungspflicht selbst dann, wenn im Honorararztvertrag diesbezüglich eine eigenverantwortliche Regelung ausdrücklich vereinbart worden sei. Maßgebend ist insoweit das tatsächliche Verfahren bei der Berufstätigkeit. Liegen die genannten Kriterien der Selbstständigkeit nicht vor, handelt es sich also nicht um eine Honorararzttätigkeit, dann besteht Rentenversicherungspflicht.

Den sog. **Honorarbelegarzt** gibt es seit 2009. Er rechnet seine stationär er- **29** brachten Leistungen nicht gegenüber der Kassenärztlichen Vereinigung ab, sondern nach individueller Vereinbarung im Innenverhältnis mit dem Krankenhaus, für das er tätig wird.

Fall 13

R hat nach seinem Hochschulstudium der Medizin mit anschließender Approbation im Fach Anästhesie eine Weiterbildung absolviert und steht kurz vor seiner Facharztprüfung bei der Ärztekammer. Er muss nur noch wenige Operationen nach seinem Weiterbildungskatalog nach den Vorgaben der Weiterbildungsordnung beibringen. Er bewirbt sich auf eine ausgeschriebene Arztstelle in einem Krankenhaus, für die der Facharztstatus Anästhesie und Praxiserfahrung erforderlich sind. Derzeit ist er als Honorararzt anästhetisch tätig. Damit hat er eine zweijährige Berufserfahrung, allerdings nur in kurzen Tätigkeitsabschnitten von jeweils wochenweisen Urlaubsvertretungen sammeln können. Hat seine Bewerbung Aussicht auf Erfolg?

Lösungsskizze

1. Facharztstatus bedeutet eine abgeschlossene Weiterbildung mit Prüfung und Zeugnis. Auch wenn die Weiterbildung kurz vor dem Abschluss steht, liegt dieser nicht vor, sondern lediglich ein Facharztstandard. Möglicherweise kann R durch Verhandlungen erreichen, dass er auch damit eingestellt wird.
2. Als Honorararzt mit nur wochenweisen Vertretungen ist das Sammeln von Berufserfahrung schwierig, zumal keine Kontinuität gegeben ist. Des Weiteren kann mit der Anforderung Berufserfahrung auch gemeint sein, dass sie im Facharztstatus und nicht im Facharztstandard erworben sein muss. Insoweit wäre R nicht ausreichend qualifiziert.

---

46 LSG Niedersachsen-Bremen, Urt. v. 16.12.2015 – L 2 R 516/14.

30 Der **Vertragsarzt** ist ein nach § 95 SGB V zur vertragsärztlichen Versorgung zu-
gelassener ambulant tätiger Arzt, der unter den gesetzlichen Voraussetzungen an
der Versorgung der GKV-Patienten teilnimmt. Ihm ist daneben die Behandlung
privat versicherter oder selbst zahlender Personen nicht verboten. Seine Zulassung zum vertragsärztlichen System verpflichtet ihn, am Sicherstellungsauftrag
der KVen nach § 75 SGB V mitzuwirken und die notwendigen Behandlungen der
GKV-Versicherten durchzuführen. Vertragsärzte dürfen auch in Krankenhäusern
tätig werden, wenn dies mit der vertragsärztlichen Tätigkeit kompatibel ist.

31 **Ambulante Operationen** können im Krankenhaus sowohl von den dort
angestellten oder beamteten Ärzten als auch von niedergelassenen Vertragsärzten
durchgeführt werden. Die Zusammenarbeit mit dem Krankenhaus wird vertraglich geregelt. Sie kann zB darin bestehen, dass der Vertragsarzt die sächlichen und
personellen Ressourcen des Krankenhauses für einen bestimmten Zeitraum
mietet. Die Abrechnung der ambulanten Operationen nimmt das Krankenhaus bei
GKV-Versicherten unmittelbar gegenüber deren Krankenkasse vor. Dies gilt für
niedergelassene Ärzte entsprechend. Privatpatienten sind Selbstzahler. Ist Krankenhausärzten ein Privatliquidationsrecht eingeräumt worden, rechnen sie gegenüber den Patienten ab. Nach § 115b SGB V dürfen darüber hinaus ambulante
Operationen auch durch niedergelassene Vertragsärzte erbracht werden, die ihr
Honorar unmittelbar vom Krankenhaus auf Grundlage der getroffenen vertraglichen Absprache erhalten.

32 **Vor- und nachstationäre Behandlungen** können auf unterschiedliche Arten erbracht werden. Entweder versorgen die im Krankenhaus beschäftigten Ärzte
selbst oder nach § 115a Abs. 1 Satz 2 SGB V ausdrücklich dazu beauftragte ambulant tätige Ärzte behandeln in den Räumen des Krankenhauses oder in ihrer
Arztpraxis entsprechend. Die Abrechnung der Leistungen erfolgt auf Vertrags-
basis unmittelbar mit dem Krankenhausträger, der seinerseits mit den Kostenträgern abrechnet.

33 Bei **Beendigung der Berufsausübung** muss der Heilberufler seine Approbation grundsätzlich nicht zurückgeben. Das bedeutet, dass ihm auch weiterhin
das Recht zusteht, seinen Beruf auszuüben. Die Spezialregelungen begrenzen
seine Berufsausübungsberechtigung zB bei Tätigkeiten im Staatsdienst, in der
GKV. Soweit gesundheitliche Einschränkungen zur Berufsaufgabe führen, kann
die zuständige Approbationsbehörde die Approbation widerrufen, weil die Voraussetzungen für die Berufsausübung nicht mehr vorliegen. Hat sich ein Appro-
bationsinhaber eines Vergehens oder Verbrechens schuldig gemacht oder wird
deswegen ein staatsanwaltliches Ermittlungsverfahren gegen ihn durchgeführt,
kann während der Ermittlungen das Ruhen der Approbation angeordnet werden.
Bei strafrechtlicher Verurteilung kann die Approbation entzogen werden. Für die
ärztlichen Heilberufe sind die Maßnahmen jeweils in den einschlägigen Spe-

zialgesetzen BÄO, ZHG, BApO, PsychthG und BTÄO geregelt. Auf eine Approbation kann verzichtet werden. Eine Verzichtserklärung kann nicht zurückgenommen werden, weil mit ihr die jeweilige Rechtsposition entfällt. Es kommt nur eine Neuerteilung der Approbation in Betracht.

III. Berufsrechtliche Überprüfungen, Berufsgerichtsbarkeit

Berufsrechtliche Überprüfungen nimmt die zuständige Heilberufskammer **34** vor. Sie bewertet im Vergleich zur strafrechtlichen Verfolgung den „berufsrechtlichen Überhang". Die berufsrechtliche Prüfung misst ein Fehlverhalten des Kammerangehörigen an der von ihr erlassenen Berufsordnung. Soweit staatsanwaltschaftliche Ermittlungsverfahren eingeleitet worden sind, besteht eine Unterrichtungsverpflichtung der Approbationsbehörden gegenüber der Heilberufskammer. Letztere hat die Verpflichtung, auf die staatsanwaltschaftlichen Ermittlungen Rücksicht zu nehmen, ihnen nicht vorzugreifen und sie nicht zu stören.[47] Die tatsächlichen Feststellungen der Strafjustiz sind für die Berufsgerichte bindend. Soweit es keine staatsanwaltschaftlichen Ermittlungen gibt, dürfen die Heilberufskammern unmittelbar tätig werden. Decken sie strafrechtlich relevante Sachverhalte auf, müssen sie das Verfahren an die Staatsanwaltschaft abgeben und ihre Maßnahmen ruhen lassen.[48]

Beispiel
Der „berufsrechtliche Überhang" kann im Rahmen der Verletzung von Schweigepflichten zum Tragen kommen. Zum einen besteht diese Pflicht nach § 203 StGB. Zum anderen verpflichtet § 9 MBO zur Verschwiegenheit über Tatsachen aus dem ärztlichen Berufsleben. Die Tatbestände überschneiden sich zwar, sind aber hinsichtlich ihrer Schutzgüter nicht deckungsgleich. Während § 203 StGB das Persönlichkeitsrecht des Patienten schützt, regelt die berufsrechtliche Norm das ärztliche Verhalten ohne Ansehung des Persönlichkeitsrechts des Patienten. Nur durch die zusätzliche berufsrechtliche Sanktion wird die gesamte Breite der ärztlichen Tätigkeit erfasst.

Bei der **Berufsgerichtsbarkeit** handelt sich um ein Verfahren, das aus Ermitt- **35** lungen und einer Hauptverhandlung besteht. In erster Instanz sprechen die Berufsgerichte für Heilberufe bei Verwaltungsgerichten Recht. Die zweite Instanz ist bei den Landesberufsgerichten für Heilberufe bei den Oberverwaltungsgerichten angesiedelt. Eigene Spruchkörper gibt es in Baden-Württemberg, Niedersachsen

---

47 Vgl. zB § 76 Abs. 1 HeilBerG NRW, § 5 HeilbG HH.
48 § 14 Rn. 37.

und dem Saarland[49], die den Heilberufskammern zugeordnet sind. Das Verfahren regeln die Kammer- bzw. Heilberufsgesetze bzw. die Berufsgerichtsgesetze der Länder. Daher können die Verfahren unterschiedlich sein. Die örtliche Zuständigkeit folgt der Kammerzuständigkeit. Rechtshängig wird ein Verfahren durch Beschluss des Berufsgerichts für Heilberufe. Ein vom Gericht bestimmter Untersuchungsführer führt die Ermittlungen. Zur Einleitung des Verfahrens sind die Heilberufskammern, die Aufsichtsbehörden und die Betroffenen berechtigt. Dritte haben kein Antragsrecht, sondern nur eine Anregungsmöglichkeit. Dieser folgt eine Prüfung der Kammer auf Einleitung nach pflichtgemäßem Ermessen. Eine Erzwingungsmöglichkeit für Dritte besteht nicht. In einigen Ländergesetzen wird das persönliche Erscheinen[50] der Kammerangehörigen, Zeugen und Sachverständigen in der Hauptverhandlung angeordnet, in anderen nicht. Auf die Konsequenzen des Nichterscheinens[51] nach erfolgter Ladung muss hingewiesen werden. Die Hauptverhandlung darf bei ordnungsgemäßer Ladung grundsätzlich auch ohne den Geladenen durchgeführt werden. Vorführungen, Verhaftungen und vorläufige Festnahmen gibt es im berufsgerichtlichen Verfahren nicht. Die Öffentlichkeit ist grudsätzlich ausgeschlossen, Berufsangehörige dürfen zuhören. Beschuldigten ist rechtliches Gehör und die Möglichkeit der Akteneinsichtnahme zu gewähren.

36   Der **Berufsgerichtsbarkeit unterliegen** alle Kammerangehörigen mit Ausnahme der beamteten Kammerangehörigen, soweit beamtenrechtliche Pflichten verletzt worden sind. Ausgenommen sind Heilberufsmitglieder, die in der obersten Aufsichtsbehörde tätig sind. Sie sind auch keine Kammerangehörigen, werden dies aber je nach Landesrecht mit Eintritt in den Ruhestand.

37   Die Berufsgerichtsbarkeit hat mehrere **Sanktionsmöglichkeiten.** Sie reichen von Verweis und Geldbuße[52] im Verwaltungsverfahren bis zu Warnung, Verweis, Entziehung des passiven Berufswahlrechts, höhere Geldbußen[53] und Feststellung der Unwürdigkeit zur Ausübung des Berufs erkannt werden[54] im Hauptverfahren. Verschiedene Sanktionsmöglichkeiten sind auch nebeneinander zulässig. Die Feststellung der Berufsunwürdigkeit führt zum Entzug des aktiven und passiven Wahlrechts in der Kammerversammlung.

---

49 Nach § 1 Abs. 1 Berufsgerichtsordnung existieren zB eigene Gerichte und in zweiter Instanz eigene Gerichtshöfe für jeden einzelnen Heilberuf gesondert.
50 § 81 HeilbG BY.
51 Vgl. zB § 86 HeilBerG NRW.
52 Nach § 83 HeilBerG NRW bis 10.000 €.
53 Nach § 60 HeilBerG NRW bis 50.000 €, nach § 52 Abs. 1 Nr. 3 HeilBG RP bis 200.000 €.
54 ZB §§ 92, 60 HeilBerG NRW.

Eine **Aussetzung** des berufsgerichtlichen Verfahrens kommt in Betracht, 38
wenn in einem anderen Verfahren Vorfragen von entscheidender Bedeutung zu
klären sind. Dies gilt insbesondere, wenn ein Approbationsentzugsverfahren
rechtshängig ist.

Das berufsgerichtliche **Verfahren** wird **eingestellt**, wenn die Approbation 39
entzogen wurde. Eine Einstellung erfolgt auf Antrag auch dann, wenn die Kam-
mer- und Heilberufsgesetze für den Fall der Beendigung der Kammermitglied-
schaft keine entsprechenden Regelungen getroffen haben.

Der **Grundsatz „ne bis in idem"** ist besonders in zwei Fällen angesprochen 40
und verbietet eine Doppelbestrafung. Er gilt zum einen, wenn bei der strafrechtlichen Beurteilung kein berufsrechtlicher Überhang besteht und zum anderen,
wenn in einem Disziplinarverfahren im Vergleich zu einer berufsrechtlichen
Prüfung ein disziplinarrechtlicher Überhang gegeben ist.

Ein **Verfahrenshindernis** liegt vor, wenn Verfolgungsverjährung eingetreten 41
ist. Diese ist in den Landeskammergesetzen unterschiedlich geregelt. Die Fristen
liegen zwischen drei und fünf Jahren.

Eine **Verfahrenseinstellung** durch den Vorsitzenden des Berufsgerichts für 42
Heilberufe kommt in Betracht, wenn das Verschulden geringfügig ist. Wird es
gegen eine Geldzahlung an eine gemeinnützige Einrichtung zur Wiedergutma-
chung vorläufig eingestellt, wird die Einstellung nur wirksam, wenn die Einzah-
lung fristgerecht erfolgt ist.

Gegen die Entscheidung des Berufsgerichts für Heilberufe ist die Berufung 43
das geeignete **Rechtsmittel**. Enthält die Berufungsschrift keinen Antrag, wird die
Berufung als unzulässig verworfen. Es gilt das Verbot der „reformatio in peius"[55].
Beschlüsse können mit der Beschwerde angefochten werden. Da es einen dritten
Instanzenzug in der Berufsgerichtsbarkeit nicht gibt und der Rechtsweg mit der
zweiten Instanz ausgeschöpft ist, kann das BVerfG im Bedarfsfall angerufen
werden.

Eine **Kostenentscheidung** wird zu Lasten des Beschuldigten getroffen, wenn 44
er im Verfahren unterlegen oder das Verfahren wegen Geringfügigkeit eingestellt
worden ist. Gleiches gilt bei Rücknahme der Approbation bei einem Verfahrens-
stand, zu dem eine berufsgerichtliche Maßnahme verhängt worden wäre. Bei
Feststellung, dass keine berufsrechtliche Verfehlung vorliegt, fallen die Kosten
der Staatskasse zur Last.

Strafen und Sanktionen nach Berufsrecht werden in den **Personalakten** der 45
Betroffenen vermerkt, soweit sie im öffentlichen Dienst oder in Angestelltenver-

---

55 Die Berufungsentscheidung darf die Entscheidung der ersten Instanz grundsätzlich nicht
verschlechtern.

hältnissen tätig sind. Um berufliche Einschränkungen zu vermeiden, besteht ein erhebliches Interesse der Betroffenen an einer kurzfristigen Tilgung des Eintrags. Regelungen dazu werden in den Kammer- bzw. Heilberufsgesetzen nur in seltenen Fällen getroffen. Allerdings können zB Betriebsvereinbarungen oder Tarifverträge entsprechende Aussagen enthalten. Außerdem geben Parallelvorschriften wie zB § 45 BZRG Hinweise. Danach könnten Fristen nach Heilberufsrecht, wenn sie angegeben wären, nicht ablaufen, wenn zB noch Strafverfahren oder Approbationsentzugsverfahren schweben. Zieht man Analogien zum Recht der arbeitsrechtlichen Abmahnungen könnte auf Verlangen der Beschäftigten eine Löschung von Verwarnungen und Verweisen nach 2 bis 3 Jahren erfolgen. Die Arbeitsgerichte sehen Wohlverhaltensphasen dieser zeitlichen Dauer grundsätzlich als ausreichend an[56]. Spätestens nach fünf Jahren sollten Geldbußen gelöscht werden, andere Maßnahmen wie Kriminalstrafen nach 10 Jahren. Länger als 10 Jahre zurückliegende Einträge dürfen nicht mehr berücksichtigt werden[57]. Hat ein Arbeitnehmer Alkoholprobleme mit Hilfe des Arbeitgebers und einschlägiger Therapien bewältigt, dürfen Hinweise darauf nicht offen in der Personalakte vermerkt werden. Sie müssen der Personalakte verschlossen beigelegt werden[58], wenn sie Bestandteil werden sollen. Betroffene haben auch nach dem Ausscheiden aus dem Arbeits- oder Dienstverhältnis ein Einsichtsrecht[59] in ihre Personalakten, wenn ein berechtigtes Interesse zB für weitere Bewerbungsverfahren besteht.

IV. Disziplinarrecht

46 Neben approbationsrechtlichen, staatsanwaltschaftlichen Ermittlungsverfahren und berufsrechtlichen Überprüfungen kommen im öffentlichen Dienst bei Verdacht auf Pflichtverletzungen und kriminelle dienstlich oder privat zusätzlich **Disziplinarverfahren** in Betracht. Dabei handelt es sich um verwaltungsinterne

---

56 Die abweichende Rechtsprechung des BAG, Urt. v. 19.7.2012 – 2 AZR 782/11 – mit Erläuterungen Hensche, Arbeitsrecht aktuell 13/020 – zur Funktion der Abmahnung, die im Jahr 2012 diese Zeit wieder in Frage gestellt und selbst nach 4 Jahren berechtigte Ansprüche auf Entfernung der Eintragung aus der Personalaktie nicht als zwingend angesehen hat, ist bei der angesprochenen Fragestellung nicht relevant. Bei dem vom BAG zu entscheidenden Fall ging es um die Warnfunktion der Abmahnung, die zwar für eine verhaltensbedingte Kündigung im ersten Fall nicht mehr relevant sein kann, aber bei einer Wiederholung des Fehlverhaltens eine Kündigung durchaus erleichtern kann.
57 *Rieger*, Lexikon des Arztrechts, Rn 374.
58 Hessisches Landesarbeitsgericht, Urt. v. 15.11.2005 – 15 Sa 1235/04; BAG, Urt. v. 12.9.20016 – 9 AZR 271/06).
59 BAG, Urt. v. 16.11.2010 – 9 AZR 573/09.

Prüfverfahren, die bei Beamten nach den einschlägigen beamtenrechtlichen Vorschriften[60] durchgeführt werden. Private Verfehlungen spielen insbesondere dann eine Rolle, wenn sie erkennen lassen, dass Beamte charakterlich für ihre Aufgabe ungeeignet sind. Angestellte im öffentlichen Dienst unterliegen diesen Vorgaben nicht. Sie werden an allgemeinen arbeitsrechtlichen Kriterien gemessen. Disziplinarverfahren können auch angestrengt werden, wenn Vertragsärzte gegen Vorgaben des SGB V verstoßen. Strafrechtliche Ermittlungen und Verfahren wegen Ordnungswidrigkeiten gehen Disziplinarverfahren vor. Nach einigen heilberufsrechtlichen Vorgaben sind berufsgerichtliche Verfahren neben beamtenrechtlichen Disziplinarverfahren unzulässig.

Fall 14
Der Vertragsarzt V behauptet wahrheitswidrig, es sei gegen Masern eine allumfassende Impfpflicht für jedermann eingeführt worden. Die Patienten seiner Praxis impft er, ohne deren Impfstatus zu überprüfen. Er kommt mit seinem Honorar nicht aus und verlangt von der zuständigen KV einen Nachschuss aus der extrabudgetären Gesamtvergütung, mit der die Krankenkassen speziell das Impfen als besonders förderfähig honorieren.

Lösungsskizze
1. Mit seiner wahrheitswidrigen Behauptung hat V das Wirtschaftlichkeitsprinzip nach § 12 SGB V verletzt. Insofern ist seine Leistung grundsätzlich nicht förderwürdig. Allerdings prüfen die Kostenträger diese Einzelmaßnahme nicht selbst.
2. Die KV, die für diese Prüfung zuständig ist, wird feststellen, dass Leistungen über das Notwendige und Ausreichende hinaus erbracht worden sind, soweit nicht für bestimmte Personengruppen nach dem Masernschutzgesetz[61] tatsächlich eine Impfpflicht besteht. Das Verhalten des V verstieß damit gegen die Vorgaben des SGB V und ist nicht bei der Honorarbemessung zu berücksichtigen bzw. wenn doch sachgerecht erbracht infolge Budgetüberschreitung mit einem geringeren Honorar zu vergüten.
3. Da das Verhalten gegen die Grundsätze einer sachgerechten, vertragsärztlichen Versorgung verstoßen hat, können ferner Maßnahmen der KV nach § 81 Abs. 5 SGB V in Betracht kommen.
4. Auch die Berufsordnung wurde verletzt, indem Patienten über die tatsächliche gesetzliche Lage aus Profitgründen getäuscht wurden und dieses Verhalten dem Berufsstand schadet. Die Ärztekammer wird V sanktionieren. Dies gilt umso mehr, als V damit auch das Vertrauen in den ärztlichen Beruf erheblich gestört hat.
5. Die Täuschung hat zur Einwilligung in eine Körperverletzung, die Impfung geführt, die bei korrekter Beratung nicht gegeben worden wäre. Damit ist die Körperverletzung nicht gerechtfertigt und nach §§ 223 ff. StGB strafbar.
6. Eine Strafbarkeit folgt auch aus der Verordnung nicht notwendiger Arzneimittel. Der Tatbestand der Untreue nach § 266 StGB gegenüber den Kostenträgern kommt in Betracht.

---

60 § 77 BBG.
61 Masernschutzgesetz v. 10. 2. 2020 (BGBl. I S. 148).

7. Die Nichterhebung des Impfstatus' ist eine Pflichtverletzung des Arztvertrages, die Impfungen und damit Körperverletzungen hätte vermeiden können. Dies ist deliktsrechtlich relevant und kann zu Schadensersatzansprüchen führen.

V. Schlichtungsverfahren

47 Das **Schlichtungsverfahren** vor den Gutachterstellen der Heilberufskammern[62] hat sich seit Jahren bewährt und entlastet die Gerichte. Dabei geht es um einen außergerichtlichen Ausgleich zwischen Arzt/ Zahnarzt/ Psychotherapeut und Patient im Hinblick auf Schadensersatz- und Schmerzensgeldansprüche nach Behandlungsfehlern. Im Wesentlichen sind Fragen der vertraglichen Haftung und des Deliktsrechts zu klären. Den Arzt trifft aus Dienstvertragsrecht nach §§ 611 ff. BGB nicht die Haftung für den Erfolg seiner Behandlung, sondern eine Einstandspflicht für vorwerfbare Fehlleistungen[63]. Das Verschulden wird in der Regel aus Fahrlässigkeit abgeleitet. Durch die Änderung des Patientenrechts im Jahr 2013[64] befindet sich der Patient zwischenzeitlich in einer gestärkten Position. In Fällen der Beweislastumkehr[65] muss nicht er das Verschulden des Arztes, sondern dieser sein dem Stand der medizinischen Wissenschaft entsprechendes Handeln darlegen. Die Beweislastumkehr kann auch bei leichten Befundungsfehlern in Betracht kommen.[66] Ein Antrag auf Schlichtung hemmt im Falle eines vermuteten Behandlungsfehlers die Verjährung von Schadensersatzansprüchen.[67] Das notwendige Einvernehmen dazu werde zwischen den Parteien „unwiderleglich vermutet", wenn es sich um eine „branchengebundene Gütestelle" handele. Als solche werden die Schlichtungsstellen der Ärztekammern qualifiziert. Das Ende der Verjährungshemmung, also der Unterbrechung der Verjährungsfrist, tritt, so der BHG, „sechs Monate nach der rechtskräftigen Entscheidung oder anderweitigen Beendigung des eingeleiteten Verfahren(s)" ein. Lassen sich die Parteien nicht auf ein Schlichtungsverfahren ein, wird es nicht durchgeführt. Dies gilt zB,

---

62 Gutachterkommissionen für ärztliche Behandlungsfehler gibt es bei allen 17 Landesärztekammern. Ihre Tätigkeit ist mit einer Streitbeilegung von ca. 90 % sehr effizient. In rund 30 % der Fälle werden ärztliche Behandlungsfehler festgestellt. Rund 10 % der Streitigkeiten gehen in ein Klageverfahren über.
63 *Berner*, Dtsch. Ärztebl. 1999, 96(34–35): A-2134/B-1810/C-1702.
64 Patientenrechtegesetz zur Verbesserung der Rechte von Patientinnen und Patienten v. 20. februar 2013 (BGBl. I 2013, 277).
65 *Müller/Wedlich*, Patientenrechtegesetz: Beweislasten im Arzthaftungsprozess, Dtsch Ärztebl. 2013, 110.
66 BGH, Urt. v. 7. Juni 2011 – VI ZR 87/10.
67 BGH, Urt. v. 17.1.2017 – VI ZR 239/15.

wenn die Haftpflichtversicherung des Arztes widerspricht. Das Verfahren wird im Wesentlichen schriftlich geführt. Der ordentliche Rechtsweg bleibt geöffnet. Für die Beteiligten ist das Verfahren gebührenfrei. Die Gremien sind mit ehrenamtlich tätigen Ärzten und Volljuristen besetzt. Die Bearbeitungszeiten liegen durchschnittlich zwischen 10 bis 12 Monaten inklusive der Wartezeiten, die auf die Einholung fachlicher Stellungnahmen und Gutachten zurückzuführen sind.

§ 15 Vertragsärztliche Versorgung

I. Grundlagen

1 Die **ambulante ärztliche Versorgung** steht auf zwei Säulen, der vertragsärztlichen und der privatärztlichen. Erstere trägt mit mehr als 90 % der Versicherten die Hauptlast. Die ambulante Versorgung soll nach dem Grundsatz „ambulant vor stationär", der in § 39 SGB V niedergelegt ist, vorrangig in Anspruch genommen werden. Dies gilt naturgemäß nicht, wenn sich aus den Umständen ergibt, dass eine Erkrankung nur mit den Mitteln eines Krankenhauses geheilt oder gelindert werden kann. Ärzte können eine ambulante Tätigkeit in eigener Praxis, in Institutsambulanzen von Krankenhäusern oder in Kooperationsmodellen mit ärztlichen und anderen Heilberufen ausüben. Vor diesem Hintergrund hat der Gesetzgeber ein umfassendes System entwickelt, das auf einer Bedarfsplanung basiert, die die ambulante Versorgung flächendeckend sicherstellt, Vergütungsregelungen trifft und die Refinanzierung des Systems durch Beitragszahler, staatliche Zuschüsse und Einnahmen Dritter ermöglicht.

2 **Historisch** wurden die ersten **Grundlagen** zur vertragsärztlichen Versorgung im Jahr 1854 durch das Gesetz über die gewerblichen Unterstützungskassen[1] gelegt. Es sah eine Pflichtmitgliedschaft für einige wenige Berufszweige vor. Ende des 19. Jahrhundert wurden das Sachleistungsprinzip und ein Abrechnungssystem zwischen Krankenkassen, Ärzten und Versicherten etabliert, das Vorgängermodell zum heutigen sog. GKV-Viereck.[2] Die Kostenträger diktierten die Vertragsbedingungen. Die Ärzteschaft rebellierte dagegen. Die freie Arztwahl sei nicht gewährleistet. Einzelhonorare müssten gewährt werden. Kollektivverträge seien anzustreben. Ende 1913 wurde das Berliner Abkommen zur Beilegung des Streits getroffen. Es bildete die Grundlage des heutigen SGB V und damit der gemeinsamen Selbstverwaltung im Gesundheitswesen und legte schriftliche Verträge zwischen Ärzten und Krankenkassen fest, den Ausschluss von Nichtkassenärzten, die Einführung eines Arztregisters und Vertragslösungen über Versorgungsaufträge und deren Honorierung. Als Konfliktlösungsmechanismen wurden Schiedsämter und Schiedsgerichte eingeführt. Das Kassenarztsystem wurde in späteren Jahren in das öffentliche Recht überführt. Die Einrichtung von Kassenärztlichen Vereinigungen, die Gesamtverträge mit den Kostenträgern über Versorgungsinhalte und ihre Vergütung schlossen, mündeten in das heute be-

---

1 Gesetz betreffend die gewerblichen Unterstützungskassen v. 3.4.1954 (Gesetzessammlung für die königlichen Preußischen Staaten, S. 138).
2 Siehe § 5 Rn 14 ff.

https://doi.org/10.1515/9783110700428-018

kannte Zulassungs- und Ermächtigungswesen zur vertragsärztlichen Versorgung, ein Kollektivvertragssystem.[3] Die KVen wurden mit disziplinarischen Befugnissen gegenüber den ihnen angeschlossenen Ärzten ausgestattet.[4] Ab 1976 existierte eine Bedarfsplanung im ambulanten kassenärztlichen Bereich durch das Gesetz zur Weiterentwicklung des Kassenarztwesens. In der Folge erließ der Gesetzgeber eine Fülle von Kostendämpfungsgesetzen. Der Grundsatz der Beitragssatzstabilität wurde durch das Gesundheitsreformgesetz[5] 1988 eingeführt. Dadurch fanden Festbeträge und Kürzungsmöglichkeiten bei Leistungen Eingang in das System, dessen Kosten den Solidargedanken des SGB V zu sprengen drohten. Die Sekundärkassen[6] erhielten wie die Primärkassen ein Verhandlungsmandat im Rahmen der vertragsärztlichen Versorgung, obwohl sie ihren privatrechtlichen Status als Vereine im Gegensatz zu den Primärkassen als Körperschaften des öffentlichen Rechts beibehielten. Der Kassenarzt wurde zum Vertragsarzt umbenannt. Die Versicherten waren nicht mehr an die Krankenkassen, die ihren Berufsstand vertraten, gebunden. Die freie Kassenarztwahl wurde ermöglicht. Gleichzeitig erfuhren die Vertragsärzte aber auch eine Deckelung ihrer Ausgaben. Ein kassenübergreifender Risikostrukturausgleich sollte die Kassenarten stützen, die mit „schlechten Risiken"[7] überproportional hohe Ausgaben hatten. Die Befürchtung einer zunehmend schlechteren Versorgung auf dem Land hob die Altersregelung, nach der Ärzte ihren Vertragsarztsitz bei einer bestimmten Altersgrenze aufgeben mussten, auf. Um die Versorgung zu verbessern und die Übergänge zwischen den Sektoren ambulant und stationär zu erleichtern, wurde eine integrierte Versorgung eingeführt, Anschubfinanzierungen für bestimmte Aufgabenbereiche vorgesehen, Medizinische Versorgungszentren zugelassen und den Krankenkassen die Beitragsautonomie entzogen. Letztere wurde erst mit der Kalkulationsmöglichkeit von Zusatzbeiträgen teilweise wieder eingeräumt. Bis zu einer Pflichtversicherungsgrenze wurde die Krankenversicherungspflicht normiert. Die verstärkte Zulassung von Krankenhäusern zur ambulanten Versorgung nach §§ 115b, 116b SGB V zur vor- und nachstationären Versorgung, dem ambulanten Operieren und der spezialfachärztlichen Versorgung nach § 116b SGB V wirkten auf die vertragsärztliche Versorgung ein. Der Einfluss der KVen sank.

---

3 Einstandspflicht der besser verdienenden Versicherten für die geringer verdienenden.
4 Gesetz über Änderungen von Vorschriften des Zweiten Buchs der Reichsversicherungsordnung und zur Ergänzung des Sozialgerichtsgesetzes (Gesetz über Kassenarztrecht – GAKR) v. 17.8.1955, (BGBl. I. S. 513)
5 Gesundheitsreformgesetz (GRG) v. 29.12.1988 (BGBl. I S.2477).
6 Vgl. § 5 Rn 26.
7 Multimorbide, also an mehreren Krankheiten leidende Menschen und besonders schwer und häufig erkrankte Klientel.

Steuerungseffekte[8] nahmen ab, die Leistungserbringervielfalt nahm zu. Die ärztlichen Leistungserbringer fühlten sich zurückgedrängt.

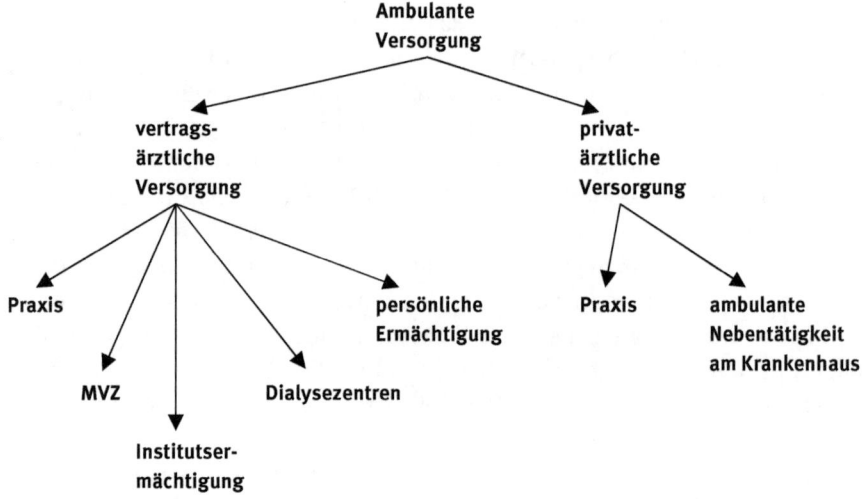

II. Teilnahme

3 Das Vertragsarztsystem basiert auf **Zulassungen und Ermächtigungen** gemäß § 95 SGB V i.V.m. mit der ÄrzteZV.[9] Darüber werden Ärzte zur vertragsärztlichen Versorgung im GKV-System berechtigt und verpflichtet. Vertragsärztlich tätig sein können nach § 95 SGB V zugelassene und ermächtigte Ärzte und Ärztekooperationen nach §§ 18 ff. MBO-Ä, zugelassene Medizinische Versorgungszentren, ermächtigte Ärzte und ermächtigte Einrichtungen. Hinzu kommt die Gruppe der von zugelassenen Ärzten, MVZ und ermächtigten Einrichtungen angestellten Ärzte. Diese wirken zwar an der vertragsärztlichen Tätigkeit mit, allerdings liegt die Verantwortung dafür bei den jeweiligen Inhabern der Vertragsarztsitze und wird diesen als persönliche Leistung zugerechnet, §§ 14a, 15 BMV-Ä[10]. Bei MVZ wird die Leistung der angestellten Kräfte dem MVZ zugerechnet.

---

8 *Kanter*, Das Steuerungselement der vertragsärztlichen Zulassung im Wandel der Gesundheitsreformen, 2013 S. 4.
9 Zulassungsverordnung für Vertragsärzte (Ärzte-ZV) v. 28.5.1957 (BGBl. III, Gliederungsnummer 8230 – 259, zuletzt geändert durch Artikel. 15 des Gesetzes v. 6.5.2019 (BGBl. I S. 646); Zulassungsverordnung für Vertragszahnärzte (Zahnärzte-ZV) v. 28.5.1957 (BGBl. III, Gliederungsnummer 8230 – 26), zuletzt geändert durch Artikel 15a des Gesetzes v. 6. Mai 2019 (BGBl. I S. 646).
10 Bundesmantelvertrag Ärzte v. 20.4.2020.

Die **Zulassung** ist eine statusbegründende öffentlich-rechtliche Berechtigung 4
in Form eines Verwaltungsaktes, die durch hoheitliche Organe, die Zulassungs-
ausschüsse der KVen, nach § 96 SGB V erteilt wird. Wird sie abgelehnt, kann der
Berufungsausschuss nach §§ 97, 96 Abs. 4 SGB V angerufen werden. Die Zulassung
hat zum einen nach § 95 Abs. 3 SGB V die Mitgliedschaft in der örtlich zuständigen
KV zur Folge, zum anderen berechtigt und verpflichtet sie zur Teilnahme an der
ambulanten, vertragsärztlichen Versorgung im Rahmen der einschlägigen Gesetze, Verträge, Richtlinien und Konventionen gemäß § 95 Abs. 3 Satz 3 SGB V. Hervorzuheben sind insoweit insbesondere das SGB V, der Gesamtvertrag nach § 83
SGB V, der Bundesmantelvertrag[11] Ärzte (BMV-Ä) nach § 87 SGB V mit dem dort
niedergelegten Einheitlichen Bewertungsmaßstab (EBM).[12] Durch ihre Beteiligung an der Versorgung realisieren die zugelassenen Leistungserbringer den Sicherstellungsauftrag der KVen nach § 75 Abs. 1 SGB V. Der in dieser Norm ebenfalls
niedergelegte Gewährleistungsauftrag wird erfüllt, indem die KVen die Einhaltung der gesetzlichen und untergesetzlichen Bestimmungen und Verträge durch
die in die Versorgung eingebundenen Ärzte überwachen. Zur Durchsetzung steht
den KVen Disziplinargewalt zu. Unter anderem ist dabei auch die Einhaltung der
Fortbildungsverpflichtungen der Vertragsärzte nach § 95d SGB V zu überprüfen.
Für ihre Leistungen im Behandlungsgeschehen können diese gegenüber der KV
Honoraransprüche aus der Gesamtvergütungsvereinbarung mit den Kostenträgern nach § 85 SGB V geltend machen.

Die Zulassung ist ein **höchstpersönliches Recht**, das grundsätzlich weder 5
pfänd- noch übertragbar [13] ist. Dieser Grundsatz bezieht sich auf den Vertragsarztsitz, den eine natürliche Person innehat, so dass zwar eine Praxis mit ihrem
Inventar verkauft werden kann, nicht aber die im Vertragsarztsitz realisierte Zulassung. Allerdings ist dieser Grundsatz durch die Regelungen für MVZ durch-
brochen worden. Bei einem Trägerwechsel dieser Einrichtungen geht auch der
Vertragsarztsitz auf den Erwerber nach §§ 95 Abs. 1 Satz 2, 103 Abs. 4c Satz 1 SGB V
über. Somit erwirbt der Nachfolger bei der Veräußerung einer MVZ-Gesellschaft
die vorhandene vertragsärztliche Zulassung automatisch mit, wenn für ange-
stelltes ärztliches Personal Anstellungsgenehmigungen der KV vorlagen.

Erhalten Ärzte die Zulassung zu einem Vertragsarztsitz, so wird ihnen ein 6
fachlich begrenzter Tätigkeitsbereich zugewiesen. Die Zuweisung knüpft an
die Weiterbildungsqualifikation an. Diese wiederum richtet sich nach den Weiterbildungsordnungen der Heilberufskammern. Die vertragsärztliche Tätigkeit

---

11 BMV-Ä v. 1.1.2018, http://www.kbv.de/media/sp/BMV_Aerzte.pdf.
12 Er beinhaltet das analoge Gebührensystem zur privatärztlichen Abrechnung, der Gebühren-
ordnung für Ärzte (GOÄ) bzw. Zahnärzte (GOZ), für Versicherte des GKV-Systems.
13 BSG, NZS 2001, 160 f.

wird grundsätzlich auf ein Fachgebiet begrenzt. Will ein Arzt einen Wechsel in ein anderes Fachgebiet vornehmen, kann er dies nach § 24 Abs. 6 Ärzte-ZV nur mit einer vor Tätigkeitsaufnahme erteilten Erlaubnis des Zulassungsausschusses nach § 96 SGB V tun. Eine Genehmigung im Nachhinein reicht nicht aus, so dass bei einem nicht erlaubten Wechsel der Vergütungsanspruch für die erbrachte Leistung entfällt. Soweit ein Arzt zwei Weiterbildungsqualifikationen aufweist, darf er in beiden Bereichen tätig werden, wenn er dafür ausdrücklich zugelassen worden ist. Mehr als zwei Schwerpunkte werden landesrechtlich nicht als qualifiziert ausübbar betrachtet. Da es Toleranzbreiten zu anderen fachlichen Schwerpunkten gibt, darf grundsätzlich auch in den Grenzbereichen therapiert werden. Beschränkungen gelten nicht für Notfälle oder besondere mit den Kostenträgern vereinbarte Ausnahmen. Eine regelmäßige fachfremde Tätigkeit wird allerdings auch dann nicht vergütet, wenn die zusätzliche Weiterbildungsqualifikation gegeben ist. Der KV steht insoweit ein Nachprüfungsrecht nach § 83 Abs. 3 SGB V i.V.m. § 45 Abs. 2 S. 1 BMV-Ä zu. Wirtschaftlichkeitsprüfungen nach §§ 106a und 106b SGB V können zu Richtigstellungen und Nachforderungen der Vergütungsberechnung führen. Die Beschränkung hat die Rechtsprechung toleriert und nicht als Verstoß gegen Art. 12 GG eingestuft.[14] Sie sei durch Gemeinwohlbelange im Sinne von Qualität und Wirtschaftlichkeitsgrundsätzen gerechtfertigt. Obwohl die Zulassung eines Arztes in zwei Fachgebieten möglich ist, wird damit aber in keinem Fall ein zweiter Vertragsarztsitz begründet.

7   Ein **Vertragsarztsitz** kann voll, zu 75 % oder hälftig besetzt werden, § 19a Abs. 2 Ärzte-ZV. Anstellungen können darüber hinaus auch zu 25 % vorgenommen werden. Der Vertragsarztsitz beschreibt den Ort der Niederlassung sowie den Inhalt des Versorgungsauftrags nach § 95 Abs. 1 Satz 5 SGB V. Dies gilt analog für Medizinische Versorgungszentren. Einem Vertragsarzt, dessen Zulassung auf die Hälfte beschränkt ist, kann eine zweite Teilzulassung erteilt werden. § 20 Abs. 2 Satz 1 ÄrzteZV steht nicht entgegen[15], weil eine hälftige Zulassung grundsätzlich immer auf eine volle Zulassung ergänzt werden kann. Zeitliche Grenzen können auch angestellten Ärzten gesetzt werden[16].

8   Mit der Eintragung in das bei den KVen geführte **Arztregister** nach § 95 Abs. 2 SGB V werden die Antragsteller zunächst zu außerordentlichen Mitgliedern der örtlich zuständigen KV. Sobald ihnen ein Vertragsarztsitz zugewiesen ist, sie also nach § 95 Abs. 1 zugelassen sind, werden sie zu ordentlichen Mitgliedern. Der Unterschied in der Mitgliedschaft zeigt sich insbesondere in der Rechtsposition,

---

14 BVerfGE 33, 125; BVerfG, NZS 2005, 91.
15 BSG. Urt. v. 11.02.2015 – B 6 KA 11/14 R.
16 LSG Berlin-Brandenburg, Beschl. v. 28.12.2011 – L 7 KA 153/11 B ER.

die beim Arzt mit Vertragsarztsitz einen weiteren Tätigkeitsumfang und die Teilnahme an der Honorarverteilung beinhalten.

Der Arztberuf ist seiner Natur nach ein **freier Beruf**[17], § 1 Abs. 2 BÄO. Der 9 Begriff ist nicht legal definiert, sondern stellt eine Typenbeschreibung dar. Er ist gekennzeichnet durch die persönliche Ausübung in freier Praxis mit wirtschaftlichem Risiko, nicht gewerblich, eigenverantwortlich und individuell unabhängig. Für eventuelle Behandlungsfehler muss der Arzt haften. Ein Krankenhausarzt ist im Gegensatz dazu nicht mehr als freier Beruf einzustufen. Nicht zu verwechseln ist dieses Kriterium mit der Therapiefreiheit, die auch dem angestellten Krankenhausarzt zusteht. Durch seine Einbindung in die Hierarchie des Krankenhauses und seinen Ausbildungsstand kann er jedoch auch in der Therapie Vorgaben erhalten.

Für zugelassene Ärzte und MVZ besteht eine grundsätzliche **Behandlungs-** 10 **pflicht**. Sie schließt die Notfallbehandlung und Teilnahme am ärztlichen Notdienst ein. Die Behandlungsablehnung ist nur in Ausnahmefällen nach § 13 Abs. 7 Satz 3 BMV-Ärzte erlaubt. Diese können etwa gegeben sein, wenn trotz Aufforderung keine e-Gesundheitskarte vorgelegt wird oder das Arzt-Patientenverhältnis massiv gestört[18] ist. Bei akuter Behandlungsbedürftigkeit oder in Notsituationen darf die Behandlung auch bei Vorliegen der genannten Gründe nicht verweigert werden. Fehlende Rentabilität oder nicht erfüllte Zuzahlungsforderungen der Praxis sind keine Ablehnungsgründe.

Behandlungen sind auf der Grundlage des Standes von Wissenschaft und 11 Technik in der Medizin durchzuführen. Die entsprechenden **Sorgfaltspflichten** sind zu beachten. Werden sie verletzt, können Schadensersatzansprüche ausgelöst werden. Sie gehen nach § 116 SGB X auf die Krankenkassen über, wenn diese infolge des Schadens Sozialleistungen erbringen müssen. Bei Sorgfaltspflichtverletzungen ist davon auszugehen, dass die Leistungen mit minderer Qualität erbracht worden sind. Wenn Aufklärungs- und Dokumentationsfehler auftreten, spricht der Anschein ebenfalls für eine Verletzung von Sorgfaltspflichten nach § 57 BMV-Ä.

Das Erfordernis der **persönlichen Leistungserbringung** nach § 32 Ärzte-ZV 12 ist in einer Praxis auch dann noch erfüllt, wenn bis zu drei Ärzte nach § 14a BMV-Ä eingestellt werden und behandeln, bei Laborarzttätigkeiten bis zu vier Assistenzen gemäß § 13 Abs. 4 S.1 BMV-Ä. Die Leistungen werden dem Vertragsarzt zugerechnet, so dass sie als persönlich erbracht abgerechnet werden dürfen. Wird die Leistung nicht persönlich erbracht, kann wegen Abrechnungsbetrugs nach

---

17 § 14 Rn. 9.
18 § 14 Rn. 16

§ 263 StGB ermittelt werden. Abweichungen sind bei Leistungsgemeinschaften zulässig. So sind zB gerätebezogene Untersuchungen nur dann als eigene Leistungen abrechenbar, wenn alle Ärzte der Leistungsgemeinschaft die notwendige persönliche Qualifikation besitzen. Bei der Abrechnung radiologischer Befundungen, die andere Vertragsärzte erbringen, darf nach § 15 Abs. 3 BMV-Ä nur der anweisende Arzt abrechnen. Nachdem Ärzte-GmbH bzw. andere Kooperationsformen nach §§ 23a ff. MBO-Ä grundsätzlich erlaubt[19] sind, müssen sich die Patienten je nach Organisationsform damit einverstanden erklären, nicht von bestimmten Vertragsärzten persönlich behandelt zu werden.

13　　Über die angestellten Ärzte bestehen **Kontrollpflichten** der Praxisleitung. Dies bedeutet indessen nicht die Überwachung aller Schritte einer ärztlichen Assistenzkraft, sondern ein gestuftes Vorgehen nach Qualifikation und Leistungsfähigkeit der angestellten Ärzte. Daher können die Kontrollen von unmittelbarer Aufsicht bis zum Arbeiten unter Verantwortung des Vertragsarztes reichen. Hilfeleistungen nichtärztlicher Dritter sind nach § 28 Abs. 1 Satz 2 SGB V nach ärztlicher Anordnung zulässig.

14　　Der Vertragsarzt hat **Präsenzpflicht**. Er ist zur Ausübung seines Berufs grundsätzlich an die niedergelassene Praxis gebunden. Dort sind die Sprechstunden nach §§ 24 Abs. 1 Ärzte-ZV, 1a Nr. 16 BMV-Ä abzuhalten. Die Pflicht zur Teilnahme am Notdienst gilt für den Bezirk seines Vertragsarztsitzes.

15　　Betreibt ein Arzt eine **Zweigpraxis**, gilt diese als Teil seines Vertragsarztsitzes nach § 24 Abs. 3 Satz 1 Ärzte-ZV. Eine Genehmigung der KV dazu ist nur insoweit zulässig, als die Versorgung am Vertragsarztsitz nicht ausreicht, eine wesentliche Verbesserung für die Bevölkerung am Ort der Zweigpraxis bedeutet und die Hauptniederlassung nicht beeinträchtigt wird[20].

16　　Im Gegensatz zur Zweigpraxis sind **ausgelagerte Praxisräume** nicht genehmigungs-, aber anzeigepflichtig nach § 24 Abs.5 Ärzte-ZV. Sie dürfen eingerichtet werden, wenn die Praxisräume nicht ausreichen, um die Aufgaben der Versorgung zu erfüllen. Sie sind unselbstständige Bestandteile einer Vertragsarztpraxis und dürfen auch nicht im Sinne einer Zweigpraxis als eigene Anlaufstelle für Patienten genutzt werden.

17　　Vertragsärzte dürfen **Nebentätigkeiten**[21] ausführen, wenn sie sowohl inhaltlich als auch zeitlich mit ihrer vertragsärztlichen Verpflichtung kompatibel sind. Nebentätigkeiten sind grundsätzlich alle Aufgaben in einem Arbeits- oder öffentlich-rechtlichen Dienstverhältnis. Dazu gehören die Tätigkeiten als Hoch-

---

19 Vgl. dazu Ärzte in Kooperationen § 12 Rn 82 ff.
20 BSG GesR 2011, 484.
21 BSG, Urt. v. 13.10.2010 – B 6 KA 40/709 KR.

schullehrer, weitere vertragsärztliche Zulassungen, Tätigkeiten in Krankenhäusern als angestellte oder Honorarkräfte und sonstige Tätigkeiten. Nicht dazu zählen privatärztliche Tätigkeiten in Praxen, Aufgaben als D-Ärzte[22], ehrenamtliche Aufgaben in Standesvertretungen, staatlichen und politischen Organisationen sowie die Verwaltung der eigenen Praxis[23]. Nehmen Vertragsärzte nur einen hälftigen Versorgungsauftrag wahr, ist es ihnen grundsätzlich unbenommen, in der übrigen Zeit andere Aufgaben zu erfüllen. Bei einem halbem Versorgungsauftrag sei bei „vergröbernd typisierender Betrachtung" höchstens ein Drittel der wöchentlichen Arbeitszeit für andere Aufgaben verfügbar, so die Rechtsprechung[24]. Eine Vollbeschäftigung ist neben einem halben Versorgungsauftrag nicht mehr kompatibel. Gleiches gilt für eine Zusatzbeschäftigung neben einem vollen Vertragsarztsitz. Inhaltlich unvereinbare Tätigkeiten sind solche, die zu Pflichten- und Interessenkollisionen führen wie die Zuführung von Patienten im Kontext einer zusätzlichen Anstellung in einem MVZ oder Krankenhaus. Dies ändert nichts an der grundsätzlichen Gestattung beider Tätigkeiten nebeneinander. Die KVen dürfen Nachweise über Nebentätigkeiten und deren Umfang verlangen. Die Beschränkungen haben Schutzfunktion gegenüber Ärzten und Patienten. Ärzte dürfen zeitlich nicht überfordert werden, um Patienten in gesundheitlich geeigneter Verfassung therapieren zu können.

Der Zugang zur vertragsärztlichen Versorgung ist auch über **Ermächtigungen** 18 nach § 95 Abs. 1 und 4 SGB V möglich. Diese können für einzelne Ärzte oder Institutionen wie Krankenhäuser ausgesprochen werden, §§ 95 Abs. 1 Satz 1, 116, 117, 118, 120 SGB V. Den persönlichen Ermächtigungen gilt der Vorrang[25]. Institutsermächtigungen sind zudem nicht zulässig, wenn persönliche Qualitätsanforderungen an die zu ermächtigenden Ärzte gestellt werden. Ermächtigte werden nach § 77 Abs. 3 SGB V Mitglieder der zuständigen KVen. Sie müssen sich damit den Rechtsregeln, die für die zugelassenen Vertragsärzte gelten, unterwerfen. Zudem unterstehen sie der Disziplinargewalt der KVen, soweit diese nicht mit der Disziplinargewalt der Anstellungskörperschaft zB im öffentlichen Dienst im Widerspruch steht und diese vorgeht. Wenn die Rechtsgüter, die die Disziplinargewalt

---

22 Durchgangsärzte (D-Ärzte) sind Fachärzte für Chirurgie (Schwerpunkt Unfallchirurgie) oder Orthopädie und Unfallchirurgie (Zusatzbezeichnung Spezielle Unfallchirurgie). Sie werden von den Landesverbänden der Deutschen Gesetzlichen Unfallversicherung (DGUV) zur Erstversorgung bei Arbeitsunfällen (einschließlich Schulunfällen) und Wegeunfällen zugelassen.
23 *Gerdts*, Teilnahme an vertragsärztlicher Versorgung und Nebentätigkeit – Update zu § 20 Ärzte-ZV, http://arge-medizinrecht.de/wp-content/uploads/2016/04/gerdts-01–1.pdf, zuletzt abgerufen am 1.6.2020.
24 BSG MedR 2011, 605; BSG, Urt. v. 16.12.2015, – B 6 KA 5/15 R und B 6 KA 19/15R.
25 BSG MedR 1997, 184.

des Dienstherrn auslösen, mit denen der KV nicht identisch sind, greifen beide Disziplinargewalten nebeneinander.

19 Der Rechtsakt der Ermächtigung ist ein **konstitutiv-rechtsgestaltender Statusakt**[26]. Er entfaltet keine Rückwirkung. Gemäß dem Grundsatz „ambulant vor stationär" in § 39 SGB V sollen Ermächtigungen nur zurückhaltend und nur bei besonderem Bedarf wie ambulant nicht angebotenen Untersuchungs- und Behandlungsmethoden oder Unterversorgung ausgesprochen werden. Dienstleister aus EU-Staaten können zeitlich befristete Ermächtigungen erhalten. Qualitative Voraussetzung ist eine abgeschlossene Weiterbildung.

20 Durch die Teilnahme an der vertragsärztlichen Versorgung wirken die verpflichteten Ärzte am **Sicherstellungs- und Gewährleistungsauftrag** der Kassenärztlichen Vereinigungen nach § 75 SGB V mit[27].

21 Zwischen der vertragsärztlich tätigen Ärzteschaft und den KVen bestehen unmittelbare Rechtsbeziehungen. Durch die Zulassung bzw. Ermächtigung werden **öffentlich-rechtliche Mitgliedschaftsverhältnisse** begründet. Eine ordentliche Mitgliedschaft entsteht bei der Zulassung, eine außerordentliche bereits mit Eintragung in das Arztregister nach § 95a SGB V. Beauftragungen, Anstellungsverhältnisse oder sonstige vertragliche Bindungen bzw. gesetzliche Über-/ Unterordnungsverhältnisse bestehen nicht. Vertragsärzte sind keine Amtsträger i.S. der §§ 331 ff. StGB. Sie sind auch keine Beauftragten der Krankenkassen nach § 299 StGB[28] oder ihre Vertretungen. Ob sie Sachwalter ihrer Vermögensinteressen sind, ist strittig, weil zB über § 12 SGB V eine Vermögensschutzpflicht bejaht werden könnte[29].

22 Werden **ärztliche Verordnungen** auf Grundlage des § 73 Abs. 2 SGB V ausgestellt, wird der grundsätzliche Leistungsanspruch, den Versicherte durch ihre Mitgliedschaft in einer gesetzlichen Krankenkasse begründen, konkretisiert. Ärzte übernehmen mit der Verordnung Therapieverantwortung. Die Zahlungsverpflichtung der Krankenkassen wird ausgelöst. Dies gilt nicht bei unklaren Verordnungen oder im Fall von Off-Label-Use[30]. In diesen Fällen müssen Stellungnahmen der Krankenkassen vor Inanspruchnahme der entsprechenden Leistungen eingeholt werden, um anerkannt zu werden. Verordnungen können für Arzneimittel, Medizinprodukte, Verbandstoffe, Heil[31]- und Hilfsmittel[32] ausgestellt

---

26 BSG MedR 1994, 454.
27 Vgl. § 5 Rn 11.
28 BGH NJW 2012, 2530.
29 *Herffs*, wistra 2006, 63.
30 Gebrauch von Arzneimitteln außerhalb der zugelassenen Indikationen
31 ZB Ergo-, Physio-, Logopädie.
32 ZB Seh-, Gehhilfen.

werden, für Krankentransporte, Krankenhausbehandlungen, Behandlungen in Vorsorge- und Rehabilitationseinrichtungen, ambulante medizinische Leistungen der Rehabilitation, Belastungserprobungen, Arbeits- und Soziotherapie, häusliche Krankenpflege und anderes mehr.

Strafrechtliche und berufsrechtliche Relevanz kann das ärztliche Ver- 23 halten in unterschiedlichen Konstellationen haben. Der Missbrauch des Verordnungsrechts kann als Untreue nach § 266 Abs. 1 StGB strafrechtlich verfolgt werden, wenn wissentlich eindeutig nicht notwendige Verordnungen ausgestellt werden. Der Tatbestand ist auch erfüllt, wenn im Zusammenhang mit dem Einkauf von Sprechstundenbedarf Rückvergütungen (kick-backs) nicht an Kostenträger zurückgegeben werden. Ein Verbot der Vorteilsgewährung und Vorteilsnahme im Zusammenhang mit Patientenzuführungen in Form von Koppelungsgeschäften besteht nach § 31 MBO-Ä. Werbeverbote sind sowohl berufsrechtlich nach §§ 27 MBO-Ä also auch wettbewerbsrechtlich nach § 1 UWG relevant. Beteiligen sich Ärzte an Liquidationserlösen bei Überweisungen von Patienten, so kann der Verstoß gegen die im Satzungsrecht übernommene Regelung des § 31 MBO-Ä als Verbotsgesetz im Sinne des § 134 BGB zur Nichtigkeit der Vereinbarung führen[33].

Vertragsärztliche **Zuweisungsverbotsregelungen** finden sich insbesondere 24 in §§ 73 Abs. 7, 128 Abs. 5a SGB V. § 128 Abs. 6 SGB V verbietet die Annahme von Zuwendungen der pharmazeutischen Industrie, des Großhandels und von Apotheken. Unabhängig davon gelten die strafrechtlichen Verbote des § 299a StGB. Besonders dann, wenn Teilzulassungen Raum für verschiedene Tätigkeiten lassen, die Möglichkeiten von Patientenzuweisungen einräumen wie die Arbeit in Praxen oder Krankenhäusern, besteht die Gefahr von Patientenzuweisungen. Derartige Gewinne resultieren nicht aus der persönlichen Leistungserbringung und sind daher unzulässig. Wird bei einer Gesellschaft in entsprechenden Fällen der Verzicht auf Gewinn erklärt und führt dies zu einer Erhöhung des Gesellschaftsanteils zuweisender Ärzte, so ist auch das unzulässig[34]. Die Rechtsprechung versucht, dem Phänomen mit strikter Transparenz beizukommen. Die Verträge müssen schriftlich geschlossen werden, konkrete EBM-Ziffern für eine gemeinsame Berufsausübung sind zu benennen. Jede Unklarheit geht zu Lasten der Antragsteller für eine gemeinsame Berufszulassung. Während laufender Gerichtsverfahren können Mängel durch Strukturveränderungen nicht mehr geheilt werden. Damit ist ein Nachbessern unzulässiger Verträge nicht mehr möglich.

---

33 BGH NJW 1986, 2360.
34 BSG MedR 2016, 145.

25   Ärzte können bei Fehlverhalten unterschiedlich **sanktioniert** werden. Dies gilt selbst dann, wenn sie ihren Beruf nicht mehr ausüben. Sie unterliegen weiterhin der berufsrechtlichen Überprüfung nach dem Kammer- bzw. Heilberufsrecht der Länder. Dieses konkretisiert sich in den Berufsordnungen[35] der Heilberufskammern. Das Berufsrecht schützt die untadelige Berufsausübung und damit das Bild des Arztes als Heilberuf in der Bevölkerung. Sind Ärzte vertragsärztlich tätig, unterliegen sie zusätzlich den Sanktionen des SGB V durch die KVen. Schutzgüter sind insoweit die fachlichen, qualitativen und ökonomischen Belange des GKV-Systems. Krankhausärzte, die bei öffentlichen Trägern angestellt und für die vertragsärztliche Versorgung zugelassen oder ermächtigt sind, unterliegen darüber hinaus der Disziplinargewalt ihres Dienstherrn. Schutzgüter in diesen Fällen sind die öffentlichen Interessen und das Vertrauen in den öffentlichen Dienst, das Staat und Kommunen zu rechtfertigen haben. Daneben bestehen strafrechtliche Sanktionsmöglichkeiten, um die Rechtsordnung zu schützen. Der verfassungsrechtliche Grundsatz „ne bis in idem"[36] wird in diesem Kontext nicht verletzt, da die Sanktionen unterschiedliche Schutzgüter betreffen und es insoweit nicht zu Doppel- bzw. Mehrfachahndungen kommt.

26   Mit der **belegärztlichen Versorgung**[37] wird dem Vertragsarzt das Recht eingeräumt, seine Patienten unmittelbar stationär zu behandeln. Die Versorgungsform richtet sich nach § 121 SGB V und erstreckt sich auf stationäre und teilstationäre Behandlungen. Damit dürfen nicht am Krankenhaus angestellte Vertragsärzte als Belegärzte in krankenhausplanerisch ausgewiesenen Belegabteilungen stationär tätig werden. Grundlage sind Verträge mit nach § 108 SGB V zugelassenen Krankenhäusern. Die dabei erbrachten ärztlichen Leistungen bleiben vertragsärztliche und werden über die gesamtärztliche Vergütung nach § 121 Abs. 3 SGB V abgerechnet. Die Hotel-, und Pflegeleistungen sowie die Berechtigung zur Nutzung der sonstigen sächlichen und personellen Ressourcen stellt das Krankenhaus zur Verfügung. Ihm werden nach § 18 Abs. 2 KHEntgG Sonderpauschalen gewährt, wenn nicht nach § 121 Abs. 5 SGB V Honorarvertragsvereinbarungen zwischen Krankenhaus und Belegarzt getroffen worden sind.

27   **Praxiskliniken** nach § 122 Abs. 2 Nr. 1 SGB V erbringen im Gegensatz zum Belegarztwesen ambulante Versorgung. Es handelt sich um Einrichtungen, die keine Krankenhäuser oder Teile von ihnen sind und in denen ambulant tätige Ärzte Patienten kurzzeitig stationär behandeln oder betreuen. Nach § 115 Abs. 2

---

35 Die Musterberufsordnung (MBO-Ä) ist nur eine Empfehlung des Deutschen Ärztetages, die zur Anwendbarkeit als Berufsordnung in Satzungsrecht der Ärztekammern umgesetzt werden muss. Dies ist in Deutschland flächendeckend erfolgt.
36 Keine Bestrafung für eine bereits geahndete Tat.
37 Legaldefinition in § 121 Abs. 2 SGB V.

sollten dazu bis zum Jahr 2017 dreiseitige Verträge mit den Kostenträgern und den Krankenhausverbänden geschlossen worden sein, was nicht der Fall war. Das bedeutet jedoch nicht, dass die Einrichtungen nicht am Markt wären. Der Gesetzgeber hat es bisher versäumt, die Anforderungen zur Einrichtung von Praxiskliniken konkret zu regeln. Eine Vereinbarung über stationsersetzende Maßnahmen und die Aufstellung eines entsprechenden Katalogs ist im Rahmen des § 115b SGB V allerdings schon getroffen worden. So gehören insbesondere Arthroskopien, Kataraktoperationen und Biopsien zu den ambulanten, stationsersetzenden Maßnahmen. Praxiskliniken müssen anders als Krankenhäuser keine ärztliche Rund-um-die-Uhr-Betreuung gewährleisten.

Die **ambulante spezialfachärztliche Behandlung (ASV)** nach § 116b SGB V   28
dürfen sowohl Krankenhäuser als auch Vertragsärzte erbringen. Dabei handelt es sich um die Behandlung besonders schwieriger, selten vorkommender und nur mit besonderer personeller und sächlicher Spezialisierung zu bewältigender Krankheitsbilder. Der G-BA hat Richtlinien[38] formuliert.

Die **vertragsärztliche Tätigkeit endet**, wenn Zulassungen und Ermächti-   29
gungen nach § 95 Abs. 5 ff. SGB V entzogen werden oder auf sonstige Weise dauernd oder vorübergehend nicht nutzbar sind. Eine Entziehung muss zwangsläufig erfolgen, wenn die Zulassungsvoraussetzungen entfallen sind. Dies gilt insbesondere, wenn eine Streichung aus dem Arztregister notwendig wurde, weil zB die Approbation entfallen oder die vertragsärztliche Tätigkeit nicht aufgenommen worden ist. Hat ein Vertragsarzt auf seine Zulassung verzichtet, nach einer Befristung seine Vertragsarzttätigkeit nicht aufgenommen, ist er aus dem KV-Bezirk weggezogen oder verstorben, endet die Zulassung. Ein Ruhen der Zulassung kann angeordnet werden, wenn Vorstandstätigkeiten in der KV ausgeübt werden oder aus anderen Gründen eine Vertragsarzttätigkeit befristet nicht möglich ist.

III. Bedarfsplanung

Unter **Bedarfsplanung** versteht man die Festlegung der notwendigen Zahl ärzt-   30
licher Therapeuten unterschiedlicher Facharztgruppenzugehörigkeit in einer geographisch bestimmten Region zur Gewährleistung einer ausreichenden ambulanten Versorgung. Über- bzw. Unterversorgung sollen vermieden werden. Der Bedarfsplan gibt die Summe der planerischen Feststellungen von Ist und Soll der

---

38 Richtlinie ambulante spezialfachärztliche Versorgung § 116b SGB V – ASV-RL v. 21. 3. 2013 (BAnz. AT v. 19. 7. 2013 B 1), zuletzt geändert am am 19. 12. 2020 (BAnz AT 06. 04. 2020 B3/B4).

ambulanten Angebote wieder. Er hat keine normative Wirkung. Dies ist bereits für den Krankenhausplan höchstrichterlich festgestellt worden[39]. Er enthält eine Bedarfsanalyse und eine Zukunftsprognose sowie die Leistungsangebote, mit denen die Versorgung sichergestellt werden soll.

31   **Rechtsgrundlagen** für die ambulante Bedarfsplanung sind die §§ 99 ff. SGB V in Verbindung mit der Bedarfsplanungsrichtlinie des G-BA[40].

32   Die **Bedarfsplanaufstellung** erfolgt im Einvernehmen zwischen KVen/KZVen einerseits und den Krankenkassenverbänden andererseits. Bei Nichteinigung ist die Anrufung des Landesausschusses nach § 99 Abs. 2 SGB V als Konfliktlösung vorgesehen. Das Verfahren regeln die §§ 99 SGB V, 12 ff. Ärzte-ZV. Gegenüber den kommunalen Verbänden[41] und dem am Verfahren nicht unmittelbar beteiligten Krankenkassenverbänden besteht eine Unterrichtungspflicht. Gleiches gilt gegenüber Patienten- und Selbsthilfeorganisationen, die eine Stellungnahme abgeben können, und der zuständigen Landesbehörde. Die Spitzenverbände der kassen(zahn)ärztlichen Vereinigungen und der Kostenträger unterstützen das Verfahren. Der Landesausschuss ist auch bei Einvernehmen der Vertragspartner nach § 99 Abs. 3 zur Beratung des Bedarfsplans verpflichtet.

33   **Gegenstände** des Bedarfsplans sind insbesondere die ärztliche Versorgung auch unter Berücksichtigung der Arztgruppen, sonstiger medizinischer ambulanter[42] und stationärer Versorgungseinheiten, der Bevölkerungszahl und -struktur nach Morbidität, Alter, Umfang, Art und Deckung der Nachfrage sowie ihre räumliche Zuordnung und Erreichbarkeit. Allgemeine gesundheitspolitische Belange wie Krankenhausplanung/-vorhaltung sowie die Ziele der Raumordnung und Landesplanung müssen bei der Bedarfsplanung berücksichtigt werden. Das Stadt-Land-Gefälle spielt eine Rolle.

34   Ist der Bedarfsplan aufgestellt oder angepasst und beraten worden, muss er der zuständigen **Aufsichtsbehörde** nach § 99 Abs. 1 Sätze 5 und 6 SGB V, der obersten Landesbehörde, **vorgelegt** werden. Sie hat ein Beanstandungsrecht, aber keine Genehmigungspflicht. Das bedeutet, dass die Planungshoheit der Vertragspartner bzw. bei Nichteinigung des Landesausschusses nach § 99 Abs. 2 SGB V selbst bei Kritik der Landesbehörde nicht berührt wird. Einer Beanstandung muss nicht abgeholfen werden, es sei denn, es läge ein Rechtsverstoß vor. Verstreicht die Zweimonatsfrist des § 99 Abs. 1 Satz 6 SGB V, in der die Auf-

---

39 BVerwG, Urt. v. 26. 3. 1981 – 3 C 134/79.

40 Bedarfsplanungsrichtlinie v. 20. 12. 2012 (BAnz AT v. 31. 12. 2012 B7), zuletzt geändert am 5. 12. 2019 (BAnz AT 20. 12. 2019 B9).

41 Kommunale Spitzenverbände sind der Deutsche Städtetag, der Landkreistag und Städte- und Gemeindebund.

42 Ermächtigte Ärzte und Institutionen nach §§ 116 ff. SGB V, § 105 SGB V.

sichtsbehörde beanstanden kann, ist das Beanstandungsrecht verwirkt. Wollen die Vertragspartner einer vorgenommenen Beanstandung nicht nachkommen, berät nach § 99 Abs. 2 Satz 2 SGB V der Landesausschuss über das weitere Verfahren.

Um allen Beteiligten vom Bedarfsplan Kenntnis zu geben, unterliegt er gemäß 35 § 99 Abs. 1 Satz 7 SGB V der **Veröffentlichungspflicht.**

Der **Landesausschuss** nach § 90 SGB V wird von den KVen und Landesver- 36 bänden Krankenkassen sowie Ersatzkassen mit unparteiischem Vorsitz gebildet. Zwei weitere unparteiische Mitglieder und jeweils 9 Vertretungen der Ärzte-/ Zahnärzte- und Kostenträgerseite wirken mit. Das Gremium hat die vom Gesetz übertragenen Verpflichtungen. Dazu zählen neben dem Konfliktlösungsauftrag nach § 99 Abs. 2 SGB V insbesondere die Mitberatung des Bedarfsplans nach § 99 Abs. 3 SGB V und die Feststellung der Unterversorgung nach § 100 Abs. 1 SGB V.

Regelungen zur **Überversorgung**[43] sind nach § 101 SGB V durch den G-BA zu 37 treffen. Dies hat er in seiner Bedarfsplanungsrichtlinie-Ärzte[44] gemäß §§ 92 Abs. 1 Satz 2 Nr. 9, 101 Abs. 1 SGB V i.V.m. §§ 12–14 Ärzte-ZV/Zahnärzte-ZV getan. Überversorgung muss nicht durch den Landesausschuss festgestellt werden. Sie ergibt sich aus den Statistiken des Zulassungsausschusses, der die Vertragsarztsitze vergibt.

Eine **bedarfsgerechte Versorgung** soll durch Bereitstellung der notwendi- 38 gen Leistungsangebote relevante, gesundheitliche Versorgungsnachteile vermeiden. § 75 SGB V bezieht ausdrücklich die Vorsorge für die ärztliche Versorgung von Strafgefangenen nach § 75 Abs. 4 SGB V, eine eventuell nicht ausreichend knappschaftlich versorgte Klientel § 75 Abs. 5 SGB V und Heilfürsorgeberechtigte nach § 75 Abs. 3 SGB V ein. Andere Sozialversicherungsträger wie zB die Unfallversicherung oder auch private Versicherungsträger dürfen nach § 75 Abs. 6 SGB V mit Zustimmung der Aufsichtsbehörde berücksichtigt werden. Bei privat Versicherten geht der Gesetzgeber grundsätzlich davon aus, dass bei freier Gestaltung privatärztlicher Tätigkeit die Versorgung gesichert ist. Abweichend davon ist die notärztliche Versorgung immer zu gewährleisten.

Der **allgemeine Versorgungsgrad** wird durch Verhältniszahlen ausgedrückt, 39 die die Strukturen der haus- und fachärztlichen Versorgung abbilden und dabei ermächtigte Ärzte und ermächtigte Einrichtungen berücksichtigen. Die Verhältniszahlen werden nach § 101 Abs. 1 Satz 1 Nr. 1 SGB V vom G-BA festgelegt und stellen das Verhältnis von Arzt zu Einwohner pro Arztgruppe dar. Örtliche Ver-

---

43 § 15 Rn. 41.
44 Analog für Zahnärzte; die Psychotherapeuten werden von der Bedarfsplanungsrichtlinie–Ärzte erfasst.

hältniszahlen werden mit durchschnittlichen Verhältniszahlen des Bundesausschusses verglichen, um eine Darstellung des Versorgungsgrades in Deutschland zu erhalten.

40 **Handlungsbedarf** besteht, wenn eine **Unterversorgung** droht, gegeben oder anzunehmen ist. Dies ist der Fall, wenn Vertragsarztsitze nicht nur vorübergehend unbesetzt sind oder die hausärztliche Versorgung um mehr als 10%, die fachärztliche um mehr als 25% und die spezialfachärztliche um mehr als 50% nach den Vorgaben der Bedarfsplanungsrichtlinie unterschritten ist. Es gibt abgestufte Möglichkeiten zur Umsteuerung. Der Landesausschuss kann der KV Fristen setzen mit der Vorgabe abzuhelfen. Im Gesetz gibt es zwar keine Zeitangaben. In der Regel sind die Fristen aber kurz, zB 6 Monate lang. Instrumentarien der Gegensteuerung sind Ausnahmen von Mengenvorgaben oder der Verzicht darauf. Die vorhandenen Vertragsärzte dürfen dann mehr Patienten behandeln als im Budget vereinbart ist. Mit Investitionsanreizen zur Niederlassung, Sicherstellungszuschlägen, Umsiedlungsstrategien von über- in unterversorgte Regionen, zusätzlichen Ermächtigungen von Krankenhausärzten und Zulassungsbeschränkungen in nicht unterversorgten Gebieten hat der Landesausschuss mit verbindlicher Wirkung nach §§ 100 Abs. 2 SGB V, 16 Abs. 3 Satz 1 Ärzte-ZV weitere Möglichkeiten zur Behebung von Unterversorgungsproblemen.

41 **Überversorgung** besteht, wenn die bedarfsgerechte Versorgung um mehr als 10% überschritten wird. Es ist die tatsächliche Gefährdung der Versorgung nicht maßgebend. Ermächtigte Ärzte werden bei der Ermittlung der Überversorgung nicht berücksichtigt.

IV. Kooperationen

42 **Kooperationsregelungen** finden sich im SGB V, der Ärzte-ZV, dem Bundesmantelvertrag und der MBO-Ä.[45] Die Bandbreite der Regelungen reicht von formalgesetzlichen Bestimmungen über Satzungen, Verträge mit Normcharakter zu Beschlüssen von Arbeitsgemeinschaften. Analoge gelten für die Zahnärzteschaft und Psychotherapeuten unter Berücksichtigung der jeweiligen Besonderheiten der Berufe, vgl. zB § 72 Abs. 1 Satz 2 SGB V.

43 In der Praxis haben sich vielfältige **Kooperationsmodelle** in unterschiedlichen Rechtsformen herausgebildet. Die Zusammenarbeit kann mit Vertragsärzten im Gleichordnungsverhältnis, mit Angestellten im Über-/Unterordnungsverhältnis, mit Berufskollegen und anderen Fachberufen innerhalb juristischer Personen

---

45 *Kilian* in Prütting MedizinrechtMBOÄ, §§ 18 ff.

erfolgen. Die MBO-Ä[46], eine Empfehlung des Bundesärztetages, ist durch die Berufsordnungen der Landesheilberufskammern in Satzungsrecht übernommen worden, so dass die Vorgaben der §§ 18, 23a ff. MBO-Ä geltendes Recht für alle Kammerangehörigen sind. Dort sind Berufsausübungsgemeinschaften in § 18 Abs. 1 ff., Organisationsgemeinschaften in § 18 Abs. 3, Ärztegesellschaften in § 23a, medizinische Kooperationsgemeinschaften in § 23b, Partnerschaften in § 23c sowie Praxisverbünde in § 23d MBO-Ä geregelt. Daneben gibt es Zweit- und Zweigpraxen, Teilberufsausübungsgemeinschaften und Jobsharing.

Die MBO-Ä unterscheidet rechtlich nicht zwischen **Gesellschaft und Gemeinschaft**. Im Grunde spricht sie aber die Gemeinschaft nach §§ 741 ff. BGB gar nicht an. Die nur gemeinschaftliche Berechtigung an einem gemeinsamen Zweck der Berufsausübung genügt danach für eine berufliche Kooperation nicht. Es ist eine festere Bindung der Partner erforderlich. **44**

Eine **Berufsausübungsgemeinschaft** ist nach §§ 18 Abs. 2a MBO-Ä, 33 Abs. 2 Ärzte-ZV eine Kooperation von Ärzten unterschiedlicher oder auch gleicher Facharztqualifikationen, die einen nahezu identischen Patientenstamm behandelt. Psychotherapeuten oder Zahnärzte[47] können ihr beitreten. Die Organisationsform kann sowohl mit natürlichen als auch juristischen Personen gebildet werden, so dass einzelne Ärzte oder ein bzw. mehrere MVZ beteiligt sein können. Die Rechtsform der Gesellschaft ist Voraussetzung für dieses Kooperationsmodell nach § 18 Abs. 2a MBO-Ä, um die Zusammenarbeit auf Dauer anzulegen, die Freiberuflichkeit und Selbstständigkeit der ärztlichen Tätigkeit festzuschreiben, den gemeinsamen Zweck der Tätigkeit zu bestimmen, seine Förderung zu vereinbaren und insoweit die Unterstützung der Gesellschafter einzufordern. Der Begriff Gemeinschaftspraxis ist eine andere Bezeichnung für die Berufsausübungsgemeinschaft, wird aber heute nicht mehr verwendet. Findet die Berufsausübung an einem gemeinsamen Vertragsarztsitz statt, handelt es sich um eine örtliche, arbeiten Ärzte an unterschiedlichen Vertragsarztsitzen in dieser Weise zusammen, um eine überörtliche Berufsausübungsgemeinschaft. Von einer gemischten Berufsausübungsgemeinschaft spricht man, wenn sie sowohl privat als auch vertragsärztlich tätige Kräfte vereinigt. **45**

Eine Berufsausübungsgemeinschaft kann nach §§ 705 ff. BGB auf der Grundlage einer **BGB-Gesellschaft** (GbR) eine schuldrechtliche Vereinbarung über ihr Zusammenwirken treffen, die Grundlage der Förderung des überindividuellen Zwecks ist. Das personalistische Element kennzeichnet den engen Ge- **46**

---

46 Musterberufsordnung Ärzte in der Fassung der Beschlüsse des 121. Deutschen Ärztetages 2018 in Erfurt, geändert durch Beschluss des Vorstandes der Bundesärztekammer am 14.12.2018.
47 ZB Mund-Kiefer-Gesichtschirurgie.

sellschaftsbegriff im Vergleich zur Kapitalgesellschaft und zur Körperschafts-
struktur. Die Gesellschafter sind nicht beliebig auswechselbar. Die Berufsausübungsgemeinschaft bildet eine wirtschaftliche Einheit mit gemeinsamer Rechnungslegung, Patientenkartei, Räumen, Geräten und Personal. Sie behandelt die
Patienten gemeinsam und haftet gesamtschuldnerisch[48]. Das bedeutet konkret,
dass jeder Gesellschafter für die gesamte Schuld der Gesellschaft im Außenverhältnis persönlich mit seinem gesamten Vermögen haftet, auch wenn er keine
Pflichtverletzung begangen hat. Dies gilt auch für Altschulden.[49] Daher ist im
gesellschaftlichen Innenverhältnis die Vereinbarung einer Haftungsfreistellung
sinnvoll. Ein Schmerzensgeldanspruch gilt nicht als deliktischer, sondern als
schuldrechtlicher Anspruch im Sinne einer Vertragsverletzung. Eine Gesellschaft
erhält einen einheitlichen Honorarbescheid der KV. Gründungsberechtigt sind
Vertragsärzte mit und ohne Facharztqualifikation. Bei der Kennzeichnung der
Praxis nach außen sind Praxisschilder und Briefbögen mit allen Gesellschaftern
und Arztbezeichnungen auszuweisen. Die Berufsausübungsgemeinschaft ist
grundsätzlich an einen Vertragsarztsitz gebunden. Allerdings ist die Verbindung
mehrerer Praxissitze nach § 18 Abs. 3 MBO-Ä zulässig. Sie muss gesondert nach
§ 18a Abs. 1 Satz 2 MBO-Ä angekündigt werden. Die Partner der Berufsausübungsgemeinschaft sind befugt, ohne besondere Genehmigung an Vertragsarztsitzen der anderen Partner tätig zu sein. Eine Berufsausübungsgemeinschaft
ist auf die Erbringung einzelner Leistungen beschränkbar. Dies können zB nur
Kernspinuntersuchungen oder ausschließlich Laborleistungen sein. Mehrfach-
mitgliedschaften sind nach § 18 Abs. 3 Satz 1 MBO-Ä in Form der Sternpraxis
grundsätzlich erlaubt, werden aber in der Regel auf zwei Berufsausübungsgemeinschaften beschränkt. Sternpraxen werden wie Zweigniederlassungen behandelt.

47   Die **Gesellschaftsformen** der OHG und KG kommen nicht in Betracht, weil
der Beruf des Arztes ein freier[50] ist und nicht als Handelsgewerbe ausgeübt wird.
Er unterliegt auch nicht der Gewerbesteuerpflicht.

48   Die **Partnerschaftsgesellschaft** ist eine Rechtsform, die nach § 1 PartGG
speziell für Angehörige der freien Berufe geschaffen worden ist, um deren Besonderheiten zu berücksichtigen. Mitglieder dürfen ausschließlich natürliche
Personen sein. Die Gesellschaft kann einen oder mehrere Praxissitze beanspruchen, wobei am Praxissitz jeweils ein verantwortlicher Arzt hauptberuflich tätig
sein muss. Die freie Arztwahl bleibt den Patienten nach § 18 Abs.4 MBO-Ä er-

---

48 BGH, Urt. v. 29.6.1999 – VO ZR 24/98
49 BGH, Urt. v. 12.12.2005 – 2 ZR 283/03.
50 Vgl. § 14 Rn. 9 und § 15 Rn. 9.

halten. Die Berufsausübung in dieser Rechtsform ist nach § 18 Abs. 6 MBO-Ä bei der Ärztekammer anzeigepflichtig. Soweit die Partnerschaftsgesellschaft ausschließlich von Ärzten betrieben wird, ist sie eine Berufsausübungsgesellschaft, werden andere Heilberufe eingebunden, handelt es sich um eine medizinische Kooperationsgemeinschaft. Die beteiligten Heilberufe müssen ihren Beruf aktiv in der Partnerschaft ausüben. Ein Zusammenschluss von Ärzten mit Laborgemeinschaften oder lediglich eine Kapitalbeteiligung von Ärzten an Partnerschaften ist ebenso wenig zulässig wie der Zusammenschluss von mehreren Partnerschaften zu einer einzigen. Der Partnerschaftsgesellschaftsvertrag bedarf der Schriftform. Name, Sitz der Partnerschaft, Name und Vorname der Partner, ihre ausgeübten Berufe und der Gegenstand der Partnerschaft müssen in den Vertrag aufgenommen werden. Der Vertrag ist zum Partnerschaftsregister, das beim Amtsgericht geführt wird, anzumelden und zu registrieren. Die Wirksamkeit der Partnerschaft im Außenverhältnis entsteht erst mit der Eintragung. Das Partnerschaftsregister hat negative Publizität[51] nach §§ 5, 7 Abs. 1 PartGG, 15 HGB. Die Vertragsfreiheit wird nur durch das Berufsrecht beschränkt. Die Partnerschaftsgesellschaft ist namens-, rechts-, partei- und grundbucheintragungsfähig. Die Vertretungsregelungen entsprechen denen des HGB. Daher sind Rechtsform, Sitz, Registergericht und Nummer der Eintragung auf dem Briefkopf auszuweisen. Die Partnerschaftsgesellschaft haftet für unerlaubte Handlungen neben der Haftung des fehlerhaft Handelnden. Die Gesellschafter unterliegen dem ärztlichen Berufsrecht der Heilberufskammern.

Das **Job-Sharing** ist eine Form der Berufsausübungsgemeinschaft. In einem 49 überversorgten und für Neuzulassungen gesperrten Planungsbereich werden beschränkte Zulassungen erteilt, wenn Job-Sharing-Partner eine Kooperation mit zugelassenen Berufskollegen gleicher Fachrichtung eingehen. Die Partner erreichen damit eine höhere zeitliche Flexibilität ihres Arbeitseinsatzes. Das Leistungsvolumen der Praxis darf allerdings nicht wesentlich ausgeweitet werden. Die Patienten werden gemeinsam behandelt, so dass auch die Abrechnung der Leistungen gegenüber der KV gemeinsam erfolgt. Die sächlichen und personellen Ressourcen wergen gemeinsam genutzt. Die Zulassung wird beschränkt erteilt. Der aufnehmende Vertragsarzt bleibt auf seinem vollen Vertragsarztsitz.

Das Job-Sharing ist nicht identisch mit der **Teilzulassung**. Hierbei handelt es 50 sich um die Reduzierung des Versorgungsauftrags. Dieser kann entweder in vollem Umfang oder hälftig erfüllt werden. Entsprechend reduzieren sich die Präsenz- und Sprechstundenzeiten. Es wird die Möglichkeit eröffnet, sowohl zur

---

51 Sie bedeutet, dass nicht im Register eingetragene eintragungspflichtige Tatsachen einem redlichen Dritten nicht entgegengehalten werden können.

Hälfte vertragsärztlich als auch zur Hälfte angestellt im Krankenhaus oder einem MVZ tätig zu sein. Das Risiko, den hälftigen Vertragsarztsitz nicht mehr in einen ganzen umwandeln zu können, muss in Kauf genommen werden.

51   In einer **Organisationsgemeinschaft**, die besser bekannt ist als **Praxisgemeinschaft**, ist es Ziel, sächliche und/oder personelle Ressourcen gemeinsam mit anderen Ärzten zu nutzen. Der ärztliche Beruf in der Praxisgemeinschaft wird fachlich und wirtschaftlich getrennt ausgeübt. Räume, Einrichtungen und medizinische Geräte können dagegen gemeinsam genutzt und Hilfspersonal gemeinsam beschäftigt werden. Die Praxisgemeinschaft kann sich auf nur wenige Gemeinsamkeiten erstrecken oder eine breite gemeinsame Nutzung von Ressourcen vorziehen. Die Patientenstämme müssen getrennt bleiben, die Patientenakten unabhängig voneinander geführt werden. Die Leistungen werden mit der KV getrennt abgerechnet. Die Kosten für Investitionen gemeinsamer Beschaffungen werden geteilt. Die Wartung des Geräteparks und die Verantwortung für einen funktionierenden Betrieb tragen die Beteiligten je nach Vereinbarung gemeinsam und getrennt. Dies gilt insbesondere, wenn besondere Qualifikationen zur Bedienung bestimmter medizinischer Geräte erforderlich[52] sind oder Haftungsfragen für betriebliche Schäden abgedeckt werden müssen. Die Partner bestimmen ihre Sprech- und Urlaubszeiten unabhängig von der Praxisgemeinschaft und unabhängig voneinander. Die Vertragsbeziehungen bestehen zwischen Arzt und Patient unmittelbar und nicht zwischen Patient und Organisation. Die Bildung und der Betrieb einer Praxisgemeinschaft unterliegen nicht der Erlaubnis oder Genehmigung der KV. Sie müssen allerdings nach § 33 Abs. 1 Satz 3 Halbsatz 2 Ärzte-ZV angezeigt werden.

52   Beispiele einer Praxisgemeinschaft sind **Apparate-, Geräte- und Laborgemeinschaften**. Wie die Begriffe aussagen, kooperieren die Praxen entweder bei der Nutzung von medizinischem Gerät und Einrichtungsgegenständen oder betreiben gemeinsam Labore, die die laufenden Untersuchungen einer Praxis erfordern. Weitere Sonderformen der Organisationsgemeinschaft sind ambulante **OP-Zentren** und **Schwerpunktpraxen**. Die ambulanten Zentren werden von mehreren Ärzten gemeinsam für Operationszwecke genutzt und betrieben. Die Praxisausstattung wird investiv und im laufenden Betrieb gemeinsam finanziert. Schwerpunktpraxen konzentrieren ihre Zusammenarbeit auf bestimmte Leistungsangebote. Im Übrigen bleiben die Praxen unabhängig nebeneinander bestehen.

Beispiel

Besonders häufig werden Kernspintomographen gemeinsam beschafft und genutzt. Es

---

52 ZB besondere Berechtigung für den Betrieb von Geräten in der Strahlentherapie.

handelt sich dabei um ein bildgebendes Verfahren der Diagnostik zur Darstellung von Strukturen und Funktionen der Gewebe und Organe im Körper. Das Verfahren basiert auf sehr starken Magnetfeldern sowie elektromagnetischen Wechselfeldern im Radiofrequenzbereich, mit denen bestimmte Atomkerne, meistens Wasserstoffkerne/Protonen im Körper resonant angeregt werden. Das Gerät sendet keine Röntgenstrahlung oder andere ionisierende Strahlung aus.

In **Scheinpraxisgemeinschaften** findet die Behandlung eines gemeinsamen 53 Patientenstammes statt, so dass in Wirklichkeit Berufsausübungsgemeinschaften nach § 18 Abs. 2a MBO-Ä vorliegen. Sie behandeln identische Patienten.

Fall 15
Eine Praxisgemeinschaft aus zwei Praxen behandelt mehr als 80 Prozent identische Patienten. Die Versichertenpauschale[53] wird von jeder Praxis gesondert abgerechnet. Für die Nutzung der gemeinsamen medizinischen Geräte rechnet jede Praxis ebenfalls allein ab, obwohl dazu keine vertragliche Regelung getroffen worden ist. Die Praxisgemeinschaft überlegt, ob sie das Abrechnungsverfahren in eine pauschale Kostenerstattung überführt und für überschießende Einnahmen einen Einnahmepool anlegt. Ist das Verhalten steuerrechtlich, vertragsärztlich und strafrechtlich relevant?

Lösungsskizze
1. Eine Praxisgemeinschaft darf nicht wie eine Berufsausübungsgemeinschaft identische Patienten behandeln. Es liegt offensichtlich eine Scheinpraxisgemeinschaft vor, die in Wirklichkeit eine Berufsausübungsgemeinschaft darstellt. Daher ist die abgerechnete Versichertenpauschale nur einmal und nicht doppelt zu erheben. Die zweite Gebühr ist an die KV zurückzuerstatten.
2. Das Vorgehen ist strafrechtlich als Betrug nach § 263 StGB relevant. Es kann strafverschärfend, weil gemeinschaftlich begangen, „Bandenbetrug" in Betracht kommen. Dies führt zu einer Freiheitsstrafe.
3. Soweit die Praxisgemeinschaft gemeinsam zu nutzende Ressourcen zentral von Dritten beschafft und die entstandenen Kosten auf die Beteiligten umgelegt hat, ist dies steuerrechtlich nicht zu beanstanden. Soweit einzelne Mitglieder der Praxisgemeinschaft Ressourcen ausdrücklich gegen Entgelt überlassen, ohne dafür eine gesellschaftsvertragliche Grundlage zu haben, wird ein Leistungsaustausch herbeigeführt, der umsatzsteuerpflichtig ist. Steuerbefreit ist der Leistungsaustausch nur dann, wenn er unmittelbar in der Heilbehandlung eingesetzt wird. Damit darf das Mitglied der Praxisgemeinschaft auch nur die Erstattung des dazu notwendigen Anteils an den gemeinsamen Kosten verlangen. Darüber hinausgehende Zahlungen unterliegen der Umsatzsteuer. Pauschale Kostenerstattungsregelungen und Einnahme- bzw. Gewinnpoolings sind grundsätzlich nicht erlaubt.

---

53 Ursprünglich als Ordinationsgebühr bezeichnet wird beim 1. persönlichen Therapiekontakt zwischen Arzt und Patient im Quartal fällig.

54 Die **medizinische Kooperationsgemeinschaft** hat ihre Rechtsgrundlage in § 23b MBO-Ä. An ihr können Ärzte und andere Fachberufe beteiligt sein, die ihren Beruf jedoch selbstständig ausüben müssen. Dies sind zum einen die akademischen Heilberufe der Zahnärzte, Apotheker und Psychotherapeuten. Zum anderen können sich Angehörige staatlicher Ausbildungsberufe beteiligen. Ob sie durch die duale Ausbildung oder durch ein Hochschulstudium qualifiziert sind, spielt keine Rolle. Naturwissenschaftler wie zB Chemiker oder Physiker können ebenso kooperieren wie Angehörige sozialpädagogischer Berufe. Die Berufsausübung ist zu gleichgerichteten oder integrierenden diagnostischen oder therapeutischen Zwecken der Heilbehandlung zulässig. Das bedeutet, dass auch auf den Gebieten der Prävention und Rehabilitation eine Kooperationsgemeinschaft möglich ist. Die Kooperationsverträge müssen die Beteiligungen der anderen Professionen beschreiben und festlegen.

55 § 23a MBO-Ä eröffnet die Möglichkeit, neben GbR und Partnerschaftsgesellschaften auch andere **Rechtsformen** für **Ärztegesellschaften** zu wählen. Dazu zählen weitere juristische Personen des Privatrechts wie GmbH und Genossenschaften. Die Regelung ist nicht abschließend, weil die bundesgesetzliche Bestimmung des § 95 Abs. 1a SGB V, die Spezialregelungen für MVZ[54] trifft, durch § 23a MBO-Ä als Beschlussempfehlung des Ärztetages nicht ausgehebelt werden kann. Sie lässt Ärztezusammenschlüsse auch in öffentlich-rechtlicher Rechtsform zu. Sie kommen als kommunale Eigen- und Regiebetriebe, Einzel- und Gemeinsame Kommunalunternehmen in Form von Anstalten des öffentlichen Rechts in Betracht. Zum Betrieb sind alle Rechtsformen geeignet, die die Therapie- und Handlungsfreiheit des Arztes sowie die freie Arztwahl der Patienten unberührt lassen. Es darf zudem kein Zwang erzeugt werden, nur innerhalb der jeweiligen Kooperationen tätig zu werden; denn dies wäre nicht nur zum Nachteil der Ärzte, sondern auch der Patienten, die von weiterem Fachwissen abgekoppelt würden. Die berufsrechtliche Verantwortung trägt die Ärzteschaft allein. Dies gilt insbesondere hinsichtlich ihrer Dokumentationspflichten, ihres Werbeverhaltens oder ihres ethisch-moralischen Vorgehens. Die nicht erkennbare und nicht ausgewiesene Beteiligung[55] Dritter an Ärztegesellschaften ist unzulässig.

56 Der Abschluss von **Haftpflichtversicherungsverträgen** im Sinne des § 23a Abs. 1 Satz 4d MBO-Ä ist vor dem Hintergrund der deliktischen und vertraglichen Haftung im Rahmen der Kooperationen zum Schutz von Arzt und Patient erforderlich.

---

54 Vgl. dazu § 95 SGB V.
55 ZB stille Teilhaberschaften.

§ 23c MBO-Ä erlaubt **jegliche Kooperation** in beliebiger Rechtsform mit   57
Dritten, auch wenn diese keine Heilkunde ausüben. Obwohl die Vorschrift darauf
nicht ausdrücklich eingeht, sind alle Geschäfte verboten, die der Berufsausübung
und dem Ansehen des Berufsstandes schaden können. Hinzu kommen Rück-
sichtnahmen, die aus besonderen Dienst- oder Arbeitsverhältnissen entstehen,
wenn zB ein öffentlich-rechtlicher Dienstherr die Hauptarbeitgeber ist. Dies gilt
sowohl für Angestellte als auch Beamte im öffentlichen Dienst.

Der **Praxisverbund** oder das **Praxisnetz** hat seine Rechtsgrundlage in § 23d   58
MBO. Dabei handelt es sich um eine lockere Kooperation, keine Berufsausübungsgemeinschaft und keine medizinische Kooperationsgemeinschaft. Mehrere unabhängige Praxen üben einen gemeinsamen Versorgungsauftrag aus unterschiedlichen Blickrichtungen und mit unterschiedlichen Qualifikationen aus.
Die Praxen haben gemeinsame und gleichgerichtete Ziele. Sie legen ihre Kooperation in einem schriftlichen Vertrag gegenüber der Ärztekammer offen. Ärzte und
Krankenhäuser können beitreten. Wenn die Teilnahme beschränkt wird, muss
dies ohne Diskriminierung geschehen. Ablehnungskriterien sind gegenüber der
Ärztekammer offen zu legen. Sie können zB darin bestehen, dass der angestrebte
Zweck eines Beitrittswilligen durch den Praxisverbund nicht erreicht werden
kann. Praxisverbünde können von engen rechtlichen Bindungen bis zu weit ge-
lockerten Gemeinschaften im Sinne der §§ 741 ff. BGB reichen.

Beispiel
Eine hausärztliche Praxis kooperiert mit einer internistischen, einer radiologischen und
einer gynäkologischen in der Krebsvor- und -nachsorge besonders eng. Die Qualitätssicherung soll verbessert werden, indem Behandlungskonzepte aufeinander abgestimmt werden.

Nach § 87b Abs. 4 SGB V können **Anstellungen**[56] von Ärzten vorgenommen   59
werden. Dies gilt nicht nur bei Kooperationsformen, sondern auch in Einzelpraxen. Vertragsärzte dürfen fachgleiche oder fachfremde Ärzte beschäftigen, wenn
diese im Arztregister nach § 95 Abs. 2 SGB V eingetragen sind. Jeder Stelle, die in
der Praxis geschaffen wird, muss allerdings ein freier Vertragsarztsitz gegenüberstehen. Um dies sicherzustellen, ist beim Zulassungsausschuss eine Erlaubnis zu beantragen. Er prüft das Vorhaben im Hinblick auf den Bedarfsplan und
seine Vorgaben an Hand des Anstellungsvertrages. Vertragsärzten mit einem
ganzen Vertragsarztsitz ist es grundsätzlich gestattet, drei vollzeitbeschäftigte
Ärzte anzustellen. Werden überwiegend medizinisch-technische Leistungen angeboten, können bis zu vier Ärzte angestellt werden. Die KV weist dem Ver-

---

56 Zur persönlichen Leistungserbringung der Anzahl zu beschäftigender ärztlicher Kräfte, vgl.
§ 15 Rn 12.

tragsarzt für angestellte Ärzte ein eigenes Honorarvolumen zu. Soweit anstellende Vertragsärzte qualifikationsbezogene Genehmigungen besitzen, dürfen ihre Angestellten genehmigungspflichtige Leistungen wie etwa Ultraschalluntersuchungen durchzuführen. Dies gilt analog für MVZ.

60   Die Beschäftigung von **Ärzten in Weiterbildung** ist zulässig und erwünscht, um durch den sog. „Klebeeffekt" ärztliches Personal an die Region zu binden. Wer den Beruf des niedergelassenen Arztes kennengelernt hat, lässt sich erfahrungsgemäß eher dafür begeistern, in der Region zu bleiben. Soweit Vertragsärzte sich an der Weiterbildung beteiligen wollen, muss ihre Praxis als Weiterbildungsstätte anerkannt sein und sie selbst die Weiterbildungsbefugnis erworben haben. Anerkennung und Befugnis erteilen die zuständigen Landesärztekammern. Die ausschließlich befristete Beschäftigung als Weiterbildungsassistent ist vor Aufnahme der Tätigkeit durch die KV erlaubnispflichtig.

61   Ein Modell, in dem eine Vielzahl von angestellten Ärzten und anderen Professionen zusammenarbeiten können, ist das **Medizinische Versorgungszentrum**[57]. Es hat seine Grundlage in § 95 SGB V und wird vom Gesetzgeber als ärztlich geleitete Einrichtung definiert, in denen Ärzte als freiberufliche Vertragsärzte und/oder als angestellte Ärzte fachgleich oder fachübergreifend tätig sind. In der Systematik der Kooperationen handelt es sich um eine Berufsausübungsgemeinschaft.

62   Man unterscheidet zwischen der **Gründungs- und Beteiligungsbefugnis**. Nicht jeder, der ein MVZ gründen darf, ist auch berechtigt, es zu betreiben. Ein einzelner Arzt kann ein MVZ gründen, es aber wegen der in § 95 Abs. 1a SGB V angelegten Kooperationslösung nicht allein betreiben, da insoweit eine Personenmehrheit benötigt wird, obwohl der Gesetzgeber eine Einmann-GmbH nicht explizit ausschließt. Nach § 108 Nr. 2 SGB V dürfen zugelassene Plankrankenhäuser MVZ zwar gründen, aber nicht betreiben. In der Praxis wird allerdings ein weiter Interpretationsspielraum beansprucht, indem den Krankenhäusern die Gründung und die Beteiligung an einer MVZ-Gesellschaft zugestanden wird. Diese Auffassung ist nicht unproblematisch; denn darin könnte eine Umgehung des Betriebsverbots gesehen werden. Die Gründervoraussetzungen müssen grundsätzlich auch während des Betriebs des MVZ Bestand weiterhin haben. Da ein MVZ gründende Ärzte aus unterschiedlichen Gründen aus der vertragsärztlichen Versorgung ausscheiden können, regelt § 95 Abs. 6 SGB V Tatbestände, nach denen die Gründereigenschaft in diesen Fällen beibehalten werden kann.

---

57 KV Bayern, Allgemeine Informationen zum Thema Medizinische Versorgungszentren v. 24.9. 2019, http://www.kvb.de/fileadmin/kvb/dokumente/Praxis/Praxisfuehrung/Zulassung/KVB-Merkblatt-MVZ.pdf, zuletzt abgerufen am 1.6.2020.

Im MVZ wird der Grundsatz der **persönlichen Leistungserbringung** aufge- 63
weicht. Die Patienten willigen bei Inanspruchnahme konkludent ein, von jedem
qualifizierten Arzt des MVZ behandelt zu werden. Damit ist die freie Arztwahl
eingeschränkt. Der Behandlungsvertrag wird zwischen MVZ und Patient geschlossen und nicht zwischen Arzt und Patient.

Nach Auffassung des BSG[58] erfüllen die im MVZ angestellten Ärzte quasi die 64
Vertragsarztfunktion, obwohl das MVZ als juristische Person den **Vertragsarztsitz** innehat. Insoweit hat die Zulassung für das MVZ konstitutive Wirkung, nicht
aber für die angestellten Ärzte. Sie unterliegen in organisatorischen Dingen den
Weisungen der ärztlichen Leitung.

Im Wesentlichen werden drei **Varianten** des **MVZ** praktiziert, die Freiberuf- 65
ler-, die Angestellten und die Mischvariante. Sie sind sowohl vor dem Hintergrund
konzentrierter Fachkompetenz in einer Region interessant als auch im Hinblick
auf flexible Arbeitszeitmodelle. Anstellungen sind mit ¼, ½, ¾ bzw. ganzer Stelle
möglich. Das finanzielle Risiko tragen die Gesellschafter eines MVZ. Ein Anspruch
gegenüber den Krankenkassen auf Teilnahme an Verträgen über die integrierte
Versorgung oder die besondere ambulante ärztliche Versorgung besteht nicht.
Soweit durch die Gründung von MVZ durch Krankenhäuser stationäre Leistungen
in den ambulanten Bereich verlagert werden, entspricht dies dem in § 39 SGB V
verankerten Grundsatz „ambulant vor stationär".

Bei der **Freiberufler-Variante** arbeiten ausschließlich selbstständig tätige 66
Ärzte und Psychotherapeuten zusammen. Ihre bisherige persönliche vertragsärztliche Zulassung ruht und wird von der Zulassung des MVZ überlagert. Das
bedeutet, dass die beteiligten Kräfte durch die eigene vertragsärztliche Zulassung
legitimiert ein Angestelltenverhältnis eingehen dürfen. Grundsätzlich können sie
ihre Zulassung aber auch wieder aktivieren und in einer Einzelpraxis tätig sein,
wenn sie aus dem MVZ ausscheiden. Dies folgt aus § 95 Abs. 9b i.V.m. § 95 Abs. 2
Satz 8, 2. Halbsatz SGB V. Soweit Vertragsärzte bei der Anstellung auf ihren Vertragsarztsitz verzichtet[59] haben, gibt es diese Option nicht mehr. Der Verzicht hat
das Recht an der Zulassung entfallen lassen. Die Rechtsprechung verlangt in
diesen Fällen, dass ein Vertragsarzt die Absicht hat, mindestens drei Jahre angestellt im MVZ tätig zu sein, und dies auch umsetzt. Andernfalls darf die Stelle
weder vom MVZ mit einem anderen anzustellenden Arzt nachbesetzt oder wieder
ausgegliedert und in eine Zulassung umgewandelt werden. Wäre die Stelle neu
ausgeschrieben, dürfte sich auch der verzichtende Vertragsarzt wieder darauf
bewerben allerdings in der Regel ohne Privilegierung. Bei Krankheit oder anderen

---

58 BSG MedR 1996, 470.
59 BSG, Urt. v. 4.5.2016 – B 6 KA 21/15 R.

zwingenden Gründen für den Verzicht gelten die Restriktionen nicht. Eine schrittweise Reduzierung der Arbeitszeit im MVZ um den bedarfsplanerischen Faktor von 0,25 ist ab dem vierten Jahr möglich.

67　　Bei der **Angestellten-Variante** sind in der Regel drei Viertel des Personals Angestellte des MVZs, das selbst Inhaber einer vertragsärztlichen Zulassung ist und bei dem die Angestellten entweder auf ihren Vertragsarztsitz verzichtet oder diesen für ihre Anstellung eingebracht haben.

68　　In der **Misch-Variante** werden die beiden Formen kombiniert. Das bedeutet, dass ein MVZ auf einem oder mehreren Vertragsarztsitzen basieren kann. Ohne vorhandenen oder freien Vertragsarztsitz kann ein MVZ keine Anstellungen vornehmen.

69　　Alle Varianten eines MVZ müssen vom Zulassungsausschuss nach § 96 SGB V **genehmigt** werden. Er trifft die Entscheidung auf der Grundlage des Bedarfsplans. Damit können MVZ nur dann Fachärzte anstellen, wenn dafür planerischer Raum besteht. Dies gilt auch, wenn ein MVZ sich auf ausgeschriebene Vertragsarztsitze bewirbt, um sie in Angestelltenverhältnisse umzuwandeln. Wenn sich bisher in Einzelpraxen tätige Vertragsärzte zu einem MVZ zusammenschließen, unterliegt auch dieses Vorgehen der Genehmigungspflicht des Zulassungsausschusses.

70　　Bei der **Nachbesetzung**[60] von Vertragsarztsitzen können Privilegierungstatbestände nach § 103 Abs. 4 SGB V greifen. Der Erwerb eines Vertragsarztsitzes durch das MVZ hat meist die Konsequenz, dass mit der Zulassung des MVZ eine Verlegung des Sitzes verbunden ist. Bei Unterversorgung darf der Zulassungsausschuss die Verlegung untersagen. Im Übrigen gilt, dass selbst bei Zulassungsbeschränkungen freie Arztstellen im MVZ grundsätzlich nachbesetzt werden dürfen.

71　　Die **Leitung** des MVZ muss nach § 95 Abs. 1 Satz 2 SGB V zwingend eine ärztliche sein, die aber auch kooperativ, d.h. zusammen mit Zahnärzten oder Psychotherapeuten geführt werden darf. Eine weitere Bedingung ist, dass die ärztliche Leitung selbst im MVZ angestellt ist. Der Gesetzgeber besteht auf der Einbindung in die Alltagsabläufe. Nur durch Kenntnis der Geschehnisse könne die Legitimation erworben werden, Weisungen zu erteilen. Eine volle Anstellung ist allerdings nicht erforderlich. In medizinischen Fragen ist die ärztliche Leitung weisungsfrei, während sie in organisatorischen Angelegenheiten in die Hierarchie eingebunden ist.

---

60 Grundlegend zu den Gründen eines Nachbesetzungsverfahrens LSG Dresden, Beschluss v. 13.8.2019 – L 1 KA 5/19 B ER; SG Dresden, Beschluss v. 16.4.2019 – S 25 KA 55/19 ER.

Der Gesetzgeber hat in § 95 Abs. 1a Satz 1 SGB V einen enumerativen Katalog 72
von **Rechtsformen** aufgelistet, in denen ein MVZ tätig sein darf. Dies sind Kapitalgesellschaften in der Form einer GmbH, Personengesellschaften, eingetragene Genossenschaften und öffentlich-rechtliche Rechtsformen. Bei den Personengesellschaften[61] sind neben OHG, BGB- und Partnerschaftsgesellschaft auch
Organisationsformen zulässig, bei denen stille Beteiligungen möglich sind. Dazu
zählen die KG, GmbH und Co. KG. Der Ausschluss europäischer Gesellschaftsformen ist nicht unproblematisch, da die Rechtsprechung des EuGH[62] auch nur im
Ausland tätige Gesellschaften zulässt.

Eine **selbstschuldnerische Bürgschaft** muss ein MVZ als Zulassungsvor- 73
aussetzung dann abgeben, wenn es in der Rechtsform einer GmbH geführt werden
soll. Hintergrund der Regelung ist die Übernahme von Risiken für eventuell im
GKV-System nicht erfüllte Forderungen, die auch einem sonstigen Praxisinhaber
in der vertragsärztlichen Versorgung abverlangt wird.

Die angestellten Ärzte müssen in das **Arztregister** nach § 95 Abs. 2 SGB V 74
eingetragen sein. Das bedeutet, dass sie eine abgeschlossene Ausbildung haben,
approbiert und weitergebildet sein müssen. Der Begriff Arztregister wird synonym
für die Register der Ärzte, Zahnärzte und Psychotherapeuten verwendet.

Bei der Abrechnung von **Leistungen,** für die es **besonderer Genehmigun-** 75
gen zB nach § 135 Abs. 2 SGB V (besondere Untersuchungs- und Behandlungs-
formen) bedarf, muss das MVZ selbst Inhaber der Genehmigung sein. Entsprechende Genehmigungen angestellter Ärzte reichen nicht aus. Soweit die
Genehmigungen auf Grund besonderer Qualifikationen personenbezogen erteilt
werden, darf nur die insoweit qualifizierte ärztliche Kraft persönlich abrechnen.
Nach ständiger Rechtsprechung[63] kann eine Genehmigung nur mit Wirkung für
die Zukunft und nicht rückwirkend erteilt werden, so dass sie vor der Abrechnung
einer Leistung vorliegen muss und damit rechtlich eine Erlaubnis darstellt.

V. Finanzierung

Das Vergütungssystem in der ambulanten Versorgung basiert auf den §§ 83 ff. 76
SGB V. Die KVen und KZVen schließen mit den Krankenkassenverbänden **Ge-**
samtverträge über die vertragsärztliche bzw. vertragszahnärztliche Versorgung
einschließlich der Vergütung ab. Für die vertragsärztliche Versorgung regelt § 87a

---

61 *Berchtold/Huster/Rehborn,* § 95 Rn 63 ff.
62 EuGH, Urt. v. 30.9.2003 – C 167/01.
63 ZB SG Marburg, Urt. v. 7.3.2007 – S 12 KA 807/06.

SGB V ein eigenes Vergütungskonzept. Für die vertragszahnärztliche Versorgung ist § 85 SGB V maßgebend. Diese Vorschrift enthält allerdings auch allgemeine Grundsätze, die für beide Vergütungsformen gelten.

77   **Vertragspartner** der Gesamtvergütungsvereinbarung sind die Landesverbände der Krankenkassen und die Ersatzkassen einerseits sowie die KVen andererseits nach § 87a Abs. 1 Satz 2 SGB V. Die unterschiedlichen Kassenarten müssen sich intern einigen und nach § 87a SGB V gemeinsam und einheitlich handeln. Für die KVen ist der Vorstand ohne Zustimmung der Vertreterversammlung zum Abschluss der Vergütungsvereinbarung legitimiert.

78   Gemäß § 85 SGB V bemisst sich die Gesamtvergütung nach dem **Wohnortprinzip**. Der Vergütungsanteil entspricht damit dem Anteil der im KV-Bereich wohnenden Versicherten einer Krankenkasse. Diesen Betrag entrichtet sie an die zuständige KV bzw. KZV.

79   Mit der Vergütung wird die Gesamtheit der vertraglichen Leistungen abgegolten. Die mitversicherten Familienangehörigen sind nach §§ 85 Abs. 1, 87a SGB V einbezogen. Die Krankenkassen zahlen die Vergütung mit **befreiender Wirkung** an die KVen und KZVen. Diese sind anspruchsberechtigt. Der einzelne Vertragsarzt oder -zahnarzt kann von den Krankenkassen keine Vergütung einfordern. Nachforderungen in diesem Vergütungssystem scheiden grundsätzlich aus, weil die Kostenträger von ihren Versicherten nachträglich keine Beiträge erheben können. Eine Nachschuss- und Anpassungspflicht ist nur in zwei Fällen gesetzlich vorgesehen, wenn nach § 87a Abs. 3 Satz 4 SGB V ein unvorhersehbarer Anstieg morbiditätsbedingten Behandlungsbedarfs besteht oder nach § 87a Abs. 3a Satz 4 SGB V die kalkulierte Zahl der Versicherten bei der Berechnung der Gesamtvergütung von der tatsächlichen Zahl abweicht. Insoweit sind Mittel des Gesundheitsfonds verfügbar.

80   Der **Grundsatz der Beitragssatzstabilität** ist nach § 85 Abs. 3 SGB V zu beachten, aber nicht zu berücksichtigen. Das bedeutet, dass es sich in diesem Kontext nicht um eine verbindliche gesetzliche Vorgabe handelt, sondern um einen Wert- und Orientierungsmaßstab, der bei besonderer Lage oder regionalen Besonderheiten nachrangig sein kann.

81   Die jährlichen Gesamtvergütungsvereinbarungen auf der Grundlage des § 83 SGB V berücksichtigen den **Grundsatz der Vorjahresanknüpfung**. Er besagt, dass der Behandlungsbedarf des Vorjahres Ausgangspunkt für die prospektiv zu führenden Verhandlungen für das kommende Jahr sein soll und eine rückwirkende Anpassung der Vorjahresvereinbarung nicht möglich ist. Er bindet die Vertragspartner aber nicht dahingehend, Steigerungen der Vergütung auszuschließen.

82   Gemäß §§ 84 Abs. 4 Satz 2, 87b SGB V ist bei der Verteilung der Gesamtvergütung ein **Honorarverteilungsmaßstab** anzuwenden. Er wird als untergesetz-

liche Norm in Form einer Satzung[64] von der Vertreterversammlung der KV/KZV nach § 79 Abs. 3 Nr. 1 SGB V als Entscheidung von grundsätzlicher Bedeutung erlassen. Damit liegt eine abstrakt-generelle Regelung vor, die für die an der vertragsärztlichen Versorgung teilnehmenden Ärzte, Psychotherapeuten und Zahnärzte verbindlich ist. Die Satzung hat die für die Honorarverteilung wesentlichen Grundsätze zu regeln und darf diese nicht den Ausführungsorganen, also den Vorständen, der KVen bzw. KZVen, überlassen.

Über den Honorarverteilungsmaßstab ist mit den Landesverbänden der **83** Krankenkassen **Benehmen**[65] herzustellen. Das bedeutet, dass die Satzungen auch erlassen werden dürfen und in Kraft treten können, wenn die Kostenträger nicht zustimmen.

Aus der begrenzten Gesamtvergütung folgt, dass Vertragsärzte und -zahnärzte **84** keinen Anspruch auf ein **Honorar bestimmter Höhe** haben, sondern nur auf einen angemessenen Anteil an der Gesamtvergütung[66]. Der Grundsatz der Ungleichbehandlung spielt insoweit eine große Rolle, als ungleiche Sachverhalte auch eine ungleiche Behandlung bzw. Vergütung erfordern. Der Anspruch auf eine angemessene Vergütung begründet keine bestimmte Honorarhöhe, da sich die Angemessenheit an unterschiedlichen und variierenden Kriterien wie zB Bevölkerungszahl, Morbidität etc. orientiert.

Die **Berechnung** der Entgelte für die einzelnen Leistungen nach **EBM**, der **85** Bestandteil des Bundesmantelvertrags nach § 82 Abs. 1 SGB V ist, erfolgt in der Weise, dass abrechnungsfähige ärztliche Leistungen mit Punkten zueinander ins Verhältnis gesetzt werden. Dadurch entstehen Bewertungszahlen. Diese werden mit einem Punktwert in Cent multipliziert und ergeben den Betrag, der für die jeweilige Leistung anzusetzen ist. Der Punktwert wird durch den Bewertungsausschuss auf Bundesebene nach § 87 Abs. 1 Satz 1 SGB V zunächst als Orientierungspunktwert in Euro festlegt. Dieser wiederum bildet die Grundlage für die regionalen Punktwerte in den KV-Regionen. Insoweit erhält man regionale Euro – Gebührenordnungen. Zur Einzelvergütung des Arztes vor Ort werden auf dieser und der Grundlage des ermittelten Behandlungsbedarfs die arzt- und praxisbezogenen Regelleistungsvolumina gebildet.

Extrabudgetäre Leistungen sind Leistungen, die außerhalb der Gesamt- **86** vergütung finanziert werden. Entsprechende zusätzliche Vereinbarungen sind zulässig, wenn eine besondere Förderung für notwendig gehalten wird. Dies kann zB auf der Grundlage von G-BA-Richtlinien für die Substitutionsbehandlung

---

64 BSG, Urt. v. 13. 3. 2002 – B 6 KA 1/01 R.
65 Beteiligungen und Diskussionen sind vorzunehmen.
66 BSG, Urt. v. 14. 3. 2001 – B 6 KA 54/00; BSG, Urt. v. 3. 3. 1999 – B 6 KA 8/98; BSG, Urt. v. 17. 7. 2013 – B 6 KA 45/12 R.

Drogenabhängiger oder beim AOP-Vertrag nach § 115b SGB V, der die Vergütung für das ambulante Operieren regelt, der Fall sein.

87   Bei der vertragsärztlichen Gesamtvergütung haben die Kostenträger das **Morbiditätsrisiko** zu tragen, so sie alle Lasten zu finanzieren haben, die durch notwendige medizinische Leistungen am Patienten entstehen. Korrektiv ist das Kriterium der „notwendigen Leistung". Nicht notwendige Leistungen dürfen nicht vergütet werden. Sie können Regressforderungen auslösen. Die Morbidität wird kalkulatorisch berücksichtigt[67], indem ein Punktzahlvolumen vereinbart wird, dem ein bestimmter, die Morbiditätsstruktur berücksichtigender Behandlungsbedarf zugrunde liegt. Er wird mit dem regionalen Punktwert bewertet und ergibt die morbiditätsbedingte Gesamtvergütung. Diese bildet die notwendige Versorgung im Sinne des § 71 Abs. 1 Satz 1 SGB V ab. Der bundesweite Orientierungswert nach § 87 Abs. 2e SGB V kann mit Zuschlägen versehen werden. Diese können zB bei einem bundesweiten Lohn- und Gehaltsgefälle oder unterschiedlichem Mietniveau zum Tragen kommen. Die Bewertung mit dem regionalen Punktwert berücksichtigt damit regionale Unterschiede.

88   Die **Honorarverteilung** an die im GKV-System beteiligten Vertragsärzte und -psychotherapeuten erfolgt nach § 87b SGB V. Der Bewertungsausschuss nach §§ 87 Abs. 1 Satz 1, 87a Abs. 5 beschließt zwar Empfehlungen zum Umfang des nicht vorhersehbaren Anstiegs des morbiditätsbedingten Behandlungsbedarfs, diese sind aber nicht verbindlich[68], sondern lediglich Verhandlungsgrundlage. Daher ist die Verteilung des Honorars auch Angelegenheit der KV, die sie im Honorarverteilungsmaßstab regelt. § 87b SGB V bestimmt die Verteilung der Gesamtvergütung, § 87a hat die Vereinbarung der Höhe der Gesamtvergütung zum Inhalt. Den KVen steht ein erheblicher Gestaltungsspielraum bei der Honorarverteilung zu. Sie müssen gleiche Sachverhalte gleich, aber ungleiche auch ungleich behandeln, so dass es durchaus zu Verschiebungen in der Honorarverteilung kommen kann[69]. Daraus folgt zwangsläufig, dass eine unbegrenzte Mengenausweitung im Interesse des Gesamtsystems zu verhindern ist.

89   Für Vertragsärzte gilt anders als für Vertragszahnärzte nach § 85 Abs. 4 Satz 3 SGB V das Prinzip der **Leistungsproportionalität**[70] nicht. Ein entgegenwirkendes Prinzip wäre die Bildung von Honorarkontingenten für definierte Zahnarztgruppen. Dies hätte allerdings zur Folge, dass die vertragsärztlichen Leistungen ab-

---

67 *Reuter* in Berchtold/Huster/Rehborn, Gesundheitsrecht, § 87a Rn 7 ff.
68 BT Drs. 17/6906, S. 63.
69 SG Marburg, Urt. v. 6.10.2010 – S 11 KA 340/09.
70 Bei der Verteilung der Gesamtvergütung sind die Leistungen nach Art und Umfang zugrunde zu legen.

weichend vom EBM nicht mehr im gleichen Verhältnis bewertet, sondern von der Mengenentwicklung[71] abhängig gemacht würden.

Um eine Mengenbegrenzung der **vertragszahnärztlichen Leistungen** in 90 Sinne des § 85 Abs. 4 Satz 5 zu erreichen, schreibt § 85 Abs. 4b–4f SGB V eine **Punktwertabstaffelung**[72] vor. Ab einer definierten Fallzahl oder Summe aller abgerechneten Punkte sinkt der Punktwert stufenweise. Hierdurch verringert sich die Vergütung pro erbrachter Leistung. Die sich daraus ergebenden Einsparungen sind an die Krankenkassen als **Degressionsabführung** weiterzugeben. Die Regelung wurde von der Rechtsprechung[73] als verfassungskonform im Sinne des Art. 12 GG gebilligt. Auch ein Verstoß gegen das Gleichbehandlungsgebot des Art. 3 GG sei nicht damit verbunden. Wichtige Gemeinwohlbelange wie die finanzielle Stabilität des Solidarsystems der GKV rechtfertigten ein entsprechendes Vorgehen. Von der Degressionsabführung[74] an die Krankenkassen ist die Degressionsabführung durch Vertragszahnärzte zu unterscheiden. Letztere bedeutet eine Honorarkürzung für den Vertragszahnarzt. Wenn sie im Honorarverteilungsmaßstab zugunsten der Vertragszahnärzte berücksichtigt würde, fände im Ergebnis keine Degressionsabführung statt. Die Rechtsprechung sieht die alleinige Belastung der Vertragszahnärzte mit der Degressionsabführung als zulässig an, weil sie die Mitverursacher der Leistungsmengensteigerungen seien.

Die vertragszahnärztliche Vergütung kann nach § 85 Abs. 2 Satz 2 Halbsatz 2, 91 Abs. 3 SGB V in verschiedenen **Zahlungsmodalitäten** gewährt werden als Festbetrag, Einzelleistung, Kopfpauschale oder Mischsystem.

Das **Liquidationsrecht** im vertragsärztlichen System gegenüber den Versi- 92 cherten basiert auf dem Einheitlichen Bewertungsmaßstab (EBM). Dieser ist Bestandteil des Bundesmantelvertrages nach § 82 Abs. 1 SGB V. Durch das regelhaft angewendete Sachleistungsprinzip kommen die Versicherten mit Abrechnungsfragen grundsätzlich nicht in Berührung.

Fall 16

Die Vertragsparteien nach § 83 SGB V, die KVen und Krankenkassenverbände, verhandeln über den Gesamtvertrag, können sich auch grundsätzlich über alle zu regelnden Fragen einigen, nicht aber über die Grundlage ihrer Vereinbarung, den sog. Aufsatzwert nach § 87a Abs. 4a Satz 2 SGB V. Es handelt sich dabei um den Wert, den das Institut des Bewertungsausschusses nach § 87 Abs. 3b Satz 1 SGB V errechnet und als Grundlage für die Vergütungsberechnungen empfohlen hat. Der erweiterte Bewertungsausschuss nach § 87 Abs. 1 SGB V hat sich der Empfehlung angeschlossen und ihn seinerseits für die Ermittlung der

---

71 *Reuter* in *Berchtold/Huster/Rehborn*, Gesundheitsrecht</litr=7>, § 85 Rn 39.
72 BSG, Urt. v. 16.12.2009 – B 6 KA 40/08 R.
73 BSG, Urt. v. 14.5.1997– 6 RKa 25/96; BSG, Urt. v. 16.12.2009 – B 6 KA 39/08.
74 *Berchtold/Huster/Rehborn*, § 85 Rn 48 ff.

morbiditätsbedingten Gesamtvergütung zugrunde gelegt. Die KV ruft das Schiedsamt an. Seine Besetzung war ordnungsgemäß zustande gekommen. Wegen Krankheit waren jedoch ein Krankenkassenmitglied und seine bestellte Vertretung ausgefallen, so dass bei Anrufung keine ordnungsgemäße Besetzung bestand. Die KV bittet um Festsetzung des Aufsatzwertes. Das Schiedsamt, zu diesem Zeitpunkt ordnungsgemäß besetzt, beraumt vier Monate nach Anrufung einen Verhandlungstermin an. Der KV dauert das zu lange. Sie erhebt zeitgleich zur Schiedsamtssitzung Klage zum Sozialgericht mit dem Ziel, die Festsetzung des Aufsatzwertes sofort zu erreichen.

Lösungsskizze

1. Können sich die Parteien über den Gesamtvertrag oder Teile davon nicht einigen, können sie das Schiedsamt nach § 89 SGB V anrufen. Der Vorgang ist im Sinne des § 89 SGB V schiedsstellenfähig.

2. Das Schiedsamt ist mit einem Vorsitzenden mit der Befähigung zu Richteramt, zwei unparteiischen Beisitzern und paritätisch von jeder Vertragspartei benannten Vertretungen nach § 89 Abs. 2 SGB V besetzt. Zum Zeitpunkt der Anrufung war es nicht ordnungsgemäß besetzt. Damit war es auch nicht handlungsfähig.

3. Grundsätzlich hat das Schiedsamt innerhalb von 3 Monaten nach Anrufung gemäß § 89 Abs. 1 Satz 1 SGB V eine Entscheidung treffen. Andernfalls setzt die Aufsichtsbehörde den Vertragsinhalt nach § 89 Abs. 1 Satz 5 SGB V fest. Da es nur bei ordnungsgemäßer Besetzung besteht, konnte es auch nur entsprechend später tätig werden. Die Aufsichtsbehörde ist in der Zwischenzeit nicht eingeschritten. Die spätere Verhandlung des Schiedsamtes ist nicht zu beanstanden.

4. Sachlich zuständig für den Rechtsschutz gegen Entscheidungen des Schiedsamtes ist nach §§ 8 i.V.m. 51 Abs. 1 Nr. 2 SGG die Sozialgerichtsbarkeit. Funktionell zuständig ist das LSG nach § 29 Abs. 2 Nr. 1 SGG.

5. Das Klagebegehren der KV richtet sich nicht gegen einen Schiedsspruch. Er liegt noch nicht vor. Die KV begehrt den Ersatz eines Schiedsspruchs, da das Schiedsamt noch nicht entschieden hat. Dazu ist das Gericht nicht befugt. Ihm obliegt nicht der Gestaltungsspielraum, eine Komponente des Vertrages festzusetzen und wird daher die Klage abweisen.

VI. Rechtsschutz

93 Die Entscheidungen des Zulassungsausschusses nach § 96 SGB V können durch den Berufungsausschuss nach § 96 Abs. 4 SGB V, in einem dem Widerspruchsverfahren nach § 78 SGG ähnlichen Verfahren überprüft werden. Das Verfahren gilt als **Vorverfahren** nach § 97 Abs. 3 SGB V, 78 SGG vor Klageerhebung von Anfechtungs- und Verpflichtungsklagen und mit ihnen kombinierten Klagen. §§ 84, 85 SGG sind entsprechend anwendbar. Der Berufungsausschuss entschei-

det durch schriftlichen Widerspruchsbescheid nach eigener Sachkenntnis[75]. Dadurch geht die Entscheidung des Zulassungsausschusses im Widerspruchsbescheid des Berufungsausschusses auf. Die Zulassungsentscheidung nach §§ 95, 96 SGB V ist nicht mehr existent ist. Nur der Bescheid des Berufungsausschusses kann noch Gegenstand einer Klage sein. Beklagter ist der Berufungsausschuss.

Die **Anordnung der sofortigen Vollziehung** kann der Berufungsausschuss 94 auf Antrag oder von Amts[76] wegen nach § 97 Abs. 4 SGB V aussprechen. Dabei sind das öffentliche Interesse an der Umsetzung des angefochtenen Bescheides und das Privatinteresse der Widerspruchsführer gegeneinander abzuwägen.

Klagebegehren können mit den Möglichkeiten des § 54 SGG umgesetzt 95 werden. Eine Zulassungsentscheidung zur vertragsärztlichen Versorgung ist grundsätzlich keine Entscheidung im Sinne des § 54 Abs. 4 SGG, auf die ein Rechtsanspruch besteht. Soweit sich das Ermessen aber auf Null reduziert, kann ein Rechtsanspruch bejaht werden. Die Situation kann sich bei der Erteilung von Ermächtigungen im Einzelfall abweichend darstellen, so dass in diesen Fällen mit der Anfechtung des ablehnenden Bescheids unmittelbar eine Verpflichtung zum Erlass eines begünstigenden Verwaltungsaktes verbunden werden kann.

Gegen die Erteilung einer Zulassung oder Ermächtigung nach §§ 95 SGB V 96 können sich unterlegene Konkurrenten mit der **defensiven Konkurrentenklage** zur Wehr setzen[77]. Die Drittanfechtung ist an drei Voraussetzungen geknüpft. Zum einen müssen sich die Konkurrenten im selben räumlichen Bereich mit gleichem Leistungsangebot bewegen. Zum zweiten muss der Konkurrent bereits an der vertragsärztlichen Versorgung teilnehmen und darf nicht erst durch die Konkurrentenklage Zugang finden. Zum dritten muss der Status des Konkurrenten gegenüber dem anfechtenden Dritten nachrangig sein. Diese Konstellation liegt grundsätzlich vor, wenn dem Konkurrenten die Abdeckung eines zusätzlichen Versorgungsbedarfs in der Region zugestanden worden ist.

Kommt eine Einigung über den Gesamtvertrag unter den Vertragspartnern 97 nicht zustande, können diese gemäß § 89 Abs. 1 SGB V das **Schiedsamt** anrufen. Dieses kann auch mit Einzelanliegen aus dem Gesamtvertrag befasst werden, wenn ohne Klärung dieser Frage eine Gesamtvereinbarung nicht möglich ist. Das Schiedsamt wird vertragsgestaltend[78] durch Verwaltungsakt tätig. Es muss den Sachverhalt ausreichend ermitteln, rechtliches Gehör gewähren, seinen Gestaltungsspielraum einhalten und seine Entscheidung soweit begründen, dass die rechtlichen Rahmenbedingungen erkennbar eingehalten worden sind.

---

75 BSG, Urt. v. 11.12.2013 – B 6 KA 49/12 R.
76 BSG, Urt. v. 17.10.2007 – B 6 KA 4/07 R.
77 BVerfG, NZS 2004, 449; BSG, Urt. v. 17.8.2011 – B 6 KA 26/10 R.
78 BSG, Urt. v. 21.3.2012 – B 6 KA 21/11 Rn 159.

98   Rechtsschutz gegen den Schiedsspruch ist gemäß § 54 Abs. 1 i.V.m. § 131 Abs. 3 SGG als **Bescheidungsklage** statthaft. Dabei handelt es sich um eine Verpflichtungsklage, mit der der Kläger nicht den Erlass eines Verwaltungsakts mit ganz bestimmtem Inhalt begehrt, sondern eine ermessens- und beurteilungsfehlerfreie Entscheidung gemäß § 131 Abs. 3 SGG. Das Landessozialgericht entscheidet im ersten Rechtszug nach § 29 Abs. 2 Nr. 1 SGG. Eines Vorverfahrens bedarf es nach § 78 Abs. 1 Satz 2 SGG i.V.m. § 89 Abs. 1 Satz 6 und Abs. 1a Satz 4 SGB V nicht. Schiedssprüche sind nur einer eingeschränkten gerichtlichen Kontrolle zugänglich[79]. Dies bedingt der weite Gestaltungsspielraum, den das Schiedsamt hat, da sein Auftrag darin besteht, einen Interessenausgleich bzw. Kompromiss zu finden.

99   Ein einzelner Vertragsarzt kann gegen seinen Honorarbescheid, der als Verwaltungsakt der KV ergeht, mit der **Anfechtungsklage** nach § 54 Abs. 1 und 4 SGG vorgehen. In diesem Verfahren können inzident alle gesetzlichen Vorgaben des vertragsärztlichen Vergütungssystems überprüft werden[80]. Der Verhandlungsprozess unter den Vertragspartnern bleibt aber der gerichtlichen Kontrolle entzogen. Da durch die Einbindung in das vertragsärztliche Versorgungssystem ein Rechtsanspruch auf angemessene Vergütung nach §§ 87b, 85 SGB V i.V.m. den satzungsrechtlich geregelten Honorarverteilungsmaßstäben besteht, kann die Anfechtungsklage nach § 54 Abs. 4 SGG grundsätzlich mit einer Verpflichtungsklage auf Erlass eines sachgerechten Bescheides verbunden werden.

100   Soweit KV und KZV ihre **Disziplinargewalt** ausüben und Maßnahmen verhängen, handeln sie hoheitlich als Körperschaften des öffentlichen Rechts nach § 77 Abs. 5 SGB V in der Regel durch Verwaltungsakte. Diese sind nach § 54 SGG anfechtbar. Damit nicht zu verwechseln ist die Disziplinargewalt bei Beschäftigten im öffentlichen Dienst[81]. Verfahren dieser Art gegen Beamte werden vor den Disziplinarkammern geführt und basieren auf den Disziplinargesetzen des Bundes und der Länder. Sie berühren das Vertragsarztrecht nur dann, wenn zB Verfahren gegen ermächtigte Krankenhausärzte aus öffentlich-rechtlich geführten Einrichtungen betrieben werden müssen und den Disziplinarverfahren der KVen vorgehen. Für Angestellte im öffentlichen Dienst gelten die Bestimmungen des Arbeitsrechts.

---

79 BSG, Urt. v. 14.12.2000 – B 3 P 19/00 R; BSG, Urt. v. 16.7.2003 – B 6 KA 29/02 R.
80 BSG, Urt. v. 31.8.2013 – B 6 KA 6/04 R; *Berchtold/Huster/Rehborn*, § 87a Rn 20.
81 Wissenschaftlicher Dienst des Deutschen Bundestages, Pflichtverletzungen durch Beschäftigte im öffentlichen Dienst – Disziplinarrechtliche beziehungsweise arbeitsrechtliche Konsequenzen, WD 6 – 3000 – 018/19 v. 20.2.2019

Gegen berufsrechtliche Maßnahmen der Heilberufskammern ist der Rechts- **101**
weg zu den Berufsgerichten[82] auf der Basis der Heilberufs- bzw. Kammergesetze
der Länder gegeben.

---

82 § 14 Rn 35 ff.

§ 16 Privatärztliche Versorgung

I. Rechtliche Rahmenbedingungen

1   Die privatärztliche Tätigkeit wird in einem deutlich weniger reglementierten Rahmen als die vertragsärztliche durchgeführt. Es gibt weder eine Bedarfsplanung noch ein Zulassungsverfahren. Im privatärztlichen Bereich besteht eine vollumfängliche **Niederlassungsfreiheit**. Die Niederlassungsabsicht ist der zuständigen Ärztekammer anzuzeigen.

2   Der Privatarzt ist **Pflichtmitglied** der **Ärztekammer** mit allen Rechten und Pflichten. Er unterliegt dem Heilberufs- bzw. Kammerrecht des Sitzlandes und den darauf basierenden Satzungen. Dies gilt insbesondere für die Bestimmungen der Berufs- und Weiterbildungsordnungen sowie der Notfall- und Bereitschaftsdienstregelungen.

3   Das Kammerrecht verpflichtet den Privatarzt zur Teilnahme am **Notfall- und Bereitschaftsdienst** unabhängig davon, ob die Kammer oder die KV den Notfalldienst organisiert. Eine von der Kammer als Satzung erlassene Notfalldienstordnung gilt unmittelbar für das Kammermitglied. Hat eine KV die Satzung erlassen, muss sie für Nichtvertragsärzte gesondert durch Satzung der Ärztekammer für verbindlich erklärt werden. In der Regel organisieren die beiden Körperschaften den Not- und Bereitschaftsdienst gemeinsam. Privat tätige Ärzte sind verpflichtet, im Notdienst auch Versicherte des GKV-Systems zu behandeln und nach den dort geltenden Regeln abzurechnen. Soll die privatärztliche Behandlung im Anschluss an die Notfallversorgung fortgesetzt werden, sind gesonderte Behandlungsverträge zwischen Arzt und Patient zu schließen.

4   Der privat tätige Arzt hat sich an die für ihn geltenden **Gesetze, untergesetzlichen Normen und Richtlinien** bei der Durchführung von Behandlungen zu halten. Die qualitativen Anforderungen nach dem Stand der medizinischen Wissenschaft und Technik sind Prüfmaßstab für sein therapeutisches Vorgehen. Er hat die Vorgaben der §§ 630a ff. BGB zu beachten. Darüber hinaus sind insbesondere die Anforderungen an Hygiene und Infektionsschutz, das Arzneimittelrecht, die Bestimmungen der Röntgenverordnung sowie weitere Regeln des Gesundheits- und Medizinrechts zu berücksichtigen. Durch die Verwendung von Medizinprodukten, zu denen das gesamte ärztliche Instrumentarium gehört, muss er mit den Aufbereitungs-, Sicherheits- und arbeitsschutzrechtlichen Vorschriften, die mit der Nutzung dieser Produkte verbunden sind, vertraut sein.

5   Eine **Weiterbildungsqualifikation** nach der Approbation ist für einen Privatarzt nicht zwingend erforderlich. Bei Behandlungsfehlern wird sein Vorgehen allerding am Facharztstandard gemessen. Das ist der Qualifikationsstand, den ein

https://doi.org/10.1515/9783110700428-019

weitergebildeter Facharzt in dem betreffenden Gebiet mit dem Abschluss seiner Weiterbildung erworben hat. Daher hat eine nicht weitergebildete ärztliche Kraft beim Vorwurf des Behandlungsfehlers größere Nachweisprobleme für ihre Aussage, die Behandlung „lege artis" durchgeführt zu haben, als eine weitergebildete, bei der der Facharztstandard und -status[1] unterstellt wird. Das Heilberufsrecht beschränkt die Tätigkeit des Privatarztes bei gegebener Weiterbildung grundsätzlich auf ein Gebiet. Sie kann auf höchstens zwei Gebiete ausgedehnt werden, wenn die entsprechenden Weiterbildungsqualifikationen bestehen. Behandlungen dürfen im Übrigen nur übernommen werden, wenn auch nach eigener Einschätzung und entsprechender aktueller Fortbildung die erforderlichen Kenntnisse vorliegen.

Das Kammerrecht verlangt eine laufende **Fortbildung**. Die Einhaltung der 6 Fortbildungsverpflichtung wird von der Ärztekammer überwacht.

Für den Privatarzt besteht nach den Heilberufsgesetzen der Länder[2] eine 7 **Bindung** an seine **Niederlassung**. Dies bedingt die Vorhaltung notwendiger und geeigneter Praxisräume, in denen die Therapie vorzunehmen ist. Auf die bauordnungsrechtlichen Voraussetzungen für den Betrieb einer Praxis ist zu achten. Dazu gehören neben der Barrierefreiheit, soweit keine Besitzstände bestehen, zB auch die notwendigen sanitären Anlagen und Pkw-Einstellplätze. Unfallverhütungsvorschriften sowie die Vorschriften zur gesetzlichen Unfallversicherung sind einzuhalten. Die Niederlassung wird durch ein Praxisschild kenntlich gemacht, auf dem neben der Facharztbezeichnung zu verdeutlichen ist, ob die Praxis in einer Kooperationsform betrieben wird[3]. Die Angabe der Sprechzeiten darf mit dem Hinweis „nach Vereinbarung" versehen werden, wenn keine konkreten Sprechzeiten genannt werden.

Außerhalb der Praxis dürfen Behandlungen in Notfällen an Wochenenden 8 oder in den Abendstunden vorgenommen werden. Nahe Angehörige und Nachbarn dürfen im Wege der Nachbarschaftshilfe außerhalb der Praxis versorgt werden. Dabei ist zu beachten, dass derartige Nachbarschaftshilfen regelmäßig nicht vom privaten Krankenversicherungsschutz erfasst sind. Das bedeutet, dass die erbrachten Leistungen auch nicht von den privaten oder beihilferechtlichen Kostenträgern oder den Kostenträgern der GKV übernommen werden. Medizinisch notwendige Hausbesuche, betriebsärztliche Tätigkeiten, die rehabilitativen Betreuung von Sportgruppen und Sportvereinen sind Praxistätigkeiten, die auf

---

1 „Facharztstandard": Der Arzt hat die Kenntnisse der Weiterbildung nachweislich erworben, aber seine Weiterbildung im Gegensatz zur Qualifikation „Facharztstatus" nicht durch eine Prüfung bei der Ärztekammer abgeschlossen.
2 Vgl. zB § 29 HeilBerG NRW, § 32 Kammergesetz für die Heilberufe (HKG) Niedersachsen.
3 Dies hat Auswirkungen auf die freie Arztwahl, vgl. § 15 Rn 63.

Grund ihrer Natur außerhalb der Praxisräume erbracht werden. Das Berufsrecht erlaubt darüber hinaus eine privatärztliche Tätigkeit in einer Zweigpraxis und ausgelagerten Betriebsstelle, wenn sie von der zuständigen Ärztekammer erlaubt worden ist. Bei ihrer Prüfung stellt die Ärztekammer darauf ab, ob alle Tätigkeiten miteinander kompatibel sind und an den Orten, an denen sie ausgeübt werden, eine ausreichende Patientenversorgung gewährleistet ist. Soweit privat tätige Ärzte ambulante Rehabilitations- oder Fitnessstudios betreuen wollen, bedürfen sie der Erlaubnis der zuständigen Kammer.

9   Form- und inhaltsgerecht ausgestellte **Verordnungen** werden zu den Konditionen der privaten Krankenversicherung abgerechnet. Dabei ist es unerheblich, ob sie innerhalb oder außerhalb der Praxis erstellt worden sind.

10   Der Grundsatz der **persönlichen Leistungserbringung** darf nicht verletzt werden. Dabei stehen privat tätigen Ärzten die gleichen Rechte zu wie vertragsärztlichen. Sie dürfen zB nach § 19 MBO-Ä[4] Assistenzkräfte anstellen, deren Tätigkeit ihnen zugerechnet wird.

11   Eine **Werbung** ist nur zulässig, wenn sie angemessen ist. Das ist der Fall bei der Praxiskennzeichnung, einer nicht anpreisenden, irreführenden oder vergleichenden Werbung oder Hinweisen in Mitgliederzeitungen von Sportvereinen, sachlichen Inseraten in der Tagespresse und Fachmedien. Für gewerbliche Tätigkeiten ist jegliche Werbung verboten. Insoweit ist es unerheblich, ob dies für eigene oder fremde gewerbliche Tätigkeiten oder Produkte geschieht.

12   Die nach Berufsrecht verbindliche **Berufshaftpflichtversicherung** muss mögliche Haftpflichtansprüche aus Behandlungsfehlern abdecken können. Wird sie nicht abgeschlossen, kann dies berufs- und approbationsrechtliche Folgen bis hin zur Anordnung des Ruhens der Approbation haben.

II. Honorierung

13 Grundlage für die **Leistungsabrechnung** im privatärztlichen Behandlungsverhältnis ist für Ärzte die GOÄ, für Zahnärzte die GOZ, deren Legitimation aus § 11 BÄO bzw. § 15 ZHG hergeleitet wird[5]. Die Psychotherapeuten rechnen über die Verweisung der GOP, die auf § 21 PsychThG basiert, ebenfalls nach der GOÄ ab. Beihilfeträger des Bundes und der Länder sowie private Krankenversicherungen erkennen die in den Gebührenordnungen niedergelegten Beträge zum Teil als erstattungsfähig an. Selbst kalkulierte ärztliche Honorare sind nach ärztlichem

---

4 Analoge Regelungen in den Berufsordnungen der Kammern.
5 Verordnungsermächtigungen in §§ 11 BÄO, 15 ZHG, 9 PsychthG.

Berufsrecht und der Rechtsprechung des Bundesverfassungsgerichts[6] nicht zulässig. Zwar wird dem Berufsausübungsrecht auch das Preisbestimmungsrecht zugestanden, aber dies bedeutet keine freie Preiskalkulation. Einschränkungen der freien Honorarvereinbarung sind „durch vernünftige Gründe des Gemeinwohls"[7] gerechtfertigt. Damit dürfen den Grundsätzen der Verhältnismäßigkeit entsprechende, begründete abweichende Vergütungsvereinbarungen getroffen werden. In AGB oder Formularverträgen sind sie allerdings nicht möglich. Auf Grund der Regelungen des § 630c Abs. 3 BGB ist ein privat liquidierender Arzt zudem verpflichtet, seine Patienten in verständlicher, schriftlicher Textform darüber zu informieren, ob ihm bekannt ist oder ob sich Anhaltspunkte dafür ergeben, dass die Beihilfe oder ein Privatversicherer Behandlungskosten ganz oder teilweise nicht übernehmen. Werden private Abrechnungsstellen zur Erleichterung der Liquidation eingeschaltet, müssen die Patienten ihre ausdrückliche schriftliche Einwilligung dazu erteilen.

Soweit **Gutachten** für Gerichte zu erstellen sind, gilt für ihre Finanzierung 14 das Justizvergütungs- und Entschädigungsgesetz (JVEG). Erstellt der Privatarzt Gutachten außerhalb von Gerichten und Gutachterstellen, gilt grundsätzlich die privatrechtliche freie Vereinbarung.

Individuelle Gesundheitsleistungen – IGeL – sind nur privatärztlich nach 15 schriftlicher Vereinbarung gemäß § 630c BGB abrechenbar. Sie zählen nicht zu den „ausreichenden, zweckmäßigen und wirtschaftlichen" Leistungen im Sinne des § 12 SGB V, auf die Versicherte im GKV-System Anspruch haben. Insoweit dürfen vertragsärztlich tätige Therapeuten nach § 18 Abs. 8 BMV-Ä auch keinen irgendwie gearteten Druck auf Versicherte ausüben, wahlärztliche Leistungen in Anspruch zu nehmen. Drohen Behandlungskosten den Rahmen der GKV-Versicherung zu sprengen, muss der Arzt schriftlich darüber aufklären. Sonst verliert er seinen Honoraranspruch. Dies gilt auch für eine unzureichende Aufklärung. Eine vertragsärztliche Behandlung abzulehnen und stattdessen das Angebot der privatärztlichen Leistung zu machen, ist ebenfalls unzulässig[8], da das Sachleistungsprinzip zum Schutz der Versicherten Vorrang hat. Soweit vertragsärztlich tätige Kräfte mit den Einschränkungen nicht einverstanden sind, steht es ihnen frei, ihre Zulassung zurückzugeben und ausschließlich privatärztlich tätig zu sein und zu liquidieren.

---

6 BVerfG, Beschl. v. 25.10.2004 – 1 BvR 1437/02.

7 BVerfGE 68, 319 (327 ff.).

8 BSG, Urt. v. 14.3.2001 – KA 54/00 R; B 6 KA 36/00 R; B 6 KA 67/00 R; BSG, Urt. v. 17.2.2016 – B 6 KA 3/15 Rn 27; KBV, Informationen zur Privatliquidation bei GKV-Versicherten mit IGeL-Liste Stand August 2017; http://www.kvb.de/fileadmin/kvb/dokumente/Praxis/Infomaterial/AbrechnungHo norar/KVB-Broschuere-Informationen-zur-Privatliquidation.pdf, zuletzt abgerufen am 1.6.2020.

Fall 17

Der Zahnarzt Z bietet dem Patienten P eine professionelle Zahnreinigung an. Dieser möchte sie nicht in Anspruch nehmen. Daraufhin fordert Z den P auf, den Versuch der Kostenerstattung bei seiner Krankenkasse zu unternehmen. Z führt die Reinigung durch, nachdem P sich schriftlich zur Übernahme der Kosten verpflichtet hat. Die Reinigung scheint beendet zu sein, als Z erklärt, gleich sei man fertig. Nur der Parodontalstatus[9] sei noch zu erheben. P hat den Mund geöffnet und weiß nicht, was das bedeutet. Er geht davon aus, dass die Maßnahme erforderlich ist und wehrt sich nicht. Z berechnet dafür 40 € zusätzlich.

Lösungsskizze

1. P wurde zu der Zahnreinigung gedrängt. Das ist nicht zulässig.
2. P durfte auch nicht mit dem falschen Hinweis auf eine eventuelle Kostenerstattung zur Kostenübernahmeerklärung genötigt werden. Z wusste, dass die Leistung nicht zum Angebot der privaten Versicherungen gehört. Ein Vorschlag, Kostenerstattung zu wählen, steht dem Arzt nicht zu; denn nur P hat die Entscheidungsbefugnis, ob er sie in Anspruch nehmen will oder nicht. Trotz der schriftlichen Kostenübernahmeerklärung muss P die Leistung nicht bezahlen.
3. Ein Hinweis auf eine nötige Behandlungsmaßnahme wie den Parodontalstatus, von dem P nicht weiß, was er bedeutet, in einer hilflosen Situation zu geben, widerspricht dem Ethos des Berufsstandes. P kann bei der ZÄK den Hinweis auf ein berufsrechtliches Einschreiten geben. Er hat allerdings nicht die Sicherheit, dass die Kammer tätig wird, da ihm nur ein Anregungsrecht zusteht. Er kann aber mit dem Hinweis auf ein berufsrechtswidriges Verhalten des Z, eine fehlende Aufklärung über die Maßnahme sowie eine nicht erteilte Kostenübernahme die Bezahlung verweigern.

16 Der Privatarzt unterliegt wie der Vertragsarzt der **Berufsgerichtsbarkeit**[10]. Sie greift, wenn das Disziplinarrecht der Kammern mit Rügen, Verwarnungen, Verweisen und Bußgeldern nicht ausreicht oder der Betroffene sich dagegen zur Wehr setzt.

III. Spannungsfeld zur vertragsärztlichen Tätigkeit

17 **Vorteile** der privatärztlichen Arbeitsform zeigen sich in der deutlich höheren zeitlichen und inhaltlichen Flexibilität der ärztlichen Tätigkeit. Der Beratungs- und Versorgungsaufwand kann individuell vereinbart werden. Die Kalkulierbarkeit der finanziellen Gegenleistungen ist damit besser gegeben und nicht durch die Vorgaben des SGB V und der darauf basierenden restriktiveren Regelungen eingeschränkt. Die festgelegte Tarifordnung, eine vertragliche Grundlage für Be-

---

9 Auch Parodontitis-Risiko-Protokoll genannt, bedeutet die Befunderhebung über jeden Zahn.
10 § 15 Rn 35 ff.

handlung und Abrechnung, das fehlende Regressrisiko gegenüber KV und Krankenkassen sowie ein erheblich geringerer Verwaltungsaufwand sind Anreize für den Betrieb einer privatärztlichen Praxis.

Andererseits sind rd. 90 % der Patienten in der GKV versichert, die allerdings 18 zum Teil auch private Leistungen einkaufen. Insgesamt kann eine Privatpraxis aber nur auf 10 % der Bevölkerung zurückgreifen, so dass das Rentabilitätsrisiko einer rein privatwirtschaftlich betriebenen Praxis nicht unerheblich ist. Die fehlende Erstattung ärztlicher Therapieleistungen durch die gesetzliche Krankenversicherung, eingeschränkte Leistungen für GKV-Versicherte, wenn sie eine privatärztliche Behandlung in Anspruch nehmen wirken sich **nachteilig** aus. Diagnostik und Laborkosten können schnell die wirtschaftlichen Möglichkeiten von Selbstzahlern überfordern.

Als **komplementäres Angebot** leistet die privatärztliche Tätigkeit einen 19 großen Beitrag. Sie fokussiert sich zum Teil auf Leistungen, die im Rahmen der vertragsärztlichen Tätigkeit schwieriger zu realisieren sind, aber von selbstzahlenden Patienten nachgefragt werden. Zum Teil stellt sie eine Alternative für die Behandlung im GKV-System dar. Ein verbessertes Einkommen erzielen Ärzte, die neben der vertragsärztlichen Versorgung privatärztlich tätig sind.

4. Kapitel **Sonstige Leistungserbringer**

Vorbemerkung

Der Begriff **Leistungserbringer** ist ein Oberbegriff im SGB V und erfasst alle, die 1
in der gesetzlichen Krankenversicherung unmittelbar abrechnungsfähige Leistungen für Patienten erbringen dürfen. Sie werden dafür zugelassen oder ermächtigt. Dies sind neben der Ärzteschaft nach §§ 77 SGB V, die Krankenhäuser nach §§ 107 ff. SGB V, die Heil- und Hilfsmittelerbringer nach §§ 124 ff. SGB V sowie die Apotheken nach §§ 129 ff. SGB V. In der privatärztlichen Versorgung kennt man den Begriff nicht. Er stößt insbesondere in der Ärzteschaft auf Widerstand[1], weil er den Status des freien Berufs nicht würdige und diskriminierend sei.

Die im GKV-System zu erbringenden Leistungen sind unmittelbar zur **An-** 2
wendung am Patienten bestimmt. Anwender können dabei neben den Patienten, die ihre Medikamente einnehmen auch Ärzte sein, die Injektionen verabreichen, oder Heilmittelerbringer, die physiotherapeutische oder logopädische Leistungen erbringen. Auf die Rechtsform des Unternehmens kommt es nicht an.

Im 4. Kapitel des SGB V wird das Verhältnis der GKV zu weiteren Leistung- 3
serbringern beschrieben. In gemeinsamen Richtlinien legen die Spitzenverbände der zuständigen Leistungserbringer und Kostenträger **Rahmenbedingungen** auf Bundesebene fest, die laufend angepasst werden. Beispiele sind nach § 82 SGB V die Bundesmantelverträge für die ärztliche, psychotherapeutische und zahnärztliche Versorgung sowie die Rahmenempfehlungen nach §§ 125 Abs. 1 und 126 Abs. 1a SGB V für Heil- und Hilfsmittelerbringer. Sie bilden die Grundlage der konkreten Vereinbarungen der jeweiligen Verbände auf Landesebene. Sie sind erforderlich, um den Versicherten die Leistungen nach dem Sachleistungsprinzip zur Verfügung stellen zu können. Automatische Vertragsbestandteile werden insbesondere die allgemeinen Normen des SGB V wie das Wirtschaftlichkeitsgebot nach § 12 SGB V, der Grundsatz der Beitragssatzstabilität nach § 71 SGB V und die Bestimmungen zur Qualität der Leistungen.

---

[1] Beschluss V 58 des 113. Deutschen Ärztetags 2010; Beschluss der 5. Vertreterversammlung der Kassenärztlichen Bundesvereinigung v. 30.5.2011; Resolution Landesärztekammer Hessen 2011.

§ 17 Pharmazeutische Unternehmer

I. Einführung

Während die Apotheken die Arzneimittelversorgung als Leistungserbringer[1] im System der GKV übernehmen, sind die **Arzneimittelhersteller,** die pharmazeutischen Unternehmen, nicht entsprechend eingestuft, da sie ihre Produkte grundsätzlich nicht an den Endverbraucher, sondern an Großhandel und Apotheken liefern. Die Versorgung mit Arzneimitteln hat nicht nur eine herausragende Bedeutung im Gesundheitssystem, sondern stellt auch einen erheblichen Kostenfaktor dar. Daher hat der Gesetzgeber diesem Thema immer wieder besondere Aufmerksamkeit geschenkt. Die Arzneimittelversorgung im GKV-System ist in den §§ 129 ff. SGB V geregelt. 1

Arzneimittel werden von den gesetzlichen Krankenkassen grundsätzlich nur dann finanziert, wenn sie verkehrsfähig und ärztlich verordnet sind. **Verkehrsfähig** sind sie, wenn sie nach den Vorgaben des AMG eine gültige Zulassung oder Registrierung besitzen und keine Qualitätsmängel aufweisen, die Patienten gefährden können. Dazu gehört zB auch die Unterschreitung des Haltbarkeitsdatums. 2

Mit den **Arzneimittel- und Stoffbegriffen** befassen sich die §§ 2 und 4 AMG. Sie unterscheiden zwischen tierischen und humanmedizinischen Arzneimitteln. Kennzeichnend für den Arzneimittelbegriff ist die Zweckbestimmung des Produkts. Arzneimittel sollen der Heilung, Linderung oder Verhütung menschlicher Krankheiten oder krankhafter Beschwerden dienen. Der Begriff Medikament wird in der Regel synonym gebraucht, obwohl er sich vom Arzneimittel dadurch unterscheidet, dass er die fiktiven Arzneimittel[2] nicht umfasst. Zu letzteren gehören zB Diagnostica, die Krankheiten erkennen helfen. Auch bestimmte Stoffe sind laut gesetzlicher Definition Arzneimittel, wenn sie dazu bestimmt sind, dauerhaft in den menschlichen Körper eingebracht zu werden. Dazu gehören etwa Implantate und chirurgisches Nahtmaterial. 3

Der Gesetzgeber hat eine Negativabgrenzung von Arzneimitteln zu **Lebensmitteln und Bedarfsgegenständen** vorgenommen, die den Regelungen des LFBG vorbehalten sind. Relevant wird die Differenzierung zB bei Vitaminen, diätetischen Lebensmitteln, Kosmetika und Aufbaustoffen. Während Vitamine dem Arzneimittelbegriff unterfallen, soweit sie Indikationen haben, gehören 4

---

1 Vgl. § 5 Rn. 24.
2 Stoffe und Produkte, die nur als Arzneimittel gelten.

https://doi.org/10.1515/9783110700428-020

Nahrungsergänzungs- und diätetische Stoffe zu den Bedarfsgegenständen und Lebensmitteln. [3]

5   Der Arzneimittelbegriff wird in § 4 Abs. 2 bis 9 AMG auch auf **Zubereitungen** ausgedehnt, von denen die Fertigarzneimittel von besonderer Bedeutung sind. Sie werden im Voraus für den Verbraucher hergestellt, verpackt und mit Angaben[4] zu Indikation, Dosierung, Wirkungen, Neben- und Wechselwirkungen sowie Gegenanzeigen in den Verkehr gebracht. § 4 AMG nennt weitere besondere Arzneimittel wie Impfstoffe, Sera, Blutzubereitungen, radioaktive Arzneimittel und andere mehr.

6   Aus diesen wenigen Details lässt sich leicht nachvollziehen, dass Arzneimittel **Waren besonderer Art** sind. Sie müssen dementsprechend vor ihrer Anwendung am Menschen validierte[5] Herstellungs- und Prüfverfahren durchlaufen und einem beliebigen Zugriff im Interesse des Patientenschutzes entzogen werden.

II. Arzneimittelherstellung

7   Arzneimittel müssen nach §§ 21 ff. AMG zugelassen oder nach §§ 31 ff. registriert werden, wenn sie zulässigerweise in den Verkehr gebracht werden sollen. Nach § 4 Abs. 17 AMG bedeutet das **Inverkehrbringen** „das Vorrätighalten zum Verkauf oder zu sonstiger Abgabe, das Feilhalten, das Feilbieten und die Abgabe an andere". Mit der Zulassung oder Registrierung werden Arzneimittel verkehrsfähig.

8   Die **Zulassung** von Arzneimitteln nach §§ 21 ff. AMG ist an ein sehr aufwändiges Herstellungs- und Prüfungsverfahren gebunden, das in der Regel von der Entwicklung bis zur Verkehrsfähigkeit Jahre in Anspruch nimmt und hohe Kosten verursacht. Die Abläufe von nichtklinischen über klinische Prüfverfahren bis hin zum behördlichen Zulassungsverfahren sind mehrstufig und zwischenzeitlich durch Harmonisierungsregelungen der EU europaweit geregelt. Allerdings ist die EU-Verordnung 536/2014, die in den EU-Staaten ohne Transformation[6] unmittelbar gültig ist, bisher nur teilweise in Kraft. Dies soll sich ändern, wenn das sog.

---

3 Nahrungsergänzungsmittel und diätetische Lebensmittel, DAZ 2007, S. 50; vgl. auch Nahrungsergänzungsmittelverordnung (NemV) v. 24. 5. 2004 (BGBl. I S. 1011), zuletzt geändert durch Artikel 11 der Verordnung v. 5.7. Juli 2017 (BGBl. I S. 2272) und Diätverordnung (DiätV) v. 28.4. 2005 (BGBl. I S. 1161), zuletzt geändert durch Artikel 22 der Verordnung v. 5.7. 2017 (BGBl. I S. 2272).
4 Gebrauchsanweisungen.
5 Mit nachgewiesenen, wiederholbaren und qualitativ gleich bleibenden Methoden und Ergebnissen.
6 Übernahme von europäischem Recht in die deutsche Gesetzgebung.

EU-Portal und die EU-Datenbank im Jahr 2020 verfügbar sind[7]. Sie werden auf der Grundlage der Art. 80, 81 Verordnung EU-536/2014 neu aufgebaut. Die Lücken, die die Verordnung für das Recht der Mitgliedstaaten gelassen hat, sind durch das 4. AMG-Änderungsgesetz[8] bereits ausgefüllt worden. Sie treten in Kraft, wenn die EU-Verordnung in Kraft tritt.

1. Entwicklung, Prüfung

Der Zulassung vorgelagert sind die **nicht-klinischen und klinischen Prüfungen** 9 in der Arzneimittelentwicklung. Sie münden in das Herstellungsverfahren von Prototypen ein, die im Zulassungsverfahren vorgelegt werden, bevor die groß-technische Herstellung nach der Zulassung beginnen kann.

Potenzielle neue Wirkstoffe werden zunächst in **nicht-klinischen Studien** 10 pharmakologisch und toxikologisch untersucht. Das bedeutet, dass ihre Arznei-mittelwirkung für den angestrebten Heilungszweck und die „Giftwirkung" auf den Körper ermittelt werden. Ist ein Stoff zu toxisch, taugt er nicht als Arzneimittel, weil er die therapeutische Wirksamkeit negativ überlagert. Das Arzneimittelgesetz regelt diesen Teil der Produktentwicklung zwar nicht ausdrücklich, geht aber selbstverständlich davon aus, dass er durchgeführt wird. In diesem Stadium werden sog. In-vitro-Untersuchungen, also Versuche im Reagenzglas, und Tier-versuche durchgeführt, die den GLP-Regeln, den Regeln über die gute Labor-praxis, entsprechen müssen[9]. Das Programm verläuft wie die später folgende klinische Prüfung in vier Phasen. Aus den gewonnen Erkenntnissen zieht man Analogien zur potenziellen Wirkweisen beim Menschen, um auf diese Weise Anhaltspunkte und eine gewisse Sicherheit für eine erstmalige humanmedizini-sche Anwendung zu gewinnen.

Die **klinischen Prüfungen**, die ihre Grundlage in den §§ 40 ff. AMG haben, 11 wurden in § 4 Abs. 23 AMG legal definiert. Die entscheidenden Merkmale sind, dass die Untersuchung am Menschen dazu bestimmt sein müssen, „klinische oder pharmakologische[10] Wirkungen von Arzneimitteln zu erforschen oder

---

7 Die BÄK und der Arbeitskreis Medizinischer Ethik-Kommissionen haben das lokale Zustän-digkeitsprinzip für Ethik-Kommissionen bereits seit April 2019 für ihre Regelungsbereiche über-nommen.

8 Viertes Gesetz zur Änderung arzneimittelrechtlicher und anderer Vorschriften v. 20.12.2016 (BGBl. I S. 3048).

9 In Deutschland sind die GLP Regeln im Chemikaliengesetz umgesetzt.

10 Damit sind die therapeutischen und die Wechselwirkungen eines Arzneimittels auf den menschlichen Körper angesprochen.

nachzuweisen oder Nebenwirkungen festzustellen oder die Resorption, die Verteilung, den Stoffwechsel oder die Ausscheidung zu untersuchen mit dem Ziel, sich von der Unbedenklichkeit oder Wirksamkeit der Arzneimittel zu überzeugen".

12   Um dem besonderen Risiko der klinischen Prüfungen gerecht zu werden, hat der Gesetzgeber eine Vielzahl von **Voraussetzungen** für ihre Durchführung festgelegt. Sie richten sich zum einen an den Sponsor, also den Verantwortlichen für die Prüfung, zum anderen handelt es sich um Schutznormen für die betroffenen Personen, also diejenigen, an denen die Prüfungen vorgenommen werden. Wird gegen die Vorgaben verstoßen, erfüllt die Durchführung der klinischen Prüfung nach §§ 40 Abs. 1 Satz 2, 96 Nr. 11 AMG einen Straftatbestand.

13   Der **Sponsor**, also der Initiator und Finanzier, muss seinen Sitz im EU- und Europäischen Wirtschaftsraum haben. Ist das nicht der Fall, darf die Prüfung nicht genehmigt werden. Sie ist abzubrechen, wenn diese Voraussetzung entfallen ist. Die zuständigen Behörden müssen im Krisen- oder Schadensfall eine verantwortliche Person ansprechen können.

14   Die Anforderungen der guten klinischen Praxis, der **GCP-Regeln** sind in der EU-Verordnung 536/2014 umgesetzt.

15   Vor Beginn der klinischen Prüfung ist nach §§ 40 Abs. 1 Satz 2, 42 Abs. 1 AMG das Votum einer **Ethikkommission** einzuholen, die eine zustimmende Bewertung enthalten muss. Zweifel oder Ablehnung sind ein Durchführungshindernis für die klinische Prüfung. Ohne ihre Zustimmung darf es keine klinischen Prüfungen in Deutschland geben. Ein Verstoß gegen diese Regelung bleibt nach § 96 Nr. 11 AMG strafbewehrt. Die Ethik-Kommissionen der Länder sind beim BfArM registriert. Es handelt sich um unabhängige Gremien aus Personen, die im Gesundheitswesen und in nichtmedizinischen Bereichen tätig sind. Ihre Aufgabe ist es, die beabsichtigten klinischen Versuche daraufhin zu überprüfen, ob der Schutz der teilnehmenden Probanden[11] und Patienten hinreichend gesichert ist, ob ihre Rechte gewahrt sind, wie sie während des Versuchs ärztlich begleitet werden, wie der Prüfplan aussieht, ob die Prüfer geeignet sind, ob der Sponsor sachgerecht arbeitet und die Methoden zur Aufklärung und Einwilligung mit den notwendigen Daten aufbereitet sind. Die Ethikkommissionen begleiten die Prüfung nicht nur am Anfang, sondern müssen auch im weiteren Verlauf über schwerwiegende, nicht bekannte schwere Neben- und Wechselwirkungen unterrichtet werden. Sie können die Studie bei unvertretbaren Zwischenfällen abbrechen.

---

11 Gesunde Versuchspersonen.

Die **zuständige Bundesoberbehörde** muss die klinische Prüfung vor Auf- 16
nahme nach § 42 Abs. 2 AMG erlauben[12]. Eine (nachträgliche) Genehmigung ist
nicht ausreichend. Dies widerspräche dem Schutzzweck der Norm, obwohl der
Gesetzgeber keine exakte Wortwahl getroffen hat. Die Zuständigkeit der Bundesoberbehörden bestimmt sich nach der Art des zu testenden Arzneimittels gemäß § 77 AMG. Danach ist das PEI[13] insbesondere für serologische[14] Stoffe wie
insbesondere Sera, Impfstoffe, Blutzubereitungen, Allergene, somatische Zell-
therapeutika und gentechnisch hergestellte Blutbestandteile zuständig. Für alle
nicht in diesem Kontext gehörenden Arzneimittel ist das BfArM zuständig. Die
Genehmigungsbehörden prüfen in erster Linie die Ergebnisse der analytischen
und der pharmakologisch-toxikologischen Testreihen und den Prüfplan für die
Gesamtprüfung einschließlich der Hinweise, die den Prüfern vor Ort, die die klinischen Studien durchführen, an die Hand gegeben werden. Es gilt eine Zustim-
mungsfiktion, wenn die Behörde nicht innerhalb von 30 Tagen Einwände erhoben
hat. Ausnahmen sind für Arzneimittel mit besonderen Sicherheitsvorkehrungen
geregelt. Insoweit muss die Erlaubnis schriftlich erteilt werden. Die Zustimmung
ist ein Verwaltungsakt, der den entsprechenden verwaltungsrechtlichen Regeln
unterliegt. Sie kann verweigert, mit Auflagen versehen, zurückgenommen, widerrufen oder zum Ruhen gebracht werden.

Zum **Schutz** von **Personen**, die an klinischen Prüfungen teilnehmen, sind 17
den Genehmigungsbehörden neben Aufklärungsbelegen über Risiken und
Nachteile der klinischen Prüfung wissenschaftliche Erkenntnisse, Belege über
bereits vorgenommene Untersuchungen, schriftliche Einwilligungserklärungen
der Prüfungsteilnehmer und Haftpflichtversicherungen für Schadensfälle vorzulegen. Beim Schutzniveau unterscheidet das AMG zwischen gesunden und
kranken Versuchspersonen. Bei rein wissenschaftlichen Zielen ohne unmittelbaren diagnostischen oder therapeutischen Wert für die Versuchspersonen gelten
allgemeinen Bestimmungen. Sie sehen vor, dass nur volljährige, geschäftsfähige
Personen an klinischen Studien teilnehmen. Sie werden aufgeklärt über Wesen,
Bedeutung und Tragweite der Prüfung. Ihre Einwilligung können sie jederzeit
ohne Nachteile widerrufen. Weitere Schutzbestimmungen gelten für gesunde
Minderjährige. Soweit klinische Studien an Erwachsenen keine hinreichenden

---

12 *Schriever/Schwarz/Steffen/Krafft*, Das Genehmigungsverfahren klinischer Prüfungen von
Arzneimitteln bei den Bundesoberbehörden, BGesBl 2009, 377 ff.
13 Vgl. z. B. die Genehmigung des PEI für den Arzneimittelentwickler BioNTech im Juni 2020 bei
der Suche nach einem Impfstoff gegen das Virus COVID-19, das zeitweise die gesamte Weltwirt-
schaft nahezu zum Erliegen brachte.
14 Die Serologie befasst sich vor allem mit Veränderungen im Blutserum, der Blutflüssigkeit
außerhalb der Zellen, und deren Feststellung durch Antikörper-Reaktionen.

Ergebnisse erwarten lassen, dürfen sie mit Diagnostika oder Vorbeugemitteln getestet werden, die für ihre Altersklasse bestimmt sind. Klinische Prüfungen an Patienten, also kranken Menschen, dürfen nur zu Heilungszwecken erfolgen. Eine entsprechende Nutzen-Risiko-Abwägung ist vorzunehmen.

18   Die gruppennützige Forschung[15] an **nicht einwilligungsfähigen Erwachsenen** ist grundsätzlich verboten. Ausnahmen sind dann zulässig, wenn Betroffene nach umfassender ärztlicher Aufklärung im Vollbesitz ihrer geistigen Kräfte die klinische Prüfung ausdrücklich vorab gestattet haben. Zusätzlich muss die jeweilige rechtliche Vertretung auf der Grundlage der Gestattung umfassend ärztlich aufgeklärt worden sein und die konkrete klinische Prüfung zusätzlich erlauben. Das bedeutet, dass für Menschen, die von Geburt oder Kindheit an wegen einer geistigen Behinderung nicht einwilligungsfähig sind, ein absolutes Verbot klinischer Prüfungen gilt. Diese strengen Regelungen reichen über die europäischen Vorgaben hinaus.

19   Im harmonisierten europäischen Recht[16] der klinischen Prüfung wird es künftig ein **zweiteiliges Bewertungsverfahren** geben. Dieses schließt sich unmittelbar an die Validierung[17] des Genehmigungsantrags für die klinische Prüfung an. Bei nationalen klinischen Prüfungen muss der Mitgliedstaat im Teil I des Verfahrens einen Bewertungsbericht mit Votum erstellen. Dies kann von „vertretbar, mit Auflagen vertretbar bis nicht vertretbar" lauten. Er nimmt darin Stellung zur Erfüllung der Parameter, die die Vorschriften zum Schutz der Prüfungsteilnehmer, der Herstellung von Produkten, ihrer Etikettierung, ihrer Einfuhr, der Vollständigkeit und Angemessenheit der Prüfungsinformationen etc. vorgeben. Bei multinationalen Prüfungen übernimmt ein von allen Beteiligten ausgewählter Mitgliedstaat diese Aufgaben für alle. Teil II des Bewertungsverfahrens befasst sich mit den ethischen Aspekten. Dazu gehören insbesondere das Votum der nationalen Ethikkommission, Art und Umfang der Aufklärung und Einwilligung der Prüfungsteilnehmer, Einhaltung der Datenschutzbestimmungen, Eignung von Prüfungsteilnehmern und Prüfungsstellen, Vorkehrungen für Gewinnung, Lagerung und Nutzung der biologischen Proben. Auch dazu ist ein Bewertungsbericht zu erstellen. Beide Berichte werden dem Sponsor zugeleitet. Nach Verfahrensbeendigung erhält dieser die Entscheidung zur Durchführung der klinischen Prüfung über das EU-Portal. Die Erlaubnis gilt 2 Jahre ab Notifizie-

---

15 Forschung ausschließlich zum Nutzen einer betroffenen Patientengruppe.
16 *Plaßmann* in Prütting, Medizinrecht, vor §§ 40 ff AMG; EU-Verordnung 536/2014.
17 Plausibilitätsprüfung des Antrags ggf. mit Nachforderungen; derzeit Pilotprojekt.

rungsantrag[18] und erlischt, wenn sie nicht innerhalb von 2 Jahren genutzt wird, also zB kein Prüfungsteilnehmer in einer klinischen Prüfung getestet wird.

Von der klinischen Prüfung zu unterscheiden sind **Therapieversuche oder** 20 **nichtinterventionelle Prüfungen**. Sie unterfallen nicht den §§ 40 ff. AMG. Sie werden in ärztlichen Praxen mit epidemiologischen Methoden[19] durchgeführt und sind Anwendungsbeobachtungen von bereits zugelassenen Arzneimitteln. Damit werden zB Wirksamkeitsüberprüfungen vorgenommen. Die Wirksamkeit gilt im Übrigen als belegt, wenn Wirkstoffe im EU-Binnenmarkt länger als zehn Jahre auf dem Markt waren.

In der **Deklaration von Helsinki**[20] sind die Voraussetzungen für die klinische 21 Prüfung am Menschen festgelegt worden. Dadurch hat zB die Forderung einer positiven Nutzen-Risiko-Abwägung Eingang in das AMG §§ 40 f. AMG gefunden.

Für die an der Prüfung teilnehmenden Versuchspersonen muss eine **Versi-** 22 **cherung** abgeschlossen werden. Schäden durch klinische Prüfungen sind nicht auszuschließen. Der Versicherer muss in einem Land der EU oder des EWR ansässig sein. Der Versicherungsschutz muss mindestens 500.000 € nach § 40 Abs. 3 AMG betragen.

2. Zulassungsverfahren

Das Zulassungsverfahren[21] für Arzneimittel richtet sich nach §§ 21 ff. AMG. Man 23 unterscheidet zwischen einem zentralen, dezentralen und abgekürzten Verfahren. **Zulassungspflichtig** sind Fertigarzneimittel im Sinne der §§ 4 Abs. 1, 2 Abs. 1 und 2 Abs. 2 Nr. 1 AMG. Es ist verboten, diese Arzneimittel in den Verkehr zu bringen, wenn keine Erlaubnis in Form der Zulassung vorliegt (Verbot mit Erlaubnisvorbehalt). Wettbewerbsrechtlich wäre der Verstoß als unlauteres Marktverhalten zu qualifizieren[22].

Das **zentrale Zulassungsverfahren** basiert auf der Verordnung EU-726/2004. 24 Der Inhaber einer EU-weiten Zulassung erhält den Marktzutritt in allen EU-Mitgliedstaaten. Zum Teil ist die zentrale Zulassung Pflicht, zum Teil kann sie fakultativ erworben werden. Nationale Behörden können zentrale Pflichtzulassungen nicht vornehmen. Diese obliegen ausschließlich der europäischen

---

18 Antrag auf Genehmigung der klinischen Prüfung.
19 Quantitativ statistische Methoden.
20 WMA – Deklaration von Helsinki – Ethische Grundsätze für die medizinische Forschung am Menschen v. Juni 1964, zuletzt revidiert Oktober 2013.
21 Plaßmann in Prütting, Medizinrecht, § 21 AMG Rn 1 ff.
22 OLG München, PharmR 2010, 476.

Zulassungsbehörde EMA in Amsterdam. Die EU-Verordnung 726/2004 enthält im Gegensatz zum nationalen Recht keine Freistellungsregelungen von der Zulassungspflicht, sodass Pflichtzulassungen auch Rezepturarzneimittel[23] umfassen können. Der EuGH[24] billigt trotz internationaler Zulassung den nationalen Gerichten die Entscheidungskompetenz darüber zu, ob bei individuellen Verschreibungen, bei denen Wirkstoffe und Fertigarzneimittel zu einem neuen Arzneimittel gemischt werden, ein erstmaliges Inverkehrbringen vorliegt. Dies wäre dann der Fall, wenn die bereits in Verkehr befindlichen nunmehr gemischten Komponenten eine Wesensänderung[25] erfahren würden.

25   Eine **dezentrale Zulassung** nach § 25b AMG kann jeder Mitgliedstaat vornehmen. Die Norm kennt noch ein zweites Verfahren, die **gegenseitige Anerkennung**, die eine Abweichung vom dezentralen Verfahren darstellt. Das Ziel beider Verfahren besteht in der Zulassung in mehreren EU-Staaten. Beim Anerkennungsverfahren existiert in mindestens einem EU-Mitgliedstaat bereits eine Zulassung im Sinne des § 25b Abs. 2 AMG. Die Zulassungsprüfung in diesem Referenzstaat ist Grundlage für die Anerkennung anderer Staaten. Im Gegensatz dazu fehlt es beim dezentralen Verfahren an einer Zulassung, vgl. § 25b Abs. 3 AMG. Der pharmazeutische Unternehmer kann daher einen Mitgliedstaat auswählen, der das Zulassungsverfahren betreiben soll.

26   Von der **Zulassungspflicht ausgenommen** sind Arzneimittel, die keine Fertigarzneimittel darstellen, sowie fiktive Tierarzneimittel nach § 2 Abs. 2 AMG, die durch gesetzliche Definition als Arzneimittel eingestuft sind. Außerdem besteht eine Freistellung von der Zulassungspflicht bei sog. Standardzulassungen nach § 36 AMG, die von Apotheken genutzt werden. Ihnen liegen ausgearbeitete Monographien zugrunde, die vom BMG in Kraft gesetzt worden sind. Voraussetzung für die Nutzung ist, dass keine Gefährdung von Mensch und Tier zu befürchten ist. Nutzung und Aufgabe der Herstellung sind nach § 67 Abs. 5 AMG dem BfArM anzuzeigen. Auch die Herstellung von Defekturarzneimitteln, „verlängerte Rezepturen" nach § 21 Abs. 2 Nr. 1 AMG, bedürfen keiner Zulassung. Sie werden im Rahmen des üblichen Apothekenbetriebs auf nachweislich häufige ärztliche Verordnung in einer Größenordnung von maximal 100 Packungen pro Tag produziert. Bei Überschreitung dieser Vorgaben werden auch Defekturarzneimittel wie Fertigarzneimitteln zulassungspflichtig. Weiterhin sind Arzneimittel von der Zulassungspflicht ausgenommen, die menschlicher Herkunft sind, also Blut, Zellen und Gewebe. Wie die verlängerten Rezepturen sind auch die Einzelrezep-

---

23 Dies sind auf Verschreibung angefertigte individuell auf Patienten ausgerichtete Arzneimittel.
24 EuGH, Urt. v. 11.4.2013 – C-535/11.
25 Andere Darreichungsformen, andere Indikationen.

turen nicht zulassungspflichtig. Schwieriger ist der Umgang mit der sog. Verblisterung. Dabei werden unterschiedliche, ausschließlich in Deutschland zugelassene Arzneimittel nach ärztlich vorgegebener Dosierung zur Einnahmeerleichterung für Patienten in Multi-Dose-Behältern zusammengestellt. Diese Aufgaben übernehmen Apotheken zB für Heime. Werden bei der Verblisterung Änderungen am Arzneimittel vorgenommen, etwa Tabletten pulverisiert oder Pulver in einer Flüssigkeit aufgelöst, gilt die Freistellung von der Zulassung nicht mehr.

Das **abgekürzte Verfahren** zur Zulassung ist bei Parallelimporten möglich. Dabei handelt es sich um den Import von Arzneimitteln, die in einem Mitgliedstaat der EU oder des EWR hergestellt und zugelassen sind. Sie wurden „nachgebaut", um außerhalb des Vertriebsnetzes des Zulassungsinhabers nach Deutschland oder in einen anderen Mitgliedstaat importiert zu werden, wo noch keine Zulassung besteht. Im Ausfuhrland besteht für den Parallelimport zunächst keine Zulassung. Im abgekürzten Verfahren ist dann sowohl im Ausfuhrland als auch in dem beabsichtigten Import- bzw. Zielland eine Zulassung möglich, wenn der Zulassungsinhaber des Originalpräparates schriftlich der Nutzung seiner Zulassungsunterlagen zustimmt, darauf Bezug genommen werden kann und die beiden Arzneimittel, das bereits zugelassene und das parallel zu importierende, wesensgleich sind[26]. Verfügt der Parallelimporteur nur über einen Teil der Zulassungsunterlagen, können Plausibilitätsannahmen zu Sicherheit und Wirksamkeit ausreichen. Allerdings müssen die Zulassungsbehörden die für sie verfügbaren Unterlagen aus dem eigenen Land oder ggf. Mitgliedsländern beiziehen und im Zulassungsverfahren verwenden[27].

Antragsteller im Zulassungsverfahren ist der **pharmazeutische Unternehmer** im Sinne des § 4 Abs. 18 AMG. Er wird bei „zulassungs- oder registrierungspflichtigen Arzneimitteln der Inhaber der Zulassung oder Registrierung. Pharmazeutischer Unternehmer ist auch, wer Arzneimittel im Parallelvertrieb oder sonst unter seinem Namen in den Verkehr bringt, außer in den Fällen des § 9 Abs. 1 Satz 2 AMG." Die Ausnahme bezieht sich auf die klinische Prüfung, bei der der übliche pharmazeutische Herstellungsprozess noch gar nicht begonnen hat, so dass der Sponsor an die Stelle des pharmazeutischen Unternehmers getreten ist. Folgerichtig muss auch er die „Unternehmerverantwortung" für das Arzneimittel tragen.

Für **homöopathische Arzneimittel** gilt analog zum Zulassungsverfahren ein Registrierungsverfahren nach §§ 38 ff. AMG. Auf Grund ihrer sehr niedrigen

27

28

29

---

26 EuGH, Urt. v. 16.12.1999 – C-94/98.
27 EuGH, Urt. v. 2.4.2004 – C-112/02; EuGH, Urt. v. 10.9.2002 – C-172/00.

Wirkstoffdosierung sind weder Wirksamkeitsnachweise zu erbringen noch Anwendungsgebiete zu belegen. Im Übrigen müssen aber die Kriterien der guten Labor- und Herstellungspraxis eingehalten werden. Das Registrierungsverfahren gilt auch bei Naturheilmitteln, die auf pflanzlicher Basis beruhen. Ein Verstoß gegen die Registrierungspflicht ist nach § 96 Nr. 9 AMG mit Strafe bedroht.

3. Herstellung, Inverkehrbringen

30 Der Begriff des **Herstellens** von Arzneimitteln ist in § 4 Abs. 14 AMG niedergelegt. Er umfasst „das Gewinnen, Anfertigen, Zubereiten, das Be- oder Verarbeiten, das Umfüllen einschließlich Abfüllen, das Abpacken, das Kennzeichnen und die Freigabe" von Arzneimitteln. Das bedeutet, dass der Herstellungsprozess ein sehr breit gefächerter ist. Damit gehört zB auch das Zufügen einer Gebrauchsanweisung zu einer Verpackung zum Herstellungsprozess.

31 Wer Arzneimittel großtechnisch, also berufs- oder gewerbsmäßig, zur Abgabe an andere wie Apotheken, Krankenhäuser oder den Großhandel herstellen will, bedarf einer **Herstellungserlaubnis.** Die Voraussetzungen sind in den §§ 13 ff. AMG geregelt. Nach der gesetzlichen Formulierung handelt es sich beim Verbot, ohne Herstellungserlaubnis Arzneimittel herzustellen, um ein Verbot mit Erlaubnisvorbehalt. Das Gesetz verlangt zum Erwerb der Erlaubnis die Zuverlässigkeit des Antragstellers, sachkundige Personen für Herstellungsleitung und Qualitätskontrolle, geeignete Räume und Einrichtungen. Dabei wird die kontinuierliche Wahrnehmung der Herstellerverantwortung impliziert. Liegen die gesetzlichen Voraussetzungen vor, besteht ein Rechtsanspruch auf Erteilung der Erlaubnis, also die Ausstellung eines begünstigenden Verwaltungsaktes. Berufsmäßig stellen Angehörige freier Berufe wie Apotheker oder Ärzte Arzneimittel her. Gewerbsmäßig produzieren pharmazeutische Unternehmer mit anderen Professionen und Rechtsformen.

32 **Keiner Herstellungserlaubnis** bedarf es nach § 13 Abs. 2 ff. AMG insbesondere im üblichen Apothekenbetrieb oder in der Krankenhausapotheke, wenn dort keine großtechnische Herstellung vorgenommen wird. Ein üblicher Apothekenbetrieb liegt nach § 1a Abs. 9 ApBetrO vor, wenn die Defektur, also die Vorratsproduktion für den Apothekenbetrieb, nicht mehr als 100 Fertigpackungen pro Tag umfasst. Die Auslagerung der Verblisterung in Räume eines Seniorenheims gehört nicht mehr zum üblichen Apothekenbetrieb[28]. Auch wenn sich der Apo-

---

28 VG Darmstadt, Urt. v. 2.3.2011 – 4 K 1759/09.

theker eines Lohnherstellers bedient, um seine Arzneimittel zu produzieren, kann das Kriterium des üblichen Apothekenbetriebs nicht mehr eingehalten sein[29]. Der Lohnhersteller bedarf der Herstellungserlaubnis. Krankenhäuser sind berechtigt, den notwendigen Bedarf der von ihnen betreuten Krankenhausabteilungen ohne Mengenbegrenzung herzustellen. Sie selbst gelten als Krankenhausabteilungen. Darüber hinaus darf ein Arzt, der ein Arzneimittel herstellt, um es unmittelbar am Patienten anzuwenden, ebenfalls ohne Herstellungserlaubnis tätig werden. Dies gilt zB, wenn er Arzneimittelmischungen in Injektionsspritzen aufzieht und appliziert oder, wenn er Gewebe entnimmt und transplantiert.

Von den Ausnahmen der Herstellungserlaubnis gibt es in § 13 Abs. 2b Satz 2 **33** AMG auch **Rückausnahmen**. Bei Arzneimitteln für neuartige Therapien und bei xenogenen[30] Arzneimitteln im Sinne des § 4 Abs. 9 und 21 AMG ist dies der Fall. Der Gesetzgeber geht davon aus, dass sie als Gentherapeutika bzw. Arzneimittel mit lebendem tierischen Gewebe oder Zellen einer besonderen Sachkenntnis, Übung und Überprüfung bei der Herstellung bedürfen. Er verlangt eine Herstellungserlaubnis.

Auf Grund der Gefährlichkeit der Produkte ist die **Arzneimittelabgabe** an **34** den Endverbraucher grundsätzlich den öffentlichen Apotheken nach § 43 AMG vorbehalten. Die Mehrzahl der Arzneimittel ist daher apothekenpflichtig. Wenn sie besonders gefährlich und stark wirksam sind und nur unter ärztlicher Kontrolle eingenommen oder angewendet werden dürfen, besteht Verschreibungspflicht nach § 47 AMG i.V.m. der Arzneimittelverschreibungsverordnung[31].

Der **pharmazeutische Unternehmer** ist nicht nur für die Zulassung von **35** Arzneimitteln, sondern auch für ihr Inverkehrbringen verantwortlich. Zweck der Regelung ist, die Person, die für das Inverkehrbringen verantwortlich ist, ermitteln zu können, wenn Arzneimittelzwischenfälle auftreten.

Da die Krankenbehandlung nach § 27 Abs. 1 Satz 2 Nr. 3 SGB V die Versorgung **36** mit den **notwendigen Arzneimitteln** einschließt, haben Versicherte nach § 31 SGB V einen Anspruch auf apothekenpflichtige Arzneimittel, soweit sie nicht nach § 34 SGB V oder durch Richtlinien des G-BA auf der Grundlage des § 92 Abs. 1 Satz 2 Nr. 6 SGB V ausgeschlossen sind. Zu den ausgeschlossenen Arzneimitteln gehören nach § 34 AMG grundsätzlich alle apothekenpflichtigen Arzneimittel, die nicht nach § 48 AMG i.V.m. mit der AMVV oder als Betäubungsmittel nach § 1

---

29 Es ist zB eingehalten, wenn der Lohnhersteller wegen besonders komplizierter und aufwändiger Herstellungsverfahren eingeschaltet wird, die in der Apotheke nicht geleistet werden können – vgl. etwa die rezepturmäßige Zytostatikaherstellung.
30 Arzneimittel, die lebende tierische Gewebe oder Zellen enthalten.
31 Arzneimittelverschreibungsverordnung v. 21.12.2005 (BGBl. I S. 3632), zuletzt geändert durch durch Artikel 1 der Verordnung v. 14.2.2020 (BGBl. I S. 234).

Abs. 1 BtMG i.V.m. der BtMVV verschreibungspflichtig sind. Der Gesetzgeber hat von diesem Verbot Ausnahmen zugelassen, indem er zB für Kinder und Jugendliche bestimmte apothekenpflichtige Arzneimittel wieder für verordnungsfähig erklärt hat. Analoges hat der G-BA in seinen Richtlinien mit anderen Fällen getan.

37   **Betäubungsmittel** sind besonders stark wirkende Arzneimittel, die in den Anlagen I bis III zum BtMG aufgeführte Stoffe, Stoffgruppen und Zubereitungen enthalten. Sie weisen ein hohes Sucht erzeugendes Potenzial auf und müssen deshalb einem erschwerten Zugriff unterworfen werden. Außerdem soll der missbräuchlichen Verwendung vorgebeugt werden

Den BtM-Verkehr überwacht die Bundesopiumstelle im BfArM. Ausgenommen hiervon ist der Betäubungsmittelverkehr bei den ärztlichen Heilberufen, Krankenhäusern und in Apotheken. Sie werden von den Landesbehörden überwacht.

III. Finanzierung

38   Die Arzneimittelversorgung in der GKV machte im Jahr 2018[32] 16,9 % der Gesamtausgaben aus. Der Arzneimittelsektor ist der drittgrößte **Ausgabenblock** nach der stationären und ambulanten ärztlichen Behandlung. Seit 2009 sind die Kosten stetig gesunken. Kostendämpfungsmaßnahmen wie insbesondere das AMNOG[33] aus dem Jahr 2011 zeigen Wirkung. Hersteller müssen seither den Zusatznutzen vor Markteintritt eines neuen Arzneimittels belegen. Der G-BA bewertet die vorgelegten Nachweise. Reichen sie nicht aus, wird ein Festbetrag nach § 35a Abs. 5a Satz 2 SGB V festgelegt. Gibt es keine Vergleichspräparate zum neuen Produkt, vereinbart der Hersteller mit der GKV einen Erstattungsbetrag nach § 130b SGB V, der auch gegenüber Privatversicherten und Selbstzahlern Gültigkeit hat. Dieser darf nicht zu höheren Kosten gegenüber einer Vergleichstherapie führen. Erstattungsfähigkeit besteht für praktisch alle Präparate und zugelassene Indikationen. Ist ein Zusatznutzen belegt, wird ein Preis auf Basis der Zusatznutzenbewertung ausgehandelt. Dem Arzneimittelhersteller ist damit die freie Preisgestaltung aus der Hand genommen.

39   In **Rabattverträgen**[34], die üblicherweise eine Laufzeit von 2 Jahren haben, sagen pharmazeutische Unternehmen Krankenkassen zu, für ein Medikament oder auch ihr gesamtes Sortiment einen bundesweit einheitlichen Rabatt auf den

---

32 Pharma Fakten-Grafik, GKV-Ausgabenanteil für Arzneimittel rückläufig, v. 10.04.2019.
33 Arzneimittelneuordnungsgesetz v. 22.12.2010 (BGBl. I S. 2262).
34 Vgl. § 18 Rn. 6 Auswirkungen der Rabattverträge auf Apotheken.

Apothekeneinkaufspreis zu gewähren. Das ist der Preis, zu dem die Apotheken die Arzneimittel vom Hersteller beziehen. Im Gegenzug verpflichten sich die Kostenträger bei der Versorgung der Versicherten möglichst nur die Präparate des Vertragspartners zu finanzieren. Das bedeutet für die Apotheken, bei Verordnung lediglich eines Wirkstoffs auch nur die rabattierten Arzneimittel gemäß § 129 Abs. 1 SGB V abgeben zu dürfen. Dies geht allerdings nur, wenn insbesondere Wirkstoff, Wirkstärke, Darreichungsform[35], Packungsgröße und Indikation[36] gleich sind. Der Arzt kann diesen Austausch verbieten, indem er auf dem Rezept das „aut-idem-Feld" ankreuzt, also den Ersatz durch ein gleiches Präparat ausschließt. Auch der Apotheker kann auf Grund begründeter, zu dokumentierender pharmazeutischer Bedenken von einem Austausch absehen. Dies ist zB in Eilfällen möglich, wenn der Patient durch die Wartezeit auf eine Bestellung gefährdet würde oder Unverträglichkeiten von Hilfsstoffen in dem Rabattarzneimittel beim Patienten bekannt sind. Soweit Patienten gleiche Präparate anderer Hersteller ausdrücklich wünschen, müssen sie die überschießenden Kosten selbst tragen, aber zunächst für den Gesamtpreis in Vorleistung treten. Die Krankenversicherung erstattet anschließend die Kosten abzüglich der vereinbarten Rabatte und Abschläge nach § 13 SGB V.

Die **Herstellerrabatte** werden nach § 130a Abs. 1 SGB V von den Apotheken 40 an die Krankenkassen abgeführt. Die pharmazeutischen Unternehmer erstatten ihrerseits den Apotheken die Abschläge innerhalb von 10 Tagen nach Geltendmachung.

Nach §§ 130b, 130c und 131 SGB V können sowohl zwischen dem Spitzen- 41 verband Bund der Krankenkassen als auch einzelnen Krankenkassen und ihren Verbänden **gesonderte Verträge** geschlossen werden. Inhalte können sowohl regionale Versorgungsbesonderheiten als auch therapiegerechte, wirtschaftliche Packungsgrößen und Verwaltungsprozesse sein.

---

35 ZB Tablette, Kapsel, Lösung, Spritze.
36 Therapeutische Anwendungsbereich.

§ 18 Großhandel

1 Der **Großhandel** ist in § 4 Abs. 22 AMG legal definiert. Es handelt sich bei Unternehmen dieser Art um berufs- oder gewerbsmäßiges Handeltreibende mit Arzneimitteln, Testsera und Testantigenen. Die Tätigkeit erstreckt sich auf die Beschaffung, Lagerung, Abgabe und Ausfuhr von Arzneimitteln. Dabei dürfen Arzneimittel nicht an den Endverbraucher abgegeben werden. Kunden sind daher Krankenhäuser, Apotheken und ärztliche Heilberufe.

2 Die Tätigkeit ist nach § 52a AMG **erlaubnispflichtig**. Sie ist an bestimmte personelle und sächliche Voraussetzungen gebunden. Dazu zählen eine bestimmte Betriebsstätte, die Benennung des Warensortiments, geeignete und ausreichende Räumlichkeiten, Anlagen und Einrichtungen für Lagerung, Vertrieb und pharmazeutische Tätigkeiten wie Umfüllen, Abpacken und Kennzeichnen von Arzneimitteln. Für den Betrieb muss eine verantwortliche Person benannt werden, die die erforderliche Sachkenntnis besitzt.

3 Ein spezifischer **Sachkenntnisnachweis** wird gesetzlich nicht gefordert, sondern nur eine fachliche Qualifikation, die die Gewähr dafür bietet, dass die einschlägigen Vorschriften eingehalten werden. Soweit in pharmazeutischen Berufsregelungen von Sachkenntnis die Rede ist, beziehen sie sich auf das Aufgabenfeld und die daraus abzuleitenden Herausforderungen. Da beim Großhandel der Umgang mit Arzneimitteln einschließlich Betäubungsmitteln erforderlich wird, ist ein Hochschulabschluss in der Pharmazie nicht nur wünschenswert, sondern Voraussetzung. Hinzu kommt, dass das Fachgebiet das Qualitätsmanagement, Vertrieb, Vorrats- und Lagerhaltung, Dokumentation, Rückrufaktionen, Personalschulungen, Selbstinspektionen und weitere Aufgaben umfasst, so dass betriebswirtschaftliche und organisatorisch verantwortliche Aufgaben warten. Berufserfahrung ist hilfreich, bevor die Aufgabe übernommen wird.

4 Besitzt ein Unternehmen eine **Herstellungs- oder eine Einfuhrerlaubnis**, so ist eine Großhandelserlaubnis nach § 52a Abs. 6 AMG umfasst. Sie erstreckt sich allerdings nur auf den Bereich, der auch von § 13 oder § 72 AMG beschrieben ist. Umgekehrt benötigt ein Großhändler keine Herstellungserlaubnis, wenn er Arzneimittel umfüllt, abpackt und kennzeichnet. Diese Vorgänge sind von der Großhandelserlaubnis mitumfasst. Entscheidend ist, dass das Arzneimittel, das in dieser Form bearbeitet wird, unverändert bleibt und die Maßnahmen nicht zur Abgabe an den Endverbraucher getroffen werden. Der Großhändler muss die Ware bereits als Arzneimittel bezogen haben[1]. Wenn er großtechnische Gebinde, die er

---

1 *Kloesel-Cyran*, § 13 Anm. 60.

https://doi.org/10.1515/9783110700428-021

vom Hersteller erhalten hat, apothekenabgabefertig macht, ist dies von seiner Erlaubnis gedeckt.

Die **zuständige Landesbehörde** erteilt die Großhandelserlaubnis nach § 52a 5 AMG. In den Flächenländern sind in der Regel die Bezirksregierungen zuständig. Nach § 52a Abs. 3 AMG besteht bei Vorliegen der Voraussetzungen ein Anspruch auf Erteilung der Erlaubnis. Eine Apotheke benötigt keine Großhandelserlaubnis nach § 52a Abs. 7 AMG, wenn sie im Rahmen ihres üblichen Apothekenbetriebs handelt. Das bedeutet, dass sie insoweit Großhandelstätigkeiten ausüben, also Unternehmen beliefern darf, die Arzneimittel weiterverkaufen.

In die **Rabattverträge** zwischen pharmazeutischen Unternehmen und 6 Krankenkassen ist der Großhändler einbezogen. Da nur er eine Vollversorgung mit allen möglichen Arzneimitteln sicherstellen kann, ist er für die Abgabe von rabattierten Arzneimitteln in der Apotheke unverzichtbar. Die Vielzahl der notwendigen Medikamente kann in einer öffentlichen Apotheke nicht vorgehalten und gelagert werden. Nach § 130a Abs. 1 Satz 4, Abs. 5 SGB V können Rabatte vom Großhandel an die Kostenträger ausgezahlt und bei unberechtigten Abschlägen zurückgefordert werden.

§ 19 Apotheken

I. Öffentliche Apotheken

1 **Apotheken** sind die zentralen Abgabestellen für Arzneimittel an den Endverbraucher. Sie dürfen nur betrieben werden, wenn sie eine Erlaubnis nach § 2 ApoG besitzen. Sie gestattet ihnen, eine Hauptapotheke und bis zu drei Filialapotheken zu führen.

2 Grundsätzlich dürfen **Arzneimittel** als Waren besonderer Art nach § 43 Abs. 1 AMG nur in öffentlichen Apotheken an den Endverbraucher abgegeben werden. Sie unterliegen der Apothekenpflicht nach § 47 AMG, soweit keine Sonderregelungen getroffen worden sind. Zu den **apothekenpflichtigen** Arzneimitteln zählen auch die **verschreibungspflichtigen**. Sie müssen von einem ärztlichen Heilberufler verordnet werden, wenn sie zB auf Grund besonderer Inhaltsstoffe, Wirkstärke, gefährlicher Neben- und Wechselwirkungen, Gegenanzeigen oder schwieriger Anwendungsgebiete nach ärztlicher Behandlungsvorgabe und unter Beobachtung appliziert werden müssen. Besonders strenge Auflagen an die Verordnung und die Abgabe sind für Betäubungsmittel[1] vorgesehen. Die Apotheke bringt auch Arzneimittel in den Verkehr, die zwar der Apothekenpflicht unterliegen, aber ohne Verordnung erworben werden können. Der Gesetzgeber geht davon aus, dass die erprobten, weniger stark wirkenden Medikamente von verantwortungsbewussten Patienten sachgerecht eingesetzt werden. Dies gilt insbesondere bei Schmerz-, Schlaf- und Erkältungsmitteln. Letztere hat der Gesetzgeber bei erwachsenen Versicherten von der Erstattungspflicht im GKV-System ausgenommen, weil er der Selbstmedikation Vorrang einräumt und ein nicht so hohes Gefährdungspotenzial sieht. Apotheken dürfen darüber hinaus **frei verkäufliche** Arzneimittel anbieten, die im Übrigen auch im sonstigen Einzelhandel wie Drogerien und Reformhäusern feilgehalten werden dürfen, wenn sachkundiges Personal gemäß § 50 AMG vor Ort ist. Dazu zählen zB Vitaminpräparate und bestimmte Tees.

3 **Pharmazeutische Tätigkeiten** sind nach §§ 2 Abs. 3 BApO, 1a Abs. 3 ApBetrO insbesondere die Entwicklung, Herstellung, Prüfung und Abgabe von Arzneimitteln. Die Beratung und Information über Arzneimittel, die Beobachtung, Sammlung und Auswertung von Arzneimittelrisiken und Fehlern in der Medikation durch Rückmeldungen aus Praxen, von Patienten, aus Krankenhäusern und vergleichbaren Einrichtungen wie Pflege- und Seniorenheimen sind weitere Bausteine für eine Verbesserung der Arzneimittelsicherheit. Auch die Beobach-

---

1 § 17 Rn. 37.

https://doi.org/10.1515/9783110700428-022

tung und Analyse des gesamten Medikationsmanagements der Patienten, ihre Selbstmedikation und ihre Therapietreue tragen dazu bei und gehören zu den pharmazeutischen Tätigkeiten.

Das **pharmazeutischen Personal** nach § 1a Abs. 3 ApBetrO umfasst Apo- 4 theker, pharmazeutisch-technische Assistenten[2], Apothekerassistenten, Pharmazieingenieure, Apothekenassistenten, pharmazeutische Assistenten sowie Personen, die sich in der Ausbildung zum Apothekerberuf oder zum Beruf des pharmazeutisch-technischen Assistenten befinden. Diesen Personengruppen sind die pharmazeutischen Tätigkeiten grundsätzlich erlaubt, allerdings nicht in gleichem Maße und nicht in allen Formen. Die umfassende Befugnis steht ausschließlich Apothekern zu. Ihnen weitgehend gleich gestellt sind Pharmazieingenieure und Apothekerassistenten, deren Tätigkeitsradius insoweit beschränkt ist, als ihnen die Führung einer Apotheke im Vertretungsfall nach § 2 Abs. 6 und 7 ApBetrO längstens vier Wochen im Jahr gestattet ist. Auch das Medikationsmanagement ist nach § 3 Abs. 4 ApBetrO Apothekern vorbehalten. Während Apothekerassistenten und Pharmazieingenieure unter Verantwortung des Apothekers arbeiten, müssen dies die übrigen pharmazeutischen Kräfte gemäß § 3 Abs. 5 Satz 3 ApBetrO unter Aufsicht tun. Dies impliziert, dass derzeit [3] PTA auch keine Arzneimittel gemäß § 3 Abs. 5 Satz 4 ApBetrO abgeben dürfen. Davon ist nicht das Reichen von Arzneimitteln über den Abgabetisch unter Aufsicht erfasst. Wie weit der Apotheker dieser Aufsichtspflicht genügt, bestimmt sich gemäß § 3 Abs. 1 ApBetrO nach den Kenntnissen und Fertigkeiten der zu beaufsichtigenden Kräfte, darf allerdings nicht so weit gehen, dass ein unbeaufsichtigtes Handeln daraus wird.

Apotheken müssen von Apothekern nach §§ 7 ApoG, 2 ApBetrO **persönlich** 5 **geleitet** werden. Dies ist bei einer Hauptapotheke und drei Filialapotheken nicht möglich. Es müssen daher filialleitende Apotheker bestellt werden. Sie unterstehen dem Erlaubnisinhaber, der die Hauptapotheke zu führen hat. Die Apothekenbetriebserlaubnis nach § 2 ApoG deckt die Filialapotheken nur ab, wenn diese gesondert nach Abnahme der Räume und Ressourcen ausdrücklich in der Apothekenbetriebserlaubnis einbezogen wurden. Gesellschaftsrechtlich regelt § 8 ApoG, dass nur solche Formen zulässig sind, in denen jeder Gesellschafter persönlich haftet und zur Verantwortung gezogen werden kann. Stille, Kommanditgesellschaften oder Kapitalgesellschaften sind für die Führung einer öffentlichen

---

2 Das PTA-Reformgesetz tritt 2023 in Kraft (BGBl. I 2020, 66). Es erweitert insbesondere die Kompetenzen der PTA auf der Basis einer entsprechend angepassten Ausbildungs- und Prüfungsordnung. Apotheker-, Apothekenassistenten, Pharmazieingenieure und pharmazeutische Assistenten sind auslaufende Berufe.

3 Diese Kompetenz wird ihnen allerdings durch das PTA-Reformgesetz zugesprochen.

Apotheke keine zulässigen Rechtsformen. Die Bildung eines MVZ zusammen mit ärztlichen Professionen ist dadurch allerdings nicht ausgeschlossen. Die Apotheke kann sich im Gesellschaftsvertrag des MVZ, das üblicherweise als GmbH gegründet wird, auch so einbringen, dass sie sich zu bestimmten Leistungen verpflichtet, die mit den Vorgaben des ApoG, der BApO und der ApBetrO nicht im Widerspruch stehen.

6   Von der persönlichen Leitung ist die **Verpachtung** nach § 9 ApoG eine wesentliche Ausnahme. In diesen Fällen bleiben der Apothekeninhaber oder seine Erben im Besitz der Apothekenbetriebserlaubnis, nutzen sie aber selbst nicht mehr. Zur Verpachtung müssen daher besondere Situationen eingetreten sein. Das Gesetz sieht drei Varianten vor. Zum einen muss ein wichtiger persönlicher Grund wie Alter oder Krankheit die Fortführung der Apotheke verhindern. Verstirbt der Verpächter, so darf, wenn ein erbberechtigtes Kind das Studium der Pharmazie zur Übernahme der Apotheke bereits aufgenommen hat, die Apotheke grundsätzlich bis zu dessen Approbation verpachtet werden. Auch die erbberechtigten Ehegatten bzw. Lebenspartner haben ein Verpachtungsrecht, solange sie sich nicht erneut partnerschaftlich binden. Die Regelung hat Versorgungsfunktion für die Hinterbliebenen.

7   Mit der Verpachtung nicht zu verwechseln ist die **Verwaltung** einer Apotheke nach § 13 ApoG. Soll eine Apotheke nach dem Tod des Erlaubnisinhabers nicht von Kindern oder Partnern weitergeführt werden, muss sie nach spätestens einem Jahr abgegeben werden. In der Zwischenzeit darf sie durch einen Apotheker verwaltet werden. Gleiches gilt, wenn ein Pächter vor Ablauf der Pachtzeit verstirbt. Ziel der Regelung ist es, Härten durch den Todesfall zu vermeiden.

8   Bei der Berufsausübung hat der Apotheker nicht nur berufsrechtlich, sondern auch auf Grund der §§ 10, 11 ApoG weder das Recht zu **Absprachen und Rechtsgeschäften** mit Dritten noch zum Eingehen einer Bindungsverpflichtung an bestimmte Arzneimittelhersteller. Ausnahmen hat der Gesetzgeber in § 11 Abs. 2 ApoG vorgesehen, wenn es um die rezepturmäßige Zytostatikaversorgung geht und Arzt und Apotheke besonders eng zusammenarbeiten müssen. Der Gesetzgeber beabsichtigt eine unbeeinflusste Berufsausübung ohne Vorteilsnahmen oder auch nur den Anschein davon. Die nach §§ 129, 130a Abs. 8 SGB V geschlossenen Rabattverträge, die zur Reduzierung der Arzneimittelkosten im GKV-System immer breiteren Raum einnehmen, werden nicht als Verstoß gegen diese Bestimmungen gesehen. Die Apotheker selbst sind keine Vertragspartner, sondern die Krankenkassen, Arzneimittelhersteller und Spitzenverbände der Apotheker nach §§ 129 Abs. 2, 130a Abs. 8, 131 AMG. Die Verknüpfungen entstehen auf gesetzlicher Basis, sind ausdrücklich gewollt und stellen insoweit eine Ausnahmeregelung zu den Verbotsnormen des ApoG dar.

Bei **Rabattverträgen**[4] verpflichten sich die Arzneimittelhersteller, auf ihre 9
Produkte Rabatte zu gewähren, die über die Apotheken einbehalten und den
Krankenkassenverbänden zugeführt werden. Diese Verträge unterliegen dem
Vergaberecht, also den Vorgaben des GWB, und müssen von den Kostenträgern
als öffentlich-rechtlichen Auftraggebern ausgeschrieben werden. Treten die Verträge in Kraft, werden die Arzneimittel des Vertragsherstellers für die Vertragslaufzeit bevorzugt von den Kostenträgern finanziert. Über die Rahmenverträge mit
den Apothekerverbänden werden die Apotheken verpflichtet, die ärztlichen Verordnungen mit den rabattierten Produkten zu bedienen. Will der verordnende
Arzt, Zahnarzt, Psychotherapeut dieses Vorgehen nicht, kann er das Rezept entsprechend kennzeichnen und den Austausch verbieten (Ausschluss von aut
idem). Die Apotheke ist in diesem Fall nach der Rahmenvereinbarung mit den
Kostenträgern gemäß § 129 Abs. 2 SGB V an die Preise des namentlich genannten
Wirkstoffherstellers gebunden (**Preisanker**). Da inzwischen mit nahezu allen
bedeutsamen Herstellern Rabattverträge geschlossen worden sind, ist faktisch
wieder Wahlfreiheit für Arzt und Apotheker eingetreten. Zusätzlich zu den Her-
stellerrabatten haben die Apotheken nach § 130 SGB V für verschreibungspflichtige Arzneimittel weitere Rabatte im Sinne von Skonti abzuführen, wenn die
Krankenkassen ihre Rechnungen kurzfristig bezahlen.

Arzneimittel, die aufgrund von Rabattverträgen abgegeben werden, sind 10
nicht automatisch von der **Zuzahlung** befreit. Diese liegt im Ermessen der
Krankenkasse nach § 31 Abs. 3 S. 5 SGB V. Einige Krankenkassen befreien von der
Zuzahlung, um die Akzeptanz der rabattierten Arzneimittel beim Patienten zu
verbessern. Die Zuzahlung wegen eines Festbetrages[5] im Sinne des § 35 Abs. 8
SGB V für ein Arzneimittel gilt nur solange, wie das Medikament diese Preisbe-
dingung erfüllt.

Der **Austausch** der **Arzneimittel** im Rahmen von Rabattverträgen ist für 11
Ärzte haftungsrechtlich nicht unproblematisch, da die Unverträglichkeiten des
Austauschpräparates zB auf Grund verschiedener Hilfsstoffe zu einer Haftung des
Arztes führen können.

Der **Versandhandel** nach § 11a ApoG nimmt einen immer breiteren Raum 12
insbesondere im Hinblick auf ausländische Apotheken und Unternehmen ein, die
den deutschen Markt nutzen möchten. Nach hiesigem Recht, das dem Gesundheitswesen eigene, die Sicherheit stärkende strengere Regelungen gegenüber dem
europäischen Recht auferlegt, darf der Versandhandel nur aus Apotheken mit
einer zusätzlichen Versandhandelserlaubnis ausgeführt werden, um dem Gebot

---

4 BSG, Beschl. v. 22.04.2008 – B 1 SF 1/08 R; vgl. § 17 Rn. 39.
5 Maximaler Betrag, den eine Krankenkasse dem Versicherten erstattet.

der Arzneimittelabgabe aus der Apotheke zu genügen. Vor diesem Hintergrund ist der Versuch, Arzneimittel über Automaten abzugeben gescheitert[6].

II. Krankenhausapotheken

13 Eine **Krankenhausapotheke** nach § 14 Abs. 1 ApoG ist eine Abteilung eines Krankenhauses. Versorgt sie mehrere Krankenhäuser, kommt es auf die rechtliche Konstruktion dieses Zusammenwirkens an. Ein Mitversorgungsvertrag kann nach § 14 Abs. 3 ApoG eine Dienstleistung eigener Art an Dritte sein. Die Krankenhausapotheke verkauft Leistungen und Arzneimittel. Es können aber auch zwei oder mehrere Krankenhäuser eine Krankenhausapotheke gemeinsam betreiben und dies gesellschaftsrechtlich regeln. Wenn die Krankenhausapotheke nach § 14 Abs. 7 ApoG auch ausgewählte ambulante Einrichtungen versorgt, sind gesonderte Verträgen mit den Krankenkassen über die Preisgestaltung zu schließen. Zu den im Krankenhaus berechtigten Einheiten gehören insbesondere die Institutsambulanzen.

14 Die **krankenhausversorgende Apotheke** ist eine öffentliche Apotheke, die nach § 14 Abs. 4 ApoG einen Versorgungsvertrag mit einem Krankenhaus geschlossen hat. Sie wird durch diesen Vertrag nicht zu einer Krankenhausabteilung, sondern bleibt externer Dienstleister. Wie Krankenhäuser können nach § 12a ApoG auch Heime versorgt werden.

---

6 LG Mosbach, Urt. v. 21.12.2017– 4 O 35/17.

§ 20 Medizinalfachberufe, Heilmittelversorgung

Heilmittel sind medizinische Behandlungen, also Dienstleistungen, die von 1 Vertragsärzten verordnet und von speziell ausgebildeten nichtärztlichen Therapeuten aus der Gruppe der Medizinalfachberufe erbracht werden. In § 124 Abs. 1 SGB V hat der Gesetzgeber mit seinen Beispielen für den GKV-Bereich eindeutige Hinweise gegeben. Technische oder Unterstützungsleistungen reichen nicht aus.

Zu den **Medizinalfachberufen**[1] gehören insbesondere Hebammen und Ent- 2 bindungspfleger, Physio-, Ergo- und Ernährungstherapeuten sowie Logopäden und Podologen. Einen entsprechenden Heilberuf übt aus, wer eine therapeutische Tätigkeit erbringt, zu der er durch eine besondere Ausbildung qualifiziert ist. Ihr kann ein Studium vorausgehen oder eine duale Ausbildung. Der Beruf der Hebamme und des Entbindungspflegers ist seit 1.1.2020 akademisiert[2]. Die erwerbbaren Kompetenzen in den Ausbildungsgängen unterscheiden sich und qualifizieren für unterschiedliche Aufgaben. Der Ausbildungsgang muss zu therapeutischen Tätigkeiten auf einem bestimmten Sektor befähigen. In der Regel sind die Ausbildungsgänge und die Berufsbezeichnung durch die einschlägigen Berufsgesetze geschützt. Nach § 4 HebG ist Geburtshilfe vorbehaltene Tätigkeit, d.h. sie steht nur dieser Berufsgruppe zu. In der Physiotherapie ist Ausbildungsziel, mit unterschiedlichen Methoden und Techniken die Bewegungs- und Funktionsfähigkeit des Körpers wiederherzustellen und Schmerzen zu lindern. Heilmittel sind auch Stimm- und Sprechübungen oder ergotherapeutische Maßnahmen bei Störungen der Motorik und Sinnesorgane.

Die Zuordnung zu den nichtärztlichen Heilberufen gilt unabhängig davon, ob 3 die Berufe **verkammert** sind oder nicht. Das bedeutet, dass die Krankenpflegeberufe, die in den drei bundesdeutschen Pflegkammern der Länder Niedersachsen, Schleswig-Holstein und Rheinland-Pfalz Mitglieder sind, die dortigen Rechte und Pflichten haben, aber mit der Verkammerung keinen anderen Status als Heilberuf erhalten.

Einen Medizinalfachberuf üben nach § 1 Abs. 1 HeilprG auch **Heilpraktiker** 4 **und psychologische Heilpraktiker** aus. Sie dürfen Heilkunde ohne Approbation oder ärztliche Berufserlaubnis ausüben. Die Erlaubnis ist bei Vorliegen der Voraussetzungen zu erteilen, so dass sich insoweit das Ermessen der Behörde reduziert. Es muss ein Mindestalter von 26 Jahren erreicht sein. Ein Schulabschluss, die gesundheitliche Eignung und Zuverlässigkeit[3] zur Berufsausübung müssen

---

1 Auch Gesundheitsfachberufe und nichtärztliche Heilberufe genannt.
2 Hebammengesetz (HebG) v. 28.11.2019 (BGBl. I S. 1759).
3 Insbesondere keine strafrechtlichen und sittlichen Verfehlungen.

https://doi.org/10.1515/9783110700428-023

vorliegen. Eine abgebrochene Schulausbildung reicht nicht aus, wenn die bis dahin erworbene Ausbildung nicht einem Schulabschluss entspricht. Da aber zB der Abbruch in der Sekundarstufe II dem Abschluss der Sekundarstufe I gleich zu setzen ist, wäre ein Schulabschluss gegeben. Schwere strafrechtliche und sittliche Verfehlungen dürfen nicht begangen worden sein. Eine Kenntnisüberprüfung gemäß § 2 Abs. 1i HeilprDV soll gewährleisten, dass die Gesundheit der Bevölkerung nicht gefährdet wird. Sie basiert bisher auf Schulleitlinien der AGSL. Diese sollen durch Leitlinien des BMG ersetzt und im Bundesanzeiger veröffentlicht werden. Die Diskussion ist noch nicht abgeschlossen.

5   Heilpraktiker dürfen zwar Heilkunde am Menschen ausüben, unterliegen aber einigen **Restriktionen**. Die Behandlung meldepflichtiger Infektions- und Geschlechtskrankheiten ist ihnen ebenso untersagt wie die Therapie von Zahn-, Mund- und Kieferkrankheiten. Auch in der Geburtshilfe sowie der Untersuchung und Therapie von Geschlechtsorganen dürfen sie nicht tätig werden. Sie besitzen zwar ein Verordnungsrecht[4], dieses umfasst aber nicht verschreibungspflichtige Medikamente. Ebenfalls nicht zulässig sind die Anwendung von strahlentherapeutischen Maßnahmen, die Transplantation von Geweben und Organen, die Durchführung von Bluttransfusionen, das Anlegen von Infusionen und die Leichenschau sowie das Ausstellen von Totenscheinen. Zu den erlaubten Therapien zählen u. a. das Behandeln von Knochenbrüchen, Therapie- und Diagnoseverfahren sowie das Spritzensetzen. Wie jeder Angehörige eines Heilberufs muss der Heilpraktiker für seine Handlungen die Verantwortung tragen und darf nur gemäß seiner Kenntnisse und Fähigkeiten therapieren.

6   Heilpraktiker und psychologische Heilpraktiker sind **keine Leistungserbringer** nach §§ 124 ff. SGB V im GKV-System. Über ihr Satzungsrecht nach § 11 Abs. 6 SGB V können die gesetzlichen Krankenkassen aber bestimmte Angebote als Wahlleistungen aufnehmen.

7   Zu den nichtärztlichen Heilberufen sind auch die **Berufe des Rettungswesens** wie Rettungssanitäter, Rettungsassistenten[5] und Notfallsanitäter zu zählen. Sie üben in ihren Bereichen therapeutische Erstversorgungstätigkeiten aus. Sie werden jedoch nicht als Heilmittelerbringer nach §§ 124 ff. SGB V in Anspruch genommen. Ihre Leistungen werden dem Rettungswesen[6] zugeordnet und insoweit gesondert vergütet.

---

4 Verordnungen auf „grünen Rezepten" und auf Privatrezepten sind möglich. Grüne Rezepte stellen eine Empfehlung dar. Soweit sie von Ärzten ausgestellt sind, erstatten einzelne Krankenkassen die Kosten je nach Satzungsrecht.
5 Auslaufender Beruf, abgelöst durch den Notfallsanitäter, der mit deutlich weitergehenden Kompetenzen ausgestattet ist.
6 Vgl. § 7.

Als Grundlage für einen einheitlichen Standard in der Heilmittelversorgung 8
vereinbaren der GKV-Spitzenverband und die maßgeblichen Spitzenorganisationen der Heilmittelerbringer auf Bundesebene gemeinsam **Rahmenempfehlungen** gemäß § 125 Abs. 1 SGB V. Nach § 125 Abs. 2 SGB V verständigen sich die Landesverbände der Krankenkassen und die einzelnen Heilmittelerbringer bzw. ihre Verbände auf die Details der Versorgung.

Gesetzlich Versicherte haben nach § 32 SGB V einen **Rechtsanspruch** auf 9
Versorgung, soweit die jeweiligen Heilmittel nicht nach § 34 SGB V gesetzlich oder über Richtlinien[7] des G-BA nach § 92 SGB V ausgeschlossen sind. Die Heilmittel-Richtlinie des G-BA regelt auch das Verfahren besonders bei langfristigem Bedarf. Erwachsene haben zu Heilmitteln grundsätzlich Zuzahlungen zu leisten.

Zur Heilmittelversorgung im GKV-System bedarf der Anbieter einer **Zulas-** 10
sung gemäß § 124 SGB V. Der Gesetzgeber schreibt eine qualifizierte Ausbildung und das Führen der entsprechenden Berufsbezeichnung ebenso vor wie eine der Aufgabe entsprechende Praxisausstattung. Darüber hinaus müssen sich die Heilmittelerbringer den gelten Vereinbarungen mit der GKV auf ihrem Sektor unterwerfen. Tun sie dies nicht, können ihre Leistungen nur privat abgerechnet werden. Patienten müssen, soweit sie keine besondere Versicherung dafür abgeschlossen haben, die Inanspruchnahme selbst zahlen. Sofern die Zulassungsvoraussetzungen des § 124 Abs. 2 SGB V vorliegen, darf kein Anbieter aus dem GKV-System ausgeschlossen werden. Üblicherweise sind Heilmittelerbringer in eigener Praxis tätig. Sie können aber zB auch in Krankenhäusern oder vergleichbaren stationären Einrichtungen tätig sein. In diesen Fällen ist der Einrichtungsträger Heilmittelanbieter, wenn er entsprechend qualifizierte Kräfte angestellt hat und diese nicht als Selbstständige in der Einrichtung tätig sind. Die Zulassung erteilen nach § 124 Abs. 5 Satz 1 SGB V die Landesverbände der Krankenkassen gemeinsam und einheitlich in Form eines Verwaltungsakts. Dieser unterliegt den allgemeinen Vorgaben der §§ 35 ff VwVfG. Er kann widerrufen, zurückgenommen, mit Auflagen versehen oder zum Ruhen gebracht werden.

Ort der Heilmittelerbringung ist grundsätzlich die Praxis des zugelassenen 11
Therapeuten oder bei einer Anstellung im Krankenhaus das dortige Raumangebot. In Ausnahmefällen kann eine ärztliche Verordnung die Heilmittelanwendung auch außerhalb der Praxis vorsehen. Dazu müssen medizinische Gründe vorliegen, durch die der Patient zB gehindert ist, die Praxis aufzusuchen. Vorrangige Kindergarten- oder Schulbesuche sind keine Begründung, um einen Hausbesuch zu verordnen. Nur bei behinderten Kindern und Jugendlichen bis zum 18. Le-

---

7 Heilmittel-Richtlinie v. 20.1.2011/ 19.05.2011 (BAnz. Nr. 96 (S. 2247) v. 30.06.2011), zuletzt geändert am 20.3.2020 (BAnz AT 05.06.2020 B2.

bensjahr bzw. dem Ende der Schulzeit ist die Behandlung in den Einrichtungen ohne ausdrückliche Verordnung eines Hausbesuchs zulässig. Diese Ausnahme gilt für Fördereinrichtungen, die ganztätig besucht werden müssen.

12 Möchte ein Heilmittelerbringer eine **Zweigniederlassung** betreiben, muss er auch dafür eine Zulassung beantragen. Hat er die dort erbrachten Leistungen ohne gesonderte Zulassung über die Hauptpraxis abgerechnet, können die Behandlungskosten auf Grund öffentlich-rechtlichen Erstattungsanspruchs von den Krankenkassen zurückgefordert werden[8]. Die Zulassung ist nämlich nicht nur an den Heilmittelerbringer, sondern auch an den Ort und die Ausstattung seiner Praxis gemäß § 124 Abs. 2 Satz 1 Nr. 2 SGB V gebunden.

13 Durch das neu im Jahr 2017 erlassene HHVG[9] werden die wachsenden Anforderungen an die Heilmittelerbringer berücksichtigt. Für Maßnahmen zur Attraktivitätssteigerung der Therapieberufe können die Krankenkassen und die Verbände der Heilmittelerbringer in den Jahren 2017 bis 2019 **Vergütungsvereinbarungen** oberhalb der Veränderungsrate[10] abschließen. Außerdem sollen steigende Vergütungen für Heilmittelleistungen den angestellten Therapeuten zugutekommen.

14 Das HHVG hat zudem **Modellvorhaben** zur sogenannten „Blankoverordnung" von Heilmitteln vorgesehen. Der Arzt verordnet Heilmittel, der nichtärztliche Therapeut wählt das geeignete aus und bestimmt Dauer und Frequenz der Behandlungseinheiten.

15 Unter die Gruppe der Medizinalfachberufe werden derzeit auch nahezu 50 **Gesundheitsfachberufe** subsumiert, die aber keine Hilfsmittelerbringer sind. Dazu zählen insbesondere die Pflegeberufe mit ihren unterschiedlichen Schwerpunkten wie der Kinder-, Kranken- und Altenpflege, aber auch Diätassistenten, medizinisch-, pharmazeutisch- und röntgenologisch-technische Angestellte, orthopädische, hygienische und hörakustische Berufe. Sie können zum einen eher gesundheitlich, zum anderen eher technisch ausgerichtet sein. Berufsausbildung und -ausübung werden wie bei den nichtärztlichen Heilberufen durch Rechtsvorschriften geregelt, die sowohl den Zugang zum Beruf als auch das Führen der Berufsbezeichnung regeln und schützen. Grundsätzlich sind die Berufszugangsvorschriften bundesrechtlich auf der Grundlage von Art. 74 Nr. 19 GG geregelt. Aber auch die Bundesländer haben Berufsgesetze verabschiedet, soweit der Bund von seiner Gesetzgebungskompetenz keinen Gebrauch gemacht hat. Allerdings

---

8 SG Dresden, Urt. v. 15.6.2011 – S 25 KR 143/09.
9 HHVG v. 4.4.2017 (BGBl. I S. 778).
10 Summe der beitragspflichtigen Einnahmen aller Mitglieder der gesetzlichen Krankenversicherung.

treffen sie oft unterschiedliche Regelungen, so dass die Ausbildungsinhalte und Qualifikationsstandards voneinander abweichen.

Die **Pflegewissenschaft** hat in der Vergangenheit einen enormen wissen- 15a schaftlichen Input erhalten. Sie beschäftigt sich mit den Facetten der unterschiedlichsten Pflegebereiche. Dazu zählen die Gesundheits- und Krankenpflege bei jungen und alten Menschen sowie die Heilerziehungspflege. Es fließen insbesondere Erkenntnisse aus benachbarten Sach- und Fachgebieten wie Medizin, Psychologie, Gesundheitswissenschaft, Soziologie, Biochemie, Philosophie, Theologie und Geschichte ein.

Nach § 18 Abs. 1 Nr. 1 Satz 2 EStG zählen viele der nichtärztlichen Heilberufe 16 und Medizinalfachberufe zu den **freien Berufen.** Das EStG nennt explizit Heilpraktiker, Dentisten und Krankengymnasten, bietet aber nur eine exemplarische Aufzählung an und verweist auf „ähnliche Berufe". Daher sind zB. auch die selbstständig tätigen Physiotherapeuten, Ergotherapeuten sowie Hebammen und Entbindungspfleger angesprochen. Sie leiten ihre Praxis in Eigenregie, tragen das volle wirtschaftliche und fachliche Risiko und müssen für ihre Maßnahmen haften. Die Anstellung von Fachkräften ist ohne Bedeutung, wenn die leitende und verantwortliche Führung der Praxis bestehen bleibt. Die Art der Ausbildung, im dualen System oder durch Hochschulstudium, ändert nichts daran.

§ 21 Hilfsmittelversorgung

1 **Hilfsmittel** sind technische Gegenstände, mit denen gesundheitliche Defizite und Behinderungen ausgeglichen werden sollen. Sie reichen von der Inkontinenzhilfe wie Windeln und Kathedern über Prothesen bis hin zu Rollatoren und Rollstühlen.

2 Auf Hilfsmittel haben Versicherte nach § 33 SGB V im GKV-System einen **Rechtsanspruch**, soweit kein gesetzlicher Ausschluss nach § 34 SGB V oder ein Ausschluss durch eine G-BA–Richtlinie gegeben ist. Art und Umfang der Hilfsmittel werden durch die Erkrankung und Behinderung bestimmt. Der G-BA hat eine Hilfsmittel-Richtlinie[1] auf der Grundlage des § 92 SGB V verfasst, mit der er allgemeine Verordnungsgrundsätze und Regelungen zu Hör- und Sehhilfen getroffen hat.

3 Die Spitzenverbände der Kostenträger schreiben ein strukturiertes **Hilfsmittelverzeichnis**[2] nach § 139 SGB V laufend fort. Dieses enthält mit derzeit 37 Produktgruppen plus 4 Produktgruppen für den Bereich Pflege keinen abschließenden Katalog, so dass grundsätzlich auch nicht gelistete Hilfsmittel verordnet werden können. Sie müssen allerdings den Kriterien der Verordnungsfähigkeit entsprechen.

4 Versicherte können sich bei ihren Versicherungsträgern über geeignete und verordnungsfähige Hilfsmittel **beraten** lassen. Verordnende Vertragsärzte bezeichnen die Indikationen und die Art des Hilfsmittels. Die konkrete Auswahl treffen die Hilfsmittelerbringer.

5 Nach einer Richtlinie[3] des GKV-Spitzenverbandes zur Festlegung **doppelfunktionaler Hilfsmittel** sollen Hilfsmittel so gewählt werden, dass sie sowohl der Krankenbehandlung nach § 33 SGB V als auch der Pflege nach § 40 SGB V dienen können. Die Ausgaben für die Hilfsmittel werden pauschal unter den Kranken- und Pflegekassen aufgeteilt.

6 Mit dem **HHVG** 2017 soll u. a. die Qualität der Hilfsmittelversorgung zu einem Auswahlkriterium für die individuell am besten passende Krankenkasse werden. Ungerechtfertigte Aufzahlungen sollen vermieden werden. Versicherte sollen zwischen aufzahlungsfreien Hilfsmitteln wählen können, die qualitativ und quantitativ dem aktuellen Stand der Medizin entsprechen. Die Krankenkassen sollen künftig die Einhaltung der gesetzlichen und vertraglichen Pflichten der

---

1 Hilfsmittel-Richtlinie i. d. F. v. 21.12.2011 (BAnz AT 10.04.2012 B2), zuletzt geändert am 28.5. 2020 (BAnz AT 12.06.2020 B3).
2 Aktueller Stand: BAnz AT 9.6.2020 B6.
3 Richtlinien zur Festlegung der doppelfunktionalen Hilfsmittel aus dem Jahr 2013.

https://doi.org/10.1515/9783110700428-024

Leistungserbringer mit Auffälligkeits- und Stichprobenprüfungen kontrollieren. Für innovative Hilfsmittel ist eine Nutzenbewertung des G-BA eingeführt worden. Das sog. **Präqualifizierungsverfahren** wird durch das HHVG weiterentwi- 7 ckelt. Damit können Hilfsmittelerbringer die grundsätzliche Eignung von Produkten in Verträge mit den Kostenträgern einbringen. Diese Aufgabe fällt insbesondere Apotheken, Sanitätshäusern und orthopädietechnischen Betrieben zu. Die Begutachtung, Akkreditierung und Überwachung übernimmt die DAkkS-GmbH.[4]

---

4 2009 gegründete private nationale Akkreditierungsstelle der Bundesrepublik mit Behördencharakter und Sitz in Berlin.

5. Kapitel **Zivilrechtliches Arztrecht**

§ 22 Behandlungsverhältnis

I. Vorbemerkungen – Chronologie

Das Arzt-Patient-Verhältnis lässt sich zivilrechtlich mittels der Chronologie der 1 Begegnung der Beteiligten nachvollziehen. Der/Die Leser/in möge sich selbst in die Situation medizinischer Hilfsbedürftigkeit versetzen und die verschiedenen Gegebenheiten durchdenken, in denen Arzt und Patient einander gegenübertreten.

1. Die Zufallssituation oder allgemein: „Die Begegnung außerhalb des Vertrages"

Der Patient sieht sich mit Blick auf die konkrete Situation überfordert und kann 2 zunächst schlicht zufällig in die Hände eines Arztes geraten, ohne dass es zum Abschluss eines Behandlungsvertrages käme (der Arzt, der im Zug, im Flugzeug oder auf der Straße einer Person zur Hilfe eilt, die zusammengebrochen ist etc.). Sofern der Patient in besagter Situation nicht in der kognitiven Verfassung ist, ad hoc einen Vertrag abzuschließen, greifen die gesetzlichen Regelungsregime (Geschäftsführung ohne Auftrag (GoA) nach den §§ 677–687 BGB und das Recht der Zufallsbegegnungen, insbesondere das Deliktsrecht nach den §§ 823 ff. BGB) ein. Handelt der Arzt in dieser Situation allerdings im Rahmen eines hoheitlich gestalteten Notfalldienstes, als Amtsarzt, im Truppendienst oder als Durchgangsarzt,[1] so wird das Haftungsregime von GoA und § 280 Abs. 1 BGB sowie das allgemeine Deliktsrecht nach den §§ 823 ff. BGB durch die Amtshaftung des § 839 BGB i.V.m. Art. 34 GG verdrängt.[2] Es haftet dem Patienten in diesen Fällen mithin grundsätzlich nur noch die Anstellungskörperschaft, wodurch der handelnde Arzt eine weitreichende Privilegierung erfährt. Wie genau die Abgrenzung der

---

1 Vgl. etwa BGH VersR 2014, 374.
2 MüKo-*Wagner*, BGB, 8. Aufl. 2020, § 630a Rn 41 f.

https://doi.org/10.1515/9783110700428-025

tatsächlichen Verhältnisse verläuft und dementsprechend zwischen allgemein bürgerlich-rechtlicher Haftung und jenen Konstellationen funktioniert, in denen besagte Privilegierung greift, ist vom BGH mit einer partiell durchaus streitbaren Rechtsprechung besetzt.[3]

2. Der Behandlungsvertrag

3 Sodann kommt der klassische Fall, in welchem der Patient mit seinem gesundheitlichen Problem in die Praxis des Arztes oder in ein Krankenhaus geht und um Hilfe ersucht. Hierbei ergibt sich regelmäßig die Möglichkeit zum Abschluss eines Behandlungsvertrages, wobei rechtlich genau zu qualifizieren ist, welche Rechtssubjekte jeweils vertraglich berechtigt und verpflichtet werden. Im Einzelnen werden wir zwischen dem direkten Gegenübertreten von Arzt und Patient in der kleinen Praxis oder Praxisgemeinschaft, dem Patienten in einer Gemeinschaftspraxis (Berufsausübungsgemeinschaft) und dem Patienten im Medizinischen Versorgungszentrum (MVZ)/Krankenhaus unterscheiden. Soweit der konkret behandelnde Arzt dabei einmal nicht als Vertragspartner erkannt werden kann, bleibt eine etwaige deliktische Verantwortlichkeit stets möglich. Wie im Rahmen der materiellen Arzthaftung deutlich werden wird, ergeben sich hieraus keine ernstzunehmenden Unterschiede gegenüber dem vertraglichen Haftungskorsett. Lediglich im Bereich des Entgeltrechts und mit Blick auf die richtigen Ansprechpartner, wenn es um Gewährleistungsfragen und Informationsbedürfnisse geht, ist es im Endeffekt von zentraler Bedeutung, wer auf Behandlungsseite der Vertragspartner geworden ist. Insolvenzrisiken bestehen typischerweise kaum, da jedenfalls der Arztfehlerbereich durch eine berufsrechtlich angeordnete Haftpflichtversicherung für ärztliches Handeln abgesichert ist (vgl. § 21 MBO-Ä; zusätzlich in den Landesheilberufsgesetzen regelmäßig vorgegeben). Das Vorliegen einer entsprechend angeordneten Versicherung ist, wenn auch tatsächlich mit vereinzelten Ausfällen, der praktische Regelfall.

4 Auf Patientenseite kommt als Vertragspartner stets zunächst der Patient selbst in Betracht. Ausnahmen ergeben sich allem voran bei Minderjährigen. Wir werden noch mit näherer Begründung lernen, dass bei dieser Personengruppe regelmäßig die sorgeberechtigten Eltern oder der jeweilige Vormund einen echten

---

3 Vgl. die Übersicht bei *Geiß/Greiner*, Arzthaftpflichtrecht, 7. Aufl. 2014, A. Behandlungsverhältnisse, Rn 85 ff. m.w.N.

Vertrag zu Gunsten Dritter i.S.d. § 328 BGB schließen.[4] Demgegenüber wird bei geschäftsunfähigen Personen das Vertretungsrecht genutzt und der eingesetzte Betreuer agiert qua §§ 1896, 1902 BGB für den Betreuten, der selbst rechtsgeschäftlich berechtigt und verpflichtet wird.[5] Ehegatten werden rein haftungsrechtlich gemäß § 1357 Abs. 1 BGB im Rahmen ihrer Leistungsfähigkeit und erkennbaren Lebensumstände mitverpflichtet.[6] § 1357 Abs. 1 BGB begründet jedoch keine Stellvertretungsmacht.

Abschließend sei an dieser Stelle bemerkt, dass es für den Vertragsschluss 5 entgegen überkommener sozialrechtlicher Sichtweisen, die insbesondere auf § 76 Abs. 4 SGB V basieren,[7] keine Rolle spielt, ob der Patient gesetzlich, privat oder nicht krankenversichert ist.

Ein zivilrechtlicher Behandlungsvertrag entsteht in jedem Fall.[8] Dieser mag 6 allenfalls mit Blick auf die Entgeltzahlungspflicht vom Sozialrecht überlagert sein, so dass den gesetzlich versicherten Patienten keine Pflichten gemäß § 630a Abs. 1 letzter HS. BGB treffen, solange er nur sozialversicherungsrechtlich gedeckte Leistungen beansprucht (§§ 1, 12, 27 ff. SGB V). Geht er darüber hinaus, ohne dass dies aufgrund der Art der Leistung für den Patienten offensichtlich wäre, bedarf es seitens des Arztes einer Belehrung über die eintretende Entgeltzahlungspflicht in Textform, § 630c Abs. 3 S. 1 BGB. Darüber hinaus gibt es in Sonderkonstellationen weitergehende Erfordernisse iSd § 630c Abs. 3 S. 2 BGB, wie etwa die Wahlarztvereinbarung im Krankenhaus (§ 17 Abs. 2 S. 1 KHEntgG), mit der sich der Patient eine Chefarztbehandlung durch Zusatzentgelt sichert. Besonders wichtig ist auch die Formvorgabe abweichender Vereinbarungen vom Regelsatz der Privatliquidation, vgl. §§ 2 Abs. 2 GOÄ, 2 Abs. 2 GOZ.

---

4 Grundlegend RGZ 152, 175. Zur Übersicht MüKo-*Wagner*, BGB, 8. Aufl. 2020, § 630a Rn 23. S.a. BGH NJW 1984, 1400; 2005, 2069.
5 BeckOK-*Katzenmeier*, BGB, 53. Ed. 2020, § 630a Rn 86.
6 Vgl. BGH NJW 2005, 2069; 1992, 909; OLG Saarbrücken NJW 2001, 1798.
7 BeckOK-*Katzenmeier*, BGB, 53. Ed. 2020, § 630a Rn 17.
8 BGH NJW 2000, 3429, 3431.

3. Die Behandlungsabschnitte (von Anamnese bis Nachsorge)

Anamnese Diagnose Aufklärung Therapie Nachsorge

7 Nach diesem formell juristischen Ausgangspunkt, der in der Rechtspraxis vielfach mit konkludenten Handlungen wie der schlichten Behandlungsübernahme oder dem Einlesen der Krankenversicherungskarte startet, steigt der Arzt in das medizinische Geschehen ein. Klassischerweise wird der Patient zunächst nach seiner relevanten Vorgeschichte befragt (**Anamnese**). Dabei werden insbesondere die entsprechenden Leiden geschildert, wegen derer der Gang zum Arzt angetreten worden ist. Sodann beginnt der Arzt mit diagnostischen Maßnahmen und versucht eine möglichst präzise Diagnose zu erarbeiten (**Befunderhebung und Diagnostik**). Anhand der ermittelten Diagnose folgt die **Aufklärung des Patienten,** welches Krankheitsbild erkannt worden ist und welche Schritte angezeigt erscheinen (**§ 630c Abs. 2 S. 1 BGB**). Soll es zu einer Therapie kommen, die in irgendeiner Form auf Körper und Gesundheit des Patienten übergreift, muss der Arzt über diese allgemeine Beschreibung seiner Erkenntnisse hinaus eine besonderen Regeln unterworfene **Selbstbestimmungsaufklärung** leisten (**§ 630e BGB**), auf deren Basis der Patient eine **informierte Einwilligung** zur Therapie erteilen kann (**§ 630d BGB**). In den Fällen des ohnmächtigen oder anderweitig kognitiv nicht einwilligungsfähigen Patienten ist ein Betreuer zu bestellen, der die Entscheidung trifft (§ 1901 Abs. 3, 4, 1901a-c BGB und ggfls. sogar ein Entscheidungsvorbehalt des Betreuungsgerichts zu beachten, §§ 1904 ff. BGB). Reicht die Zeit dafür nicht, muss der Arzt versuchen, aus den Umständen den tatsächlichen und hilfsweise den hypothetischen Willen des Patienten zu ersehen und dementsprechend zu agieren. Dabei hilft das äußerlich objektiv erkennbare Interesse der Gesundung und Gesundhaltung, welches bei den meisten Patienten vorliegt.[9] Stimmt der Patient der Therapie zu respektive kann seine Zustimmung unterstellt oder durch Dritte beigebracht werden, so geht der Arzt zur **Therapie** über. Dabei hat er gemäß der §§ 630a Abs. 2, 276 Abs. 2 BGB die **im Verkehr erforderliche Sorgfalt** zu wahren, was im Arztrecht primär bedeutet, dass die **standardgerechte Behandlung (nicht der Heilungserfolg!)** geschuldet wird. Was sich dahinter verbirgt, werden wir im Einzelnen unter III.4. beim ärztlichen Vorgehen klären. Glückt die Therapie, sichert der Arzt noch die **Nachsorge.** Dies geschieht

---

9 Zur Ausnahme des „unvernünftigen Patienten" unter I 2.

einerseits durch eigene Maßnahmen, die therapeutischen Charakter haben können, und andererseits durch Erläuterungen für den Patienten, wie er mit der Krankheit, der Behandlung und ihren Folgen sowie mit etwaigen Konsequenzen umgehen sollte (**Sicherungsaufklärung** als zentraler Teil standardgerechter Behandlung, § 630c Abs. 1, 2 S. 1 BGB). Kann das Behandlungsziel nicht erreicht werden, wird die Therapie entweder auf Basis neuer Diagnostik oder erweiterter Therapie bis hin zu – wegen denkbarer Behandlungsfehler – gebotener Nacherfüllung wiederaufgenommen. Dabei ist allerdings zu berücksichtigen, dass ein Abbruch gemäß **§§ 630b i.V.m. 627 BGB** ohne Angabe von Gründen jederzeit möglich ist, da der Arzt nach h.M. **Dienste höherer Art** i.S.d. dieser Vorschrift erbringt.[10]

Nach dieser einleitenden Übersicht wollen wir uns nunmehr den rechtlich **8** relevanten Details widmen. Bleiben Sie dabei gedanklich im Rahmen rechtlich bekannter Denkschemata (Anspruchsziel bestimmen – Anspruchsgrundlage extrapolieren – Tatbestandsvoraussetzungen via Definition und Subsumtion abarbeiten – Ergebnis bestimmen und Konsequenzen ziehen). Die erste Durchdringung des zivilrechtlichen Arztrechts gelingt mit diesem Instrumentarium wunderbar, da der zivilrechtliche Kern, der in den §§ 630a – h BGB kodifiziert worden ist, Haftungsrecht darstellt.

II. Vorfeld zum Behandlungsvertrag und Zufallsbegegnung

1. Anwendungsbereich der GoA, Entgeltanspruch und Schadensersatz

Fall 1
In der beliebten Fernsehserie Scrubs kommt ein Moment, in welchem Dr. Turk an der Würstchenbude steht, als plötzlich ein armer Kerl fast an etwas zu ersticken droht. Dr. Turk reagiert sofort mit einem gekonnten Luftröhrenschnitt (natürlich nicht, ohne sich zwischendurch noch einen Hotdog zu bestellen) und rettet dem Patienten das Leben. Es sei einmal unterstellt, dass die zugehörige Krankenbehandlung in der Privatpraxis 100 € gekostet hätte. Zudem soll angenommen werden, dass die Hose von Dr. Turk mit Blut grob verunreinigt wird und entsorgt werden muss. Ansprüche von Dr. Turk gegen den Patienten? (Wir denken uns den Fall nach Deutschland und unterstellen deutsches Sachrecht. Eine Prüfung des internationalen Privatrechts bleibt hier und auch bei den übrigen Fällen außen vor).

Ein Behandlungsvertrag ist zwischen den Parteien mangels Willenserklärung des **9** nahezu bewusstlosen Patienten nicht mehr entstanden, so dass aufgrund feh-

---

10 BGH NJW-RR 2015, 687.

lender Anerkennungsfähigkeit faktischer Verträge[11] nur ein Anspruch gemäß §§ 677, 683 S. 1, 670 BGB anzudenken ist. Die Fremdheit des Geschäfts der Gesundheitsfürsorge einer dritten Person dürfte kaum zu bezweifeln sein. Der damit durch eine tatsächliche Vermutung gestützte Fremdgeschäftsführungswille[12] von Dr. Turk kann in praxi auch nicht widerlegt werden. Die allgemeine Hilfspflicht, die sich aus § 323c StGB ergibt, kann im Übrigen weder einen Auftrag noch eine sonstige Berechtigung i.S.d. §§ 677 ff. BGB ergeben, da das gegenteilige Ergebnis der Teleologie der allgemeinen Hilfspflicht zuwiderlaufen würde.[13] Letztlich sollen alle Menschen animiert werden, in einer nach § 323c StGB beschriebenen Situation helfend einzugreifen.[14] Es wäre abträglich, würde dies mit einer Sperre denkbarer Ersatzpflichten sanktioniert. Daneben handelte Dr. Turk mit dem erkennbaren mutmaßlichen Willen sowie im objektiven Interesse des erstickenden Patienten, der andernfalls verstorben wäre, so dass auch § 683 S. 1 BGB zur Anwendung kommt. Problematisch erscheint allerdings die Rechtsfolge des **§ 670 BGB**, in der ausschließlich **Aufwendungsersatz, also Ersatz freiwilliger Vermögensopfer** gewährt wird. Ein **Entgeltanspruch**, wie Dr. Turk diesen hier geltend machen möchte, ist dort dem Wortlaut nach nicht vorgesehen. Es ist jedoch in der Judikatur anerkannt, dass im Fall des Einsatzes **besonderen beruflichen Könnens § 1835 Abs. 3 BGB analog** herangezogen werden kann.[15] Dem steht nicht entgegen, dass das Auftragsrecht der §§ 662 ff. BGB im Vergleich zur Geschäftsbesorgung nach § 675 BGB unentgeltlich ausgestaltet ist, da § 670 BGB aus der GoA heraus zur Anwendung kommt und daher nicht die Teleologie des Auftragsrechts in sich aufnimmt, sondern dessen Anspruchsgrundlagen über die §§ 681 S. 2 und 683 S. 1 BGB entlehnt werden.[16] Daneben erscheint es im Vergleich zum Vormundschaftsrecht tatsächlich kaum erklärlich, weshalb derjenige, der nach den §§ 677 ff. BGB im Sinne eines anderen einspringt und dabei besondere Fähigkeiten einsetzt, keine Vergütung erhalten soll, während gegenüber dem Mündel ein entsprechender Anspruch durchgreift. Es dürfte sich bei § 1835 Abs. 3 BGB vielmehr um einen verallgemeinerungsfähigen Rechtsgedanken handeln.[17] Der Vergütungsanspruch bei geschlossenem Vertrag hätte sich an den **§§ 630b i.V.m. 612 Abs. 1, 2 BGB i.V.m. der GoÄ** orientiert, so dass Dr. Turk eben jene Vergütung verlangen kann (für den Fall eines gesetzlich versicherten Patienten

---

11 Ausführlich *J. Prütting*, AcP 2016, 459 ff. m.w.N.
12 Vgl. BGHZ 65, 354, 357; 70, 389, 396.
13 MüKo-*Schäfer*, BGB, 8. Aufl. 2020, § 677 Rn 76 m.w.N.
14 Vgl. NK-BGB-*Schwab*, 3. Aufl. 2016, § 677 Rn 69 m.w.N.
15 Jauernig/*Mansel*, BGB, 17. Aufl. 2018, § 683 Rn 6 m.w.N.
16 Ausführlich MüKo-*Schäfer*, BGB, 8. Aufl. 2020, § 683 Rn 35 ff. m.w.N.
17 Vgl. PWW-*Fehrenbacher*, BGB, 14. Aufl. 2019, § 683 Rn 8.

wird man auch im Rahmen der Ärzte-GoA mit Blick auf § 630a Abs. 1 lz. HS BGB auf die sozialversicherungsrechtlichen Ansprüche nach dem SGB V verweisen müssen, da dies exakt der vertraglichen Situation entspricht, die bei Vertragsschluss in der Arztpraxis eingetreten wäre). Hinzu tritt über § 670 BGB ein Anspruch auf Schadensersatz wegen der zerstörten Hose. Zwar ersetzt diese Vorschrift ihrem Wortlaut nach nur Aufwendungen (freiwillige Vermögensopfer), jedoch ist es h.M., dass **typische mit der Geschäftsführung verbundene Begleitschäden** unter Heranziehung des Rechtsgedankens des **§ 110 Abs. 1 HGB** ebenfalls ersatzfähig sein sollen.[18]

Zum Abschluss der GoA-Erwägungen sei noch ein Blick auf **§ 680 BGB** geworfen. Diese Vorschrift ist im Bereich der GoA grundsätzlich dazu gedacht, den Hilfswillen des Bürgers beim Eingreifen zum Schutz fremder Interessen zu stärken.[19] Ob diese Privilegierung jedoch auch dem professionellen Hilfeleister zu Gute kommen kann, ist seit jeher umstritten.[20] Allerdings hat dieser Streit nahezu keine praktische Bedeutung für den Bereich der Arzthaftung. Vom Arzt wird auch in der Situation außerhalb des Heilbehandlungsvertrages die Sorgfalt erwartet, die seinem beruflichen Können für die jeweilige Behandlung zu entsprechen hat (sog. **Facharztstandard**[21]). Weicht der Arzt hiervon ohne ersichtliche Begründung ab, so ist die Grenze zur groben Fahrlässigkeit sehr rasch überschritten. Für den Bereich einfacher, also erklärlicher Sorgfaltspflichtenverstöße, könnte aber freilich ein Anwendungsfeld für § 680 BGB verbleiben. Insofern liegt es durchaus nahe, denjenigen nicht zu privilegieren, der etwa auf Basis des ärztlichen Notfalldienstes ohnehin zur Rettung in der Situation verpflichtet ist und nicht als unbeteiligter Dritter zur Hilfe animiert werden muss/soll.[22] Demgegenüber erscheint es durchaus vertretbar, dem sonntäglich des Weges kommenden Arzt § 680 BGB zu Gute kommen zu lassen, wenn er einem Verletzten auch unter Anwendung seines professionellen Könnens hilft, wobei hiergegen eingewendet wird, dass dem Arzt auch die vertragsgerechte Vergütung zustehe, was mit uneingeschränkter Sorgfaltsschuld gegenüber dem Patienten einhergehen müsse.[23] Allerdings wird es gleichfalls in diesem Anwendungsbereich keine erheblichen praktischen Auswirkungen geben, da der vorab beschriebene ärztliche Standard sich in der zufälligen Situation auf eben das beschränken muss, was der Arzt in der konkreten Situation an Hand seiner Möglichkeiten nur leisten kann. Er

10

---

18 Vgl. BeckOGK-*Riesenhuber*, BGB, Stand Feb. 2020, § 670 Rn 63 m.w.N.
19 MüKo-*Schäfer*, BGB, 8. Aufl. 2020, § 680 Rn. 1.
20 Zum Streitstand *Brennecke*, Ärztliche Geschäftsführung ohne Auftrag, 2010, S. 131 f.
21 Ratzel/Lissel/*Kern*, Handbuch des Medizinschadensrechts, 2013, § 2 Rn 14.
22 Näher *Brennecke*, Ärztliche Geschäftsführung ohne Auftrag, 2010, S. 131 f.
23 Vgl. Laufs/Katzenmeier/Lipp/*Lipp*, Arztrecht, 7. Aufl. 2015, S. 88.

schuldet dann nicht zwingend die fachärztlichen Notfallstandards, sondern eben das, was er persönlich außerhalb des ärztlichen Notfalldienstes an Kompetenzen (gerade auch mit Blick auf verfügbare Materialien und Gerätschaften sowie vorhandene Medikamente) anbieten kann. Ein Blick durch die Rechtsprechung zeigt, dass § 680 BGB keine ernstzunehmende Rolle in der Rechtspraxis spielt und mehr eine Spielwiese des theoretischen Diskurses ist.

2. Der (un-)vernünftige und der minderjährige Patient

11 Ärzte und sonstiges Rettungspersonal sehen sich ab und an der Situation ausgesetzt, mit Blick auf gesundheitliche Belange uneinsichtigen und unvernünftigen Patienten gegenüberzustehen. Es gilt der verfassungsrechtlich verbürgte und in die Privatrechtsordnung ausstrahlende Grundsatz, dass jeder selbst über seinen Körper und seine Gesundheit bestimmt, vgl. die Ausstrahlungswirkung der Art. 2 Abs. 2 S. 1 sowie Art. 2 Abs. 1 i.V.m. 1 Abs. 1 GG nach den **Lüth**-Grundsätzen.[24] Dementsprechend ist – von medizinischer Seite bewertete – **Unvernunft beim Patienten grundsätzlich zu akzeptieren.**[25] Um es deutlich zu formulieren: Der Arzt hat eine blutende Person, die aus freier Willensentscheidung nicht angefasst werden will, notfalls sogar verbluten zu lassen. Allerdings ist, was in der Theorie zunächst einleuchtend klingen mag, in der Rechtspraxis ein schwieriges Problem. Vom Berufsbild des verantwortungsvoll handelnden Arztes wird in rechtlicher Übersetzung verlangt, dass er Leben und Gesundheit schützt und wiederherstellt; lesen Sie hierzu die Fundstelle bei einem der herausragendsten Medizinrechtler, den Deutschland je hervorgebracht hat, *Adolf Laufs*.[26] Dementsprechend soll der Arzt Einwirkungs- und Überredungsversuche beim unvernünftigen Patienten unternehmen.[27] Zudem steht bei jeder objektiv nicht nachvollziehbaren Zurückweisung einer medizinisch gebotenen Maßnahme auch rasch die Vermutung im Raum, der Patient handele möglicherweise aufgrund der Situation, wegen einer dauerhaften Störung der Geistestätigkeit oder wegen altersbedingter Mängel der Einsichtsfähigkeit nicht freiverantwortlich und letztlich gegen seinen eigenen „wahren Willen". Dann aber müsste der Patient vor sich selbst geschützt werden. Dieser, in manchen Situationen sicherlich angezeigte Paternalismus, kann den

---

24 Grundlegend BVerfGE 7, 198 (Lüth) = NJW 1958, 257.

25 Hierzu aus der strafrechtlichen Judikatur BGHSt 11, 111 = NJW 1958, 267.

26 Ausführlich und herausragend dargestellt bei Laufs/Katzenmeier/Lipp/*Laufs*, Arztrecht, 7. Aufl. 2015, S. 11 ff. Der Autor ist leider am 3. Januar 2014 verstorben. Seine akademischen Nachfahren, in deren Tradition der Verfasser steht, ehren sein Andenken.

27 So mit Recht Laufs/Katzenmeier/Lipp/*Lipp*, Arztrecht, 7. Aufl. 2015, S. 99.

fachkundigen Mediziner jedoch rasch dazu verleiten, bei aus objektiv medizinischer Sicht betrachteter Unvernunft vom Regelfall des nicht einsichtsfähigen Patienten auszugehen und die Autonomie der Person zu überspielen. Auf der anderen Seite erscheint gleichermaßen der helfende Arzt in hohem Maße schutzwürdig, darf es doch nicht die Konsequenz der geltenden Rechtslage sein, dass der beherzt Helfende für seine Rettungsanstrengungen zivil-, straf- und berufsrechtliche Verfolgung fürchten muss. Passen wir die Problematik erneut in eine rechtspraktisch bedeutsame Fallkonstellation ein.

Fall 2
Stellen wir uns die – in Scrubs nie zum Zuge gekommene – Konstellation vor, in der unser Held John Dorian zur Nothilfe eines verletzten 16jährigen Kindes herbeigerufen wird. Dr. D muss sofort Notmaßnahmen ergreifen, zu denen auch eine Bluttransfusion im nahe gelegenen Sacred Heart zählt. Die Eltern des Kindes sind zwar nicht zugegen, aber Freunde am Unfallort berichten nebst Unfallhergang, dass (was zutrifft) es sich bei der gesamten Familie um streng gläubige Zeugen Jehovas handelt, bei denen bekannt ist, dass Bluttransfusionen strikt abgelehnt werden. Dr. D entscheidet sich gleichwohl, das Kind in seiner Lebensgefahr mit einer Transfusion zu retten. Dabei geht er davon aus, dass in einer solchen Situation der Wille zur Kindesrettung sowohl bei der 16jährigen als auch bei den Eltern der religiösen Überzeugung überwogen hätte. Ist diese Entscheidung rechtmäßig?

Mangels Abschlussmöglichkeit eines Arztvertrages kann die Rechtmäßigkeit nur   12 nach gesetzlichen Vorgaben beurteilt werden. Es ist aber zu beachten, dass der ärztliche Heileingriff, sei dieser auch altruistisch motiviert und medizinisch indiziert, stets als tatbestandsmäßige Körperverletzung im Sinne des § 823 Abs. 1 BGB gewertet wird,[28] sog. Körperverletzungsdoktrin.[29] Eine Rechtfertigung kommt vorliegend aber über das Institut einer echten berechtigten GoA[30] sowie über den Ansatz einer mutmaßlichen Einwilligung in Betracht. Das Vorliegen einer echten berechtigten GoA i.S.d. §§ 677, 681, 683 S. 1 BGB verlangt dabei nach heute h.M., dass ein objektiv fremdes oder auch fremdes Geschäft mit Fremdgeschäftsführungswillen, ohne Auftrag oder sonstige Berechtigung und einhergehend mit dem

---

28 A.A. mit dem Vorschlag eines persönlichkeitsrechtlich zentrierten Modell *Katzenmeier*, Arzthaftung, 2002, S. 118 ff.
29 BGHZ 106, 391, 397 f. = NJW 1989, 1533, 1535.
30 Ob die echte berechtigte GoA einen Rechtfertigungsgrund i.S.d. Deliktsrechts bildet, ist streitig, aber wohl zu bejahen. Man beachte, dass sich der Streit letztlich nicht auswirken kann, wenn ohnehin die Voraussetzungen einer Einwilligung vorliegen (ausdrücklich oder mutmaßlich). Kritisch ist somit allein jener Fall, in dem etwa gemäß § 679 BGB der wirkliche oder mutmaßliche Wille, der entgegenstehen könnte, gesetzlich überspielt wird. Eben dies kann sodann aber im Deliktsrecht nicht als rechtswidrig erkannt werden, wird es doch gerade im Recht der GoA gefordert.

wirklichen oder mutmaßlichen Willen und dem objektiven Interesse des Geschäftsherren verläuft.[31] Alle Merkmale bis auf die Frage des wirklichen oder mutmaßlichen Willens sind vorliegend unproblematisch. Der wirkliche Wille ist durch Dr. D nicht zu ermitteln gewesen, so dass ein Rückgriff auf den mutmaßlichen Willen statthaft ist. Da es sich um eine minderjährige Patientin handelt, ist zudem fraglich, wessen Wille hier Gültigkeit beansprucht. Die erste zentrale Feststellung hierzu ist, dass das Konstrukt der Einwilligung zum tatsächlichen, per Realakt erfolgenden Übergriff Dritter auf eigene Interessen und Rechtsgüter keine Frage rechtsgeschäftlicher Handlungsfähigkeit ist und somit nicht nach den §§ 106–113, 1643 i.V.m. 1821, 1822 BGB bewertet wird. Vielmehr ist im Gesetz nicht festgelegt, wie genau die Einwilligung rechtlich funktioniert. Auch der Blick in die strafrechtliche Vorschrift des § 228 StGB bringt keinen Aufschluss, da es sich nur um eine äußere Grenzziehung, nicht jedoch um eine inhaltliche Erläuterung handelt. Daher haben sich hierzu Rechtsprechungsregeln gebildet, die allerdings eine Einzelfallbeurteilung vielfach schwierig gestalten, weil sie gerade nicht auf feste Grenzen rekurrieren. Es soll zentral auf die **Einsichtsfähigkeit** des Minderjährigen ankommen,[32] so dass Einwilligungsfähigkeit bei medizinischen Eingriffen durchaus auch schon unterhalb der Schwelle der Vollendung des 18. Lebensjahres beginnen kann. **Einsichtsfähigkeit soll dabei drei Elemente** umfassen: (1) **Entwicklungsstand** des Minderjährigen; (2) **Komplexität der ärztlichen Maßnahme und denkbare Konsequenzen,** die aus dieser hervorgehen können (sowohl wenn sie funktioniert als auch bei vorstellbaren Fehlschlägen und Komplikationen); (3) **konkret erkennbares Verständnis des Minderjährigen** für die avisierte Maßnahme.[33] Die Bestimmung fällt im Einzelfall freilich häufig schwer. Es gibt allerdings ein paar Weichenstellungen, die die rechtspraktische Bewertung erleichtern.

13   So wird unterhalb der Schwelle des 14. Lebensjahres vermutet, dass der Minderjährige keine Einsichtsfähigkeit besitzt, medizinische Interventionen und deren Konsequenzen hinreichend überblicken zu können, um eine eigene Entscheidung in selbstverstandener und wohlüberlegter Ratio zu treffen.[34] Hier entscheiden die Erziehungsberechtigten also grundsätzlich allein.

14   Zwischen dem 14. und dem 18. Lebensjahr soll der Minderjährige aber auch nur ausnahmsweise ein Alleinentscheidungsrecht über seinen Körper und die

31 Vgl. BeckOK-*Gehrlein*, BGB, 53. Ed. 2020, § 683 Rn 3.
32 BGH NJW 1959, 811.
33 NK-BGB-*Katzenmeier*, 3. Aufl. 2016, § 823 Rn 399 m.w.N. Beachte hierzu auch die Gesetzesbegründung, BT-Drucks. 17/10488, S. 23.
34 D. Prütting/*J. Prütting*/*Merrem*, Medizinrecht, 5. Aufl. 2019, § 630d BGB Rn. 26 ff. m.w.N.

Gestattung externer Eingriffe in denselben haben.[35] Dieses Alleinentscheidungsrecht beschränkt sich auf einfach gelagerte medizinische Interventionen (sog. Routineeingriffe, wobei nach wie vor nicht klar ist, wo die Grenzen zum „normalen" Heileingriff verlaufen sollen)[36], die grundsätzlich keine weitreichenden Gefahren in sich bergen. In Betracht kommt etwa eine sportmedizinische Untersuchung mit den zumeist nicht invasiven leichten Tests an der Körperoberfläche zur Feststellung der Sportgesundheit. Ebenso kann der Minderjährige im Zweifel seine Zustimmung zu einer geringen Blutabnahme für einen simplen Test abgeben, bei welchem nicht nach einer Erkrankung gesucht wird, deren Kenntnis das Leben der Person grundlegend zu ändern geeignet erscheint. Für alles, was darüber hinausgeht, bedarf es aber bereits wenigstens der Zustimmung der Erziehungsberechtigten, die dieselbe nur dann erteilen müssen, wenn Gegenteiliges i.S.d. § 1666 BGB von einem Familiengericht als missbräuchlich erkannt werden würde.[37]

Vorliegend steht eine lebensrettende Behandlung mit Bluttransfusion in Rede. Soweit das Kind hätte gefragt werden können, wäre wegen der Tragweite etwaiger Entscheidungen sein Wille mit Blick auf die Einsichtsfähigkeit allenfalls zu berücksichtigen gewesen, jedoch erschiene ein Alleinentscheidungsrecht kaum angemessen. Übertragen auf die Mutmaßlichkeit bedeutet dies, dass jedenfalls auch der mutmaßliche Wille der Eltern in Betracht gezogen werden muss. Hier lagen Dr. D Informationen zur Hand, wonach er davon ausgehen musste, dass die Eltern im Zweifel glaubensbedingt eher den Tod des Kindes als die erforderliche und lebensrettende Bluttransfusion akzeptieren würden. Mit Blick auf den Kindeswillen ist es in der Situation der Lebensrettung dagegen – jedenfalls unter Berücksichtigung des begrenzten Erkenntnishorizonts eines Dritten, welcher spätestens bei der Verschuldensfrage zum Zuge kommen muss – wahrscheinlicher, anzunehmen, dass die vom Tode bedrohte Person eigene Überzeugungen über Bord werfen wird, als sterben zu müssen. Im Übrigen sind unvernünftige Entscheidungen bei Minderjährigen nicht äquivalent beachtlich, da der Gesetzgeber in den §§ 1626 ff. BGB deutlich zum Ausdruck gebracht hat, dass unterhalb der Schwelle des 18. Lebensjahres ein weitreichender und durch die Erziehungsberechtigten im Sinne des Kindeswohls, § 1697a BGB, gesteuerter Paternalismus zulässig ist. Insoweit muss das Persönlichkeitsrecht des Kindes regelmäßig zurücktreten, solange es mit Blick auf eine gute Entwicklung nur Berücksichtigung findet, vgl. §§ 1626 Abs. 2, 1627 BGB.

15

---

35 D. Prütting/*J. Prütting/Merrem*, Medizinrecht, 5. Aufl. 2019, § 630d BGB Rn. 26 ff. m.w.N.
36 BGHZ 105, 45, 48 = NJW 1988, 2946.
37 Ausführlich MüKo-*Lugani*, BGB, 8. Aufl. 2020, § 1666 Rn 6, 50 ff. m.w.N.

16   Nun wäre den erwachsenen Eltern in eigenen Angelegenheiten freiverant-
wortliche Unvernunft im Umgang mit ihrer Gesundheit erlaubt. Mit Blick auf das
Kindeswohl ist aber auch die elterliche Entscheidungsfreiheit im Missbrauchsfall
beschränkbar, vgl. § 1666 BGB. Vor diesem Hintergrund ist auch § 679 BGB zu
lesen, wonach der entgegenstehende Wille unbeachtlich ist, wenn der Ge-
schäftsherr hierdurch eine Unterhaltspflicht verletzen würde. Gleichermaßen ist
das in der Erziehung stets von vordringlichem Interesse anerkannte Kindes-
wohlprinzip nach § 1697a BGB zu beachten. Daher darf der Arzt in der Notfallsi-
tuation davon ausgehen, dass die Kindesrettung auch gegen etwaige religiöse
Überzeugungen gewollt sein muss und gegenteilige Aussagen im Zweifel judikativ
als missbräuchlich erkannt werden würden.[38] Selbst wenn man – entgegen jeder
juristischen Vernunft – aber annehmen wollte, dass die ärztliche Lebensrettung
tatsächlich als rechtswidrig einzustufen sei, kann der Patient hieraus im Zweifel
keinen Schadensersatz herleiten, da der abwägende Arzt mit seiner Entscheidung, das Leben des Kindes zu retten, jedenfalls verschuldensfrei handelt. Dies
gilt mit Blick auf das Übernahmeverschulden nach § 678 BGB ebenso wie mit
Blick auf das Verschulden i.S.d. § 823 Abs. 1 BGB. Hinzu treten die Ausführungen
des BGH zur Problematik ungewollter und damit rechtswidriger Lebensverlängerung, nach welchen jedenfalls ein Schmerzensgeldanspruch vor dem Hintergrund verfassungsrechtlicher Wertentscheidungen auszuscheiden habe.[39]

17   Im Ergebnis ist somit davon auszugehen, dass der lebensrettende Eingriff von
Dr. D durch eine echte berechtigte GoA sowie eine mutmaßliche Einwilligung
gerechtfertigt gewesen ist und bei gegenteiliger Ansicht jedenfalls verschul-
denslos erfolgte. Das Konstrukt des unvernünftigen Patienten ist also im Bereich
der Behandlung Minderjähriger mit Blick auf Kindeswohlinteressen stark zurückgedrängt.

18   Als Ergänzung zu diesem Part sei angemerkt, dass die Situation auch umgekehrt sein kann. So sind Fälle denkbar und praxisrelevant, in denen die Eltern
eine medizinische Maßnahme gegen den Wunsch des Kindes für erforderlich
halten. In diesen Fällen stellt sich die Frage nach einem Vetorecht des Minderjährigen (mit Blick auf die oben genannten Grundsätze freilich oberhalb des 14.
Lebensjahres). Diese Frage ist nach wie vor ungeklärt und in manchen Fällen
hoch brisant (man denke nur an die schwierigen Gemengelagen, die tagtäglich in
der Jugendpsychiatrie auftreten). In der Literatur wird teilweise vertreten, ein
solches Vetorecht könne grundsätzlich früher als eine aktive Entscheidungsbe-

---

38 Hierzu OLG Celle NJW 1995, 792.
39 BGHZ 221, 352 = NJW 2019, 1741 und dazu *J. Prütting* ZfL 2018, 94 ff.; *ders.* BTPrax 2019, 185 ff.

fugnis für die Durchführung einer Maßnahme angenommen werden.[40] Dahinter scheint der Gedanke zu stehen, dass jede Art von Aufschiebbarkeit einer Maßnahme letztlich die Möglichkeit eröffnet, den Minderjährigen in die eigenverantwortliche Entscheidungsrolle hineinwachsen zu lassen und dass im Fall aufschiebbarer Maßnahmen das Selbstbestimmungsrecht des Kindes als durchsetzungsfähigeres Rechtsgut erscheinen sollte. Dem kann allerdings entgegengehalten werden, dass – sofern keine Nähe zu § 1666 BGB besteht – die erzieherische Entscheidung durchaus auch mit Blick auf die Personensorge nicht nach einem stets überwachenden Staat verlangt (man denke parallel an das Erlauben oder Verbieten verletzungsträchtiger Sportarten etc.) und das Kind auch mit Blick auf den Umgang mit Körper und Gesundheit nach den Maximen der Eltern erzogen werden kann und soll. Jedenfalls eine Feststellung erscheint aber zwingend:

Wenn der jeweilige Arzt nach ordnungsgemäßer Anhörung des Kindes und der Eltern die medizinisch indizierte Maßnahme jedenfalls nicht als Fall der Misshandlung einzustufen vermag und zudem die erkennbaren Indizien einer freiverantwortlichen und hinreichend einsichtsfähigen Entscheidungsfindung durch das Kind abgewogen (und diese Abwägung auch dokumentiert) hat, kann eine Haftung nicht mehr in Betracht kommen.

Selbst wenn man im Einzelfall zu dem Ergebnis gelangen sollte, dass die **19** erteilte Einwilligung der Eltern gegen den Kindeswillen unwirksam wäre, träfe den Arzt jedenfalls kein Verschulden.[41] Dies ist insbesondere auch deshalb zwingend, weil der Arzt in solchen Fällen nicht beliebig auf ein geordnetes Verfahren vor den Familiengerichten zurückgreifen kann. Vorsicht ist allerdings geboten, wenn die medizinische Maßnahme nur relativ indiziert ist und der Minderjährige nach ordnungsgemäßer Gewissensanstrengung als urteilsfähig erkannt wird. In diesem Fall ist das Vetorecht zu akzeptieren.[42]

Welch unfassbare Höhenlagen die gesamte Minderjährigenproblematik bei **20** medizinischen Entscheidungen mit sich bringt, wird endgültig offensichtlich, wenn es um die Entscheidung des Schwangerschaftsabbruchs bei einer einsichtsfähigen Minderjährigen geht. Die Rechtsprechung erkennt in diesen Fällen nach sorgfältiger Beratung teilweise ein Entscheidungsrecht der Minderjährigen an,[43] da deren Konfliktlage auch durch die Eltern wohl kaum ausgeräumt werden

---

40 Zum Ganzen Laufs/Katzenmeier/Lipp/*Katzenmeier*, Arztrecht, 7. Aufl. 2015, V B Rn 51 ff.

41 Vgl. hierzu BGH NJW 1971, 1887.

42 BGH NJW 2007, 217 f.

43 Zentral eine Alleinentscheidung befürwortend OLG Hamm FamRZ 2020, 14. Hierzu mit ausführlicher Diskussion *J. Prütting/Friedrich*, JZ 2020, 660 ff.

kann und es sich daher um einer außergewöhnliche Entscheidungssituation im höchstpersönlichen Bereich handelt.[44] Einen Vorschlag für eine prozedurale Lösung de lege ferenda unterbreiten *J. Prütting/Friedrich*.[45]

III. Behandlungsvertrag

21 Vertragsrechtlich gilt vom Grundsatz dasselbe Herangehen, welches der juristisch versierte Leser bereits aus anderen Bereichen des Vertragsrechts kennt. Es bedarf Überlegungen zur Begründung, zur Durchführung und zur Beendigung. Überblickt der Jurist diese Bereiche und kennt ihre Regelungen, können die einzelnen Lebenssachverhalte hierrunter subsumiert werden. Vorausgeschickt sei einzig noch, dass die §§ 630a ff. BGB letztlich **nicht** dazu geschaffen worden sind, das **gesamte Vertragsverhältnis** zwischen Patient und Behandlungsseite abzubilden, **sondern** sich überwiegend auf den Pflichtenkatalog und die **Haftung** der Behandlungsseite konzentrieren. Über § 630b BGB werden zusätzlich die **Rahmenregeln** des **Dienstvertragsrechts** gemäß §§ 611 ff. BGB herangezogen (so insbesondere die persönliche Pflicht zur persönlichen Leistungserbringung nach § 613 S. 1 BGB und das Recht zur außerordentlich fristlosen Kündigung sowie den sich daraus ergebenden Abwicklungsfolgen nach den §§ 627, 628 BGB). Außerdem gibt es ein Korsett sondergesetzlicher Anordnungen, die im Verhältnis von Arzt und Behandlungsseite relevant werden können. Dieses kann vorliegend nicht erschöpfend behandelt werden, was aber für ein fundiertes Grundverständnis der bürgerlich-rechtlichen Arzt-Patient-Beziehung auch nicht erforderlich ist. Ergänzende Details können mit dem hier angeeigneten Wissen ohne Weiteres durch Handbücher und Kommentierungen zugezogen werden. Dabei soll die nachfolgende Übersicht zu wichtigen, auf das privatrechtliche Behandlungsverhältnis partiell einwirkenden Spezialgesetzen eine Hilfestellung sein.

---

44 AG Schlüchtern NJW 1998, 832; LG Köln GesR 2009, 43; LG München I NJW 1980, 646. Dagegen OLG Hamburg FamRZ 2014, 1213; OLG Hamm NJW 1998, 3424 f.
45 *J. Prütting/Friedrich*, JZ 2020, 660 ff.

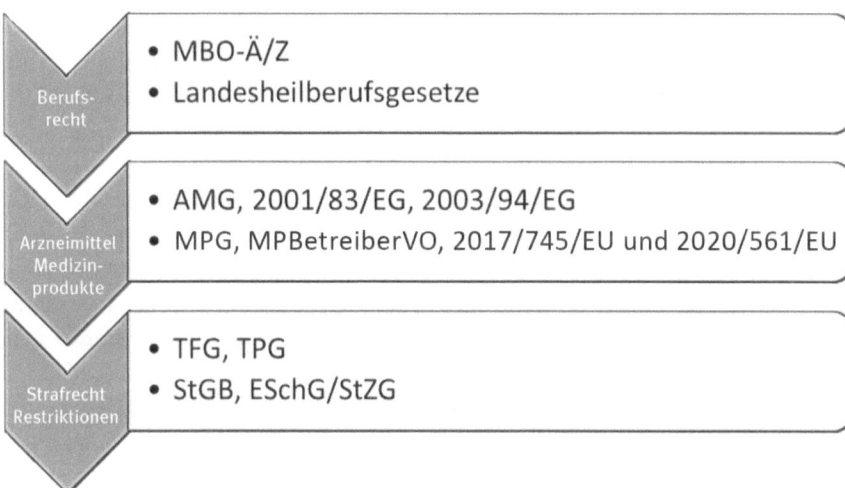

Neben dem klassischen Behandlungsverhältnis sei erwähnt, dass unter die **22** §§ 630a ff. BGB auch wunschmedizinische Maßnahmen gefasst werden, deren Sinn und Zweck nicht Heilung und Leidenslinderung, sondern kundenzentrierte Verbesserung des menschlichen Körpers oder der Psyche ist.[46] Dies sind alle Arten von Schönheits-OPs, aber auch pharmakologische und technische Mittel zur Steigerung der physischen und kognitiven Fähigkeiten.[47] Dieser Bereich bringt mangels medizinischer Indikation des körperlichen Eingriffs ein gewisses rechtliches Legitimationsdefizit mit sich, dessen Ausgleich in der Jurisprudenz nach wie vor höchst umstritten ist (näher hierzu unter § 23 II 3).

Als letztes Wort der Vorrede ist noch anzumerken, dass es auch medizinische **23** Eingriffe am Menschen aus Forschungsinteresse gibt.[48] In geordneter Form handelt es sich regelmäßig um klinische Studien, denen ein breit angelegtes Regelwerk zu Grunde liegt. Auch diese basieren auf einem Vertrag, dem sog. Probandenvertrag.[49] Dieses Vertragswerk kann jedoch nicht mehr mit leichten Modifikationen unter die §§ 630a ff. BGB gefasst werden, da bereits der Grundansatz und die Zielrichtung sich wesentlich vom Behandlungsvertrag unterscheiden.[50] Es geht im Probandenvertrag um die Verwirklichung von For-

---

46 BT-Drs. 17/10488, S. 17.
47 Analytisch vorgeführt am Beispiel der Tiefen Hirnstimulation, vgl. *J. Prütting*, Die rechtlichen Aspekte der Tiefen Hirnstimulation, 2014, S. 179 ff.
48 Hierzu näher Laufs/Katzenmeier/Lipp/*Lipp*, Arztrecht, 7. Aufl. 2015, Kap XIII mit sauberer Abgrenzung zum individuellen Heilversuch.
49 Geigel/*Bacher*, Haftpflichtprozess, 28. Aufl. 2020, 28. Kapitel Rn 121.
50 Vgl D. Prütting/*J. Prütting*/*Merrem*, Medizinrecht, 5. Aufl. 2019, § 630a BGB Rn 11.

schungsinteresse im humanmedizinischen Bereich, was besondere Gefährdungen für den Probanden und besondere Schutzvorkehrungspflichten für die Forschungsseite bedeutet. Zudem können nicht beliebig Leistung und Gegenleistung vereinbart werden, da den Möglichkeiten der „Verkäuflichkeit" und „Zurverfügungstellung" des eigenen Körpers durch die aktuelle Verständnislage der Verfassung mit Blick auf Menschenwürde, Persönlichkeits-, Gesundheits- und Lebensschutz Grenzen gesetzt sind, die zivilrechtlich mit den §§ 134, 138 BGB, strafrechtlich mit den §§ 226, 227, 228, 216 StGB und berufsrechtlich mit den §§ 2 Abs. 1, 3 Abs. 1, 2 und § 15 MBO-Ä Ausdruck gefunden haben.[51] Daneben existieren eine Reihe spezialgesetzlicher Regelungen und Verbote, die die Forschung in ein enges Korsett zwängen, so die Strafvorschriften des ESchG und die scharfen Bindungen des StZG sowie die §§ 40 ff. AMG und die 19 ff. MPG. Der Bereich der klinischen Forschung wird als im täglichen Gebrauch unübliche Sondermaterie in diesem Buch nicht weitergehend erläutert. Er ist nur in Abgrenzung zum individuellen Heilversuch noch einmal zu bedenken, insbesondere wenn es um die **unzulässige**(!) Verbindung von therapeutischem und Forschungsinteresse geht.[52] Bei näherem Interesse wird als erste Übersicht die Darstellung von *Lipp*[53] empfohlen.

---

51 Näher Laufs/Katzenmeier/Lipp/*Lipp*, Arztrecht, 7. Aufl. 2015, Kap XIII E Rn 41 ff. m.w.N.
52 *Laufs*, VersR 1978, 385, 388; *Kratz*, VersR 2007, 1448, 1450.
53 Laufs/Katzenmeier/Lipp/*Lipp*, Arztrecht, 7. Aufl. 2015, Kap. XIII E m.w.N.

1. Parteien

a) Der Blick auf den Patienten

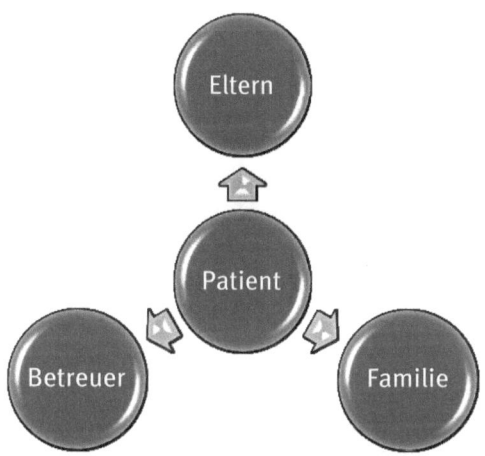

Im Zentrum des Ganzen treten sich Arzt und Patient gegenüber. Diese schließen, ungeachtet § 76 Abs. 4 SGB V,[54] nach den §§ 630a ff. BGB einen Vertrag. Hierfür bedarf es der Geschäftsfähigkeit i.S.d. §§ 104 ff. BGB. Soweit die Geschäftsfähigkeit fehlt, kommt entweder ein Vertragsschluss durch Vertretung oder ein echter Vertrag zu Gunsten Dritter (§ 328 BGB) in Betracht. Nach heute h.M. wird im Fall des Minderjährigen zwischen Behandelndem und Eltern ein echter Vertrag zu Gunsten Dritter (zu Gunsten des Kindes) geschlossen,[55] so dass der Minderjährige mit seinem Vermögen nicht verpflichtet, aber mit Blick auf die ärztliche Leistung eigenständig berechtigt wird. Dies entspricht nach Auslegung der Erklärungen von Eltern und Arzt gemäß §§ 133, 157 BGB der erkennbaren Interessenlage und dem nach objektivem Empfängerhorizont feststellbaren Erklärungswert, da die Eltern – aus ärztlicher Sicht, sofern überhaupt Zahlungspflichten bestehen – regelmäßig ohnehin über eine höhere Bonität verfügen dürften und ihrerseits dem Kind zu Unterhalt und Gesunderhaltung verpflichtet sind, so dass das Kindesvermögen hierfür nicht eingesetzt werden soll, wenn es vermieden werden kann. Ist das Kind noch im Mutterleib als heranwachsender Embryo, so erstreckt sich der Schutz des Behandlungsvertrages zwischen Mutter und betreuenden Gynäkologen in Form des Vertrags mit Schutzwirkung zu Gunsten Dritter auf das

24

---

54 Zum sozialrechtlichen Verständnis, welches teilweise ein Vertragsverhältnis bestreitet, Hauck/Noftz/*Klückmann*, SGB V, Stand: 9/17, § 76 Rn 23 ff.
55 D. Prütting/*J. Prütting/Merrem*, Medizinrecht, 5. Aufl. 2019, § 630a BGB Rn 22.

Kind,[56] wobei bürgerlich-rechtliche Ansprüche des Kindes nur möglich sind, wenn dieses wenigstens für eine Sekunde lebend geboren wird.[57]

25   Anders ist dies beim Betreuten, der durch Vertretung seines Betreuers nach den §§ 1896, 1902 BGB selbst verpflichtet wird. Weder aus Sicht des Betreuers noch des Arztes gibt es hier einen tragfähigen Grund, weshalb der Betreuer Kostenschuldner des Vertrages werden sollte.

26   Im Fall des Minderjährigen existiert eine sozialrechtliche Ausnahme ab dem **15. Lebensjahr.** Nach **§ 36 Abs. 1 SGB I** ist ab diesem Alter der gesetzlich versicherte Patient berechtigt, selbstständig Sozialversicherungsleistungen entgegenzunehmen. Gemäß § 36 Abs. 2 SGB I sollen hiervon allerdings die Erziehungsberechtigten in Kenntnis gesetzt werden, die sodann ein Beschränkungsrecht haben. Auch im Übrigen sollte diese Vorschrift weder den Juristen noch den Mediziner zu unüberlegtem Verhalten veranlassen. § 36 Abs. 1 SGB I trifft keine Aussage darüber, ob der Minderjährige auch selbstständig in eine medizinische Intervention einwilligen kann, ob er also die nötige Reife und Einsichtsfähigkeit besitzt,[58] wie wir dies in Fall 2 diskutiert haben. Daraus folgt, dass der Arztvertrag vielleicht noch geschlossen werden kann, aber sofern es um irgendwelche Formen von ärztlichen Eingriffen geht, die über bloße Routine hinausgehen, bedarf es vorab eben doch zwingend der informierten Einwilligung der gesetzlichen Vertreter (lesen Sie hierzu **§§ 630d Abs. 1 S. 2, 630e Abs. 4, 5 BGB**). Daher ist der rechtspraktische Anwendungsbereich des § 36 Abs. 1 SGB I eher eng zu verstehen. Das Klassikerbeispiel ist die Verschreibung von Kontrazeptiva (insbesondere der Antibabypille) auf alleinigen Wunsch der Minderjährigen. Die überwiegende Ansicht geht davon aus, dass die Minderjährige dies in aller Regel wird allein entscheiden können, aber der Arzt muss im Rahmen eines Gesprächs ergründen, ob er Reifeprobleme erkennt.

Einen beachtlichen Sonderfall stellt schließlich der Laborvertrag dar.

Fall 3

Der Patient geht wegen seltsamer Bläschen auf seinem Arm zum Arzt; in diesem Fall wollen wir einmal vom Dermatologen (Hautarzt) ausgehen. Der Dermatologe entnimmt Flüssigkeit aus einem Bläschen und klärt den Patienten darüber auf, dass eine Laboruntersuchung notwendig sei. Der Patient nimmt dies als schlichte Information unkommentiert hin. Wer hat die Laborrechnung zu bezahlen, nachdem die Flüssigkeit dort im Auftrag des Dermatologen untersucht worden ist?

---

56 BGH NJW 2008, 2847. Für den Krankenhausvertrag vgl. OLG Karlsruhe BeckRS 1998, 12728.
57 Allg.M. vgl. BeckOK-*Bamberger*, BGB, 53. Ed. 2020, § 1 Rn 31.
58 Lesenswert hierzu Staudinger/*Klumpp*, BGB, Neub. 2017, Vorb. §§ 104 ff. Rn 142 m.w.N.

An dieser Stelle wäre es rechtspraktisch natürlich sinnvoll, wenn ein Laborver- 27
trag, ausgerichtet auf sachkundige Analyse unter Nutzung aller anerkannten und
indizierten Prüfverfahren, zwischen Patient und Laborant vereinbart worden wäre
– insofern dann als Werkvertrag gemäß § 631 BGB.[59] Da diese Parteien sich aber
nie begegnet sind, kommt allenfalls ein Vertrag in Stellvertretung oder ein echter
Vertrag zu Gunsten Dritter zwischen Arzt und Laborant gemäß § 328 BGB in Betracht. Letzteres wird klar ausscheiden, da der Arzt, wenn er nicht vorab vom
Patienten hierfür bezahlt worden ist oder Vergleichbares mit dem Patienten vereinbart hat, eine solche Erklärung nicht abgeben und der Laborant sie auch nicht
entsprechend erwarten wird. Daher liegt eine Stellvertretung des Patienten durch
den Arzt gegenüber dem Laboranten gemäß § 164 Abs. 1, 3 BGB nahe. Diesen Weg
beschreitet auch die Rechtsprechung.[60] Das rechtspraktische Problem, dass der
Patient nur selten explizit Vollmacht erteilen wird, da Arzt und Patient zumeist
nicht größer über derartige Rechtsverbindungen sprechen, löst der BGH dadurch,
dass eine konkludente Vollmachtserteilung sehr weitreichend und einfach angenommen wird. Die Rechtsprechung geht davon aus, dass der Patient dem Arzt
mit Übertragung der gesamten Behandlung konkludent Vollmacht für La-
borbeauftragungen erteilt, die bezüglich dieser Behandlungen zu erwarten
waren oder bezüglich derer der Arzt **aufgeklärt** und der Patient **nicht wider-**
sprochen hat.[61] Das schlüssige Patientenverhalten wird also letztlich schlicht
darin gesehen, dass der Patient sich vertrauensvoll in die Hände des Arztes begibt
und diesen damit beauftragt, alles Notwendige in die Wege zu leiten.

---

59 Vgl. hierzu OLG Düsseldorf MDR 1985, 1028; D. Prütting/*J. Prütting/Merrem*, Medizinrecht,
5. Aufl. 2019, § 630a BGB Rn 3 ff.
60 BGHZ 184, 61 = NJW 2010, 1200.
61 BGHZ 184, 61 = NJW 2010, 1200.

b) Der Blick auf die Behandlungsseite
aa) Erfasster Personenkreis des § 630a BGB

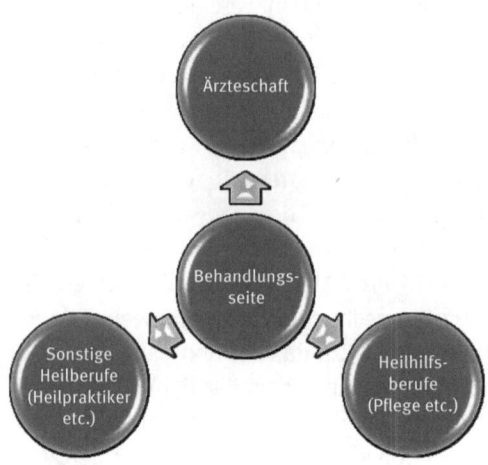

28 § 630a Abs. 1 BGB trifft keine Aussage darüber, wer auf Behandlungsseite mit seinem Angebot zu subsumieren ist. Ein Blick in die Gesetzesbegründung hilft aber weiter. Der Gesetzgeber hat dort Ärzte, Heilpraktiker, Physiotherapeuten, Psychologische Psychotherapeuten, Psychiater und Hebammen erfasst.[62] Nicht dagegen sollen Apotheker und Veterinärmediziner (Tierärzte) unter den Behandlungsvertrag fallen.[63] Haftungsrechtlich ist dies ein Ansatz, der bei rechtlicher Würdigung eines Falles leicht in die Irre führen kann, da für Veterinärmediziner ein ähnliches Pflichtenprogramm mit Blick auf ärztliche Aufklärung gilt,[64] wie dies in der Humanmedizin der Fall ist, und im Behandlungsfehlerbereich soll zudem die Beweislastregel bei grobem Pflichtenverstoß nach § 630 h Abs. 5 S. 1 BGB gelten.[65] Aber auch der Apotheker muss spätestens seit der Johanniter-Entscheidung[66] des III. Zivilsenats damit rechnen, die Beweislastregel des § 630 h Abs. 5 S. 1 BGB im Fall eines groben Pflichtenverstoßes gegen sich angewendet zu sehen.

---

62 BT-Drs. 17/10488, S. 11.
63 BT-Drs. 17/10488, S. 18.
64 Hierzu OLG Koblenz VersR 2013, 513, 514.
65 BGH NJW 2016, 2502.
66 BGH NJW 2017, 2108. Zum zweifelhaften Hintergrund der Rechtsprechung zum groben Behandlungsfehler *J. Prütting*, GesR 2017, 681 ff. und die nähere Erörterung des Ursachenzusammenhangs außerhalb der Arzthaftung *J. Prütting*, NJW 2019, 2661 ff.

bb) Einzelarzt, Ärztegesellschaft, Krankenhaus

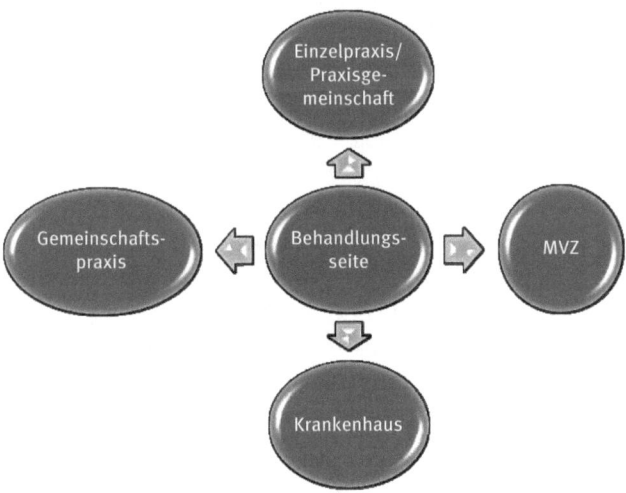

Kehren wir nun zum klassischen Behandlungsbild durch den Arzt zurück. Dieser **29** kann in Form der Einzelpraxis dem Patienten gegenübertreten, so dass weitere Besonderheiten bei der Frage der Vertragsparteien nicht entstehen. Agieren mehrere Ärzte mit gemeinsamen Räumen und zumeist auch geteilten Ressourcen, aber beruflich unabhängig voneinander, so liegt eine einfache Praxisgemeinschaft vor.[67] Dieses Vorgehen ist zulässig, wobei mit Blick auf Patientengeheimnisse streng darauf zu achten ist, dass diese nur dem behandelnden Arzt und dessen Hilfspersonal zugänglich sind, während jede Weitergabe an Dritte ohne Zustimmung des Patienten den Tatbestand des § 203 StGB erfüllen kann. Im Fall der Praxisgemeinschaft bleibt der einzelne Arzt auch alleiniger Vertragspartner des Patienten, solange Dritte nicht bewusst hinzugezogen werden.

Ein anderer Fall liegt vor, wenn mehrere Ärzte sich zu einer Gemeinschafts- **30** praxis/Berufsausübungsgemeinschaft zusammenschließen. In diesem Fall tritt die Gemeinschaft in der jeweils gewählten Gesellschaftsform dem Patienten als Behandler gegenüber und die einzelnen Ärzte führen die Behandlungsschritte durch, ohne selbst Vertragspartner zu sein.[68] Haftungsrechtlich sind die handelnden Ärzte dem Patienten deliktisch nach den §§ 823 ff. BGB verantwortlich. Daneben tritt eine ordnungsgemäße gesellschaftsrechtliche Bewertung. Ist der Träger eine GbR, so wird auch die vertragliche Haftung über § 128 HGB analog

---

67 D. Prütting/*J. Prütting*/*Merrem*, Medizinrecht, 5. Aufl. 2019, § 630a BGB Rn 20.
68 Näher Quaas/Zuck/Clemens/*Quaas*, Medizinrecht, 4. Aufl. 2018, § 15 Rn 4 ff.

zugerechnet. Da personengesellschaftsrechtlich oHG und KG ausscheiden, denn diese verlangen zwingend die Kaufmannseigenschaft, die den Freiberufler bereits definitorisch ausschließt,[69] kommt im Übrigen noch eine Organisation in Form der PartG in Betracht. Vertragspartner ist auch in diesem Fall die PartG, während die Partner nach § 8 PartGG einer Haftungszurechnung unterliegen. Im Einzelnen bedeutet dies, dass grundsätzlich nach § 8 Abs. 1 PartGG alle Partner persönlich und gesamtschuldnerisch haften. Jedoch sieht § 8 Abs. 2 PartGG eine Beschränkung dieser weiten Haftung auf jene Partner vor, die mit dem konkreten Auftrag befasst gewesen sind, so dass die anderen Partner im Fall der Zahlungsunfähigkeit der PartG und des handelnden Partners nicht um ihr Privatvermögen fürchten müssen. Soll die Haftung insgesamt auf die PartG beschränkt werden, so ist dies über eine PartG mbB gemäß § 8 Abs. 4 PartGG zu erreichen. Dieser Vorteil wird allerdings mit dem Preis einer Mindesthaftpflichtversicherungssumme erkauft, die ihrerseits nicht unerhebliche Prämien auslöst. Im Medizinalwesen erscheint dies allerdings kaum als relevanter Aspekt, da auch für den einzelnen Arzt die gebotene Haftpflichtversicherung je nach Fachbereich einer hohen Deckungssumme bedarf. Letztlich ist zudem zu beachten, dass der jeweils behandelnde Arzt sich haftungsrechtlich ohnehin nicht hinter der PartG verstecken kann, auch nicht im Fall des § 8 Abs. 4 PartGG, da er selbst immer deliktisch für erfolgreich geltend gemachte Behandlungsfehler und/oder Aufklärungsrügen einzustehen hat und sich somit einer eigenständigen Verbindlichkeit ausgesetzt sieht, die er nicht gesellschaftsrechtlich verhindern kann.[70]

31 Vergleichbare Erwägungen, wie sie bei der PartG mbB angestellt worden sind, gelten auch bei der zulässigen Ärzte-GmbH. Obgleich die GmbH gemäß § 13 Abs. 3 GmbHG Formkaufmann i.S.d. § 6 HGB ist, dürfen Ärzte unter dem Dach derselben freiberufliche Leistungen erbringen.[71] Die GmbH wird zwar Vertragspartner, erbringt aber nicht selbst die ärztlichen Leistungen. Auf dieser Linie hätten wohl auch Ärzte-oHGs und Ärzte-KGs erwogen werden können, jedoch besteht hierfür ohnehin kein rechtspraktischer Bedarf, so dass die Diskussion darum bislang müßig erscheint. Allerdings müssen stets die besonderen berufsrechtlichen Vorgaben der §§ 23 aff. MBO-Ä beachtet werden, so dass die gesellschaftsrechtliche Gestaltungsfreiheit wieder weitreichende Einschränkungen erfährt.

32 Sollen mehrere ärztliche Fachbereiche kombiniert werden, so ist dies grundsätzlich berufsrechtlich ebenfalls möglich, wie sich aus §§ 18, 23a MBO-Ä ergibt. Sozialrechtlich ist jedoch zu beachten, dass diese Gesellschaft nicht selbst

---

69 Vgl. *Koch*, GesR 2005, 241, 244.

70 Hierzu D. Prütting/*Kilian*, Medizinrecht, 5. Aufl. 2019, § 8 PartGG Rn 19 a ff.

71 Hierzu Ratzel/Lippert/J. Prütting/*Ratzel*, MBOÄ, 7. Aufl. 2018, § 23a Rn 1.

Inhaberin eines Vertragsarztsitzes sein kann.[72] Hierin liegt eine der Besonderheiten des Medizinischen Versorgungszentrums (MVZ), welches selbst an der
vertragsärztlichen Versorgung nach dem SGB V teilzunehmen vermag,[73] (lesen Sie
§ 95 SGB V). Die Gesellschaftsform ist gemäß § 95 Abs. 1a SGB V auf Personengesellschaften, eingetragene Genossenschaften, GmbHs und öffentlich-rechtliche
Strukturen beschränkt. Da oHG und KG ohnehin nicht in Betracht gekommen
wären, sollte hier also insbesondere die AG ausgeschlossen werden.

Als letzte bedeutsame Form sind Krankenhäuser zu nennen. Diese werden **33**
ebenfalls regelmäßig in der Rechtsform der GmbH geführt. Sofern sie steuerbe-
günstigt handeln, firmieren sie als gGmbH, um ihre Gemeinnützigkeit zu verdeutlichen. Kommt der Patient in ein Krankenhaus, so gibt es nach heute h.M. drei
Arten der Aufnahme, die zu unterschiedlichen rechtlichen Bewertungen bezüglich des Vertragsschlusses nach § 630a BGB führen.[74]

Der Regelfall ist der **totale Krankenhausvertrag**.[75] Der Patient wird aufge- **34**
nommen und das Krankenhaus verspricht vertraglich bei Aufnahme das gesamte
Behandlungsprocedere einschließlich aller Leistungen, die hiermit tatsächlich
zusammenhängen, also Pflege, Einrichtung, ärztliche Betreuung. Jede Person, die
dem Patienten im Weiteren gegenübertritt, wird somit nicht Vertragspartner,
sondern kann allenfalls deliktisch haften, aber auch kein Entgelt verlangen.

Eine Ergänzung zur Grundsatzkonstellation ist der **totale Krankenhaus-** **35**
vertrag mit Arztzusatzvertrag.[76] Der Patient wählt neben dem Vertragsschluss
bei Aufnahme oder später auch noch bestimmte Ärzte, die die Behandlung
durchführen sollen. Sie werden zusätzlich Vertragspartner und schulden im
Zweifel Behandlung in Person, §§ 630b i.V.m. 613 S. 1 BGB.[77] Klassischer Praxisfall
ist die patientenseitige Sicherung der Chefarztbehandlung oder der Behandlung
durch einen bestimmten Spezialisten, wegen dem gerade diese medizinische
Einrichtung aufgesucht worden ist.

Als dritte Variante ist der **gespaltene Arzt-/Krankenhausvertrag** zu nen- **36**
nen.[78] Dabei handelt es sich regelmäßig um Belegkrankenhäuser, aber es sind

72 BSG, GesR 2013, 91 f.
73 Ausführlich Ratzel/Luxenburger/*Möller/Dahm/Remplik*, Handbuch Medizinrecht, 3. Aufl.
2015, S. 636 ff. m.w.N.
74 Im praktischen Procedere ergeben sich hieraus bei Haftungsfällen auch unterschiedliche
Probleme der Passivlegitimation. Eine prägnante Übersicht bietet D. Prütting/*J. Prütting*, 2. Aufl.
2019, Formularhandbuch des Fachanwalts Medizinrecht, Kap. 2 Rn 35 m.w.N.
75 Vgl. BeckOGK-*Walter*, BGB, Stand März 2020, § 630a Rn 48 ff. m.w.N.
76 MüKo-*Wagner*, BGB, 8. Aufl. 2020, § 630a Rn 37 ff.
77 Vgl. OLG Koblenz NJW 2008, 1679, 1680.
78 MüKo-*Wagner*, BGB, 8. Aufl. 2020, § 630a Rn 33.

auch andere Konstellationen denkbar. Das Krankenhaus verspricht in diesem Fall ausschließlich die Rahmenbedingungen: Pflege, Material, Unterkunft etc. Daneben tritt ein nicht dem Krankenhaus zugehöriger Arzt, der die Behandlung übernommen hat. Ausschließlich er hat die Behandlung i.S.d. § 630a BGB versprochen und zu leisten.[79] Es wird überwiegend davon ausgegangen, dass diese rechtliche Spaltung auch ohne Kenntnis des Patienten bei Aufnahme durch schlichten Hinweis in den AGB des Krankenhauses denkbar sei.[80] Dem ist jedoch entgegenzuhalten, dass § 309 Nr. 7a BGB und das Überraschungsverbot nach § 305c Abs. 1 BGB[81] entgegenstehen, so dass ein vollständiges Verwehren ärztlicher Leistungen bei einer primärvertraglichen Vereinbarung, die wie ein totaler Krankenhausvertrag wirkt, keinesfalls durch AGB zur Spaltung führen darf, da somit sämtliche Haftungsansprüche in Umgehung des § 309 Nr. 7a BGB ausgeschlossen würden. Hinzuzufügen ist, dass das Krankenhaus im Rahmen der Aufnahme und im Fall der Belegkrankenhauseigenschaft ohne Weiteres organisatorisch dazu in der Lage sein sollte, den Patienten sofort explizit darauf hinzuweisen, dass man nur Belegkrankenhaus ist und die hieraus folgenden rechtlichen Konsequenzen. Dementsprechend wird der Patient sich dann ausschließlich an den ihn behandelnden Arzt halten. In jedem Fall, in welchem der Patient bei Einlieferung nicht in der Lage ist, eine entsprechende Vertragsabrede einzugehen, kann eine Beschränkung durch AGB ohnehin nicht in Betracht kommen, so dass im notärztlichen Procedere ein Verweis auf ein Belegarztmodell haftungsrechtlich unerheblich sein dürfte.

2. Vertragsgegenstand und Rechtsnatur

37 Der Behandlungsvertrag ist seit jeher von der h.M. als **Dienstvertrag** im Sinne der §§ 611 ff. BGB eingeordnet worden. Seit Inkrafttreten des Patientenrechtegesetzes im Jahre 2013 und der Einordnung des Behandlungsvertrages in die §§ 630a-h BGB ist nunmehr auch systematisch klar, dass der Gesetzgeber die dienstvertragsrechtlichen Grundsätze für anwendbar erachtet. So verweist § 630b BGB explizit auf die Vorschriften über das Dienstvertragsverhältnis.[82] Der **Arzt schuldet**

---

79 D. Prütting/*J. Prütting/Merrem*, Medizinrecht, 5. Aufl. 2019, § 630a BGB Rn 21.

80 Hierzu OLG Koblenz NJW 1998, 3425 f.; Graf von Westphalen/*Thüsing*, Vertragsrecht und AGB-Klauselwerke, 44 EL. 2019, Krankenhausaufnahmevertrag, Rn 14. So letztlich dann wohl auch der BGH, wenn das Überraschungsmoment vermieden wird, vgl. BGHZ 121, 107 = NJW 1993, 779.

81 BGHZ 121, 107 = NJW 1993, 779.

82 Eine nähere Darstellung des Verweisungsinhalts von § 630b BGB findet sich bei D. Prütting/*J. Prütting/Merrem*, Medizinrecht, 5. Aufl. 2019, § 630b.

demnach **„nur" das standardgemäße Vorgehen**, also das Bemühen um die Genesung des Patienten. Der Erfolg dieser Bemühungen kann nach dem gegenwärtigen Stand von Wissenschaft und Technik grundsätzlich ob der natürlichen Unwägbarkeiten des menschlichen Körpers und der Unvorhersehbarkeit biologischer Abläufe und Reaktionen nicht zugesagt werden.[83] Dies gilt unabhängig davon, ob es sich um eine Heilbehandlung, einen Forschungseingriff mit Heilcharakter oder eine wunschmedizinische Maßnahme handelt, da die §§ 630a ff. BGB insofern keine Unterscheidung vorsehen und nicht auf die Heilbehandlung beschränkt sind. Jedoch dürfen die Vertragspartner bei wunschmedizinischen Eingriffen bestimmte Erfolge vereinbaren und damit die Natur des Vertrages abändern. Dies gilt mit Blick auf die Vertragsfreiheit auch für Heilbehandlungen, soweit der Arzt einen bestimmten Erfolg verspricht. Anderes soll lediglich für unheilbare Krankheiten zutreffen, bei denen die Zusage eines Behandlungserfolgs gerade nicht möglich ist[84] (vgl. § 11 Abs. 2 S. 2 MBOÄ respektive dessen jeweiliges Pendant in der jeweils einschlägigen BO des Landes; diese Vorschrift dürfte als Verbotsgesetz i.S.d. § 134 BGB zu werten sein und zur Nichtigkeit der konkreten Absprache führen).[85]

Nach hier vertretener Auffassung sollte eine Erfolgszusage im Rahmen einer **38** Heilbehandlung sogar generell und nicht nur im Fall unheilbarer Erkrankungen als nichtig erachtet werden, da der Arzt nur sehr selten mit gutem Gewissen einen Erfolg seiner Heilbehandlung garantieren kann und dies auch nicht sollte. Derartige Zusicherungen entgegen der tatsächlichen Machbarkeit nach dem Stand von Wissenschaft und Technik sind geeignet, das Bild des vertrauenswürdigen Arztes erheblich zu beschädigen und diesen im schlimmsten Fall mehr als marktschreierisch, denn als aufrichtig informierend wahrzunehmen. Zudem muss der Patient vor übersteigerten Hoffnungen geschützt werden. Dementsprechend sieht auch § 11 Abs. 2 S. 2 MBO-Ä den Fall der unheilbaren Erkrankung nur als Regelbeispiel vor, formuliert aber genau betrachtet ein deutlich weitergehendes Verbot von etwaigen Erfolgsversprechen.

Ein werkvertragsrechtlicher Aspekt im Bereich der Heilbehandlung kann sich **39** allenfalls für von der eigentlichen Behandlung gesonderte ärztliche Leistungen finden. So ist die Herstellung einer Prothese oder die bloße Erstellung eines Zahnabdrucks, ohne damit verbundene weitere ärztliche Leistungen, als Werkvertragszusicherung im Sinne der §§ 631 ff. BGB zu verstehen.[86] In diesem Bereich

---

83 MüKo-*Wagner*, BGB, 8. Aufl. 2020, § 630a Rn 4.
84 Hierzu D. Prütting/*Rehborn*, Medizinrecht, 5. Aufl. 2019, § 11 MBOÄ Rn 5.
85 Zum Thema der Verbotsgesetzeigenschaft berufsrechtlicher Vorschriften *Ratzel*, MedR 2002, 492 ff.
86 BGH NJW 1975, 305, 306.

kann der Arzt oder der jeweilige Werkunternehmer die Situation auch technisch vollumfänglich beherrschen.

40   Aus der erkannten Rechtsnatur des Behandlungsvertrages ergeben sich wichtige haftungsrechtliche Folgerungen. Zentral ist die Erkenntnis, dass das Ausbleiben des gewünschten Heilerfolgs grundsätzlich keinerlei Pflichtverletzung des Arztes indiziert.[87] Der Patient kann im Rahmen etwaiger Arzthaftung nur Vorwürfe konkret standardwidrigen Verhaltens erheben, nicht jedoch sich generell darauf zurückziehen, dass ein spezifischer Heilungserfolg erwartet worden sei, der ausgeblieben ist. Das ist in der Rechtspraxis wichtig, da es viele Situationen gibt, in denen die Wissenschaft bislang nicht erklären kann, weshalb eine bestimmte Heilung oder Leidenslinderung nicht eingetreten oder eine Krankheit oder eine bestimmte Verschlimmerung des bisherigen Leidens nach der Therapie zu verzeichnen ist. Wäre der Arzt für all jene Situationen hinzunehmender Unsicherheiten nach dem gegenwärtigen Stand von Wissenschaft und Technik haftbar, wäre endgültig der Wechsel zu einem System der allgemeinen Schadensversicherung für geschädigte Patienten vollzogen, in welchem es nicht auf pflichtgerechtes vs. pflichtwidriges Verhalten, sondern lediglich auf den Aspekt einer gesundheitlichen Negativfolge ankäme, für die die Gemeinschaft der Prämienzahler einzustehen hätte.

3. Pflichtenspektrum und Gewährleistungsrecht

a) Behandlungsseite
aa) Medizinischer Standard vs. individueller Heilversuch – Schulmedizin, Neuland- und Außenseitermethode

41   Gemäß § 276 Abs. 2 BGB schuldet der behandelnde Arzt die im Verkehr erforderliche Sorgfalt, konkretisiert durch **§ 630a Abs. 2 BGB**, also den **ärztlichen Standard**.[88] Woran dieser sich genau bemisst, ist einzelfall- und krankheitsabhängig. Grundsätzlich ist die Einhaltung des ärztlichen Standards daran zu messen, ob der Arzt diejenigen Maßnahmen ergriffen hat, „die von einem gewissenhaften und aufmerksamen Arzt aus beruflicher Sicht seines Fachbereichs vorausgesetzt und erwartet werden"[89] können. In der sachverständigen Praxis wird dies unter dem Grundsatz der fachgleichen Beurteilung[90] von einem ge-

---

87 Vgl. BGH NJW 2011, 1672; VersR 2003, 1256.
88 MüKo-*Wagner*, BGB, 8. Aufl. 2020, § 630a Rn 116.
89 BGH NJW 1999, 1778; BGH NJW 1995, 776.
90 Eine gute Übersicht findet sich bei Martis/Winkhart, Arzthaftungsrecht, 5. Aufl. 2018, S. 1182 ff. m.w.N.

richtlich zu berufenen Gutachter aus eben jenem Fachgebiet heraus festgestellt, welches für den medizinischen Eingriff in dieser Situation zu erwarten gewesen ist. Als Definition des Standards hat sich Folgendes durchgesetzt: „Standard in der Medizin repräsentiert den jeweiligen Stand der naturwissenschaftlichen Erkenntnisse und der ärztlichen Erfahrungen, der zur Erreichung des ärztlichen Behandlungsziels erforderlich ist und sich in der Erprobung bewährt hat."[91]

In diesen definitorischen Grunderwägungen zeigt sich bereits, worin das Besondere des Standardbegriffs liegt. Es handelt sich um eine **dynamische Größe**, die sich von Fall zu Fall und je nach Erkenntnisstand in Wissenschaft und Technik verändern kann und auch immer wieder verändert.[92] Dementsprechend ist der Standardbegriff, der letztlich zentral über die Frage entscheidet, ob eine Behandlung pflichtgemäß oder pflichtwidrig erfolgt, **nicht einfach mit dem schulmedizinischen Wissen gleichzusetzen**, das an den Hochschulen gelehrt wird. Auch können grundsätzlich bereichsadäquate Leitlinien der ärztlichen Fachgesellschaften und deren Vorgaben nicht blind mit dem medizinischen Standard gleichgesetzt werden.[93] Vielmehr kann es je nach Einzelfall sogar geboten sein, hiervon abzuweichen, weil die spezifische Situation beim Patienten oder mit Blick auf die konkreten äußeren Umstände dies erfordern. Für die Feststellung im Prozess bedeutet dies gleichsam, dass der berufene Sachverständige nicht einfach ein aktuelles Lehrwerk oder die zuständige Leitlinie zitieren darf und sich im Anschluss nicht weiter äußern müsste. Vielmehr ist der Gutachter vom Gericht sowie von den Parteien dazu anzuhalten, die konkreten Besonderheiten dieses Patienten und dieser Situation zu berücksichtigen und ggfls. auch abweichendes Verhalten als standardgerecht anzuerkennen.[94]

Nun gibt es immer wieder Methoden und Medikamente in der Medizin, die sich **erst in der Erprobung** befinden, über die vielleicht noch **erheblicher Streit in der Fachwelt** herrscht und die das Potential haben können, in Zukunft einmal als Standard anerkannt zu werden. Solche Vorgehensweisen werden **Neulandmethoden** genannt.[95] Der behandelnde Arzt ist **grundsätzlich** dazu **verpflichtet**, den Patienten **standardgerecht zu behandeln**, solange eine Standardtherapie existiert. Gibt es eine solche aber in der jeweiligen Situation nicht mehr, weil der Patient insoweit austherapiert ist, oder verspricht eine neue noch nicht als 42

---

91 Eingehend Laufs/Katzenmeier/Lipp/*Katzenmeier*, Arztrecht, 7. Aufl. 2015, Kap. X B I 1 m.w.N.

92 D. Prütting/*J. Prütting/Merrem*, Medizinrecht, 5. Aufl. 2019, § 630a Rn 68 ff. m.w.N.

93 Hierzu *Taupitz*, AcP 2011, 352, 371 ff.; *Frahm*, GesR 2005, 529; *Hart*, MedR 1998, 8, 12 f.

94 D. Prütting/*J. Prütting/Merrem*, Medizinrecht, 5. Aufl. 2019, § 630a Rn 68 ff. Zum Prozessrecht s. u. § 24.

95 Hierzu BGHZ 168, 103 (Robodoc) = NJW 2006, 2477 m.Anm. *Buchner* VersR 2006, 1460 ff.; BGHZ 172, 1 (Medikament ohne Zulassung) = NJW 2007, 2767 m.Anm. *Katzenmeier* JZ 2007, 1108 ff.

Standard anerkannte Methode erhöhten Nutzen, so hat der Arzt im Rahmen pflichtgemäßen Verhaltens auch diese Alternative dem Patienten im Bereich der Aufklärung vorzustellen und anzubieten.[96] Der Arzt bietet in diesem Fall somit keine Standardbehandlung, sondern einen sog. **individuellen Heilversuch**.[97] Dabei ist von erheblicher Bedeutung, dass der Arzt im Rahmen eines solchen Vorgehens **stets therapeutische Zwecke und Motive** verfolgen muss, selbst wenn Forschungsinteressen naheliegen könnten.[98] Ein **Forschungseingriff bedeutet** für den Patienten (dann Probanden) ganz erhebliche **Zusatzgefahren**, die ohne informierte Einwilligung und ordnungsgemäß gesichertes Forschungsprocedere nicht zumutbar sind.[99] Ein besonders spannendes Beispiel für die Diskussion um ein neuartiges Verfahren ist die Robodoc-Entscheidung[100] des BGH gewesen (unbedingt lesen!), in welcher ein neuartiges Verfahren in Gestalt einer robotischen Hilfe beim Operieren zur Diskussion stand.

43   Schließlich gibt es auch Methoden in der Medizin (und Paramedizin), die weithin bekannt, aber **nicht anerkannt** sind, da ihre Wirksamkeit bezweifelt wird und/oder ihr Risikospektrum untragbar groß erscheint. Diese Techniken und Verfahren werden **Außenseitermethoden** genannt.[101] Mit diesen erfüllt der Arzt den medizinischen Standard grundsätzlich nicht und begeht ggfls. einen Behandlungsfehler, wenn er sie gleichwohl einsetzt. Sofern der Patient ausdrücklich darüber aufgeklärt wird, dass eine solche Methode bei ihm eingesetzt werden soll und er zudem exakt vor Augen geführt bekommt, dass etwa – wie es dann auch der Realität entsprechen muss – alle anderen denkbaren Alternativen bereits wirkungslos versucht worden sind, ist der Einsatz einer Außenseitermethode denkbar.[102] Diese kann sogar auch bei denkbaren Alternativen in Betracht kommen, wenn der Patient um dieselben weiß und seine Entscheidung vollständig informiert versteht. Der Arzt darf jedoch niemals eine kontraindizierte Maßnahme anwenden, mit der er dem Patienten lediglich Schaden zufügt, ohne ernsthaften Nutzen noch verfolgen zu können, oder indem er den Patienten damit von einer sinnvollen Therapiealternative abhält.[103] Ob dieses Ergebnis in den genannten

---

96 BGHZ 168, 103, 108 (Robodoc) = NJW 2006, 2477 f. – m.Anm. *Katzenmeier* NJW 2006, 2738.

97 Näher Laufs/Katzenmeier/Lipp/*Lipp*, Arztrecht, 7. Aufl. 2015, Kap. XIII D.

98 Lies *Laufs*, VersR 1978, 385, 388. S.a. die zugehörigen Ausführungen in der Deklaration von Helsinki.

99 Hierzu *Kratz*, VersR 2007, 1448; *Deutsch*, VersR 2005, 1609.

100 BGHZ 168, 103 (Robodoc) = NJW 2006, 2477.

101 BGH NJW 2007, 2774, 2775.

102 D. Prütting/*J. Prütting*/*Merrem*, Medizinrecht, 5. Aufl. 2019, § 630a Rn. 66 f.

103 Jeder Heileingriff muss also eine medizinische Legitimation aufweisen, vgl. BGHZ 168, 103 (Robodoc) = NJW 2006, 2477.

Fällen dogmatisch darüber erreicht wird, dass die patientenseitige Einwilligung für sittenwidrig gemäß § 138 Abs. 1 BGB erachtet oder die gewählte Therapie als generell sorgfaltswidrig i.S.d. §§ 630a Abs. 2, 276 Abs. 2 BGB eingestuft wird, ist für die zivilrechtlichen Konsequenzen bei erkannter haftungsbegründender Kausalität nahezu irrelevant, da in beiden Fällen eine Haftungsklage regelmäßig in vollem Umfang Erfolg hätte. Allenfalls die Schmerzensgeldhöhe und die Frage eines etwaig zu berücksichtigenden Mitverschuldens nach § 254 BGB könnten im Fall eines sittenwidrigen Eingriffs schärfer zu beurteilen sein. Ein interessantes Beispiel aus der Rechtsprechung ist die Zahnextraktionsentscheidung.[104] In dieser ging es um einen Zahnarzt, welcher der Patientin ohne jede medizinische Indikation auf deren konkret formulierten Willen hin eine ganze Reihe von Zähnen gezogen hatte. Die Rechtsprechung hat trotz patientenseitiger Einwilligung in Kenntnis aller Umstände das ärztliche Vorgehen als mit dem Sittenwidrigkeitsverdikt nicht mehr vereinbar erachtet.

bb) Nacherfüllungspflicht – Nacherfüllungsrecht?

Wird der Behandlungserfolg vom behandelnden Arzt aufgrund eines Behandlungsfehlers verfehlt, obgleich er gemäß des ärztlichen Standards noch erreichbar wäre, besteht ein Anspruch auf Nacherfüllung.[105] Ein solcher Anspruch ist jedoch, anders als etwa im Kauf- und Werkvertragsrecht mit den §§ 439 Abs. 1 und 635 Abs. 1 BGB, nicht gesondert normiert. Es gilt schlicht der vertragliche Primäranspruch auf eine standardgerechte Leistung fort, der sich nunmehr auch in einer ggfls. vorzunehmenden Beseitigung eines fehlerbedingten Behandlungsfeldes manifestieren kann. Spitzfindig gedacht, mag man zunächst erwägen, dass nach einer fehlerbedingten Veränderung der Situation der ursprüngliche Anspruch auf standardgerechte Tätigkeit ohne diese Verschlechterung sowohl zeitlich als auch veränderungsbedingt unmöglich i.S.d. § 275 Abs. 1 BGB geworden sein könnte. Da jedoch ein zeitlich und inhaltlich allenfalls durch den Tod des Patienten oder dessen endgültige Behandlungsverweigerung eintretendes vollkommenes Desinteresse an einem Behandlungserfolg anzunehmen ist, erscheint davor die Unmöglichkeitswertung fehl am Platz.[106]

Die ärztliche Leistung kann jedoch auch bei einem anderen Arzt in Anspruch genommen werden, was dogmatisch nicht auf § 281 Abs. 2 BGB zu stützen ist.[107]

44

45

---

104 BGH NJW 1978, 1206.
105 MüKo-*Wagner*, BGB, 8. Aufl. 2020, § 630a Rn 97.
106 Treffend dargestellt bei MüKo-*Wagner*, BGB, 8. Aufl. 2020, § 630a Rn 88ff.
107 A.A. *Ballhausen*, NJW 2011, 2694ff.; *Spickhoff*, NJW 2011, 1651, 1653.

Vielmehr hat der Patient jederzeit ohne Angabe von Gründen ein Recht zur außerordentlich fristlosen Kündigung gemäß §§ 630b i.V.m. 627 BGB aufgrund des besonderen und herausgehobenen Vertrauensverhältnisses zwischen Arzt und Patienten, welches für eine erfolgreiche Heilbehandlung unverzichtbar ist.[108] Dementsprechend gilt der Grundsatz des „Rechts zur zweiten Andienung" im Behandlungsvertrag nicht, wie dies aus dem allgemeinen Schuldrecht mit § 323 Abs. 1 BGB als Voraussetzung für eine Lösung vom Vertrag durch Rücktritt im Fall von Schlecht- oder Nichtleistung der Fall ist. Die Kosten des nachbehandelnden Arztes sind im Wege des Schadensersatzes von dem Arzt, der einen Behandlungsfehler begangen hat, zu erstatten. Für die Abwicklung gelten im Übrigen die Grundsätze des § 628 BGB.

cc) Patientenseitiges Minderungsrecht?

46   Ein Minderungsrecht steht dem Patienten nach h.M. allerdings nicht zu.[109] Dies gilt nicht nur für den Fall des Ausbleibens des Behandlungserfolgs, sondern auch, wenn unstreitig der ärztliche Standard nicht eingehalten worden ist. Dies soll bereits aus der Einordnung des Behandlungsvertrags als Dienstvertrag folgen, da das spezielle Dienstvertragsrecht der §§ 611 ff. BGB eine Vorschrift für Minderung entsprechend der §§ 441, 638 BGB gerade nicht kennt und das allgemeine Schuldrecht im Bereich des qualitativen Teilrücktritts nach den §§ 326 Abs. 1 S. 2, Abs. 5, 323 BGB auf Dauerschuldverhältnisse nicht anwendbar sein soll.[110] Dem verfehlten Signal an die Behandlerseite, dass trotz Behandlungsfehlers der Honoraranspruch nicht gekürzt werden kann, soll nach h.M. der Weg über § 628 BGB entgegenwirken, wonach der Patient den Behandlungsvertrag aufkündigen und seine Schäden ersetzt verlangen darf.[111] Dies überzeugt aber nicht, sind doch die dogmatischen Erwägungen gegen eine Anwendung des allgemeinen Schuldrechts nicht zwingend und es ist auch nicht ersichtlich, weshalb Dienstleister im Fall der erkannten Schlechterfüllung nur im Wege des Schadensersatzes mit Aufrechnungsmöglichkeiten angegriffen werden können. Insbesondere ist dabei zu beachten, dass die relevanten Schadenssummen insofern unzulässig um das dem Arzt richtigerweise nicht zustehende Honorar gekürzt werden. Wo der wertungsmäßig überzeugende Unterschied zur Situation im Kauf- und Werkvertrag liegen soll, erschließt sich auch mit Blick auf die Charakterisierung als Dauerschuldverhältnis nicht, da ohne Weiteres Situationen medizinischer Behandlungen

---

108 BGH NJW 2011, 1674. Hierzu auch MüKo-*Wagner*, BGB, 8. Aufl. 2020, § 630a Rn 97.
109 MüKo-*Wagner*, BGB, 8. Aufl. 2020, § 630a Rn 93. S.a. *Peukert*, AcP 2005, 430.
110 BGH NJW 2011, 1674 Rn 15.
111 MüKo-*Wagner*, BGB, 8. Aufl. 2020, § 630a Rn 99.

vorstellbar sind, in denen Arzt und Patient einander vergleichbar kurz wie in Austauschverhältnissen gegenübertreten (Konsultation des Hausarztes wegen Grippesymptomen), gleichermaßen aber auch Austauschverhältnisse in erheblichem Maße Dauerschuldverhältnischarakter annehmen können (Lieferverträge über längere Zeiträume, komplexe Warenübertragung mit großem Nebenpflichtaufkommen etc.).[112] Zudem kennen auch Dauerschuldverhältnisse wie das Miet- und Pachtvertragsrecht mit § 536 BGB eine Minderung (hier allerdings ipso iure). Letztlich sei noch angemerkt, dass sozialrechtlich die Kassen sich nach aktueller BSG-Rechtsprechung durchaus mit Blick auf standardwidriges Vorgehen weigern dürfen, eine Maßnahme zu bezahlen,[113] was dem Patienten erst bei völliger Sinn- und Gegenstandslosigkeit der ärztlichen Intervention zugebilligt wird (vgl. §§ 326 Abs. 1 S. 1 und 628 Abs. 1 BGB). Daher sollte – und sei es de lege ferenda – ein Minderungsrecht auch für freie Dienstvertragsverhältnisse erwogen werden (anderes kann demgegenüber wegen der weitreichenden Besonderheiten des Arbeitsrechts sicherlich für den Fall unselbstständiger Dienste gelten).

Ein Minderungsrecht dürfte demgegenüber auch nach der h.M. in jenen **47** Fällen kaum zu bestreiten sein, in denen werkvertragsrechtliche Erfolgsversprechen abgegeben werden (reine Prothesenanfertigung ohne Einpassung am Patienten, reine Laboruntersuchung von Blut- oder Gewebeproben, ohne zugehörige Behandlung etc.). Hier kommt § 638 BGB zum Zuge. Auch an dieser Stelle zeigt sich, dass die obige Einschätzung der h.M. zum Dienstvertragsrecht nicht frei von Zweifeln sein kann, da Abgrenzungsfragen nicht hinreichend Berücksichtigung finden. Sofern eine umfassende Behandlung mit Prothesenanfertigung und Einpassung am Menschen erfolgt, soll nämlich haftungsrechtlich insgesamt Dienstvertragsrecht gelten,[114] was eine Minderung wiederum selbst für den werkvertragsrechtlichen Anteil aus pauschalierenden Gesamtbetrachtungserwägungen ausschlösse. Dies ist kaum nachvollziehbar und wohl nur noch damit zu bekämpfen, dass bei einheitlicher Vertragsbetrachtung im werkvertragsrechtlichen Untersegment partiell eben doch werkvertragsrechtliches Gewährleistungsrecht angewendet wird.

dd) Schadensersatzansprüche

Diese Fragen werden in § 23 ausführlich behandelt, da sie den Kern der Arzthaf- **48** tung bilden und es hier ein Konvolut zu beachtender Aspekte zu erlernen gibt.

---

112 Mit ähnlicher Kritik ebenso MüKo-*Wagner*, BGB, 8. Aufl. 2020, § 630a Rn 95.
113 Vgl. BSGE 99, 111 = SozR 4 – 2500 § 39 Nr. 10; BSGE 115, 87 = BeckRS 2014, 67310; s.a. Terminbericht BSG Nr. 52/17, Sitzung v. 7.11.2017 – B 1 KR 2/17 R.
114 BGHZ 63, 306, 309 = NJW 1975, 305 ff.

b) Patientenseite
aa) Gesetzlich versicherter Patient

49 Der weit überwiegende Teil der Bevölkerung ist gesetzlich krankenversichert. Gemäß § 5 SGB V besteht insofern eine Versicherungspflicht. Versicherungsfrei ist der in § 6 SGB V aufgezählte Personenkreis, wie z. B. Beamte, Richter und Soldaten. Zudem kann die Befreiung von der Versicherungspflicht beantragt werden, insbesondere, wenn gemäß § 8 Abs. 1 Nr. 1 SGB V eine für jedes Jahr gemäß § 6 Abs. 6 S. 2, Abs. 7 SGB V neu zu berechnende Jahresarbeitsentgeltgrenze überschritten worden ist. Unter der Familienversicherung sind grundsätzlich auch Ehepartner, Lebenspartner und Kinder gemäß § 10 SGB V mitversichert. Auch Patienten, die Anspruch auf Sozialhilfe oder Asyl haben, genießen automatisch einen Anspruch auf vertragsärztliche Leistungen, vgl. §§ 48 SGB XII, 4 Asylbewerberleistungsgesetz.

50 In der GKV gilt das **Sachleistungsprinzip**,[115] nach dem der gesetzlich versicherte Patient zwar einen Behandlungsvertrag mit dem Arzt schließt, die Behandlungsleistung jedoch **schon ab dem Zeitpunkt der Erkrankung**, soweit deren Behandlung unter den Leistungskatalog der §§ 1, 2 Abs. 1 S. 3, 12, 27 ff. SGB V fällt, von dem Krankenkassenträger gefordert werden kann, bei welchem der Patient Mitglied ist. Der Patient kann mit Abschluss des zivilrechtlichen Behandlungsvertrages sodann die Behandlung auch gegenüber dem beauftragten Arzt beanspruchen, schuldet selbst aber gemäß § 630a Abs. 1 lz. HS kein Entgelt. Die Krankenkassen schütten im ambulanten Bereich wiederum auf Gesamtvertragsbasis an die kassenärztlichen Vereinigungen aus und Letztere sind gegenüber ihren Mitgliedern (den Ärzten) zur schlüsselgerechten Verteilung verpflichtet.

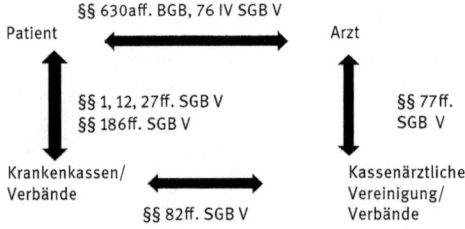

Bei stationären Behandlungen ist die jeweilige Krankenkasse direkt gegenüber dem Krankenhaus zahlungspflichtig, da die kassenärztlichen Vereinigungen ausschließlich im ambulanten Sektor agieren.

---

115 BeckOK-*Joussen*, SGB V, 56. Ed. 2020, § 2 Rn 5 ff.

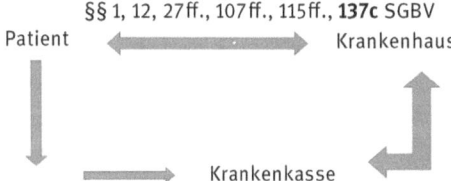

§§ 1, 12, 27 ff., 107 ff., 115 ff., **137c** SGBV

Patient ⟷ Krankenhaus

Krankenkasse

Bezüglich Leistungen, welche nicht im Leistungskatalog der gesetzlichen Kran- 51
kenversicherung aufgezählt sind (insbesondere IGeL- (individuelle Gesundheitsleistungen), aber auch wunschmedizinische Leistungen) greift der § 630a
Abs. 1 lz. HS BGB nicht ein, so dass ein direkter Zahlungsanspruch des Arztes
gegenüber dem Patienten entsteht, §§ 630a Abs. 1, 630b i.V.m. 612 Abs. 2 BGB i.V.m.
GOÄ. Weiß der Arzt, dass die Kosten einer bestimmten Behandlungsmaßnahme
nicht von der Kasse erstattet werden, so muss er den Patienten gemäß **§ 630c
Abs. 3 S. 1 BGB vor Beginn** der Behandlung darüber aufklären. Unterlässt er dies,
so entsteht seitens des Patienten ein Schadensersatzanspruch gemäß § 280 Abs. 1
BGB in Höhe der Behandlungskosten, mit welchem der Patient aufrechnen
kann.[116] Zu den besonderen Problemen mit dieser Vorschrift sogleich noch näher
(s. u. dd.(4)).

bb) Privat versicherter Patient

Der privaten Versicherung können die in § 9 Abs. 1 SGB V aufgezählten Personen 52
beitreten. Beim Privatpatienten kommt der Grundsatz des gegenseitigen Vertrages
§ 630a Abs. 1 BGB zum Tragen. Die Parteien schließen einen Behandlungsvertrag
und sind selbst zur Erbringung der jeweils versprochenen Leistung verpflichtet
(**Äquivalenzprinzip**[117]). Gegen die private Versicherung besteht seitens des Patienten ein Kostenersatzanspruch gemäß § 192 VVG i.V.m. dem Versicherungs-
vertrag und entsprechend nach dessen Konditionen. In der Praxis werden Kosten
häufig auch im Wege der Vorleistung direkt von der privaten Versicherung an den
Arzt gezahlt, hierauf besteht aber seitens des Patienten grundsätzlich kein Anspruch, solange dieser nicht vertraglich zugesichert ist. Anderes ist dann angenommen worden, wenn der Patient nachweislich finanziell nicht in der Lage ist,
die aktuell anstehenden Behandlungskosten zu tragen und die angerufenen Ärzte
eine dringend erforderliche Behandlung aus diesem Grund nicht durchführen

---

116 *J. Prütting*, Rechtsgebietsübergreifende Normenkollisionen, 2020, S. 175 m.w.N.
117 Hierzu Beckmann/Matusche-Beckmann/*Stormberg*, Versicherungsrechtshandbuch, 3. Aufl.
2015, § 44 Rn 8 ff.

wollen.[118] Es sei allerdings beachtet, dass dieser Fall praktisch höchst selten sein dürfte, da je nach drohender Gesundheitsfolge die ärztliche Verweigerung sich als unterlassene Hilfeleistung darstellen und zudem berufsrechtswidrig sein könnte, so dass ein solches Verhalten ärztlicherseits eher unwahrscheinlich erscheint, wenn jedenfalls das Bestehen einer privaten Krankenversicherung dargelegt worden ist und der Arzt somit wohl auch auf Bezahlung hoffen kann. Im Übrigen kann die ärztliche Einrichtung notfalls auch auf das gebotene Einspringen von Sozialversicherungsträgern zurückgreifen, vgl. § 25 SGB XII (diese Vorschrift wird jedoch sehr restriktiv angewendet, so dass ein begründeter Fall der Unaufschiebbarkeit – selbst einer telefonischen Rückfrage – unbedingt schriftlich festzuhalten ist).

cc) Nichtversicherter Patient

53 Der Fall des nichtversicherten Patienten kommt eher selten vor. Personen, die aus finanziellen oder sonstigen Gründen aus der gesetzlichen Versicherung aussteigen können und sich hierfür entscheiden, nehmen zumeist einen gewissen auf sie angepassten Versicherungsschutz in der PKV in Anspruch, der bei Bestehen eines Wohnsitzes im Inland auch verpflichtend ist, vgl. § 193 Abs. 3 VVG. Der nichtversicherte Patient ist für alle ärztlichen Leistungen freilich selbst zahlungspflichtig.

dd) Sonderprobleme des Entgeltrechts
(1) Versäumung eines Termins durch den Patienten

54 Erscheint der Patient, ohne seinen vereinbarten Termin abzusagen, zu diesem nicht, gilt nach h.A. der Grundsatz, dass ein Honoraranspruch immer dann entsteht, wenn der Arzt den Termin nur für diese Behandlung angesetzt hat und dieser nicht mit einem anderen Patienten besetzt werden kann.[119] So liegt der Fall grundsätzlich bei Operationsterminen, nicht aber, wenn das Wartezimmer des Arztes so gut besetzt ist, dass einfach der nächste Patient aufgerufen werden kann. Sollte der Patient zu einem „Bestelltermin"[120] nicht erscheinen, so gerät er in Annahmeverzug gemäß § 615 S. 1, 293 ff. BGB und der Arzt kann sein Honorar abzüglich dessen verlangen, was er durch die Behandlung anderer Patienten in der Zeit erworben oder zu erwerben böswillig unterlassen hat (§ 615 S. 2 BGB).

---

118 OLG Hamm VersR 2006, 826 ff.
119 MüKo-*Wagner*, BGB, 8. Aufl. 2020, § 630a Rn 63.
120 MüKo-*Wagner*, BGB, 8. Aufl. 2020, § 630a Rn 62–65.

Eine Regelung in den allgemeinen Geschäftsbedingungen des Arztes, die eine Vergütung bei Nichtabsage des Termins 24 Stunden vorher festlegt, soll weder gegen den § 308 Nr. 7 BGB noch gegen 307 Abs. 1, 2 BGB verstoßen.[121] Mit Blick auf die Wertungen der §§ 627, 628 Abs. 1 BGB ist diese Sichtweise aber nicht frei von Zweifeln.

Selbstverständlich ist, dass die Kosten, die durch das Versäumen des Termins 55 entstehen, nicht von der Krankenkasse getragen werden müssen. Es fehlt insofern an der sozialrechtlich gebotenen Notwendigkeit der Kostenentstehung.

(2) Versäumung eines Termins durch den Arzt

Der Arzt hat seinerseits die Pflicht, zum Termin zu erscheinen. Es wird teilweise 56 angenommen, dass er dann in Schuldnerverzug gerät, wenn der Patient länger als 30 Minuten auf seine Behandlung warten muss.[122] Ob eine solche Pauschalierung tragen kann, erscheint aber durchaus zweifelhaft und möglicherweise ist auch je nach Situation die besagte Zeitspanne zu kurz bemessen. Im Fall des Verzuges gelten die allgemeinen Regeln der §§ 286, 287 BGB. So kann der Patient einen etwaigen Arbeitsausfall beim Arzt liquidieren, den Behandlungsvertrag fristlos kündigen (was mit Blick auf § 627 BGB freilich ohnehin immer möglich ist, hier aber im Bereich des § 628 BGB zu einer verbesserten Rechtsposition führt) und schlicht gehen, ohne dass ein Vergütungsanspruch des Arztes entstünde. Zudem haftet der Arzt in diesem Fall nach § 287 S. 2 BGB auch für Zufall, was mit Blick auf akute Verschlimmerung der patientenseitigen Befindlichkeit von Interesse sein kann.

(3) Abtretung des Honoraranspruches an ein Inkassobüro

In der Praxis ist es an vielen Stellen üblich geworden, vom Patienten eine Ein- 57 willigung zur Abtretung der Honorarforderungen an eine Kosteneinzugsstelle zu erbitten. Da der Honoraranspruch im Zusammenhang mit der ärztlichen Tätigkeit steht, die der strafbewährten Schweigepflicht unterliegt, ist die Abtretung nach § 398 BGB gemäß §§ 134 BGB i.V.m. 203 Abs. 1 Nr. 1 StGB nichtig, sollte die erforderliche Einwilligung fehlen oder unwirksam sein.[123] Vor der Zeit der DSGVO war in § 4a Abs. 1 S. 3 BDSG ein Schriftformerfordernis i.S.d. § 126 BGB für die Zustimmung zur Weitergabe personenbezogener Daten angeordnet, dessen Nicht-

---

121 AG Bremen NJW-RR 1996, 818 f.; *Wertenbruch*, MedR 1994, 394, 395 ff.; *Poelzig*, VersR 2007, 1608, 1613.
122 AG Burgdorf NJW 1985, 681; Spickhoff/*Spickhoff, Medizinrecht, 3. Aufl. 2018*, § 630b Rn 5.
123 BGHZ 115, 123 (127 f.) = NJW 1991, 2955 (2956 f.); BGH NJW 2010, 2509.

beachtung die Rechtsfolge des § 125 S. 1 BGB nach sich zog. Nunmehr greifen die Art. 6 Abs. 1 lit. a, 7, 9 Abs. 1, 2 lit. a DSGVO. Der deutsche Gesetzgeber hat über die vorgesehene Öffnung in der DSGVO mit § 22 BDSG keine Verschärfung vorgesehen, so dass die rechtliche Bewertung sich ausschließlich nach den DSGVO-Vorgaben richtet. Diese sehen für die Einwilligung in die Verwendung von Gesundheitsdaten keine Schriftform vor, allerdings verlangt Art. 9 Abs. 2 lit. a DSGVO **Ausdrücklichkeit.** Zudem muss gemäß Art. 7 Abs. 1 DSGVO der Verantwortliche stets den Nachweis über die Abgabe einer wirksamen Einwilligung führen können, was mit Blick auf die Art. 6 Abs. 1 lit. a und 9 Abs. 2 lit. a DSGVO zwingend den Nachweis über eine sachgerechte Zweckerläuterung einschließt. Daraus folgt, dass die Rechtspraxis zwar den Weg über die rein mündliche Einholung beim Patienten gehen kann, dies aber nicht ratsam ist. Zu beachten ist, dass der Weg über Art. 6 Abs. 1 lit. b DSGVO für eine Inkassozession nicht gangbar ist, da eine solche Abtretung für die Vertragsdurchführung nicht als erforderlich angesehen werden kann. Einen generellen Vertragsvorbehalt ist in der DSGVO gerade nicht normiert worden.

(4) Sondererwägungen zu § 630c Abs. 3 S. 1 BGB

58 Ein praktisch bedeutsames Problem wird mit § 630c Abs. 3 S. 1 BGB geregelt. Der Patient hat typischerweise keine Kenntnis davon, ob ärztliche Leistungen für ihn Kosten bedeuten und in welcher Höhe diese bei welchem Vorgehen anfallen (andernfalls greift § 630c Abs. 4 BGB, auch bei unaufschiebbaren Maßnahmen und bei Aufklärungsverzicht durch den Patienten). Dieses Problem tritt allem voran bei GKV-Versicherten auf, da diese a priori davon ausgehen, dass ihr Krankenversicherungsträger ihnen die gebotenen medizinischen Leistungen schuldet. Dass es insoweit jedoch zahlreiche Beschränkungen gibt, ist den meisten Patienten nicht bekannt. So erbringt die gesetzliche Krankenversicherung nur die ausreichende, notwendige und wirtschaftliche Krankenbehandlung, die durch Gesetz und Zulassungskatalog des GBA festgelegt ist (§§ 1, 2 Abs. 1 S. 3, 12, 27 ff. SGB V). Wann eine Leistung aber nicht mehr hierunter zu subsumieren ist, wird der Patient üblicherweise nicht erkennen, wenn dieselbe therapeutische Zwecke verfolgt. Im Fall des privat Versicherten ist dem Patienten zwar bewusst, dass er selbst Entgeltschuldner ist und von seiner Kasse nur Kostenerstattung verlangen kann, jedoch gibt es auch hier ein klassisches Wissensgefälle zum behandelnden Arzt, der weithin darüber informiert sein wird, welche Leistungen üblicherweise (etwa im Rahmen des von privaten Trägern mittlerweile zwingend anzubietenden sog. Basistarifs) vertraglich zugesichert sind.

Aufgrund dieses Dilemmas hat früher schon die Rechtsprechung[124] und 59
nunmehr der Gesetzgeber dem Arzt eine gewisse vermögensrechtliche Betreu-
ungspflicht auferlegt, was mit Blick auf das behandlungsseitig versprochene
Leistungsspektrum sowohl nach dem patientenseitigen als auch ärztlichen Er-
wartungshorizont als atypisch bezeichnet werden muss. Insoweit sahen sich Judikatur und Gesetzgeber aber augenscheinlich berufen, ein erkanntes Marktver-
sagen im Rahmen klassischer vertraglicher Abreden zu korrigieren, was auf den
ersten Blick durchaus akzeptabel erscheint. Problematisch kann dies bei näherer
Betrachtung gleichwohl deshalb sein, weil das Thema Entgeltverpflichtung im
Arzt-Patient-Verhältnis stets zu Vertrauensverlusten führen kann. Andererseits
droht dies in weitreichender Form, wenn nach teilweiser oder vollständiger The-
rapiedurchführung plötzlich eine unerwartete Rechnung beim Patienten eingeht.
Mithin erscheint die Grundsatzentscheidung für eine wirtschaftliche Aufklärungspflicht durchaus nachvollziehbar.

Problematisch sind jedoch die Tatbestandsdetails sowie die Rechtsfolge des 60
heutigen § 630c Abs. 3 S. 1 BGB. Die Behandlungsseite muss wissen oder klare
Anhaltspunkte dafür haben, dass eine bestimmte Maßnahme der Behandlung mit
Blick auf die Kosten nicht durch einen Dritten gesichert ist. Ist dies der Fall, so
muss in Textform hierauf hingewiesen werden. Diese Vorgaben lassen zahlreich
Fragen offen, für die ein Klärungsversuch unternommen werden muss.

Zunächst ist noch als weithin gesichert herauszustellen, dass – wie oben 61
schon angeklungen – sowohl der GKV- als auch der PKV/Beihilfe-Patient von
dieser Regelung geschützt sein kann.[125] Das Gewicht dürfte aber beim GKV-Patienten liegen, da dieser generell von einer Kostenübernahme ausgeht. Für den
PKV-Patienten ist dagegen nicht klar geregelt, ob generell von einem überlegenen
Wissen der Behandlungsseite mit Blick auf den etwaigen Kostenerstattungsanspruch und dessen Reichweite gegen die Versicherung ausgegangen werden darf.
So ist der Patient aufgrund des Äquivalenzprinzips und mit Blick auf den selbst
abgeschlossenen Vertrag in mancher Hinsicht näher an der Informationsquelle
für den Erstattungsumfang. Andererseits ist die rechtspraktische Erfahrung nicht
zu leugnen, dass Versicherungsnehmer sich regelmäßig weder die Verträge mit
den seitenlangen Versicherungsbedingungen durchsehen noch eine nähere Beschäftigung mit der Materie insgesamt beweisen, solange kein akuter Bedarf besteht. Dagegen hat die Behandlungsseite im Bereich der Abrechnung nach GOÄ/
GOZ täglich mit der Frage zu tun, in welchem Umfang typischerweise von einem
patientenseitigen Kostenerstattungsanspruch ausgegangen werden kann (oder

---

124 Vgl. BGHZ 157, 87 = NJW 2004, 684.
125 Vgl. D. Prütting/*J. Prütting*/*Merrem*, Medizinrecht, 5. Aufl. 2019, § 630c Rn 35 ff.

jedenfalls die hierfür eingesetzten Sprechstundenhilfen). Das Gesetz geht mit § 630c Abs. 3 S. 1 BGB grundsätzlich von einer überlegenen Wissensposition der Behandlungsseite aus, so dass besondere Fälle entweder durch § 630c Abs. 4 BGB oder im Rahmen des Mitverschuldens nach § 254 Abs. 1 BGB zu erfassen sind.

62   Der zeitliche Aspekt der Aufklärung ist mit dem Hinweis auf „vor dem Beginn" partiell geklärt. Anders als im Rahmen der Selbstbestimmungsaufklärung[126] wird man hier dem Patienten allerdings zumuten können, dass er – gleich einer rasch gefassten Kaufentscheidung – auch dann als zeitlich korrekt aufgeklärt zu betrachten ist, wenn die Information nur Minuten vor der Behandlung erfolgt, es sei denn, die Umstände – etwa die Reichweite der Vorbereitungshandlungen oder die konkrete Situation des Patienten (schon begonnene Sedierung etc.) – verlangen in wertender Betrachtung ein anderes Ergebnis. Jedenfalls wird ein bestimmter zeitlicher Abstand zum Behandlungsbeginn durch das Gesetz nicht geklärt.

63   Rätsel gibt das Formerfordernis auf. Es dürfte zwar zunächst eindeutig sein, dass bei Verstoß keine Nichtigkeitsfolge nach § 125 S. 1 BGB eintreten kann, da die wirtschaftliche Aufklärung keine Wirksamkeitsfrage des Behandlungsvertrages bedeuten darf, jedoch ist in die Gegenrichtung auch nicht gesagt, dass dieses Erfordernis eine materiellrechtliche Konsequenz zeitigen muss. Eingedenk der Teleologie einer informierten wirtschaftlichen Patientenentscheidung dürfte diese Sichtweise wohl auch zutreffen, da hierfür eine mündliche Information ohne Weiteres hinreicht. Das Fehlen der Textform wäre demnach in einem etwaigen Zivilprozess ein sicherlich nicht unerhebliches Indiz für den patientenseitigen Vortrag, nicht ordnungsgemäß wirtschaftlich belehrt worden zu sein. Nähme man dagegen den Gesetzestext in materiellrechtlicher Hinsicht als wörtlich unumstößlich, müsste die wirtschaftliche Aufklärung, die nicht in Textform erfolgt, hinfällig sein. Dem dürfte allerdings letztlich auch die Wertung des § 630c Abs. 4 BGB entgegenstehen, da der wissende Patient hierunter zu subsumieren ist.[127]

64   Sodann ist zu bemerken, dass § 630c Abs. 3 BGB keine Rechtsfolge im Fall des Verstoßes anordnet. Insoweit gilt die alte Rechtsprechung fort, wonach der Patient in eben jenem Umfang, in welchem er nicht über die negativen finanziellen Folgen belehrt worden ist, einen Schadensersatzanspruch auf Basis des § 280 Abs. 1 BGB hat, mit welchem er gemäß §§ 387 ff. BGB die Aufrechnung erklären

---

126 Hier gilt der Grundsatz, dass – sofern es nicht um unaufschiebbare oder marginale Routinemaßnahmen geht – jedenfalls ein Abstand von 24 Stunden einzuhalten ist, vgl. BGH VersR 2003, 1441. Zu den Durchbrechungen dieses Grundsatzes Bergmann/Pauge/Steinmeyer/ *Wever*, Gesamtes Medizinrecht, 3. Aufl. 2018, § 630e BGB Rn 40 ff. m.w.N.
127 Vgl. BeckOK-*Katzenmeier*, BGB, 53. Ed. 2020, § 630c Rn 22.

kann.[128] Dies dürfte konkludent immer schon dann anzunehmen sein, wenn der Patient mit Verweis auf fehlende wirtschaftliche Erläuterungen die Zahlung verweigert. Dagegen entfällt die Entgeltzahlungspflicht gemäß § 630a Abs. 1 BGB nicht ipso iure.

Schließlich ist ergänzend anzumerken, dass es auch andere Formvorschriften 65 gibt, die für die Frage der Entgeltzahlungspflicht beachtlich sein können. Eben von diesen ist in § 630c Abs. 3 S. 2 BGB die Rede. Als Beispiel seien §§ 17 Abs. 2 S. 1 KHEntgG und 28 Abs. 2 S. 4 SGB V genannt. In den Fällen von Wahlleistungen im Krankenhaus und Zahnfüllungen sind danach vorab schriftliche Vereinbarungen über die Vergütung zu schließen. Ein Verstoß gegen diese Vorschriften führt, anders als der weichere § 630c Abs. 3 S. 1, bei dem es keine gesonderte Entgeltabrede gibt, zur Nichtigkeit der Entgeltvereinbarung gemäß § 125 S. 1 BGB.[129] Nur in besonderen Ausnahmefällen kann der Arzt trotz Verletzung solcher Formvorschriften gleichwohl die volle Vergütung mit dem Einwand der unzulässigen Rechtsausübung gemäß § 242 BGB verlangen. Dies ist von der Rechtsprechung dann bejaht worden, wenn das Ergebnis schlechthin untragbar erscheint,[130] wenn also der Dienstverpflichtete (die Behandlungsseite) ohne ihren Anspruch in ihrer Existenz gefährdet wäre[131] oder dem Patienten ein besonders schwerer Treupflichtverstoß anzulasten ist.[132]

Die Nichtigkeit der Entgeltabrede nach § 125 S. 1 BGB kommt allerdings nicht 66 bei bloßen Verstößen gegen Formvorschriften der Bundesmantelverträge in Betracht, da es sich hierbei nicht um Rechtsnormen im Sinne des § 2 EGBGB handelt, sondern um gesetzlich vorgesehene Inhalte von Gesamtverträgen mit besonderer Reichweite.[133]

IV. Vertragsdurchführung

1. Verlaufsschritte und ärztliches Vorgehen

Die medizinische Leistung ist beim Behandlungsvertrag grundsätzlich von dem 67 Arzt in Person zu erbringen, der sie vertraglich versprochen hat. Dies folgt aus

---

128 BGH NJW 2000, 3429, 3431; OLG Köln MedR 2014, 317, 319 f.
129 BGHZ 138, 91, 93 und hierzu *Peris*, MedR 1998, 361 f.
130 BGH NJW 2016, 1391.
131 BGH NJW 1987, 1069.
132 BGH NJW-RR 2017, 596; NJW 2005, 3633, 3636.
133 So zutreffend *Voigt*, Individuelle Gesundheitsleistungen, 2013, S. 37 ff. m.w.N. A.A. in offenkundiger Verkennung des fehlenden Normcharakters AG Siegburg 102 C 231/15.

§ 630b i.V.m. § 613 S. 1 BGB. Dieser Grundsatz ist unproblematisch, wenn der Behandlungsvertrag mit einem niedergelassenen Arzt geschlossen wird. Besonderheiten ergeben sich hingegen bei der stationären Versorgung. Hier ist zwischen dem Behandlungsvertrag, der mit einem Belegarzt für beispielsweise eine Operation abgeschlossen worden ist, welche in einem Belegkrankenhaus durchgeführt wird, und dem totalen Krankenhausvertrag zu unterscheiden. In ersterem Fall ist und bleibt der Belegarzt der Verpflichtete zur Erbringung der ärztlichen Maßnahmen. In zweiterem Fall wird der Behandlungsvertrag mit einer juristischen Person geschlossen. Der Krankenhausträger selbst kann die Behandlungsleistung jedoch nicht durchführen, so dass dieselbe durch angestellte Ärzte, welche die entsprechende Fachrichtung aufweisen, erbracht wird.[134] Anders ist es lediglich im Fall der Zusatzvereinbarung der Chefarztbehandlung (Arztzusatzvertrag). In diesem Fall darf die Leistung grundsätzlich nur vom Chefarzt erbracht werden, es sei denn, in der Vereinbarung ist geregelt, dass im Falle der Verhinderung des Chefarztes ein Ersatz einspringen darf.[135]

68   Unabhängig hiervon ist es selbstverständlich, dass nicht jede Art von ärztlicher Leistung von ein und demselben Arzt erbracht werden kann. Zwei Formen von Arbeitsteilung sind an diesem Punkt zu unterscheiden, die Horizontale und die Vertikale.[136] Rechtlich zulässig können derartige Kooperationsformen zwischen Ärzten jedoch nur sein, wenn stets ein ausreichendes Maß an Kommunikationsaustausch und Koordination zwischen den zusammenarbeitenden Behandlern gewährleistet ist. Dieser Grundsatz wird daher an dieser Stelle bewusst vor die Klammer gezogen. Im Folgenden nunmehr zu den Spezifika der Arbeitsteilungsmodelle:

a) Horizontale Arbeitsteilung

69   Bei der horizontalen Arbeitsteilung handelt es sich um den Fall, dass Ärzte unterschiedlicher Fachgebiete die Behandlung eines Patienten aus bestimmten Gründen gemeinsam übernehmen müssen, so z.B., wenn bei einer Operation der Anästhesist und der Chirurg zusammenarbeiten, oder eine Bildgebung durch den Radiologen stattfindet, dessen Befund dann an den behandelnden Arzt weitergeleitet wird. In solchen Fällen stellt bereits die unterschiedliche Fachrichtung

---

134 Hierzu BeckOGK-*Walter*, BGB, Stand März 2020, § 630a Rn 49 – 49.2.
135 Näher hierzu MüKo-*Wagner*, BGB, 8. Aufl. 2020, § 630a Rn 77 – 79.
136 Zur Übersicht vgl. *Gehrlein*, Grundwissen Arzthaftungsrecht, 2. Aufl. 2015, S. 44 ff. Monographisch zur vertikalen Arbeitsteilung *Achterfeld*, Aufgabenverteilung im Gesundheitswesen, 2014.

selbst die natürliche Grenze zur Behandlung des anderen Arztes dar. Der fachfremde Arzt hat grundsätzlich keine Überwachungspflicht gegenüber der Befunderhebung und der Behandlung des anderen Arztes.[137] Es kann ihm allerdings zugemutet werden, eine gewisse Plausibilitätskontrolle durchzuführen.[138] So sind offensichtliche Fehler oder Widersprüche in der Befunderhebung nicht ungeprüft hinzunehmen, sondern es muss im Zweifelsfall eine Rücksprache mit dem jeweiligen Vorbehandler erfolgen oder die zweifelhafte Maßnahme muss erneut durchgeführt und der Zweifel dadurch ausgeräumt werden.

> **Fall 4** (wieder einmal aus der Serie Scrubs):
> Elliot hat zwei Urinproben (eine auffällig helle und eine recht dunkle) von zwei weiblichen Patienten ins Labor zur Untersuchung gebracht. Durch eine Verwechslung werden die Proben vertauscht, wodurch für die falsche Patientin die Diagnose gestellt wird, sie sei schwanger. Elliot hatte in der Folge aber bemerkt, dass ihre nun fälschlicherweise als schwanger geltende Patientin immer eine große Wasserflasche mit sich herumträgt und viel mehr trinkt, als es für eine erwachsene Frau üblich ist, wodurch ihr Urin sehr viel heller ist, als der anderer Leute. So fiel ihr auf, dass die Probe mit dem helleren Urin zu ihrer nicht schwangeren Patientin gehören musste und fehletikettiert worden ist, da die dunkle Probe das Ergebnis der Schwangerschaft geliefert hatte.

70

Unser Beispielsfall zeigt die Situation, dass der nachfolgende Arzt auf der Diagnose seines in horizontaler Arbeitsteilung agierenden Vorgängers aufbaut, sodann aber aus eigener fachlicher Expertise Zweifel an dem erkannten Ergebnis gewinnt. Eben hierüber darf im Rahmen der Plausibilitätskontrolle nicht hinweggegangen werden. Dasselbe gilt auch, wenn die Unstimmigkeiten jedem Arzt – fachrichtungsunabhängig – hätten auffallen müssen.

Sollten hingegen keine offensichtlichen Mängel der Behandlung des anderen **71** Arztes vorliegen, so kann sich der Arzt nach dem „Vertrauensgrundsatz" auf die Parallelbehandlung und dessen Befunde verlassen.[139]

Einen Sonderfall der horizontalen Arbeitsteilung bilden schließlich Beleg- **72** krankenhäuser und Belegärzte. Hier gilt zwar auch der „Vertrauensgrundsatz" und das Erfordernis der Plausibilitätskontrolle, jeder Leistungserbringer ist aber für seinen eigenen Leistungsbereich zuständig, was bedeutet, dass der Belegarzt allein die medizinischen Leistungen schuldet, während das Krankenhaus „nur" Einrichtung, Pflege, Unterkunft etc. anzubieten hat. Allerdings sind Querschnittskonstellationen in vielerlei Form denkbar, die letztlich schuld- und haf-

---

137 MüKo-*Wagner*, BGB, 8. Aufl. 2020, § 630a Rn 110.
138 Vgl. BGH NJW 2002, 2944; 1999, 2731; 1989, 1536.
139 BGH NJW 2002, 2944 = VersR 2002, 1026; BGH NJW 1999, 1779 = VersR 1999, 579.

tungsrechtlich zu einer Verantwortung des einen oder anderen Teils für a priori nicht übernommene Aufgaben führen können.[140] So sind Patienten mit Dekubitusanfälligkeit oder schon bestehenden Verletzungen dieser Art in besonderer Weise pflegerisch zu betreuen. Diese Patienten können sich zumeist nicht selbst hinreichend bewegen und dementsprechend ihre körperliche Positionierung nicht adäquat verändern. Daher muss es zur Sicherstellung einer ordnungsgemäßen pflegerischen Tätigkeit in diesen Fällen einen ärztlicherseits aufgestellten oder wenigstens geprüften Pflegeplan geben, der die Besonderheiten von Therapie und Pflegenotwendigkeit zusammenbringt.

73   Andere Konstellationen spielen sich im Bereich der Notfallversorgung (etwa Herz-Kreislaufstillstand mit akuter Reanimationsbedürftigkeit) oder bei der gezielten Zuhilfenahme von ärztlichem Personal durch den Belegarzt ab.

b) Vertikale Arbeitsteilung

74 Bei der vertikalen Arbeitsteilung handelt es sich um die Fälle, in denen Behandlungstätigkeiten an ärztliches oder nichtärztliches Personal delegiert werden. Hier ist grundsätzlich zu unterscheiden, ob die Arbeiten von übergeordneten – (Chefarzt, Oberarzt) an untergeordnete Ärzte (Assistenzärzte) oder an nichtärztliches Personal (Pflegepersonal) delegiert werden.

75 Im ersten Fall muss der übergeordnete Arzt sicherstellen, dass der Untergeordnete bei Erbringung der ärztlichen Leistungen in der Lage ist, den Facharztstandard einzuhalten.[141] Dies setzt zunächst voraus, dass der untergeordnete Arzt gewährleisten kann, die ärztliche Behandlung standardgerecht durchzuführen, z. B. weil er in seiner praktischen Ausbildung den Eingriff oder die Behandlung hinreichend erlernt und geübt hat. Zudem hat der übergeordnete Arzt dies zu kontrollieren. Dabei besteht keine Pflicht, den Nachgeordneten auf Schritt und Tritt zu überwachen. Vielmehr genügt es, wenn im Rahmen des Lernvorgangs eine unmittelbare Oberaufsicht zur Verfügung steht, während nach dieser Zeit die Ruf- und Anwesenheitsmöglichkeit eines Aufsichtsarztes in angemessener Zeit hinreicht.[142]

76 Der untergeordnete Arzt darf sich auf die Weisung und Diagnosen des übergeordneten Arztes verlassen und muss diese nicht erneut nachprüfen. Jedoch ist auch hier eine Plausibilitätskontrolle zu fordern, wenn z. B. dem Assistenzarzt

---

140 Wegen organisatorischer Überschneidung BGH NJW 1999, 1779.
141 Das gilt für ärztliches (BGHZ 88, 248 ff.) wie auch nicht-ärztliches Personal, vgl. BGH NJW 1975, 2245 f.; 1983, 1374; 1986, 776; 1990, 759. Selbst der nicht-ärztliche Helfer muss den Facharztstandard gewährleisten, vgl. *Spickhoff/Seibl*, MedR 2008, 463 ff.
142 BGHZ 88, 248 ff.; NJW 1992, 1560 f.

auffällt, dass eine Maßnahme, die angeordnet worden ist, bereits durchgeführt wurde und deshalb zu einer Doppelung führen könnte oder wenn ohne erkennbaren Sachgrund gegen den medizinischen Standard verstoßen werden könnte, wobei die Rechtsprechung dem Anfänger grundsätzlich mit Blick auf seine eigene Haftung einen reduzierten Sorgfaltsmaßstab zubilligt.[143]

Inwieweit die Übertragung ärztlicher Maßnahmen auf nichtärztliches Perso- 77
nal möglich ist, ist umstritten.[144] Klar dürfte sein, dass es sich nicht um pflegerische Maßnahmen handeln kann, da diese originär in den Aufgabenbereich der Pflegekräfte fallen. Anders ist es bei ärztlichen Anordnungen zu pflegerischen Maßnahmen, die vom Pflegepersonal genauso umgesetzt werden müssen, wie z. B. ein Lagerungsplan bei körperlich schwer behinderten Patienten, mit denen ein bestimmtes Therapiekonzept verfolgt wird. Hier umfasst die ärztliche Leistung auch die pflegerische Maßnahme und die fehlende ärztliche Anordnung fällt in den Verantwortungsbereich des Arztes. Bei Maßnahmen wie dem Setzen einer Spritze muss unterschieden werden, ob diese intravenös oder muskulär erfolgt, da der Arzt zur Verabreichung intravenöser Spritzen selbst verpflichtet ist.[145] Dass dies in der Praxis oft von Hilfspersonal durchgeführt wird, stellt einen tatsächlichen Fall der Übertragung ärztlicher Aufgaben an nichtärztliches Personal dar, der rechtlich nicht abgesichert ist.

2. Patientenseitige Mitwirkung – Compliance

Das in § 630c Abs. 1 BGB formuliere Erfordernis einer Zusammenarbeit beider 78
Vertragsparteien ist im Grundsatz eine Selbstverständlichkeit, da der Patient den Arzt aufsucht, um eine Behandlung zur Gesundung zu erhalten und aus diesem Grund den Anordnungen und Ratschlägen seines Arztes Folge leisten sollte. Aber gerade weil die Norm als Soll-Vorschrift formuliert ist, wird sie nicht für beide Parteien als Zusammenwirkungs**pflicht** ausgelegt.[146] Die Pflicht soll allein den Arzt treffen. Der Patient hat lediglich eine Obliegenheit zur Zusammenarbeit. Die patientenseitige Compliance sollte vom Arzt für eine erfolgreiche Behandlung angemahnt, kann aber nicht eingefordert werden.

Patientenseitig bedeutet dies insbesondere, dass im Rahmen der Anamnese 79
die notwendigen Informationen zur Verfügung gestellt und bei der Befunderhebung durch Ermöglichung von Diagnosemaßnahmen geholfen wird, indem der

---

143 BGHZ 88, 248, 258; BGH NJW 1992, 1560 f.; 1993, 2989, 2992.
144 MüKo-*Wagner*, BGB, 8. Aufl. 2020, § 630a Rn 109.
145 Ausführlich *Achterfeld*, Aufgabenverteilung im Gesundheitswesen, 2014, S. 48 ff. m.w.N.
146 BT-Drs. 17/10488, S. 21.

Patient z. B. ein MRT durchführen lässt, bei der Aufklärung und Einwilligung, indem er versucht, die Ausführungen zu verstehen und kommuniziert, wenn dies nicht der Fall ist, im Laufe der Therapie sich an die Medikation des Arztes hält und dessen Anweisungen befolgt und letztlich in der Phase der Nachsorge die Empfehlungen des Arztes hierzu, z. B. die Widervorstellung bei Schmerzen, wahrnimmt.

V. Vertragsbeendigung und Abwicklung

80 Der Patient kann das Behandlungsverhältnis jederzeit außerordentlich ohne Angabe von Gründen gemäß § 627 BGB aufkündigen, da zwischen Arzt und Patient ein besonderes Vertrauensverhältnis i.S.d. Norm herrscht.[147] Die ordentliche Kündigung nach den §§ 630b i.V.m. 620 – 622 BGB und die Kündigung aus wichtigem Grund gemäß § 626 BGB haben daneben keine praktische Relevanz.

1. Voraussetzungen des § 627 BGB

81 Eine außerordentlich fristlose Kündigung gemäß § 627 BGB setzt zunächst das Vorliegen eines Dienstverhältnisses, welches kein Arbeitsverhältnis ist, voraus, was beim Behandlungsvertrag gegeben ist. Zudem muss es sich um Dienste höherer Art handeln.[148] Dies ist der Fall, wenn der Dienstpflichtige sich aufgrund eines „überdurchschnittlichen Maßes an *Fachkenntnissen, Kunstfertigkeit* oder *wissenschaftlicher Bildung*, eine *hohe geistige Phantasie* oder *Flexibilität*"[149] *in einer herausgehobenen Stellung befindet. Dies wird für freie Berufe, zu denen auch die Heilberufe zu rechnen sind, regelmäßig angenommen.*[150]

82 Darüber hinaus müssen die Dienste aufgrund eines besonderen Vertrauens des Dienstberechtigten zum Dienstverpflichteten übertragen worden sein. Dieses besondere Vertrauen zeichnet sich insbesondere dadurch aus, dass persönliche oder finanzielle Aspekte des Dienstberechtigten betroffen und dem Dienstverpflichteten hierauf weitreichender Zugriff gewährt ist.[151] Ein Indiz für das Vorliegen eines besonderen Vertrauensverhältnisses ist das Erfordernis einer Schweigeverpflichtung des Dienstverpflichteten. Es muss ein persönliches Ver-

---

147 BGH NJW 2011, 1674.
148 Hierzu BGH NJW-RR 2015, 686 Rn 12.
149 MüKo-*Henssler*, BGB, 8. Aufl. 2020, § 627 Rn 21.
150 MüKo-*Henssler*, BGB, 8. Aufl. 2020, § 627 Rn 23.
151 Vgl. BGH NJW 2011, 3575 Rn 9.

trauen zu der Person im Einzelnen und nicht zu der Institution als solche begründet werden, was jedoch bereits der Fall sein kann, wenn lediglich eine Empfehlung ausgesprochen wurde, aufgrund derer der Arzt konsultiert worden ist. Im Übrigen bedarf es – anders als im Fall des § 626 BGB – gerade keines wie auch immer gearteten Grundes. Eine willkürliche Kündigung ist ohne Weiteres rechtmäßig. Grenzen sind allenfalls in Fällen der Treuwidrigkeit, insbesondere bei einer Kündigung zur Unzeit anzunehmen,[152] was nur die Behandlungsseite betreffen kann, da es für den Patienten im Rahmen der Heilbehandlung keinen tragfähigen Grund geben dürfte, bei einem ihm nicht genehmen Arzt in Behandlung zu bleiben.

2. Rechtsfolge

Infolge der Kündigung des Behandlungsvertrags nach Beginn der Behandlung – **83** die Kündigung wirkt selbstverständlich auch hier nur ex nunc – steht dem Arzt nur noch eine seiner Leistung entsprechende Teilvergütung nach § 628 Abs. 1 S. 1 BGB zu. Diese steht ihm gemäß § 628 Abs. 1 S. 2 BGB auch dann zu, wenn die Kündigung auf eine von dem Behandelnden zu vertretende Vertragsverletzung zurückzuführen ist, aber nur, wenn der Patient an der Teilleistung noch ein eigenständiges Interesse hat.[153] Dies gilt gemäß § 628 Abs. 1 S. 3 BGB auch dann, wenn die Vergütung bereits erbracht worden ist. Sie kann im Wege des Rücktrittsfolgenrechts, oder bei fehlendem Verschulden nach den Grundsätzen der ungerechtfertigten Bereicherung gemäß § 818 Abs. 1, 2 BGB herausverlangt werden.

Die Vertragsverletzung als solche muss von dem Patienten nachgewiesen **84** werden und ist bei einem groben Behandlungsfehler immer zu bejahen. Liegt jedoch nur ein geringfügiger Pflichtenverstoß vor, reicht dies unter Umständen nicht aus.[154] Nach der Rechtsprechung des BGH ist darüber hinaus noch ein „Vertretenmüssen" der Vertragsverletzung auf Seiten des Arztes erforderlich.[155] Demgegenüber ist es h.Lit., dass ein „schuldhaftes Verhalten" nicht mehr gesondert geprüft werden muss, da dieses immer in einem objektiven Pflichtenverstoß im Behandlungsvertrag gegeben sein soll.[156] Dies dürfte zwar in der überwiegenden Zahl der Fälle zutreffen, jedoch übersehen die Autoren nach hier

---

152 BGH NJW 2013, 1591 Rn 14; OLG Karlsruhe NJW-RR 1994, 1084.
153 Vgl. BeckOK-*Plum*, BGB, 53. Ed. 2020, § 628 Rn 7.
154 BGH NJW 2011, 1674 Rn 14f.; OLG Köln VersR 2013, 1004, 1005.
155 BGH NJW 2011, 1674 Rn 14f.
156 MüKo-*Wagner*, BGB, 8. Aufl. 2020, § 630a Rn 96. So wohl auch LG Berlin MedR 2015, 139f.

vertretener Ansicht den letzten Restanwendungsbereich des Verschuldenskriteriums, den dieses selbst in tätigkeitsbezogenen Verträgen haben kann. So dürfte eine objektive Vertragswidrigkeit auch bei einer rechtswidrigen Behandlung im sittenwidrigen Bereich gegeben sein, die jedoch vom Arzt aufgrund eines unvermeidbaren Irrtums nicht als sittenwidrig erkannt worden ist (angelehnt an die Entscheidung des LG Köln zur Zirkumzision[157]).

85 Wie bereits oben erwähnt, kann bei einem schuldhaften vertragswidrigen Verhalten, welches Anlass der außerordentlichen Kündigung durch den Patienten gewesen ist, dem Anspruch des Arztes auf Teilvergütung ein Schadensersatzanspruch des Patienten gemäß § 628 Abs. 2 BGB entgegengesetzt werden, wenn der Patient etwa aufgrund eines groben Behandlungsfehlers die Behandlung erneut bei einem anderen Arzt in Anspruch nehmen muss, so dass die Behandlungskosten bei diesem erneut anfallen.

3. Nachvertragliches Pflichtenspektrum

a) Herausgabe der Patientenunterlagen

86 Der Patient hat während dem Bestehen und auch nach Beendigung des Vertragsverhältnisses einen Anspruch auf Herausgabe seiner vollständigen Patientenunterlagen gemäß Art. 12, 15 Abs. 1, 3 S. 1 DSGVO, § 630 g Abs. 1 BGB.

87 Dem Herausgabeanspruch liegt zunächst einmal die Dokumentationspflicht des Arztes zugrunde, welche sich aus § 630 f. Abs. 1 BGB ergibt. Hiernach muss der Arzt nicht nur zur eigenen Gedächtnisstütze, sondern auch für nachbehandelnde Ärzte seine Behandlung und die damit verbundenen und in § 630 f. Abs. 2 BGB aufgezählten Unterlagen anfertigen und diese Dokumentation gemäß § 630 f. Abs. 3 BGB zehn Jahre (aus eigenem Interesse im Fall möglicher Haftungsansprüche sogar bis zur Höchstverjährungsdauer nach § 199 Abs. 2 BGB von 30 Jahren) verwahren.

88 Entgegen der vorangegangenen Rechtspraxis, welche dem Patienten die Einsicht in persönliche Eindrücke des Arztes verwehrte, umfasst der Anspruch seit dem Inkrafttreten des Patientenrechtegesetzes Einsicht in sämtliche Unterlagen, einschließlich subjektiver Bewertungen des Arztes.[158] Die Einsichtnahme kann jedoch vom Arzt verweigert werden, wenn erhebliche therapeutische Gründe oder sonstige Rechte Dritter entgegenstehen (Art. 15 Abs. 4 DSGVO), die im Ein-

---

157 LG Köln NJW 2012, 2128.
158 BGHZ 85, 327 (334 ff.) = NJW 1983, 328; BGHZ 85, 339 (342 ff.) = NJW 1983, 330.

zelfall Vorrang genießen, Art. 23 Abs. 1 lit. i i.V.m. § 630 g Abs. 1 BGB.[159] An das Erfordernis der Darlegung erheblicher therapeutischer Gründe werden jedoch hohe Anforderungen geknüpft.[160] So reicht es nicht aus, dass der Arzt dem Patienten möglichen Ekel oder Erschrecken ersparen möchte. Vielmehr muss der Arzt eine Abwägung treffen, bei welcher das Vorliegen erheblicher therapeutischer Gründe nur bejaht werden kann, wenn etwa das Therapieziel nach der Einsichtnahme nicht mehr zu erreichen oder der Patient durch die Einsichtnahme selbstmordgefährdet ist.[161] Dies kann insbesondere im Bereich psychischer Erkrankungen vorkommen. Gemäß § 630 g Abs. 1 S. 2 BGB muss der Arzt die Ablehnung der Einsichtnahme begründen. In der Praxis wird der Verweigerung der Herausgabe ein einfaches Mittel entgegengesetzt. Der Patient kann die Herausgabe seiner Patientenunterlagen an einen vertrauenswürdigen Dritten (z. B. einen Familienangehörigen, nachbehandelnden Arzt oder Anwalt) verlangen, wenn dieser eine Erklärung abgibt, dem Patienten keine Einsicht zu gewähren.

Etwaige Kosten, welche durch die Vervielfältigung der Patientenakte zur Einsichtnahme entstehen, sind entgegen § 630 g Abs. 2 S. 2 BGB für die erste Anforderung nicht vom Patienten zu erstatten, da Art. 15 Abs. 3 S. 1, 2 DSGVO hier eine klare Sprache spricht und eine Abweichung nicht von Art. 23 Abs. 1 DSGVO gedeckt wird.

Der Anspruch auf Herausgabe der Patientenunterlagen kann gesondert eingeklagt werden. Hierfür braucht es keine Begründung, wie das Vorbereiten eines Arzthaftungsprozesses. Vielmehr kann der Patient die Unterlagen schlicht verlangen, weil er sie sehen möchte. Gemäß Art. 15 Abs. 3 S. 1, 3 DSGVO kann der Patient durch seine Antragstellung bestimmen, ob er eine elektronische oder eine Papierkopie wünscht.

b) Nachvertragliche Schweigepflicht

Die ärztliche Schweigepflicht erstreckt sich über die Behandlungszeit hinaus. Auch wenn das Vertragsverhältnis endet oder der Patient verstirbt, besteht die Schweigepflicht des Arztes weiter.[162] Sie umfasst alle Informationen, die der Arzt   **89**

---

159 Ob die Vorgaben des Art. 23 Abs. 2 DSGVO im Rahmen der §§ 630 f, g BGB vollständig im unionsrechtlichen Sinne beachtet werden, mag man bestreiten, jedoch werden mE in der Zusammenschau von Gesetz und Gesetzesbegründung die zentralen Aspekte erfasst, so dass nicht von einer Unionsrechtswidrigkeit auszugehen sein dürfte.

160 BT-Drs. 17/10488, S. 26 f. Vgl. hierzu die Rechtsprechungsgenese BGHZ 106, 146, 149 = NJW 1989, 764.

161 Vgl. BT-Drs. 17/10488, S. 26; BeckOGK-*Walter*, BGB, Stand März 2020, § 630 g Rn 13.

162 Vgl. Ratzel/Lippert/J. Prütting/*Lippert*, MBOÄ, 7. Aufl. 2018, § 9 Rn 24.

im Rahmen der Behandlung über den Patienten erfährt. Dies bezieht nicht nur Gesundheitsdaten ein, sondern auch Informationen über Finanzen, Familienverhältnisse usw. Ein Verstoß ist gemäß § 203 StGB strafbewehrt.

90 Der Arzt kann von dem Patienten gegenüber Dritten von der Schweigepflicht entbunden werden, wie es in Haftungsprozessen stets der Fall sein wird. Darüber hinaus können öffentliche Interessen für eine Aufhebung der Schweigepflicht sprechen; so z. B. bei meldepflichtigen Krankheiten oder zum Schutz eines höheren Rechtsguts (HIV-Kranker könnte seinen Sexualpartner anstecken).

c) Recht auf Vergessen werden (right to be forgotten)

91 Gemäß Art. 17 Abs. 1 EU – DSGVO besteht ein Recht auch gegen den Verantwortlichen, dass personenbezogene Daten nach Aufforderung der berechtigten Person unverzüglich gelöscht werden. Dies bedeutet für den Arzt, dass er patientenbezogene Daten löschen muss, wenn er vom Berechtigten dazu aufgefordert wird und keine Ausnahmen nach Art. 17 Abs. 3 DSGVO vorliegen (insbesondere lit. e kommt hier mit Blick auf eventuell noch ausstehende Rechtsstreitigkeiten in Betracht). Der Patient kann nach Löschung seinen Anspruch aus Art. 15 DSGVO, § 630 g BGB nicht mehr geltend machen, da dieser nunmehr gemäß § 275 Abs. 1 BGB unmöglich ist. Jedoch ist eine Haftungsklage gegen den Arzt theoretisch weiterhin denkbar, der nach Löschung der Daten vor einem Darlegungsproblem steht, da im Medizinhaftungsprozess die Darlegungslast über die behandlungsimmanenten Tatsachen zu Lasten des Arztes umgedreht ist (sog. sekundäre Darlegungslast in Kombination mit anerkannt niedrigen Anforderungen an die patientenseitige Last des haftungsbegründenden schlüssigen Vortrags).[163] Für den Fall, dass der Patient die Vernichtung verlangt hat, wird man künftig davon ausgehen müssen, dass die sekundäre Darlegungslast bezüglich der Inhalte der vernichteten Akten nicht mehr greifen kann. Zum selben Ergebnis wird man kommen, wenn die Regeln der Beweisvereitelung auf das Recht der Tatsachendarlegung analog angewendet werden (§§ 427, 444 ZPO analog), was jedenfalls dann wird greifen müssen, wenn der Patient gerade mit Blick auf Art. 17 Abs. 3 lit. e DSGVO zunächst den Eindruck erweckt, eine Haftungsklage sei nicht mehr zu erwarten, um sich später anders zu entscheiden. Ob es insoweit tatsächlich – wie es § 444 ZPO dem Grunde nach fordert – auf vorsätzliche Vereitelung ankommen kann oder ob nicht vielmehr mit dem Vernichtungsverlangen grundsätzlich nach einer Sphärenabgrenzung jegliche prozessuale Gefahr fehlender späterer Vorlagefähigkeit auf den Patienten wechseln muss, wird in der Zukunft noch zu klären

---

163 Zur Übersicht *Martis/Winkhart*, 5. Aufl. 2018, S. 1288 ff. m.w.N.

sein. Nach hier vertretener Ansicht dürfte der zuletzt genannte Weg in die richtige Richtung weisen, sofern der Patient nicht besondere Gründe im Einzelfall vortragen kann, weswegen ein Vernichtungsverlangen der über ihn angelegten Aufzeichnungen von besonderem Interesse im Einzelfall gewesen ist.

§ 23 Materielle Arzthaftung

I. Übersicht und erstes Verständnis – Haftungstatbestände

1 Die zentralen Anspruchsgrundlagen der Arzthaftung sind die §§ 280 Abs. 1, 823 Abs. 1 und 831 Abs. 1 BGB. Die wesentlichen Merkmale dieser Vorschriften sollen zu Beginn mit Blick auf Arzthaftungsfälle vorgeführt werden, um folgende vertiefte Ausführungen gezielt den jeweiligen Prüfaspekten und Strukturen zuordnen zu können. Dies erleichtert das Verständnis und hilft bei der Nachvollziehbarkeit etwaiger Regelungen zu Darlegungs- und Beweislast. Zugleich kann die vorliegende Lektüre auch jederzeit als Nachschlagewerk genutzt werden.

2 Im Fall hoheitlicher Tätigkeit sind die genannten Vorschriften durch § 839 BGB i.V.m. Art. 34 GG verdrängt,[1] was allem voran für den Bereich des ärztlichen Notdienstes (je nach landesrechtlicher Regulierung) und die Fälle des Durchgangsarztes (D-Arzt) für den Bereich der Unfallversicherung nach SGB VII relevant ist. Dieses spezielle besondere Problemfeld wird in diesem Buch nicht erörtert.

1. §§ 280 Abs. 1 BGB (ggfls. i.V.m. 278 BGB, 31 BGB analog)

a) Schuldverhältnis

3 Dies ist üblicherweise der Behandlungsvertrag, kann im Rahmen der vorvertraglichen Begegnung aber gleichermaßen die culpa in contrahendo aus § 311 Abs. 2 BGB oder die GoA und somit normativ angeknüpft § 677 BGB sein. Für den Minderjährigen kommt ein echter Vertrag zu Gunsten Dritter gemäß § 328 BGB und für den Fötus im Mutterleib der Vertrag mit Schutzwirkung zu Gunsten Dritter (Einbeziehung in den Schutz des Vertrages zwischen Mutter und betreuendem Gynäkologen) in Betracht.[2]

b) Pflichtverletzung

4 Der Arzt kann mit Blick auf die konkrete Behandlung entweder einen Behandlungsfehler, also eine nicht zu rechtfertigende Standardabweichung begehen, oder er verstößt gegen seine Pflicht zur ordnungsgemäßen Selbstbestimmungsaufklärung gemäß § 630e BGB.

---

1 Vgl. BGH NJW 2002, 3172; BGHZ 78, 274, 279 = NJW 1981, 675.
2 Hierzu OLG Brandenburg NJW-RR 2003, 1383.

https://doi.org/10.1515/9783110700428-026

Ist die Pflichtverletzung nicht von demjenigen begangen worden, der die 5
Behandlung versprochen hat (Krankenhausträger im Rahmen des totalen Kran-
kenhausvertrages, MVZ, ärztliche Berufsausübungsgemeinschaft), sondern von
einer hierzu berufenen Hilfsperson, so bedarf es der Heranziehung entsprechender Zurechnungsvorschriften (§§ 278 BGB, 31 BGB analog). Dabei ist zu beachten, was der jeweilige Vertragspartner tatsächlich versprochen hat. Im hierfür
haftungsrechtlich kritischen Fall des gespaltenen Arzt-Krankenhaus-Vertrages
(Belegkrankenhaus) hat der Krankenhausträger gerade nicht die ärztliche Leistung zugesagt.[3] Behandlungsfehler und Aufklärungsmängel des behandelnden
Arztes sind in diesem Fall nicht zurechenbar, da das Krankenhaus sich des Arztes
nicht zur Erfüllung etwaiger Verbindlichkeiten bedient. Anders ist dies im Fall von
Fehlern durch Pflegekräfte, da diese zum versprochenen Pflichtenprogramm gehören.

c) Rechtsgutsverletzung

Entgegen der im juristischen Studium üblicherweise bekannten Struktur des § 280 6
Abs. 1 BGB, die den Ersatz primärer Vermögensschäden zulässt, was gesetzgeberisch gewollt ist (die erlernte Prüfungsstruktur ist also nichts anderes als der
Versuch einer erschöpfenden Handhabung des gesetzgeberischen Willens), soll
der Kernbereich der Arzthaftung, also Ersatzansprüche, die auf dem Verhalten des
Behnadlers selbst beruhen, nur im Falle einer Rechtsgutsverletzung ersatzfähig
sein.[4] Es bedarf ebenso wie in § 823 Abs. 1 BGB einer Körper- oder Gesundheitsverletzung. Freilich fällt hierrunter im Grunde auch die Verletzung des Lebens,
jedoch spielt dies im vertraglichen Bereich allenfalls dann eine Rolle, wenn Dritte
in den Vertrag einbezogen sind, die ihrerseits einen vertraglichen Anspruch bei
der Lebensverletzung geltend machen. § 280 Abs. 1 BGB ist somit in der Arzthaftung zum Ebenbild des § 823 Abs. 1 BGB geworden, was **Strukturgleichheit
von Vertrag und Delikt** genannt wird.[5] Hintergrund ist die Entwicklung der
Arzthaftung aus dem Deliktsrecht heraus, welches mit § 847 BGB a.F. (aufgehoben
zum 01.08.2002)[6] einzig einen Schmerzensgeldanspruch gekannt hat. Mit dem
aktuellen § 253 BGB werden immaterielle Ersatzansprüche auch im rechtsge-
schäftlichen Bereich gewährt.

---

3 BGH NJW 1996, 2429.
4 BGH NJW 1989, 767; 1987, 705.
5 BGH NJW 1987, 705.
6 BGBl I S. 2674.

d) Haftungsbegründende objektive Zurechnung

7 Die festgestellte Rechtsgutverletzung muss kausal und objektiv zurechenbar auf die behandlungsseitige Pflichtverletzung zurückzuführen sein. Hier liegt in den Arzthaftungsprozessen regelmäßig das größte Prozessrisiko der zunächst darlegungs- und beweisbelasteten Patientenseite. Während der Defekt einer Kaufsache mit der Folge eines Brandes sich zumeist gesichert sachverständig feststellen oder mit bloßem Auge erkennen lässt, ist es mit den Reaktionen des menschlichen Körpers bei einer Begutachtung im Nachhinein oft kaum noch möglich, mit einer Zweifeln Schweigen gebietenden Sicherheit (Beweismaß des § 286 ZPO)[7] Aussagen über die Verbindung von ärztlichem Verhalten und spezifischen gesundheitlichen Problemen des Patienten herzustellen. Dementsprechend ist vielfach prozessentscheidend, wer letztlich die Darlegungs- und Beweislast trägt und ob diese Elemente je nach Fall zu modifizieren sind, was allem voran eine Frage des § 630 h Abs. 5 S. 1 und 2 BGB ist. Ebenfalls von Bedeutung ist in diesem Zusammenhang die sog. Anfänger-Behandlung, die heute in § 630 h Abs. 4 BGB erfasst wird.

8 In seltenen Fällen kann eine fehlende Mitwirkung oder kontraindiziertes patientenseitiges Verhalten (Compliance-Verstoß) dazu führen, dass der Zurechnungszusammenhang zu Gunsten der Behandlungsseite als unterbrochen anzusehen ist. An Darlegung und Beweis werden jedoch extrem hohe Anforderungen geknüpft[8] (vgl. hierzu sogleich die Ausführungen zum Mitverschulden).

e) Rechtswidrigkeit

9 Behandlungsfehlerhaftes Verhalten ist stets rechtswidrig. Der Patient willigt nicht in einen Behandlungsfehler ein. Auch eine vorangegangene Aufklärung über Fehler, die passieren könnten, ändert hieran nichts.[9]

10 Bei der Aufklärungsrüge geht es demgegenüber um eine fachgerechte Behandlung, die aber wegen der Körperverletzungsdoktrin[10] der Rechtsprechung, welche jede ärztliche Maßnahme, auch die Standard- und damit Fachgerechte, zu einer tatbestandsmäßigen Körperverletzung erklärt und somit nach einer rechtfertigenden Einwilligung verlangt. Eine Einwilligung muss jedoch im Bereich ärztlicher Eingriffe durch eine ordnungsgemäße Aufklärung i.S.d. § 630e BGB getragen sein, um Wirkung entfalten zu können, § 630d Abs. 2 BGB. Greift die Aufklärungsrüge durch, ist somit – unabhängig von der kurativen Motivation –

---

7 BGH NJW 2015, 2111 Rn 11; 2013, 790 Rn 17.
8 Hierzu BGH NJW 2005, 2072f.; 1997, 796.
9 Vgl. BGH NJW 2005, 888; 1992, 1558f.
10 Grundlegend insbesondere BGHZ 29, 176, 181; BVerfG NJW 1979, 1925, 1931.

auch der fachgerechte Eingriff eine tatbestandsmäßige und rechtswidrige Körperverletzung, die zum Ersatz kausal entstandener Schäden verpflichtet.

f) Vertretenmüssen

Garantien i.S.d. § 276 Abs. 1 BGB werden im ärztlichen Bereich generell nicht erteilt. Mit Blick auf § 11 Abs. 2 S. 2 MBO-Ä wäre dies im kurativen Bereich zudem höchst fragwürdig. Daher kommt es auf vorsätzliches oder fahrlässiges Verhalten an. Hierdurch wird gegenüber dem Aspekt der Pflichtverletzung aber im Gros aller Fälle kein Mehr eingeführt, da es sich um eine tätigkeitsbasierte Pflicht handelt, bei der grundsätzlich jede objektiv bestehende Pflichtverletzung zugleich fahrlässiges Verhalten bedeutet[11] (Verschulden wird im Zivilrecht aus Verkehrsschutzgründen objektiv (Gruppenfahrlässigkeit) und nicht an Hand der individuellen Vorwerfbarkeit oder Einsicht des Täters bestimmt, wie dies im Strafrecht auf der Schuldebene Berücksichtigung finden kann – anders ist dies interessanterweise vom Gesetzgeber des PatRG mit Blick auf § 280 Abs. 1 S. 2 BGB[12] angedeutet worden[13]). An dieser Stelle kann also als Merkpunkt gelten, dass bei Bejahung einer Pflichtverletzung stets auch das Außerachtlassen der im Verkehr erforderlichen Sorgfalt anzunehmen ist. Die Vermutung des § 280 Abs. 1 S. 2 BGB hat insofern keine rechtspraktische Relevanz. Ob diese in der Arzthaftung Anwendung findet, was zum § 282 a.F. (Vorgängervorschrift des § 280 Abs. 1 S. 2 BGB) früher verneint worden ist,[14] kann als im Wesentlichen dogmatischer Streit dahingestellt bleiben. Die Gesetzesbegründung scheint jedenfalls, ohne nähere Reflexion, die Vermutungsregel für anwendbar zu halten.[15] Anders soll der Fall nur dann liegen, wenn der Patient dem Arzt Untätigkeit vorwirft (Nichterfüllung des Arztvertrages).[16]

g) Objektiv zurechenbarer (Sekundär-)Schaden

Aus dem verletzten Rechtsgut muss in kausalem und zurechenbarem Zusammenhang auch ein materieller oder immaterieller Schaden hervorgegangen sein, der sich an Hand der §§ 249 – 253 BGB bestimmen lässt. Hier ist für den gesetzlich versicherten Patienten zunächst stets zu beachten, dass die im Folgenden ggfls.

11

12

---

11 Vgl. MüKo-*Wagner*, BGB, 8. Aufl. 2020, § 630 h Rn 9.
12 Vgl. BT-Drs. 17/10488, S. 28.
13 Dagegen die h.M. vgl. MüKo-*Wagner*, BGB, 8. Aufl. 2020, § 630 h Rn 9 m.w.N.
14 Lies hierzu BGH NJW 1991, 1540 f.
15 BT-Drs. 17/10488, S. 28.
16 BGHZ 83, 260, 267 = NJW 1982, 1516, 1517; BGH NJW 1981, 2002, 2004.

notwendige Heilbehandlung von seiner Krankenkasse getragen wird und der zugehörige Regressanspruch **bereits im Zeitpunkt der Schädigung gemäß § 116 Abs. 1 SGB X auf den jeweiligen Träger der gesetzlichen Krankenversicherung übergegangen** ist, bei dem der Verletzte sein Versicherungsverhältnis unterhält. Für privat Versicherte gilt dies erst, wenn die Versicherung konkret Leistungen bezahlt hat, **§ 86 Abs. 1 S. 1 VVG.** In diesen Fällen entfällt insoweit also der patientenseitige Schaden (Heilbehandlungskosten).

13   Den im Übrigen zu konkretisierenden Schaden muss der Patient zur vollen richterlichen Überzeugung nach § 286 ZPO beweisen, während dessen spezifischen Umfang und wie dieser auf die eingetretene Rechtsgutverletzung zurückzuführen ist, kann nach der Erleichterung des § 287 ZPO unter Zuhilfenahme von Schätzungen mit überwiegenden Wahrscheinlichkeiten bewiesen werden. Das gilt aber natürlich nur, wenn und soweit der Schadensumfang sich nicht mit zumutbaren Mitteln präzise errechnen lässt.[17] Im Übrigen sind die Besonderheiten des allgemeinen Schadensrechts bei Personenschäden von herausragender Bedeutung. Im Bereich materieller Schäden ist neben etwaig beim Patienten verbleibenden Behandlungskosten an folgende Positionen zu denken: Beförderungskosten, entgangener Gewinn (§ 252 BGB)/Arbeitsentgeltverlust (nach 6 Wochen Entgeltfortzahlung gemäß EZFG kommt es zur Krankengeldzahlung, die grundsätzlich 70 % der Regelvergütung entspricht (§ 47 Abs. 1 S. 1 SGB V), während es bei einer Privatversicherung auf die jeweilige Krankentagegeldversicherung ankommt, sofern eine solche abgeschlossen ist), Haushaltsführungsschäden, vermehrte Bedürfnisse (eingetretene Behinderung und Konsequenzen für die Lebensführung etc.) bis hin zur Position des „Kind[es] als Schaden". Daneben ist stets an Schmerzensgeld gemäß § 253 BGB zu denken, das es nunmehr auch als Angehörigenschmerzensgeld wegen Todesverursachung gibt, § 844 Abs. 3 BGB[18]. Die rechtswidrige Lebensverlängerung hat der BGH im immateriellen Bereich nicht als Schaden anerkannt und hinsichtlich denkbarer materieller Schäden die Ersatzfähigkeit für möglich, aber letztlich unbeantwortet gelassen, da im Fall nach Ansicht des Senats der Schutzzweck der relevanten betreuungsrechtlichen Vorschriften, gegen die verstoßen worden ist, einen solchen Ersatz nicht decken würden.[19] Sowohl die Begründung als auch in Teilen das Ergebnis sind erheblichen Zweifeln ausgesetzt.[20]

---

17 Zur Konkretisierungslast BGH NJW-RR 2007, 569 Rn 21 mit den Grenzen die BGH NJW 1981, 1454 aufzeigt.

18 Lies hierzu *Katzenmeier*, JZ 2017, 869 ff.

19 BGHZ 221, 352 = NJW 2019, 1741.

20 Näher *J. Prütting* ZfL 2018, 94 ff.; *ders.* BTPrax 2019, 185 ff.

h) Mitverschulden

Abschließend muss erwogen werden, ob der Patient seine Situation durch man- 14
gelnde Compliance (Mitwirkung gegen das Krankheitsgeschehen durch Beachtung ärztlichen Rats, Einnahme von verordneten Medikamenten etc.) bei der
Haftungsbegründung nach §§ 254 Abs. 1, 630c Abs. 1 BGB oder nach Schädigung
mittels ausbleibender Geringhaltung nach § 254 Abs. 2 S. 1 BGB selbst verursacht
oder verschlimmert hat, so dass der Anspruch zu mindern sein könnte. Zu beachten ist insbesondere im Bereich der Mitwirkung bei der Haftungsbegründung
allerdings, dass die Rechtsprechung wegen der Informationsasymmetrie zwischen Behandlungsseite und Patient sowie der stets weitreichend beachteten
leidensbedingten Unfähigkeit (oder eingeschränkten Fähigkeit), auf die eigenen
Belange zu achten, sehr hohe Anforderungen an Darlegung und Beweis eines
solchen Obliegenheitsverstoßes stellt,[21] so dass sich hierauf in der Rechtspraxis
nur mit großen Schwierigkeiten eine belastbare Verteidigung stützen lässt.

i) Verjährung

Die Einrede gemäß § 214 Abs. 1 BGB mit dem Hintergrund der §§ 194 ff. BGB nimmt 15
im Medizinschadensprozess eine besondere Stellung ein, da denkbare Behandlungsfehler und Aufklärungsmängel vielfach nicht sogleich als solche erkannt
werden und es viele Jahre später erst zu einer Überprüfung oder gerichtlichen
Geltendmachung kommt. Dann steht die Frage an, ab welchem Moment die
Voraussetzungen des § 199 Abs. 1 BGB vorgelegen haben, wodurch herausgefun-
den werden kann, am Schluss welchen Jahres die 3-Jahresfrist des § 195 BGB zu
laufen begonnen hat. Mit Blick auf die in diesen Fällen geltende Höchstfrist von
30 Jahren gemäß § 199 Abs. 2 BGB ist dies von großer Bedeutung. Die Rechtsprechung ist mit der Annahme von Kenntnis oder grob fahrlässiger Unkenntnis
von Behandlungsfehlern und Aufklärungsmängeln (sofern diese nicht vollständig
ausgeblieben ist) zu Lasten des betroffenen Patienten in vielerlei Hinsicht zurückhaltend.[22] Von zentraler Bedeutung ist dabei, dass der Verjährungsbeginn für
Behandlungsfehler und Aufklärungsrügen jeweils gesondert zu prüfen ist, (lies
hierzu *J. Prütting* zu § 199 BGB).[23]

Im Behandlungsfehlerbereich ist erneut die bestehende Informationsasym- 16
metrie von großer Bedeutung. Der Patient kann in den meisten Fällen nicht be-

---

21 Vgl. hierzu BGH NJW 1997, 1635; OLG Köln VersR 2013, 237 f.
22 Vgl. BGH VersR 2010, 214 f.; NJW 2007, 217, 220; OLG Koblenz MedR 2012, 400; OLG Jena KHE
2012, 170.
23 D. Prütting/*J. Prütting*, Medizinrecht, 5. Aufl. 2019, § 199 BGB Rn 9 ff., 28 ff.

urteilen, ob ein unerwünschtes Behandlungsergebnis auf ein standard-widriges Verhalten zurückzuführen ist. Nach der Rechtsprechung muss es dem Patienten aber jedenfalls zumutbar sein, Klage auf Feststellung einer solchen Haftungsbegründung erheben zu können.[24] Zugleich ist dem Patienten grundsätzlich keine grob fahrlässige Unkenntnis allein deshalb anzulasten, weil er von einem negativen Ergebnis nicht auf eine möglichen Fehler zurückschließt und eine etwaige Fehlerhaftigkeit nicht durch einen Fachexperten zur Aufklärung bringt (**keine generelle Nachforschungsobliegenheit**).[25]

17 Bei der Aufklärungsrüge kann im Fall vollständig unterbliebener Selbstbestimmungsaufklärung vielfach sofort von positiver Kenntnis i.S.d. § 199 Abs. 1 BGB ausgegangen werden.[26] Demgegenüber wird es auch hier der Patient vielfach nicht erfassen können, wenn bspw. Alternativdarstellungen gefehlt haben oder Risikospektren unvollständig gewesen sind. Allerdings kann diese Erkenntnismöglichkeit im Bereich der Risikoaufklärung freilich mit dem Eintritt des unerwähnt gelassenen Risikos einhergehen. Auch insoweit sollten an die Erkenntnismöglichkeiten des Patienten keine übersteigerten Anforderungen gestellt werden.

Ein besonderes Problem tritt zudem auf, wenn Krankenkassen im Wege des Regresses aufgrund Anspruchsübergangs nach den §§ 116 Abs. 1 SGB X oder 86 VVG vorgehen. Hier stellt sich insbesondere die Frage, ob die Kenntnis der Leistungsabteilung, die die Behandlungsansprüche des versicherten Patienten umsorgt, als Kenntnis der Versicherungsgesellschaft zugerechnet werden darf, oder ob es Kenntnis oder grob fahrlässige Unkenntnis der zuständigen Regressabteilung braucht. Die Rechtsprechung steht – unter einem gewissen Bruch mit der herrschenden Dogmatik der Wissenszurechnung[27] – auf letzterem Standpunkt.[28]

2. §§ 823 Abs. 1, 831 Abs. 1 BGB

18 Die obigen Ausführungen zu § 280 Abs. 1 BGB gelten, mit Ausnahme des Erfordernisses eines Schuldverhältnisses und der fehlenden Anwendbarkeit des § 278 BGB, an dessen Stelle die Haftung aus § 831 Abs. 1 BGB mit Exculpationsmög-

---

24 Vgl. BGH VersR 2010, 214.
25 Vgl. BGH NJW 2007, 217, 220.
26 D. Prütting/J. *Prütting*, Medizinrecht, 5. Aufl. 2019, § 199 BGB Rn 29.
27 Zurechnung von aktenkundigem und nach ordnungsgemäßer Organisation zugriffsbereitem Wissen in arbeitsteiligen Organisationen, vgl. MüKo-*Schubert*, BGB, 8. Aufl. 2018, § 166 Rn 52ff. m.w.N.
28 Hierzu BGH MedR 2013, 31.

lichkeit nach § 831 Abs. 1 S. 2 BGB tritt, auch im Deliktsrecht für die Prüfung des § 823 Abs. 1 BGB (Strukturgleichheit von Vertrag und Delikt). Folgende Aspekte sind jedoch zusätzlich von Interesse:

a) Künftiger Gleichlauf oder Abweichungsmöglichkeit

Nach der Gesetzesbegründung des PatRG von 2013 soll bewusst an der An- 19 spruchskonkurrenz von Vertrag und Delikt festgehalten werden.[29] Daraus könnte für die Zukunft folgen, dass im Bereich des Deliktsrechts andere Entwicklungen stattfinden mögen, die partiell vom nunmehr geregelten Vertragsrecht wegführen, auch wenn dies eher unwahrscheinlich sein dürfte. Das Deliktsrecht muss insoweit aber als denkbares Entwicklungstool stets im Auge behalten werden, da es ein gespaltenes Arzthaftungsrecht hervorzubringen geeignet ist.

b) Erweiterter Schuldnerkreis

Der deliktische Anspruch wirkt immer gegen den konkret Handelnden oder gegen 20 denjenigen, der eine Rechtspflicht zum Handeln gehabt hätte. Somit sind auch Personen der Behandlungsseite haftbar, mit denen kein Schuldverhältnis geschlossen worden ist, die aber an der Behandlung des Patienten teilgenommen haben. Dieser Kreis wird mit den §§ 830, 831 Abs. 1 und 31 BGB analog erweitert. Gegen den deliktischen Anspruch hilft auch keine gesellschaftsrechtliche Haftungsbegrenzung,[30] so dass der ärztliche Verbund in einer PartG mbB oder in einer GmbH letztlich die konkret Handelnden nicht gegen derartige Ansprüche schützt und es auch insoweit – neben dem vertraglich Haftenden – einer hinreichenden Haftpflichtversicherung bedarf.

c) Erweiterter Gläubigerkreis

Im Rahmen deliktischer Ansprüche können Dritte, die keinen Behandlungsver- 21 trag mit dem Arzt oder der medizinischen Einrichtung haben, je nach Art des eingetretenen Schadens auf Haftungsansprüche zurückgreifen. Zentral sind insofern der eigene Anspruch eines Dritten wegen Schockschadens,[31] Ansprüche im Fall der Tötung oder Körperverletzung und damit einhergehender Beerdigungs-

---

29 BT-Drs. 17/10488, S. 17 f.
30 Allg.M. vgl. nur D. Prütting/*Kilian*, Medizinrecht, 5. Aufl. 2019, § 8 PartGG Rn 19 h.
31 BGHZ 172, 263 = NJW 2007, 2764 Rn 12; BGH NJW 2014, 2190 Rn 8.

kosten oder etwaiger Unterhaltsentziehung (§§ 842–845 BGB) sowie das Angehörigenschmerzensgeld in § 844 Abs. 3 BGB.

d) Sonderfall: § 830 Abs. 1 S. 2 BGB

22 § 830 Abs. 1 S. 2 BGB: Es ist die Sondersituation denkbar, dass im Rahmen eines Behandlungsgeschehens mehrere Personen beteiligt sind, die alle einen Beitrag leisten, der behandlungsfehlerhaft ist und kausal für die festgestellte Rechtsgutsverletzung sein könnte. Zudem greift § 830 Abs. 1 S. 2 BGB nur dann ein, wenn nicht eine der Personen oder ein bestimmter Teil des betroffenen Kreises schon definitiv als Haftungsschuldner feststeht.[32] Folgender Merksatz hilft, um § 830 Abs. 1 S. 2 BGB richtig zu prüfen respektive zu verstehen: „Jeder kann es gewesen sein. Einer war's auf jeden Fall. Fraglich ist, wer."

> **Fall 5** (nur als Anschauungsbeispiel):
> Zu denken ist etwa an die Situation, in der zwei Ärzte bei einer Behandlung unabhängig voneinander ein Medikament applizieren und der Patient in der Folge hierauf einen allergischen Schock erleidet, wobei nicht mehr geklärt werden kann, auf welche der Applikationen dieser zurückzuführen ist, jedoch Drittursachen sicher auszuschließen sind (hoch anfallsgefährdeter Patient befindet sich beispielsweise in einem Reinraum). Die Fälle sind selten, wie schon das Beispiel zeigt.

3. Abschluss der Vorrede und Übersicht

23 Die oben dargestellte Übersicht zeigt die zentralen Haftungsgrundlagen, auf welche Patienten einen Schadensersatzanspruch gegen die Behandlungsseite stützen können. Dabei sei daran erinnert, dass es letztlich im Kern des Geschehens, also mit Blick auf den Körper- und Gesundheitszustand des Patienten, nur zwei rechtserhebliche Vorwürfe gibt: Den **Behandlungsfehler** und die **Aufklärungsrüge**. Aus dem Behandlungsfehler muss sodann für sich genommen kausal ein haftungsrechtlich relevanter Primärschaden (Rechtsgutsverletzung) hervorgehen und diese Schädigung muss ihrerseits kausal für zivilrechtlich erfasste Sekundärschäden im Sinne der §§ 249–253 BGB sein. Die Aufklärungsrüge folgt der Idee, dass hierdurch die für die Rechtsgemäßheit des medizinischen Eingriffs erforderliche Einwilligung entfällt, so dass jeder kausale Schaden, der sich aus dem Eingriff ergibt, ob dieser nun schicksalhaft oder fehlerbedingt auftritt, in seiner Folge der Behandlungsseite zivilrechtlich angelastet werden kann. Unter

---

32 Vgl. zum Grundsatz BGHZ 72, 355, 358 = NJW 1979, 544.

dem Regime des § 630e BGB ist die Selbstbestimmungsaufklärung zwar zu einer echten Vertragspflicht erstarkt, die auch als eigenständiger Fehleransatz verstanden werden könnte, jedoch wäre dies allenfalls dazu geeignet, die Regeln von Darlegungs- und Beweislast mit Blick auf die Einordnung als anspruchsbegründendes Merkmal auf die Patientenseite zu verschieben, wogegen der Gesetzgeber mit § 630 h Abs. 2 S. 1 BGB Vorsorge getroffen hat. Mithin ist die dogmatische Einordnung – als haftungsauslösende vertragliche Nebenpflicht oder ausschließlich als notwendiges Element einer wirksamen patientenseitigen Einwilligung (so jedenfalls im Deliktsrecht) – haftungsrechtlich nicht von Belang. Eine eigenständige Klage auf Durchführung der Selbstbestimmungsaufklärung, selbst wenn dies dogmatisch möglich erschiene, ist fern ab jeder Lebenspraxis. Es sei zur Aufklärungsrüge abschließend angemerkt, dass mit der Rechtswidrigkeit des Eingriffs einhergeht, dass dem Patienten teilweise selbst im Fall vollumfänglichen Behandlungserfolgs und keinerlei Nachwirkungen ein geringes Schmerzensgeld wegen der verbleibenden Selbstbestimmungsrechtsverletzung zustehen soll.[33] Nach hier vertretener Auffassung ist dies mit der Teleologie des immateriellen Schadensersatzrechts nicht zu vereinbaren, da dies auf eine Pönalisierung hinausliefe. Demgegenüber ist im straf- und berufsrechtlichen Bereich durchaus zu erwägen, ob Sanktionen angebracht sind.[34] Durch die zuletzt genannten Mechanismen ist die Wahrung der Rechtsordnung und das Selbstbestimmungsrecht des Patienten insoweit auch effektiv zu verteidigen.

II. Behandlungsfehlerhaftung und Organisationsverschulden

Die Behandlungsfehlerhaftung möge man sich zunächst in der klassischen Form 24 vorstellen, in welcher der Arzt bei der Therapie schlicht etwas falsch macht. Dies können ebenso eine falsche Bewegung mit dem Skalpell wie eine verfehlte Medikamentendosierung oder unzureichende oder gar kontraindizierte Hinweise für das Verhalten vor oder nach einem Eingriff sein. Daneben tritt das sog. Organisationsverschulden, welches all jene Fälle benennen will, in denen die Fehlbehandlung auf einem organisatorischen Versehen respektive auf Misswirtschaft basiert. Haftungsgrund ist und bleibt natürlich auch hier der Vorwurf, dass der letztlich zum Primärschaden führende Behandlungsfehler nicht hätte passieren dürfen. Gleichwohl kann der Vorwurf des Organisationsverschuldens eigenstän-

---

33 Dafür *Voigt*, Individuelle Gesundheitsleistungen, 2013, 137 ff.; *Hart*, MedR 2013, 159, 161.
34 Zur Diskussion um die zutreffende Erfassung des zivilrechtlichen Schadensersatzrechts in Abgrenzung zu Strafzwecken vgl. *J. Prütting*, AcP 2016, 459 ff. m.w.N.

dige Bedeutung erlangen. Dieser ist dazu geeignet, standardwidriges Verhalten erstmalig aufzudecken, gestützt auf prozessuale Hilfsmittel im Bereich der Darlegungslast (sog. sekundäre Darlegungslast der Behandlungsseite, s. u. § 24 III 1 b) den patientenseitigen Angriff zu vertiefen, Beweiserleichterungen nach gesetzlichen oder Rechtsprechungsregeln tatbestandlich zu begründen (so insbesondere die Schwelle des groben Behandlungsfehler i.S.d. § 630 h Abs. 5 S. 1 BGB zu überschreiten) und eine eigenständige Haftungsgrundlage gegen vertraglich oder deliktisch anderweitig nicht in Anspruch zu nehmende Rechtssubjekte über § 823 Abs. 1 BGB zu schaffen.[35]

25   Die folgende Darstellung des Behandlungsfehlerbereichs – wie auch der nachfolgend zu besprechenden Aufklärungsrüge – orientiert sich an der zentralen Materie der Heilbehandlung. Im Anschluss gibt es aber auch Hinweise zu wunschmedizinischen Eingriffen und deren Beurteilung. In diesem Zusammenhang ist letztlich das entscheidende Ziel, dass die Ausführungen den geneigten Leser in die Lage versetzen sollen, mit den Regeln aus Gesetz und Rechtsprechung an Hand einer möglichst klar geordneten Prüfstruktur arzthaftungsrechtliche Problemlagen rechtlich bewerten zu können. Die rechtspraktische Umsetzung bedarf im Anschluss der Kombination mit dem zugehörigen prozessualen und anwaltlichen Wissen. Dies wird in § 24 mit Blick auf wichtige Aspekte dargestellt.

1. Heilbehandlung

26 Als Anfangsbemerkung dieser Thematik sei daran erinnert, was wir im Bereich der vertragsrechtlichen Einordnung gelernt haben. Der Behandlungsvertrag ist ein besonderer Dienstvertrag i.S.d. §§ 611 ff. BGB (§ 630b BGB). Daraus folgt, dass nicht der Heilungserfolg, sondern die standardgerechte Behandlung geschuldet ist und ein Misserfolg für sich genommen nicht einmal einen Behandlungsfehler oder etwaig darauf gründende Kausalität zwischen einer eingetretenen Körper- oder Gesundheitsschädigung und einem behandlungsseitigen Verhalten indiziert.[36] Letztlich ist es somit am Patienten, den gesamten haftungsbegründenden Tatbestand darzulegen und zu beweisen. Je nach streitigem Merkmal gibt es hiervon aber Abweichungen, die seitens der Rechtsprechung in den letzten Jahrzehnten entwickelt und nunmehr vom Gesetzgeber in § 630 h BGB übernommen worden sind. Der korrekte Umgang und ein fundiertes Wissen zu diesen Elementen sind für den Arzthaftungsrechtler unerlässlich.

---

35 Hierzu *J. Prütting*, GesR 2017, 681, 685 f.
36 Allg.M. vgl. *Martis/Winkhart*, Arzthaftungsrecht, 5. Aufl. 2018, S. 536 m.w.N.

a) Der grobe Behandlungsfehler

Fall 6

In der Welt von Dr. House ereignet es sich, dass dieser bei einem Patienten eine Therapie anordnet, ohne die vorab erforderliche Diagnostik vorgenommen zu haben. Da Dr. House sich aber – und das passiert sogar ihm – im Irrtum befindet, erleidet der Patient wegen des tatsächlich kontraindizierten Medikaments einen schweren Kreislaufzusammenbruch mit weitreichenden gesundheitlichen Folgen. Problematisch ist allerdings, dass gleichermaßen die Grunderkrankung des Patienten dermaßen erhebliche gesundheitliche Probleme verschiedenster Formen zeitigt, dass der später zur Begutachtung berufene Sachverständige sich nicht in der Lage sieht, die gesundheitlichen Beschwerden auf die fehlerhafte Medikation oder die Grunderkrankung zurückzuführen. Beide Ursachenbereiche sind möglich. Ansprüche des Patienten?

Es sei unterstellt, dass Dr. House und der Patient einen eigenständigen Arztver- 27
trag miteinander geschlossen haben. Andernfalls ergäben sich die folgenden
Ausführungen aber auch gleichermaßen im Deliktsrecht über § 823 Abs. 1 BGB
(s. o. zur Strukturgleichheit von Vertrag und Delikt). In Betracht kommt also ein
Anspruch gegen Dr. House aus § 280 Abs. 1 BGB, wobei das Schuldverhältnis in
Form eines Vertrages nach § 630a BGB vorliegt. Eine Rechtsgutsverletzung hat der
Patient mit der Zuführung der Medikation und den schweren gesundheitlichen
Folgen erlitten. Daneben hat Dr. House mit der kontraindizierten Medikation auch
eine ärztliche Pflichtverletzung und damit einen Behandlungsfehler, also ein
nicht begründetes Unterschreiten oder sonstiges vorwerfbares Abweichen vom
fachärztlichen Standard begangen.

Allerdings konnte der Sachverständige die Kausalität zwischen Pflicht- und 28
Rechtsgutsverletzung nicht klären (klassisches Problem des Arzthaftungsprozesses!). Für diese ist als anspruchsbegründendes Merkmal nach der Rosen-
bergschen Normentheorie[37] der Gläubiger des Haftungsanspruchs, hier also der
Patient darlegungs- und beweisbelastet. Ein entsprechender Vortrag ist erfolgt,
jedoch konnte der Beweis im Sinne des § 286 ZPO nicht geführt werden, da es
hierfür eines für den praktischen Gebrauch erforderlichen Maßes an Gewissheit
beim erkennenden Gericht bedarf, welches Zweifeln Schweigen gebietet, ohne
diese vollständig auszuschließen (richterliche Überzeugung im Maßstab des
Vollbeweises).[38] Da es sich bei der in Streit stehenden Kausalität um ein haf-
tungsbegründendes Merkmal handelt, kommt dem Patienten auch nicht die Er-

---

37 Jede Partei hat das tatsächliche Vorliegen der Voraussetzungen der ihr günstigen Norm darzulegen und zu beweisen. Theorie nach Leo Rosenberg, vgl. *Rosenberg*, Beweislast, 11 ff., 98 ff.,
112 ff.
38 BGH NJW 1970, 946, 948.

leichterung des § 287 ZPO zu Gute, der sich ausschließlich auf die haftungsaus-füllende Kausalität und somit die spezifische Bezifferung eines Haftungsumfangs bezieht.[39] Allerdings könnte gleichwohl zu Gunsten des Patienten im vorliegen-den Fall nach Beweislastgrundsätzen zu entscheiden sein, sofern die Beweislast ausnahmsweise auf den Beklagten Arzt gekehrt wäre. In Betracht kommt die Anwendung des § 630 h Abs. 5 S. 1 BGB, in welchem die Rechtsprechung zum sog. groben Behandlungsfehler kodifiziert worden ist.[40] Begeht der Arzt einen groben Behandlungsfehler, so wird zu Gunsten des Patienten die haftungsbegründende Kausalität vermutet, wobei die konkreten Erwägungen, auf denen diese Beweis-lastregel fußt, bis heute streitig sind.[41] Hintergrund soll nach der Rechtsprechung im Wesentlichen sein, dass der Kausalitätsnachweis dem Patienten in diesem Fall nicht mehr zugemutet werden könne, da derartige Fehler grundsätzlich dazu geeignet seien, die Vorgänge und Unwägbarkeiten des Behandlungsgeschehens noch zu durchschauen, mithin eine sachverständige Aufklärung noch zu er-möglichen.[42] Daneben wird auch ein allgemeines Billigkeitsargument bei grober Pflichtwidrigkeit ins Feld geführt.[43] Zudem hat *von Pentz* (Richterin am BGH, Mitglied des VI. Zivilsenats – uA. Arzthaftungssachen) betont, dass der Patient durch grobe Behandlungsfehler im Rahmen der Behandlung einer besonderen zusätzlichen Gefahr ausgesetzt werde, aus der sich ebenfalls beweisrechtliche Folgen schließen lassen müssten.[44] Aus den Begründungserwägungen der Rechtsprechung, auf deren Historie sich der Gesetzgeber mit Schaffung des § 630 h Abs. 5 S. 1 BGB berufen hat respektive an ihr nichts verändern wollte,[45] lässt sich folgern, dass die Beweislastumkehr bei Vorliegen einer entsprechend groben Pflichtverletzung wohl nur dann noch ausscheiden kann, wenn diese schlicht nicht dazu geeignet ist, die Aufklärung der Kausalität in irgendeiner Form zu verschleiern oder zu erschweren, denn in diesem Fall wäre der Patient nach der Rechtsprechungsansicht wohl nicht schutzwürdig. Daneben kann der Arzt auch nach Beweislastumkehr versuchen, den Beweis des Gegenteils (§ 292 S. 1 ZPO) anzutreten. Allerdings gelingt dies zumeist nicht.

29 Im vorliegenden Fall ist mit Blick auf die haftungsbegründende Kausalität nur noch zu fragen, ob Dr. House auch tatsächlich einen groben Behandlungsfehler

---

39 MüKo-*H. Prütting*, ZPO, 5. Aufl. 2016, § 287 Rn 9 ff.

40 Zum Hintergrund MüKo-*Wagner*, BGB, 8. Aufl. 2020, § 630 h Rn 77 ff. m.w.N.

41 Zum Hintergrund *J. Prütting*, GesR 2017, 681 ff. mit entsprechender Kritik und w.N. sowie einem Vorschlag für einen Rettungsversuch der Legitimation.

42 BGH NJW 1967, 1508.

43 Vgl. BGH VersR 1959, 598.

44 *Von Pentz*, MedR 2011, 222, 223 f.

45 BT-Drs. 17/10488, S. 9, 13.

begangen und den Vermutungstatbestand des § 630 h Abs. 5 S. 1 BGB ausgelöst hat. Ein grober Behandlungsfehler ist ein ärztliches Fehlverhalten, das „aus objektiver ärztlicher Sicht bei Anlegung des für einen Arzt geltenden Ausbildungs- und Wissensmaßstabes nicht mehr verständlich und verantwortbar erscheint, weil ein solcher Fehler dem behandelnden Arzt aus dieser Sicht schlechterdings nicht unterlaufen darf".[46] Wendet der Arzt eine Therapie an, deren Sinnhaftigkeit er diagnostisch ohne Weiteres hätte abklären können, ohne die erforderliche Gewissheit vorab erlangt zu haben, und stellt sich diese Therapie als kontraindiziert heraus, begeht der Arzt unbestreitbar einen Fehler, der fachmedizinisch nicht mehr zu erklären ist. Dabei kann an dieser Stelle offenbleiben, ob auf die grob fehlerhaft unterlassene Befunderhebung oder auf die Diagnostik im Vorfeld der fehlerhaften Therapie oder letztlich auf die kontraindizierte Therapie selbst abgestellt werden sollte, da hier nach jedem Ansatz ein grober Behandlungsfehler zu bejahen ist (die Abgrenzung von Diagnoseirrtümern und Befunderhebungsmängeln wird noch gesondert behandelt werden, s.u. (b.)). Da die übrigen Voraussetzungen einer Haftung zu unterstellen sind und die patientenseitige Einwilligung in eine Therapie niemals das Begehen eines Behandlungsfehlers abzudecken vermag (die Einwilligung deckt stets nur das standardgerechte Vorgehen!), ist die Behandlung auch rechtswidrig und die Haftung gegeben.

Mit denselben Begründungslinien und Prüfstrukturen ist sodann auch eine 30 Haftung gemäß § 823 Abs. 1 BGB gegen Dr. House zu bejahen. Zudem lässt sich ebenfalls eine Haftung nach §§ 823 Abs. 2 BGB i.V.m. 229 StGB erwägen, jedoch wird diese am Kausalitätsnachweis scheitern, da Beweislastverschiebungen des Zivil- und Zivilprozessrechts keinen Einfluss auf das Strafrecht haben. Daraus erklärt sich letztlich auch die Bedeutungslosigkeit der strafrechtlichen Körperverletzungstatbestände im klassischen zivilrechtlichen Haftungsrecht über § 823 Abs. 2 BGB, während im Übrigen das Medizinstrafrecht freilich eine erhebliche praktische Bedeutung hat (dies gilt sowohl für die Körperverletzungstatbestände der §§ 223 ff., 229 StGB bei nachweislich gegebener Kausalität als auch für andere Bereich wie die §§ 203, 263 und 299 a, b StGB sowie BtM-Delikte und Taten nach dem ESchG (Embryonenschutzgesetz); die Aufzählung ist selbstredend nicht abschließend).

b) Diagnoseirrtum vs. Befunderhebungsmangel
Von herausragender Bedeutung für die Arzthaftung sind die zwei Seiten der fol- 31 genden Medaille: Die Rechtsprechung hat erkannt, dass es der Ärzteschaft nicht

---

46 Vgl. nur BGH NJW 1983, 2080 f.

zuzumuten ist, wegen jeder fehlerhaft gestellten Diagnose und darauf aufbauend fehlerhaft durchgeführten oder unterlassenen Therapie zu haften. Daher ist eine der stärksten Verteidigungslinien des beklagten Arztes gegen den Behandlungsfehlervorwurf der Einwand, dass nach fachmedizinischem Standard auch jeder andere Kollege typischerweise diesem Irrtum erlegen wäre, es sich mithin um einen nach fachmedizinischem Standard **nachvollziehbaren Diagnoseirrtum** gehandelt habe. Die Rechtsprechung erkennt in solchen Irrtümern **keine Pflichtverletzung**, so dass trotz darauf basierender fehlerhafter Therapie der haftungsbegründende Tatbestand vertraglich wie deliktisch immer am Punkt der Pflichtverletzung respektive des vorwerfbaren Verhaltens scheitert.[47] Dieser weitreichende Schutz ist für die Ärzteschaft von höchster Wichtigkeit, da der menschliche Körper jedenfalls nach gegenwärtigem Stand von Wissenschaft und Technik keine vollständig kontrollier- und in seinen Reaktionen antizipierbare Maschine ist. Vielmehr sind zahlreiche Symptome mehrdeutig, viele diagnostische Verfahren sind invasiv oder gefährlich und daher mit Zurückhaltung einzusetzen, manche Menschen verfügen über eine ärztlicherseits ungeahnte Prädisposition, es können Informationen in der Anamnese fehlen und vieles mehr. Bürdete man vor diesem Hintergrund dem Arzt auf, für jede objektiv unrichtige Diagnose einstehen zu müssen, so wäre das Haftungssystem vollständig auf ein Versorgungssystem Betroffener umzustellen, bei welchem es nicht um individuelle Vorwürfe gegen den Behandler, sondern um garantierten Ausgleich für Geschädigte ginge. Dies wird in anderen Ländern partiell praktiziert, entspricht allerdings in Deutschland nicht der Gesetzeslage. Die dahinterstehende und seit Jahren geführte öffentliche Debatte ist spannend; sie kann jedoch vom Umfang her an dieser Stelle nicht vertieft werden.[48]

32   Die Kehrseite dieser Medaille ist der patientenseitige Vorwurf **mangelhafter Befunderhebung**, durch welche der Patient bei Darlegung und Beweis der Tatbestandsvoraussetzungen in den Genuss der Beweislastverlagerung des **§ 630 h Abs. 5 S. 2 i.V.m. S. 1 BGB** kommen kann. Der Vorwurf des Patienten lautet in diesem Fall, dass der Arzt sich nach fachmedizinischem Standard nicht hätte diagnostisch irren dürfen, sofern er im Rahmen der fachärztlich anzusetzenden diagnostischen Maßnahmen korrekt gearbeitet hätte. Der Vorwurf geht also dahin, dass der Arzt falsche Entscheidungen getroffen hat, die ein anderer objektiv standardgerecht handelnder Facharzt deshalb im Zweifel vermieden hätte, weil dieser beispielsweise weitere oder andere Diagnostik betrieben hätte. Man stelle sich vor, ein Röntgenbild der Halswirbelsäule zeigt ein klinisches Bild, welches

---

47 BGH VersR 1981, 1033.
48 Zur Übersicht MüKo-*Wagner*, BGB, 8. Aufl. 2020, vor § 630a Rn. 43 m.w.N.

der Facharzt bei der Auswertung nicht einzuordnen vermag. Eine Kernspinto-mographie hätte mit überwiegender Wahrscheinlichkeit den Nachweis erbracht, dass ein Bruch der Halswirbelsäule vorgelegen hat. Der Arzt klärt dieses Bild je-doch nicht weiter ab, da er davon ausgeht, der Patient habe möglicherweise schlicht unruhig gelegen. Wenn nunmehr ein Sachverständiger aus dem ent-sprechenden fachärztlichen Bereich darüber aufklärt, dass in einer solchen Konstellation vom Mediziner zu erwarten ist, dass auch kleine Verschattungen etc. weiter abgeklärt werden müssen, da diese – wie hier gegeben – besonders schwere Gefahren bedeuten können, kann sich der Arzt nicht auf einen dia-gnostischen Irrtum zurückziehen, da sein Fehlverhalten zu diesem Irrtum erst geführt hat. Nun ist die Trennung dieser beiden Ansätze allerdings in der Praxis wie in der Theorie von erheblichen Schwierigkeiten gekennzeichnet und bis heute nicht befriedigend für jede denkbare Konstellation gelöst, obgleich sich über diesen Punkt ein Großteil aller Arzthaftungsprozesse entscheidet. Nachfolgend wird eine kleine Liste der gängigen Lösungsvorschläge für das Dilemma geboten:

aa) Schwerpunkt der Vorwerfbarkeit[49]

Es soll hiernach darauf ankommen, ob der erkannte Befunderhebungsmangel nach Berücksichtigung aller Umstände des Einzelfalls den schützenden dia-gnostischen Irrtum überschattet oder hinter demselben zurücktritt. Bei diesem Ansatz wird weithin auf die fachmedizinische Beurteilung des Sachverständigen zurückgegriffen, um diese logisch zu prüfen und in die juristische Abwägung einzustellen. 33

bb/cc) Sperrwirkung des diagnostischen Irrtums und/oder des einfachen Diagnosefehlers[50]

Geht einem Befunderhebungsmangel ein diagnostischer Irrtum oder sogar ein einfacher diagnostischer Fehler voraus und basiert die fehlerhafte Befundung auf diesen diagnostischen Erkenntnissen, so soll der Vorwurf des Befunderhe-bungsmangels gesperrt sein. Die naheliegende für die Ärzteseite schärfere Vari-ante ist dementsprechend, eine Sperrwirkung nur beim diagnostischen Irrtum anzunehmen, nicht mehr jedoch beim diagnostischen Fehler. 34

---

49 In diese Richtung BGH NJW 2017, 888; 2016, 1447; VersR 2010, 72 f.; OLG Jena OLGR 2009, 419 f.
50 Hierzu *Ramm*, GesR 2011, 513, 516 f.; *Karmasin*, VersR 2009, 1200, 1202; *Hausch*, MedR 2012, 231, 235 ff.

dd) Diagnostische Fehler als potentielle Befunderhebungsmängel[51]

35 Vereinzelt ist auch vorgeschlagen worden, diagnostische Fehler ihrerseits noch einmal fachmedizinisch auf den Prüfstand zu stellen, ob dieselben nach ärztlichem Standard nicht aufgrund hinzutretender Umstände für sich genommen auch als Befunderhebungsmängel zu betrachten sein könnten.

ee) Lösung über Tatfrage[52]

36 Es ist auch vorgeschlagen worden, die Abgrenzung nicht als Rechts-, sondern als Tatfrage aufzufassen und vollständig auf die Aufklärung und Bewertung des Sachverständigen zurückzugreifen.

ff) Parallelwirkung[53]

37 Letztlich gibt es in der Rechtsprechung gewisse Anzeichen dafür, in Grenzfällen nicht mehr davon auszugehen, dass diese zwei Systemebenen relevanten Einfluss aufeinander haben, sondern dieselben vermeintlich „schlicht" unabhängig voneinander zu bewerten.

38   Stellungnahme: An dieser Stelle kann eine nur knappe Bewertung erfolgen. Welchen Weg die Rechtsprechung auch künftig beschreiten wird, es ist zentral darauf zu achten, den Pflichtenkanon des Arztes im geltenden Haftungssystem, welches vom Wesen des vorwerfbaren Pflichtenverstoßes geprägt ist, nicht zu überspannen. Der Arzt gibt kein Werkvertragsversprechen ab und kann dies in aller Regel in der Umsetzung auch nicht leisten, selbst wenn er wollte oder eine solche Aussage träfe, wobei mit Blick auf § 630a Abs. 2 BGB auch anderes vertretbar ist. Diagnostische Fehler zu begehen und hierfür nicht mit begründeten Haftungsansprüchen überzogen werden zu können, ist dabei aus den schon oben genannten Gründen ein elementarer Schutz, dessen Aufhebung eine Erosion des Arzthaftungsrechts de lege lata bedeutete. Daraus folgt aber zugleich, dass dieser Schild nicht mit anderen Konstruktionen umgangen werden darf, soweit derselbe seiner Teleologie nach reichen muss. Dementsprechend dürfte der letzte Ansatz einer Nichtberücksichtigung diagnostischer Irrtümer oder Fehler bei der Frage

---

51 In diese Richtung *Geiß/Greiner*, Arzthaftpflichtrecht, 6. Aufl. 2014, Rn B 64.
52 Vgl. *Kniepert/Moeller*, MedR 2019, 464. Monographisch *Kniepert*, Befunderhebung oder Diagnose?, 2020, 106 ff.
53 Jüngst möglicherweise BGH NJW 2016, 1447; 2011, 1672. Diese Judikate können sowohl als ein striktes Nebeneinander als auch als Einpassung in die Schwerpunkttheorie verstanden werden, wobei Ersteres nach der Darstellung näherläge, während Zweiteres zu BGH NJW 2017, 888 passen würde.

nach einem Befunderhebungsmangel keine Zukunft haben. Ob daneben allerdings Sperrwirkungen oder Abwägungsmechanismen gelten sollen, ob es sich mehr um eine Tat- denn eine Rechtsfrage oder insgesamt um einen nicht hinreichend präzisen Abgrenzungsmechanismus handelt, den es auf eine neue, verbesserte Grundlage zu stellen gelten könnte, ist nach wie vor offen. Aktuell dürfte insoweit vieles vertretbar sein. Die gerichtliche Praxis scheint dabei allerdings weniger um die abschließende Lösung der dargelegten Streitigkeit denn vielmehr um interessengerechte Entscheidungen im Einzelfall bemüht. Das ist dem zur Entscheidung berufenen Spruchkörper kaum vorzuwerfen, birgt allerdings gleichwohl die bereits vielfach in den letzten Jahrzehnten zu beobachtende Gefahr divergierender Lösungsmodelle, ohne dass der BGH dem beigekommen wäre.

Fall 7

Die klinische Praxis kennt leider vielfach die Konstellation, in der sich ein Patient mit Übelkeit, Bauchkrämpfen, Erbrechen und Durchfall vorstellt. Im Zweifel hat dieser Patient eine Gastroenteritis (Magen-Darm-Grippe). Manchmal kombinieren sich diese Symptome aber auch mit einer empfindlichen und angespannten Bauchdecke und statt Durchfall ist dann eher Verstopfung zu beobachten. Dann hat der Patient möglicherweise eine Appendizitis (Blinddarmentzündung). Gleichwohl ist das klinische Bild häufig auf den ersten Blick sehr ähnlich, obgleich ein Experte den bedeutsamen Unterschied zumeist erkennt. Die Appendizitis ist allerdings sehr gefährlich (geht bis zum Platzen des Blinddarms und kann letal verlaufen), während die Gastroenteritis typischerweise keine ernsten therapeutischen Sorgen bereitet. Es sei nun angenommen, dass ein Arzt einen Patienten mit Verdacht auf Gastroenteritis nach Hause schickt, dieser dann einige Stunden später mit Appendizitis ins Krankenhaus eingeliefert und notoperiert wird. Hätte der Arzt in der etwas unklaren Situation nebst Abtasten des Bauchraumes einen Ultraschall durchgeführt, wäre die Appendizitis mit überwiegender Wahrscheinlichkeit aufgefallen und es kann ebenfalls mit überwiegender Wahrscheinlichkeit gesagt werden, dass die gesundheitlichen Schäden des Patienten bei einer viele Stunden früheren Operation deutlich geringer ausgefallen wären. Haftung des Arztes?

An Hand dieses Falles wollen wir uns nunmehr ohne den breiten Theorienstreit **39** ansehen, wie mit dem Befunderhebungsmangel juristisch umzugehen ist. Das für einen Anspruch aus § 280 Abs. 1 BGB erforderliche Schuldverhältnis liegt in Form eines Behandlungsvertrages nach § 630a BGB vor. Der Arzt hat mit seinem Unterlassen der gebotenen operativen Therapie (oder jedenfalls Überstellung an einen geeigneten Chirurgen) den objektiv in dieser Situation gebotenen medizinischen Standard unterschritten und somit eine Pflicht verletzt. Mit der nichtbehandelten, fortschreitenden Appendizitis und dem weitergehenden Schadensumschlag liegt auch eine Gesundheitsschädigung des Patienten vor. Allerdings kann der Patient nicht beweisen, dass und welcher Teil der Gesundheitsschädigung auf das standardwidrige Verhalten des Arztes zurückgeht. Da der Patient für die Kausalitätsfragen darlegungs- und beweisbelastet ist, müsste er an dieser Stelle den Rechtsstreit verlieren. Allerdings könnte die Beweislastregel nach § 630 h Abs. 5 S. 1 BGB eingreifen. Jedoch ist vorliegend nicht ersichtlich, dass der Arzt einen groben Behandlungsfehler begangen hätte. Es sei auch davon ausgegangen, dass der im Prozess berufene medizinische Sachverständige die Diagnose des Arztes zwar als fehlerhaft, jedoch nicht als sog. Fundamentalirrtum (grober Behandlungsfehler im Diagnosebereich) eingestuft hat. Das Unterlassen weiterer ärztlicher Maßnahmen ist mithin aus fachärztlicher Sicht noch nachvollziehbar gewesen. Allerdings kann die Rechtsfolge des § 630 h Abs. 5 S. 1 BGB auch über das Vorliegen der Voraussetzungen des § 630 h Abs. 5 S. 2 BGB ausgelöst werden. Danach gilt, dass das Nichterheben relevanter Befunde auch schon unterhalb der Schwelle grober Pflichtwidrigkeit dann zur Annahme eines groben Behandlungsfehlers führen kann, wenn mit überwiegender Wahrscheinlichkeit (50 % + 1 und damit keine richterliche Überzeugung notwendig!) davon auszugehen ist, dass bei Befunderhebung sich ein medizinischer Sachverhalt gezeigt hätte, auf den der Arzt hätte reagieren müssen, um keinen groben Behandlungsfehler zu begehen. Auf den Fall gewendet bedeutet dies: Stuft man das Unterlassen der diagnostischen Maßnahme Ultraschall und die Auswertung der dort gefundenen Erkenntnisse als (einfachen) Befunderhebungsmangel ein, so muss nach § 630 h Abs. 5 S. 2 BGB gefragt werden, ob sich hierdurch (hypothetisch) in der ex ante – Sicht mit überwiegender Wahrscheinlichkeit ein medizinischer Sachverhalt ergeben hätte (Appendizitis), dessen Nichtbehandlung einen groben Behandlungsfehler i.S.d. § 630 h Abs. 5 S. 1 BGB bedeutete. Diese Voraussetzungen sind hier erfüllt. Der Ultraschall hätte – nach sachverständiger Aussage – mit erheblicher Wahrscheinlichkeit die Appendizitis zu Tage gefördert. Auf diesen Befund hin hätte jeder fachlich ordnungsgemäß handelnde Arzt sofort zur Operation geraten respektive alles für eine solche ins Werk gesetzt. Dies nicht zu tun, wäre ärztlich nicht mehr nachvollziehbar und mithin als grober Behandlungsfehler zu werten. Somit hätte der Arzt nunmehr zu beweisen, dass und inwieweit die gesundheitlichen Folgen für den Patienten nicht auf sein fehlerhaftes Unterlassen zurückzuführen sind, was nach sachverständiger Aussage nicht gelingen wird. Mithin ist die haftungsbegründende Kausalität gegeben und weitere Probleme stellten sich nach dem Sachverhalt hier nicht.

40   Als abschließende Anmerkung sei ergänzt, dass in Klausur und rechtspraktischer Prüfung an eben jenem Punkt, an welchem oben ein Befunderhebungsmangel lapidar angenommen worden ist, die zuvor aufgerissene Diskussion darum geführt werden muss, ob der in Haftung genommene Arzt sich mit einem nachvollziehbaren diagnostischen Irrtum verteidigen kann/darf, was je nach Sachlage in den Fällen von Gastroenteritis vs. Appendizitis nicht ausgeschlossen

erscheint, aber überwiegend dünnes Eis sein dürfte, da eine Appendizitis durch den Fachexperten doch recht rasch und überwiegend sicher heute ausgeschlossen werden kann.

c) Das voll beherrschbare Risiko

Eine weitere rechtliche Besonderheit ist die Fehlervermutung im Rahmen des voll 41 beherrschbaren Risikobereichs,[54] die in § 630 h Abs. 1 BGB ihren Niederschlag gefunden hat. Dahinter verbirgt sich die Idee, dass es auch im Behandlungsprocedere Tätigkeitsfelder, Vorbereitungsmaßnahmen und technische Hilfsmittel gibt, bei denen die Behandlungsseite sich nicht auf das Argument zurückziehen kann, ein unerwünschter Verlauf sei schicksalhaft gewesen und ein Misserfolg könne keinen Fehler indizieren. Rechtsprechung und Gesetzgeber erkennen mit dieser Fallgruppe dementsprechend an, dass es auch im Behandlungsgeschehen zustands- und erfolgsbezogene Komponenten gibt, bei denen die Haftung der Behandlungsseite einen werkvertragsrechtlichen Charakter hat,[55] wobei die Regeln des Werkvertragsrechts als solche weiterhin nicht zur Anwendung kommen. Zentral ist jedoch im Vermutungstatbestand die Feststellung, dass der Patient darlegen und beweisen muss, dass sich ein gefährlicher Zustand aus dem behandlungsseitigen Organisationsbereich bei ihm ausgewirkt, also kausal zu einer Rechtsgutsverletzung geführt hat.[56] Und genau hieran scheitern die meisten Ansätze, die sich haftungsrechtlich auf die Beweislastregel des § 630 h Abs. 1 BGB zu stützen versuchen.

Fall 8
Wieder einmal in der Welt von Scrubs angekommen, muss konstatiert werden, dass in zahlreichen Folgen die Ärzte, Pfleger und Schwestern – bedingt durch Verspätung oder wieder einmal durch einen Streich des Hausmeisters[57] – die Behandlung und Versorgung der Patienten in Straßenklamotten, mit unsauberen Händen oder anderweitig hygienisch unvorbereitet durchführen. Besonders tragisch ist jener Fall, in dem der junge Assistenzarzt, der von JD lernen soll, letztlich wegen seiner Fehler gefeuert werden muss, an seinem letzten Tag dann aber noch einen schmutzigen Handschuh aufhebt und einer alten Dame im Anschluss die Hand gibt, die später an der so übertragenen Infektion verstirbt. Wenn wir einmal unterstellen, dass sich – wie es häufig der Fall ist – nicht mehr genau klären lässt, ob tatsächlich eine solche Verfehlung wie oben beschrieben geschehen ist, so führt dies zu der Frage, ob die

54 BGHZ 171, 358 Rn 11 = NJW 2007, 1682. Lies auch BGH, Beschl. v. 26.09.2017 – VI ZR 529/16.
55 Hierzu MüKo-*Wagner*, BGB, 8. Aufl. 2020, § 630 h Rn 22 m.w.N.
56 BGHZ 171, 358 Rn 9 = NJW 2007, 1682.
57 Wussten Sie, dass dieser anfangs nur als Hirngespinst von JD angedacht gewesen ist, sich sodann aber als Figur so gut gemacht hat, dass man ihn beibehalten wollte?!

Patientin – oder nach ihrem Versterben die Angehörigen – erfolgreich Ansprüche mit dem Vortrag geltend machen können, dass Keimfreiheit nach Krankenhaushygienestandards zwingend anzunehmen sei und eine solche Infektion (MRSA, Pseudomonas etc.) im Krankenhaus generell nicht geschehen dürfe.

42 Haftungsrechtlich könnten Angehörige erwägen, gemäß § 823 Abs. 1 BGB wegen eventuell eingetretener Schockschäden oder gemäß §§ 842 ff. BGB wegen Schäden gegen die Klinik vorzugehen, die aus der eingetretenen Lebensverletzung folgen (etwa Geltendmachung eines Angehörigenschmerzensgeldes gemäß § 844 Abs. 3 BGB). Auch ein ererbtes Schmerzensgeld ist denkbar, §§ 1922 i.V.m. 280 Abs. 1, 831 Abs. 1 i.V.m. 253 Abs. 1, 2 BGB. Wir wollen an dieser Stelle einmal die letzte Idee als verfolgt ansehen und nur die Haftungsbegründung klären. Es sei aber vorab noch darauf hingewiesen, dass der zuerst genannte Schockschaden eine eigenständige Gesundheitsverletzung bei den Angehörigen gewesen wäre,[58] während es sich bei allen anderen Positionen um Folgen aus dem Versterben oder den vorab zugefügten Leiden der Patientin handelt. Vorsicht: Der Tod einer Person ist für sich genommen kein Umstand, aus dem vererbliche Schmerzensgeldansprüche hervorgehen.

43 Die relevante Rechtsgutsgutsverletzung mit Blick auf ein ererbtes Schmerzensgeld wäre somit die Gesundheitsschädigung, die mit dem Infektionsbefall vor dem Tod der Patientin eingetreten ist und dieser Beschwerden bereitet hat. Es kann aber nach der Fallfrage nicht mehr geklärt werden, ob ein Fehlverhalten der Behandlungsseite, wie dies etwa bei unserem jungen Assistenzarzt vorgekommen ist, auch tatsächlich vorgelegen hat. Hierfür sind die Erben entsprechend der Verteilung zu Lasten der Erblasserin darlegungs- und beweisbelastet. Kann die Begehung eines Fehlverhaltens (Behandlungsfehler) wie etwa mangelhafte Hygiene nicht im Nachhinein sachverständig oder durch andere Mittel aufgeklärt werden, so würden die Erben den Prozess verlieren. Jedoch könnte zu ihren Gunsten die Vermutung des § 630 h Abs. 1 BGB eingreifen. Dieser verlangt im Vermutungstatbestand den Vollbeweis dafür, dass ein bestimmtes Risiko während des Behandlungszeitraums in der Sphäre der Behandlungsseite bestanden hat, das voll beherrschbar gewesen ist und das sich gerade in Form der gerügten Rechtsgutverletzung realisiert hat. In diesem Fall wird zu Lasten der Behandlungsseite vermutet, dass diese auch einen vorwerfbaren Fehler begangen hat. Nun ist der Nachweis aller Voraussetzungen des Vermutungstatbestandes in der Rechtspraxis allerdings von großen Schwierigkeiten für die Patientenseite geprägt. Bestimmte Bereiche, die voll beherrschbar erscheinen (so die Einhaltung

---

58 BGHZ 172, 263 = NJW 2007, 2764 Rn 12; BGH NJW 2014, 2190 Rn 8.

der Krankenhaushygienestandards, sterile OP-Instrumente, unversehrte Blut-
konserven, keine Kontaminationen bei Medikamenten und Einrichtungsgegenständen, korrekte Lagerung des Patienten auf dem OP-Tisch etc.), sind noch recht
gut auszumachen. Abstrakt definiert handelt es sich um alle Einrichtungsele-
mente und Verhaltensweisen, bei denen unter Wahrung der geforderten Sorgfalt
ein Schaden für den Patienten gesichert vermieden werden kann. Problematisch
ist demgegenüber der geforderte Kausalitätsnachweis zwischen Risiko und Rea-
lisation mit Blick auf die konkret eingetretene Rechtsgutverletzung (Körper- und
Gesundheitsschaden). Der vorliegend angesprochene Fall der Hygiene in Einrichtungen ist dabei ein besonderer rechtspraktischer Zankapfel.[59] In zahlreichen
Gerichtsgutachten haben medizinische Experten bekundet und sauber belegt,
dass nach derzeitigem Erkenntnisstand die klassischen Krankenhausinfektionen
vielfach auch von außerhalb durch den Patienten selbst mit in die Einrichtung
getragen werden können. Diese finden sich allem voran in tiefer liegenden Haut-
und Gewebeschichten und kommen bspw. bei operativen Eingriffen an die
Oberfläche. Das führt regelmäßig zu dem Ergebnis, dass die Kausalität zwischen
patientenseitigem Verweilen in der medizinischen Einrichtung und Infektion
nicht mit Sicherheit festgestellt werden kann und der Vermutungstatbestand des
§ 630 h Abs. 1 BGB nicht greift. Auch ein Blick in § 23 Abs. 3 IfSG (Infektionsschutzgesetz) hilft nicht weiter, da dort nur normiert ist, dass eine medizinische
Einrichtung, die sich an alle Hygienevorgaben des Robert-Koch-Instituts hält, eine
Vermutung auf ihrer Seite hat, dass die Hygienestandards eingehalten worden
sind. Werden diese Vorgaben jedoch nicht beachtet, indiziert dies noch kein or-
ganisatorisches Versagen.[60] Zudem sind die Einrichtungen nach bislang h.M.
nicht verpflichtet, die Dokumentation der Hygienemaßnahmen nach den §§ 23
Abs. 4, 5 IfSG an den Patienten herauszugeben.

Allerdings offenbart die vorliegende Problematik auch das wunderbare Zu- 44
sammenspiel von prozessualer Taktik und materiellrechtlichen Regelungen. Im
Zivilprozess, so werden wir an späterer Stelle noch näher lernen, ist die Behandlungsseite auf der Ebene der Darlegung von einer sog. sekundären Darlegungslast[61] betroffen. Sie muss mit Blick auf alle Umstände, die für die konkrete
Behandlung relevant sind, elaboriert vortragen und das Vorgehen sowie – falls
geboten – die Umstände beschreiben. Nun mag es zwar sein, dass der Patient de
lege lata nicht beliebig Vorlage der allgemeinen Einrichtungsdokumentation

---

59 OLG München BeckRS 2013, 11185.
60 *Klein*, HygMed 2010, 361 ff.
61 Näher *J. Prütting*, GesR 2017, 681, 685 ff. Vgl. zu den Grundsätzen der sekundären Darlegungslast die Erwägungen bei BGH NJW-RR 2016, 1360, 1361 ff.

verlangen kann. Werden jedoch im Prozess für die konkrete Behandlung dieses Patienten die äußeren Umstände gezielt angegriffen, ist es nach richtiger, aber durchaus nicht unbestrittener Auffassung an der Behandlungsseite, auch Hygienemaßnahmen und entsprechende Organisationsstandards offenzulegen.[62] Ein geschickter Patientenanwalt kann mit zielführendem Vortrag daher letztlich beinahe das erreichen, was die vollständige Offenlegung der Dokumentation nach § 23 Abs. 4, 5 IfSG gebracht hätte.

d) Die Anfänger-Behandlung / Das Übernahmeverschulden

45 Auch die persönliche Befähigung des konkreten Behandlers (Operateur etc.) ist für den Patienten von großer Bedeutung. Wie in jedem Beruf sind persönliche Fertigkeiten und Erfahrungsschatz zentrale Aspekte, wenn es um die Sicherung guter Leistungsqualität geht.

Fall 9

In der vierten Staffel macht Dr. House Bekanntschaft mit einer Ärztin vom Militär. Sie ist in theoretischen Fragen vielfach fit, jedoch bei zahlreichen praktischen Interventionen noch sehr unerfahren. Dr. House stellt sie unter Verkennung dieser Umstände ein und überlässt ihr zahlreiche Behandlungen, für die sie nur im Rahmen ihrer theoretischen Kenntnisse, nicht jedoch mit Blick auf Erfahrung und praktische Fertigkeiten ausgebildet ist (der Fall ist nicht ganz seriengetreu). Es sei unterstellt, dass sich nach einem solchen Eingriff bei einem Patienten eine gesundheitliche Verschlechterung einstellt, deren Ursprung jedoch nicht sicher nachvollzogen werden kann. Allerdings hat die Ärztin nachweislich die Eingriffstechnik mangelhaft (leicht fahrlässig) umgesetzt und es liegt durchaus im Bereich des Möglichen, dass die Zustandsverschlechterung hierauf zurückzuführen ist. Allerdings wäre auch ein progressives Fortschreiten der Grunderkrankung denkbar. Wer gewinnt den Prozess, wenn sowohl gegen die Ärztin als auch gegen das Krankenhaus geklagt wird, die Ärztin sich aber nachweislich zutreffend mit dem Argument verteidigt, sie habe auch bei ordnungsgemäßer Gewissensanstrengung nach ärztlichen Standards nicht vorab erkennen können, dass dieser Eingriff ein solch erhebliches zusätzliches Erfahrungswissen benötigt hatte und sie dem nicht gewachsen gewesen ist?

46 Der Patient hat mit dem Krankenhaus einen Vertrag und somit ein Schuldverhältnis gemäß § 280 Abs. 1 BGB, während gegen die Ärztin nur eine Haftung nach deliktischen Grundsätzen in Betracht kommt. Die erforderliche Rechtsgutsverletzung im Sinne der §§ 280 Abs. 1[63] und 823 Abs. 1 BGB ist mit der Zustandsverschlechterung gegeben. Auch liegt auf Basis der mangelhaften Durchführung ein Behandlungsfehler vor, der dem Krankenhaus gemäß § 278 2. Alt. BGB (direkt oder

---

62 *J. Prütting*, GesR 2017, 681, 685 ff.
63 Strukturgleichheit von Vertrag und Delikt in der Arzthaftung, vgl. BGH NJW 1989, 767.

analog) zugerechnet werden kann (eine Zurechnung über § 831 Abs. 1 BGB ist ebenfalls denkbar, jedoch scheitert diese häufig an Darlegung und Beweis eines ordnungsgemäß ausgesuchten und überwachten Arztes im Anstellungsverhältnis). Jedoch ist die haftungsbegründende Kausalität zwischen Fehler und Primärschädigung nicht geklärt und die Umkehr der Beweislast nach § 630 h Abs. 5 S. 1 BGB greift mangels grober Pflichtwidrigkeit nicht ein. Allerdings handelt es sich um eine Situation, in welcher die behandelnde Ärztin mit Blick auf den konkreten Eingriff den erforderlichen Standard gemäß § 630a Abs. 2 BGB noch nicht gesichert anbieten konnte. Dabei kommt es in keiner Form darauf an, ob die jeweilige Person der Behandlungsseite Assistenz-, Ober- oder gar Chef- oder irgendein spezifischer Facharzt ist. Vielmehr ist zu prüfen, ob für den konkreten Eingriff sowohl die theoretischen Kenntnisse als auch der nach medizinischen Standards zu fordernde Erfahrungsschatz im Zeitpunkt der Behandlung gegeben gewesen ist (anders als dies bei der Delegation der Selbstbestimmungsaufklärung (§ 630e Abs. 1, 2 Nr. 1 BGB) auf einen Arzt, der noch nicht über den praktischen Erfahrungsschatz verfügt, allerdings die theoretischen Kenntnisse hat, der Fall ist, da es für die Aufklärung regelmäßig nur der Theoriekenntnisse bedarf!). Die Anfänger-OP bezieht sich mithin auf den „Anfänger" für die konkrete medizinische Intervention, nicht auf eine bestimmte Menge an Dienstjahren oder eine bestimmte Position in der medizinischen Einrichtung. Freilich ist die Wahrscheinlichkeit, dass ein Assistenzarzt in seinem Gebiet eher noch unerfahren sein wird, als dies bei einem langgedienten Arzt oder Oberarzt der Fall ist, regelmäßig signifikant höher, so dass hier im Prozess seitens des Patienten verstärkt nachgefragt werden sollte. Auf der Darlegungsebene ist es an der Behandlungsseite, hierüber ordnungsgemäß Auskunft zu erteilen. Andernfalls droht mit Blick auf den Vorhalt mangelhafter Erfahrung im Sinne des § 630 h Abs. 4 BGB die Unterstellung als wahr (mangelhaftes substantiiertes Bestreiten mit Blick auf sekundäre Darlegungslast entsprechend § 138 Abs. 3 ZPO). Für die konkrete Situation ist mithin zu konstatieren, dass aufgrund der Erfüllung der Vermutungsvoraussetzungen des § 630 h Abs. 4 BGB das Vorliegen des streitigen Kausalzusammenhangs zu Lasten des Krankenhauses vermutet wird, welches den Beweis des Gegenteils (§ 292 S. 1 ZPO) nicht führen kann. Da die anderen Haftungsvoraussetzungen vorliegen, haftet das Krankenhaus gemäß §§ 630a, 280 Abs. 1, 278 2. Alt. BGB. Da eine Exculpation in diesem Bereich nicht vorgesehen ist, kann sich das Krankenhaus auch nicht damit verteidigen, dass die Ärztin ihr Übernahmeverschulden nach ihrem Ausbildungsstand nicht korrekt hatte erkennen können, da es Sache der Krankenhausorganisation ist, dafür Sorge zu tragen, dass eine solche Situation nicht entstehen kann. Mithin trifft das Krankenhaus eine eigenständige vertragliche Vorwerfbarkeit, selbst wenn der Standpunkt eingenommen würde, dass es kein vorwerfbares Versagen der konkret handelnden

Ärztin gäbe. Im Bereich des § 831 Abs. 1 BGB ist ebenso zu entscheiden, da der Nachweis ordnungsgemäßen Aussuchens und Überwachens gerade mit Blick auf die Pflicht, besagte Situation im Entstehen zu hindern, das erforderliche Verschulden begründet.

47 Grundsätzlich müsste man nunmehr davon ausgehen, dass – gerade mit Blick auf den stets in der Rechtsprechung hoch gehaltenen Gleichlauf von vertraglicher und deliktischer Haftung – dasselbe Ergebnis gemäß § 823 Abs. 1 BGB gegen die behandelnde Ärztin zu erzielen wäre. Tatsächlich bricht die Rechtsprechung an dieser Stelle jedoch mit dem eigens geschaffenen System der Arzthaftung, welches im Behandlungsfehlerbereich rein standardorientiert und nach objektiven Grundsätzen entscheidet. Es wird zu Gunsten des behandelnden Anfängers, der sein Übernahmeverschulden situationsbedingt nicht erkennen konnte, kein Verschuldensvorwurf gemacht, obgleich eine Pflichtverletzung mit Blick auf die konkrete Behandlungstätigkeit (Standardwidrigkeit) nicht von der Hand zu weisen ist.[64] Dieser nachvollziehbare Schutzgedanke zu Gunsten des ärztlichen Anfängers, der mit höchster Gewissensanstrengung gleichwohl nicht erkennen konnte, dass er der Aufgabe nicht gewachsen gewesen ist, bringt ein im Rahmen reiner zivilrechtlicher Tätigkeitspflichten unbekanntes subjektives Vorwerfbarkeitskriterium ein, was auch der BGH erkannt und die Frage später offen gelassen hat.[65] Allerdings sollte dieser Komplex – soweit derselbe nicht möglicherweise in eine dogmatische Grundsatzdebatte des Zivilrechts hinsichtlich der Vorwerfbarkeit verletzter Verhaltenspflichten mündet – in der Arzthaftung auch nicht überwertet werden, da der jeweilige Behandlungsanfänger stets von der Haftpflichtversicherung seiner Einrichtung geschützt ist und diese wegen der vertraglichen Haftung (s. o.) ohnehin für die entstandenen Schäden einzustehen hat. Rechtspraktisch handelt es sich daher eher um ein marginales Problem.

e) Unterbrechung des Kausalzusammenhangs

48 Die medizinische Praxis kennt viele Konstellationen, in denen eine Verkettung von unglücklichen Umständen und begangenen Fehlern letztlich zu einem Gesamtschadensbild führt, welches kaum präzise auf das eine oder andere Verhalten zurückgeführt werden kann. Dabei stellen sich grundsätzlich zwei besondere Problemlagen. Einerseits muss der Patient darlegen und beweisen, dass ein bestimmter Behandlungsfehler einen zu benennenden Primärschaden hervorgerufen hat (haftungsbegründende Kausalität) und andererseits muss mit Blick auf

---

64 BGHZ 88, 248, 258 = NJW 1984, 655, 657.
65 BGH NJW 1988, 2298, 2299 f.

diese Kausalitätsfrage kritisch nachgefasst werden, wenn im Anschluss an einen Behandlungsfehler eine dritte Person (ein nachbehandelnder Arzt, ein Apotheker etc.) ebenfalls einen Fehler begeht, der ebenso primärschadenskausal sein kann.

Wie schon im Rahmen des Abschnitts zum groben Behandlungsfehler auf- 49 gezeigt, wird der Patient sowieso häufig den Vollbeweis der haftungsbegründenden Kausalität nicht erbringen können. Daher entscheidet regelmäßig die Beweislast, die nach den Regeln des groben Behandlungsfehlers, des Befunderhebungsmangels und der Anfängeroperation auf den Arzt gekehrt sein kann. Hat der Patient die Vermutungsbasis einer dieser Möglichkeiten dargelegt und bewiesen, stellt sich nunmehr für die oben genannten Zusatzkonstellationen des Dazwischentretens eines Dritten die Frage, ob der vermutete Zurechnungszusammenhang hierdurch widerlegt ist. Die Rechtsprechung verneint dies selbst in dem Fall, in welchem auch der Nachfolgebehandler einen groben Behandlungsfehler begangen hat und lässt vielmehr sämtliche Behandler als Gesamtschuldner in voller Höhe haften, sofern noch ein adäquater Kausalzusammenhang zu bejahen ist.[66] Der tragende Gedanke liegt darin, dass der Verletzer grundsätzlich nicht darauf vertrauen kann und darf, dass ein Dritter nicht möglicherweise ebenso pflichtwidrig handeln wird. Gerade behandlungsfehlerhaftes Verhalten bringt regelmäßig die Notwendigkeit mit sich, dass der Patient sich weiteren Behandlungen unterziehen muss. All diese Folgebehandlungen sind aber riskant (was sie vielfach schon bei standardgerechter Durchführung wären, man denke nur an weitere notwendige Operationen).

Die Grenze wird jedenfalls dort gezogen, wo ein Dritter vorsätzlich schädigt. 50 Dies ist nach allg.M. einem Vorschädiger nicht mehr zuzurechnen.[67] Zudem soll nach der treffenden Zusammenstellung von BGH-Ausführungen seitens *Martis/ Winkhart*[68] der Zurechnungszusammenhang dann entfallen, wenn

- „das Schadensrisiko der Erstbehandlung im Zeitpunkt der Weiterbehandlung schon gänzlich abgeklungen war, sich der Behandlungsfehler des Erstbehandlers auf den weiteren Krankheitsverlauf nicht mehr ausgewirkt hat oder
- es um die Behandlung einer Krankheit geht, die mit dem Anlass für die Erstbehandlung in keiner Beziehung steht bzw.
- die Nachbehandlung einer Krankheit oder Komplikation in keinem inneren Zusammenhang mit therapeutischen oder diagnostischen Maßnahmen des Erstbehandlers steht oder

---

66 Vgl. BGH NJW 2012, 2024; 2003, 2311, 2314.
67 Vgl. OLG Saarbrücken NJW 2012, 324.
68 *Martis/Winkhart, Arzthaftungsrecht*, 5. Aufl. 2018, S. 1064 m.z.N.

– der die Zweitschädigung herbeiführende Arzt in außergewöhnlich hohem Maß die an ein gewissenhaftes ärztliches Verhalten zu stellenden Anforderungen außer Acht gelassen und derart gegen alle ärztlichen Regeln und Erfahrungen verstoßen hat, dass der eingetretene Schaden seinem Handeln haftungsrechtlich-wertend allein zugerechnet werden muss".

51 Als abschließende Bemerkung sei darauf hingewiesen, dass diese Zurechnungsproblematik auch außerhalb des Medizinrechts, aber vielfach mit Bezügen hierzu von großem Interesse ist. Wenn etwa im Rahmen eines sportlichen Wettkampfs ein Spieler den anderen in Form einer massiven Regelwidrigkeit fault und dabei so schwer verletzt, dass eine Organtransplantation notwendig wird, so hat der Verletzer gleichermaßen dafür einzustehen, wenn der Krankenwagen beim Transport in das Krankenhaus einen Unfall und der Verletzte hierdurch weitere Schäden erleidet,[69] wie auch für die durch Vater oder Mutter initiierte Organspende zu Gunsten ihres Kindes[70] (Herausforderungsfall) und den anschließenden groben Behandlungsfehler des Arztes während der Implantations-OP, der weitreichende Folgen haben kann.

f) Ancheins- und Indizienbeweis

52 Ancheins- und Indizienbeweise spielen im Medizinschadensprozess innerhalb der Behandlungsfehlerdogmatik eine untergeordnete Rolle. Dieser Umstand rührt daher, dass in den meisten Situationen keine allgemeine Lebenserfahrung oder hinreichend starke Indizien existieren, wonach auf eine bestimmte zu beweisende Haupttatsache zurückgeschlossen werden kann. Zur Erinnerung: Der Anscheinsbeweis ist nach wohl herrschender, jedoch verfehlter Auffassung[71] ein Fall der Reduktion der in § 286 ZPO vorausgesetzten Messlatte des Vollbeweises und greift dann, wenn ein bestimmter Sachverhalt nach allgemeiner Lebenserfahrung mit hinreichender Typizität auf eine bestimmte Ursache zurückgeführt werden

---

69 Vgl. BeckOK-*Förster*, 53. Ed. 2020, BGB, § 823 Rn 597 mit vielen Beispielen aus dem Sport. Zur Dogmatik s.a. BGH VersR 2013, 599 Rn 12.

70 Vgl. BGHZ 101, 215, 219 ff. = NJW 1987, 2925.

71 Vgl. zur Übersicht Musielak/Voit/*Foerste*, ZPO, 17. Aufl. 2020, § 286 Rn 24 f. Dagegen MüKo-*H. Prütting*, ZPO, 5. Aufl. 2016, § 286 Rn 52. f. mit dem zutreffenden Hinweis, dass das Beweismaß nicht betroffen ist, sondern vielmehr der jeweilige Anschein ausreichen kann und für eine entsprechende Entscheidung im Einzelfall muss, um die richterliche Überzeugung nach § 286 ZPO zu stützen. Dementsprechend ist die Stärke des jeweiligen Erfahrungssatzes genau zu hinterfragen. S.a. *J. Prütting*, NJW 2019, 2661 ff.

kann.[72] Der Indizienbeweis bietet lediglich eine Verkettung von Umständen, die ihrerseits nur dann zur richterlichen Überzeugung nach § 286 ZPO mit Blick auf die zu beweisende Haupttatsache führen, wenn dieselben den zwingenden Rückschluss erlauben.[73] Dies gelingt höchst selten, da jeder ansatzweise ernsthaft zu erwägende Alternativverlauf diese Beweisführung zu zerstören vermag.

Der Umstand also, dass nach einer Blutung während einer OP Lähmungser- 53 scheinungen beim Patienten auftreten, kann regelmäßig ebenso wenig fraglos auf ein bestimmtes behandlungsfehlerhaftes Verhalten zurückgeführt werden, wie eine unerwünschte Reaktion des Patienten auf eine spezifische medikamentöse Therapie. Im Gros aller Fälle bestehen zahlreiche Erklärungsvarianten, etwa eine Verschlimmerung der Grunderkrankung, eine schicksalhafte Verschlechterung wegen Eintritts eines behandlungsimmanenten Risikos, über welches vorab aufgeklärt worden ist uVm. Gleichwohl hat es der BGH als möglich erachtet, dass Anscheinsbeweise zur Annahme der haftungsbegründenden Kausalität führen können. Der BGH führt aus: „Kann ein festgestelltes Krankheitsbild (theoretisch) die Folge verschiedener Ursachen sein, liegen aber nur für eine dieser möglichen Ursachen konkrete Anhaltspunkte vor, so spricht der Beweis des ersten Anscheins für diese Ursache, selbst wenn sie im Vergleich zu den anderen möglichen Ursachen relativ selten ist und das festgestellte Krankheitsbild nur eine zwar mögliche, aber keine typische Folge dieser Ursache ist."[74] Der BGH lässt insoweit also außer Acht, dass auch ein bislang unerkanntes Nebenwirkungsspektrum für die negative Folge verantwortlich zeichnen könnte. Nun möge man sich auf diese Judikatur allerdings im rechtspraktischen Gebrauch nicht übermäßig verlassen, da die Gerichte mit der Annahme der hierfür gebotenen Typizität sehr zurückhaltend sind. Zur Veranschaulichung mögen folgende Beispiele dienen:

Wenn eine Blutkonserve, die mit dem HI-Virus kontaminiert ist, einer Person 54 verabreicht wird, die nicht zu einer Risikogruppe gehört und wird anschließend bei diesem Empfänger HIV diagnostiziert, so spricht ein Anscheinsbeweis für die Rückführung auf die erhaltene Bluttransfusion.[75] Auch die Folgeansteckung des Ehepartners soll von diesem Anscheinsbeweis erfasst sein.[76] Dem wird jedoch sogleich sinnvoll die Entscheidung gegenübergestellt, wonach eine erhebliche zeitliche Nähe von beim Patienten auftretender Infektion und Gabe einer Injektion für einen etwaigen Anscheinsbeweis nicht ausreichen soll.[77]

---

72 Vgl. BGH VersR 2005, 1238; NJW 2006, 2262.
73 Vgl. BGH NJW 1983, 2034, 2035; 1993, 935, 938; 2004, 3423, 3424; 2012, 2427, 2431.
74 BGH NJW 2007, 2767 Rn 14.
75 BGH VersR 2005, 1238.
76 BGH VersR 2005, 1238.
77 BGH VersR 2012, 363, 365. S.a. BGH GesR 2010, 255.

55   Interessant ist ebenfalls die Annahme eines Anscheinsbeweises für die haftungsbegründende Kausalität, wenn ein mit Hepatitis B infizierter Arzt bei der Behandlung seine Hände nicht durch Handschuhe o.Ä. schützt und mehrere Patienten in kurzem zeitlichen Zusammenhang erkranken.[78] Für eine beachtenswerte Liste den Anscheinsbeweis ablehnender Rechtsprechung sei an dieser Stelle auf die Sammlung bei *Martis/Winkhart* verwiesen.[79]

2. Wunschmedizin

a) Vorbemerkungen

56 Der Einsatz medizinischen Wissens kann neben der Heilbehandlung auch für andere Ziele in Betracht kommen. Darunter fallen alle Formen, bei denen es keine medizinische Indikation der Intervention gibt. Dementsprechend ist auch sinnvollerweise nicht mehr vom Patienten, sondern vielmehr vom **Kunden** zu sprechen. Als Beispiel sind etwa die Schönheitschirurgie und alle Arten der Leistungssteigerung (Doping etc.) zu nennen. Soweit es für Verbesserungen und Wuscherfüllung beim eigenen Körper keiner ärztlichen Intervention bedarf (Kaffee, Sport, Schönheitspflege etc.), ist das Recht der medizinischen Behandlung irrelevant. Wünscht der Kunde jedoch ein Lifting, eine Brust-OP oder gar die Steigerung kognitiver Fähigkeiten durch verschreibungspflichtige Pharmazeutika (Ritalin etc.) oder Neurobionik (etwa Tiefe Hinrstimulation[80]), ist das Vertragsverhältnis rechtlich zu kategorisieren und ein treffendes Haftungsregime für den Fall etwaiger Streitigkeiten zu bestimmen.

b) Wissenswertes im Überblick

57 Die §§ 630a ff. BGB sowie die hergebrachten vertraglichen und deliktischen Grundsätze des Arzt-Patient-Verhältnisses sind auf den wunschmedizinischen Bereich anwendbar, soweit diese übertragbar erscheinen. Mithin gilt, dass ein Behandlungsvertrag zwischen Arzt und Kunde (oder Einrichtung und Kunde nach den oben dargestellten Grundsätzen) entsteht. Darüber hinaus bleibt es dabei, dass auch in diesem Feld grundsätzlich kein Werkvertragsrecht herangezogen wird, da die Behandlungsseite selbst in der Wunschmedizin „nur" standardge-

---

78 OLG Köln MedR 1986, 200; OLG Oldenburg MedR 1991, 203; OLG Celle VersR 1998, 1023.
79 *Martis/Winkhart*, Arzthaftungsrecht, 5. Aufl. 2018, A 192 ff.
80 Ausführlich hierzu *J. Prütting*, Die rechtlichen Aspekte der Tiefen Hirnstimulation, 2014, S. 179 ff.

rechtes Vorgehen verspricht und schuldet.[81] Allerdings ist es nicht ausgeschlossen, bestimmte Erfolge vertraglich zuzusagen. § 11 Abs. 2 S. 2 MBO-Ä ist hierauf nicht anwendbar und – sofern keine besonderen Umstände vorliegen – dürfte auch § 138 Abs. 1 BGB regelmäßig nicht allein wegen einer Erfolgszusicherung entgegenstehen.

aa) Indikation

Die erste zentrale Problematik für den Behandlungsfehlerbereich ergibt sich 58 daraus, dass keine medizinische Indikation ersichtlich ist, die den ärztlichen Eingriff legitimieren würde. Daraus folgen weitere Überlegungen. Erstens ist streitig, ob es einer derartigen Legitimation im Recht bedarf oder ob ausschließlich eine informierte Einwilligung des Kunden vorliegen muss.[82] Sofern eine weitergehende Legitimation gefordert wird, ist umstritten, welcher Inhalt dieser anhaften sollte.

Laufs hat noch die Ansicht vertreten, dass wunschmedizinische Maßnahmen 59 mit dem ärztlichen Beruf nicht zu vereinbaren seien und mangels medizinischer Indikation stets abzulehnen wären.[83] Dem ist die Rechtsprechung und h.L. augenscheinlich nicht gefolgt und hat der Wunschmedizin in den vergangenen Jahren weithin freien Lauf gelassen.[84] Dabei ist allerdings nie präzise geklärt worden, ob und inwieweit eine Enhancement-Indikation[85] vorliegen muss, um nicht a priori von einem nicht zu legitimierenden Eingriff auszugehen. Es kristallisiert sich mehr und mehr ein Bild heraus, wonach sowohl auf der Ebene des standardgerechten Vorgehens (also der Behandlungsfehlerebene) als auch auf der Ebene der Wirksamkeit der Einwilligung mit Blick auf deren etwaige Sittenwidrigkeit und den Umfang gebotener Aufklärung der Aspekt der Indikation eine Rolle spielen soll. Dabei ist seitens des Behandlers stets zuerst zu prüfen, ob Kontraindikationen vorliegen, ob also bestimmte Gründe mit Blick auf die Gesetzeslage (Verbot von Doping, unzulässige Medikamentennutzung etc.) die wunschmedizinische Maßnahme a priori ausschließen. Kontraindikationen können sich darüber hinaus insbesondere aus der gesundheitlichen und sozialen

---

81 Näher *J. Prütting*, Die rechtlichen Aspekte der Tiefen Hirnstimulation, 2014, S. 191 f. m.w.N.
82 Für Letzteres *Lorz*, Arzthaftung bei Schönheitsoperationen, 2007, S. 93 f.
83 *Laufs*, Der ärztliche Heilauftrag aus juristischer Sicht, 1989; *ders.* MedR 1986, 163 ff.; *ders.* in: Laufs/Katzenmeier/Lipp, Arztrecht, 7. Aufl. 2015, S. 7 Rn 6.
84 Einen interessanten Überblick bieten die Beiträge in Wienke/Eberbach/Kramer/Jahnke (Hrsg.), Die Verbesserung des Menschen, 2009.
85 Dafür eintretend *J. Prütting*, Die rechtlichen Aspekte der Tiefen Hirnstimulation, 2014, S. 198 f.; *Stock*, Die Indikation in der Wunschmedizin, 2009, S. 219 f.

Situation des Kunden und aus ethischen Erwägungen zur Art und Weise der Durchführung oder mit Blick auf Dritte oder den ärztlichen Berufsstand insgesamt ergeben.[86] Soweit Aspekte der für den wunschmedizinischen Eingriff erforderlichen Behandlungsdurchführung oder des Gesundheitszustands des Kunden wesentlich entgegenstehen, sind diese unmittelbar im Behandlungsfehlerbegriff dergestalt erfasst, dass jede andere Reaktion als die Zurückweisung der Behandlung für sich genommen fehlerhaft wäre (Übernahmefehler). Alle sonstigen entgegenstehenden Aspekte sind im Bereich von Aufklärung, Einwilligung und Sittenwidrigkeitsgrenze erfasst (s. u. bei der Aufklärungsrüge). Schließlich könnte noch erwogen werden, dass es stets einer vernunftgeleiteten Prüfung im Rahmen der Enhancementindikation bedürfte, die für die Umsetzung sprechen könnte.[87] In Betracht kämen Schönheitsoperationen zur Angleichung an einen Zustand, der psychische Leiden oder ein Unwohlsein des Kunden dämpft. Leistungssteigerungsmittel könnten der Idee vorbehalten sein, körperlich oder geistig benachteiligte Menschen zu unterstützen, um im Wettbewerb mithalten zu können, während andere hiervon ausgeschlossen sein sollten. Dieser Weg ist in Gesetzgebung und Rechtsprechung bislang nicht eingeschlagen worden. Mit der Abschaffung des § 6a AMG a.F. dürfte eher das Gegenteil der Fall sein. Aktuell werden Mittel zur Leistungssteigerung im Sport nur direkt von den Verbänden sanktioniert. Für Prüfungen erledigt dies das spezifische Prüfungsrecht, das je nach Prüfinstitution anders ausgestaltet ist. Eine Grundsatzvorschrift oder Generalrechtsprechung, die bereits bei der medizinischen Intervention ansetzte und diese untersagen würde, ist demgegenüber nicht ersichtlich und rechtspolitisch aktuell auch nicht ernsthaft verfolgt. Allerdings bereinigt die Judikatur dieses fehlende Element der Gewissensanstrengung durch besonders hohe Anforderungen an die Ordnungsgemäßheit der Selbstbestimmungsaufklärung, die ohne akzeptable Kunden-Anamnese nicht gelingen kann (s. u.).

bb) Standards

60 Für den Bereich wunschmedizinischer Maßnahmen existieren vielfach keine eigenständigen Behandlungsstandards. Nur teilweise verfassen die medizinischen Fachgesellschaften in diesem Sektor Leitlinien, so etwa für den Bereich der Na-

---

86 Vgl. *J. Prütting*, medstra 2016, 78 ff.
87 Vgl. *Stock*, Ist die Verbesserung des Menschen rechtsmissbräuchlich?, in: Wiencke/Eberbach/Kramer/Jahnke (Hrsg.), Die Verbesserung des Menschen. Tatsächliche und rechtliche Aspekte der wuncherfüllenden Medizin, 2009, S. 145, 150 ff.

senkorrektur[88]. Zentraler Anknüpfungspunkt für etwaig fehlerhaftes Vorgehen ist mithin zuvörderst, ob Methodiken genutzt und Alternativen erwogen wurden, die bei entsprechend gelagerten Interventionen in der Heilbehandlung angezeigt wären. So hat etwa die Brustvergrößerungs-OP in jeder Form chirurgischen Facharztstandards zu genügen. Es gelten entsprechende Regeln für Organisation und OP-Team etc. Sodann ist zu hinterfragen, ob sich für die spezifische wunschmedizinische Intervention besondere Standards – ungeachtet der Erkenntnisse aus der Heilbehandlung – herausgebildet haben, die ebenfalls zu beachten sind. Mangels medizinischer Indikation sind zutreffende Methodik und denkbare Alternativen nur am Kundenwunsch und der ordnungsgemäßen Möglichkeit, diesem gerecht zu werden, zu messen. Normativ gelten die §§ 276 Abs. 2, 630a Abs. 2 BGB.

cc) Entgeltfragen und Haftung

Der Kunde hat den Eingriff gemäß § 630a Abs. 1 BGB selbst zu bezahlen. Es bedarf **61** vor Beginn der Behandlung einer entsprechenden Honorarvereinbarung. Die wirtschaftliche Aufklärungspflicht gemäß § 630c Abs. 3 BGB ist auf diesen Bereich aber nicht anzuwenden, da bei wunschmedizinischen Interventionen kein Kunde davon ausgehen kann, dies würde von seiner Versicherung getragen. Selbst wenn dies einmal in einer privaten Krankenversicherung als besonderer Vertragsgegenstand in einem bestimmten Umfang miterfasst wäre, müsste es der Arzt nicht wissen, der insoweit nicht über überlegene Kenntnisse verfügt. Einen Grenzfall bilden jene Situationen, in denen wunschmedizinische Eingriffe auf der Schwelle zur Heilbehandlung liegen (Schönheitsoperation zur partiellen Wiederherstellung des Äußeren nach schweren Verbrennungen etc.). Da der Arzt insofern allerdings regelmäßig nicht über ein besonderes Wissen mit Blick auf Einstandspflichten der Versicherung verfügen wird, dürfte mit einem Hinweis, der Kunde möge seine Versicherung vorab gezielt darauf ansprechen, der Informationspflicht Genüge getan sein, wollte man § 630c Abs. 3 BGB auf diese Konstellation entsprechend anwenden.

dd) Behandlungsfehlerhaftung

Es sei zuletzt noch klargestellt, dass für den Bereich der materiellen Haftung **62** sämtliche Grundsätze gelten, die zur Heilbehandlung ausgeführt worden sind.

---

88 Vgl. https://www.awmf.org/uploads/tx_szleitlinien/017-070 l_S2k_Formstoerungen_innere_ aeussere_Nase_2016-06.pdf (Abrufdatum: 16.05.2020).

Dies gilt sowohl für die Haftungsgrundlagen der §§ 280 Abs. 1, 823 ff. BGB als auch für die Darlegungs- und Beweisregeln sowie für den noch zu erörternden Bereich des Schadensumfangs.

III. Aufklärungsrüge (Selbstbestimmungsaufklärung)

1. Heilbehandlung

63 Der Haftungsansatz der Aufklärungsrüge wird in der Prüfungsstruktur der §§ 280 Abs. 1 und 823 Abs. 1 BGB deutlich, wenn vorab noch einmal hervorgehoben worden ist, was unter der Körperverletzungsdoktrin in der Arzthaftung zu verstehen ist.

a) Körperverletzungsdoktrin

64 Die Rechtsprechung sieht jede ärztliche Intervention, die auf Körper oder Gesundheit des Patienten einwirkt, als einen Fall tatbestandlicher Körperverletzung/Gesundheitsschädigung.[89] Das ist nicht selbstverständlich! Der im Optimalfall vom Hilfsziel beseelte Arzt verschreibt Medikamente nicht zum Schaden des Patienten, sondern um seine Leiden zu lindern, Infektionen zu bekämpfen und Gesundheit wiederherzustellen. Auch ist der Skalpellschnitt des Chirurgen, der den Bauchraum öffnet, kein Akt roher Gewalt, sondern getragen von der Notwendigkeit, den darunterliegenden Tumor zu entfernen. Es ließe sich also durchaus hören, den indizierten und standardgerecht durchgeführten Heileingriff definitionsgemäß aus dem Körperverletzungsbegriff der Jurisprudenz zu verbannen.[90] Die Rechtsprechung hat sich dagegen entschieden und hierbei spezifische Erwägungen verfolgt. Begeht jeder Arzt bei jedem auf den Körper wirkenden Eingriff eine Körperverletzung i.S.d. Rechtsordnung, so ist es am Behandler, für jede Intervention vorab einen Rechtfertigungstatbestand sicherzustellen, sollen nicht alle Konsequenzen der tatbestandsmäßigen und rechtwidrigen Körperverletzung über den Arzt hereinbrechen. Genau an dieser Schnittstelle kommt die rechtfertigende Einwilligung ins Spiel, die nach dem Grundsatz volenti non fit iniuria (dem Willigen geschieht kein Unrecht) Garant dafür sein soll, dass jeder Mensch auch in der schwierigen Situation angegriffener Gesundheit selbstbe-

---

89 RGSt 25, 375 ff.

90 Mit diesem Ansatz *Katzenmeier*, Arzthaftung, 2002, S. 356 ff. mit einem Lösungsvorschlag über das allgemeine Persönlichkeitsrecht. Das ist MM. geblieben.

stimmt mit seinem Körper verfahren können soll. Der Arzt soll ihm als Helfer und Bewahrer zur Seite springen und im Team die Krankheit bekämpfen, nicht jedoch Richter oder Herrscher über die Situation werden.[91] Freilich verbleiben dem Arzt neben der Einwilligung auch andere Zugriffstatbestände (Nothilfe, rechtfertigender Notstand, hoheitliche Ausnahmerechte im Seuchenschutzfall etc.), jedoch liegen deren Voraussetzungen entsprechend selten vor und sind im Fall der Fälle von jedem Menschen im Staat zu akzeptieren. Die Körperverletzungsdoktrin ist mithin Dreh- und Angelpunkt von Schutz und Machterhaltung der eigenen körperlichen und gesundheitlichen Interessen eines jeden Patienten.

b) Aufklärung und Einwilligung

Ist einmal akzeptiert, dass jeder Heileingriff für sich genommen bereits den haf- 65 tungsbegründenden Tatbestand der §§ 280 Abs. 1 und 823 Abs. 1 BGB einschließlich der objektiven Zurechnung erfüllt, stellt sich die Frage der Rechtswidrigkeit. Die Körperverletzungsdoktrin entpuppt sich spätestens hier aber nur als die halbe Wahrheit. Der Patient ist gegenüber dem Arzt aus mehreren Gründen regelmäßig weit unterlegen. Er verfügt typischerweise nicht über fachmedizinisches Know-How und er kann seine eigene Situation vielleicht allenfalls anamnestisch, aber nicht diagnostisch oder gar therapeutisch einschätzen. Zudem weiß der Patient meistens wenig über seinen Arzt. Das gilt für dessen konkrete Verfassung (gut geschlafen, akute Verärgerung, leidet der Arzt selbst an einer Erkrankung(?)) wie auch für abstrakte Aspekte, die jedoch für die konkrete Entscheidung interessant wären (welche Ausbildung hat der Arzt genossen, ist er fachmedizinisch gerade für die Behandlung dieser Krankheit der Richtige, handelt es sich um eine Person mit Hilfswillen oder stehen pekuniäre Interessen an erster Stelle(?) uVm). Hinzu tritt erschwerend der Umstand, dass der Patient ob seiner Erkrankung vielfach andere Sorgen hat, als sich um die Angleichung des vorgenannten Wissensgefälles zu kümmern oder dass er möglicherweise kaum noch dazu in der Lage sein wird, da kognitive Fähigkeiten bereits in Mitleidenschaft gezogen sind.

Die Rechtsprechung hat anerkennen müssen, dass ein Arzt im täglichen 66 Ablauf keine vernunftgeleitete und effiziente Behandlung anbieten kann, wenn er über all diese Aspekte und vieles mehr Auskunft erteilen und jedes Gefälle vorab abmildern oder gar negieren müsste. Allerdings sind über die Zeit allem voran behandlungsspezifische Elemente extrapoliert worden, die der Arzt dem Patienten vor der Behandlung zu erläutern hat, um das bestehende Wissensgefälle an

---

91 Hierzu sehr lesenswert Laufs/Katzenmeier/Lipp/*Laufs*, Arztrecht, 7. Aufl. 2015 Kap I Rn 1ff.

wesentlichen Stellen zu verringern und dem Patienten eine ernstzunehmende Chance der Selbstbestimmung über gesundheitliche Interessen einzuräumen. Diese Aspekte sind heute in § 630e Abs. 1 BGB überwiegend aufgezählt. Zugleich finden sich in § 630e Abs. 2 BGB formelle Anforderungen, die ebenfalls für eine wirksame Einwilligung vom Arzt erfüllt werden müssen. Dementsprechend nimmt § 630d Abs. 1, 2 BGB explizit Bezug auf die Anforderungen an die Aufklärung in § 630e BGB.

Fall 10

Im Rahmen der Aufklärungsrüge noch einmal zu Dr. House zurückzukehren, bietet sich geradezu an, da dieser – ausweislich vieler spannender Folgen – mit größter Freude das patientenseitige Selbstbestimmungsrecht ignoriert. Dr. House schickt nunmehr den etwas vertrottelten, aber stets gutmütigen Dr. Wilson zum Patienten, um sich eine Einwilligung für eine gefährliche therapeutische Methode besorgen zu lassen. Dr. Wilson bekommt auch die Zustimmung, jedoch ist später – nach erfolgtem Eingriff – streitig, welchen exakten Inhalt das Gespräch gehabt hat. Der Prozess wird erst Jahre später geführt und die Akten sind nicht mehr vollständig. Dr. Wilson kann sich an das konkrete Gespräch nicht mehr erinnern, trägt aber vor Gericht vor, dass er stets in diesen Fällen auf bestimmte, hier streitige Gefahren hinweise. Zudem kann Dr. House aufzeigen, dass der Eingriff ohne nennenswerte Alternativen gewesen ist und der Patient andernfalls vermutlich statt der nunmehr eingetretenen Lähmung eines Arms verstorben wäre. Der Patient hält entgegen, er hätte bei richtiger Aufklärung wenigstens einen weiteren Spezialisten aufgesucht und eine zweite Meinung gefordert. Sind Ansprüche des Patienten gegen Dr. House wegen rechtswidriger Behandlung und kausaler Lähmungserscheinungen begründet? (Es ist davon auszugehen, dass die Behandlung einwandfrei durchgeführt worden und die Lähmung schicksalhaft eingetreten ist).

---

67   Für die denkbaren Ansprüche gemäß §§ 280 Abs. 1 sowie 823 Abs. 1 BGB sind alle Elemente unstreitig gegeben. Es bleibt nur die Frage, ob die therapeutische Intervention von einer patientenseitigen, rechtfertigenden Einwilligung getragen ist. Für den Anspruch aus § 280 Abs. 1 BGB sind in diesem Fall die §§ 630d und e BGB direkt anwendbar, während im Deliktsrecht dieselben Grundsätze über anerkanntes Richterrecht im Rahmen der deliktischen Einwilligung als ungeschriebene Tatbestandsmerkmale der Rechtfertigung gelten.[92] Mithin wäre die Einwilligung des Patienten nur wirksam, wenn dieser vorab ordnungsgemäß aufgeklärt worden wäre. Für die Aufklärung gilt, dass der Patient über alle eingriffsspezifischen Risiken im „Großen und Ganzen"[93] im Bilde sein muss und die echten Entscheidungsalternativen vorab erläutert erhält. Formal muss hinreichend zeit-

---

92 Müko-*Wagner*, BGB, 8. Aufl. 2020, vor § 630a Rn 18, § 630e Rn 80.
93 BGHZ 29, 176, 181; BGH NJW 1988, 763, 764.

licher Abstand zum Eingriff bestehen, um Bedenkzeit zu haben,[94] und es bedarf in jedem Fall eines Aufklärungsgesprächs[95] (Verschriftlichung ist demgegenüber nach ständiger Rechtsprechung nicht entscheidend, sondern „nur" beweisrechtlich von Relevanz). Aufklärung und Einwilligung sind nun vom Juristen wie folgt abzuarbeiten:

Erster Abschnitt: Die Wirksamkeit von Aufklärung und Einwilligung   68

i.   Richtiger Aufklärungsadressat: Es ist zu ergründen, ob alle für die Entscheidung relevanten Personen informiert sind, was bei betreuungsbedürftigen und minderjährigen Menschen relevant ist.

ii. Aufklärungsschuldner: Grundsätzlich hat die Aufklärung durch den Arzt zu erfolgen, der den Eingriff vornimmt. Allerdings kann die Aufklärung auch an andere Personen delegiert werden, wenn bei diesen sichergestellt ist, dass die hinreichende Kompetenz zur Aufklärung vorhanden ist.[96] Kritisch zu prüfen ist dies nicht nur in der klassischen Assistenzarztsituation, sondern auch dann, wenn der aufklärende Arzt aus einem anderen Fachgebiet stammt.

iii. Formalia: Die Aufklärung muss mündlich erfolgen und kann durch Aushändigung von Formularen und Texten ergänzt werden. Diese können das persönliche Gespräch jedoch nicht ersetzen, solange es sich nicht um marginale Routineeingriffe handelt und der Patient die Möglichkeit zu Rückfragen hat.[97] Entsprechende Formulare sind dem Patienten zwar auszuhändigen (§ 630e Abs. 2 S. 2 BGB), jedoch führt ein Verstoß gegen diese Vorschrift nach h.M. nicht zur Unwirksamkeit der Aufklärung.[98]

iv. Inhalt der Aufklärung: Alle Details in der Aufzählung des § 630e Abs. 1 BGB sind zu benennen und dem Patienten in verständlicher Sprache „im Großen und Ganzen"[99] nahezubringen. Bei Sprachschwierigkeiten ist es am Arzt, für das korrekte Verständnis zu sorgen oder notfalls einen Übersetzer hinzuzuziehen.[100]

v.   Keine Anwendbarkeit des § 630h Abs. 3 BGB: Obwohl die Aufklärung gemäß § 630f Abs. 2 S. 1 BGB in der Patientenakte festzuhalten ist, stellt sie keine

---

94 § 630e Abs. 2 Nr. 2 BGB; *Greiner,* in: Geiß/Greiner, Arzthaftpflichtrecht, 7. Aufl. 2014, C. Rn 97 f. mit ausführlicher Rechtsprechungsübersicht.

95 § 630e Abs. 2 Nr. 1 BGB.

96 Die Details der Delegation der Aufklärung sind komplex und können hier nicht näher dargestellt werden. Zur Vertiefung *Greiner,* in: Geiß/Greiner, Arzthaftpflichtrecht, 7. Aufl. 2014, Kap. C. Rn 106 ff. mit ausführlicher Rechtsprechungsübersicht.

97 BGHZ 144, 1, 13 f. = NJW 2000, 1784, 1787 f.

98 D. Prütting/*J. Prütting/Merrem,* Medizinrecht, 5. Aufl. 2019, § 630e Rn 70.

99 BGHZ 29, 176, 181; BGH NJW 1988, 763, 764.

100 Laufs/Katzenmeier/Lipp/*Katzenmeier,* Arztrecht, 7. Aufl. 2015, Kap. V. Rn 56.

wesentliche medizinische Maßnahme i.S.d. § 630 h Abs. 3 BGB dar, so dass das Fehlen einer Aufzeichnung hierrüber keine Vermutung der unterbliebenen Aufklärung nach sich zieht. Allerdings kommt der Behandlungsseite somit auch nicht der Vorteil zu Gute, wonach bei vorliegendem patientenseitig unterschriebenem Aufklärungsformular die ordnungsgemäße Durchführung indiziert ist.[101]

69 *Zweiter Abschnitt: Prüfung bei fehlerhafter, unzureichender oder unterlassener Aufklärung*

i. Notsituation und mutmaßliche Einwilligung: Insbesondere im Bereich der Operationserweiterung besteht ärztlicherseits vielfach die Möglichkeit, sich mit dem Vorhalt zu verteidigen, dass das Vorgehen vom mutmaßlichen Willen des Patienten getragen gewesen ist. Wird etwa im Rahmen eines operativen Vorgehens im Bauchraum nebst des Operationsziels ein weiteres Leiden entdeckt, welches mit an Sicherheit grenzender Wahrscheinlichkeit der operativen Entfernung bedarf, und kann der Chirurg durch sein beherztes Eingreifen eine weitere Operation samt Narkose etc. verhindern, so gehen die Gerichte vielfach von einer mutmaßlichen Einwilligung aus,[102] selbst wenn der Patient diese ex post dementiert. Allerdings ist zu beachten, dass Mutmaßlichkeit grundsätzlich von einem möglichst erkennbaren Patientenwillen getragen sein muss und nur bedingt dem Argument vernunftgeleiteten Verhaltens zugänglich sein kann, da der Patient im Umgang mit seinem Körper auch eine Freiheit zur Unvernunft genießt,[103] wie Millionen von Rauchern und Drogenkonsumenten tagtäglich unter Beweis stellen. Der Arzt ist notfalls über das Institut des unvermeidbaren Verbotsirrtums geschützt und aus dem Verschuldensvorwurf zu entlassen.[104]

ii. Ärztlicher Einwand der hypothetischen Einwilligung, § 630 h Abs. 2 S. 2 BGB: Die Behandlungsseite kann im Fall fehlender oder unwirksamer Einwilligung einwenden, dass der Patient, hätte man ihn vorab hinreichend aufgeklärt, seine Einwilligung erteilt hätte. Dieser Einwand ist immer dann eine starke Verteidigung, wenn die Maßnahme medizinisch indiziert und weithin alternativlos gewesen ist. Zudem kommt es erheblich darauf an, ob eine akute

---

101 Vgl. BGH NJW 2014, 1527 f.
102 OLG Frankfurt NJW 1981, 1322, 1323 f.
103 Roxin/Schroth/*Schroth*, Handbuch des Medizinstrafrechts, 4. Aufl. 2010, S. 40.
104 So etwa im Fall der Zirkumzision vor der Einführung des § 1631d BGB, vgl. LG Köln NJW 2012, 2128, 2129.

Notwendigkeit zur Durchführung oder die Möglichkeit des Abwartens bestanden hat.[105]

iii. Patientenreplik gegen den Einwand hypothetischer Einwilligung: Der Patient kann sich gegen den Einwand der hypothetischen Einwilligung verteidigen, indem er einen ernsthaften Entscheidungskonflikt aufzeigt, dem er in einer hypothetisch aufgeklärten Situation unterlegen sein will.[106] Dabei ist ein prozessuales Element von herausragender Bedeutung: Der Patient muss das Vorliegen eines solchen hypothetischen Entscheidungskonflikts nicht beweisen. Er muss einen solchen „nur" glaubhaft darlegen.[107] Dies funktioniert so, dass das Gericht mit dem klagenden Patienten eine Erörterung darüber führt, wie der Patient sich bei Kenntnis der gesamten Sachlage, also bei hypothetisch ordnungsgemäßer Aufklärung mit Blick auf den streitgegenständlichen therapeutischen Eingriff entschieden hätte. Der Patient muss bei behaupteter hypothetischer Ablehnung des Eingriffs seine Gründe nennen und diese aus seinem Blickwinkel erhärten, soweit es geht. Das Gericht prüft daraufhin, ob die vorgetragenen Gründe des Patienten glaubhaft und tragfähig erscheinen, wobei das Gericht etwa besondere Ängste des Patienten oder andere diesen spezifisch treffende Prädispositionen zu berücksichtigen hat.

Werfen wir nun einen Blick auf Fall 6. Obgleich Dr. House den Eingriff vorgenommen hat, konnte Dr. Wilson an Hand seiner fachlichen Expertise die Aufklärung durchführen. Problem ist hier einzig, dass der Inhalt streitig geblieben ist. Nach der Darstellung von Dr. Wilson kann er sich nicht mehr erinnern, aber er gibt zu Protokoll, dass er stets die relevanten Risiken aufzählt. Der Patient behauptet demgegenüber, dass die Aufklärung unvollständig gewesen sei. Grundsätzlich erhebt das Gericht insbesondere dadurch Beweis, dass es die Patientenunterlagen zu Rate zieht. Die Rechtsprechung geht davon aus, dass einer sauberen und ordnungsgemäßen sowie lückenlosen Dokumentation regelmäßig Glauben zu schenken ist.[108] Für die Aufklärung gilt allerdings diese starke Vermutung nicht in vollem Umfang; es soll ausschließlich bei einer Indizwirkung verbleiben.[109] Da aber Dr. House und Dr. Wilson eine solche nicht vorlegen können, bleibt nur die Vernehmung von Dr. Wilson als Zeugen. Dem Arzt ist neben einem konkreten **70**

---

105 Ausführlich MüKo-*Wagner*, BGB, 8. Aufl. 2020, § 630 h Rn 44 ff. m.w.N.
106 BGH NJW 1984, 1397, 1399.
107 BT-Drs. 17/10488, S. 29.
108 Übersicht bei *Martis/Winkhart, Arzthaftungsrecht*, 4. Aufl. 2014, S. 794 ff.
109 BGH NJW 2014, 1527.

Zeugnis über die Situation allerdings vom BGH auch die Möglichkeit eröffnet, die Ordnungsgemäßheit einer Aufklärung durch einen sogenannten „immer-so-Beweis" beizubringen.[110] Indem dem aufklärenden Arzt vor Gericht als Zeuge (oder im Rahmen der Parteianhörung als Partei, was prozessrechtswidrig in der Praxis wie ein Zeugenbeweis innerhalb der Beweiswürdigung nach § 286 ZPO gewertet wird) glaubhaft vortragen kann, dass er eine bestimmte Aufklärungspraxis stetig hegt, die den streitigen Aspekt miteinschließt, soll das Gericht – also sofern keine weiteren besonderen Umstände ersichtlich sind, die dagegen sprechen könnten – davon ausgehen, dass auch im streitigen Einzelfall die Aufklärung ordnungsgemäß durchgeführt worden ist. Dogmatisch ist der „Immer-so-Beweis" ein prozessual schwer erträgliches Instrument,[111] aber in der Gerichtspraxis ständige und unangefochtene Rechtsprechung. Im vorliegenden Fall werden Dr. House und Dr. Wilson daher den Beweis der tatsächlich erfolgten ordnungsgemäßen Aufklärung führen können.

2. Wunschmedizin

71 Im Bereich der Wunschmedizin ist der Aspekt der Selbstbestimmungsaufklärung ein besonders heißes Eisen. Da dem Eingriff die Legitimation der medizinischen Indikation fehlt, ist die Rechtsprechung darum bemüht, einen Ausgleich im Bereich der Aufklärung zu gewährleisten. Dies kann man sich wie zwei Enden einer Waage vorstellen. Rechtsprechung und Gesetzgeber gehen zwar nicht davon aus, dass medizinisch nicht indizierte Eingriffe, die unterhalb der Schwelle der §§ 228 StGB, 138 BGB stattfinden, zu verbieten wären, jedoch ist der Übergriff in die persönliche und körperliche Sphäre des Kunden mit abnehmender medizinischer Legitimation im Bereich der Selbstbestimmung auszugleichen. Dies ist mit Blick auf das aus Art. 2 Abs. 2 S. 1 und 2 Abs. 1 i.V.m. 1 Abs. 1 GG fließende staatliche Schutzerfordernis für die Rechtsunterworfenen auch verfassungsrechtlich unmittelbar verständlich. Im Grunde werden also die §§ 630d, e BGB sowie die erlernten Prinzipien der deliktischen Einwilligung auf den wunschmedizinischen Bereich angewendet, jedoch gilt für die Selbstbestimmungsaufklärung das Erfordernis der sog. Brutalaufklärung.[112] Dem Kunden sind – gerade weil er ohne

---

110 Saalfrank/*Dautert*/*Jorzig*, Handbuch des Medizin- und Gesundheitsrechts, 6. EL. 2016, § 2 F II 2.

111 Ausführlich *J. Prütting*, in: FS Dahm, 2017, S. 359 ff.

112 BGH NJW 1991, 2349; OLG Hamburg MDR 1982, 580 f.; OLG Oldenburg VersR 1998, 1421, 1422; OLG Köln VersR 1997, 115, 116; OLG Düsseldorf NJW 2001, 900, 901; LG Köln NJW-RR 2006, 1614; OLG Oldenburg VersR 1998, 854, 855; OLG Hamburg VersR 1983, 63.

Not seine Gesundheit riskiert – die denkbaren Negativfolgen besonders deutlich und plakativ (unter Einsatz von Hilfsmitteln wie Bildern etc.) vor Augen zu führen. Es ist nicht erforderlich, dem Kunden Angst einzujagen, jedoch soll er sich überdeutlich des Umstands bewusst werden, dass es medizinisch nicht geboten ist, was er verlangt, und dass gleichwohl erhebliche Risiken zu akzeptieren wären, die möglicherweise in keinem Verhältnis zum Nutzen stehen. Dieses Aufklärungsgespräch kann jedoch nur dann sinnvoll geführt werden, wenn der Kunde vorab im Rahmen einer ordnungsgemäßen Anamnese und mit Blick auf denkbare Kontraindikationen dezidiert befragt worden ist und der jeweilige Behandler auch hinterfragt hat, was die Beweggründe für den gewünschten Eingriff sind. Andernfalls kann eine Aufklärung insbesondere über etwaige psychische Risiken, die mit dem Eingriff oder seinen Folgen verbunden sein könnten, nicht erläutert werden. Diese sind aber einzubeziehen.[113]

Schließlich spielen die Grenzen der Sittenwidrigkeit in der Wunschmedizin 72 eine Rolle. Dabei ist zu erwähnen, dass das strafrechtliche Sittenwidrigkeitsverdikt dem des Zivilrechts nicht gleicht, sondern enger ist. So ist Sittenwidrigkeit i.S.d. § 228 StGB nur dann anzunehmen, wenn Art und Reichweite des konkreten körperlichen Übergriffs als sittenwidrig erscheinen, also insbesondere wenn die Grenze der §§ 226, 226a, 227 oder 216 StGB erreicht ist.[114] Demgegenüber nimmt der zivilrechtliche Begriff des § 138 Abs. 1 BGB, der gleichsam auch die anerkannte Grenze der Einwilligung in bürgerlich-rechtlichen Angelegenheiten bezeichnet, äußere Umstände, Motive und Ziele in sich auf. So ist eine wunschmedizinische Maßnahme als sittenwidrig zu erachten, wenn sie nur den Zweck haben kann, als unzulässiges Doping im Sport oder als Betrug in einer Prüfung zu dienen.[115] Ebenso ist eine Maßnahme sittenwidrig – und auch schon behandlungsfehlerhaft, da eine medizinische Kontraindikation zu erkennen ist – wenn sie den kundenseitig avisierten Nutzen keinesfalls haben kann und auf einer für den Arzt offenkundigen Fehl-/Wahnvorstellung beruht[116] (sofern man in diesen Fällen den Kunden überhaupt für einwilligungsfähig halten will). Allerdings muss mit einem vorschnellen Verweis auf das Sittenwidrigkeitsurteil vorsichtig umgegangen werden. Solange ein Verhalten nicht kraft gesetzgeberischer Anordnung verboten

---

113 Zum plakativen Beispiel der THS vgl. *J. Prütting*, Die Rechtlichen Aspekte der Tiefen Hirnstimulation, 2014, S. 202 ff.

114 Vgl. BGHSt 4, 88 = NJW 1953, 912; BGHSt 49, 34, 41 ff. = NStZ 2004, 1054; BGHSt 58, 140 = NJW 2013, 1379.

115 Ausführlich *J. Prütting*, Die rechtlichen Aspekte der Tiefen Hirnstimulation, 2014, S. 219 ff. m.w.N.

116 Dieser Grundsatz lässt sich zwanglos aus dem Sittenwidrigkeitsverständnis des BGH im Zahnextraktionsfall folgern, vgl. BGH NJW 1978, 1206.

ist und dieses Gesetz seinerseits mit der Verfassung in Einklang steht (respektive jedenfalls noch nicht im Verfahren der konkreten oder abstrakten Normenkontrolle oder in Form der Gesetzesverfassungsbeschwerde für ungültig erklärt worden ist), gilt der Grundsatz in dubio pro libertate. Sittenwidrigkeit ist kein Instrument, um judikativ das Verhalten der Menschen im Staat nach Belieben in eine richterseitig erkannte vernünftige Richtung zu steuern. Vielmehr soll das sozialethische Minimum gewahrt werden, welches für ein gedeihliches Zusammenleben der Menschen unverzichtbar erscheint. Daher bedarf es einer weitreichenden Begründung, wenn ein Verhalten als sittenwidrig erkannt werden soll. Diese Begründung muss sich mit den Werten der Verfassung (Ausstrahlungswirkung), den erkennbaren Wertungen des einfachen Gesetzes (insbesondere § 138 Abs. 2 BGB und jeglicher, für den jeweiligen Einzelfall naheliegender Restriktionen) auseinandersetzen und dabei stets den Blick dafür behalten, dass die Menschen mit ihren Belangen freiheitsrechtlich gerade auch unvernünftig umgehen dürfen. Insofern sei abschließend bemerkt, dass spätestens die Untersuchungen der modernen Ökonomie die Erkenntnis gebracht haben sollten, dass Präferenzerwägungen anderer Menschen nicht durch vermeintlich wohlwollendes patriarchalisches Verhalten überspielt werden dürfen, da Dritte stets ein Informationsdefizit hinsichtlich der wahren Wünsche und Bedürfnisse des Anderen haben werden (methodologischer Individualismus und Konsumentensouveränität). Fragen Sie Sich selbst: Können Sie präzise benennen, wie genau Ihre Präferenzordnung zwischen allen denkbaren Verhaltensweisen aussieht, die Ihnen möglich sind? Könnten Sie dies sogar auf einer Skala von 1–100 ordnen? Sicherlich ist dies nicht möglich und wenn Sie es schon nicht bei Sich selbst schaffen, wie wollen Sie es dann korrekt für andere bestimmen? Aus einer gut gemeinten Idee wird im Recht schnell ein diktatorengleiches verhalten der zur Entscheidung berufenen Instanzen. Dies sollte gerade bei Generalklauseln wie Treu und Glauben sowie Sittenwidrigkeit niemals vergessen werden!

IV. Schadensumfang/Haftungsausfüllung

73 Die Haftungsausfüllung bezeichnet im Rahmen der Prüfung der Haftungsvoraussetzungen bei den §§ 280 Abs. 1 und 823 ff. BGB jenen Part, der sich mit den Elementen jenseits der Tatbestands- und Verschuldensfrage, also mit dem Schaden, der haftungsausfüllenden objektiven Zurechnung (äquivalente Kausalität zwischen Rechtsgutverletzung und Schaden, Adäquanz und Schutzzwecklehre) sowie der Berücksichtigung der Regeln des allgemeinen Schadensrechts einschließlich eines etwaigen Mitverschuldens (§§ 249 – 254 BGB) und denkbaren

Kürzungen nach den Grundsätzen der gestörten Gesamtschuld[117] befasst. Und hier zeigt sich auch sogleich das zentrale Problem, soll dieser Bereich präzise erlernt werden: Es ist das gesamte Recht der Personenschäden erfasst, welches ein nur schwer überschaubares Konvolut von Problemlagen mit sich bringt. Im Folgenden wollen wir den Versuch einer Systematisierung und einer Erfassung der relevanten Besonderheiten unternehmen. Ein Anspruch auf Vollständigkeit kann dabei unmöglich erhoben werden, jedoch ist dies auch nicht notwendig, da an Hand des nachfolgend erlernten Wissens unter Zuhilfenahme der jeweiligen Kommentierungen, Tabellen und Regelwerke die gebotenen Ergänzungen selbst erarbeitet werden können. Eine gute Übersicht zum Recht der Personenschäden bieten *Küppersbusch/Höher*.[118]

1. Relevante Schadenspositionen

Nehmen wir einmal die anwaltliche Perspektive des Patientenvertreters ein und stellen die Frage, welche materiellen und immateriellen Einbußen der Mandant erlitten haben könnte, die unsere Rechtsordnung bei Personenschäden für ersatzfähig erklärt.   **74**

a) Materielle Schäden

Im Rahmen materieller Schäden nach den §§ 249 – 252 BGB gilt im Grundsatz nach h.M. die Differenzhypothese, so dass das Vermögen des Geschädigten mit dem schädigenden Ereignis zu einer hypothetisch gedachten Vermögenslage ohne das schädigende Ereignis ins Verhältnis zu setzen ist.[119] Dabei geht es nicht um den früheren Zustand vor dem schädigenden Ereignis, sondern um die Frage, wie die aktuelle Vermögenslage wäre, wenn das schädigende Ereignis ausgeblieben wäre. Daher ist auch ein entgangener Gewinn ersatzfähig.[120]   **75**

aa) Behandlungskosten

Insofern kann zunächst an alle Arten Behandlungskosten zur Wiederherstellung des Gesundheitszustands gedacht werden, die, sofern eine Wiederherstellung   **76**

---

117 Lies hierzu ausführlich BeckOGK-*Kreße*, BGB, Stand März 2020, § 426 Rn 19 ff.
118 *Küppersbusch/Höher*, Ersatzansprüche bei Personenschaden, 13. Aufl. 2020.
119 BGHZ 193, 297 Rn 42 = NJW 2012, 3165.
120 BGH NJW 2015, 1373 Rn 7.

nicht unmöglich ist, als Unterfall der Naturalrestitution nach § 249 Abs. 2 S. 1 BGB durch Zahlung der hierfür erforderlichen Geldsumme eingeordnet werden.[121] Eine Wiederherstellung durch den Schädiger selbst kommt im Bereich der Personenschäden regelmäßig nicht in Betracht. Allerdings fällt diese Schadensposition beim gesetzlich krankenversicherten Geschädigten regelmäßig nur eine juristische Sekunde an, da mit Eintritt der Schädigung etwaige Ersatzansprüche sofort kraft cessio legis gemäß § 116 Abs. 1 SGB X auf den Träger der gesetzlichen Krankenversicherung übergehen. Im Gegenzug schuldet besagter Krankenversicherungsträger in Form des Sachleistungsprinzips vom Zeitpunkt der Schädigung die erforderliche Krankenbehandlung nach den §§ 1, 2 Abs. 1 S. 3, 12, 27 ff. SGB V. Es ist in diesen Fällen also allein der Krankenversicherungsträger, der Regress gegen den Schädiger (in der Arzthaftung gegen die Behandlungsseite) geltend machen kann. Anders liegt der Fall, wenn Behandlungskosten anfallen, die im Rahmen der gesetzlichen Versicherung etwa nach dem Wirtschaftlichkeitsgrundsatz des § 12 SGB V nicht geschuldet sind, die jedoch in der konkreten Situation durchaus Erfolgschancen versprechen. Der Schädiger muss dann auch für solche Kosten, hier wiederum dem geschädigten Patienten selbst einstehen, da dieser nunmehr zum Selbstzahler geworden ist.[122] Dasselbe gilt für Zuzahlungspflichten.[123] Ist der Patient dagegen privat versichert, so gehen Regressansprüche gemäß § 86 Abs. 1 VVG erst in dem Zeitpunkt kraft Gesetzes auf die Versicherungsgesellschaft über, in welchem Kostenerstattung durch die Krankenkasse an den Patienten erfolgt. Bis zu diesem Zeitpunkt ist somit der Patient für solche Regressansprüche aktivlegitimiert. Besteht keine Krankenversicherung, so entstehen diese Rechtsprobleme nicht und der Patient muss sich vollständig um den Regress kümmern.

Vorsicht: Anders als dies aus dem Bereich fiktiver Reparaturkosten bei KFZ-Schäden bekannt ist,[124] können fiktive Heilungskosten nach h.M. nicht verlangt werden.[125]

---

121 Zur Übersicht MüKo-*Oetker*, BGB, 8. Aufl. 2019, § 249 Rn 416 ff. m.w.N.
122 Vgl. BGH VersR 1965, 439; OLG Karlsruhe NZV 1999, 210; OLG Oldenburg NJW-RR 2015, 863. Zum Streit des gesetzlich Versicherten, der nicht zwingend erforderliche privatärztliche Leistungen in Anspruch nimmt und diese vom Schädiger ersetzt verlangt, *Küppersbusch/Höher*, Ersatzansprüche bei Personenschaden, 12. Aufl. 2016, S. 75 f.
123 *Küppersbusch/Höher*, Ersatzansprüche bei Personenschaden, 12. Aufl. 2016, S. 83 f.
124 Ausführlich MüKo-*Oetker*, BGB, 8. Aufl. 2019, § 249 Rn 367 ff. m.w.N.
125 BGH NJW 1986, 1538; OLG Köln VersR 2000, 1021.

bb) Nebenkosten der Heilbehandlung

Häufig vergessen wird der Umstand, dass Heilbehandlung mit aller Hand Ne- 77
benkosten einhergeht. Diese sind – soweit erforderlich, was im Wesentlichen
üblich bedeutet – ebenfalls ersatzfähig. Darunter fallen Beförderungskosten,
Besuchskosten von Angehörigen, Verpflegung im Krankenhaus, angemessene
Trinkgelder etc.[126] Allerdings muss sich der Geschädigte auch etwaige Ersparnisse
anrechnen lassen, so etwa die unterbliebene Selbstverpflegung, wenn er Kran-
kenhauskost bekommen hat[127] (wobei dieselbe häufig eher für sich genommen
schmerzensgeldpflichtig erscheint, aber dies ist kein rechtlich anerkanntes Argument).

cc) Entgangener Gewinn/Erwerbsausfall

Gemäß § 252 S. 1 BGB sind im Bereich des materiellen Schadensersatzes auch 78
entgangene Gewinne zu ersetzen. Dies ist bei Körper- und Gesundheitsschäden
von höchstem Interesse, da Krankheit regelmäßig Erwerbs- und Arbeitsausfall
bedingt. In der Rechtspraxis gibt es bei der Schadensberechnung nunmehr viele
Fallstricke zu beachten, die hier nicht erschöpfend aufgezählt werden können.
Wesentlich sollte aber beachtet werden, dass der Geschädigte detailliert seinen
Erwerb und seine Erwerbsaussichten darzulegen und zu beweisen hat, soweit
dies möglich ist. Insbesondere im Bereich des entgangenen Arbeitsentgelts kann
sich der Patient dabei nicht einfach mit Verweis auf § 287 ZPO auf etwaige
Schätzungen zurückziehen, sondern muss an Hand seines Arbeitsvertrages und
unter Offenlegung etwaig erhaltener Entgeltfortzahlung (§ 3 EFZG), Krankengeld
(§ 44 SGB V) oder sonstiger kompensierender Leistungen durch Dritte (wobei
freiwillige Leistungen, wie Versorgung durch Freunde und Verwandte nicht an-
rechenbar sind) den genauen Verlust gegenüber einer Situation aufzeigen, in der
er vollständig arbeitsfähig gewesen wäre. Dabei können aber zu erwartende Ge-
haltserhöhungen, entgangene Gratifikationen uÄ eingerechnet werden, wenn
diese im Sinne des § 252 S. 2 BGB als hinreichend wahrscheinlicher Verlauf dargelegt und bewiesen werden können.[128] Für Arbeitnehmer ist im Übrigen darauf
zu achten, dass der Schädiger auch für entgangene/nicht entrichtete Beiträge zur
Altersversorgung einzustehen hat.

---

126 Zu den Details vgl. die Ausführungen bei *Küppersbusch/Höher*, Ersatzansprüche bei Personenschaden, 12. Aufl. 2016, S. 77 ff. m.w.N.
127 Vgl. BGH VersR 1984, 583.
128 BGH NJW 1996, 2296; VersR 1965, 489.

79   Interessant sind Zwischenstellungen, bei denen ein förmlich vergütetes Anstellungsverhältnis fehlt, nach üblichen Marktkonditionen aber ein solches vereinbart worden wäre (unentgeltliche Mitarbeit im Familienbetrieb). Begrenzt auf
die tatsächliche Ertragslage kann hier der übliche Arbeitnehmernettolohn verlangt werden.[129]

80   Für selbstständig gewerblich und freiberuflich Tätige sind die Konkretisie-
rungsmaßgaben des § 252 S. 1 BGB aufgrund der Unmöglichkeit entsprechend
präzisen Nachweises aufgeweicht, so dass entgangene Gewinne auch unter Darlegung und Nachweis einer rationalen Prognose der Geschäftsentwicklung ohne
das schädigende Ereignis, also insbesondere unter Zugrundelegung bestimmter
Geschäfte und Einnahmen der Vergangenheit mit Blick auf eine repräsentative
zeitliche Periode geltend gemacht werden können.[130] Mithin ist insofern die
Möglichkeit zu einer Schadensberechnung eröffnet, die auf Basis von dargelegten
und nachgewiesenen Anknüpfungstatsachen eine richterliche Schätzung nach
§ 287 ZPO erlaubt.[131] Andernfalls hätten geschädigte Anwälte, niedergelassene
Ärzte, Berufssänger etc. keine Möglichkeit, ihren entgangenen Erwerb anzusetzen, da regelmäßig detailliert nachweisbare und gefestigte Erwerbsaussichten im
Sinne des § 252 S. 1 BGB noch nicht oder nicht in hinreichender Art und Weise
vorliegen werden. Dies würde den Schädiger einer solchen Person unbillig be-
günstigen respektive den Geschädigten unbillig benachteiligen. Allerdings lässt
der BGH keine rein abstrakte Schadensschätzung, ohne hinreichende Anknüpfungstatsachen zu, also auch keinen „Mindestschaden", bei vollkommen unsi-
cherer Zukunftsprognose.[132] Beweisrechtlich kann dem Geschädigten über § 287
Abs. 1 S. 3 i.V.m. 448 ZPO in Form der Parteivernehmung von Amts wegen geholfen
werden.[133]

81   Schließlich muss noch auf eine besonders problematische, weil von der
Schädigung aus gesehen regelmäßig zeitlich weit entfernte Frage hingewiesen
werden. Es sei unterstellt, eine ärztliche Behandlung führt zu einer erheblichen
Schädigung eines 10jährigen Kindes, welches aufgrund dieses Schadens erst
deutlich später die Schule und die Berufsausbildung abschließen kann oder
aufgrund von Dauerschäden vollkommen von der Berufswelt ausgeschlossen
bleibt. Insofern stellt sich die Frage, ob Verzögerungen oder vollständiger Erwerbsausfall liquidiert werden können, da diese selbst im Bereich etwaiger An-

---

129 OLG München NJW-RR 1993, 1179.
130 BGH VersR 2004, 874; 1992, 973.
131 BGH VersR 2010, 550.
132 BGH VersR 2004, 874.
133 Hierzu auch KG VersR 2004, 483.

knüpfungstatsachen aufgrund der unüberschaubaren Vielfalt denkbarer Kausal-
verläufe im Leben dieses Menschen nicht ernsthaft konkret antizipiert werden
können. Gleichwohl werden auch in diesem Bereich mit Blick auf Darlegungs- und
Beweislast beim geschädigten Kind Anknüpfungstatsachen wie die Aussichten
innerhalb der Erziehung (Elternhaus), bisherige schulische Laufbahn etc.[134] gesucht, um eine Schätzgrundlage zu erhalten. Gelingt dies in keiner Form, erkennt
die Rechtsprechung in dieser extremen und unbilligen Beweisnot aber dann doch
die Unterstellung eines abstrakt zu erwartenden durchschnittlichen Erfolgs an.[135]

dd) Haushaltsführungsschaden/Haushaltshilfe

Juristen, die üblicherweise nicht im Recht der Personenschäden unterwegs sind, **82**
übersehen vielfach eine in der Rechtsprechung anerkannte Schadensposition, die
für den Mandanten von großem Interesse sein kann, den Haushaltsführungsschaden (lies hierzu auch §§ 842, 843 BGB und beachte, dass der Einsatz der
Arbeitskraft im Haushalt nach st. Rspr. ein sinnvoller und geldwerter Einsatz der
eigenen Arbeitskraft ist, was sich auf die Ehegattengemeinschaft bezogen hat;[136]
dies ist jedoch mittlerweile ohne Weiteres auch für Alleinstehende als Unterfall
vermehrter Bedürfnisse anerkannt[137]). Es handelt sich um eine materielle Ein-
buße, die daraus resultiert, dass der Geschädigte aufgrund seiner Verletzung den
eigenen Haushalt nicht (vollständig) führen kann.[138] Das mag man sich plastisch
so vorstellen, dass mit zwei verletzten Händen Fenster nicht geputzt, Böden nicht
gewischt und nicht eingekauft werden kann, etc. Nun gibt es zwei Möglichkeiten.
Entweder es wird eine zu akzeptablen ortsüblichen Sätzen hinzugeholte Hilfskraft
beschäftigt und deren Gehalt beim Schädiger liquidiert[139] oder der Schädiger
macht einen Haushaltsführungsschaden geltend, berechnet also eine Schadensposition, die gewissermaßen dem Haushaltsarbeitswert entspricht. Diese kann er
dann als fiktive materielle Kosten geltend machen. Um eine solche Berechnung zu
leisten, sind Tabellenwerke entwickelt worden, die hierfür herangezogen werden
können, da dieselben als taugliche Schätzgrundlage i.S.d. § 287 ZPO akzeptiert

---

134 LG Stuttgart VersR 1999, 630; OLG Frankfurt VersR 1989, 48; OLG Köln VersR 1972, 406; OLG
Karlsruhe VersR 1989, 1101; LG Aschaffenburg SP 2000, 125.
135 BGH VersR 2010, 1607; 200, 233.
136 BGH VersR 1972, 1075; 1974, 1016.
137 BGH NJW 2009, 2060.
138 Ausführlich mit zahlreichen Beispielen und Nachweisen *Küppersbusch/Höher*, Ersatzansprüche bei Personenschaden, 12. Aufl. 2016, S. 56 ff.
139 Hier ist der Bruttolohn zu zahlen, da dieser an die Haushaltskraft entsprechend entrichtet
werden muss. Hierzu auch BGH VersR 1989, 1273.

werden.[140] Als ergänzender Hinweis sei hinzugefügt, dass das jeweilige Begehren der betroffenen Patienten in praxi vielfach an versuchten Prozessbetrug grenzt. So wird nicht selten vorgetragen, der Betroffene begehre nebst Ausfalls seiner Vollzeitarbeit auch Haushaltsführungsschaden für 65 und mehr Wochenstunden. Es ist schon beeindruckend, in welchem Umfang bei Personenschäden die Betroffenen plötzlich eine langjährig gehegte Liebe zur unaufhörlichen Haushaltstätigkeit anbringen. Noch ärgerlicher erscheinen jedoch jene Anwälte, die diesen Vortrag mit Inbrunst vertreten oder gar erstmalig auf den Mandanten einwirken, er möge bei der Nennung einer Stundenzahl nicht zurückhaltend sein.

ee) Sonstige vermehrte Bedürfnisse

83   Mit dem Haushaltsführungsschaden haben wir genau genommen bereits einen Fall vermehrter Bedürfnisse kennengelernt, wobei dieser im Rahmen einer ehelichen Gemeinschaft vielfach anders begründet wird. Daneben gibt es aber auch noch bedeutsame andere Aspekte, die zu erheblichen finanziellen Mehrbelastungen führen können. Ausgangspunkt ist § 843 Abs. 1 BGB. Es muss sich um verletzungsbedingte Bedürfnisse handeln, die nicht bereits im Rahmen der obigen Punkte erfasst sind und die über die ohnehin notwendige übliche Lebenshaltung hinausgehen.[141] Wie vorab schon einmal betont, sind fiktive Kosten dabei – anders als im Fall von Sachschäden – nicht ansatzfähig. Interessanterweise macht die Rechtsprechung jedoch eine wichtige Ausnahme. Bieten Dritte unentgeltlich Pflegeleistungen an, die andernfalls teuer hätten erkauft werden müssen, so ist ein fiktiver Pflegekostenansatz als eigenständiger Schadensersatzposten des Geschädigten zugestanden worden.[142] Es muss aber beachtet werden, dass nicht die Kosten einer professionellen Pflegekraft verlangt werden können, sondern „nur" ein angemessener Ausgleich für die übernommenen Mühen bereitzustellen ist.[143] Im Übrigen können vermehrte Bedürfnisse alle Erfordernisse sein, die ohne die Schädigung nicht eingetreten wären (Rollstuhl,[144] behindertengerechter Wohnungsumbau,[145] tatsächliche professionelle Pflegekraftkosten,[146] etc.).

---

140 Vgl. BGH VersR 2012, 905; NJW 2009, 2060.
141 So zutreffend *Küppersbusch/Höher*, Ersatzansprüche bei Personenschaden, 12. Aufl. 2016, S. 87.
142 Ausführlich *Küppersbusch/Höher*, Ersatzansprüche bei Personenschaden, 12. Aufl. 2016, S. 90 ff.
143 Ansatz einer vergleichbaren Hilfskraft, vgl. BGH VersR 1999, 252.
144 OLG Stuttgart Zfs 2012, 198.
145 LG Münster SP 2009, 62.
146 *Küppersbusch/Höher*, Ersatzansprüche bei Personenschaden, 12. Aufl. 2016, S. 90.

b) Immaterielle Schäden

Das Schmerzensgeld ist im Medizinschadensprozess von großer Bedeutung, al- 84
lerdings muss dieses möglichst präzise von materiellen Ansätzen getrennt werden. Zum einen kann der immaterielle Ersatz zusätzlich beansprucht werden, sofern einer der Rechtsgüter des § 253 Abs. 2 BGB betroffen ist, und zum anderen rechtfertigt sich eine Schmerzensgelderhöhung auch gerade mit Blick auf bestimmte Umstände, die materielle Schadenspositionen begründen (belastender Mehrbedarf etc.). Da Schmerzensgelder grundsätzlich nur im Sinne des § 287 ZPO geschätzt werden können, dreht sich der Prozess letztlich um Darlegung und Bewertung schmerzensgeldbegründender Faktoren. Diese müssen stets vor dem Hintergrund der Funktionalität des immateriellen Schadensrechts erörtert werden.

aa) Funktionen des Schmerzensgeldes

Zentral wird nach wie vor die Ausgleichsfunktion genannt. Diese Erwägung führt 85
aber – logisch präzise betrachtet – erst einmal zu keinerlei Erkenntnis. Ausgleich kann stets nur für einen bestimmten rechtlich zu problematisierenden Sachverhalt geschuldet sein, so dass die Ausgleichsfunktion einzig darauf hinweist, dass der Betroffene schmerzensgeldbegründende Faktoren wird beibringen müssen, für die immaterieller Ausgleich beansprucht werden kann. Die legitimatorisch aber ausstehende Frage, ob ein genannter Faktor auch tatsächlich ausgleichspflichtig im Sinne der Rechtsordnung sein soll, wird mit dem pauschalen Hinweis auf die Ausgleichsfunktion gerade nicht beantwortet. Daher ist dieses zentrale Element des immateriellen Schadensersatzes um eine banale Selbstverständlichkeit, die mit Leben zu füllen ist (s. u. bb).

Es werden aber auch andere Legitimationsmuster diskutiert und in der 86
Rechtsprechung herangezogen. Es soll beim Schmerzensgeld auch um Genugtuung gehen können.[147] Dem Geschädigten soll also die Möglichkeit gegeben sein, das Gleichgewicht wegen Übergriffs auf seine Sphäre auch mit Blick auf die eigene Befindlichkeit und die gezielte Störung der Schädigerbefindlichkeit wieder ins Lot zu bringen. Diese Idee ist jedoch in der Arzthaftung mit Vorsicht zu genießen. Aufgrund des regelmäßig kurativen Ziels und der entsprechenden ärztlichen Motivation, die – unterhalb der Grenze vorsätzlicher Patientenschädigung – stets unterstellt werden darf, erscheint es höchst zweifelhaft, ob Genugtuung und damit verbundene Sühne beim Schädiger eine tragfähige Legitimation sein

---

147 KG Berlin VersR 2005, 372.

darf.[148] In der Arzthaftung ist in jedem Fall – vorbehaltlich etwaiger Besonderheiten des Einzelfalls – Zurückhaltung geboten.

87 Eine noch über die bisherigen Erwägungen hinausgehende Straffunktion darf das Zivilrecht seiner gesamten Systematik entsprechend nicht erfüllen, so dass dies als Legitimationsbasis nicht taugt.[149] Zwar kommt mit Blick auf den durchaus auch handlungsleitenden Charakter des Zivilrechts eine Präventionsfunktion in Betracht, jedoch ist diese allenfalls Beiwerk und nicht primärer Sinnansatz des Schmerzensgeldes.

88 Schließlich kann in besonders gelagerten Fällen ein schmerzensgelderhöhender Umstand noch aus den Vorgaben der Verfassung als „Würdefunktion" abgeleitet werden.[150] Dies ist dann der Fall, wenn ein erheblicher Verlust von Wahrnehmungs- und Empfindungsfähigkeit beim Geschädigten eingetreten ist.[151]

89 Aus diesen Erwägungen folgt, dass die Legitimationsansätze des immateriellen Schadensersatzes kaum als belastbare Grundlage für ein transparentes Schadensersatzrecht hinzureichen vermögen. Dementsprechend basiert die Rechtspraxis weithin auf Einzelfallerwägungen, die mit Erfahrungswerten kombiniert und an Tabellen angelegt sind. Dieser status quo ist dogmatisch und rechtsstaatlich keineswegs unbedenklich, jedoch mangels Ersichtlichkeit einer tauglichen Problemlösung aktuell nicht zu ändern.

bb) Faktoren

90 Zentral sollte für die korrekte Bestimmung des Schmerzensgeldumfangs zunächst beachtet werden, welche direkten Leiden (Art, Dauer, Intensität) die Primärschädigung kausal und zurechenbar verursacht hat. Dabei sind alle klassischen Konsequenzen zu berücksichtigen wie insbesondere weitere Behandlungen etc. Sodann ergeben sich zahlreich psychische Leiden, die einerseits direkt mit der Primärverletzung zusammenhängen (Angstzustände, Depressionen etc.) und die andererseits mittelbar aus den Verletzungsfolgen hervorgehen (keine Teilhabe

---

148 In diese Richtung OLG Bremen NJW-RR 2003, 1255; OLG Düsseldorf VersR 1996, 1508. Hier kann allerdings keinesfalls von einer ständigen oder gesicherten Rechtsprechung ausgegangen werden, da die Land- und Oberlandesgerichte mit der Frage unterschiedlich umgehen.

149 Die dahinterstehende Begründung ist hoch komplex und erst dann vollends verständlich, wenn hierzu tiefenanalytische Erwägungen des Zusammenspiels der einzelnen Facetten der Rechtsordnung vorgenommen werden. Dies kann vorliegend nicht geleistet werden. Es sei zur näheren Debatte verwiesen auf Ebert, Pönale Elemente im deutschen Privatrecht, 2004. S.a. J. Prütting/Kniepert, ZfPW 2017, 458 ff.

150 Hierzu Bergmann/Pauge/Steinmeyer/Wenker, Gesamtes Medizinrecht, 3. Aufl. 2018, BGB, § 253 Rn 7.

151 Vgl. BGH NJW 1993, 781.

mehr am sozialen Leben, Rückschläge durch krankheitsbedingten Arbeitsausfall etc.).

Eine taugliche Hilfestellung bieten Schmerzensgeldtabellen, die auch von den 91 Gerichten beachtet werden, wobei der entsprechend professionelle Anwaltsvortrag sich auf judikative Referenzentscheidungen, nicht auf die Tabellen beziehen sollte.

2. Sonderfall: Leben als Schaden

a) Hintergrund und Diskussionsaufriss

Die Gynäkologie und Geburtsmedizin hat tagtäglich mit außergewöhnlichen 92 Verantwortlichkeiten für ihre Patienten und entsprechend extremen Haftungsrisiken zu kämpfen, da Fehler in diesem Bereich vielfach zu schwersten irreversiblen Schäden bei den Neugeborenen und zu lebenslangem Mehrbedarf führen. Nun gibt es haftungsrechtlich eine Vielzahl von Judikaten, Leit- und Richtlinien, Fehlerspektren und problematischen Grenzfällen, die an dieser Stelle nicht im Einzelnen ausgeführt werden sollen. Letztlich können all diese Bereiche mit dem hier erlernten Handwerkszeug und unter Zuhilfenahme der fallspezifischen Spezialliteratur erfasst und bearbeitet werden. Eine Besonderheit ist gleichwohl herauszustellen: Die Frage, ob das lebend geborene Kind ein zum Ersatz verpflichtender Schaden sein kann.

Zunächst wollen wir uns plastisch vorstellen, woher diese Überlegung stammt 93 und weshalb sie von großer Bedeutung ist. Wenn eine Frau keine Kinder bekommen möchte und eine Sterilisation vornehmen lässt, gleichwohl dann aber schwanger wird, so kann die ärztliche Durchführung fehlerhaft gewesen sein. Ebenso ist es denkbar, dass eine Frau schwanger wird, das Kind aber hätte abtreiben lassen, wenn sie gewusst hätte, dass das Kind mit einer schweren Behinderung auf die Welt kommen wird und für die Mutter ein Fall der medizinischen Indikation im Sinne des § 218a Abs. 2 StGB gegeben ist. Diese Vorschrift ist dann erfüllt, wenn die Embryopathie, die für sich genommen heute kein Abtreibungsgrund mehr ist, die werdende Mutter dermaßen physisch und/oder psychisch belastet, dass diese in schwerer Gesundheits- oder gar Lebensgefahr schwebt.[152] Und schließlich sind Fälle denkbar, in denen ein gesunder Fötus durch ärztliche Fehlbehandlung im Mutterleib Schaden nimmt und hierdurch ein behindertes Kind zur Welt kommt oder derartige Behinderungen durch Fehler beim Geburtsvorgang oder in der postpartalen Versorgung entstehen.

---

152 Vgl. BGH NJW 2003, 3411; 2002, 2639.

94   In all diesen Fällen ist die Frage zu klären, ob Ersatz dafür verlangt werden kann, dass das behinderte Kind erheblichen Bedarf aufweist, und wer Berechtigter von Ersatzansprüchen sein soll. Die Frage kann im Wesentlichen in zwei Kategorien unterteilt werden. So kann die Existenz für sich mit all ihren materiellen und immateriellen Konsequenzen als Schaden begriffen werden und es kann die gewünschte Existenz des Kindes gegen die tatsächlich eingetretene Situation im Einzelfall bestehender körperlicher oder geistiger Behinderungen abgewogen werden. Hierrüber ist in Literatur und Rechtsprechung ein flammender Streit entbrannt, der insbesondere mit Blick auf verfassungsrechtliche Bedenken darum ausgefochten worden ist, ob es möglich sein kann, das Kind als Person mit seiner Menschenwürde, seinem Recht auf Leben und seinen Persönlichkeitsrechten von der wirtschaftlichen Belastung (Unterhaltsbelastung als reiner trennungsfähiger Rechnungsposten) zu unterscheiden. Während das BVerfG hieran zunächst doch erhebliche Zweifel angemeldet hatte,[153] ist die verfassungsrechtlich zulässige Schadensberechnung unerwünschter Unterhaltsleistungen zu Gunsten der Eltern letztlich akzeptiert worden.[154] Dementsprechend ist es st. Rspr. des BGH, dem Grunde nach solche Schäden für ersatzfähig zu halten.[155]

b) Aktivlegitimation und Haftungsumfang

95   Im Detail ist zunächst die Frage zu stellen, wer anspruchsberechtigt sein kann. Insofern kommen regelmäßig die betroffenen unterhaltsverpflichteten Eltern und das lebendgeborene Kind in Betracht.

96   Wenn zunächst das Kind in den Blick genommen wird, so ist es von zentraler Bedeutung, die Differenzhypothese präzise anzuwenden. Es ist somit der hypothetische Zustand ohne das behandlungsfehlerhafte Verhalten des Arztes zu erfragen. Das bedeutet, dass jede standardgerechte Behandlung, die zur Nichtexistenz des Kindes geführt hätte, keinen Schadensersatzanspruch des Kindes auslösen kann, da die Variante stets kein gesundheitlich unbelastetes, sondern gar kein Leben wäre,[156] (anders konnte allerdings der jüngste Ansatz des OLG München aufgefasst werden, wonach die Lebenserhaltung eines Sterbewilligen zu Schadensersatz verpflichten können soll,[157] was jedoch der BGH in der Revision mit Verweis auf vermeintliche verfassungsrechtliche Unzulässigkeit kassiert

---

153 BVerfG NJW 1993, 1751.
154 Vgl. BVerfG NJW 1998, 519.
155 Vgl. BGH NJW 2008, 2846 f.; 1994, 788.
156 Vgl. BGHZ 86, 240, 250 ff. = NJW 1983, 1371.
157 Vgl. OLG München Urt. v. 21.12.2017, Az. 1 U 454/17.

hat[158]). Im Fall des nicht der Behandlungsseite zurechenbaren Versterbens verbleiben dem Kind mithin keinerlei Ansprüche,[159] was vielfach angegriffen worden ist,[160] aber de lege lata nicht gegenteilig begründet werden kann.[161] Das Kind kann somit nur solche Ansprüche geltend machen, die darauf zielen, dass ein behandlungsfehlerfreies Verhalten gerade kausal zu einer unbelasteten Existenz geführt hätte. Daher bestehen Ansprüche wegen erst entstandener Behinderung durch fehlerhafte Medikation bei der Schwangerschaftsbetreuung ebenso wie etwaige Sauerstoffunterversorgung bei fehlerhafter Geburtseinleitung. Diese Ansprüche stehen bürgerlich-rechtlich jedoch unter der Voraussetzung, dass das Kind lebend geboren wird (§ 1 BGB).[162]

Die Eltern haben – verheiratet oder als nichteheliche Lebenspartner – im Fall **97** der Nichtexistenz des Kindes bei standardgerechtem Verhalten einen vollständigen Unterhaltsanspruch (nicht „nur" den Mehrbedarf).[163] Daneben kann jedoch kein Verdienstausfall beansprucht werden, da dies vom Schutzbereich der übernommenen Behandlungsverpflichtung des schwangerschaftsbetreuenden Arztes nicht übernommen ist.[164] Bei Schwangerschaft trotz Sterilisation entfällt der Anspruch der Eltern, wenn diese sich nachträglich dafür entscheiden, das Kind zu bekommen, weil sich nunmehr doch ein Kinderwunsch ergeben hat.[165]

3. Schäden bei Dritten im Überblick

Nicht immer kommt als Geschädigter und Anspruchsberechtigter nur die unmit- **98** telbar getroffene Person in Betracht. Es gibt mehrere rechtlich geschützte Bereiche, in denen die Schädigung einer Person zu Ansprüchen bei einer anderen führt. Zu beachten ist aber, dass Schockschäden, den nahestehende Personen bei Miterleben einer Schädigung und bei Benachrichtigung vom Unglücksfall erleiden, nicht in diese Kategorie zählen. Es handelt sich vielmehr um Körper- und Gesundheitsschäden, die diesen Dritten im Wege psychisch vermittelter Kausa-

---

158 Vgl. BGHZ 221, 352 = NJW 2019, 1741 und dazu *J. Prütting* ZfL 2018, 94 ff.; *ders.* BTPrax 2019, 185 ff.
159 BGH NJW 1983, 1371, 1374.
160 *Stoll*, Haftungsfolgen im bürgerlichen Recht, 1993, 284 ff.; *Picker*, Schadensersatz für das unerwünschte eigene Leben „wrongful Life", 1995, S. 116 f.
161 Übersicht bei Laufs/Katzenmeier/Lipp/*Katzenmeier*, Arztrecht, 7. Aufl. 2015, S. 392 Fn 471 m.w.N.
162 BGHZ 129, 297, 305 = NJW 1995, 2028, 2030.
163 Vgl. BGH NJW 2008, 2846 f.; 2007, 989; 2000, 1782; 1995, 2407; 1994, 2407.
164 Vgl. BGH NJW 1997, 1638.
165 Vgl. BGH NJW 2007, 989 f.

lität zugefügt werden und die, sofern der Schock ernsten Krankheitswert hat und über das hinausgeht, was jedermann nach allgemeinem Lebensrisiko an Betroffenheit und Traurigkeit über den Verlust oder die schwere Verletzung einer nahestehenden Person in Kauf zu nehmen hat, deutlich hinausgeht.[166]

99   In die Kategorie der liquidationsfähigen Schäden Dritter fallen demgegenüber Beerdigungskosten gemäß § 844 Abs. 1 BGB, entzogene Unterhaltsansprüche gemäß § 844 Abs. 2 BGB, soweit und solange der unmittelbar Betroffene voraussichtlich hätte Unterhalt leisten müssen, das Angehörigenschmerzensgeld gemäß § 844 Abs. 3 BGB, welches einen immateriellen Ausgleich für Dritte bieten soll, auch wenn diese „nur" im üblichen Maß trauern und Ersatz für entgangene Dienste gemäß § 845 BGB, sofern und soweit diese einem Dritten geschuldet gewesen wären.

---

166 Vgl. BGHZ 93, 351, 354 f. = NJW 1985, 1390 f.

§ 24 Medizinschadensprozess und seine Vorbereitung

Die vorab erlernten materiellrechtlichen Grundsätze sind letztlich für den 1
Rechtspraktiker (vornehmlich Anwalt und Gericht, aber auch andere Teilnehmer,
die sogleich kurz vorgestellt werden) natürlich nur die halbe Wahrheit. Das Recht
muss in der Praxis umgesetzt respektive durchgesetzt werden, wozu zahlreiche
Erwägungen zählen. An dieser Stelle sollen ausschließlich Spezifika des Medi-
zinschadensprozesses aufgegriffen werden, da freilich kein grundlegendes Anwaltshandbuch zur Führung eines Zivilprozesses angeboten werden kann. Der
geneigte Leser wird deshalb darum gebeten, eventuell fehlende Grundbegriffe des
Zivilprozesses durch die einschlägige Literatur aufzuarbeiten.

I. Vorfeldmaßnahmen und außergerichtliche Streitbeilegung

Erwägt ein Patient, die Behandlungsseite in Haftung zu nehmen, so sind unter- 2
schiedliche Überlegungen anzustellen. Bereits mit Blick auf die Vielfalt denkbarer
Vorgehensweisen und ihrer unterschiedlichen Fallstricke ist die Führung eines
geordneten Streits durch eine versierte Rechtsvertretung sehr zu empfehlen.

Der Patient, der Ansprüche geltend machen möchte, sollte zunächst sein Ziel 3
der Rechtsverfolgung sorgfältig überlegen. Vielfach geht es nicht zwingend um
größere finanzielle Kompensation, sondern vielmehr darum, dass die Behandlungsseite die patientenseitigen Sorgen ernst nehmen und sich hierzu äußern soll.
Teilweise ist es sogar der Wunsch von Patienten, andere vor einem vermeintlich
unfähigen Arzt zu schützen oder es wird Bestrafung für ein bestimmtes Verhalten
angestrebt. Selbstverständlich sollte jede nähere Überprüfung einer möglicherweise nicht ordnungsgemäß abgelaufenen Behandlung mit dem Herausgabeverlangen der gesamten den Patienten betreffenden Dokumentation begonnen
werden, § 630 f. BGB, deren sorgfältige Ansicht im Zweifel stets den ersten Schritt
zu bilden hat. Folgende Herangehensweisen stehen dem Patienten sodann unmittelbar zu Gebote:

1. Berufsrechtliches Vorgehen

Der Patient kann Defizite des Behandlungsgeschehens der zuständigen (Zahn-) 4
Ärztekammer melden und eine berufsrechtliche Untersuchung verlangen. Die
(Zahn-)Ärztekammer wird die Stellungnahme des Betroffenen einholen und sich

https://doi.org/10.1515/9783110700428-027

330 ——— § 24 Medizinschadensprozess und seine Vorbereitung

sodann mit den Vorwürfen nach ärztlichem Berufsrecht (jeweils anwendbare Berufsordnung der (Zahn-)Ärzte) auseinandersetzen. Wird ein Verstoß gegen Berufsrecht, welcher gerade auch in Form von Behandlungs- und Aufklärungsfehlern nach den §§ 7, 8 der jeweiligen Berufsordnung[1] möglich ist, festgestellt, so kommt ein berufsrechtliches Verfahren in Betracht, durch welches dem betroffenen Arzt Sanktionen drohen. Gedankliches Positivum für den Patienten: Die Verfahrenseinleitung führt zur Amtsermittlung und kostet den Patienten nichts. Anwaltliche Vertretung ist nicht erforderlich. Gedankliches Negativum: Strebt der Patient Ersatzansprüche an, wird er hiermit nicht glücklich, da dieses Verfahren keine Bindungswirkung für einen etwaigen Zivilrechtsstreit zeitigt. Hinzu kommt die rechtspraktische Beobachtung, dass nur wenig Eingaben bei der Kammer mit besonderer Sorgfalt verfolgt werden. Man gewinnt dort rasch den Eindruck, dass die Verfolgung von ärztlichem Fehlverhalten eher Sache der Straf- und Zivilgerichtsbarkeit sein soll.

2. Der strafrechtliche Ansatz

5 Will der Patient die Bestrafung im kriminalstrafrechtlichen Sinne erreichen, kann er Strafantrag/Strafanzeige stellen. Ob ein Strafantrag im Einzelfall erforderlich ist, hängt vom jeweiligen Delikt ab (vgl. etwa § 230 für §§ 223, 229 StGB). Zum Arztstrafrecht wird ausführlich im 6. Kapitel dieses Buches berichtet. Zivilrechtlich ist dieser Weg insoweit interessant, als der Patient wähnt, dass er bestimmter Personen oder bestimmter Informationen/Materialien im üblichen Zivilverfahren nicht habhaft werden wird. Sofern etwa die Vermutung der Verfälschung oder Unterdrückung von Behandlungsdokumentation im Raum steht, könnte es sich anbieten, auf die Erkenntnisse der Staatsanwaltschaft nach erfolgter Beschlagnahme gemäß §§ 94 ff. StPO zurückzugreifen. Auch ist es denkbar, im Rahmen eines Adhäsionsverfahrens nach den §§ 403 ff. StPO die Früchte strafrechtlicher Ermittlungen für ein Zivilverfahren gleich vor dem Strafgericht zu nutzen. In der Praxis ist dieses Vorgehen höchst selten zu beobachten, was nach hier vertretener Ansicht nicht zuletzt darauf zurückgehen dürfte, dass der klassische zivilrechtliche Haftungsfall nur eher selten auch zum Strafgericht getragen wird und zudem

---

1 Es gilt zu beachten, dass Berufsrecht kompetenziell Landesrecht ist und daher die Musterberufsordnung der Ärzte und Zahnärzte nur einen Vorschlag der jeweiligen Bundesvereinigung bildet, nicht aber geltendes Recht ist. Allerdings entsprechen die 17 Berufsordnungen in Deutschland der MBO-Ä/MBO-Z. Die Zahl 17 kommt dadurch zu Stande, dass in NRW zwei Ärztekammern existieren (Nordrhein und Westfalen-Lippe).

den Anwälten die Vorzüge eines im Einzelfall zu erwägenden Adhäsionsverfahrens häufig nicht unmittelbar vor Augen stehen.

3. Gutachterliche Bewertung

Zur Vorbereitung denkbarer zivilrechtlicher Anspruchsgeltendmachung kann der **6** Patient aber auch Wege einschlagen, in denen vorab das ärztliche Verhalten gutachterlich auf den Prüfstand gestellt wird. Vier Wege sind insoweit denkbar.

Der Patient kann einen Privatgutachter beauftragen. Er sucht also nach einem **7** Mediziner mit passendem Expertenwissen und bittet um die (kostenpflichtige) Erstattung eines Gutachtes zu seinem Fall. Dabei ergeben sich häufig interessante Aspekte und Angriffspunkte, da der Patient nunmehr selbst einen medizinischen Experten auf seiner Seite hat, der die Dinge erläutern und die sachlichen Streitdetails bewerten kann. Allerdings muss dem Patienten klar sein, dass jegliche Aussagen des Privatgutachters in einem denkbaren späteren Prozess nicht mehr als qualifizierter Parteivortrag sind. Damit kann ein Beweis im Sinne des Sachverständigenbeweises nach den §§ 402ff. ZPO nicht erbracht werden. Allerdings können richterlich eingeholte Gutachten mittels dezidierter Auseinandersetzung seitens des Privatgutachters durchaus wirksam angegriffen und hinterfragt werden, so dass im Falle des drohenden Unterliegens im Prozess diese Form von Parteivortrag durchaus einen rettenden Anker zum Obergutachten bilden kann. Auch ist die Befragung des gerichtlich berufenen Sachverständigen in anderer Tiefe möglich, wenn der Patient selbst einen medizinischen Experten neben sich hat. Zentraler Vorteil dürfte aber zunächst sein, dass die Patientenseite in die Lage versetzt wird, elaboriert vorzutragen und damit sowohl die Behandlungsseite potentiell in Erklärungsnot zu bringen als auch einen ggfls. zu bestellenden gerichtlichen Sachverständigen auf die Fährte von möglichen Fehlern zu bringen. Nachteilig sind jedoch die regelmäßig hohen Kosten der Privatbegutachtung zu bedenken. Insofern ist es von großer Bedeutung, ob der Patient für Fälle dieser Art eine Rechtsschutzversicherung hat, die im Rahmen zweckentsprechender Rechtsverfolgung auch für eine Privatbegutachtung in Vorleistung tritt.

Als zweite und dritte Erwägung kann ein Gutachten bei der Schlichtungsstelle **8** der zuständigen Ärztekammer oder beim medizinischen Dienst der Krankenkassen (MDK) erbeten werden. Letzteres ist allerdings nur möglich, wenn der betroffene Patient gesetzlich krankenversichert ist. Beide Varianten führen dazu, dass die patientenseitigen Vorwürfe durch medizinische Experten begutachtet und bewertet werden. Der Patient erhält im Anschluss ein Gutachten mit konkreter Synthese zu seinen Vorwürfen. Für den klugen Anwalt gibt es hier aber doch das ein und andere zu bedenken. Zwar sind beide Wege für den Patienten kostenfrei, aber insbesondere die Schlichtungsstellen der Ärztekammern unterliegen einer hohen Arbeitsbelastung und benötigen vielfach 15 Monate und mehr, bis ein Gutachten mit Abschlussbericht vorliegt und dem Patienten übersandt wird. Je nach Situation ist es dem Patienten aber nicht beliebig zumutbar, zu warten. Demgegenüber ist der MDK zwar regelmäßig deutlich schneller, jedoch sind dessen Gutachten und Bewertungen häufig weniger belastbar. Der MDK weist in aller Regel eine hohe Belastungstendenz gegen die Behandlungsseite auf und erkennt erhebliche Fehler vielfach sogar dort, wo ein gerichtlicher Sachverständiger später bereits Schwierigkeiten hat, einen vorwerfbaren Irrtum zu erkennen. Hintergrund ist vielfach folgender Umstand: Die Krankenkasse, deren Dienst mit dem MDK angerufen wird, ist auch nach Schädigung ihres Versicherten respektive des im Fall betroffenen Patienten weiterhin für diesen zuständig und einstandspflichtig. Ist der Patient erheblich geschädigt, so benötigt er nach dem Sachleistungsprinzip auch weiterhin Krankenbehandlung und alle Umfeldmaßnahmen (Krankengeld, Reha etc.), die sehr kostspielig sein können. Hat die Behandlungsseite diese Folgen zivilrechtlich zu ersetzen, so geht der Anspruch des Patienten im Zeitpunkt der Schädigung ipso iure auf die Krankenkasse über, § 116 Abs. 1 SGB X (lesen!). Das bedeutet konsequent, dass, wenn der MDK etwas Vorwerfbares finden sollte, das sich durchsetzen ließe, die Krankenkasse im Anschluss selbst Regress gegen die Behandlungsseite nimmt, da sie hinsichtlich der dem Patienten geschuldeten weiteren Behandlung den patientenseitigen Schadensersatzanspruch im Wege der Legalzession (ein Fall der §§ 412, 401 ff. BGB) erworben hat. Da auch der mittlerweile weithin spezialisierten Zivilrechtsrechtsprechung besagter Hintergrund geläufig ist, muss der Wert von MDK-Einschätzungen mit einer gewissen rechtspraktischen Vorsicht genossen werden. Allerdings sind MDK-Bewertungen ein guter Anhaltspunkt dafür, ob eine Rechtsverfolgung überhaupt Sinn ergeben kann, denn wenn schon der MDK keinen Fehler wähnt, ist die Wahrscheinlichkeit eher gering, dass später ein solcher aufgedeckt wird (vorbehaltlich natürlich der Möglichkeit, dass der jeweilige MDK-Gutachter schlicht etwas übersieht).

9   Die letzte Möglichkeit ist die Einleitung eines selbstständigen Beweisverfahrens nach den §§ 485 ff. ZPO. Die Nutzbarkeit in Arzthaftungsverfahren ist lange Zeit weithin umstritten, aber überwiegend kritisch betrachtet gewesen. Seit einer Entscheidung des BGH aus dem Jahre 2013 besteht jedoch Einigkeit, dass im Behandlungsfehlerbereich ein solches Verfahren mit Erfolg durchgeführt werden kann.[2] Für die Details zur ordnungsgemäßen Durchführung und zur möglichen

---

2 BGH NJW 2013, 1342.

Antragsreichweite muss an dieser Stelle auf die entsprechende Kommentar-, Handbuch- und prozessuale Lehrliteratur verwiesen werden.

4. Interaktion mit der Behandlungsseite

Der Patient kann außergerichtlich in Verhandlungen mit der Behandlungsseite 10 eintreten. Sofern zivilrechtliche Ansprüche geltend gemacht werden sollen, ist dies bereits mit Blick auf § 93 ZPO erforderlich, wobei es in Arzthaftungsverfahren kaum einmal zu einem direkten Anerkenntnis kommen wird. Je nach Situation und zu überprüfendem Vorwurf werden einige Schadensfälle von der Behandlungsseite oder wahlweise ihrer Haftpflichtversicherung außergerichtlich freiwillig reguliert. Für Behandlungsseite und Haftpflichtversicherer ist dabei von besonderer Wichtigkeit, dass der Fall im Rahmen eines umfassenden, auch alle eventuellen Zukunftsschäden erfassenden Vergleichs mit Einmalzahlung erledigt wird. Da gerade Gesundheitsschäden nicht selten die Gefahr von Spätfolgen aufweisen, ist eine Zukunftsfeststellung, in deren Rahmen bislang noch nicht erkannte materielle oder immaterielle Einbußen über den Einigungsbetrag hinaus zu ersetzen wären, für Behandlungsseite und Haftpflichtversicherung ein kaum zu kalkulierendes Risiko. Der Ausgleich mit den patientenseitigen Interessen muss daher in einer gewissen Risikokompensation gefunden werden, in deren Rahmen der Patient sich einen entsprechenden Unsicherheitsaufschlag ausbedingt. In welcher Größenordnung dieser anzusetzen ist, hängt von einer Gesamtbetrachtung der jeweiligen Umstände ab (Gesundheitszustand des Patienten und Aussichten, Art der Erkrankung und spezifische Risiken, Erfolgsaussichten einer denkbaren Klage etc.).

II. Zulässigkeit einer Klage

Geht der Patient zu einem förmlichen Medizinschadensprozess über, müssen 11 selbstverständlich alle gesetzlichen Vorgaben einer ordnungsgemäßen zivilprozessualen Klageerhebung eingehalten werden. Dabei sollte gerade auch auf ein paar Kleinigkeiten zur Zuständigkeit geachtet werden, da die beliebteste erste Frage eines Richters üblicherweise ist: „Warum ich?!". Folgende Punkte sind besonders bedeutsam und sollten bekannt sein.

1. Rechtsweg

12 Wird ein Medizinschadensprozess der einer gesetzlichen Krankenkasse gegen eine Behandlungsseite mit Blick auf gesetzlich übergeleitete Haftung nach § 116 Abs. 1 SGB X eröffnet, ist zu beachten, dass es sich gleichwohl um eine privatrechtliche Streitigkeit handelt, die gemäß § 13 GVG vor die ordentlichen Gerichte zu bringen ist. § 51 SGG ordnet insoweit keine Spezialzuständigkeit der Sozialgerichtsbarkeit an. Interessanterweise ist dies bei recht ähnlichen Konstellationen etwa im Bereich behördlicher Regresse im Recht der Sozialhilfe partiell anders. Da § 93 SGB XII, anders als § 116 Abs. 1 SGB X keine cessio legis, sondern eine Haftungsüberleitung durch behördlich zu initiierenden Hoheitsakt vorsieht, kann dieser Haftungsüberleitungsbescheid eigenständig mit Blick auf eine eventuelle Rechtswidrigkeit vor den Sozialgerichten angefochten werden. Demgegenüber sind in der Folge die bürgerlich-rechtlichen Ansprüche, etwa eine Schenkungsrückforderung wegen Verarmung nach § 528 BGB oder Steuererstattungsansprüche, vor den Zivilgerichten zu verfolgen. Das Sozialrecht ist somit allein über die Regelungstechnik der cessio legis oder der Erforderlichkeit eines Überleitungsbescheids in seiner Rechtswegzuweisung gespalten. Dies ist in Theorie wie auch Rechtspraxis ein bedenklicher Zustand, der jedoch nur Stück für Stück erst abgeschafft wird (Tendenz zur Ersetzung der Notwendigkeit von Überleitungsbescheiden hin zur Nutzung der cessio legis in allen diesen Bereichen).

2. Gerichtsstand

13 Mit Blick auf die örtliche Zuständigkeit des angerufenen Gerichts ist es aus Patientensicht potentiell interessant, dass dieser seine Ansprüche gleichermaßen auf § 29 ZPO wie auch auf § 32 ZPO stützen kann. Dies ist insbesondere zu erwägen, wenn der Patient therapeutische Empfehlungen für die Anwendung zu Hause erhält und sein Wohnort in einem anderen Landgerichtsbezirk als die Praxis oder das Krankenhaus der beklagten Behandlungsseite liegt. Ist das angerufene Gericht einmal mit Blick auf rechtsgeschäftliche oder deliktische Ansprüche örtlich zuständig, so entscheidet es mit Blick auf den Rechtsgedanken des § 17 Abs. 2 S. 1 GVG über alle denkbaren materiellrechtlichen Anspruchsansätze.[3] Dogmatisch sei dabei betont, dass § 17 Abs. 2 S. 1 GVG sich auf die Rechtswegzuständigkeit bezieht und daher nicht in direkter Anwendung für die örtliche Zuständigkeit herangezogen werden kann.

---

3 BGHZ 153, 173 = JZ 2003, 687.

Für privatärztliche Klagen auf Honorarzahlung ist es bedeutsam, dass die 14 Rechtsprechung einen einheitlichen Erfüllungsort gemäß §§ 29 Abs. 1 ZPO, 269 Abs. 1 BGB am Ort der vertragscharakteristischen Leistung, also der Heilbehandlung am Praxissitz respektive Krankenhaus annimmt.[4] Obgleich also Geldschulden nach h.M. Schickschulden[5] sind, bei denen der Leistungsort i.S.d. § 269 Abs. 1 BGB (Vorsicht: § 270 Abs. 1 BGB hat wegen § 270 Abs. 4 BGB für die Frage des Leistungsortes keine Relevanz!) am Wohnort des Absenders liegt,[6] kann der Arzt seine Zahlungsklage gleichwohl am Praxissitz zulässigerweise anhängig machen und verfolgen.

3. Sachliche Zuständigkeit

Im Bereich der sachlichen Zuständigkeit nach den §§ 1–11 ZPO sowie 23, 71 GVG 15 muss gedanklich insoweit auf die Begründetheit vorgegriffen werden, als zu erwägen ist, dass ein klassischer Haftungsantrag im Medizinschadensprozess eine Leistungskomponente aufweist, welche die konkrete Erfassung der sofort einklagbaren materiellen und eine welche die konkreten immateriellen Schäden beziffert. Sodann kommt regelmäßig ein Feststellungsantrag für etwaige Zukunftsschäden hinzu. Die jeweiligen Werte, die den Zuständigkeitsstreitwert im Rahmen des richterlichen Ermessens nach § 3 ZPO für die 5.000 € – Grenze der §§ 23, 71 GVG statuieren, ergeben sich einzeln aus dem nachvollziehbaren klägerischen Vortrag und dem daraus abzuleitenden objektiven Klägerinteresse, wobei der klägerischen Sichtweise im Bereich von Schätzungswerten wie beim Schmerzensgeld eine Indizwirkung zukommt.[7] Die Einzelwerte sind sodann nach § 5 1. HS ZPO zusammenzurechnen. In dieser Rechnung ist das Feststellungsbegehren, sofern es nicht deutlich konkreter mit Argumenten unterlegt werden kann, regelmäßig in der Rechtspraxis mit 20 % des Leistungsstreitwerts angesetzt (wird aber nicht einheitlich gehandhabt). Beide Parteien sind letztlich trotz höheren Kostenrisikos und Anwaltszwang nach § 78 ZPO rechtspraktisch gut beraten, wenn ihre Streitigkeit vor dem Landegericht und damit oberhalb von 5.000 € ausgefochten wird, da an den Landgerichten für Arzthaftungssachen mittlerweile gemäß § 348 Abs. 1 Nr. 2 lit. e ZPO Spezialkammern für Arzthaftung eingerichtet sind, welche die Besonderheiten dieses Verfahrens beherrschen. Vor Amtsge-

---

4 OLG Düsseldorf GesR 2005, 189; OLG Celle MDR 2007, 604.
5 Dagegen und wohl für eine generelle Einstufung als Bringschuld *Schulze*, BGB, 10. Aufl. 2019, § 270 Rn 6 m.w.N.
6 Vgl. BeckOK-*Lorenz*, BGB, 53. Ed. 2020, § 269 Rn 4.
7 BayObLG JurBüro 1995, 27; OLG Stuttgart OLGR 2007, 640.

richten droht demgegenüber in ärgerlicher Regelmäßigkeit mangelnde Rechtskunde des Gerichts, so dass vom Grundsatz iura novit curia keinesfalls mehr ausgegangen werden darf. Vielmehr besteht bei den Amtsgerichten die Notwendigkeit, umfangreiche Rechtsausführungen mit Rechtsprechungsfundstellen anzubieten, um das Gericht auf Linie zu halten. Sollten natürlich die bereits angerissenen Kosteninteressen in der Einzelfallbetrachtung überwiegen, kann auch das Einklagen eines geringen Betrages beim Amtsgericht eine sinnvolle Entscheidung sein.

4. Näheres zum Feststellungsbegehren

16 Vielfach kann zum Zeitpunkt der Klageerhebung seitens des Patienten noch nicht übersehen werden, welche künftigen materiellen und immateriellen Schäden drohen. Daher wird auch die Feststellung der ärztlichen Eintrittspflicht für diese Schäden begehrt. Hierbei sind allerdings mehrere Fallstricke zu beachten. Erstens muss der Feststellungsantrag wegen der gesetzlichen Überleitungsvorschriften der §§ 116 Abs. 1 SGB X und 86 VVG dahingehend beschränkt werden, dass eine Feststellung nur insoweit begehrt wird, als Ansprüche nicht bereits auf Dritte übergegangen sind oder noch übergehen werden.[8] Zweitens muss darauf geachtet werden, dass für künftige immaterielle Schäden in den meisten Fällen kein Feststellungsinteresse besteht, da der Grundsatz von der Einheit des Schmerzensgeldes zu beachten ist.[9] Dieser besagt, dass immaterielle Schäden einheitlich auch für die Zukunft in Form einer Schätzung als Leistungsanspruch geltend gemacht werden müssen. Eine Ausnahme gilt nur für künftig unerwartete Verläufe, die mangels Schätzgrundlage nicht in eine vernunftgeleitete Schätzung zur Zeit der Klagerhebung eingestellt werden können.[10] Dieser Ansatz ist regelmäßig dann zulässig, wenn etwa der Heilungsverlauf des Patienten unsicher erscheint. Schließlich ist drittens beim Feststellungsbegehren darauf zu achten, dass das schädigende Ereignis hinreichend präzise benannt wird, um dem notwendigen Feststellungsinteresse des § 256 Abs. 1 ZPO zu genügen und zugleich die korrekte Grundlage für spätere Leistungsansprüche zu bieten.[11]

---

8 Formulierungsbeispiel bei Terbille/Clausen/Schroeder-Printzen/*Müller*, Münchner Anwaltshandbuch Medizinrecht, 3. Aufl. 2020, § 2 Rn 242.

9 Terbille/Clausen/Schroeder-Printzen/*Müller*, Münchner Anwaltshandbuch Medizinrecht, 3. Aufl. 2020, § 2 Rn 233 f.; *Slizyk*, Handbuch Schmerzensgeld, 16. Aufl. 2020, Rn 384, 390.

10 BGH NJW-RR 2006, 712, 713 m.w.N.

11 BGH NJW 1988, 1202.

5. Bestimmtheit des Schmerzensgeldantrags

§ 253 Abs. 2 Nr. 2 ZPO verlangt vom Kläger, einen hinreichend bestimmten Kla- **17** geantrag zu stellen. Im Schmerzensgeldbereich ist dies selbst näherungsweise vielfach kaum möglich, da es um eine Schätzung auf Basis der Berücksichtigung aller Umstände des Einzelfalls geht. Auch die rechtspraktisch gern herangezogenen Schmerzensgeldtabellen lösen das Problem natürlich nicht, da kein Fall zu hundert Prozent dem anderen gleicht. Die Rechtsprechung lässt es mit Blick auf § 287 ZPO und auf das Billigkeitserfordernis des § 253 Abs. 1 BGB zu, dass der Kläger die Höhe entweder vollständig in das Ermessen des Gerichts stellt oder lediglich einen Mindestbetrag beziffert. Letzteres ist anzuraten, da im Fall gegebener Haftungsbegründung das Gericht der Höhe nach andernfalls auch 1 € zusprechen könnte, ohne dass der Kläger im Sinne des § 511 ZPO bezüglich einer etwaig zu erhebenden Berufung formell beschwert wäre. Der Kläger hätte vielmehr in der Hauptsache vollumfänglich obsiegt. Die Mindestschranke verhindert dies.

6. Sondererwägungen zu Klagegegner und Streitverkündung

Der Patient wird gegen jedes mit seiner Behandlung befassten Rechtssubjekts **18** Ansprüche erwägen, um Opportunitäten nicht zu vergeben. Bei der Wahl der Klagegegner sollten aber ein paar Umstände Berücksichtigung finden. So bestehen mit Blick auf die Begründetheit stets Chancen, wenn das Rechtssubjekt verklagt wird, welches vertraglich mit der Behandlung befasst worden ist (konkreter Arzt, gesellschaftsrechtlich korrekt bestimmter Praxis- respektive Krankenhausträger). Ob daneben die anderen Ärzte und das nichtmedizinische Personal als Gesamtschuldner in die Klage einzubeziehen sind, ist allem voran an den Erfolgsaussichten in der Begründetheit zu messen.

III. Begründetheit einer Klage

1. Darlegungslast

a) Patientenseite

Eine Besonderheit des Arzthaftungsprozesses ergibt sich daraus, dass der Patient **19** mit Blick auf das bestehende fachliche Wissensgefälle nebst des materiell-rechtlichen Schutzes innerhalb des Behandlungsgeschehens (insbesondere §§ 630c Abs. 2 und 630e BGB) auch durch niedrige Substantiierungs-(Vortrags-)lasten geschützt wird.[12] Im Klartext bedeutet das, dass der Patient dem Gericht grundsätzlich nur das Behandlungsgeschehen aus seiner Perspektive schildern und auf seine daraus resultierenden Schäden hinweisen muss. Soweit dies geschehen ist, liegt regelmäßig schlüssiger Klägervortrag in Bezug auf die Haftungsbegründung vor. In der Haftungsausfüllung kommen dem Patienten dagegen wiederum keine gegenüber anderen Schadensersatzprozessen helfenden Besonderheiten zu Gute, da er wie jeder andere dazu verpflichtet ist, Rechnungen vorzulegen, eine Grundlage für die Schätzung immaterieller Schäden zu erbringen, Erwerbsausfall dezidiert aufzuzeigen oder Haushaltsführungsschäden zu substantiieren. Korrespondierende Hilfestellungen im Beweisrecht ergeben sich aus den Möglichkeiten der Sachverständigenbeauftragung.

b) Behandlungsseite – sekundäre Darlegungslast

20   Auf Behandlungsseite kommt es mit Blick auf das vorgenannte Wissensgefälle ebenfalls zu einer Verschiebung der Darlegungslast.[13] Soweit der Patient eine Behandlung und denkbare Schädigungen, die daraus resultieren könnten, beschrieben hat, ist es an der Behandlungsseite, dezidiert die angegriffene medizinische Intervention offenzulegen, zu beschreiben und zu erklären. Die Darlegungslast geht somit weit über diejenige des Patienten hinaus. Kommt die Behandlungsseite dieser verschärften Darlegungslast unzureichend nach, droht die richterliche Unterstellung des patientenseitigen Vortrags entsprechend § 138 Abs. 3 ZPO als wahr.[14] Dem Patienten würde in diesem Fall schlicht Glauben geschenkt, ohne dass es zu einer Beweisaufnahme über die streitige Fragestellung käme. Dies geschieht in der Praxis freilich selten, da die anwaltlich vertretene Behandlungsseite zwar durchaus ab und an keine allumfassenden Informationen liefert, allerdings regelmäßig genug anbietet, um seitens des Gerichts die Klärung durch Sachverständigengutachten herbeiführen zu lassen. Die Patientenseite kann dieses Momentum jedoch geschickt für sich nutzen, indem der relevante Behandlungsablauf möglichst weitreichend in seine Einzelteile zerlegt und hinterfragt wird. So ist es im Fall von Lagerungsschäden bei einer Operation sinnvoll, das OP-Umfeld zu analysieren, Vorbereitungsmaßnahmen und ärztliche Weisungen für die OP und für den Einrichtungsbereich insgesamt zu hinterfragen und hierdurch bewusst die sekundäre Darlegungslast auszulösen. Eine gute anwaltliche Vorbereitung auf Patientenseite ist dabei durch Zuhilfenahme einschlägiger

---

12 BGH NJW 2004, 2825, 2827.
13 Bergmann/Pauge/Steinmeyer/*Simmler*, Gesamtes Medizinrecht, 3. Aufl. 2018, § 138 ZPO Rn 5.
14 Bergmann/Pauge/Steinmeyer/*Simmler*, Gesamtes Medizinrecht, 3. Aufl. 2018, § 138 ZPO Rn 8.

Leitfäden und Handbücher zum jeweiligen medizinischen Bereich möglich. Insbesondere sollten – soweit für den Fall relevant – einschlägige Leitlinien zu Rate gezogen werden.

2. Beweisrecht

a) Vorerwägungen

Der Medizinschadensprozess erscheint auch beweisrechtlich zunächst als klassischer Zivilprozess. Bei näherer Betrachtung fallen jedoch ein paar Besonderheiten auf, deren Gegenstand und Hintergrund es zu beachten gilt. 21

Die Prozessführung durch das Gericht erinnert insbesondere in der Arzthaftung mehr an den Amtsermittlungsgrundsatz, denn weniger an die Beibringungsmaxime. Schon im Bereich der Darlegung ist dies auf Patientenseite deutlich geworden. Im Beweisrecht macht das erkennende Gericht mit Blick auf die wissenstechnisch unterlegene Stellung des Patienten selbst bei Fehlen eines Antrags auf Sachverständigenbegutachtung regelmäßig von der Beweiserhebungsmöglichkeit von Amts wegen gemäß § 144 ZPO Gebrauch. Hinzu kommt, dass das Gericht im Rahmen der Parteierörterung und bei der Sachverständigenanhörung regelmäßig möglichst umfassende Situationsaufklärung verlangt und betreibt, selbst wenn der klagende Patient entsprechende Detailfragen nicht gestellt hat. Auch wird davon ausgegangen, dass sich die klagende Patientenseite unerwartete, aber für sie günstige Erkenntnisse eines berufenen Sachverständigen konkludent zu eigen macht, so dass eine Verurteilung hierauf gestützt werden kann. 22

b) Beweisführung
aa) Der Sachverständige i.S.d. §§ 402 ff. ZPO

Die Beweisführung geschieht durch die Strengbeweismittel der ZPO. 23

Dem medizinischen Sachverständigen kommt dabei eine zentrale Rolle zu. Er stellt das wesentliche Beweismittel des fachlich zumeist unkundigen Patienten dar, um das Behandlungsgeschehen durch einen unabhängigen Experten überprüfen zu lassen. Zugleich ist auch das Gericht vom Sachverständigen mangels Knowhows abhängig und kann überwiegend nur eine Logikkontrolle vornehmen.[15] Hinzu tritt der Umstand, dass es zulässig ist, dem Sachverständigen seitens

---

15 Ausführlich zum Sachverständigen Laufs/Katzenmeier/Lipp/*Katzenmeier*, Arztrecht, 7. Aufl. 2015, Kap. XII Rn 1–57.

des Gerichts auch aufzugeben, die Behandlung nebst der konkreten Vorwürfe des Patienten auch im Übrigen im angegriffenen Behandlungsstrang nach Fehlern suchen zu lassen.

Zum Umgang mit dem Sachverständigen und zur Bewertung seiner Aussagen sind folgende Aspekte besonders zu beachten:

24 (1) Der Sachverständige ist ausschließlich dazu berufen, fachmedizinische Einschätzungen abzugeben. Mithin sind alle Rechtsbegriffe wie etwa der grobe Behandlungsfehler nach wie vor überprüfbar, so dass eine Einschätzung des Sachverständigen in diesem Bereich zwar höchst interessant und auch stark indiziell wirkt, nicht aber endgültig bindend für das Gericht ist und von diesem auch nicht unreflektiert übernommen werden darf. Gerade qualifizierter Parteivortrag – etwa gestützt auf ein Privatgutachten oder mit Blick auf andere Quellen medizinisch fundiert – muss entsprechend Beachtung finden[16] und kann als Urkundsbeweis auch beweisrechtlich eingebracht werden.[17] Bei gegnerischer Zustimmung kann ein Privatgutachten sogar als gerichtliches Sachverständigengutachten zu werten sein.[18] Auch hat sich das Gericht in seiner Urteilsbegründung explizit mit konfligierenden Darstellungen auseinanderzusetzen, wenn es ohne Obergutachten dem Sachverständigen trotz aufgezeigter Zweifel, die das Gericht selbst mit der Sachverständigenbefragung nicht gegenüber der belasteten Partei ausräumen konnte, einer bestimmten Linie im Ergebnis folgen will, da andernfalls eine Verletzung des rechtlichen Gehörs gemäß Art. 103 Abs. 1 GG vorliegt.[19]

25 (2) Im Bereich der Begutachtung sind unterlegene Parteien darauf angewiesen zu erlernen, wie Sachverständigengutachten und Aussagen in der mündlichen Befragung im Falle von Mängeln prozessual wirksam angegriffen werden können. Wesentliche Spielfelder sind der Vorwurf der Besorgnis der Befangenheit, wozu ein Konvolut an Rechtsprechung existiert,[20] und der Grundsatz fachgleicher Beurteilung,[21] nach welchem für die jeweilige Behandlungssituation der fachärztlich korrekte Mediziner zur Befragung heranzuziehen ist.

---

16 BGH VersR 2013, 1045, 1047; NJW-RR 2011, 609.
17 KG VersR 2006, 794.
18 BGH NJW 1993, 2382; VersR 1987, 1007 f.
19 BGH NJW 2008, 2846, 2848; NJW 2004, 1871.
20 Fallbeispiele: OLG Celle MedR 2007, 229 (Freundschaft oder näherer Bekanntschaft); OLG München VersR 1968, 207 (Feindschaft oder Spannungen); OLG Köln VersR 1993, 72, 73 und OLG Oldenburg MedR 2007, 716 (LS) (wirtschaftlicher und persönlicher Zusammenhang); BGH NJW 1972, 1133, 1134 (Vorbefassung durch Privatgutachten); OLG Saarbrücken MedR, 484, 485 (einseitige Sachverhaltswürdigung); BGH NJW-RR 2013, 851 (Abweichung vom Begutachtungsauftrag).
21 Vgl. BGH VersR 2009, 1405 f.

(3) Der Sachverständige eines vorausgegangenen Verfahrens kann gemäß § 41 **26**
Nr. 8 ZPO nicht zum gerichtlichen Sachverständigen berufen werden. Solange
diese Vorschrift nicht abgeschafft oder angepasst wird, ist das frühere Gutachten
allenfalls als Urkunde gemäß §§ 415 ff. ZPO in den Prozess einzubringen. Dieses
dokumentiert aber zunächst „nur" eine qualifizierte Sachverständigenansicht,
ersetzt jedoch nicht die eigenständige gerichtliche Einholung eines Sachver-
ständigengutachtens. Soweit sich die Parteien übereinstimmend auf das vorge-
richtliche Gutachten beziehen, bedarf es mangels Streitigkeit des Umstands keines Beweisverfahrens.

bb) Die Behandlungsdokumentation
(1) Grundlagen zu Beweiserhebung und -würdigung
Ein weiteres zentrales Beweismittel bildet die gesamte Behandlungsdokumenta- **27**
tion. Sie ist Privaturkunde i.S.d. § 416 ZPO, so dass streng prozessual betrachtet
durch ihre Vorlage die dort festgehaltenen Inhalte nicht nachgewiesen werden,
solange die Gegenseite die Richtigkeit dieser Informationen nicht anerkennt.
Allerdings hat das Gericht im Rahmen der Beweiswürdigung nach § 286 ZPO
weitreichende Spielräume, die besondere Prozesssituation des Medizinscha-
densprozesses einzubeziehen. Danach befindet sich regelmäßig nicht nur der
Patient wegen seines vielfach fehlenden medizinischen Wissens in einer unver-
schuldet problematischen Situation, sondern auch die Behandlungsseite sieht
sich Umständen ausgesetzt, die unbillig belastend erscheinen. So werden sich die
patientenseitigen Vorwürfe häufig auf Geschehen beziehen, die viele Jahre zu-
rückliegen. Auch muss die Behandlungsseite tagtäglich mit einer Vielzahl von
Patienten umgehen und hat keine ernsthafte Chance, die Details über jeden
Einzelnen in Erinnerung zu behalten. Diese Umstände hat der BGH in seine
ständige Rechtsprechung aufgenommen und folgenden Grundsatz aufgestellt:
Vertrauenswürdigen ärztlichen Unterlagen, die ordentlich und schlüssig geführt
sind und das Behandlungsgeschehen nach ärztlichen Dokumentationsstandards
sorgfältig wiedergeben, soll bis zum Beweis ihrer Unrichtigkeit Glauben geschenkt werden.[22] Das Tatgericht ist hierdurch nicht von seiner Aufgabe befreit,
die vorgelegte Dokumentation im Einzelfall kritisch mit Blick auf alle Begleitumstände und vor dem Hintergrund des gegnerischen Vortrags zu würdigen.
Sofern jedoch keine erheblichen Zweifel gegen die ärztliche Dokumentation vor-
gebracht werden können, hat ihr Inhalt Überzeugungskraft für die Annahme des
Vollbeweises nach § 286 ZPO. Vorsicht: Das bedeutet aber nicht, dass mit einem

---

22 BGH NJW 1978, 1681 f.

Aufklärungsbogen, der vom Patienten unterschrieben ist und bei den Akten liegt, auch schon der Beweis ordnungsgemäßer Selbstbestimmung erbracht wäre. Vielmehr handelt es sich beweisrechtlich um eine privatschriftliche Urkunde, die zunächst nach § 416 ZPO nur den Beweis dafür erbringt, dass diese von den Ausstellern stammt. Anders als bei einem auch vom Unterzeichner verfassten Inhalt, etwa im Rahmen einer selbst aufgesetzten Kaufvertragsurkunde,[23] kann hier aber kein Anscheinsbeweis für die Richtigkeit des Inhalts gelten. Vielmehr handelt es sich um ein Indiz, dass dieser Inhalt auch vom Patienten zur Kenntnis genommen worden sein könnte und dass mit ihm darüber gesprochen worden ist, sofern dies ebenfalls in der Urkunde vermerkt worden ist.[24] Die Indizwirkung wird gemäß st. Rspr. zudem dadurch verstärkt, dass der aufklärende Arzt handschriftliche auf die spezifische Behandlungssituation zugeschnittene Ergänzungen vorgenommen hat, die der Patient mit abgezeichnet hat.[25] Weiter ist das OLG Hamm gegangen, das einem unterzeichneten Aufklärungsbogen die Vermutung der Vollständigkeit und Richtigkeit beimessen will.[26] Dieser Ansatz hat der BGH widersprochen.[27]

(2) Vorlagerecht und Vorlagepflicht – Beweisvereitelung

28 Der Patient kann die Behandlungsdokumentation materiellrechtlich von der Behandlungsseite gemäß Art. 15 Abs. 1, 3 DSGVO, § 630 g Abs. 1 BGB jederzeit vollständig herausverlangen und nach Belieben im Prozess vorlegen. Da es sich um seine eigenen gesundheitsbezogenen Daten handelt, bestehen keinerlei Hinderungsgründe. Ein solches Herausgabeverlangen geschieht, wie schon oben zum vorprozessualen Vorgehen erläutert, grundsätzlich außergerichtlich, um die Details der Behandlung zu überprüfen und ggfls. Erstmalig eine Klageschrift zu erstellen, jedoch ist dies, wenn auch sinnvoll, doch nicht zwingend. Innerprozessual kann der Patient dementsprechend gemäß §§ 422, 424 ZPO ebenfalls jederzeit Vorlegung durch die Behandlungsseite verlangen. In der Rechtspraxis ist dies – jedenfalls bei den Spezialkammern für Arzthaftung i.S.d. § 348 Abs. 1 Nr. 2e ZPO – nicht erforderlich, da das Gericht auch hier mehr i.S.d. Amtsermittlungsgrundsatzes sogleich mit Klagezustellung an die Behandlungsseite per richterlicher Verfügung der Patientenseite aufgibt, eine umfassende Schweigepflichtentbin-

---

23 BGH NJW 2002, 3164 f.; NJW-RR 1989, 1323; 1998, 1470.
24 BGH NJW 2014, 1527.
25 Hierzu OLG Koblenz BeckRS 2012, 24762 und hierzu der NZB des BGH VersR 2013, 462 f.
26 OLG Hamm MedR 2011, 339 f.
27 BGH NJW 2014, 1527.

dung vorzulegen, während die Behandlungsseite sämtliche Behandlungsunter-
lagen beizubringen hat.

(3) Die Beweislastregel des § 630 h Abs. 3 BGB

Die Behandlungsseite muss alle wesentlichen medizinischen Maßnahmen in der   29
Patientenakte dokumentieren. Ist dies nicht erfolgt, so wird gegen die Behandlungsseite vermutet, dass diese Maßnahmen nicht getroffen worden sind. Was
medizinisch wesentlich ist, bestimmt sich nach medizinischen Standards, die
jedoch einer rechtlichen Plausibilitätskontrolle unterworfen sind.[28] Dabei ist stets
zu beachten, dass die Dokumentation primär der ordnungsgemäßen Patientenversorgung dient und darauf gerichtet ist, die bisherige Behandlung nachvollziehen zu können, doppelte Maßnahmen zu verhindern und eine standardgerechte Nachversorgung zu gewährleisten. Als Beweis in einem etwaigen
Rechtsstreit mag die Dokumentation zwar vielfach dienen, jedoch ist dies nicht
die entscheidende Teleologie und somit auch nicht der Ansatz, nach dem diese zu
führen ist.[29] Die juristische Plausibilitätskontrolle verhindert jedoch, dass die
Behandlungsseite logisch unverständliche Standards mangelhafter Dokumentation schafft oder beibehält, die für eine Nachvollziehbarkeit von dritter Seite,
insbesondere aus Sicht eines erkennenden Gerichts, nicht vernunftgeleitet erklärlich erscheint.

Die Beweislastregel bezieht sich nur auf medizinische Maßnahmen, wozu die   30
Selbstbestimmungsaufklärung nicht gehört. Mithin ist das Fehlen einer Auf-
zeichnung über die Aufklärung nach § 630e BGB kein Fall des § 630 h Abs. 3
BGB.[30] Allerdings kommt der Behandlungsseite auch nicht die oben genannte
Indizienwirkung zu Gute und sie muss den Vollbeweis der Durchführung der von
ihr behaupteten Aufklärung erbringen, da sie ohnehin gemäß § 630 h Abs. 2 S. 1
BGB bezüglich Aufklärung und Einwilligung beweisbelastet ist.

c) Beweismaß – richterliche Überzeugung

Zum Abschluss der Verfahrensfragen wollen wir noch ein paar Gedanken darauf   31
aufwenden, welche Umstände erforderlich sind, damit das Gericht einen streitigen und entscheidungserheblichen Umstand als bewiesen anerkennt. Dieses

---

28 Vgl. BGH NJW 1999, 863.
29 BT-Drucks. 17/10488, S. 25. Aber S. 26 nimmt auch Beweis- und Schutzfragen auf.
30 A.A. MüKo-*Wagner*, BGB, 8. Aufl. 2020, § 630 h Rn 61. Eine Diskussion hierum dürfte sich mit
Blick auf die Darlegungs- und Beweislast bzgl. Aufklärung und Einwilligung erübrigen.

Beweismaß folgt den Vorschriften der §§ 286 und 287 ZPO, die schon vielfach nebenbei Gegenstand der Erläuterungen gewesen sind. Dabei gilt das strenge Maß des Vollbeweises nach § 286 ZPO für alle Fragen der Haftungsbegründung einschließlich des konkreten Schadens, soweit dieser entsprechend konkret erfassbar ist, während der Haftungsumfang respektive der Zurechnungszusammenhang zwischen Rechtsgutsverletzung und Schaden der erleichterten Möglichkeiten des § 287 ZPO unterliegt. Dabei ist jedoch die jeweilige Schätzungsgrundlage nach § 286 ZPO zu bewerten.[31]

32   Bewiesen ist ein Umstand nach § 286 ZPO zur richterlichen Überzeugung dann, wenn vernünftigen Zweifeln Schweigen geboten wird, ohne diese vollständig auszuschließen.[32] Dies kann nunmehr auf verschiedenen Wegen erreicht werden, wobei zuletzt insbesondere das medizinische Sachverständigengutachten ins Auge gefallen sein sollte. Daneben sind je nach Situation auch alle anderen Strengbeweismittel (Parteivernehmung, Zeugenvernehmung, Urkunden und Augenschein) zu erwägen. Im Übrigen sei an die oben ebenfalls kurz angesprochenen Anscheins- und Indizienbeweise erinnert, die in der Arzthaftung freilich eine untergeordnete Rolle spielen. Nun wird dieses Bild noch um besondere Vortragsmöglichkeiten ergänzt, die Besonderheiten im Medizinschadensprozess darstellen und von einem guten Anwalt zu erwarten sind.

33   So existieren zu vielen medizinischen Verfahren und Behandlungssituationen respektive Krankheitsbildern ärztliche Leitlinien, die regelmäßig den Anspruch verfolgen, den ärztlichen Standard in diesem Bereich abzubilden. Freilich dürfen sie keinesfalls mit der Standardbehandlung in der jeweiligen Situation gleichgesetzt werden,[33] was zahlreichen Umständen geschuldet ist. So kann die Leitlinie bereits veraltet sein, da sich der Standard seit seiner schriftlichen Niederlegung schon wieder verändert hat. Auch kann die Leitlinie den spezifischen Fall mit Blick auf den konkreten Befund beim Patienten ggfls. nicht erfassen, weil das Krankheitsbild aufgrund besonderer Begleitumstände anders zu therapieren ist. Die Leitlinie selbst muss ebenfalls stets kritisch hinterfragt werden, da Leitlinien schon je nach Evidenzstufe in ihrer Qualität divergieren (es gibt S-1, S-2k, S-2e und S-3 – Leitlinien)[34]; aber selbst mit Blick auf S-3 Leitlinien[35] ist häufig Vorsicht geboten, wenn es um die Frage der Validität und Reliabilität geht. Diese Kritik ist nicht abschließend, doch soll dieser Auszug genügen. Zu merken ist also,

---

31 Hierzu Musielak/Voit/*Foerste*, ZPO, 17. Aufl. 2020, § 287 Rn 3 ff. m.w.N.

32 BGH NJW 2015, 2111 Rn 11; 2013, 790 Rn 17.

33 Hierzu BGH NJW-RR 2014, 1053.

34 Lies hierzu https://www.awmf.org/leitlinien/awmf-regelwerk/ll-entwicklung/awmf-regelwerk-01-planung-und-organisation/po-stufenklassifikation.html (Abrufdatum 16.05.2020).

35 Vgl. OLG Jena GuP 2011, 36; OLG Köln VersR 2012, 1305.

dass Leitlinien nicht blind als medizinischer Standard übernommen werden können. Gleichwohl sind sie für die Prozessparteien ein bedeutsames Kampfmittel, da sowohl der gerichtliche Sachverständige als auch das Gericht und der Gegner mit deren Inhalt konfrontiert werden können. Will das Gericht ohne besondere fachärztliche Begründung mit Blick auf erfolgte Begutachtung von einer passenden Leitlinie abweichen, so trifft dieses ein erhöhter Begründungsaufwand.[36]

Im Übrigen sei noch überblicksweise darauf hingewiesen, dass es neben den ärztlichen Leitlinien auch aller Hand andere Informationsquellen zur Annäherung an den ärztlichen Standard und somit zur Nutzung qualifizierter Argumentation gibt, die richterliche Überzeugung begründen können. Genannt seien beispielhaft Qualitätsrichtlinien nach den §§ 136 ff. SGB V und Vorgaben des Robert-Koch-Instituts.   34

Kann das Gericht nicht überzeugt werden, ergeht eine Beweislastentscheidung nach den oben erlernten Grundsätzen.

---

36 Hierzu BGH GesR 2008, 361; OLG Naumburg GesR 2010, 73, 75; BeckRS 2007, 3103.

6. Kapitel **Arztstrafrecht**

§ 25 Schutz des Lebens und der körperlichen Integrität

Der zentrale medizinstrafrechtliche Schutz bezieht sich teleologisch auf die Be- **1** wahrung von Leben, Körper und Gesundheit. Mit Blick hierauf folgt die Darstellung dem menschlichen Lebenszyklus und beginnt daher bei Fragestellungen, die noch vor Einleitung einer etwaigen Schwangerschaft liegen, führt über den Schwangerschaftsschutz, nimmt die Tötungs- und Körperverletzungsdelikte auf und endet im Bereich der Sterbehilfe. Auf diese Weise soll es dem geneigten Leser ermöglicht werden, die Kohärenz und – soweit ersichtlich – Grenzen des Lebens-, Körper- und Gesundheitsschutzes auszumachen und ein in sich schlüssiges Bild zu erhalten.

I. Schutz des werdenden Lebens – Embryonenschutz, Schwangerschaftsabbruch

Der strafrechtliche Schutz des menschlichen Lebens setzt weit vor der Geburt **2** (Beginn der Eröffnungswehen)[1] an, da nicht nur das bestehende, sondern auch das werdende Leben verteidigt werden soll. Aus diesem Grund können sich Ärzte und Forscher nicht erst wegen eines Schwangerschaftsabbruchs (§ 218 Abs. 1 StGB), sondern auch wegen Verstößen gegen Sondergesetze wie das Embryonenschutz- (ESchG) und das Stammzellgesetz (StZG) strafbar machen. Dieser nebenstrafrechtliche Bereich wird im Folgenden nur überblicksweise mit seinen zentralen Elementen und Eigenheiten vorgestellt.

1. Zentrale Ansätze des ESchG und des StZG

Mit dem ESchG und dem StZG trägt der Gesetzgeber dem medizinischen Fort- **3** schritt Rechnung, der es heutzutage ermöglicht, auf künstlich befruchtete Embryonen zuzugreifen, die nicht mehr in die Gebärmutter eingepflanzt werden sollen.[2] Das Ziel der embryonalen Forschung liegt vor allem darin, mit Stammzellen körpereigenen Gewebeersatz zu erzeugen, um auf diese Weise die Medizin

---

1 Vgl. BGHSt 10, 291, 292; 13, 21, 24, wo der Schutz zudem ausdrücklich auch auf die vorzeitig dem Mutterleib entnommene Leibesfrucht erstreckt wird, selbst wenn diese nicht eigenständig lebensfähig ist.
2 *Hilgendorf*, Einführung in das Medizinstrafrecht, 2016, S. 67.

https://doi.org/10.1515/9783110700428-028

weiterzuentwickeln. Da hinter diesem Unterfangen enorme finanzielle Interessen stehen und auch eine Kontrolle der Forschung vielfach mit tatsächlichen Schwierigkeiten besetzt ist, geht mit der Forschung an Stammzellen eine nicht unerhebliche Missbrauchsgefahr einher. Dabei werden essentielle Fragen des menschlichen Lebens berührt, die es von gesetzgeberischer Seite zu schützen gilt. So ist alle staatliche Gewalt bereits aufgrund des Art. 1 Abs. 1 GG zur Achtung und auch zum Schutz der Unantastbarkeit der Menschenwürde verpflichtet, woraus folgt, dass die Subjektsqualität des Menschen nicht als solche durch Forschungsvorhaben in Frage gestellt werden darf.[3] Teilweise wird sogar der Schutz der Menschenwürde als Rechtfertigungsgrund für die einzelnen Strafvorschriften des ESchG und des StZG angeführt.[4]

a) Definition und Anwendungsbereich (Schutzumfang)

4 Ausgangspunkt der Vorschriften des ESchG ist der Begriff des Embryos. Dieser ist aufgrund seiner besonderen Bedeutung als das zentrale Schutzgut des ESchG in § 8 legaldefiniert. Danach handelt es sich bei einem Embryo um eine „befruchtete und entwicklungsfähige menschliche Eizelle vom Zeitpunkt der Kernverschmelzung" oder um „jede dem Embryo entnommene totipotente Zelle". Totipotente Zellen sind solche, aus denen vollständige Lebewesen heranwachsen können.[5]

5   In der Literatur wird diese Legaldefinition vor allem deshalb immer wieder kritisiert, weil darin auf den Zeitpunkt der Kernverschmelzung abgestellt wird. Weder aus naturwissenschaftlicher Sicht herrsche Klarheit, inwieweit die Kernverschmelzung bestimmbar ist, noch sei eine Rechtfertigung dafür ersichtlich, dass damit sämtliche Zellen im Vorkernstadium ausgeschlossen werden, wenn die Schutzbedürftigkeit des Embryos mit seiner Potentialität als Mensch und damit mit der Menschenwürde begründet wird.[6]

6   Der Schutz des Embryos wird mit dem ESchG dadurch gewährleistet, dass bestimmte und im Gesetz näher genannte Verfahren und Verhaltensweisen, die im Zusammenhang mit einem Embryo stehen, unter Strafe gestellt sind. Dabei geht es vor allem um die medizinischen Disziplinen der künstlichen Befruchtung und der anschließenden Einpflanzung in die Gebärmutter sowie um die originäre Forschung an embryonalen Zellen und deren Klonierung.[7]

---

3 Hömig/Wolff/*Antoni*, GG, 12. Aufl. 2018, Art. 1 Rn 18.
4 Prütting/*Höfling/Engels*, Medizinrecht, 5. Aufl. 2019, Vorb. zum ESchG Rn 3.
5 *Hilgendorf*, Einführung in das Medizinstrafrecht, 2016, S. 60 Rn 5.
6 Vgl. dazu *Hilgendorf*, Einführung in das Medizinstrafrecht, 2016, S. 72 f.
7 *Hilgendorf*, Einführung in das Medizinstrafrecht, 2016, S. 73.

b) Vorgelagerter Schutzansatz der §§ 13, 14 StZG

Da nicht nur in Deutschland embryonale Stammzellen gewonnen werden können **7** und der Import von aus dem Ausland stammenden Zellen nicht durch das ESchG erfasst ist, wurde zur Implementierung eines umfassenden Schutzsystems das sog. Stammzellgesetz (StZG) erlassen, das den über das ESchG gewährleisteten Schutz des Embryos insbesondere durch die Straf- und Bußgeldvorschriften der §§ 13 und 14 StZG ergänzt und einen im Vergleich dazu noch weiter vorgelagerten Schutzansatz verfolgt.[8]

Nach § 6 Abs. 1 StZG bedarf jeder, der embryonale Stammzellen einführt oder **8** bereits im Inland befindliche Stammzellen verwendet, einer Genehmigung durch die zuständige Behörde. Die Behörde unterliegt im Genehmigungsverfahren gem. § 6 Abs. 4 StZG einer gebundenen Entscheidung („ist" – kein Ermessen!), sodass sie die Genehmigung zu erteilen hat, wenn die in der Norm genannten und in den §§ 4 und 5 StZG weiter konkretisierten Voraussetzungen erfüllt sind. Werden embryonale Stammzellen ohne die erforderliche Genehmigung eingeführt oder bereits im Inland befindliche Stammzellen verwendet, wird der dafür Verantwortliche gem. § 13 Abs. 1 S. 1 StZG mit Freiheitsstrafe bis zu drei Jahren oder Geldstrafe bestraft. Darüber hinaus wird nach § 13 Abs. 1 S. 2 StZG zur Sicherstellung eines umfassenden Schutzsystems auch derjenige bestraft, der sich die nach § 6 Abs. 1 StZG erforderliche Genehmigung nur mit Hilfe vorsätzlich falscher Angaben erschlichen hat. Gemäß § 13 Abs. 1 S. 3 StZG ist auch der Versuch strafbar.

Nach § 6 Abs. 6 StZG kann die Genehmigung auch unter einer Auflage oder **9** Bedingung erteilt werden. Wird entgegen einer nach § 6 Abs. 6 S. 1 oder S. 2 StZG vollziehbaren Auflage gehandelt, ist nach § 13 Abs. 2 StZG auch der hierfür Verantwortliche strafbar. Auf diese Weise soll die effektive Durchsetzung der Auflage sichergestellt werden.

Unterhalb der Strafvorschrift des § 13 StZG sieht das Stammzellgesetz mit § 14 **10** StZG zudem eine Bußgeldvorschrift für die dort beschriebenen Ordnungswidrigkeiten mit einer möglichen Geldbuße von bis zu 50.000 Euro (§ 14 Abs. 2 StZG) vor. Ordnungswidrig handelt nach § 14 Abs. 1 StZG derjenige, der entgegen § 6 Abs. 2 S. 2 StZG eine dort genannte Angabe, wie z. B. die Mitteilung des Namens und der beruflichen Anschrift der für das Forschungsvorhaben verantwortlichen Person, nicht richtig oder unvollständig macht (Nr. 1), oder der entgegen § 12 S. 1 StZG eine Anzeige nicht, nicht richtig, nicht vollständig oder nicht rechtzeitig macht (Nr. 2). Nach § 12 S. 1 StZG ist die für das Forschungsvorhaben verantwortliche Person verpflichtet, wesentliche nachträglich eingetretene Änderungen, die die Zuläs-

---

8 *Valerius*, NStZ 2008, 121, 122.

sigkeit der Einführung oder der Verwendung der embryonalen Stammzellen betreffen, der zuständigen Behörde unverzüglich anzuzeigen.

11   Eine Besonderheit weist das StZG mit der nach § 8 StZG einzurichtenden „Zentralen Ethik-Kommission für Stammzellforschung" auf. Dabei handelt es sich um eine interdisziplinär zusammengesetzte Kommission, deren Mitglieder aus den Fachrichtungen der Biologie, Ethik, Medizin und Theologie stammen und die von der Bundesregierung für die Dauer von drei Jahren berufen wird (§ 8 Abs. 2 S. 1 StZG). Diese Kommission hat nach § 9 StZG die Aufgabe, die zur Erteilung einer Genehmigung eingereichten Unterlagen dahingehend zu prüfen, ob die Voraussetzungen nach § 5 StZG eingehalten und das Forschungsvorhaben auch im Übrigen ethisch vertretbar ist. Da das Gesetz über den Maßstab der ethischen Vertretbarkeit schweigt und die Auslegung des Merkmals dadurch deutlich erschwert wird, erwachsen an dieser Stelle auch für den gelehrten Juristen besondere Schwierigkeiten im Rahmen der Rechtsanwendung und der Rechtsüberprüfung.[9]

c) Missbräuchliche Anwendung von Fortpflanzungstechniken, § 1 ESchG

12   Im Anwendungsbereich des ESchG wird mit § 1 ESchG die missbräuchliche Anwendung von verschiedenen Fortpflanzungstechniken unter Strafe gestellt. So verbietet § 1 Abs. 1 Nr. 1 ESchG die Übertragung einer fremden und unbefruchteten Eizelle auf eine Frau. Ebenso ist es verboten, eine Eizelle zu einem anderen Zweck als der Herbeiführung einer Schwangerschaft bei derjenigen Frau zum Einsatz zu bringen, die die Eizelle auch gespendet hat, oder eine künstliche Befruchtung bei einer Frau vorzunehmen, die lediglich als „Ersatzmutter" fungieren und das von ihr ausgetragene Kind nach der Geburt Dritten überlassen soll.[10] Dementsprechend darf eine befruchtete Eizelle grundsätzlich nur der Frau übertragen werden, die diese auch gespendet hat und die das Kind selbst aufziehen möchte. In Parallele zu diesem Sonderdelikt sind allerdings auch die Ersatzmutter und die Bestelleltern nach § 236 Abs. 1 S. 1 und 2 StGB mit Strafe bedroht, da eine grobe Vernachlässigung der Fürsorge- und Erziehungspflicht nach h.M. bereits dann vorliegt, wenn das Kind auf Dauer weggegeben wird und hierfür keine besonderen, dies legitimierenden Gründe ersichtlich sind.[11] Daraus ergibt sich eine einheitlich ablehnende Haltung des deutschen Gesetzgebers gegen die Ersatzmutterschaft.

---

9 *Hilgendorf*, Einführung in das Medizinstrafrecht, 2016, S. 78.
10 Ausführlich zur extrem kontroversen Debatte der Ersatzmutterschaft *Thomale*, Mietmutterschaft, 2015.
11 MüKo-*Wieck-Noodt*, StGB, 3. Aufl. 2017, § 236 Rn 19 ff.

d) Missbräuchliche Verwendung menschlicher Embryonen, § 2 ESchG

§ 2 ESchG verbietet die missbräuchliche Verwendung menschlicher Embryonen. 13
Danach ist jeder Umgang mit Embryonen verboten, der nicht ihrer Erhaltung
dient. Demgemäß wird nach § 2 Abs. 1 ESchG mit Freiheits- oder Geldstrafe bestraft, wer einen extrakorporal erzeugten oder einer Frau vor Abschluss der Einnistung in der Gebärmutter entnommenen menschlichen Embryo veräußert oder
zu einem nicht seiner Erhaltung dienenden Zweck abgibt, erwirbt oder verwendet.
Mit dem weiten Begriff des „Verwendens" soll ein besonders umfassender Schutz
sichergestellt werden.[12] Außerdem wird mit § 2 Abs. 2 ESchG auch das Bewirken
einer extrakorporalen Weiterentwicklung zu einem anderen Zweck als der Herbeiführung einer Schwangerschaft unter Strafe gestellt.

Im Zusammenhang mit § 2 ESchG erweist sich vor allem der Umgang mit ei- 14
nem „überzähligen" Embryo als besonders problematisch. Ein solcher ist im
Rahmen künstlicher Befruchtungen oftmals nicht zu vermeiden. Deshalb stellt
sich die Frage, wie Ärzte mit diesem umzugehen haben, wenn sie sich nicht
strafbar machen wollen. Nach den Vorgaben des Gesetzes und der kaum durchgeführten, aber rechtlich dennoch zulässigen Embryonenadoption dürfte wohl
nur eine einzige Verhaltensweise, nämlich das Absterbenlassen der Zellen, zulässig sein.[13]

e) Präimplantationsdiagnostik, § 3a ESchG

Im engen Zusammenhang mit der Forschung an Embryonen steht auch die sog. 15
Präimplantationsdiagnostik (PID). Dabei handelt es sich um eine medizinische
Untersuchung, bei der außerhalb des Mutterleibes erzeugte Embryonen auf ge-
netische Defekte untersucht werden, um nach erfolgter Diagnostik nur solche
Embryonen in den Mutterleib zu transferieren, bei denen keine genetischen
Mängel festgestellt werden konnten.[14] Nach § 3a Abs. 1 ESchG ist eine solche
Untersuchung grundsätzlich verboten und wird entweder mit Freiheitsstrafe bis
zu einem Jahr oder mit Geldstrafe bestraft. Nur in sachlich eng beschriebenen
Ausnahmefällen ist die PID erlaubt. Diese Ausnahmen sehen sowohl formelle als
auch materielle Voraussetzungen vor, die in den Abs. 2 und 3 weiter konkretisiert
sind. Eine PID ist in materieller Hinsicht nach Abs. 2 dann zulässig, wenn aufgrund der genetischen Disposition der Frau, des Mannes oder beider das „hohe

---

12 Erbs/Kohlhaas/*Pelchen*/*Häberle*, Strafrechtliche Nebengesetze, 228 EL. Januar 2020, § 2
ESchG Rn 6.
13 *Hilgendorf*, Einführung in das Medizinstrafrecht, 2016, S. 74.
14 Erbs/Kohlhaas/*Pelchen*/*Häberle*, Strafrechtliche Nebengesetze, 228 EL Januar 2020, § 3a
ESchG Rn 1.

Risiko einer schwerwiegenden Erbkrankheit" besteht oder wenn die PID zur Feststellung einer „schwerwiegenden und mit hoher Wahrscheinlichkeit zu einer Tot- oder Fehlgeburt führenden Schädigung" des Embryos vorgenommen wird. Das ist z. B. dann der Fall, wenn ein gesteigertes Risiko für erbliche monogenetische Erkrankungen oder Chromosomenstörungen besteht.[15] Erlaubt sind aber lediglich solche genetischen Untersuchungen, die auch tatsächlich erforderlich sind, um die Gefahr des Vorliegens einer Erbkrankheit beurteilen zu können.[16] Da die vorgesehenen Ausnahmetatbestände an Klarheit und Präzision vermissen lassen, hat sich durch die erst im Jahr 2011 eingefügte Norm des § 3a ESchG eine Vielzahl von Folgefragen und –problemen ergeben. In der Diskussion steht aufgrund der Auslegungsbedürftigkeit des § 3a Abs. 2 ESchG vor allem die Reichweite des Verbots und der eigentliche Verbotszweck der Norm.[17] Als besonders problematisch erweist sich auch die Bewertung des Tatbestandsmerkmals der „schwerwiegenden Schädigung", da der Begriff weder im Gesetz noch in den Gesetzesmaterialien näher konkretisiert ist und eine abschließende Bewertung alleine in der Verantwortlichkeit der Ethikkommission liegt, da dieser die abschließende Prüfung obliegt, ob die materiellen Voraussetzungen des Abs. 2 eingehalten worden sind. Abgesichert werden die materiellen Ausnahmetatbestände des Abs. 2 zudem durch die in Abs. 3 S. 1 aufgestellten formellen Voraussetzungen. Danach bedarf es für eine PID der Aufklärung der Frau, der Prüfung und zustimmenden Bewertung durch die soeben bereits erwähnte Ethikkommission sowie der Durchführung in einem zugelassenen Zentrum durch einen qualifizierten Arzt. Wird gegen diese formellen Voraussetzungen verstoßen, führt das jedoch nicht zu einer Strafbarkeit nach § 3a Abs. 1 ESchG, sondern lediglich zu einer nach Abs. 4 mit einer Geldbuße von bis zu 50.000 € zu ahndenden Ordnungswidrigkeit.

f) Weitere wichtige Bestimmungen des ESchG

16 Darüber hinaus wird mit § 3 ESchG die künstliche Befruchtung einer Eizelle durch eine solche Samenzelle untersagt und unter Strafe gestellt, die erst nach dem in ihr enthaltenen Geschlechtschromosom ausgewählt worden ist. Auf diese Weise soll verhindert werden, dass sich werdende Eltern das Geschlecht ihres Kindes aussuchen können (Teil der Diskussion um das berüchtigte „Katalogkind"). Außerdem ist nach § 5 Abs. 1, 2 ESchG auch die genetische Manipulation und die

---

15 *Hilgendorf*, Einführung in das Medizinstrafrecht, 2016, S. 74.
16 Erbs/Kohlhaas/*Pelchen/Häberle*, Strafrechtliche Nebengesetze, 228 EL Januar 2020, § 3a ESchG Rn 9.
17 *Hilgendorf*, Einführung in das Medizinstrafrecht, 2016, S. 74.

„Herstellung" genetisch veränderter Nachkommen durch Befruchtung einer menschlichen Keimzelle mit künstlich veränderter Erbinformation verboten. Das gilt sogar unabhängig davon, ob die Manipulation nur den Zweck verfolgt, Krankheiten von vornherein vorzubeugen und zu heilen.

Mit den § 6 und § 7 ESchG hat der Gesetzgeber schließlich nochmals aus- 17
drücklich klargestellt, dass sowohl die Klonierung als auch die Vermischung von Embryonen sowie die Mischung von menschlicher und tierischer DNA verboten sind und ein Zuwiderhandeln mit einer Freiheitsstrafe von bis zu fünf Jahren oder mit Geldstrafe bestraft werden kann.

2. Schwangerschaftsabbruch, §§ 218ff. StGB

Der Schutz werdenden Lebens wird aber nicht nur durch das ESchG und das StZG 18
sichergestellt, sondern auch über den in § 218 Abs. 1 S. 1 StGB vorgesehenen Straftatbestand des Schwangerschaftsabbruchs. Das Delikt des Schwangerschaftsabbruchs hat für Ärzte hohe praktische Relevanz. Auf der einen Seite kann es durch „jedermann" und damit jedenfalls auch durch (behandelnde) Ärzte verwirklicht werden und auf der anderen Seite sind es häufig eben diese, die einen Schwangerschaftsabbruch tatsächlich vornehmen oder zumindest trotz bestehender Möglichkeit nicht verhindern. Dabei steht sicherlich vielfach gar keine Entscheidung zum Begehen einer rechtwidrigen Tat, sondern vielmehr häufig das Erfüllen des Wunsches der Schwangeren im Vordergrund. Die aktuelle gesetzgeberische Entscheidung ist bis zu einer denkbaren Liberalisierung dieses Rechtsbereichs jedoch zu akzeptieren.

Der Tatbestand des § 218 Abs. 1 S. 1 StGB kann nicht nur durch aktives Tun, sondern genauso auch durch pflichtwidriges Unterlassen (§ 13 Abs. 1 StGB) verwirklicht werden.

§ 218 StGB unterlag in den vergangenen Jahrzehnten immer wieder konzep- 19
tionellen Veränderungen. Ausgehend von einer reinen „Fristenregelung", wonach ein Schwangerschaftsabbruch bis zur 12. Woche[18] ohne Vorliegen weiterer Voraussetzungen straffrei sein sollte, über eine sog. Indikationsregelung bis hin zu der im Wesentlichen auch heute noch geltenden „modifizierten Fristenlösung mit Beratungspflicht" hat der Tatbestand des Schwangerschaftsabbruchs in der Vergangenheit einige Änderungen durchlebt. Ausgelöst wurden diese vor allem

---

18 Während die Dauer einer Schwangerschaft in medizinischer Hinsicht regelmäßig bereits von dem Zeitpunkt der letzten Regelblutung an bestimmt wird, zählt das Gesetz erst die nach der Empfängnis verstrichene Zeit.

durch verschiedene Entscheidungen des BVerfG.[19] So wurde beispielsweise die ursprüngliche „reine Fristenregelung" vom BVerfG wegen eines Verstoßes gegen das aus Art. 2 Abs. 1 GG folgende Recht auf Leben und körperliche Unversehrtheit in Verbindung mit der von Art. 1 Abs. 1 GG garantierten Unantastbarkeit der Menschenwürde (auch des werdenden Lebewesens) für verfassungswidrig erklärt.[20]

a) Tatbestand und Schutzumfang

20 Der Grundtatbestand des § 218 Abs. 1 S. 1 StGB setzt in objektiver Hinsicht den Abbruch der Schwangerschaft, d. h. das Abtöten der Leibesfrucht voraus. Tatbestandlich erfasst sind sowohl der für Ärzte relevante Fremdabbruch (Abs. 1) als auch der sog. Selbstabbruch durch die Schwangere (Abs. 3 mit Privilegierung der Schwangeren). Auf einen möglichen Teilnehmer findet § 28 Abs. 2 StGB Anwendung, da sich beide Absätze nicht als selbstständige Tatbestände gegenüberstehen,[21] sodass sich ein an dem Schwangerschaftsabbruch beteiligter Dritter stets nach § 218 Abs. 1 oder Abs. 2 StGB strafbar macht. Insofern spielt die Privilegierung des Abs. 3 für den behandelnden Arzt keine Rolle. Darüber hinaus darf die Verwirklichung des Tatbestandes nicht nach § 218a Abs. 1 StGB ausgeschlossen sein. Der über § 218 Abs. 1 S. 1 StGB vermittelte Schutz beginnt – wie § 218 Abs. 1 S. 2 StGB zeigt – mit der Nidation, d. h. mit der Einnistung der befruchteten Eizelle und endet mit dem Eintritt der Eröffnungswehen, d. h. mit der Geburt des Kindes.[22] Ärztliche Maßnahmen, die bereits eine Einnistung verhindern, wie z. B. das Einsetzen der Spirale oder auch die „Pille danach", erfüllen dementsprechend schon nicht den objektiven Tatbestand des § 218 Abs. 1 S. 1 StGB und bergen für den behandelnden Arzt grundsätzlich keine Strafbarkeitsrisiken.[23] Die Nidation ist im Regelfall nach dem 13. Tag seit der Empfängnis abgeschlossen, sodass ab diesem Zeitpunkt von einer Leibesfrucht gesprochen werden kann. Grundlage der Berechnung ist eine Rückrechnung, da die Nidation unter normalen Umständen innerhalb von vier Wochen seit der letzten Menstruation eintritt.[24]

21 Geschütztes Angriffsobjekt des § 218 Abs. 1 S. 1 StGB ist nur der ungeborene und lebende Fötus (spätere Mensch). Aus diesem Grund ist beispielsweise ein ungeborenes Kind, bei dem sich kein Gehirn entwickelt hat, nicht als geschütztes

---

19 *Hilgendorf*, Einführung in das Medizinstrafrecht, 2016, S. 59.

20 *Hilgendorf*, Einführung in das Medizinstrafrecht, 2016, S. 59 mit Hinweis auf BVerfGE 39, 1 ff.

21 Lackner/Kühl/*Kühl*, StGB 29. Aufl. 2018, § 218 Rn 16.

22 Lies hierzu auch LG Berlin, Urt. v. 19. 11. 2019, 532 Ks 7/16.

23 *Hilgendorf*, Einführung in das Medizinstrafrecht, 2016, S. 60.

24 Prütting/*Duttge*, Medizinrecht, 5. Aufl. 2019, § 218a Rn 7.

Angriffsobjekt einzuordnen.[25] Wird ein solches Kind abgetrieben, handelt es sich nicht um einen nach § 218 Abs. 1 S. 1 StGB strafbaren Schwangerschaftsabbruch. Dagegen setzt die Verwirklichung des Tatbestandes nicht voraus, dass die Schwangere den Schwangerschaftsabbruch auch überlebt.[26] Deswegen erfüllt die Tötung der Schwangeren – bei entsprechendem Vorsatz bezüglich der Leibesfrucht – auch den Tatbestand des § 218 Abs. 1 StGB. Einen besonders für Ärzte wichtigen und durchaus streitbaren Grenzfall bezüglich der Einordnung als taugliches Angriffsobjekt bildet der sog. Fall des *„Erlanger Babys"*.[27] Hier wird zum Ausdruck gebracht, dass ein taugliches Angriffsobjekt iSd § 218 Abs. 1 StGB auch dann angenommen werden kann, wenn sich der ungeborene Mensch zum Zeitpunkt der Tathandlung oder des pflichtwidrigen Unterlassens (§ 13 Abs. 1 StGB) im Körper einer hirntoten Frau befindet. Daher können sich etwa Unfallärzte wegen eines Schwangerschaftsabbruchs nach § 218 Abs. 1 S. 1 StGB strafbar machen, wenn sie das ungeborene Kind nicht durch Aufrechterhaltung der Vitalfunktionen der hirntoten Schwangeren am Leben erhalten.[28] Ist das ungeborene Kind bereits lebensfähig, geht sein Recht auf Leben dem postmortalen Persönlichkeitsschutz der Schwangeren insoweit vor.[29]

Tathandlung ist das Abtöten der Leibesfrucht. Unerheblich für die Verwirklichung des § 218 Abs. 1 S. 1 StGB ist dabei, ob der Tod erst nach der Geburt des Kindes eingetreten ist, wenn sich der Tod auf ein Handeln oder Unterlassen zurückführen lässt, das vor der Geburt stattgefunden hat. Für die Abgrenzung des Schwangerschaftsabbruchs zu den im StGB für geborene Menschen vorgesehenen Tötungsdelikten ist nach § 8 StGB nämlich stets der Zeitpunkt der Einwirkung und nicht der des Erfolgseintritts maßgeblich (Koinzidenzprinzip).[30] Daher ist auch der aus einer im guten Glauben eingeleiteten Frühgeburt eines nicht überlebensfähigen Kindes resultierende Tod nicht als Tötungsdelikt, sondern allenfalls als Schwangerschaftsabbruch einzuordnen. Und auch dies gilt nur dann, wenn der Arzt zum Zeitpunkt der Einleitung jedenfalls billigend in Kauf genommen hat, dass sein Handeln den Tod des geborenen Kindes herbeiführen wird.[31] **22**

Ist der objektive Tatbestand erfüllt, setzt eine Strafbarkeit nach § 218 Abs. 1 S. 1 StGB in subjektiver Hinsicht Vorsatz bzgl. der Verwirklichung des objektiven **23**

---

25 MüKo-*Gropp*, StGB, 3. Aufl. 2017, § 218 Rn 6 m.w.N.
26 BGH NStZ 2008, 393.
27 MüKo-*Gropp*, StGB, 3. Aufl. 2017, § 218 Rn 7 m.w.N.
28 MüKo-*Gropp*, StGB, 3. Aufl. 2017, § 218 Rn 7 m.w.N.
29 Anders für den Fall, dass das Kind noch nicht lebensfähig ist, vgl. MüKo-*Gropp*, StGB, 3. Aufl. 2017, § 218 Rn 9 m.w.N.
30 BGHSt 31, 352; BGH NStZ 2008, 393; MüKo-*Gropp*, StGB, 3. Aufl. 2017, § 218 Rn 6, 13 m.w.N.
31 MüKo-*Gropp*, StGB, 3. Aufl. 2017, § 218 Rn 13 m.w.N.

Tatbestands und damit auch Vorsatz bzgl. des Nichtvorliegens des Tatbestands-ausschlusses nach § 218a Abs. 1 StGB voraus. Fahrlässigkeit genügt zur Begründung einer Strafbarkeit unter keinem rechtlichen Gesichtspunkt. Wird der Schwangerschaftsabbruch gar gegen den Willen der Schwangeren vorgenommen, so wird die Strafe gem. § 218 Abs. 2 Nr. 1 StGB geschärft.

b) Ausnahmen und Procedere

24 Mit § 218a StGB hält das StGB verschiedene Ausnahmen von einer Strafbarkeit wegen Schwangerschaftsabbruchs bereit. Nach § 218a Abs. 1 StGB ist schon die *Tatbestandsverwirklichung* ausgeschlossen, wenn (1) die Schwangere den Schwangerschaftsabbruch verlangt, (2) sie dem Arzt durch eine Bescheinigung nach § 219 Abs. 2 S. 2 StGB den Nachweis erbracht hat, dass sie sich mindestens drei Tage vor dem Eingriff hat beraten lassen, (3) der Schwangerschaftsabbruch von einem Arzt vorgenommen wird und (4) seit der Empfängnis nicht mehr als 12 Wochen vergangen sind. Das Verlangen der Schwangeren ist mehr als ihre bloße Einwilligung und setzt daher eine ausdrückliche, an den Arzt gerichtete Aufforderung voraus.[32]

25   Auf Ebene der *Rechtswidrigkeit* gilt es für einen tatbestandlich verwirklichten Schwangerschaftsabbruch die bereits erwähnten Spezialnormen des § 218a Abs. 2 und 3 StGB zu beachten, die zum einen eine medizinisch-soziale und zum anderen eine kriminologische Indikation vorsehen, bei deren Vorliegen der Schwangerschaftsabbruch jedenfalls nicht rechtswidrig sein soll. Die Rechtswidrigkeit des Schwangerschaftsabbruchs ist danach zu verneinen, wenn er entweder aufgrund einer unzumutbaren und nicht anders abwendbaren Gefahr für das Leben der Schwangeren oder aufgrund einer schwerwiegenden Beeinträchtigung ihres körperlichen oder seelischen Gesundheitszustandes angezeigt und die Gefahr auch nicht anders in noch zumutbarer Weise abwendbar ist (ultima ratio) oder auf Grundlage ärztlicher Erkenntnis jedenfalls der Verdacht einer Straftat nach den §§ 176 – 178 StGB, d. h. einer Vergewaltigung oder einer sexuellen Nötigung besteht und der Schwangerschaftsabbruch mit Einwilligung der Schwangeren vorgenommen wird. Anders als im Falle des zweiten Absatzes dürfen im Rahmen des dritten Absatzes zudem keine zwölf Wochen seit der Empfängnis vergangen sein. Eine medizinische Indikation iSd § 218a Abs. 2 StGB kann u.a. dann angenommen werden, wenn die Schwangere an Gebärmutterkrebs erkrankt ist oder sich bei ihr eine erst durch die Schwangerschaft hervor-

---

32 *Hilgendorf*, Einführung in das Medizinstrafrecht, 2016, S. 62 m.w.N.

gerufene Suizidgefahr feststellen lässt.[33] Vor dem Hintergrund dieser letzten Fallgruppe ist zu betonen, dass zwar die embryopathische Indikation (also eine Abtreibung allein aus krankheitsbedingten Gründen des Fötus) vom Gesetzgeber gestrichen worden ist, diese jedoch partiell in der medizinischen Indikation der werdenden Mutter fortlebt, da eine Überforderungssituation und damit eine untragbare psychosoziale Problemlage gerade mit Blick auf die erkannte Embryopathie eintreten kann. Sowohl Abs. 2 als auch Abs. 3 sind dogmatisch als Spezialfälle des rechtfertigen Notstands nach § 34 StGB zu verstehen.

c) Ärztliche Sonderdelikte der §§ 218b und c StGB

Neben § 218 und § 218a StGB hält das Strafgesetzbuch mit den §§ 218b und § 218c StGB auch speziell auf Ärzte gemünzte Sonderdelikte bereit. Mit diesen beiden Vorschriften werden sowohl inhaltliche als auch verfahrensmäßige Mängel bei der Durchführung eines Schwangerschaftsabbruchs mit Strafe bedroht.[34] Die Vorschriften dienen der Verfahrenssicherung, dem Leben des ungeborenen Menschen und im Falle des § 218c StGB auch dem Schutz der Gesundheit der Schwangeren.[35] Nach § 218b Abs. 1 S. 1 StGB ist derjenige strafbar, der in den Fällen des § 218a Abs. 2 oder 3 StGB eine Schwangerschaft abbricht, ohne dass ihm die schriftliche Feststellung des Arztes, der nicht selbst den Schwangerschaftsabbruch vornimmt, darüber vorgelegen hat, dass die Voraussetzungen des § 218a Abs. 2 oder 3 gegeben sind. Mit § 218b Abs. 1 S. 1 StGB soll zudem einer einseitigen oder leichtfertigen Indikationsfeststellung vorgebeugt werden. Der Vermeidung von Umgehungsmöglichkeiten und Strafbarkeitslücken dient sodann § 218b Abs. 1 S. 2 StGB. Danach wird bestraft, wer als Arzt wider besseres Wissen eine unrichtige Feststellung über die Voraussetzungen des § 218a Abs. 2 oder Abs. 3 StGB zur Vorlage bei einem anderen Arzt nach § 218a Abs. 1 StGB trifft.

Darüber hinaus stellt § 218c StGB den Schwangerschaftsabbruch eines Arztes 27 auch dann unter Strafe, wenn dieser vorgenommen wird, ohne der Frau Gelegenheit zu geben, die Gründe ihres Verlangens nach einem Schwangerschaftsabbruch darzulegen, ohne sie über die Bedeutung des Eingriffs umfassend ärztlich aufzuklären oder ohne sich in den Fällen des § 218a Abs. 1 und 3 StGB von der Dauer der Schwangerschaft überzeugt zu haben. Damit soll die effektive Durchsetzung der vom BVerfG aufgestellten Voraussetzungen hinsichtlich bestehender

---

33 *Hilgendorf*, Einführung in das Medizinstrafrecht, 2016, S. 63.
34 *Hilgendorf*, Einführung in das Medizinstrafrecht, 2016, S. 64.
35 Prütting/*Duttge*, Medizinrecht, 5. Aufl. 2019, § 218b Rn 1, § 218c Rn 1; MüKo-*Gropp*, StGB, 3. Aufl. 2017, § 218c Rn 1.

beruflicher Verhaltensanforderungen an den Arzt sichergestellt werden.[36] Ebenso ist der Arzt strafbar, wenn er den Abbruch vornimmt, obwohl er die Frau in einem Fall des § 218a Abs. 1 StGB nach § 219 StGB selbst beraten hat. Zu beachten ist jedoch, dass sowohl eine Strafbarkeit nach § 218b StGB als auch eine solche nach § 218c StGB im Wege der formellen Subsidiarität zurücktritt, wenn sich der Arzt bereits nach § 218 Abs. 1 StGB strafbar gemacht hat. Beide Vorschriften haben also lediglich Auffangfunktion.

II. Tötung und Körperverletzung

28 Der zentrale Lebens-, Körper- und Gesundheitsschutz findet sich im Kernstrafrecht in den §§ 211 ff. und 223 ff. StGB. Medizinstrafrechtlich gedacht, ist derselbe von der ärztlichen Schweigepflicht (§ 203 StGB) sowie von den Urkunds- (§§ 267 ff. StGB) und Korruptionstatbeständen (§§ 299 a, b StGB) eingerahmt. Für ein geordnetes Behandlungsverhältnis treten noch weitere Vermögensdelikte, insbesondere die §§ 263 und 266 StGB hinzu. Im Folgenden wollen wir zunächst ausschließlich den Lebens-, Körper- und Gesundheitsschutz als Kerngebiet betrachten.

1. Vorsätzlich begangene Tötungsdelikte

29 Handelt der Arzt in Bezug auf die Herbeiführung des Todes eines anderen Menschen mit Vorsatz, kann er sich entweder nach § 211 StGB (Mord), nach § 212 StGB (Totschlag) oder auch nach § 216 StGB (Tötung auf Verlangen) strafbar machen. Eine Vorsatztat mit Blick auf die vorzeitige Beendigung eines menschlichen Lebens ist aber tatbestandlich niemals außerhalb einer Strafnorm (wie § 216 StGB unter Beweis stellt) und kann daher allenfalls in Ausnahmefällen gerechtfertigt oder ohne Schuld geschehen.

30 Aus systematischer Sicht erweist sich vor allem das jeweilige Verhältnis der Tötungsdelikte zueinander als problematisch. So ist für das Verhältnis von Mord zu Totschlag umstritten, ob es sich beim Mordtatbestand lediglich um eine Qualifikation des Totschlags (h.L.) oder um ein eigenständiges Delikt (Rspr.) handelt.[37] Konsequenzen aus diesem Streit ergeben sich aber lediglich für mög-

---

36 Prütting/*Duttge*, Medizinrecht, 5. Aufl. 2019, § 218c Rn 1.
37 Siehe dazu: Kindhäuser/Neumann/Paeffgen/*Neumann*, StGB, 5. Aufl. 2017, Vorb. zu § 211 Rn 154 ff.

liche Teilnehmer, deren Strafbarkeit sich entweder nach § 28 Abs. 2 StGB (h.L.) oder nach § 28 Abs. 1 StGB (Rspr.) richtet.

Umstritten ist auch das Verhältnis von § 216 StGB zu § 211 und § 212 StGB.[38] 31 Das überwiegende Schrifttum ordnet § 216 StGB als unselbstständige Privilegierung ein[39], wohingegen der BGH die Norm – konsequenterweise – ebenfalls als selbstständigen Sondertatbestand versteht, bei dessen Vorliegen für den Täter (nicht aber auch für etwaige Teilnehmer) nicht mehr auf die §§ 211, 212 StGB zurückgegriffen werden darf.[40] Kann eine Strafbarkeit nach § 216 StGB bejaht werden, ist die Anwendung der §§ 211, 212 StGB grundsätzlich ausgeschlossen, da der Tatbestand des § 216 StGB im Verhältnis zu Mord und Totschlag eine Privilegierung darstellt, die mit der sog. „Sperrwirkung des milderen Tatbestandes" begründet wird.[41] Tötet der Täter nicht nur aufgrund des vom Opfer an ihn gerichteten Verlangens, sondern auch aus Habgier, beurteilt sich die einschlägige Norm nach h.M. nach der Dominanz der jeweiligen Motive.[42] Dementsprechend macht sich der Täter nach § 211 StGB strafbar, wenn die Habgier im Vordergrund steht, da in diesem Fall der normative Zusammenhang zwischen Tötungsverlagen und Tat zu verneinen sein wird.[43] Dominiert demgegenüber das Tötungsverlangen und schwingen Aspekte der Habgier lediglich mit, richtet sich die Strafbarkeit alleine nach § 216 StGB.[44] Im Übrigen treten auf Konkurrenzebene hinter den vollendeten § 216 StGB auch die Körperverletzungsdelikte im Wege der Subsidiarität zurück.[45] Wegen der skizzierten (für den Täter positiven) Folgen des § 216 StGB ist in der Fallbearbeitung stets mit der Prüfung dieses privilegierenden Tatbestandes zu beginnen, wenn ein Tötungsverlangen aufgrund des Sachverhaltes ernstlich in Betracht gezogen werden kann.

Geschütztes Rechtsgut ist in den Tötungsdelikten stets das menschliche Le- 32 ben. Daher ist für eine mögliche Strafbarkeit nach den §§ 211 ff. StGB entscheidend, dass das Tatobjekt im Zeitpunkt der schädigenden Einwirkung (§ 8 StGB) – und nicht erst im Zeitpunkt des Erfolgseintritts – als „Mensch" anzusehen ist.[46] Es

---

38 Kindhäuser/Neumann/Paeffgen/*Neumann*, StGB, 5. Aufl. 2017, Vor. Zu § 211 Rn 164.
39 *Fischer*, StGB, 67. Aufl. 2020, § 216 Rn 2.
40 BGHSt 13, 165.
41 *Rengier*, BT II, 21. Aufl. 2020, § 6 Rn. 3; Kindhäuser/Neumann/Paeffgen/*Neumann*, StGB, 5. Aufl. 2017, Vor. Zu § 211 Rn 164.
42 MüKo-*Schneider*, StGB, 3. Aufl. 2017, § 216 Rn 72; a.A. Schönke/Schröder/*Eser/Sternberg-Lieben*, StGB, 30. Aufl. 2019, § 216 Rn 19, wonach etwaige Mordmerkmale durch § 216 StGB verdrängt werden.
43 MüKo-*Schneider*, StGB, 3. Aufl. 2017, § 216 Rn 72.
44 MüKo-*Schneider*, StGB, 3. Aufl. 2017, § 216 Rn 72.
45 *Fischer*, StGB, 65. Aufl. 2018, § 216 Rn 16.
46 *Wessels/Hettinger/Engländer*, Strafrecht BT 1, 43. Aufl. 2019, Rn 11.

stellt sich in Abgrenzung zu § 218 Abs. 1 StGB und § 168 StGB (Störung der Totenruhe) die Frage, wann das menschliche Leben beginnt und endet. Gesetzliche Bestimmungen zu dieser Frage existieren nicht. Maßgeblicher Zeitpunkt für den Beginn menschlichen Lebens ist nach allg. Ansicht im Strafrecht der Geburtsakt.[47] Danach wird die Leibesfrucht bereits mit dem Einsetzen der Eröffnungswehen zum Menschen, sodass sie schon während der Geburt als taugliches Tatobjekt der §§ 211 ff. StGB einzuordnen ist.[48] Erfolgt die Entbindung operativ mittels eines Kaiserschnitts, beginnt das Menschsein mit Vornahme des ärztlichen Eingriffs, d. h. mit Öffnung des Uterus.[49] Bei der Einordnung des Beginns des menschlichen Lebens unterscheidet sich das strafrechtliche Verständnis deutlich von dem des Zivilrechts, da das menschliche Leben dort nach § 1 BGB gerade erst mit Vollendung der Geburt (Kappen der Nabelschnur) und nicht bereits vorgelagert mit dem Eintritt der Eröffnungswehen beginnt. Begründen lässt sich die (strafrechtliche) Vorverlagerung der Menschqualität auf den Geburtsvorgang damit, dass § 218 StGB keinen Schutz für eine nur fahrlässig verursachte Abtötung der Leibesfrucht bietet und der Nasciturus schon beim Geburtsvorgang, der selbst eine erhöhte Gefahr für das Kind darstellt, über §§ 222, 229 StGB gegen ein auch nur fahrlässiges Fehlverhalten der Ärzte geschützt werden soll.[50] Eine weitere Vorverlagerung des Lebensschutzes wäre nach der Rechtsprechung des BVerfG[51] wohl durchaus verfassungsrechtlich tragfähig, da auch das werdende Leben nach Art. 1 Abs. 1, Art. 2 Abs. 2 S. 1 GG mit der gleichen Wertqualität wie das Leben des geborenen Menschen geschützt ist. Der Gesetzgeber hat sich an dieser Stelle aber bewusst dafür entschieden, die Leibesfrucht gesondert unter eigenen Voraussetzungen – insbesondere der Begrenzung auf Vorsatz – zu schützen, was auch mit Blick auf den verfassungsrechtlichen Lebensschutz nicht zu beanstanden sein dürfte. Im Zusammenspiel mit § 218 StGB gewährleistet die Definition des menschlichen Lebens letztlich einen fast lückenlosen Schutz. Als problematisch erweist sich jedoch der Fall, dass sich im Prozess nicht nachweisen lässt, ob die Eröffnungswehen zum Schädigungszeitpunkt bereits eingetreten waren. Denn dann kann sich der Handelnde mangels eindeutiger Feststellbarkeit des konkreten Tatobjektes wegen des Zweifelsatzes „in dubio pro reo" weder nach § 218 StGB noch nach den §§ 211, 212, 222 StGB strafbar machen.[52]

---

47 BGH NStZ 2008, 393.
48 BGHSt 32, 194.
49 *Rengier*, BT II, 21. Aufl. 2020, § 3 Rn. 3 mit Hinweis auf *Kaltenhäuser*, JuS 2015, 787.
50 BeckOK-StGB-*Eschelbach*, 43. Edition Stand 01.05.2020, § 212 Rn 3.1.
51 BVerfGE 39, 1, 36 ff.; 88, 203, 251 f.
52 BGHSt 31, 348.

Da stets der Zeitpunkt der Einwirkung für die Bestimmung des Tatobjektes 33 maßgeblich ist, macht sich ein Arzt beispielsweise auch dann nicht nach den §§ 211 ff. StGB, sondern allenfalls nach § 218 Abs. 1 StGB strafbar, wenn eine etwaige Falschbehandlung vor Eintritt der Eröffnungswehen stattgefunden hat, das Kind dennoch zur Welt gebracht worden ist und es erst danach – kausal auf der Falschbehandlung beruhend – stirbt.[53] Hatte der Arzt bei der Falschbehandlung keinen Vorsatz auf das Absterben der Leibesfrucht, bleibt er straffrei, da das fahrlässig verursachte, pränatal letztlich tödliche Einwirken auf die Leibesfrucht nach den Vorgaben des Gesetzes – wie soeben gezeigt – straflos ist.

Zur Begründung einer Strafbarkeit nach den §§ 211 ff. StGB kommt es nicht 34 darauf an, dass ein geborenes Kind lebensfähig ist. Wird auf ein Kind nach Eintritt der Eröffnungswehen in strafrechtlich relevanter Weise eingewirkt und ist die Einwirkungshandlung kausal für das noch frühere Versterben des Kindes, so steht einer Strafbarkeit nach den §§ 211 ff. StGB eine etwaig fehlende Lebensfähigkeit des Kindes nicht entgegen.[54] Besondere Relevanz entfaltet das bei nicht überlebensfähigen Frühgeburten, in deren Rahmen die Kinder nur kurz unabhängig von der Mutter leben.

Das Ende des strafrechtlichen Schutzes für das Tatobjekt „Mensch" bildet der 35 Tod. Der Tod tritt wegen des medizinischen Fortschritts und der damit verbundenen stetigen Verbesserung der Reanimationsmöglichkeiten nicht etwa beim Stillstand der Atmungs- und Kreislauftätigkeit, sondern erst mit Eintritt des Hirntods, also dem Erlöschen aller Hirnfunktionen ein.[55] An anderer Stelle, nämlich in § 3 Abs. 2 Nr. 2 TPG, auf die später noch einmal zurückzukommen sein wird, hält das Gesetz sogar eine Legaldefinition des Hirntods bereit. Danach handelt es sich beim Hirntod um den endgültigen, nicht behebbaren Ausfall der Gesamtfunktion des Großhirns, des Kleinhirns und des Hirnstamms. Ein Rechtfertigungsgrund für ein derart weites Verständnis des menschlichen Lebens kann darin gesehen werden, dass das menschliche Leben erst dann als beendet angesehen werden kann, wenn das, was einen Menschen ausmacht, das Denken und Wahrnehmen, endgültig ausfällt.[56] Außerdem ist es erst dieser Todeszeitpunkt, der aus medizinischer Sicht eine Organtransplantation ermöglicht. Dementsprechend kommt der Straftatbestand des § 168 StGB wegen Störung der Totenruhe auch erst nach Eintritt des Hirntods in Betracht.

---

53 *Wessels/Hettinger/Engländer*, Strafrecht BT 1, 43. Aufl. 2019, Rn 15.
54 Schönke/Schröder/*Eser/Sternberg-Lieben*, StGB, 30. Aufl. 2019, § 216 Rn 14.
55 *Rengier*, BT II, 21. Aufl. 2020, S§ 3 Rn. 7.
56 Schönke/Schröder/*Eser/Sternberg-Lieben*, StGB, 30. Aufl. 2019, § 216 Rn 16 ff.

36   Neben der aktiven Handlung kann auch ein Unterlassen des medizinischen Personals – wie insbesondere des Arztes – wegen § 13 StGB die Strafbarkeit begründen, da Töten allgemein nur als die Verursachung des Todes verstanden wird und der behandelnde Arzt oftmals bereits kraft Behandlungsübernahme als Garant einzuordnen sein wird.[57] Besondere Relevanz entfaltet eine solche Strafbarkeit bei fehlerhaften Untersuchungen, wenn das Leben des Patienten mit an Sicherheit grenzender Wahrscheinlichkeit bei Vornahme der richtigen Heilbehandlung jedenfalls nicht nur unwesentlich verlängert worden wäre. Eine nicht unwesentliche Verlängerung wird wohl schon dann anzunehmen sein, wenn sich das Leben auch nur um einige Stunden verlängern hätte lassen.[58]

2. Fahrlässige Tötung

37 Daneben kommt eine Strafbarkeit auch bei nur fahrlässiger Verursachung des Todes eines anderen Menschen gem. § 222 StGB in Betracht. Da auch dieser Tatbestand durch Unterlassen (§ 13 StGB) verwirklicht werden kann, ergeben sich an dieser Stelle im Vergleich zu allen zuvor genannten Konstellationen, nach denen sich Ärzte wegen der Tötung eines anderen Menschen strafbar machen können, für die fahrlässige Begehungsweise keine weiteren Besonderheiten.

3. Körperverletzung und Qualifikationstatbestände

38 Neben der Verursachung des Todes eines anderen Menschen wird in den §§ 223 ff. StGB auch die körperliche Unversehrtheit unter den Schutz des Strafrechts gestellt. Ein im Zusammenhang mit den §§ 223 ff. StGB stehendes, zentrales Problem eines jeden Arztes bilden der ärztliche Heileingriff sowie die mit ihm verbundenen ärztlichen Aufklärungspflichten.

a) Straftatbestände
aa) Grunddelikt und Qualifikationstatbestände
39 Grunddelikt sämtlicher in vorsätzlicher Weise begehbarer Körperverletzungsdelikte ist § 223 StGB. Dieses kann durch die Qualifikationen des § 224 StGB und die des § 340 StGB sowie durch die Erfolgsqualifikationen (§ 18 StGB) der §§ 226 und

---

57 Ulsenheimer/*Ulsenheimer*, Arztstrafrecht in der Praxis, 5. Aufl. 2015, Teil 1 Rn 139.
58 BGH NStZ 1985, 26, 27.

227 StGB im Einzelfall zu schärfen sein. Außerdem ist mit dem Verbrechen (§ 12 Abs. 1 StGB) des § 226a StGB nunmehr auch die Verstümmelung weiblicher Genitalien unter Strafe gestellt. Für die Qualifikation des § 224 StGB sei klargestellt, dass Instrumente, die ein Arzt in Ausübung seines Berufs verwendet, zur Vermeidung unbilliger Strafschärfungen – jedenfalls nach h.M. – nicht als gefährliche Werkzeuge im Sinne des § 224 Abs. 1 Nr. 2 StGB eingeordnet werden können.[59] Der Einordnung als gefährliches Werkzeug wird entgegengehalten, dass es sich in einem solchen Fall nicht um einen Gegenstand handele, der als Angriffs- oder Verteidigungsmittel, sondern zur Heilung eingesetzt werde.[60] Für die Erfolgsqualifikation des § 227 StGB hat der BGH die Strafbarkeit eines Arztes nach §§ 223, 227 StGB u. a. aber dann bejaht, wenn dieser entgegen den allg. Regeln als Narkosearzt ein Narkosemittel, das sich in einer bereits angebrochenen Flasche befindet, verwendet und er dadurch in fahrlässiger Weise eine tödliche Infektion beim Patienten verursacht.[61] Handelt der Arzt nicht vorsätzlich, kann er sich immer noch nach § 229 StGB strafbar machen. Lediglich als einfache und dementsprechend nicht nach § 340 StGB qualifizierte Körperverletzung ist schließlich der ärztliche Heileingriff eines Amtsarztes zu qualifizieren. Dieser tritt dem Patienten nicht als Amtsträger, sondern wie jeder andere Arzt auch gegenüber und die durch einen Heileingriff verursachten Körperverletzungen sind bei einem Amtsarzt amts- und daher insoweit sozialtypisch.[62] Dasselbe hat bei Truppen-, Durchgangs- und Notfallärzten (sofern hoheitlich geregelt) zu gelten.

bb) Tatbestandsvoraussetzungen des Grunddelikts und Rechtfertigungsnot
Die Verwirklichung einer nach § 223 Abs. 1 und § 229 StGB strafbaren Körperver- 40
letzung setzt entweder die körperliche Misshandlung, d. h. eine üble, unangemessene Behandlung, durch die das körperliche Wohlbefinden oder die körperliche Unversehrtheit nicht nur unerheblich beeinträchtigt wird, oder eine Gesundheitsschädigung, d. h. das Hervorrufen oder Steigern eines pathologischen Zustands einer anderen Person, voraus.[63] Da es sich auch hier um einen Menschen handeln muss, kann auf das dazu bei den Tötungsdelikten bereits Gesagte verwiesen werden. Zu beachten ist dabei, dass sich ein Arzt nach den §§ 223 ff. StGB auch dann strafbar machen kann, wenn er in den Körper eines

---

59 BGH NJW 1978, 1206; BGH NStZ 1987, 174.
60 *Rengier*, BT II, 21. Aufl. 2020, § 13 Rn. 30.
61 *Rengier*, BT II, 21. Aufl. 2020, § 13 Rn 28 mit Hinweis auf BGH NStZ 2008, 278 f.
62 Prütting/*Duttge*, Medizinrecht, 5. Aufl. 2019, § 223 Rn 26; MüKo-*Voßen*, StGB, 3. Aufl. 2019, § 340 Rn 10 m.w.N.
63 Prütting/*Duttge*, Medizinrecht, 5. Aufl. 2019, § 223 Rn. 4 f.

anderen Menschen eingepflanzte Implantate beschädigt, nachdem diese ihre Sacheigenschaft verloren haben und Bestandteil des Körpers geworden sind.[64] Der strafrechtliche Schutz der Leibesfrucht erweist sich dagegen als sehr beschränkt, da für die Leibesfrucht keine den §§ 223 ff. StGB vergleichbaren Normen existieren und im Übrigen auch nur das vorsätzliche Abtöten der Leibesfrucht durch die §§ 218 ff. StGB unter Strafe gestellt ist. Die Gründe für diesen nur rudimentär normierten Schutz liegen vor allem darin, dass insbesondere die Eltern des werdenden Kindes vor einer durch ihr unvernünftiges Verhalten (man denke dabei an Rauchen, Alkoholkonsum und auch Extremsport) veranlassten Strafverfolgung geschützt werden sollen.[65] Im Übrigen ist die Bewahrung des Fötus jedoch mittelbar über den Schutz der werdenden Mutter nach den §§ 223 ff. StGB gewährleistet.

41   Für den speziellen Fall des ärztlichen Heileingriffs stellt sich regelmäßig die Frage, ob dieser auch dann den Tatbestand der Körperverletzung erfüllt, wenn er indiziert und lege artis ausgeführt worden ist. Diese Frage ist umstritten (vgl. zur h.M. im Zivilrecht die obigen Ausführungen (§ 23 III 1)). Gerade in der strafrechtlichen Literatur wird der Einordnung des ärztlichen Heileingriffs als tatbestandliche Körperverletzung zum Teil damit widersprochen, dass der erfolgreiche Heileingriff seinem sozialen Sinngehalt folgend nicht mit einer „Messerstecherei" verglichen werden könne und in ihm daher weder eine „Misshandlung" noch eine „Gesundheitsschädigung" erblickt werden könne.[66] Im Übrigen stoße die Einordnung eines gesundheitsfördernden oder jedenfalls -erhaltenden Verhaltens als Körperverletzung auch in der Allgemeinheit auf wenig Verständnis.[67] Es dürfe daher nicht auf den Einzelakt, sondern lediglich auf das Gesamtergebnis der Behandlung abgestellt werden.[68] Demnach liege jedenfalls dann keine tatbestandliche Körperverletzung vor, wenn sich der Gesundheitszustand des Patienten verbessere. Mit dem BGH und der wohl h.L. kann dem aber entgegengehalten werden, dass eine solche Sichtweise das auch durch das Strafrecht zu verteidigende Selbstbestimmungsrecht des Patienten, das Ausdruck des verfassungsrechtlich geschützten allgemeinen Persönlichkeitsrechts (Art. 1 Abs. 1 i.V.m. Art. 2 Abs. 1 GG) ist, konterkarieren würde.[69] Denn in diesem Fall wäre das allg. Persönlichkeitsrecht für eigenmächtige, aber indizierte und kunstgerechte Heilbe-

---

64 *Rengier,* BT II, 21. Aufl. 2020, § 13 Rn. 4 m.w.N.
65 *Rengier,* BT II, 21. Aufl. 2020, § 13 Rn. 3.
66 *Rengier,* BT II, 21. Aufl. 2020, § 13 Rn. 26 m.w.N.
67 *Hilgendorf,* Einführung in das Medizinstrafrecht, 2016, S. 11.
68 *Hilgendorf,* Einführung in das Medizinstrafrecht, 2016, S. 11 m.w.N.
69 BGHSt 45, 219, 221; BGH NJW 2011, 1088 ff.; **Hilgendorf,* Einführung in das Medizinstrafrecht, 2016, S. 11.

handlungen des Arztes nur durch die §§ 239, 240 StGB geschützt.[70] Das Selbstbestimmungsrecht gibt dem Einzelnen gerade das Recht, selbstbestimmt über seinen Körper verfügen und daher auch dahingehende Entscheidungen in eigener Verantwortung treffen zu können, ob ein ärztlicher Eingriff oder eine Behandlung vorgenommen werden soll.[71] Auch der lege artis vorgenommene ärztliche Heileingriff stellt daher eine tatbestandsmäßige Körperverletzung dar.[72] Aus diesem Grund können selbst lebensrettende Operationen ohne (wenigstens mutmaßliche) Einwilligung grundsätzlich nicht in gerechtfertigter Weise vorgenommen werden.[73] Im Übrigen kann für eine dahingehende Sichtweise, die den ärztlichen Heileingriff als Körperverletzung im Sinne des § 223 StGB einordnet, auch ein Vergleich zu den eine Freiheitsstrafe aussprechenden Richtern gezogen werden. Auch sie erfüllen den Tatbestand der in § 239 StGB normierten Freiheitsberaubung und machen sich nur dann nicht strafbar, wenn sie dabei in gerechtfertigter Weise gehandelt haben.[74]

Unstreitig als Körperverletzung werden schließlich medizinisch nicht indizierte Handlungen, wie z.B. Doping, die freiwillige Sterilisation, kosmetische Operationen und die Entnahme eines Organtransplantats, oder nicht lege artis erbrachte Eingriffe eingeordnet.[75] **42**

b) Rechtfertigung

Da danach auch in jedem indizierten und kunstgerechten Heileingriff eine tatbestandsmäßige Körperverletzung zu sehen ist, hängt eine etwaige Strafbarkeit regelmäßig vom Vorliegen einer wirksamen rechtfertigenden Einwilligung ab. **43**

aa) Einwilligung – Herleitung, Fähigkeit und äußere Grenze

Die rechtfertigende Einwilligung ist im Strafrecht selbst nicht ausdrücklich im Gesetz normiert, auch wenn § 228 StGB anderes vermuten lassen könnte. § 228 StGB legt mit dem Sittenwidrigkeitsverdikt nur die äußere Grenze der Zulässigkeit fest. Dem steht der Grundsatz „nullum crimen, nulla poena sine lege scripta" (keine Strafbarkeit ohne geschriebenes Gesetz) nicht entgegen (Art. 103 Abs. 2 **44**

---

70 *Rengier*, BT II, 21. Aufl. 2020, § 13 Rn. 27.
71 *Hilgendorf*, Einführung in das Medizinstrafrecht, 2016, S. 9.
72 BGHSt 35, 246; a.A. *Katzenmeier*, ZRP 1997, 156 ff. m.w.N.; *ders.* Arzthaftung, 2002, S. 111 ff., 116 ff. m.w.N.
73 *Krey/Hellmann/Heinrich*, Strafrecht BT 1, 16. Aufl. 2015, § 3 Rn 209.
74 *Hilgendorf*, Einführung in das Medizinstrafrecht, 2016, S. 11.
75 *Hilgendorf*, Einführung in das Medizinstrafrecht, 2016, S. 13.

GG), da die Einwilligung gerade nicht zu einer Strafbarkeit, sondern vielmehr zur Straffreiheit führt. Allerdings bildet § 228 StGB als einziger gesetzlicher Anknüpfungspunkt den Ausgangspunkt dafür, dass auch der Gesetzgeber von der Existenz der Einwilligung als Rechtfertigungsgrund ausgegangen ist (volenti non fit iniuria). Ist die Einwilligung nach § 228 StGB sittenwidrig, so entfällt die durch die Tatbestandsverwirklichung grundsätzlich indizierte Rechtswidrigkeit trotz der vorhandenen Einwilligung nicht (s. hierzu auch die Ausführungen unter § 23 III 2). Für die Bewertung der Sittenwidrigkeit ist an die Tat selbst anzuknüpfen. Sittenwidrigkeit, d. h. ein Verstoß gegen das Anstandsgefühl aller billig und gerecht Denkenden, ist entgegen einer Literaturmeinung nicht erst dann anzunehmen, wenn durch die Körperverletzung eine schwere Folge im Sinne des § 226 StGB herbeigeführt worden ist,[76] sondern bereits dann, wenn sich aus dem Gefährlichkeitsgrad der Handlung eine konkrete Lebensgefahr für das Opfer ergibt.[77] Für diese Sichtweise spricht vor allem, dass auch solche Handlungen, mit denen nicht der Eintritt einer schweren Folge iSd § 226 StGB verbunden ist, eine Lebensgefahr hervorrufen können und daher mit § 216 StGB einer Norm nahestehen, der entnommen werden kann, dass eine rechtfertigende Einwilligung in den Tod und daher auch bei der Schwelle zur Lebensgefahr gerade nicht möglich ist. Kann ein solch schwerer (potentieller) Eingriff nicht festgestellt werden, kann die Sittenwidrigkeit nicht über etwaige sittenwidrige Begleitumstände gerechtfertigt werden.[78] Aus diesem Grund ist etwa eine Schönheitsoperation, die nur deshalb vorgenommen wird, damit der Operierte nicht mittels einer Gegenüberstellung erkannt werden kann, nicht sittenwidrig iSd § 228 StGB.[79] Ebenso wenig spricht § 228 StGB daher gegen eine wirksame Einwilligung des Sportlers in eine Dopingbehandlung, sofern diese nicht das Leben gefährdende Ausmaße annimmt.[80] Bei der Beurteilung der Schwelle der Sittenwidrigkeit gilt es in jedem Fall auch zu beachten, dass in dem über § 228 StGB bewirkten Einwilligungsausschluss ein Eingriff in das grundrechtlich geschützte Selbstbestimmungsrecht des Einwilligenden zu sehen ist. Rechtsprechung und Literatur legen den Begriff der Sittenwidrigkeit daher sehr restriktiv aus. Auch wenn die Tatumstände nicht geeignet sind, die Sittenwidrigkeit zu begründen, so kann im Einzelfall trotz mit der Handlung verbundener Lebensgefahr aber jedenfalls der Zweck der Tat gegen die Annahme der Sittenwidrigkeit sprechen. Erforderlich dafür ist jedoch, dass die

---

76 Schönke/Schröder/*Stree/Sternberg-Lieben*, 30. Aufl. 2019, § 228 Rn 17; *Jäger*, JA 2013, 634, 636.
77 BGHSt 49, 166, 173.
78 BGH NStZ 2000, 87.
79 *Gropp*, Strafrecht AT, S. 191.
80 *Krey/Hellmann/Heinrich*, Strafrecht BT 1, 16. Aufl. 2015, § 3 Rn 342; a.A. *Linck*, NJW 1987, 2545, 2550 f.

Schwere der Verletzung durch einen nachvollziehbaren und wünschenswerten Zweck kompensiert wird.[81] Das wird man beispielsweise bei lebensgefährlichen Verletzungen annehmen müssen, die erst durch eine zum Zwecke der Lebenserhaltung durchgeführte Notoperation entstanden sind.

§ 228 StGB ist nicht auf andere einwilligungsfähige Taten übertragbar, da dies   45 einen Verstoß gegen das aus Art. 103 Abs. 2 GG folgende Verbot einer Analogie zulasten des Täters zur Folge hätte.[82] Einwilligungsfähig ist der jeweilige Entscheidungsträger, mit Ausnahme des Rechtsguts Leben (folgt aus § 216 StGB) und mit Blick auf die Menschenwürde (Art. 1 Abs. 1 GG), bezüglich aller Individualgüter. Der strafrechtliche Schutz des Lebens gegen verletzende Verhaltensweisen Dritter ist also unverzichtbar. Eine Ausnahme besteht hier jedoch unter dem Gesichtspunkt des Behandlungsabbruchs. Nach der Rechtsprechung kann der Patient auf die Durchführung lebenserhaltender Maßnahmen verzichten, sodass eine Strafbarkeit des Arztes dann ausscheidet, wenn er sich lediglich darauf beschränkt, einem begonnenen Krankheitsverlauf das Feld zu überlassen und dies auch dem Willen des Erkrankten entspricht.[83] Tatbestände, die der Allgemeinheit zugeordnet sind (z. B. § 164 StGB), sind dagegen – genau wie das Leben – nicht in den Bereich der Einwilligungsfähigkeit einbezogen, da in diesen Fällen das jeweilige Rechtsgut nicht zur Disposition des Erklärenden steht. Im Übrigen ist einwilligungsfähig nur, wer „nach seiner geistigen und sittlichen Reife imstande ist, Bedeutung und Tragweite des gegen ihn gerichteten Eingriffs und des Verzichts auf den Schutz des Rechtsguts zu erkennen und sachgerecht zu beurteilen".[84] Die Einwilligungsfähigkeit kann darüber hinaus bei Geisteskrankheiten oder auch rauschbedingten Bewusstseinsstörungen ausgeschlossen sein, wobei der Patient auch unterhalb der Schwelle der Schuldunfähigkeit bereits einwilligungsunfähig sein kann. So hat der BGH entschieden, dass bereits der Genuss von vier Flaschen Bier zur Einwilligungsunfähigkeit führen kann, auch wenn die Blutalkoholkonzentration die Schwelle von 3,0 Promille bei Weitem nicht erreicht haben dürfte.[85] Nicht verkannt werden darf, dass die erklärte Einwilligung einer einwilligungsfähigen Person nicht auch für einen Dritten vernünftig sein muss.[86] Vereinzelt werden von diesen Vorgaben zur Einwilligungsfähigkeit aber Ausnahmen gemacht, die es dann auch für einen Arzt zu beachten gilt. So ist eine Organspende gem. § 8 Abs. 1 Nr. 1a TPG erst mit dem Erreichen der Volljährigkeit

---

81 BGHSt 49, 166.
82 MüKo-*Hardtung*, StGB, 3. Aufl. 2017, § 228 Rn 6.
83 BGHSt 55, 191.
84 MüKo-*Joecks*, StGB, 3. Aufl. 2017, § 223 Rn 83.
85 BGHSt 4, 88.
86 *Gropp*, Strafrecht AT, S. 188.

möglich. Noch älter muss der Patient gar sein, wenn er seiner Kastration zustimmen will. Hier sieht das Gesetz in § 2 Abs. 1 Nr. 3 KastrG ein Mindestalter von 25 Jahren vor.

bb) Einwilligung – ausdrücklich, mutmaßlich, hypothetisch

46 Es werden drei Formen der Einwilligung unterschieden: Die ausdrückliche, die mutmaßliche und – speziell für den Arzt von Bedeutung – die hypothetische (hypothetischer Kausalverlauf). Die rechtfertigende Einwilligung greift immer dann, wenn sie rechtlich zulässig gewesen ist, der Rechtsgutinhaber die Einwilligung erklärt hat, der Handelnde in Kenntnis und aufgrund der Einwilligung tätig geworden ist und die Erklärung auch im Übrigen keine Wirksamkeitsmängel aufgewiesen hat (Täuschung, Drohung, sonstige Willensmängel).[87] Der Rechtsgutinhaber muss vor der Tat eingewilligt haben und die Einwilligung muss gerade auch zur Tatzeit noch fortbestehen. Nimmt der Täter eine fortbestehende Einwilligung irrtümlich an, unterliegt er einem Erlaubnistatbestandsirrtum, dessen rechtliche Bewertung im Einzelnen umstritten ist:[88] Auswirkungen hat die konkrete Behandlung dieses Irrtums aber nur für etwaige Teilnehmer, sodass für den Handelnden festgehalten werden kann, dass sich dieser jedenfalls nicht wegen einer Vorsatztat strafbar macht und ihm allenfalls Fahrlässigkeit vorzuwerfen ist.[89]

47 Stimmt das Tatopfer erst nach der Tat zu, entfällt die Rechtswidrigkeit nicht, da es im Strafrecht – anders als im Zivilrecht (§ 184 BGB) – keine rückwirkende Genehmigung gibt.[90] Darüber hinaus muss die Einwilligung entgegen der sog. Willensrichtungstheorie,[91] wonach der Rechtsgutinhaber seinen zustimmenden Willen nur innerlich gebildet haben muss, nach der herrschenden Willenserklärungstheorie auch nach außen kundgegeben worden sein,[92] indem sie entweder ausdrücklich oder jedenfalls konkludent (auch hier spricht man von einer ausdrücklichen Einwilligung) erklärt worden ist.

48 Ist der Einwilligende einwilligungsfähig und ein Sittenverstoß iSd § 228 StGB nicht feststellbar, ist seine Entscheidung aber durch eine Drohung, Täuschung oder einen Irrtum, d.h. durch einen Willensmangel beeinflusst, ist auch eine

87 Prütting/*Duttge*, Medizinrecht, 5. Aufl. 2019, § 228 Rn 2 ff.
88 Kindhäuser/Neumann/Paeffgen/*Puppe*, StGB, 5. Aufl. 2017, § 16 Rn 122 ff.
89 MüKo-*Joecks*, StGB, 3. Aufl. 2017, § 16 Rn 127 m.w.N.
90 Schönke/Schröder/*Eser/Sternberg-Lieben*, StGB, 30. Aufl. 2019, Vorb. §§ 32 ff., Rn 44.
91 Schönke/Schröder/*Eser/Sternberg-Lieben*, StGB, 30. Aufl. 2019, Vorb. §§ 32 ff., Rn 43 m.w.N.
92 Schönke/Schröder/*Eser/Sternberg-Lieben*, StGB, 30. Aufl. 2019, Vorb. §§ 32 ff., Rn 43 m.w.N.

solche Einwilligung unwirksam.[93] Im Zusammenhang mit dem ärztlichen Heileingriff können diese Willensmängel hinsichtlich des Aufklärungserfordernisses eine Rolle spielen. Ob mit Blick auf das Analogieverbot des Art. 103 Abs. 2 GG für Art, Umfang und Reichweite auf die Regelung des § 630e BGB zurückgegriffen werden darf, kann dahinstehen, da die dort niedergelegten Grundsätze auch als ungeschriebene Erfordernisse im Strafrecht Gültigkeit beanspruchen.[94] Dementsprechend wird auf die obige Darstellung zum Zivilrecht verwiesen (§ 23 III 1).

Wurden diese Vorgaben nicht vollumfänglich beachtet, sind die Aufklärung 49 und die darauf beruhende Einwilligung des Patienten unwirksam. In diesem Fall stellt sich die umstrittene Frage, ob der Arzt jedenfalls aufgrund einer hypothetischen Einwilligung des Patienten gerechtfertigt sein kann. Entgegen verschiedenen Stimmen in der Literatur[95] entspricht es gefestigter BGH-Rechtsprechung, dass in diesem Fall jedenfalls die Möglichkeit einer Rechtfertigung aufgrund einer hypothetischen Einwilligung besteht.[96] Danach soll die Rechtswidrigkeit entfallen, wenn „der Patient bei wahrheitsgemäßer Aufklärung in die tatsächlich durchgeführte Behandlung eingewilligt hätte".[97] Der Arzt macht sich wegen eines Körperverletzungsdelikts also nur dann strafbar, wenn nachgewiesen werden kann, dass die Einwilligung bei ordnungsgemäßer Aufklärung versagt worden wäre.[98] In Zweifelsfällen ist nach dem Grundsatz „in dubio pro reo"– anders als es § 630 h Abs. 2 S. 2 BGB für das Zivilrecht vorsieht – sogar zugunsten des Arztes davon auszugehen, dass die Einwilligung auch bei ordnungsgemäßer Aufklärung erklärt worden wäre.[99] Daraus resultiert der Umstand, dass Aufklärungsmängeln im Arztstrafrecht deutlich weniger Gewicht beizumessen ist, als dies im zivilrechtlichen Haftungsgefüge der Fall ist.[100] Zu beachten ist hier jedoch, dass eine hypothetische Einwilligung nur dann denkbar ist, wenn die Einwilligung aufgrund eines konkreten Willensmangels unwirksam ist. Dementsprechend führt die hypothetische Einwilligung nicht dazu, dass mit ihr auch eine nicht lege artis ausgeführte Behandlung gerechtfertigt werden kann.[101] Hier bleibt es bei der Rechtswidrigkeit der Handlung.

---

93 Schönke/Schröder/*Eser/Sternberg-Lieben*, StGB, 309. Aufl. 2019, Vorb. §§ 32ff., Rn 45ff.

94 Vgl. die Übersicht bei Ratzel/Luxenburger/*Schmidt*, Hdb. MedR, 3. Aufl. 2015, S. 913f. m.w.N.

95 MüKo-*Joecks (Hardtung)*, StGB, 3. Aufl. 2017, § 223 Rn 118 m.w.N.

96 BGH NStZ 1996, 34.

97 BGH JZ 2004, 799, 800; die hyp. Einwilligung ablehnend etwa: *Gropp*, Strafrecht AT, S. 189.

98 BGH JZ 2004, 799, 800.

99 BGH NStZ 2012, 205; BGH JZ 2004, 799, 800.

100 Vgl. Ratzel/Luxenburger/*Schmidt*, Hdb. MedR, 3. Aufl. 2015, S. 917f. m.w.N.

101 BGH NStZ 2012, 205; BGH NStZ 2008, 150 151.

50   Die hypothetische Einwilligung ist streng von der mutmaßlichen Einwilligung zu unterscheiden. Erstere wird immer nur dann angewendet, wenn eine Einwilligung tatsächlich erklärt worden, diese aufgrund eines Willensmangels aber unwirksam ist. Demgegenüber ist der Anwendungsbereich der mutmaßlichen Einwilligung eröffnet, wenn es schon an einer tatsächlichen Zustimmung fehlt und diese durch einen nur zu vermutenden Willen ersetzt werden muss. Ihre Existenz ist gewohnheitsrechtlich anerkannt und führt ebenso wie die ausdrückliche und hypothetische Einwilligung zur Rechtfertigung einer an sich einen Straftatbestand verwirklichenden Handlung. Für die ärztliche Behandlung ist sie vom Gesetzgeber mittlerweile aufgenommen worden. § 630d Abs. 1 S. 4 BGB bestimmt, dass eine unaufschiebbare Maßnahme auch ohne Einwilligung durchgeführt werden darf, wenn diese nicht rechtzeitig eingeholt werden kann und sie darüber hinaus dem mutmaßlichen Willen des Patienten entspricht (zu Gunsten des Täters ist die Heranziehung zivilrechtlicher Vorschriften freilich unbedenklich). Ob die konkrete Maßnahme tatsächlich dem mutmaßlichen Willen des Rechtsgutinhabers entspricht, ist grundsätzlich – mangels besserer Erkenntnisquellen mit Blick auf die Erforschung des wahren Willens – anhand einer objektiven Interessenabwägung zu ermitteln, bei der die individuellen Wünsche, Interessen, Bedürfnisse aber auch Wertvorstellungen berücksichtigt werden müssen.[102] Sind diese dem handelnden Arzt, etwa einem zu einem Unfall geeilten Notarzt, nicht bekannt oder zumindest für ihn nicht erkennbar, ist darauf abzustellen, wie ein „verständiger Patient" handeln würde.[103] Ebenso wie § 630d Abs. 1 S. 4 BGB zeigt, kommt die Rechtfertigung aufgrund einer mutmaßlichen Einwilligung nur dann in Betracht, wenn eine ausdrückliche Einwilligung nicht rechtzeitig eingeholt werden kann, nach den Umständen eine Einwilligung aber entweder deshalb erwartet werden kann, weil von einem Interesse des Opfers an der Maßnahme (Prinzip der Geschäftsführung ohne Auftrag) oder gerade von dem Nichtvorliegen eines irgendwie gearteten Interesses (Prinzip des mangelnden Interesses) auszugehen ist.[104] Eine mutmaßliche Einwilligung setzt dementsprechend voraus, dass auch eine ausdrückliche Einwilligung wirksam hätte erteilt werden können (disponibles Rechtsgut, keine Unwirksamkeit nach § 228 StGB), im Rahmen des festgestellten mutmaßlichen Willens gehandelt worden ist und der Arzt auch gerade in der Absicht, im Sinne des Einwilligungsberechtigten tätig zu werden, agiert hat. In jedem Fall darf kein entgegenstehender Wille des Rechtsgutinhabers erkennbar sein, da dieser stets zu beachten wäre und eine über

---

102 *Brennecke*, Ärztliche Geschäftsführung ohne Auftrag, S. 228 m.w.N.
103 *Brennecke*, Ärztliche Geschäftsführung ohne Auftrag, S. 228 m.w.N.
104 Schönke/Schröder/*Lenckner/Sternberg-Lieben*, 30. Aufl. 2019, Vorb. § 32ff. Rn 54ff.

die mutmaßliche Einwilligung begründete Rechtfertigung in diesem Fall aus-schiede.[105] Ist ein Abwarten ohne größere Gefahr möglich, ist auf eine aus-drückliche Einwilligung hinzuwirken, da das Selbstbestimmungsrecht des Be-rechtigten nicht durch Annahme einer mutmaßlichen Einwilligung umgangen werden soll. Für den Arzt stellt sich in solchen Fällen regelmäßig die Frage, ob die medizinische Notwendigkeit das Selbstbestimmungsrecht seines Patienten überwiegt. Praktisch relevant ist das oftmals bei sog. Operationserweiterungen, bei denen der Patient aufgrund der Narkose nicht mehr befragt werden kann, der Arzt diese aber für medizinisch indiziert erachtet.[106] Nach den Vorgaben des § 630d Abs. 1 S. 2 BGB muss der Arzt die OP nur dann nicht abbrechen und den Patienten nach seiner Einwilligung befragen, wenn es sich bei der Operations-erweiterung um eine „unaufschiebbare Maßnahme" handelt. Das wird insbe-sondere dann angenommen, wenn eine Verzögerung ein lebensgefährliches Ri-siko für den Patienten darstellen würde.[107] Auch dieser Grundsatz ist ungeachtet der konkreten Normanwendung auf das Strafrecht zu übertragen.

cc) Sonstige Rechtfertigungstatbestände
Neben der Einwilligung kann der ärztliche (Heil-)Eingriff aber auch aufgrund verschiedener anderer Tatbestände gerechtfertigt sein. 51

So gestattet § 81a Abs. 1 S. 2 StPO die Entnahme einer Blutprobe und andere 52 körperliche Eingriffe, wenn diese zu Untersuchungszwecken kunstgerecht von einem Arzt vorgenommen werden und für das Verfahren von Bedeutung sind. Eine Rechtfertigung nach § 81a Abs. 1 S. 2 StPO setzt aber voraus, dass zumindest ein Anfangsverdacht iSd § 152 Abs. 2 StPO besteht, es sich bei der Maßnahme um eine Blutprobenentnahme oder einen „anderen körperlichen Eingriff" handelt und der Grundsatz der Verhältnismäßigkeit gewahrt wird.[108] Ein Anfangsverdacht ist immer dann anzunehmen, wenn es nach kriminalistischer Erfahrung möglich erscheint, dass eine verfolgbare Straftat begangen worden ist.[109] Der Grundsatz der Verhältnismäßigkeit soll jedenfalls dann nicht mehr gewahrt sein, wenn ein Gesundheitsnachteil zu befürchten steht.[110] Von einem Nachteil in diesem Sinne wird aber erst dann auszugehen sein, wenn „eine dauernde und mindestens er-heblich über die Untersuchungshandlung hinauswirkende gesundheitsschädi-

105 Schönke/Schröder/*Lenckner/Sternberg-Lieben*, 30. Aufl. 2019, Vorb. § 32ff. Rn 57.
106 *Brennecke*, Ärztliche Geschäftsführung ohne Auftrag, S. 225.
107 BGHSt 35, 246.
108 Vgl. MüKo-*Trück*, StPO, 2014, § 81a Rn 6ff.
109 BGH NJW 1989, 96, 97.
110 MüKo-*Trück*, StPO, 2014, § 81a Rn 14.

gende Folge" mit einer gewissen Wahrscheinlichkeit zu erwarten ist, sodass danach nicht schon jede Form von Schmerzen oder vorübergehenden Unannehmlichkeiten zur Unzulässigkeit der Maßnahme führt.[111] Ein „körperlicher Eingriff" wird angenommen, wenn „unter Zufügung auch nur geringfügiger Verletzungen in das haut- und muskelumschlossene Innere des Körpers eingedrungen wird, um Körperbestandteile, insbesondere Körperzellen, Blut, Liquor (Gehirn- und Rückenmarkflüssigkeit), Samen, Harn, Speichel, zu entnehmen oder dem Körper Stoffe zuzuführen".[112] Auch wenn die Entnahme von Samen von dem Begriff des körperlichen Eingriffs erfasst wäre, ist sie – wegen Unvereinbarkeit mit der nach Art. 1 GG geschützten Menschenwürde – dennoch unzulässig.[113] Lediglich eingeschränkt zulässig und auch nur zur Aufklärung schwerer Straftaten gestattet ist die durch Lumbal- oder Okzipitalpunktion mögliche Entnahme von Liquor.[114] Gleiches gilt entgegen der bislang vorherrschenden Meinung, die bei der Aufklärung schwerer Straftaten von einer generellen Zulässigkeit ausgegangen ist, mittlerweile auch für die Verabreichung von Brech- und Abführmitteln.[115] Nach der im Jahr 2006 ergangenen Entscheidung der EGMR, durch die sich auch der BGH als „geläutert" betrachtet,[116] verletze dies nämlich Art. 3 EMRK, da das zwangsweise Verabreichen von Brechmitteln eine unmenschliche und erniedrigende Behandlung darstelle.[117] Im Übrigen dürfen sowohl die Blutprobenentnahme als auch der „andere körperliche Eingriff" nur von einem Arzt, d. h. einer Person, die nach §§ 2, 2a, 3 BÄO die Approbation erhalten hat, nicht jedoch auch von einem Medizinalassistenten oder einem Sanitäter vorgenommen werden.[118] Speziell für die Blutprobenentnahme, deren praktisch häufigster Fall wohl die Feststellung des Blutalkoholgehalts sein dürfte, gilt allerdings dann etwas anderes, wenn sie unter Anleitung, Aufsicht und Verantwortung eines Arztes vorgenommen wird.[119]

53 Daneben kann zu erkennungsdienstlichen Zwecken auch eine in der Veränderung der Haar- und Barttracht ggf. liegende Körperverletzung iSd § 223 StGB unter den Voraussetzungen des § 81b StPO gerechtfertigt sein.[120]

---

111 MüKo-*Trück*, StPO, 2014, § 81a Rn 14.
112 MüKo-*Trück*, StPO, 2014, § 81a Rn 11 m.w.N.
113 MüKo-*Trück*, StPO, 2014, § 81a Rn 15.
114 MüKo-*Trück*, StPO, 2014, § 81a Rn 15.
115 MüKo-*Trück*, StPO, 2014, § 81a Rn 17.
116 BGHSt 55, 121, 130 Rn 23.
117 EGMR NJW 2006, 3117, 3121 und 3124.
118 MüKo-*Trück*, StPO, 2014, § 81a Rn 12 m.w.N.
119 BGHSt 24, 125, 127.
120 BVerfGE 47, 239, 246; MüKo-*Joecks (Hardtung)*, StGB, 3. Aufl. 2017, § 223 Rn 64.

Verdachtsunabhängige Zwangsmaßnahmen können dagegen nur nach § 81c 54
StPO gerechtfertigt werden.[121] § 81c StPO ist als abschließende Regelung zu verstehen, sodass andere Personen als der Beschuldigte die zwangsweise Durchführung von Untersuchungen nur zu den in der Vorschrift bestimmten Zwecken
und auch nur in dem dort bezeichneten Umfang zu dulden haben.[122] Körperliche
Eingriffe sind nach § 81c Abs. 1 StPO – mit Ausnahme der in § 81c Abs. 2 StPO
enumerativ genannten – ausdrücklich verboten und können demgemäß auch
nicht durch § 81c Abs. 1 StPO gerechtfertigt werden.[123] Gestattet sind dementsprechend bei nicht als Beschuldigte zu führenden Personen (kein Inkulpa-
tionsakt) nur die Entnahme von Blutproben sowie Untersuchungen, die zur
Feststellung der Abstammung dienen. Das gilt auch nur unter der Maßgabe, dass
für den zu Untersuchenden kein Nachteil für die Gesundheit zu befürchten, die
Maßnahme zur Erforschung der Wahrheit unerlässlich ist und die Untersuchung
oder die Blutprobenentnahme von einem Arzt vorgenommen wird.

Bis 1976 konnte über die §§ 1, 16 ImpfG auch eine in einer Zwangsimpfung 55
liegende Körperverletzung gerechtfertigt werden.[124] Aktuell sind Zwangsbehandlungen, wie § 28 Abs. 1 S. 3 IfSG zeigt, jedenfalls im Grundsatz nicht mehr
gestattet.[125] Eine Zwangsbehandlung kann allerdings im Einzelfall nach § 34 S. 1
StGB gerechtfertigt werden, wenn beispielsweise ein Minderjähriger derart dringend einer Bluttransfusion bedarf, dass das Familiengericht nicht rechtzeitig
eingeschaltet werden kann und die Eltern, denen an sich die Erteilung der Einwilligung obliegen würde, dies aus religiösen Gründen versagen.[126] Gemäß § 34
S. 1 StGB handelt derjenige nämlich nicht rechtswidrig, der in einer gegenwärtigen, nicht anders abwendbaren Gefahr für Leben, Leib, Freiheit, Ehre, Eigentum
oder ein anderes Rechtsgut eine Tat begeht, um die Gefahr von sich oder einem
anderen abzuwenden, wenn das dadurch geschützte Interesse das beeinträchtigte
nach Abwägung der widerstreitenden Interessen wesentlich überwiegt und die
Tat nach § 34 S. 2 StGB auch ein zur Abwendung der Gefahr angemessenes Mittel
darstellt. Im Rahmen dieses sog. rechtfertigenden Notstands stellt sich im Zusammenhang mit einem ärztlichen Eingriff auch immer wieder die Frage, ob die
zwangsweise Blutentnahme zur Rettung eines anderen Menschen nach § 34 S. 1
StGB gerechtfertigt sein kann, wenn sich derjenige, dessen Blut in Betracht
kommt, weigert und das benötigte Blut anderweitig nicht beschafft werden

---

121 MüKo-*Trück*, 1. Aufl. 2014, § 81a Rn 6.
122 MüKo-*Trück*, StPO, 2014, § 81c Rn 5.
123 MüKo-*Trück*, StPO, 2014, § 81c Rn 16.
124 MüKo-*Joecks (Hardtung)*, StGB, 3. Aufl. 2017, § 223 Rn 65.
125 MüKo-*Joecks (Hardtung)*, StGB, 3. Aufl. 2017, § 223 Rn 65.
126 MüKo-*Joecks (Hardtung)*, StGB, 3. Aufl. 2017, § 223 Rn 65.

kann.[127] Die herrschende Meinung lehnt auch in einem solchen Fall die Rechtfertigung nach § 34 S. 1 StGB ab, wobei davon eine Ausnahme für den Fall befürwortet wird, dass zwischen dem notwendigen Spender und demjenigen, der die Spende erhalten soll, engste Schutz- und Beistandspflichten im Sinne eines Garantenverhältnisses bestehen.[128] Ansonsten ist der rechtfertigende Notstand – zumindest soweit nur Rechtsgüter und Interessen desselben Patienten in Frage stehen – wegen des Vorrangs von ausdrücklicher und mutmaßlicher Einwilligung sowie des darin zum Ausdruck kommenden Selbstbestimmungsrechts des Patienten verdrängt.[129] Denn in diesem Fall besteht gerade keine Konfliktlage, die eine objektive Abwägung der betroffenen Rechtsgüter – wie es § 34 StGB vorsieht – zulässt.[130] Ein Arzt kann also nur dann nach § 34 S. 1 StGB gerechtfertigt sein, wenn eine derartige Abwägung vorgenommen werden kann. Das ist z. B. der Fall, wenn er einen Patienten nicht lege artis behandelt, um dadurch schwerwiegendere Gefahren für einen oder auch mehrere andere Patienten abzuwenden und der nicht kunstgerecht behandelte Patient dadurch nicht verstirbt.[131] Im Übrigen kommt stets eine Berücksichtigung auf der Schuldebene in Betracht, sei es mit Blick auf einen Erlaubnistatumstandsirrtum oder jedenfalls mit Blick auf § 17 S. 1 oder – je nach Situation – sogar S. 2 StGB. Andere Fälle von ggf. zulässigen Zwangsbehandlungen richten sich nach § 1906a BGB im Fall des betreuten Patienten und nach den jeweiligen Landesvorschriften zum PsychKG, so etwa § 18 Abs. 4 – 8 PsychKG NRW. Diese Vorschriften legitimieren eine Zwangsbehandlung gegen den Willen des Patienten nur im Rahmen des absolut erforderlichen Ausmaßes, um schwerste Gefahren für diesen selbst – da er nicht zur entsprechenden Einsicht in der Lage ist – oder Dritte abzuwenden.

4. Schutz durch Sondergesetze

56 Der folgende Abschnitt beschränkt sich auf eine überblicksmäßige Darstellung der verschiedenen, einen weiteren Schutz gewährleistenden Sondergesetze, da dieses Lehrbuch den Detailreichtum der damit verbundenen Sonderregeln nicht wiedergeben kann. Der Leser soll einen ersten Eindruck gewinnen und die Vielfalt

---

127 Vgl. MüKo-*Joecks (Hardtung)*, StGB, 3. Aufl. 2017, § 223 Rn 66.

128 Vgl. MüKo-*Joecks (Hardtung)*, StGB, 3. Aufl. 2017, § 223 Rn 66.

129 Prütting/*Duttge*, Medizinrecht, 5. Aufl. 2019, § 223 Rn 25; Spickhoff/*Knauer*/*Brose*, Medizinrecht, 3. Aufl. 2018, § 223 Rn 12.

130 Prütting/*Duttge*, Medizinrecht, 5. Aufl. 2019, § 223 Rn 25.

131 Prütting/*Duttge*, Medizinrecht, 5. Aufl. 2019, § 223 Rn 25; Spickhoff/*Knauer*/*Brose*, Medizinrecht, 3. Aufl. 2018, § 223 Rn 12.

des medizinrechtlichen Regelungsgefüges überblicken lernen. Detailwissen kann sodann überall passgenau hinzugefügt werden.

a) Sterilisation und Kastration

Aufgrund der weitreichenden Folgen stellt sich sowohl bei der Sterilisation als auch bei der Kastration die Frage, ob diese Eingriffe allein aufgrund einer Einwilligung des Betroffenen gerechtfertigt sein können oder ob aus Gründen der Grenzen seiner Dispositionsmacht noch weitere Anforderungen an eine Rechtfertigung zu stellen sind.[132] **57**

Bei der Kastration gilt es drei Fallgruppen zu unterscheiden: Die Entmannung i. e. S. (§ 1 KastrG), „andere" vom KastrG erfasste Behandlungsmethoden (§ 4 KastrG) sowie sonstige, nicht vom KastrG erfasste triebbeeinflussende Maßnahmen.[133] Bei der Entmannung i. e. S. werden – so definiert das KastrG in § 1 die Kastration – die Keimdrüsen eines Mannes entweder durch einen operativen Eingriff absichtlich entfernt oder jedenfalls dauerhaft funktionsunfähig gemacht. Der behandelnde Arzt handelt nach § 2 Abs. 1 KastrG nicht rechtswidrig[134], wenn der Betroffene mindestens 25 Jahre alt ist, nach Maßgabe des § 3 KastrG in die Kastration eingewilligt hat, und die Behandlung „nach den Erkenntnissen der medizinischen Wissenschaft" angezeigt ist, um dem Betroffenen schwerwiegende Krankheiten, seelische Störungen oder Leiden, die im Zusammenhang mit seinem abnormen Geschlechtstrieb stehen, zu verhüten, zu heilen oder zu lindern. Nach § 2 Abs. 2 KastrG ist eine Entmannung i. e. S. – eine Einwilligung des Patienten vorausgesetzt – auch dann zulässig, wenn sie kriminologisch indiziert ist, d. h., wenn damit triebbedingte rechtswidrige Straftaten nach den §§ 175 – 179, 183, 211, 223 ff. StGB verhindert werden sollen.[135] Außerdem muss die Behandlung zur Annahme von Straffreiheit zwingend von einem Arzt sowie kunstgerecht durchgeführt worden und es dürfen infolge der Kastration für den Betroffenen weder körperliche noch seelische Nachteile zu erwarten gewesen sein, die im Hinblick auf den mit der Kastration angestrebten Erfolg außer Verhältnis stehen würden. Für die vom Patienten abzugebende Einwilligung normiert § 3 KastrG besondere Anforderungen an die vom Arzt vorzunehmende Aufklärung. Fehlt die besondere Aufklärung ganz oder werden die Anforderungen nicht erfüllt, liegt keine – den **58**

---

132 Schönke/Schröder/*Eser/Sternberg-Lieben*, StGB, 30. Aufl. 2019, § 223 Rn 54.

133 Schönke/Schröder/*Eser/Sternberg-Lieben*, StGB, 30. Aufl. 2019, § 223 Rn 55.

134 *Golbs*, KastrG, 2012, § 2 Rn 3; a.A. *Eser/Sternberg-Lieben*, wonach in diesem Fall schon die Tatbestandsmäßigkeit zu verneinen ist, vgl. Schönke/Schröder/*Eser/Sternberg-Lieben*, StGB, 30. Aufl. 2019, § 223 Rn 56.

135 Schönke/Schröder/*Eser/Sternberg-Lieben*, StGB, 30. Aufl. 2019, § 223 Rn 56.

Arzt in seiner Handlung rechtfertigende – Einwilligung des Patienten vor. Nach Maßgabe des § 3 KastrG ist der Betroffene vorher insbesondere über den Grund, die Bedeutung und die Nachwirkungen der Kastration, allem voran über die Endgültigkeit seiner Entscheidung, andere in Betracht kommende Behandlungsmöglichkeiten sowie sonstige Umstände, die für den Betroffenen im Hinblick auf seine Einwilligung in erkennbarer Weise relevant sind, aufzuklären. Für den Fall, dass der Arzt zwar nach Maßgabe der §§ 2 und 3 KastrG agiert und daher im Hinblick auf die darin liegende Körperverletzung entweder schon nicht tatbestandsmäßig gehandelt hat oder aber jedenfalls gerechtfertigt ist, er gleichzeitig aber ohne die nach § 5 KastrG ebenfalls erforderliche Bestätigung der Gutachterstelle oder ohne die nach § 6 KastrG erforderliche Genehmigung des Betreuungsgerichts gehandelt hat, bestimmt die Strafvorschrift des § 7 KastrG, dass er trotzdem mit einer Freiheitsstrafe von bis zu einem Jahr oder mit Geldstrafe bestraft werden kann.[136] Damit wird also nicht die in dem Eingriff liegende Körperverletzung, sondern lediglich die Nichteinhaltung der besonderen Verfahrensanordnungen bestraft. Dies verdeutlicht den gesetzgeberischen Versuch, eine solch schwerwiegende Entscheidung für den eigenen Körper durch Fremdeingriff mit einem minutiös einzuhaltenden Verfahren zu besetzen.

59   Für „andere Behandlungsmethoden" iSd § 4 KastrG sind die Zulässigkeitsvoraussetzungen nicht so streng wie für die Entmannung i.e.S., da diese nicht auf eine dauernde Funktionsunfähigkeit der Keimdrüsen gerichtet sind und der Eingriff daher weniger schwer wiegt. Zu denken ist hier etwa an medikamentöse Behandlungen durch Östrogene oder Antiandrogene, nicht aber auch stereotaktische Hypothalamotomie, die zur Ausschaltung des Sexualtriebs im Zwischenhirn führt.[137] Für diese „anderen Behandlungsmethoden" ist eine ärztliche Behandlung nach § 4 Abs. 1 S. 2 KastrG schon vor dem 25. Lebensjahr zulässig und auch die Gutachterstelle ist nach § 5 KastrG nur ausnahmsweise einzuschalten.

60   Alle anderen, nicht von § 1 oder § 4 KastrG erfassten „sonstigen" Eingriffe sind nicht den streng(er)en Vorgaben des KastrG unterworfen und können daher nach allg. Regeln, insbesondere mit einer ausdrücklichen Einwilligung gerechtfertigt werden.[138] Aus diesem Grund sind beispielsweise solche Eingriffe, die bereits aus anderen Gründen medizinisch indiziert sind und bei denen es als Nebenfolge zum Verlust der Keimdrüsen kommt, wie etwa bei einer Krebsoperation im Genitalbereich – eine wirksame Einwilligung unterstellt – gerechtfertigt.[139]

---

136 Schönke/Schröder/*Eser*/*Sternberg-Lieben*, StGB, 30. Aufl. 2019, § 223 Rn 56.
137 Schönke/Schröder/*Eser*/*Sternberg-Lieben*, StGB, 30. Aufl. 2019, § 223 Rn 57 m.w.N.
138 Schönke/Schröder/*Eser*/*Sternberg-Lieben*, StGB, 30. Aufl. 2019, § 223 Rn 58.
139 Schönke/Schröder/*Eser*/*Sternberg-Lieben*, StGB, 30. Aufl. 2019, § 223 Rn 58.

Bei der Sterilisation werden demgegenüber – anders als bei der Kastration – 61
nicht die Keimdrüsen entfernt. Der ärztliche Eingriff beschränkt sich vielmehr
darauf, die Zeugungs- und Empfängnisfähigkeit durch Unterbrechung des Sa-
menstranges oder der Eileiter auszuschließen.[140] Anders als die h.L., die in der
Sterilisation eine rechtfertigungsfähige schwere Körperverletzung iSd §§ 223, 226
StGB erblickt, die nur durch Einwilligung und nur bei Vorliegen bestimmter medizinischer, sozialer oder medizinisch-sozialer Indikatoren nicht als sittenwidrig
iSd § 228 StGB zu begreifen sein soll, sieht der BGH die freiwillige Sterilisation –
obwohl er dafür eine wirksame Einwilligung fordert – schon nicht als tatbestandsmäßig iSd § 226 StGB an.[141] Für die danach nur für § 223 StGB erforderliche
Einwilligung sollen aber die allgemeinen Regeln gelten.[142] Bei Minderjährigen ist
eine Sterilisation nach § 1631c BGB gänzlich ausgeschlossen, da danach weder die
Eltern noch der Minderjährige selbst in die Behandlung einwilligen können. Aus
diesem Grund führt eine bei einer minderjährigen Person durchgeführte Sterilisation stets – Vorsatz vorausgesetzt – zu einer Strafbarkeit nach §§ 223, 226
StGB.[143] Gleiches gilt auch bei der Sterilisation eines volljährigen und einsichtsfähigen Menschen, bei dem der Eingriff nicht lege artis durchgeführt worden
ist.[144] Auch in diesem Fall ist die Einwilligung unwirksam.

b) Transfusions- und Transplantationsgesetz

Mit dem Transfusions- (TFG) und dem Transplantationsgesetz (TPG) hat der Ge- 62
setzgeber wegen der damit verbundenen besonderen Risiken und der hohen
Missbrauchsgefahr darüber hinaus zwei Sondergesetze geschaffen, die den Umgang von Blut und Blutbestandteilen (TFG) sowie (Organ-)Transplantationen in
ein eigenständiges Normgefüge fassen.

aa) Grundzüge des Transfusionsrechts

Nach § 1 TFG soll mit dem Transfusionsgesetz für eine sichere Gewinnung von 63
(Menschen-)Blut und Blutbestandteilen sowie für eine gesicherte und sichere

---

140 Schönke/Schröder/*Eser/Sternberg-Lieben*, StGB, 30. Aufl. 2019, § 223 Rn 59.
141 BGHSt 20, 81; BGHSt 45, 221; Schönke/Schröder/*Eser/Sternberg-Lieben*, StGB, 30. Aufl. 2019,
§ 223 Rn 60 ff. mwN.
142 Schönke/Schröder/*Eser/Sternberg-Lieben*, StGB, 30. Aufl. 2019, § 223 Rn 62; a.A. (eine Analoge zu dem in § 2 Abs. 1 Nr. 3 KastrG normierten Mindestalter von 25. Jahren befürwortend): *Eser/
Koch*, MedR 1984, 7 f.
143 Schönke/Schröder/*Eser/Sternberg-Lieben*, StGB, 29. Aufl. 2014, § 223 Rn 62.
144 Schönke/Schröder/*Eser/Sternberg-Lieben*, StGB, 30. Aufl. 2019, § 223 Rn 62.

Versorgung der Bevölkerung mit Blutprodukten gesorgt werden, um so die Selbstversorgung mit Blut und Plasma auf der Basis der freiwilligen und unentgeltlichen Blutspende zu fördern. Dem dient u. a. auch § 6 Abs. 1 TFG, die wohl wichtigste Vorschrift dieses Gesetzes, wonach eine Spendenentnahme (zur Definition des Begriffs der Spende siehe § 2 TFG) nur durchgeführt werden darf, wenn die spendende Person vorher in einer für sie verständlichen Form über Wesen, Bedeutung und Durchführung der Spendenentnahme und der Untersuchungen sachkundig aufgeklärt worden ist und in die Spendenentnahme und in die Untersuchungen eingewilligt hat. Die Einwilligung stellt auch hier die Rechtfertigung für die in der Spendenentnahme zu erblickende Körperverletzung dar. Nach § 6 Abs. 1 S. 2 TFG sind sowohl Aufklärung als auch Einwilligung durch die spendende Person schriftlich zu bestätigen. Zu beachten ist, dass die Einwilligung nicht weiter geht, als auch die Aufklärung reicht.[145] Das ist nur dann anders, wenn der Spender auf eine Aufklärung ausdrücklich verzichtet hat.[146] Außerdem sind Spenden Minderjähriger, auch wenn sich dazu keine ausdrückliche Klarstellung im Gesetz findet, jedenfalls im Grundsatz unzulässig.[147] In diesem Punkt unterscheidet sich die besondere Einwilligung nach § 6 TFG von der allgemeinen, die nicht auf das Alter, sondern nur auf die natürliche Einsichts- und Urteilsfähigkeit des Patienten abstellt. Die nach § 6 Abs. 1 S. 2 TFG erforderliche schriftliche Bestätigung der Aufklärung und auch der Einwilligung dient vornehmlich Beweiszwecken und führt bei ihrem Fehlen nicht zu deren jeweiliger Unwirksamkeit.[148] Aus zivilrechtlicher Sicht gilt es zu beachten, dass § 6 Abs. 1 TFG als Schutzgesetz iSd § 823 Abs. 2 BGB eingeordnet wird und ein Verstoß daher zu einem auf Schadensersatz und Schmerzensgeld gerichteten Anspruch des Spenders führt.[149] Zentraler Aspekt der nach § 6 TFG vorzunehmenden Aufklärung sind vor allem die mit der Maßnahme verbundenen Risiken. Aus diesem Grund ist der Spender etwa auch über die Möglichkeit der Verletzung eines Nervs aufzuklären.[150] Bei der sog. Mehrfachspende bedarf es einer umfassenden Aufklärung dagegen nicht mehr. In diesem Fall ist der Spender nur noch über die sich aus der wiederholten Spende ergebenden Gefahren aufzuklären.[151]

---

145 Spickhoff/*Deutsch*, Medizinrecht, 3. Aufl. 2018, § 6 TFG Rn 1.
146 Spickhoff/*Deutsch*, Medizinrecht, 3. Aufl. 2018, § 6 TFG Rn 10.
147 Spickhoff/*Deutsch*, Medizinrecht, 3. Aufl. 2018, § 6 TFG Rn 4.
148 Spickhoff/*Deutsch*, Medizinrecht, 3. Aufl. 2018, § 6 TFG Rn 6.
149 Prütting/*Lechleuthner*, Medizinrecht, 5. Aufl. 2019, § 6 TFG Rn 2; Spickhoff/*Deutsch*, Medizinrecht, 3. Aufl. 2018, § 6 TFG Rn 16.
150 BGH NJW 2006, 2108.
151 Spickhoff/*Deutsch*, Medizinrecht, 3. Aufl. 2018, § 6 TFG Rn 5.

Gerechtfertigt ist durch die Einwilligung nach § 6 TFG – nach z.T. bestrittener **64** Auffassung – allerdings nur die Spendenentnahme selbst, nicht aber auch eine sog. Spenderimmunisierung, die für die Gewinnung des zur Herstellung von speziellen Immunglobuli notwendigen Plasmas erforderlich ist und bei der dem Spender vorab regelmäßig bestimmte Arzneimittel, wie z. B. Impfstoffe, gegeben werden.[152] Aus diesem Grund kommt es im Rahmen einer solchen Spenderimmunisierung für die Annahme einer Rechtfertigung des behandelnden Arztes neben der unverzichtbaren Aufklärung und Einwilligung des Spenders auch darauf an, dass die Immunisierung nach § 8 TFG im Interesse einer ausreichenden Versorgung der Bevölkerung geboten ist. Ob dass der Fall ist, hat der verantwortliche Arzt sowohl bei Beginn als auch während der Immunisierung stets zu überprüfen.[153] Dementsprechend findet hier eine mit § 34 S. 1 StGB vergleichbare Güterabwägung statt. Zu beachten ist auch, dass bei der nach § 8 TFG vorzunehmenden Aufklärung nicht nur die durch § 6 TFG daran gestellten Anforderungen zu beachten sind, sondern der behandelnde Arzt zusätzlich über das Wesen, die Bedeutung und die mit der Spenderimmunisierung verbundenen Risiken aufzuklären hat.[154] Die auch hier vorausgesetzte Schriftlichkeit der Bestätigung von Aufklärung und Einwilligung hat aber auch im Rahmen des § 8 TFG bei Missachtung dieses Schriftformerfordernisses nicht die Unwirksamkeit der Einwilligung zur Folge.[155]

bb) Grundzüge des Transplantationsrechts

Ziel des Transplantationsgesetzes (TPG) ist demgegenüber nach § 1 TPG die Förderung der Bereitschaft zur Organspende in Deutschland. Das TPG findet nach § 1 **65** Abs. 2 TPG nur auf die Spende und die Entnahme von menschlichen Organen oder Geweben zum Zwecke der Übertragung sowie für die Übertragung der Organe oder der Gewebe einschließlich der Vorbereitung dieser Maßnahmen sowie für das Verbot des Handelns mit menschlichen Organen oder Geweben (siehe dazu insb. §§ 17, 18 TPG) Anwendung. Für die einzelnen Begriffe ist in § 1a TPG eine nähere Bestimmung vorgesehen. Hinsichtlich der Zulässigkeit der Entnahme von Organen und Geweben unterscheidet das TPG in seinen Abschnitten 2 (§§ 3 – 7 TPG) und 3 (§§ 8 – 8c TPG) sodann zwischen der Entnahme bei toten und der Entnahme bei lebenden Spendern.

152 Spickhoff/*Deutsch*, Medizinrecht, 3. Aufl. 2018, § 6 TFG Rn 7.
153 MüKo-*Tag*, StGB, 3. Aufl. 2017, § 8 TFG Rn 2.
154 MüKo-*Tag*, StGB, 3. Aufl. 2017, § 8 TFG Rn 3.
155 MüKo-*Tag*, StGB, 3. Aufl. 2017, § 8 TFG Rn 3.

66   Nach § 3 Abs. 1 S. 1 TPG ist die Entnahme von Organen und Geweben bei einem toten Spender grundsätzlich nur dann zulässig, wenn der Organ- oder Gewebespender in die Entnahme eingewilligt hat, sein Tod nach den Vorgaben des Erkenntnisstands der medizinischen Wissenschaft festgestellt ist und der Eingriff von einem Arzt oder nach § 3 Abs. 1 S. 2 TPG durch eine andere dafür qualifizierte Person unter der Verantwortung und nach fachlicher Weisung eines Arztes vorgenommen wird. Unzulässig ist die Entnahme nach § 3 Abs. 2 TPG, wenn der potentielle Spender der Organ- oder Gewebeentnahme widersprochen hat oder nicht vor der Entnahme der Hirntod festgestellt ist. Hat sich der Spender zu Lebzeiten nicht über eine mögliche Organ- oder Gewebeentnahme erklärt, kann seine Einwilligung nach Maßgabe des § 4 TPG durch die Zustimmung anderer Personen, insb. seiner nächsten Angehörigen (siehe dazu § 1a Nr. 5 TPG), in Form einer sog. erweiterten Zustimmungslösung erfolgen. Diese erweiterte Zustimmungslösung kommt immer dann zum Tragen, wenn in einem sog. Angehörigengespräch nicht einmal ein mutmaßlicher Wille des Verstorbenen ermittelt werden kann. In diesem Rahmen erfolgt eine informelle Unterrichtung der nächsten Angehörigen, die einerseits deren Aufklärung über den geplanten Eingriff dient und andererseits klären soll, ob dies dem erklärten oder mutmaßlichen Willen des Betroffenen entspricht oder eine dahingehend erteilte Einwilligung – ggf. auch nur mündlich – widerrufen wurde.[156] Nächster Angehöriger ist derjenige, der in der in § 1a Nr. 5 TPG genannten Reihenfolge an erster Stelle steht, innerhalb angemessener Zeit erreichbar ist und in den letzten beiden Jahren vor dem Tod des potentiellen Spenders in Kontakt mit diesem gestanden hat.[157] Kommen zwei gleichrangige Angehörige für eine Zustimmungsersetzung in Betracht, muss nach § 4 Abs. 2 S. 3 TPG nur einer zustimmen, wenn der andere nicht widerspricht.

67   Liegen die Voraussetzungen nach § 3 Abs. 1 S. 1, § 4 Abs. 1 S. 2 TPG oder § 4a Abs. 1 S. 1 TPG nicht vor und wird ein Organ oder Gewebe dennoch einem Toten entnommen, macht sich nach § 19 Abs. 2 TPG der Entnehmende strafbar.

68   Eine Einwilligung zur Organ- oder Gewebespende kann nach § 2 Abs. 2 S. 2 TPG auch auf bestimmte Organtransplantationen beschränkt werden.[158] Liegt eine Einwilligung nur bezüglich einer bestimmten Organtransplantation vor, so ist darin nicht auch die Zustimmung zur Spende des Gewebes des betreffenden Organs zu sehen.[159] Dafür müsste eine Einwilligung vielmehr gesondert erfolgen.[160]

---

156 Spickhoff/*Scholz*/*Middel*, Medizinrecht, 3. Aufl. 2018, § 3 TPG Rn 2 f.; Prütting/*J. Prütting*, Medizinrecht, 5. Aufl. 2019, § 4 TPG Rn 1 ff.
157 Spickhoff/*Scholz*/*Middel*, Medizinrecht, 3. Aufl. 2018, § 4 TPG Rn 4.
158 Prütting/*J. Prütting*, Medizinrecht, 5. Aufl. 2019, § 4 TPG Rn 3.
159 Spickhoff/*Scholz*/*Middel*, Medizinrecht, 3. Aufl. 2018, § 3 TPG Rn 2.

Lebt der Spender noch, beurteilt sich die Zulässigkeit der Entnahme von 69 Organen und Gewebe nach § 8 Abs. 1 TPG. Danach ist deren Entnahme zum Zweck der Übertragung auf andere Personen nur dann zulässig, wenn der Spender volljährig – insofern weicht das Gesetz auch an dieser Stelle von den allg. Grundsätzen zur Einwilligung ab – und einwilligungsfähig, nach den besonderen Vorgaben des § 8 Abs. 2 S. 1 und 2 TPG aufgeklärt worden ist und in die Entnahme eingewilligt hat. Zudem muss die Übertragung auf den vorgesehenen Empfänger nach ärztlicher Beurteilung geeignet sein, das Leben dieses Menschen zu erhalten oder bei ihm eine schwerwiegende Krankheit zu heilen. Im Falle einer Organentnahme darf ein geeignetes Organ eines Spenders nach § 3 oder § 4 TPG im Zeitpunkt der Organentnahme nicht bereits zur Verfügung stehen und der Eingriff muss durch einen Arzt vorgenommen werden. Eine Besonderheit der Lebendorganspende liegt in ihrer nach § 8 Abs. 1 S. 1 Nr. 3 TPG angeordneten Subsidiarität, wonach sie nur in Betracht kommt, wenn kein geeignetes Organ anderweitig zu beschaffen ist. Außerdem wird sie durch § 8 Abs. 1 S. 2 TPG für die Entnahme nicht regenerierungsfähiger Organe, wie einer Niere oder eines Teils der Leber, auf den in der Norm benannten Personenkreis beschränkt. Zulässig ist die Spende solcher Organe danach nur dann, wenn Empfänger ein Verwandter ersten oder zweiten Grades, ein Ehegatte, ein eingetragener Lebenspartner (dies dürfte freilich nach Anerkennung der Ehe für alle nunmehr veraltet sein), ein Verlobter oder ein anderer, dem Spender in besonderer persönlicher Verbundenheit offenkundig Nahestehender ist. Letzteres setzt jedenfalls die Annahme voraus, dass der Entschluss zur Organspende ohne äußeren Zwang und frei von finanziellen Erwägungen getroffen worden ist, was regelmäßig eine gemeinsame Wohnung oder jedenfalls häufige Kontakte erfordern dürfte.[161] Nicht ausreichend soll dabei der Kontakt als Postbote, Hausarzt oder Priester sein.[162] Eine Ausnahme von dem Erfordernis der Volljährigkeit des Spenders sieht § 8a TPG vor. Danach kann auch ein Minderjähriger unter den in der Vorschrift näher bezeichneten Voraussetzungen Spender von Knochenmark sein. Insbesondere muss die Verwendung des Knochenmarks für Verwandte ersten Grades oder Geschwister des minderjährigen Spenders vorgesehen sein und es bedarf nach § 8a S. 2 TPG darüber hinaus zusätzlich zur Einwilligung des gesetzlichen Vertreters einer Entscheidung des Familiengerichts nach § 1629 Abs. 2 S. 3 BGB i. V. m. § 1796 BGB, wenn das Knochenmark für Verwandte ersten Grades verwendet werden soll.

---

160 Spickhoff/*Scholz*/*Middel*, Medizinrecht, 3. Aufl. 2018, § 3 TPG Rn 2.
161 Spickhoff/*Scholz*/*Middel*, Medizinrecht, 3. Aufl. 2018, § 8 TPG Rn 8; Prütting/*J. Prütting*, Medizinrecht, 5. Aufl. 2019, § 8 TPG Rn 25 f.
162 Spickhoff/*Scholz*/*Middel*, Medizinrecht, 3. Aufl. 2018, § 8 TPG Rn 8.

70   Werden die verschiedenen Vorgaben der § 8 Abs. 1 S. 1 Nr. 1 a oder b, § 8 Abs. 1 S. 1 Nr. 4 oder 8c Abs. 1 Nr. 1 oder Nr. 3, Abs. 2 S.1, § 8 Abs. 1 S. 2 oder § 8b Abs. 1 S.1 TPG nicht eingehalten, so ist nach § 19 Abs. 1 TPG auch der für die Entnahme Verantwortliche strafbar.

c) Betäubungs- und Arzneimittelrecht

71 Daneben sind auch im Betäubungs- und Arzneimittelrecht verschiedene Strafnormen vorgesehen, die Verstöße gegen die zentralen Vorgaben der beiden Gesetze sanktionieren.

Im Betäubungsmittelgesetz (BtMG) sind die Straf- und Ordnungswidrigkeitsvorschriften in den §§ 29 ff. BtMG und damit im sechsten Gesetzesabschnitt normiert. Zentrale Norm des Betäubungsmittelstrafrechts ist § 29 BtMG.[163] Praktisch relevant sind für Ärzte, Zahnärzte oder auch Apotheker, die jeweils in ihrem Beruf tätig werden, vor allem die in § 29 Abs. 1 BtMG vorgesehenen Tatbestände des Herstellens und des Handeltreibens (Nr. 1), des Besitzes (Nr. 3), des unerlaubten Verschreibens (Nr. 6 lit. a)), der Verabreichung oder Verbrauchsüberlassung (Nr. 6 lit. b)) sowie der Abgabe in einer Apotheke (Nr. 7a) und der Werbung (Nr. 8).[164]

72   Nach § 29 Abs. 1 Nr. 1 BtMG ist es mit einer Freiheitsstrafe von bis zu fünf Jahren oder Geldstrafe bedroht, Betäubungsmittel unerlaubt anzubauen, herzustellen, mit ihnen Handel zu treiben; sie, ohne Handel zu treiben, einzuführen, auszuführen, zu veräußern, abzugeben, sonst in den Verkehr zu bringen, zu erwerben oder sich in sonstiger Weise zu verschaffen. Anders als z. B. der Begriff des Herstellens, der in § 2 Abs. 1 Nr. 4 BtMG eine Legaldefinition erfahren hat, ist der Begriff des Handeltreibens nicht legaldefiniert. Nach allg. Ansicht, die inzwischen auch vom Großen Senat des BGH[165] und vom BVerfG[166] bestätigt worden ist, ist unter „Handeltreiben" jede eigennützige, auf Absatz von Betäubungsmitteln gerichtete Tätigkeit zu verstehen. Der Begriff des Betäubungsmittels wird in § 1 Abs. 1 BtMG durch einen Verweis auf die Anlagen I bis III des Gesetzes definiert. Die dort zu findende Aufzählung der verschiedenen als Betäubungsmittel eingestuften Stoffe und Zubereitungen ist als sog. Positivliste abschließend, kann jedoch aufgrund der in § 1 Abs. 2 BtMG vorgesehenen Verordnungsermächtigung für die Bundesregierung immer wieder ergänzt und aktualisiert werden. Auf diese Weise wird der ständigen Entwicklung von Betäubungsmitteln und der dort vorherrschenden Dynamik auch strafrechtlich Rechnung getragen. Der nach § 29

---

163 Prütting/*Laurinat*, Medizinrecht, 5. Aufl. 2019, § 29 BtMG Rn 1.
164 So auch Spickhoff/*Malek*, Medizinrecht, 3. Aufl. 2018, § 29 BtMG Rn 3.
165 BGHSt 50, 252.
166 BVerfG NJW 2007, 1193.

Abs. 1 Nr. 3 BtMG unter Strafe gestellte unerlaubte Besitz ist bei einem bewussten und tatsächlichen Herrschaftsverhältnis anzunehmen, aufgrund dessen der Täter faktisch unmittelbar auf das Betäubungsmittel einwirken und Dritte davon ausschließen kann.[167] Unerlaubt ist der Besitz dann, wenn ihm keine nach § 3 BtMG erlaubte Handlung vorausgeht und kein Fall des § 4 BtMG vorliegt.[168] Danach macht sich beispielsweise derjenige nicht nach § 29 Abs. 1 Nr. 2 BtMG strafbar, der den Besitz an dem Betäubungsmittel durch eine gültige und ordnungsgemäße ärztliche Verschreibung erlangt hat.[169] Wird ein Betäubungsmittel entgegen § 13 Abs. 1 S. 1 BtMG, d.h. ohne dass die Anwendung am oder im menschlichen (oder für den Tierarzt tierischen) Körper begründet ist,[170] verschrieben, macht sich nach § 29 Abs. 1 Nr. 6 lit. a) BtMG auch der Verschreibende strafbar. Ergänzt wird der strafrechtliche Schutz iSd Lückenlosigkeit durch § 29 Abs. 1 Nr. 7 BtMG, wonach eine Strafbarkeit auch für denjenigen in Betracht kommt, der ein Betäubungsmittel entgegen § 13 Abs. 2 BtMG, also ohne Vorlage einer wirksamen Verschreibung, in der Apotheke abgibt. Die Strafvorschrift soll die besondere Verantwortung des Apothekers im Umgang mit Betäubungsmitteln sicherstellen.[171] Schließlich ist nach § 29 Abs. 1 Nr. 8 BtMG auch die gegen § 14 Abs. 5 BtMG verstoßende und daher unerlaubte Werbung unter Strafe gestellt. Nach § 14 Abs. 5 S. 1 BtMG ist es generell verboten, für die in Anlage I bezeichneten Betäubungsmittel zu werben. Für die in Anlage II und III bezeichneten Betäubungsmittel ist Werbung nach § 14 Abs. 5 S. 2 BtMG jedenfalls gegenüber den dort näher bezeichneten Fachkreisen, nicht aber auch gegenüber dem laienhaften Endverbraucher gestattet. Werbung ist insofern als jede an eine unbestimmte Anzahl von Personen und auf die Förderung des Betäubungsmittelabsatzes gerichtete Ankündigung oder Anpreisung zu verstehen.

Neben diesen Grundtatbeständen sieht § 29 Abs. 3 BtMG auch die Möglichkeit einer Strafschärfung durch die Verwirklichung von Regelbeispielen vor. Danach kann die Strafe u.a. dann zu schärfen sein, wenn der Täter gewerbsmäßig handelt oder die Gesundheit mehrerer Menschen (ausreichend sind wohl bereits zwei) gefährdet. Kann Vorsatz beim Täter nicht festgestellt werden, handelt er aber zumindest fahrlässig, wird § 15 StGB mit § 29 Abs. 4 BtMG insoweit Rechnung

73

---

167 BGHSt 27, 380, 381.
168 Prütting/*Laurinat*, Medizinrecht, 5. Aufl. 2019, § 29 BtMG Rn 14; Spickhoff/*Malek*, Medizinrecht, 3. Aufl. 2018, § 29 BtMG Rn 10.
169 Spickhoff/*Malek*, Medizinrecht, 3. Aufl. 2018, § 29 BtMG Rn 10.
170 was nach § 13 Abs. 1 S. 2 BtMG insbesondere dann der Fall ist, wenn der beabsichtigte Zweck auch auf andere Weise erreicht werden kann,
171 OLG Bamberg StRR 2008, 353.

getragen, als dass damit für die in der Vorschrift näher bezeichneten Taten eine Fahrlässigkeitsstrafbarkeit angeordnet wird.

74   Auch das Arzneimittelgesetz (AMG) sieht in den §§ 95 – 98 AMG für den Fall, dass bestimmte, ebenfalls im AMG normierte Vorschriften, mit denen der in § 1 AMG festgelegte Gesetzeszweck, im Interesse einer ordnungsgemäßen Arzneimittelversorgung von Mensch und Tier für die Sicherheit im Verkehr mit Arzneimitteln zu sorgen, verfolgt wird, nicht eingehalten wird, eine ganze Reihe von Straf- und Bußgeldvorschriften vor. So ist es nach § 95 Abs. 1 Nr. 1 AMG strafbar, ein *bedenkliches* Arzneimittel in den Verkehr zu bringen oder bei einer anderen Person anzuwenden. Nach der Legaldefinition des § 5 Abs. 2 AMG handelt es sich immer dann um ein bedenkliches Arzneimittel, wenn nach dem jeweiligen Stand der wissenschaftlichen Erkenntnisse der begründete Verdacht besteht, dass auch der bestimmungsgemäße Gebrauch schädliche Wirkungen haben kann, die über ein nach den Erkenntnissen der medizinischen Wissenschaft vertretbares Maß hinausgehen. Nach § 95 Abs. 1 Nr. 4 AMG ist außerdem ein Verstoß gegen die in § 43 AMG normierte Apothekenpflicht strafbar, wonach mit Arzneimitteln allenfalls in eng begrenzten Sondertatbeständen außerhalb der Apotheke Handel getrieben werden darf. Mit § 95 Abs. 1 Nr. 6 AMG wird zudem der Verstoß gegen die in § 48 Abs. 1 S. 1 AMG vorgesehene Verschreibungspflicht, die Ausdruck der arzneimittelrechtlichen Risikovorsorge ist, sanktioniert.

75   Ist einer der in § 95 Abs. 1 AMG unter Strafe gestellten Tatbestände erfüllt, ist zu prüfen, ob der Täter auch ein nach § 95 Abs. 3 AMG strafschärfendes Regelbeispiel erfüllt hat. Danach wirkt in der Regel insbesondere die Gesundheitsgefährdung einer großen Anzahl an Menschen, die Gefahr des Todes oder einer Körperverletzung eines anderen oder die Erlangung von Vermögensvorteilen großen Ausmaßes, was bei einer Summe von 50.000 € anzunehmen sein dürfte,[172] strafschärfend. Außerdem wird mit § 95 Abs. 4 AMG sogar eine Freiheitsstrafe bis zu einem Jahr oder eine Geldstrafe auch für den Fall angedroht, dass der Täter in den Fällen des § 95 Abs. 1 AMG lediglich fahrlässig handelt.

d) Medizinprodukterecht

76 Auf eine Darstellung des Medizinprodukterechts nach der europäischen Medizinprodukteverordnung (MDR) und dem Medizinproduktegesetz (MPG) wird an dieser Stelle verzichtet. Eine sinnvolle Kurzübersicht kann insofern kaum gelingen. Die Strukturen ähneln dem Arzneimittelrecht, jedoch müsste für ein tiefer-

---

172 Kügel/Müller/Hofmann/*Raum*, Arzneimittelgesetz, 2. Aufl. 2016, § 95 Rn 51.

gehendes Verständnis insbesondere die MDR zunächst näher erläutert werden, was in einem Kurzlehrbuch nicht zu leisten ist.

5. Unterlassene Hilfeleistung und Strafbarkeit durch Unterlassen

Mit dem echten Unterlassungsdelikt der in § 323c StGB normierten unterlassenen 77
Hilfeleistung wird für jedermann, d. h. nicht nur speziell für die Angehörigen der
Heilberufe, gesetzlich die Pflicht verankert, bei einem Unglücksfall oder einer
gemeinen Gefahr Hilfe zu leisten, soweit das erforderlich und den Umständen
nach für den Einzelnen auch zumutbar ist. Unter Strafe gestellt wird hier nicht die
Nichtabwendung eines weiteren Schadens, sondern bereits die Untätigkeit als
solche. „Tathandlung" ist die Nichtleistung einer erforderlichen, möglichen und
zumutbaren Hilfe.[173] Aus diesem Grund kommt es im Rahmen des § 323c StGB zur
Annahme von Straffreiheit nicht darauf an, ob eine Rettung tatsächlich gelingt.[174]
Unter einem Unglücksfall wird ein plötzlich auftretendes Ereignis, das eine erhebliche Gefahr für Personen oder Sachen mit sich bringt oder zu bringen droht,
verstanden.[175] Dabei gilt es zu berücksichtigen, dass nicht bei jeder Verletzung des
Körpers bereits ein Unglücksfall in diesem Sinne anzunehmen ist. Genauso wenig
kann jede Erkrankung als Unglücksfall subsumiert werden. Die Schwelle wird erst
dann überschritten, wenn sich die Erkrankung plötzlich und rasch verschlimmert.[176] Das ist z. B. bei schweren Blutungen oder bei Eintritt von Bewusstlosigkeit
der Fall.[177] Typischerweise handelt es sich auch oftmals bei einem Verkehrsunfall
um einen Unglücksfall iSd Vorschrift, wobei diese Bewertung nicht zwingend ist.
Von einem Unglücksfall ist dann nicht mehr auszugehen, wenn der Verletzte
bereits tot ist, da ein Unglücksfall stets auch voraussetzt, dass noch die Gefahr
eines (weiteren) Schadens besteht.[178] Hilfe muss nur dann mangels Erforderlichkeit nicht geleistet werden, wenn dies bereits ein anderer tut und der Täter
auch nicht effektiver und erfolgsversprechender helfen könnte. Da dabei, wie
auch bei der Ermittlung des dem Täter Zumutbaren, die persönlichen Fähigkeiten
des Täters berücksichtigt werden müssen, kann sich ein Arzt beispielsweise nicht
darauf berufen, dass eine Person, die sich in erheblicher (Lebens-)Gefahr befin-

---

173 *Rengier*, BT II, 21. Aufl. 2020, § 42 Rn 2.
174 BGH NStZ 1985, 501; *Kindhäuser/Schramm*, Strafrecht BT I, 9. Aufl. 2020, § 70 Rn 16.*
175 BGHSt 6, 147, 152.
176 OLG Düsseldorf NJW 1991, 2979.
177 *Rengier*, BT II, 21. Aufl. 2020, § 42 Rn 6.
178 BGHSt 1, 269.

det, bereits von einem Laien Unterstützung erfährt.[179] In diesem Fall müsste der Arzt ebenso Hilfe leisten, da sich seine Hilfe als deutlich effektiver erweisen dürfte. Im Übrigen ist der Anwendungsbereich des § 323c StGB auch nicht örtlich auf solche Personen beschränkt, die sich in der Nähe des Unglücksortes aufhalten, sodass einen Arzt die Hilfeleistungspflicht aus § 323c StGB grundsätzlich auch dann trifft, wenn er lediglich telefonisch benachrichtigt wird.[180] Der Verletzte kann als Ausdruck seines Selbstbestimmungsrechts aber auch auf die Hilfe verzichten und den Hilfspflichtigen so von seiner Pflicht entbinden.[181]

78   Zu beachten ist schließlich, dass § 323c StGB gegenüber vorsätzlichen unechten Unterlassungsdelikten, wie § 212 i.V.m. § 13, § 216 i.V.m. § 13 und §§ 223, 224 i.V.m. § 13 StGB im Wege der Subsidiarität, d. h. im Wege der Gesetzeskonkurrenz, zurücktritt. Das ist regelmäßig dann der Fall, wenn den Arzt aufgrund eines Behandlungsvertrages (§ 630a BGB) oder aufgrund der tatsächlichen Übernahme des Dienstes[182] eine Garantenpflicht trifft und er den Erfolg, sei es der Tod oder die Körperverletzung, in vorsätzlicher Weise nicht zumindest abzuwenden versucht.[183] Umstritten ist, ob sich für einen Bereitschaftsarzt eine Garantenpflicht allein daraus ergibt, dass er den Bereitschaftsdienst übernommen hat, wenn er infolgedessen um ärztliche Hilfe gebeten wird, ohne dass es dabei auf die tatsächliche Übernahme der Behandlung ankäme. Der BGH und die herrschende Literatur bejahen dies, da der Bereitschaftsarzt nicht nur gegenüber der kassenärztlichen Vereinigung, sondern in dringenden Fällen gegenüber jedem Hilfesuchenden die Pflicht hat, einzugreifen.[184] Außerhalb des Bereitschaftsdienstes und ohne Vorliegen eines Behandlungsvertrages oder der bereits tatsächlich erfolgten Übernahme der Behandlung erwächst eine Garantenpflicht medizinischen Personals aber nicht gegenüber jedem, der akuter Hilfe bedarf.[185] Den Arzt trifft die für eine Strafbarkeit wegen eines unechten Unterlassungsdelikts erforderliche Garantenpflicht also grundsätzlich nicht schon nur deshalb, weil er Arzt ist. Weder der Hippokratische Eid noch die Approbation noch die allg. sich aus § 323c StGB ergebende Hilfspflicht[186] begründen eine Garantenstellung für ihn.[187]

179 BGHSt 2, 296.
180 *Rengier*, BT II, 21. Aufl. 2020, § 42 Rn 8.
181 *Kindhäuser/Schramm*, Strafrecht BT I, 9. Aufl. 2020, § 70 Rn 1.*
182 Dazu im Einzelnen: Prütting/*Duttge*, Medizinrecht, 5. Aufl. 2019, § 323c StGB Rn 1; Spickhoff/ *Knauer/Brose*, Medizinrecht, 3. Aufl. 2018, § 212 Rn 7.
183 Für §§ 212, 13 StGB vgl. Spickhoff/*Knauer/Brose*, Medizinrecht, 3. Aufl. 2018, § 212 Rn 5 ff.; für §§ 223, 13 StGB vgl. Schönke/Schröder/ *Hecker*, StGB, 30. Aufl. 2019, § 323c Rn. 30.
184 BGHSt 7, 211, 212; Spickhoff/*Knauer/Brose*, Medizinrecht, 3. Aufl. 2018, § 212 Rn 7.
185 Spickhoff/*Knauer/Brose*, Medizinrecht, 3. Aufl. 2018, § 212 Rn 7.
186 Siehe speziell dazu: BGHSt 3, 65, 67; a.A.: RGSt 75, 160, 164.
187 Spickhoff/*Schuhr*, Medizinrecht, 3. Aufl. 2018, § 323c Rn 6.

Dementsprechend kann ein Arzt einen Patienten ohne Verletzung einer Garantenpflicht beispielsweise auch wegen Überlastung oder Zahlungsunfähigkeit zurückweisen, sofern er die Behandlung noch nicht – sei es auch nur in Form eines telefonischen Ratschlags – tatsächlich übernommen hat.[188] In all diesen Fällen verbleibt es bei der aus § 323c StGB folgenden allgemeinen Hilfspflicht, die aber erst ab der Schwelle eines Unglücksfalles oder gemeiner Not zum Tragen kommt.[189] Möglich ist eine Strafbarkeit nach § 323c StGB daher insbesondere dann, wenn ein Notfallpatient lediglich unter Hinweis auf eine bereits ausgelastete Notaufnahme oder auf das Ende der Sprechstunde abgewiesen wird.[190] Zu beachten ist außerdem, dass die Garantenstellung zwar durch erkennbare Aufgabe der Behandlung – sofern diese nicht zur Unzeit erfolgt – beendet werden kann, eine Beendigung aber nicht schon bei Delegation der Behandlung eines Oberarztes an seinen Assistenten anzunehmen ist.[191] Denn in diesem Fall wandelt sich die Garantenpflicht des Oberarztes nur dahingehend, den die Behandlung Übernehmenden sorgfältig auszuwählen und ihn dabei zu überwachen und zu kontrollieren. Die aus der tatsächlichen Übernahme der Behandlung folgende Pflicht zur Hilfeleistung wird also zu einer Organisations-, Auswahl- und Überwachungspflicht.[192] Der BGH hält darüber hinaus eine aus § 216 i.V.m. § 13 StGB folgende Unterlassungsstrafbarkeit eines Arztes auch in folgendem Fall jedenfalls für möglich[193]: Der Arzt war zu einem Patienten gekommen, der in Selbsttötungsabsicht eine Überdosis Medikamente eingenommen hatte, und gleichwohl untätig geblieben, weil der Sterbende auf einem Zettel die Bitte geäußert hatte ihn nicht zu behandeln („An meinen Arzt – kein Krankenhaus – Erlösung!").[194]

Nach § 212 i.V.m. § 13 StGB kann sich der Arzt – gesetzt den Fall, er handelt 79 vorsätzlich – wegen Totschlags durch Unterlassen strafbar machen, wenn er bei Vornahme der gebotenen Handlung das Leben des Opfers gerettet oder zumindest nicht nur in geringfügiger Weise verlängert hätte.[195] Ein Fall einer kausal auf einem Unterlassen beruhenden und nach § 223 i.V.m. § 13 StGB strafbaren Körperverletzung liegt in Form der Gesundheitsschädigung beispielsweise vor, wenn der Arzt seine bereits aus der tatsächlichen Übernahme der Behandlung folgende

188 Spickhoff/*Knauer*/*Brose*, Medizinrecht, 3. Aufl. 2018, § 212 Rn 7.
189 Prütting/*Duttge*, Medizinrecht, 5. Aufl. 2019, § 323c StGB Rn 1; Spickhoff/*Knauer*/*Brose*, Medizinrecht, 3. Aufl. 2018, § 212 Rn 7.
190 Spickhoff/*Schuhr*, Medizinrecht, 3. Aufl. 2018, § 323c Rn 3.
191 Spickhoff/*Knauer*/*Brose*, Medizinrecht, 3. Aufl. 2018, § 212 Rn 7 f.
192 Spickhoff/*Knauer*/*Brose*, Medizinrecht, 3. Aufl. 2018, § 212 Rn 8.
193 auch wenn er die Strafbarkeit im konkreten Fall unter Zumutbarkeitsaspekten verneint hat.
194 BGHSt 32, 367; *Rengier*, BT II, 21. Aufl. 2020, § 8 Rn 12.
195 MüKo-*Schneider*, StGB, 3. Aufl. 2017, § 212 Rn 3 m.w.N.

Garantenpflicht dadurch verletzt, dass er seinem Patienten vorsätzlich nicht das zur Therapie oder zur Schmerzlinderung erforderliche Medikament verabreicht.[196]

III. Sterbehilfe

80 Nicht nur juristisch, sondern auch politisch immer wieder brisant ist die strafrechtliche Bewertung der Sterbehilfe.

1. Formen der Sterbehilfe – Überblick

81 Dabei lassen sich drei Formen der Sterbehilfe unterscheiden: die aktive, die passive und die indirekte Euthanasie. Bei der aktiven Sterbehilfe wird der Arzt bewusst tätig und verursacht durch eine Handlung oder ein Unterlassen den Tod eines anderen Menschen, ohne dass der Tod in der tatsächlich eingetretenen Weise auch von alleine so eingetreten wäre. Beispiel: Der Arzt verabreicht dem Patienten ein Gift, das nach kurzer Zeit zum Atemstillstand führt, oder unterlässt es, Gegenmaßnahmen einzuleiten, nachdem der Patient sich selbst vergiftet hat.[197] Wie § 216 StGB zeigt, ist die aktive Sterbehilfe strafbar. Passive Sterbehilfe meint demgegenüber das bloße Sterbenlassen – etwa in Form eines Behandlungsabbruchs – eines schwer erkrankten Menschen, regelmäßig eines irreversibel Bewusstlosen, der vorab ausdrücklich auf eine weitere Behandlung verzichtet hat oder dessen mutmaßlichem Willen ein solcher Verzicht entnommen werden kann. Beispiel: Die weitere Beatmung eines Komapatienten wird durch Abschaltung des Beatmungsgeräts eingestellt. Im Fall der passiven Sterbehilfe kann das tatbestandlich verwirklichte Tötungsdelikt jedenfalls durch die Einwilligung des Sterbenden gerechtfertigt sein. Im Rahmen der durch Einwilligung begründeten Rechtfertigung kommt der Patientenverfügung heutzutage eine immer bedeutendere Rolle zu. Unter der indirekten Euthanasie ist schließlich die medizinisch indizierte, gleichzeitig aber lebensverkürzende Schmerzlinderung, z. B. durch die Verabreichung von Morphium, zu verstehen. Diese ist – obwohl auch dabei aufgrund der Lebensverkürzung der Tatbestand der Tötungsdelikte verwirklicht wird – straflos, wenn sie entweder dem ausdrücklichen oder jeden-

---

196 OLG Hamm NJW 1975, 604 f.; *Kindhäuser/Schramm*, Strafrecht BT I, 9. Aufl. 2020, § 7 Rn 9.*
197 Zur im Einzelfall sehr schwierigen Abgrenzung einer Tötung auf Verlangen durch Unterlassen zu einer straffreien Teilnahme am Suizid etwa Matt/Renzikowski/*Safferling*, StGB, 2. Aufl. 2020, § 216 Rn 6, 10 ff. sowie die hier nachfolgende Rn 83.

falls dem mutmaßlichen Willen des Patienten entspricht und der behandelnde Arzt den Tod dabei keinesfalls „beabsichtigt" hat.[198] Auch in diesem Fall ist der Arzt in seinem Handeln gerechtfertigt.

2. Strafbarkeit aktiven Eingreifens

a) Einzelfallblick

Die Strafbarkeit wegen eines aktiven Eingreifens, d. h. durch Vornahme einer 82 aktiven Handlung, bedarf stets eines Einzelfallblickes. Nicht jedes aktive Eingreifen ist auch als aktive und daher strafbare Sterbehilfe zu qualifizieren. Zu unterscheiden ist nämlich nicht zwischen einer aktiven strafbaren Handlung und einem straffreien Unterlassen, sondern zwischen aktiver und passiver Sterbehilfe. Auf der einen Seite kann nämlich auch ein Unterlassen aktive Sterbehilfe (siehe bereits obiges Beispiel) und auf der anderen Seite ein aktives Verhalten passive Sterbehilfe sein. In engem Sachzusammenhang mit der aktiven Sterbehilfe steht § 216 StGB. Danach ist derjenige strafbar, der den Tod eines anderen Menschen verursacht, auch wenn er dazu erst durch das ausdrückliche und ernstliche Verlangen des Getöteten bestimmt worden ist. Aus § 216 StGB folgt, dass die aktive Sterbehilfe verboten und eine Zuwiderhandlung mit (Freiheits-)Strafe bedroht ist. Auf diese Weise soll der verfassungsrechtlich vorgesehene absolute Schutz des Lebens sichergestellt werden. Der Tatbestand ist daher auch dann erfüllt, wenn der Tod bei unheilbar Kranken oder Sterbenden verursacht wird. Jede Verursachung des Todes – unabhängig von der weiteren Lebenserwartung – ist tatbestandsmäßig. Ebenso ist auch derjenige nach § 216 StGB strafbar, der eine Person aufgrund ihres Verlangens tötet, die sich – z. B. infolge einer Lähmung – nicht selbst mehr hätte töten können.[199] Die Strafnorm des § 216 StGB enthält allerdings insoweit eine Privilegierung, als dass dadurch eine mildere Strafe vorgesehen ist, als es bei den anderen vorsätzlichen Tötungsdelikten, wie Mord und Totschlag, der Fall gewesen wäre. Insofern wirkt das Verlangen des Getöteten zwar nicht tatbestandsausschließend, mindert aber jedenfalls das in der Tötung eines anderen Menschen liegende Unrecht.

Als problematisch erweist sich in diesem Zusammenhang oftmals die Ab- 83 grenzung eines täterschaftlich begangenen Tötungsdelikts, speziell des § 216 StGB, zur grundsätzlich straflosen Teilnahme am Suizid. Deren Straflosigkeit ergibt sich daraus, dass der Suizid schon keine rechtswidrige Haupttat darstellt, an

---

198 BGHSt 42, 301, 305; *Kindhäuser/Schramm*, Strafrecht BT I, 9. Aufl. 2020, § 3 Rn 2.*
199 BGH NStZ 2003, 537, 538.

die für den Teilnehmer angeknüpft werden könnte, da mit der Selbsttötung kein Straftatbestand verwirklicht wird. Stellt sich dieses Problem, gilt es zunächst zu prüfen, ob sich die als Täter in Betracht kommende Person wegen eines Tötungsdelikts in unmittelbarer Täterschaft strafbar gemacht hat. Erst wenn das nicht der Fall sein sollte, ist zu erwägen, ob diese dann jedenfalls als mittelbarer Täter einzuordnen sein könnte. Beide Varianten sind jeweils von der straflosen Teilnahme am Suizid abzugrenzen. Für die Abgrenzung der unmittelbaren Begehungstäterschaft zur Teilnahme kommt es allein auf die Abgrenzung von Täterschaft und Teilnahme an. Mit der Rechtsprechung ist dabei auf die Tatherrschaft abzustellen.[200] Tatherrschaft hat derjenige, der den tatbestandsmäßigen Geschehensablauf, also das zum Tode führende Geschehen, in den Händen hält.[201] Das soll jedenfalls dann nicht mehr der Fall sein, wenn der Sterbewillige das Geschehen zumindest gleichgewichtig beherrscht hat.[202] Dementsprechend scheidet eine unmittelbare Täterschaft immer dann aus, wenn die Entscheidung über den todbringenden Akt allein in den Händen des Sterbewilligen liegt.[203] Scheidet eine unmittelbare Täterschaft danach aus, ist jedoch noch eine Fremdtötung in mittelbarer Täterschaft in Betracht zu ziehen. Auch diese ist sodann von der straflosen Teilnahme am Suizid abzugrenzen. Die Notwendigkeit dessen ergibt sich vor allem aus der Möglichkeit, dass das Opfer auch als gegen sich selbst gerichtetes „Werkzeug" des mittelbaren Täters tätig geworden ist. Die Annahme einer mittelbaren Täterschaft setzt in diesen Fällen voraus, dass der Suizid nicht als eigenverantwortliche Handlung des Suizidwilligen angesehen werden kann, da dessen Eigenverantwortlichkeit anderenfalls die obj. Zurechenbarkeit der Handlung zum Tod und damit bereits die Verwirklichung des obj. Tatbestandes ausschließen würde.[204] Die Frage, wann Eigenverantwortlichkeit und damit noch eine allenfalls straflose Teilnahme anzunehmen sind, wird unterschiedlich beurteilt. Im Wesentlichen stehen sich hier die in der Literatur vertretene Exkulpationslösung und die von der Rechtsprechung befürwortete Einwilligungslösung gegenüber. Nach der Exkulpationslösung kann nur dann von einer eigenverantwortlichen, eine mittelbare Täterschaft ausschließenden Selbsttötung gesprochen werden, wenn der Sterbewillige – im Falle einer hypothetisch von ihm verübten Fremdtötung – vorsätzlich und schuldhaft gehandelt hätte.[205] Der Sterbewillige dürfte sich in diesem Fall also insbesondere nicht nach den §§ 19, 20, 35 StGB, § 3

---

200 MüKo-*Schneider*, StGB, 3. Aufl. 2017, § 216 Rn 37.
201 BGHSt 19, 135, 139.
202 *Kindhäuser/Schramm*, Strafrecht BT I, 9. Aufl. 2020, § 4 Rn 10.*
203 *Kindhäuser/Schramm*, Strafrecht BT I, 9. Aufl. 2020, § 4 Rn 10.*
204 *Kindhäuser/Schramm*, Strafrecht BT I, 9. Aufl. 2020, § 4 Rn 11.*
205 *Kindhäuser/Schramm*, Strafrecht BT I, 9. Aufl. 2020, § 4 Rn 13.*

JGG exkulpieren können. Kann er das, handelt es sich bei dem von ihm vorgenommenen Suizid – einen entsprechenden Tatbeitrag des Täters vorausgesetzt – um eine Fremdtötung in mittelbarer Täterschaft. Nach der herrschenden Einwilligungslösung ist demgegenüber von einer eigenverantwortlichen Selbsttötung auszugehen, wenn der Sterbewillige – unterstellt, er wäre von einem Dritten getötet worden – in diese Tat (subjektiv) wirksam eingewilligt hätte.[206] Es kommt hier also nicht darauf an, dass die Einwilligung insgesamt wirksam gewesen wäre – was § 228 StGB ausschließt –, sondern allein darauf, dass der Sterbewillige einsichts- und urteilsfähig gewesen ist und er seine Entscheidung ernstlich und unter irrtumsfreier Willensbildung getroffen hat.[207] Im Vergleich zur Exkulpationslösung erweist sich die Einwilligungslösung als deutlich strenger und trägt so der besonderen, qualitativ zu einer Fremdtötung noch einmal gesteigerten Entscheidung zur Selbsttötung besondere Rechnung. Aufgrund dessen sollte sie auch zur Abgrenzung der Fremdtötung in mittelbarer Täterschaft zur straflosen Teilnahme am Suizid herangezogen werden.[208] Im Übrigen ist auch im Falle einer irrtumsbedingten Selbsttötung eine (mittelbare) Täterschaft des den Irrtum Hervorrufenden gegeben, wenn das Opfer – die durch es verursachte Fremdtötung eines Dritten unterstellt – unvorsätzlich gehandelt hätte.

Darüber hinaus kann sich nach der Rechtsprechung auch derjenige wegen **84** einer täterschaftlichen Fremdtötung – durch Unterlassen – strafbar machen, der einen Suizid nach der beendeten, aber erst zur Bewusstlosigkeit führenden Handlung des Sterbewilligen nicht verhindert hat.[209] In diesem Fall hänge der Todeseintritt – sofern er noch vermeidbar ist – nämlich nicht vom Willen des Suizidenten, sondern ausschließlich vom Willen des Garanten ab.[210] Das hat dann aber zur Folge, dass der Garant dem Sterbewilligen zwar beispielsweise Medikamente zu dessen Freitod übergeben kann; will er sich indes nicht wegen eines Tötungsdelikts strafbar machen, muss er nach Eintritt der Bewusstlosigkeit– so jedenfalls im Grundsatz – alles daran setzen, den Sterbewilligen zu retten, wenn er bei Eintritt der Bewusstlosigkeit anwesend gewesen oder später hinzugekommen ist.[211] Ausnahmsweise darf ein Arzt in einem solchen Fall – so wird z.T.

---

206 *Kindhäuser/Schramm*, Strafrecht BT I, 7. Aufl. 2020, § 4 Rn 14.*
207 *Kindhäuser/Schramm*, Strafrecht BT I, 7. Aufl. 2020, § 4 Rn 14.*
208 Das entspricht der h.M., vgl. Kindhäuser/Neumann/Paeffgen/*Neumann*, StGB, 5. Aufl. 2017, Vorb. zu § 211 Rn 64 m.w.N.
209 BGHSt 13, 162, 166; BGHSt 32, 367, 374.
210 BGHSt 13, 162, 166; BGHSt 32, 367, 374.
211 *Kindhäuser/Schramm*, Strafrecht BT I, 9. Aufl. 2020, § 4 Rn 22.*

vertreten – von einer Rettung dann absehen, wenn dies mit seinem an der Standesethik und dem Recht orientierten ärztlichen Gewissen vereinbar ist.[212]

85 Neben diesen nach § 216 StGB als aktive Sterbehilfe strafbaren Handlungen und Unterlassungen ist auch das Abschalten lebenserhaltender Maschinen, wie z. B. das Abschalten eines Beatmungsgeräts, eine aktive Handlung, die aber unter Berücksichtigung des Patientenwillens als passive Sterbehilfe straflos sein kann. Beschränkt sich der Arzt allein auf das Abschalten und nimmt damit lediglich einen sog. Behandlungsabbruch vor, ist er aus strafrechtlicher Perspektive gerechtfertigt, wenn dies dem tatsächlichen oder mutmaßlichen Patientenwillen entspricht und allein dazu dient, einem ohne Behandlung zum Tode führenden Krankheitsprozess seinen Lauf zu lassen.[213] Ein Behandlungsabbruch kann nach der Rechtsprechung des BGH sowohl durch aktives Tun als auch durch Unterlassen vorgenommen werden[214] und ist dann anzunehmen, wenn medizinisch indizierte Maßnahmen nicht ergriffen werden und der Patient damit seinem eigenen Schicksal überlassen wird. Alle sonstigen gezielten Eingriffe in das Leben eines anderen Menschen, die nicht bloß im Zusammenhang mit dem Abbruch einer medizinischen Behandlung stehen, sind einer Rechtfertigung durch Einwilligung dagegen nicht mehr zugänglich und zumindest nach § 216 StGB strafbar.[215] Lässt sich weder eine ausdrückliche noch eine mutmaßliche Einwilligung feststellen, wird die Behandlung aber dennoch einseitig abgebrochen, um beispielsweise einem Moribunden schwere Leiden zu ersparen, widerstreiten die Pflichten des Arztes zur Lebensverlängerung und zur Verhinderung von Leiden. Diese Kollision gilt es dann nach Notstandskriterien (§ 34 StGB) aufzulösen.[216]

b) Geschäftsmäßige Förderung

86 Liegt keine tatbestandlich erfasste Fremd-, sondern eine Selbsttötung vor, war bis zur Entscheidung des BVerfG vom 26. 02. 2020[217] entgegen der generellen Straffreiheit der Teilnehmer eines Suizids mit Strafe bedroht, wenn er in der Absicht handelte, die Selbsttötung eines anderen zu fördern, indem er diesem dazu geschäftsmäßig die Gelegenheit gewährt, verschafft oder vermittelt. Da für die Zukunft eine vergleichbare, aber begrenzte und damit verfassungsgemäße Version eines solchen Verbots denkbar bleibt, sei im Folgenden ein kurzer Blick auf den

---

212 *Kindhäuser/Schramm*, Strafrecht BT I, 9. Aufl. 2020, § 4 Rn 22.*
213 BGHSt 55, 191.
214 BGHSt 55, 191.
215 BGHSt 55, 191.
216 BGHSt 40, 257, 260; *Kindhäuser/Schramm*, Strafrecht BT I, 9. Aufl. 2020, § 3 Rn 4.
217 BVerfG, NJW 2020, 905.

Tatbestand der aufgehobenen Norm geworfen. Geschäftsmäßig handelte nach der Gesetzesbegründung, „wer die Gewährung, Verschaffung oder Vermittlung der Gelegenheit zur Selbsttötung zu einem dauernden oder wiederkehrenden Bestandteil seiner Tätigkeit macht, unabhängig von einer Gewinnerzielungsabsicht und unabhängig von einem Zusammenhang mit einer wirtschaftlichen oder beruflichen Tätigkeit".[218] Das Merkmal der im subjektiven Tatbestand zu prüfenden Absicht der Geschäftsmäßigkeit konnte dabei bereits bei der ersten Tat angenommen werden, wenn der Täter die „Wiederholung gleichartiger Taten zum Gegenstand seiner Beschäftigung machen will".[219] Insoweit entsprach die hier geltende Rechtslage derjenigen bei dem Begriff der Gewerbsmäßigkeit. Geschäftsmäßigkeit und Gewerbsmäßigkeit unterscheiden sich jedoch dadurch, dass die Geschäftsmäßigkeit im Gegensatz zur Gewerbsmäßigkeit nicht auch eine Gewinnerzielungsabsicht voraussetzt. Mit der Einschränkung der Teilnehmerstrafbarkeit auf Fälle der Geschäftsmäßigkeit wollte der Gesetzgeber die generelle Straflosigkeit der Beihilfe zum Selbstmord aufrechterhalten, wenn diese in einer Ausnahmesituation und daher gerade nicht planmäßig erfolgt.[220] Bekämpft werden sollten mit der nichtigen Strafvorschrift vor allem sog. Sterbehilfevereine. Ein Arzt, der lediglich einen Behandlungsabbruch vornimmt oder indirekte Sterbehilfe leistet, machte sich nach Auffassung des Gesetzgebers aber auch nach dem verworfenen § 217 StGB nicht strafbar, da das Merkmal der Geschäftsmäßigkeit die passive und indirekte Sterbehilfe (dazu sogleich) aus dem Tatbestand ausgrenzte und Bezugspunkt der Tat ausschließlich die Selbsttötung, nicht aber auch ein Behandlungsabbruch oder eine Tötung auf Verlangen gewesen sei.[221]

3. Strafbarkeit passiven Verhaltens

Auch bei der Strafbarkeit passiven Verhaltens gilt es wieder zu differenzieren. **87** Unterlässt ein Garant eine gebotene Handlung und ist diese kausal für den Tod eines anderen, macht er sich grundsätzlich nach einem der einschlägigen Tötungsdelikte strafbar, sofern er in seinem Unterlassen nicht gerechtfertigt ist. Eine solche Rechtfertigung kann sich dabei allerdings in Form einer erklärten Einwilligung des Opfers ergeben. Die Möglichkeit der Einwilligung des Patienten in die passive und damit straflose Sterbehilfe, d.h. in das z.B. durch einen Arzt begleitete Sterbenlassen, ist Ausdruck des verfassungsrechtlich geschützten

---

218 BT-Drs. 18/5373, S. 17; MüKo-*Brunhöber*, StGB, 3. Aufl. 2017, § 217 Rn 58.
219 BT-Drs. 18/5373, S. 17; MüKo-*Brunhöber*, StGB, 3. Aufl. 2017, § 217 Rn 59.
220 MüKo-*Brunhöber*, StGB, 3. Aufl. 2017, § 217 Rn 56.
221 Dies kontrovers diskutiert in MüKo-*Brunhöber*, StGB, 3. Aufl. 2017, § 217 Rn 65 f.

Selbstbestimmungsrechts des Patienten. Jeder Patient kann frei über die Fortsetzung oder auch Beendigung lebenserhaltender Maßnahmen entscheiden. Entspricht das Sterbenlassen dem ausdrücklichen oder jedenfalls mutmaßlichen Willen des Patienten, ist der Arzt durch eine Einwilligung gerechtfertigt, wenn er sich dabei in Form eines Behandlungsabbruchs auf das bloße Sterbenlassen beschränkt. Dem steht auch die Einwilligungssperre des § 216 StGB nicht entgegen, da der Patient keine aufgenötigte Hilfe hinnehmen muss.[222] Eine ganz besondere Rolle spielen in diesem Zusammenhang, wie auch beim Abschalten lebenserhaltender Maschinen, die in den §§ 1901a ff. BGB normierte Patientenverfügung und die Vorsorgevollmacht. Handelt der behandelnde Arzt im Rahmen eines Behandlungsabbruchs streng nach dem in der Patientenverfügung zum Ausdruck kommenden Willen, ist er hinsichtlich Handlungen, die zu einer etwaigen Lebensverkürzung seines Patienten führen, gerechtfertigt. Das gilt nicht nur für passives Verhalten, wie z. B. das Vorenthalten von Medikamenten, sondern – wie soeben bereits gezeigt – auch für das in dem Abschalten lebenserhaltender Maschinen liegende aktive Tätigwerden. Passive Sterbehilfe meint also nicht bloß ein Unterlassen, sondern auch eine solche aktive Handlung, die lediglich dazu führt, dass die Erkrankung ungehindert fortschreiten kann. Gerechtfertigt sind in einem solchen Fall aber keineswegs nur Ärzte, sondern auch Dritte, die im Rahmen der Behandlung als Hilfspersonen tätig geworden sind.[223]

88 Straffreiheit aufgrund passiver Sterbehilfe setzt danach in jedem Fall voraus, dass der Patient entweder lebensbedrohlich erkrankt oder verletzt bzw. sein Weiterleben nur noch von zur Lebenserhaltung erforderlichen medizinischen Maßnahmen abhängig ist, er also unabhängig von einer weiteren Handlung ohnehin alsbald von alleine sterben wird. Außerdem muss es sich bei der Tätigkeit oder Untätigkeit des Arztes stets um einen Behandlungsabbruch handeln. Beschränkt sich der Arzt nicht auf einen solchen, sondern nimmt er auch außerhalb einer medizinischen Behandlung lebensbeendende Maßnahmen vor, die nicht als indirekte Sterbehilfe zu qualifizieren sind, handelt es sich um aktive Sterbehilfe, die nicht rechtfertigungsfähig ist.

89 Aber auch der Behandlungsabbruch ist nur dann gerechtfertigt und führt zur Straffreiheit, wenn er dem ausdrücklichen oder mutmaßlichen (so insb. in dem Fall, dass der Betroffene entscheidungsunwillig ist) Willen des Patienten entspricht und vom Arzt gerade auch in Kenntnis dieser Umstände und zur Durchsetzung des Patientenwillens vorgenommen wird. Für eine Patientenverfügung, in der der Wille des Patienten grundsätzlich zum Ausdruck gebracht werden kann,

---

222 *Kindhäuser/Schramm*, Strafrecht BT I, 9. Aufl. 2020, § 3 Rn 3.*
223 BGH 2 StR 454/09.

stellt sich an dieser Stelle die umstrittene Frage, ob neben dem ausdrücklichen oder jedenfalls mutmaßlichen Willen auch die Einhaltung der in §§ 1901a ff. BGB normierten Verfahrensregeln zur Annahme einer materiellen Rechtfertigung vorauszusetzen ist. Dabei ließe sich mit einer in der Literatur vertretenen Meinung davon ausgehen, dass die Einhaltung der Verfahrensregeln nicht erforderlich sei, da diese einen juristischen Fremdkörper innerhalb der materiell-strafrechtlichen Rechtmäßigkeit darstellen würden.[224]

Der BGH nimmt in ständiger Rechtsprechung dagegen an, dass auf die Einhaltung der in den §§ 1901a ff. BGB vorgesehenen Verfahrensregeln nicht verzichtet werden könne, da damit verfahrensrechtliche Absicherungen verbunden seien, die bei der Ermittlung des Patientenwillens und der Entscheidung über einen Behandlungsabbruch Rechtssicherheit geben sollen und für die Ermittlung der Grenzen einer möglichen Rechtfertigung lebensbeendender Maßnahmen auch im Strafrecht Wirkung entfalten. So ist es gem. § 1901a Abs. 1 S. 1 und 2 BGB nur dem Betreuer oder nach Abs. 6 dem Bevollmächtigten gestattet, zu überprüfen, inwieweit die Patientenverfügung auf die aktuelle Lebens- und Behandlungssituation des Patienten zutrifft. Nur er hat dem darin zum Ausdruck kommenden Willen Geltung zu verleihen. Außerdem ist nach § 1901b Abs. 1 BGB bei der Entscheidungsfindung auch ein Zusammenwirken von Betreuer/Bevollmächtigtem (§ 1901b Abs. 3 BGB) und dem Arzt unverzichtbar. Der Arzt hat im Rahmen des Austauschs nach § 1901b Abs. 1 BGB darzulegen, welche Behandlung medizinisch indiziert wäre und welcher Behandlungserfolg damit erwartet werden kann, um anschließend gemeinsam mit dem Betreuer unter Berücksichtigung des Patientenwillens zu erörtern, welche konkreten Maßnahmen getroffen werden sollen oder welche gerade auch nicht. Kommen sowohl der Arzt als auch der Betreuer gemeinsam zu dem Ergebnis, dass ein Behandlungsabbruch dem Willen des Patienten entspricht, darf dieser vorgenommen werden, ohne dass es zusätzlich einer Genehmigung des Betreuungsgerichts bedarf.

Liegt eine Einwilligung nicht vor und unterlässt der Arzt die Vornahme gebotener Handlungen, wird er sich regelmäßig nach §§ 212, 13 StGB strafbar machen.[225]   90

---

224 *Wolflast/Weinrich*, StV 2011, 286, 289; *Verrel*, NStZ 2010, 671, 674.
225 *Kindhäuser*, Strafrecht BT I, 7. Aufl. 2015, § 3 Rn 3.

§ 26 Verletzung von Privatgeheimnissen und Urkundsdelikte

I. Bruch der ärztlichen Schweigepflicht, § 203 StGB

1 Auch die ärztliche Schweigepflicht, die seit jeher Kernbestandteil des ärztlichen Berufsethos ist[1], ist mit § 203 Abs. 1 Nr. 1 StGB strafrechtlich abgesichert. Danach macht sich ein Arzt, ein Zahnarzt, ein Apotheker und auch jeder andere Angehörige eines anderen Heilberufs, der eine staatlich geregelte Ausbildung erfordert, strafbar, wenn er unbefugt ein fremdes Geheimnis offenbart, das ihm gerade in dieser Eigenschaft anvertraut oder sonst bekannt geworden ist. Primär geschütztes Rechtsgut ist das Geheimhaltungsinteresse des Patienten als dessen Individualrechtsgut. Darüber hinaus dient die Vorschrift auch dem Vertrauensschutz zwischen Arzt und Patient.[2] Die ärztliche Schweigepflicht entsteht unabhängig von dem Vorliegen eines etwaigen Behandlungsvertrags.[3]

2 Geschützt sind nach § 203 Abs. 1 StGB fremde Geheimnisse. Darunter sind alle Tatsachen zu verstehen, die eine andere Person betreffen, die nur einem beschränkten Personenkreis bekannt sind und an deren Geheimhaltung derjenige, den sie betreffen, ein von seinem Standpunkt aus sachlich begründetes Interesse hat.[4] Da der Geheimnisbegriff nach Ansicht des BGH weit auszulegen ist,[5] ist schon die Auskunft eines Arztes, überhaupt einen bestimmten Patienten zu haben, unzulässig.[6] Das zu wahrende Geheimnis besteht in der Verbindung der Tatsache zu der Person des Patienten, sodass der Schutzbereich der Norm bereits eröffnet ist, wenn sich eine Tatsache einer Person zuordnen lässt und diese deshalb erkennbar wird.[7] Demgemäß dürfen Behandlungsverläufe – auch zu wissenschaftlichen Zwecken – nur dann veröffentlicht werden, wenn der Patient unter keinen Umständen für Dritte identifizierbar ist.[8] Ein Geheimnis ist allerdings dann nicht (mehr) anzunehmen, wenn die Tatsache bereits einer unbestimmten Vielzahl von Personen bekannt ist. Das ist aber nicht schon bei unbe-

---

1 So Prütting/*Tsambikakis*/*Kessler*, Medizinrecht, 5. Aufl. 2019, § 203 Rn 1.
2 Prütting/*Tsambikakis*/*Kessler*, Medizinrecht, 5. Aufl. 2019, § 203 Rn 1; Spickhoff/*Knauer*/*Brose*, Medizinrecht, 3. Aufl. 2018, § 205 Rn 1.
3 OLG München MedR 2010, 645 ff.
4 OLG Hamburg NStZ 1998, 358.
5 BGHSt 38, 369; Prütting/*Tsambikakis*/*Kessler*, Medizinrecht, 5. Aufl. 2019, § 203 Rn 29.
6 Spickhoff/*Knauer*/*Brose*, Medizinrecht, 3. Aufl. 2018, § 205 Rn 2.
7 Spickhoff/*Knauer*/*Brose*, Medizinrecht, 3. Aufl. 2018, § 205 Rn 2.
8 Spickhoff/*Knauer*/*Brose*, Medizinrecht, 3. Aufl. 2018, § 205 Rn 2.

https://doi.org/10.1515/9783110700428-029

stätigten Gerüchten der Fall. Aufgrund der ärztlichen Schweigepflicht dürfen Patientendaten ohne Einwilligung des Patienten nicht einmal an ärztliche Verrechnungsstellen oder im Rahmen eines Praxisverkaufs an den Käufer weitergegeben werden.[9] Das fremde Geheimnis kann aber nicht nur durch aktives Tun, sondern auch durch Unterlassen offenbart werden. Denkbar ist dies etwa dann, wenn die räumlichen Verhältnisse einer Arztpraxis nicht derart gestaltet worden sind, dass die Kenntnisnahme von Patientendaten durch Dritte vermieden wird.[10] Im Übrigen endet die Schweigepflicht nicht mit dem Tod des Betroffenen, sondern besteht auch darüber hinaus.[11] Dispositionsbefugt sind dann jedoch – die höchstpersönliche Sphäre des Betroffenen einmal ausgeklammert – dessen Erben.

Umstritten ist die dogmatische Einordung des Merkmals „unbefugt". Zum Teil **3** wird es als Tatbestandsmerkmal begriffen, sodass eine „Einwilligung" des Patienten in diesem Fall geeignet wäre, bereits die Tatbestandsverwirklichung zu verhindern.[12] Die h.M. begreift das Merkmal dagegen als einen – wenn auch überflüssigen – Hinweis auf die Möglichkeit der Rechtfertigung.[13] Eine dritte Ansicht sieht darin einen sog. Blankettbegriff, der sowohl auf das Fehlen eines tatbestandsausschließenden Einverständnisses als auch auf die Rechtswidrigkeit als allg. Verbrechensmerkmal verweisen soll.[14] Unabhängig davon sind sich alle Ansichten aber darin einig, dass ein Arzt jedenfalls dann nicht unbefugt handelt und daher nach allen Ansichten straffrei bleibt, wenn spezielle gesetzliche Offenbarungspflichten oder allg. Rechtfertigungsgründe, wie insbesondere die Einwilligung, die Rechtswidrigkeit ausschließen.[15] Hinsichtlich einer möglichen Einwilligung ergeben sich insoweit – auch im Vergleich zu der im Rahmen von ärztlichen Heileingriffen möglichen – keine größeren Besonderheiten. Neben einer ausdrücklichen kommt im Einzelfall auch eine mutmaßliche Einwilligung in Betracht. Eine solche dürfte oftmals dann anzunehmen sein, wenn nahe Angehörige über die Krankenhausbehandlung eines bewusstlosen Unfallopfers benachrichtigt werden. Bisher nicht geklärt ist, ob hier auch eine hypothetische Einwilligung in Betracht zu ziehen ist. Im Schrifttum wird dies aber unter Hinweis auf die Unterschiedlichkeit der geschützten Rechtsgüter von § 203 und den

---

9 Spickhoff/*Knauer*/*Brose*, Medizinrecht, 3. Aufl. 2018, § 205 Rn 4.
10 Spickhoff/*Knauer*/*Brose*, Medizinrecht, 3. Aufl. 2018, § 205 Rn 31.
11 OLG München MedR 2009, 49.
12 OLG Köln NJW 1962, 686.
13 OLG Schleswig NJW 1985, 1092.
14 Spickhoff/*Knauer*/*Brose*, Medizinrecht, 3. Aufl. 2018, § 205 Rn 32.
15 Spickhoff/*Knauer*/*Brose*, Medizinrecht, 3. Aufl. 2018, § 205 Rn 33.

§§ 223 ff. StGB verneint.[16] Wichtig ist im Rahmen der Einwilligung aber vor allem, dass der Einwilligende einwilligungsfähig ist und er darüber hinaus weiß, aus welchem Grund, in welcher Art und in welchem Umfang Dritte unterrichtet werden.[17] Insofern ist hier eine Aufklärung obligatorisch. Aus diesem Grund ist eine Abtretung nach §§ 4, 4a BDSG, 134 BGB i.V.m. § 203 Abs. 1 Nr. 1 StGB z. B. dann unwirksam, wenn die Einschaltung eines Abrechnungsunternehmens auch die Weiterabtretung der ärztlichen Forderung an ein refinanzierendes Institut mit sich bringen *kann*. Das gilt sogar unabhängig davon, ob es tatsächlich zu einer Abtretung gekommen ist.[18]

4   Neben der Einwilligung kann der Arzt zudem aufgrund gesetzlicher Mitteilungspflichten gerechtfertigt sein. Diese können sich u. a. aus § 11 Abs. 4 TPG und aus den §§ 6, 7 IfSG ergeben. Meldepflichtig sind danach z. B. Fälle von Masern, Mumps, Windpocken oder Tollwut. Nach § 159 Abs. 1 StPO ist der Arzt außerdem zur Anzeige einer unnatürlichen Todesursache verpflichtet. Neben diesen gesetzlichen Meldepflichten kann die Verletzung der ärztlichen Schweigepflicht ebenfalls unter dem Gesichtspunkt des rechtfertigenden Notstands nach § 34 S. 1 StGB gerechtfertigt sein.[19] Der BGH hat das z. B. für den Fall angenommen, dass der Patient aufgrund einer krankheitsbedingten Fahrunfähigkeit eine Gefahr für Leib oder Leben anderer Verkehrsteilnehmer darstellt,[20] oder bei der Feststellung eines Schütteltraumas bei einem Säugling, welches den Verdacht einer Kindesmisshandlung nahelegt.[21] Darüber hinaus kann die enge Lebensbeziehung zweier Personen zueinander eine Rechtfertigung nach § 34 S. 1 StGB des Arztes begründen, wenn sein Patient mit dem HI-Virus infiziert ist, die Ansteckung seines Sexualpartners droht und er auf den Hinweis der hohen Ansteckungsgefahr des Arztes uneinsichtig reagiert.[22] Ist der Sexualpartner ebenfalls sein Patient, hat der Arzt aufgrund der aus dem Arzt-Patienten-Verhältnis folgenden Garantenstellung sogar eine Offenbarungspflicht. Außerdem kann der Arzt nach § 34 S. 1 StGB dann gerechtfertigt sein, wenn die Offenbarung erforderlich ist, einen Honoraranspruch durchzusetzen, da er anderenfalls keine Möglichkeit hätte, seine Interessen zu

---

16 Spickhoff/*Knauer*/*Brose*, Medizinrecht, 3. Aufl. 2018, § 205 Rn 37.
17 OLG Frankfurt NJW 1988, 2488.
18 OLG Köln MedR 2012, 522; AG Mannheim Az. 10 C 102/11; Spickhoff/*Knauer*/*Brose*, Medizinrecht, 3. Aufl. 2018, § 205 Rn 34.
19 Vgl. dazu BGHSt 1, 366.
20 BGH NJW 1968, 2288.
21 KG MedR 2013, 787 ff.
22 Spickhoff/*Knauer*/*Brose*, Medizinrecht, 3. Aufl. 2018, § 205 Rn 43.

verfolgen.[23] Wird der Arzt vor Gericht als Zeuge befragt, so bestehen zwischen Zivil- und Strafprozessen erhebliche Unterschiede. Im Zivilprozess wird über § 383 Abs. 1 Nr. 6 ZPO ein Gleichlauf von Schweigepflicht und Zeugnisverweigerungsrecht erreicht, sodass der Arzt hier grundsätzlich mit Hilfe seines Zeugnisverweigerungsrechts seiner Schweigepflicht nachzukommen hat. Wird der Arzt dagegen in einem Strafprozess als Zeuge befragt und hat er trotz der an sich nach § 203 StGB bestehenden Schweigepflicht nach § 53 StPO kein Zeugnisverweigerungsrecht, so ist seine Aussage nicht unbefugt.[24] Vielmehr ist er sogar genauso zu einer Aussage verpflichtet, wie wenn überhaupt keine Schweigepflicht bestehen würde.[25] Besteht allerdings nach § 53 StPO ein Zeugnisverweigerungsrecht, so kann die Offenbarung eines Geheimnisses nur durch allg. Rechtfertigungsgründe gerechtfertigt sein, da er anderenfalls von seinem Zeugnisverweigerungsrecht Gebrauch zu machen hat.[26]

II. Urkundenfälschung und Gesundheitszeugnisse

Ein Arzt kann sich darüber hinaus nach § 267 StGB wegen Urkundenfälschung, nach § 269 StGB wegen der Fälschung von Patientendaten und nach § 278 StGB wegen des Ausstellens falscher Gesundheitszeugnisse strafbar machen. **5**

Eine nach § 267 StGB zu bestrafende Urkundenfälschung kommt beispielsweise dann in Betracht, wenn der Arzt nachträglich Krankenunterlagen ändert, da dies als Verfälschung einer echten Urkunde (§ 267 Abs. 1 2. Var. StGB) strafbar sein kann. Aber auch wegen des Herstellens einer unechten Urkunde (1. Var.) kann sich ein Arzt strafbar machen, wenn er z. B. Rezeptformulare eines anderen Arztes unterzeichnet.[27] Typischerweise wird es sich außerdem bei einer in einem Krankenhaus geführten Krankenakte sogar um eine sog. Gesamturkunde handeln, da diese oftmals aus mehreren Einzeldokumenten wie dem Untersuchungsbefund, einem Operationsbericht und dem Anästhesieprotokoll bestehen wird, die alle für sich genommen bereits Urkunden, d. h. verkörperte Gedankenerklärungen, die zur Beweiserbringung im Rechtsverkehr geeignet und bestimmt sind und die ihren wahren Aussteller erkennen lassen, darstellen und in der Krankenakte „als ein **6**

---

23 OLG München Az. 1 U 4156/12; Prütting/*Tsambikakis/Kessler*, Medizinrecht, 5. Aufl. 2019, § 203 Rn 59.

24 OLG Hamm RDG 2009, 266; Spickhoff/*Knauer/Brose*, Medizinrecht, 3. Aufl. 2018, § 205 Rn 45.

25 Spickhoff/*Spickhoff*, Medizinrecht, 3. Aufl. 2018, § 205 Rn 45.

26 LK-*Schünemann*, StGB, 12. Aufl. 2009, § 203 Rn 128.

27 Ulsenheimer/*Ulsenheimer*, Arztstrafrecht in der Praxis, 5. Aufl. 2015, Teil 9 Rn 917.

Ganzes" zusammengefügt sind.[28] Eine Gesamturkunde liegt vor, wenn mehrere Einzelurkunden zu einem sinnvollen und geordneten Ganzen so zusammengefasst sind, dass gerade diese Zusammenfassung einen über den gedanklichen Inhalt der Einzelteile hinausgehenden eigenen Erklärungs- und Beweisinhalt hat.[29] Werden Einzelurkunden aus der Gesamturkunde entfernt oder vernichtet, erfüllt das nicht nur den Tatbestand des § 274 StGB, sondern in Bezug auf die Gesamturkunde auch in Form der Verfälschung der Gesamturkunde den des § 267 StGB.[30] Ebenso ist ein Verfälschen einer Gesamturkunde anzunehmen, wenn zusätzliche Vorgänge nachträglich in einen bereits abgeschlossenen Beurkundungsabschnitt eingefügt werden. Röntgenaufnahmen sind dagegen mangels menschlicher Gedankenerklärung gegen nachträgliche Veränderungen nicht über § 267 StGB, sondern als technische Aufzeichnung nach § 268 StGB geschützt. Sie können jedoch zusammen mit anderen Krankenblattunterlagen, wie etwa einem Befundbericht, ebenfalls zu einer Gesamturkunde zusammengefügt sein.[31]

7   Das Recht des behandelnden Arztes als wahrem Aussteller der Urkunde zur nachträglichen Änderung von Eintragungen in den Krankenakten besteht nur solange, bis die während der Behandlung erhobenen Befunde vollständig schriftlich dokumentiert und in die Krankenakte eingelegt worden sind.[32] Danach erlischt seine Dispositionsbefugnis, sodass er sich – der h.M. folgend – auch als wahrer Aussteller nach § 267 oder auch § 274 (wegen Urkundenunterdrückung) StGB strafbar machen kann, wenn er nach diesem Zeitpunkt Änderungen in der Krankenakte vornimmt.[33] Aus diesem Grund wurde beispielsweise ein Arzt gem. § 267 Abs. 1, 2. Var. StGB verurteilt, nachdem er vom Laborpersonal ermittelte Blutzuckerwerte nachträglich verändert hatte.[34] Darin sei eine Verfälschung zu sehen, da zum einen auch der Aussteller der Urkunde „Krankenakte" die Tatvariante begehen könne und den Blutzuckerwerten zum anderen eine dahingehende Beweisfunktion zu entnehmen sei, dass damit die Richtigkeit der angewandten Therapie bewiesen werden könne.[35]

---

28 Ulsenheimer/*Ulsenheimer*, Arztstrafrecht in der Praxis, 5. Aufl. 2015, Teil 9 Rn 917.

29 BGHSt 4, 60; Schönke/Schröder/*Heine/Schuster*, 30. Aufl. 2019, § 267 Rn 30.

30 Schönke/Schröder/*Heine/Schuster*, 30. Aufl. 2019, § 267 Rn 30.

31 Ulsenheimer/*Ulsenheimer*, Arztstrafrecht in der Praxis, 5. Aufl. 2015, Teil 9 Rn 917.

32 Ulsenheimer/*Ulsenheimer*, Arztstrafrecht in der Praxis, 5. Aufl. 2015, Teil 9 Rn 917.

33 Ulsenheimer/*Ulsenheimer*, Arztstrafrecht in der Praxis, 5. Aufl. 2015, Teil 9 Rn 917.

34 OLG Koblenz MedR 1995, 29, 31; Ulsenheimer/*Ulsenheimer*, Arztstrafrecht in der Praxis, 5. Aufl. 2015, Teil 9 Rn 917.

35 OLG Koblenz MedR 1995, 29, 31; Ulsenheimer/*Ulsenheimer*, Arztstrafrecht in der Praxis, 5. Aufl. 2015, Teil 9 Rn 917.

Eng im Zusammenhang mit der in § 267 StGB vorgesehenen Urkundenfäl- 8
schung steht auch die in § 269 StGB normierte Fälschung beweiserheblicher Daten. Danach ist auch derjenige zu bestrafen, der zur Täuschung im Rechtsverkehr
beweiserhebliche Daten so speichert oder verändert, dass bei ihrer Wahrnehmung
eine unechte oder verfälschte Urkunde vorliegen würde. Außerdem ist danach
auch derjenige strafbar, der derart gespeicherte oder veränderte Daten gebraucht.
§ 269 StGB trägt der immer weiter fortschreitenden Digitalisierung Rechnung.
Verändert ein Arzt beispielsweise digital gespeicherte Patientendaten, um über
einen Behandlungsfehler zu täuschen, ist er nach § 269 Abs. 1 StGB und sogar (in
Tateinheit) durch den damit bezweckten Verzicht des Patienten auf Schadensersatzansprüche wegen Betrugs oder jedenfalls – bei noch nicht eingetretenem
Vermögensschaden – wegen versuchten Betrugs nach § 263 bzw. §§ 263, 22 StGB
strafbar.[36]

Mit dem echten Sonderdelikt des § 278 StGB werden schließlich Ärzte und 9
andere approbierte Medizinalpersonen, wie z.B. Hebammen und Heilpraktiker,
bestraft, wenn sie ein unrichtiges Zeugnis über den Gesundheitszustand eines
Menschen zum Gebrauch bei einer Behörde oder Versicherungsgesellschaft wider
besseres Wissen ausstellen. Anders als § 267 StGB schützt § 278 StGB damit die
inhaltliche Richtigkeit echter Gesundheitszeugnisse. Die Vorschrift dient also dem
Wahrheitsschutz.[37] Unrichtig ist ein Gesundheitszeugnis, d.h. eine Tatsachener-
klärung über den gegenwärtigen, früheren oder voraussichtlich künftigen Gesundheitszustand dann, wenn eine in ihm enthaltene Aussage über Befundtat-
sachen oder sachverständige Schlussfolgerungen in einem wesentlichen Punkt
nicht der Wahrheit entspricht.[38] Gesundheitszeugnisse sind u.a. der Kranken-
schein, der Impfschein, Arbeitsunfähigkeitsbescheinigungen, ärztliche Atteste
mit Darstellung der Krankengeschichte, Diagnosen, Befunde und Empfehlungen
sowie die Feststellung einer etwaigen Verhandlungsunfähigkeit.[39] Zur Annahme
eines unrichtigen Gesundheitszeugnisses ist die Angabe falscher Einzelbefunde
auch dann ausreichend, wenn die Gesamtbeurteilung im Ergebnis richtig ist.[40]
Unrichtig ist das Gesundheitszeugnis sogar bei einem sog. Befund „ins Blaue
hinein", d.h. wenn der Befund – mag er zufälligerweise auch richtig sein – ohne
Vornahme einer einschlägigen Untersuchung bescheinigt wird.[41] Begründet wird

---

36 Ulsenheimer/*Ulsenheimer*, Arztstrafrecht in der Praxis, 5. Aufl. 2015, Teil 9 Rn 918 m.w.N.
37 Ulsenheimer/*Ulsenheimer*, Arztstrafrecht in der Praxis, 5. Aufl. 2015, Teil 9 Rn 911.
38 MüKo-*Erb*, StGB, 3. Aufl. 2019, § 278 Rn 4.
39 Ulsenheimer/*Ulsenheimer*, Arztstrafrecht in der Praxis, 5. Aufl. 2015, Teil 9 Rn 913 m.w.N.
40 BGHSt 10, 157, 158f.; MükoStGB-*Erb*, 2. Aufl. 2014, § 278 Rn 4.
41 BGH NStZ-RR 2007, 343, 344; a.A. Kindhäuser/Neumann/Paeffgen/*Puppe*/*Schumann*, StGB,
5. Aufl. 2017, § 278 Rn 2.

dies damit, dass in dem Befund konkludent miterklärt werde, dieser beruhe auf einer tragfähigen Grundlage.[42] Aus diesem Grund darf der Arzt Angaben des Patienten auch nicht einfach als wahr unterstellen, sondern muss sich davon selbst mit Hilfe einer Untersuchung überzeugen.

---

42 BGH NStZ-RR 2007, 343, 344.

§ 27 Vermögensdelikte

I. Korruption im Gesundheitswesen: Vorteilsannahme und Bestechlichkeit

Erst im Jahr 2016 wurden die §§ 299a, 299b StGB im Gesetz normiert. Der Ge- **1** setzgebung ist eine kontroverse Diskussion über die Strafbarkeit der Korruption im Gesundheitswesen vorangegangen. Beide Strafvorschriften gehen dem § 299 StGB im Wege der Spezialität vor.[1] Nach § 299a StGB ist derjenige strafbar, der als Angehöriger eines Heilberufs, der für die Berufsausübung oder die Führung der Berufsbezeichnung eine staatlich geregelte Ausbildung erfordert, im Zusammenhang mit der Ausübung seines Berufs einen Vorteil für sich oder einen Dritten als Gegenleistung dafür fordert, sich versprechen lässt oder annimmt, dass er bei der Verordnung (Nr. 1) oder bei dem Bezug (Nr. 2) von Arznei-, Heil- oder Hilfsmitteln oder von Medizinprodukten, oder bei der Zuführung von Patienten und Untersuchungsmaterial (Nr. 3) einen anderen im in- oder ausländischen Wettbewerb in unlauterer Weise bevorzugt. Erfasst werden damit etwa vertragliche Abreden zwischen niedergelassenen Ärzten und Krankenhäusern, nach denen erstere ihren Patienten empfehlen, bei stationärem Behandlungsbedarf ein ganz bestimmtes Krankenhaus aufzusuchen. Im Gegenzug erhalten sie von diesem dann eine verdeckte Vergütung oder andere Vorteile bzw. Vergünstigungen (sog. Zuweisung gegen Entgelt).[2] Geschützt wird mit dem Sonderdelikt des § 299a StGB und dem Allgemeindelikt des § 299b StGB das Vertrauen des Patienten in die Unabhängigkeit und Integrität der heilberuflichen Entscheidungen und damit insgesamt in das Gesundheitssystem. Daneben dient die Strafvorschrift auch dem lauteren Wettbewerb sowie mittelbar dem Vermögensschutz zugunsten der Krankenkassen. Da sich der Normadressatenkreis hier nach § 203 Abs. 1 Nr. 1 StGB bestimmt, ist § 299a StGB an alle akademischen Heilberufe, wie Ärzte und Apotheker, aber auch an sog. Gesundheitsfachberufe, wie Krankenpfleger, Hebammen sowie Ergo- und Physiotherapeuten, mangels staatlich geregelter Ausbildung aber nicht an sog. Heilhilfsberufe wie einen Heilpraktiker gerichtet.[3] § 300 S. 1 StGB, der nicht nur auf § 299a StGB, sondern auch auf § 299b StGB anzuwenden ist, sieht außerdem strafschärfende Regelbeispiele bei Vorliegen eines Vorteils

---

1 BeckOK-*Momsen/Laudien*, StGB, 46. Edition 01.05.2020, § 299a Rn 33.
2 Ausführlich schon zum berufsrechtlichen Verbot Schnapp/Wigge/*Wigge*, 3. Aufl. 2017, § 2 Rn. 44.
3 BeckOK-StGB-*Momsen/Laudien*, 46. Edition 01.05.2020, § 299a Rn 14.

https://doi.org/10.1515/9783110700428-030

großen Ausmaßes, der Gewerbsmäßigkeit oder im Falle der Bandenmitgliedschaft vor.

2   Als Spiegelbild des § 299a StGB ist § 299b StGB zu verstehen. Danach ist derjenige strafbar, der einem Angehörigen eines Heilberufs einen Vorteil für diesen oder einen Dritten anbietet, verspricht oder gewährt, damit dieser ihn oder einen anderen im Rahmen der bei § 299a StGB bereits genannten Situationen in unlauterer Weise bevorzugt. Zu denken ist hier etwa an von Pharmaunternehmen ausgesprochene Einladungen von Ärzten oder Apothekern zu Kongressen und Fortbildungen bei voller oder mehrheitlicher Kostenübernahme.[4] § 299b StGB erfasst damit also die aktive Bestechung und entspricht im Hinblick auf die Regelungssystematik insoweit den §§ 331 ff. StGB.[5] Zur Sicherstellung eines umfassenden Schutzes handelt es sich dabei nicht um ein Sonder-, sondern um ein Allgemeindelikt, sodass jedermann als tauglicher Täter der „Geberseite" in Betracht kommt.[6] Aufgrund des weiten Wortlauts (insb. „anbietet") ist die Tat bereits durch einen dahingehenden kommunikativen Akt vollendet. Damit lässt sich auch erklären, weshalb § 299b StGB keine Versuchsstrafbarkeit vorsieht. Eine Beteiligung an § 299a StGB ist neben einer Strafbarkeit nach § 299b StGB nicht möglich, da § 299b StGB insoweit eine abschließende Sonderregelung darstellt. Unberührt von § 299b StGB bleiben allerdings andere Fälle der Wirtschaftskorruption iSd § 299 StGB, sodass sich der Täter hier sowohl nach § 299 als auch nach § 299b StGB – nebeneinander – strafbar machen kann. Umstritten ist dagegen das Verhältnis von §§ 299a, 299b StGB zu den weiteren Korruptionstatbeständen der §§ 331 ff. StGB, deren Anwendungsbereich zwar nicht für den in einer Privatklinik tätigen, aber wegen § 11 Abs. 1 Nr. 2 c StGB für einen in einem durch die öffentliche Hand betriebenen Krankenhaus angestellten Arzt eröffnet ist. Zum Teil wird angenommen, dass es sich bei den beiden Vorschriften um für das Gesundheitswesen abschließende – die Korruption betreffende – Tatbestände handele, die die §§ 331 ff. StGB insgesamt verdrängen würden.[7] Die wohl h.L. widerspricht dem jedoch damit, dass die Entziehung des Gesundheitswesens vom eigenständigen strafrechtlichen Lauterkeitsschutz und eine Privilegierung korrupten Verhaltens von heilberufsangehörigen Amtsträgern gegenüber der in § 332 StGB vorgesehenen Mindeststrafe und dem erhöhten Strafrahmen der §§ 332, 335 StGB ohne jede Andeutung in den Gesetzesmaterialien nicht überzeugend erscheine.[8] Außerdem

---

4 Spickhoff/*Schuhr*, StGB, 3. Aufl. 2018, §§ 299a, 299b Rn 15.
5 BeckOK-StGB-*Momsen/Laudien*, 46. Edition 01.05.2020, § 299b Rn 1.
6 BeckOK-StGB-*Momsen/Laudien*, 46. Edition 01.05.2020, § 299b Rn 2.
7 So etwa: *Tsambikakis*, medstra 2016, 131, 140.
8 Kindhäuser/Neumann/Paeffgen/*Dannecker/Schröder*, StGB, 5. Aufl. 2017, § 299a Rn 212 m.w.N.; NK-WSS/*Gaede*, 1. Aufl. 2017, § 299a Rn. 102.

sei der Schutzzweck der §§ 331 ff. StGB auch ein anderer, da die Vorschriften nicht dem Schutz des freien, lauteren Wettbewerbs, sondern dem Vertrauen der Allgemeinheit in die Unverkäuflichkeit der Verwaltung und damit zugleich in die Sachlichkeit staatlicher Entscheidungen dienten.[9]

II. Abrechnungsbetrug

Ferner kann sich der Arzt auch wegen eines (Abrechnungs-)Betruges nach § 263 **3** Abs. 1 StGB strafbar machen. Der Abrechnungsbetrug stellt im medizinischen Bereich eines der zentralen Delikte des Wirtschaftsstrafrechts dar[10] und liegt in der Regel dann vor, wenn Positionen abgerechnet werden, für die der Arzt nicht oder jedenfalls nicht in der benannten Weise Leistungen erbracht hat. Mit der Abrechnung wird nämlich ausdrücklich erklärt, dass die abgerechneten Leistungen tatsächlich erbracht worden sind.[11] Entspricht das nicht der Wahrheit und wurden verschiedene Rechnungspositionen nur fingiert (sog. Luftleistungen), Leistungen falsch deklariert oder nicht vollständig erbrachte Leistungen nicht als solche, sondern als vollständig erbracht abgerechnet, ist darin eine ausdrückliche Täuschung zu sehen.[12] Täuschungsadressat ist dabei regelmäßig entweder – im Vertragsarztsystem – der Sachbearbeiter der Kassenärztlichen Vereinigung (§§ 85 Abs. 1, 87b Abs. 1, 295 SGB V) oder – bei Krankenhausabrechnungen – im Rahmen der gesetzlichen Krankenversicherung der Sachbearbeiter der Krankenkasse (§ 109 Abs. 4 SGB V).[13] Bei Abrechnungen gegenüber Privatpatienten sind diese als Vertragspartner regelmäßig Adressat der Täuschung.[14] Neben einer solchen ausdrücklichen Täuschung kann auch in konkludenter Weise getäuscht werden. Von einer konkludenten Täuschung ist beispielsweise dann auszugehen, wenn zwar dem Wortlaut nach nichts falsches behauptet wird, eine Position aber jedenfalls nicht (so) abrechenbar war.[15] So liegt es z. B. dann, wenn für das eingesetzte Verfahren nicht der einheitliche Bewertungsmaßstab nach § 87 SGB V herangezogen oder die Behandlung nicht von der Person durchgeführt worden ist, die in

---

9 Kindhäuser/Neumann/Paeffgen/*Dannecker*/*Schröder*, StGB, 5. Aufl. 2017, § 299a Rn 214.
10 Siehe zu den aktuellen Problemen des Abrechnungsbetruges: *Magnus*, NStZ 2017, 249.
11 OLG Hamm NStZ 1997, 130, 131; Spickhoff/*Schuhr*, Medizinrecht, 3. Aufl. 2018, § 263 Rn 16.
12 Prütting/*Tsambikakis*/*Kessler*, Medizinrecht, 5. Aufl. 2019, § 263 Rn 5; Spickhoff/*Schuhr*, Medizinrecht, 3. Aufl. 2018, § 263 Rn 16.
13 Spickhoff/*Schuhr*, Medizinrecht, 3. Aufl. 2018, § 263 Rn 16.
14 Spickhoff/*Schuhr*, Medizinrecht, 3. Aufl. 2018, § 263 Rn 16.
15 Spickhoff/*Schuhr*, Medizinrecht, 3. Aufl. 2018, § 263 Rn 16.

der Rechnung als Erbringer der Leistung bezeichnet wurde.[16] Außerdem wird mit der Abrechnung einer Position auch konkludent erklärt, dass die vergütete Leistung medizinisch indiziert und wirtschaftlich gewesen sei, sodass eine konkludente Täuschung auch dann angenommen werden kann, wenn das tatsächlich nicht der Fall gewesen ist.[17] Ebenso weist ein überhöhter Steigerungsfaktor (§ 5 GOÄ) auf eine konkludente Täuschung hin, da damit konkludent über dessen Voraussetzungen getäuscht werden kann.[18] Nach der in der Literatur umstrittenen Rechtsprechung des BGH kann sich ein Arzt wegen eines Abrechnungsbetrugs nach § 263 Abs. 1 StGB auch dann strafbar machen, wenn er sich die Zulassung zum Vertragsarzt erschlichen hat, im Übrigen aber die dafür erforderliche fachliche Qualifikation aufweist und er auch nur medizinisch indizierte und lege artis erbrachte Leistungen gegenüber der Krankenkasse abrechnet.[19] Schließlich wird ein Abrechnungsbetrug auch dann angenommen, wenn die Abrechnung mangels Approbation durch einen Nichtarzt oder von einem Arzt vorgenommen wird, dem die zur Abrechnung der Leistung erforderliche Qualifikation fehlt.[20]

4　Neben dem Abrechnungsbetrug kann sich ein Arzt nach § 263 Abs. 1 StGB auch dann strafbar machen, wenn er seinem Patienten ein Placebo verabreicht oder verschreibt, da in diesem Fall konkludent über die Wirksamkeit und ggf. auch den wirtschaftlichen Wert getäuscht wird.[21] Das gilt nur dann nicht, wenn die Behandlung mit einem Placebo als solche gerechtfertigt ist, was sich wiederum nach den §§ 223, 224 StGB sowie der Einwilligungs- und Notstandsdogmatik beurteilt.[22] Kann der Behandlungserfolg also nur dadurch erreicht werden, dass sich ein Vermögensschaden abrechnungstechnisch nicht vermeiden lässt, ist der Arzt auch für diesen unvermeidbar mitverwirklichten Betrug gerechtfertigt.[23] Allerdings wird in einem solchen Fall oftmals eine Offenbarung gegenüber der Kassenärztlichen Vereinigung oder der Krankenkasse möglich sein, was sodann eine Rechtfertigung wiederum ausschließen dürfte.[24]

---

16 BGH NStZ 1993, 388 f.; BGH NStZ 1995, 85; Prütting/*Tsambikakis*/*Kessler*, Medizinrecht, 5. Aufl. 2019, § 263 Rn 54; Spickhoff/*Schuhr*, Medizinrecht, 3. Aufl. 2018, § 263 Rn 16.
17 Spickhoff/*Schuhr*, Medizinrecht, 3. Aufl. 2018, § 263 Rn 16.
18 Spickhoff/*Schuhr*, Medizinrecht, 3. Aufl. 2018, § 263 Rn 16.
19 BGHSt 57, 95; BeckOK-StGB-*Beukelmann*, 46. Edition, Stand 01.05.2020, § 263 Rn 132 m.w.N.
20 Ulsenheimer/*Ulsenheimer*, Arztstrafrecht in der Praxis, 5. Aufl. 2015, Abrechnungsbetrug, Rn 1099.
21 Spickhoff/*Schuhr*, Medizinrecht, 3. Aufl. 2018, § 263 Rn 15.
22 Spickhoff/*Schuhr*, Medizinrecht, 3. Aufl. 2018, § 263 Rn 15.
23 Spickhoff/*Schuhr*, Medizinrecht, 3. Aufl. 2018, § 263 Rn 15.
24 Spickhoff/*Schuhr*, Medizinrecht, 3. Aufl. 2018, § 263 Rn 15.

III. Strafbare Werbung

Schließlich sieht das Gesetz vereinzelt auch Vorschriften vor, die eine bestimmte 5
Art und Weise von Werbung oder die Werbung generell unter Strafe stellen.
Hervorzuheben sind dabei vor allem §§ 14, 3 S. 2 Nr. 3a HWG, § 16 Abs. 1 UWG und
der den Schwangerschaftsabbruch in den Blick nehmende § 219a StGB.

1. §§ 14, 3 S. 2 Nr. 3a HWG

Nach §§ 14, 3 S. 2 Nr. 3a HWG ist strafbar, wer dem in § 3 S. 2 Nr. 3a HWG ange- 6
ordneten Verbot der irreführenden Werbung zuwiderhandelt. Allein die Eignung
zur Irreführung genügt bereits zur Begründung der Strafbarkeit, sodass es unerheblich ist, ob eine Irreführung tatsächlich auch eintritt.[25] Als Täter kommt jeder
in Betracht, der die irreführende Werbung für sich oder einen Dritten vornimmt.[26]
Vornehmlich wird es sich hier um pharmazeutische Unternehmen und deren
Vertriebsmitarbeiter, Ärzte, Heilpraktiker oder auch Apotheker handeln.[27] Voll-
endet ist die Tat, sobald die Werbung nach außen tritt und so ihre Eignung zur
Irreführung entfaltet.[28] Der Begriff der Werbung richtet sich nach der in Art. 86
Richtlinie 2001/83/EG vorgesehenen Definition.[29] Danach sind unter Werbung alle
Maßnahmen zur Information, zur Marktuntersuchung und zur Schaffung von
Anreizen mit dem Ziel, die Verschreibung, die Abgabe, den Verkauf oder den
Verbrauch von Arzneimitteln zu fördern, zu verstehen. Nach § 3 S. 2 Nr. 3a HWG
handelt es sich insbesondere um unzulässige irreführende Werbung, wenn un-
wahre oder zur Täuschung geeignete Angaben über die Zusammensetzung oder
Beschaffenheit von Arzneimitteln, Medizinprodukten, Gegenständen oder anderen Mitteln oder über die Art und Weise der Verfahren oder Behandlung gemacht
werden. Nach einer Entscheidung des OLG Frankfurt kann eine irreführende
Werbung in diesem Sinne beispielsweise dann anzunehmen sein, wenn Pflanzen
und andere Bestandteile abgebildet werden, obwohl diese allenfalls in unterge-
ordnetem Umfang in den beworbenen Mitteln enthalten sind.[30] Ebenso kann

---

25 Spickhoff/*Fritzsche*, Medizinrecht, 3. Aufl. 2018, § 14 HWG Rn 2 unter Verweis auf BGH NJW
1972, 2227.
26 Spickhoff/*Fritzsche*, Medizinrecht, 3. Aufl. 2018, § 14 HWG Rn 2.
27 Spickhoff/*Fritzsche*, Medizinrecht, 3. Aufl. 2018, § 14 HWG Rn 2.
28 BGH NJW 1953, 1802, 1803.
29 BGH GRUR 2008, 1014, 1015.
30 OLG Frankfurt NJW-RR 1996, 33, 34 f.

Werbung irreführend sein, wenn ein Mittel als „Neuheit" beworben wird, das Mittel tatsächlich aber schon seit über einem Jahr auf dem Markt ist.[31]

2. § 16 Abs. 1 UWG

7 § 16 Abs. 1 UWG ist ein Jedermanndelikt, das zugleich Schutzgesetz iSd § 823 Abs. 2 BGB ist[32]. Danach macht sich strafbar, wer in der Absicht (nach h.M. dolus directus ersten Grades erforderlich), den Anschein eines besonders günstigen Angebots hervorzurufen, in öffentlichen Bekanntmachungen oder in Mitteilungen, die für einen größeren Kreis von Personen bestimmt sind, durch unwahre Angaben irreführend wirbt. Die Norm ist als ein im Vorfeld eines Betruges anzusiedelnder Sondertatbestand zu verstehen, der als abstraktes Gefährdungsdelikt nicht den Eintritt eines Schadens voraussetzt. Sie knüpft lediglich an ein Verhalten an, das sich deshalb als sozialschädlich und strafwürdig erweist, weil es die Dispositionsfreiheit des Verbrauchers und mit ihr das Vermögen etwaiger Mitbewerber gefährdet.[33] Werbung iSd Vorschrift ist jede Äußerung bei der Ausübung eines Handels, Gewerbes, Handwerks oder freien Berufs mit dem Ziel, den Absatz von Waren oder die Erbringung von Dienstleistungen zu fördern, wobei eine Strafbarkeit nach richtlinienkonformer Auslegung (unter Berücksichtigung der Irreführungsrichtlinie RL 2005/29/EG) eine geschäftliche Handlung voraussetzt. Es wird damit ein Verhalten vorausgesetzt, das bei oder nach einem Geschäftsabschluss mit der Absatzförderung oder mit dem Abschluss oder der Durchführung eines Vertrages objektiv zusammenhängt.[34] Angaben iSd Vorschrift sind regelmäßig Tatsachenbehauptungen, d.h. nachprüfbare Aussagen des Werbenden über konkrete äußere oder innere Geschehnisse oder Zustände der Vergangenheit oder Gegenwart.[35] Ausnahmsweise werden damit aber auch Werturteile wie Bewertungen oder Prognosen erfasst, wenn diese einen nachprüfbaren tatsächlichen Kern haben.[36] Denkbar ist eine Strafbarkeit nach § 16 Abs. 1 UWG etwa dann, wenn ein Arznei- oder Heilmittel als das neue Wunderpräparat beworben wird, es tatsächlich aber wirkungslos ist.

---

31 OLG Hamburg PharmR 2007, 294, 295 ff.
32 BGHSt 52, 227 Rn 87.
33 Erbs/Kohlhaas/*Diemer*, Strafrechtliche Nebengesetze, 228. EL. Januar 2020, § 16 UWG Rn 7.
34 Erbs/Kohlhaas/*Diemer*, Strafrechtliche Nebengesetze, 228. EL. Januar 2020, § 16 UWG Rn 9.
35 Erbs/Kohlhaas/*Diemer*, Strafrechtliche Nebengesetze, 228. EL. Januar 2020, § 16 UWG Rn 10.
36 Erbs/Kohlhaas/*Diemer*, Strafrechtliche Nebengesetze, 228. EL. Januar 2020, § 16 UWG Rn 10.

3. § 219a StGB

Nach § 219a StGB ist auch die Werbung für den Abbruch einer Schwangerschaft **8** strafbar. § 219a Abs. 1 StGB bestimmt, dass derjenige, der öffentlich, in einer Versammlung oder durch das Verbreiten von Schriften wegen eines Vermögensvorteils oder in grob anstößiger Weise eigene oder fremde Dienste zur Vornahme oder Förderung eines Schwangerschaftsabbruchs (Nr. 1) oder Mittel, Gegenstände oder Verfahren, die zum Abbruch der Schwangerschaft geeignet sind, unter Hinweis auf diese Eignung (Nr. 2) anbietet, ankündigt, anpreist oder Erklärungen solchen Inhalts bekanntgibt, mit Freiheitsstrafe bis zu zwei Jahren oder mit Geldstrafe bestraft wird. Nach § 219a Abs. 2 StGB gilt Nr. 1 jedoch nicht, wenn Ärzte oder aufgrund Gesetzes anerkannte Beratungsstellen darüber unterrichtet werden, welche Ärzte, Krankenhäuser oder Einrichtungen bereit sind, einen Schwangerschaftsabbruch unter den Voraussetzungen des § 218a Abs. 1 bis 3 StGB vorzunehmen. Nr. 2 gilt nach Abs. 3 der Vorschrift nicht, wenn die Tat gegenüber Ärzten oder Personen, die zum Handeln mit den in Absatz 1 Nr. 2 erwähnten Mitteln oder Gegenständen befugt sind, oder durch eine Veröffentlichung in ärztlichen oder pharmazeutischen Fachblättern begangen wird. Gesetzgeberisches, mit § 219a StGB verfolgtes Ziel ist vor allem die Verhinderung der Verharmlosung eines Schwangerschaftsabbruchs. Bei dieser Strafvorschrift handelt es sich um ein zum Schutz ungeborener Menschen vorgesehenes abstraktes Gefährdungsdelikt. Da sogar das Werben für legale Schwangerschaftsabbrüche danach strafbar ist, können auch Ärzte Täter der in § 219a StGB bezeichneten Tat sein.[37] Dass der Gesetzgeber dabei bisweilen über sein erklärtes Ziel hinausgeschossen ist, zeigt der Fall der Gießener Ärztin Kristina Hänel. Diese war 2017 vom Amtsgericht Gießen zu einer Geldstrafe verurteilt worden, nachdem sie auf ihrem Internetauftritt darüber informiert hatte, Schwangerschaftsabbrüche vorzunehmen. Während das Landgericht die dagegen gerichtete Berufung noch verworfen hatte, gab das OLG Frankfurt der Revision statt und hob die ergangenen Entscheidungen insoweit auf.[38] In der Zwischenzeit hatte der Gesetzgeber nämlich – auch unter dem Eindruck der breiten öffentlichen Diskussion des Falls – § 219a StGB um einen Absatz 4 ergänzt, wonach Absatz 1 nicht gilt, wenn Ärzte, Krankenhäuser oder Einrichtungen (Nr. 1) auf die Tatsache hinweisen, dass sie Schwangerschaftsabbrüche unter den Voraussetzungen des § 218 Abs. 1–3 vornehmen, oder (Nr. 2) auf Informationen der zuständigen Bundes- oder Landes-

---

37 MükoStGB-*Gropp*, 3. Aufl. 2017, § 219a Rn 2.
38 OLG Frankfurt StV 2019, 687.

behörden, Beratungsstellen oder Ärztekammern hinweisen.[39] In Übereinstimmung mit § 219a Abs. 4 Nr. 2 StGB existiert daher seit Juli 2019 eine überregionale Liste der Bundesärztekammer, in die sich abtreibungswillige Ärzte aufnehmen lassen können. Weiterhin verboten bleiben allerdings über die reine Vornahme eines Abbruchs hinausgehende, werbende Informationen, etwa über die dabei eingesetzten Verfahren.[40]

In „grob anstößiger Weise" wird insbesondere dann geworben, wenn dies in einer den Schwangerschaftsabbruch verherrlichenden Weise passiert oder für einen illegalen Schwangerschaftsabbruch geworben wird.[41] In subjektiver Hinsicht gilt es bei der Tatbestandsverwirklichung zu beachten, dass hinsichtlich des Werbens bereits dolus eventualis genügt, bezüglich des erstrebten Vermögensvorteils aber die gleichen Anforderungen wie beim Betrug gelten, sodass dieser mit Absicht, d. h. mit dolus directus ersten Grades, erstrebt werden muss.[42] Danach kommt eine Strafbarkeit nach § 219a StGB u. a. dann in Betracht, wenn Listen mit Namen abbruchsbereiter Ärzte in einer Zeitschrift abgedruckt oder in allgemein zugänglichen Räumen ausgelegt werden.[43] Mangels Öffentlichkeit ist dagegen die Mitteilung von Adressen und Namen abbruchsbereiter Ärzte im Rahmen einer individuellen Beratung nicht von § 219a StGB erfasst.[44]

---

39 „Gesetz zur Verbesserung der Information über einen Schwangerschaftsabbruch", BGBl. I 2019, 350.
40 Vgl. BT-Drs. 19/7693, S. 11.
41 MüKo-*Gropp*, StGB, 3. Aufl. 2017, § 219a Rn 8 m.w.N.
42 MüKo-*Gropp*, StGB, 3. Aufl. 2017, § 219a Rn 12.
43 Schönke/Schröder/*Eser*/*Weißer*, StGB, 30. Aufl. 2019, § 219a Rn 7.
44 Schönke/Schröder/*Eser*/*Weißer*, StGB, 30. Aufl. 2019, § 219a Rn 7.

Sachregister (§/Rn)

https://doi.org/10.1515/9783110700428-031